Roland Garve, Frank Nordhausen
Laleo – Die geraubte Steinzeit

Roland Garve

Laleo – Die geraubte Steinzeit

Als Zahnarzt bei den letzten Naturvölkern

Aufgezeichnet von Frank Nordhausen

Ch. Links Verlag, Berlin

Namen, die aus persönlichkeitsrechtlichen Gründen geändert wurden, sind bei der Erstnennung mit einem * gekennzeichnet.

Karten zu Brasilien und Ozeanien finden sich in der vorderen und hinteren Umschlagklappe.

Weitere Informationen zu Autor und Buch finden Sie unter
www.laleo-das-buch.de

Die Deutsche Nationalbibliothek verzeichnet
diese Publikation in der Deutschen Nationalbibliografie;
detaillierte bibliografische Daten sind im Internet über
http://dnb.d-nb.de abrufbar.

1. Auflage, Oktober 2009

Schönhauser Allee 36, 10435 Berlin, Tel.: (030) 44 02 32-0
www.christoph-links-verlag.de; mail@christoph-links-verlag.de
Umschlaggestaltung: KahaneDesign, Berlin
Foto vorn: Korowai beim Fällen einer Sagopalme
mit einer Steinaxt (Roland Garve)
Foto hinten: Roland Garve mit zwei Zoé-Kindern (Rolf Krusche)
Satz: Ch. Links Verlag, Berlin
Druck und Bindung: Freiburger Graphische Betriebe, Freiburg

ISBN 978-3-86153-546-1

Inhalt

Vorbemerkung

Wenn heute isoliert lebende Steinzeitmenschen »entdeckt« werden, ist das eine Weltsensation. Bücher über die letzten Papuas oder Waldindianer stoßen auf enormes Interesse. Ein bisschen wie Außerirdische kommen uns diese Menschen vor, deren schiere Existenz von einer Vergangenheit kündet, mit der uns nichts mehr zu verbinden scheint. Tatsächlich aber verknüpft uns viel mit ihnen. Gerade in der fortschreitenden Verwestlichung der Welt erinnern sie uns daran, woher wir alle stammen.

Das Erstaunen vieler darüber, dass es immer noch Menschen gibt, die in der Steinzeit leben, bleibt jedoch wirkungslos. Sie vergessen sie schon am nächsten Tag und nehmen vielleicht Jahre später achselzuckend zur Kenntnis, dass der »neu entdeckte« Stamm einem Ölfeld oder Goldsuchern weichen musste. Das vorliegende Buch beschreibt, was mit den letzten »Urmenschen« geschieht, wie man ihnen ihre Kultur und Tradition raubt – und plädiert für Respekt, Achtung und Rücksichtnahme gegenüber unseren »Verwandten« im Regenwald.

»Kirahé – Der weiße Fremde«, so haben wir den ersten Teil der Lebensgeschichte Roland Garves genannt, als wir sie vor zwei Jahren publizierten. Darin erzählten wir die Abenteuer, die den studierten Zahnarzt aus seiner Heimatstadt Boizenburg an der Elbe wegen »Vorbereitung zur Republikflucht« in ein DDR-Gefängnis, dann in die Freiheit nach Lüneburg, schließlich zum Ziel seiner Jugendträume führten – zu den letzten Naturvölkern dieser Erde.

Die Geschichte dieses wahr gewordenen Traumes ist wild und romantisch, tragisch und dramatisch, vielfältig und spannend. Sie knüpft sich an jene andere alte Geschichte, die zurückführt in die Urzeiten unserer menschlichen Existenz. Wir haben sie als Suche nach der Steinzeit erzählt, die immer noch existierte, als Roland zu reisen begann – damals, Mitte der achtziger Jahre des 20. Jahrhunderts. Als er erstmals in die Regenwälder Amazoniens und Neuguineas, in die Savannen und Wüsten Afrikas aufbrach. Wir erzählten von seiner Neugier, dem Wunsch zu lernen, zu dokumentieren, zu bewahren. Das Buch endete mit einem verhalten optimistischen Fazit. Denn am Amazonas in Brasilien schien ein epochaler Politikwechsel stattzufinden – von der Vertreibung und Unterdrückung der Indianer zur Einrichtung zahlreicher Schutzgebiete für sie.

»Kirahé«, der weiße Fremde, so nannten die Indianer vom Stamm der Zoé tief im Regenwald Amazoniens den Mann aus Lüneburg. Roland war fremd für sie, aber er ist ihr Freund geworden. Er konnte dazu beitragen, ein staatliches Schutzgebiet für sie zu errichten und zu sichern. In gemeinsamen Anstrengungen von Indianerbehörden, Menschenrechtsgruppen und Hilfsorganisationen wie der deutschen Gesellschaft für Technische Zusammenarbeit ist dies auch bei anderen Indiovölkern geglückt – bei den Korubo im »Kokain-Dreieck« zwischen Brasilien, Peru und Kolumbien, den Kalapalo im Xingú-Nationalpark des brasilianischen Bundesstaates Mato Grosso, den Yanomami an der Grenze zwischen Brasilien und Venezuela. Der Einsatz für staatliche, möglichst international abgesicherte Schutzgebiete für Indianer und andere Naturvölker ist zum Lebensinhalt für Roland geworden.

Eigentlich ist Roland Zahnarzt mit Praxis in Geesthacht bei Hamburg. Sein Beruf ermöglicht es ihm, den Naturmenschen für ihre Gastfreundschaft etwas zurückzugeben. Seit er bei seiner ersten Südamerikaexpedition 1987 einem Häuptling vom Stamm der Auca in Ecuador einen Zahn mit Schraubenzieher und Kombizange herausbugsierte, führt er stets ein Zahnarztbesteck, sterile Spritzen, Tupfer und einen Akkubohrer mit sich. Immer wieder hat er dieselben Dörfer der Zoé, Kalapalo, Dani, Korowai oder San besucht, um Zähne zu behandeln.

Roland ist Zahnarzt, aber in den Einblendungen seiner Filme im Fernsehen steht immer Völkerforscher. Eine ganze Reihe von packenden ethnologischen Filmen hat er gedreht, etwa für »Welt der Wunder« auf ProSieben oder »Länder, Menschen, Abenteuer« beim NDR. Auf seinen gut siebzig Expeditionen hat sich viel Bildmaterial angesammelt, wovon der größte Teil jetzt schon historisch ist, unwiederholbar, unersetzlich. Es sind wertvolle Dokumente untergehender Kulturen, von denen er fasziniert ist, so lange er denken kann. Und seit seiner Freilassung aus der DDR 1984, seit nunmehr 25 Jahren, reist Roland jedes Jahr mehrmals zu den letzten Naturvölkern der Erde in Südamerika, Afrika, Asien und Ozeanien.

Bei den Recherchen zum »Kirahé«-Buch konnte sich auch der Berliner Journalist und Buchautor Frank Nordhausen den Wunsch erfüllen, einmal zu traditionell lebenden Indianern zu kommen. Im Juli 2006 fuhr er gemeinsam mit Roland Garve zu den Kalapalo am Xingú in Brasilien und erlebte dort das Javarí-Fest. Während der Reise und der folgenden Arbeit am »Kirahé«-Buch wurden wir Freunde. Auch Frank ist mit Naturvölkern vertraut, seit er im Germanistikstudium den deutsch-mexikanischen Autor B. Traven »entdeckte«, dessen Lebensthema die Lage der unterdrückten und ausgebeuteten Indios im mexikanischen Bundesstaat Chiapas war. Mittlerweile forscht er seit zwanzig Jahren über den mysteriösen B. Traven und war mehrfach bei den Chamulas, Zinacantecas und Lacandonen in Chiapas, die aber schon lange in Kontakt mit der »Zivilisation« stehen. Für das vorliegende Buch flogen Roland und Frank im April 2009 zusammen nach West-Papua und erkundeten die Situation der Papuavölker im letzten weißen Fleck auf der Landkarte Neuguineas.

Diesem neuen Buch haben wir den Titel »Laleo – Die geraubte Steinzeit« gegeben. Wir hätten es auch »Laleo – Die weißen Dämonen« nennen können. Denn das ist die korrekte Übersetzung des Wortes aus der Sprache der Korowai im Tiefland West-Papuas auf Neuguinea. Laleos, das sind die »Zivilisierten«, die über das Land der Papuas wie Dämonen kamen und ihre Lebensweise mitbrachten, die nun unaufhaltsam den letzten Steinzeitkulturen den Garaus bereitet, nicht nur in der Südsee. So optimistisch wir viele Dinge noch vor zwei Jahren gesehen haben, so pessimistisch sind wir nun geworden. Denn die weißen Dämonen haben inzwischen ganze Arbeit geleistet. Die Steinzeit geht unwiderbringlich zu Ende, in wenigen Jahren schon wird es weder »weiße Flecken« auf der Landkarte noch ursprüngliche Naturvölker mehr geben.

Wir gehören zur letzten Generation, die noch Menschen erleben darf, die nahezu in der Steinzeit leben. Roland kann viel davon berichten. Es sind aufregende, nicht selten bittere, oft auch amüsante Erlebnisse, von denen dieses Buch handelt. Da es um die geraubten Traditionen kreist, ist es politischer geworden als »Kirahé«. Wir schildern, woran es liegt, wenn die letzten Naturvölker ihre Rückzugsräume verlieren – an Profitgier und Ignoranz, aber auch an gezielter, ideologisch begründeter Zivilisationswut von Regierungen, Behörden und Missionaren.

Da die meisten noch existierenden Urvölker in den letzten großen Regenwaldgebieten der Erde leben, ist ihr Schicksal untrennbar mit der unaufhaltsam voranschreitenden Zerstörung dieser Dschungel verbunden. Wer, wie und warum die Regenwälder vernichtet, das haben wir versucht zu recherchieren und die Täter dieses globalen Verbrechens mit Namen genannt. Mehrere Kapitel des Buches kreisen um das Thema.

Letztlich sind die Gesellschaften des Westens mit daran schuld, wenn am Amazonas, am Kongo und in West-Papua die Bäume fallen und die Indianer, Pygmäen und Papuas aus Regionen vertrieben werden, in denen sie Jahrtausende lang als »Hüter der Welt« lebten. Sie sind mit schuld, weil das dramatische Geschehen am Äquator vielen gleichgültig ist, weil sie genug eigene Probleme haben und weil sie nicht bereit sind, den Preis zu zahlen, den die Bewahrung der grünen Lungen der Erde und ihrer indigenen Beschützer kosten würde – Milliarden für den Waldschutz, drei- bis zehnfache Preise für Fleisch, Treibstoff und Holz, eine deutliche Einschränkung des westlichen Lebensstandards.

Unser Buch ist daher auch ein Plädoyer für die Idee der Regenwaldzertifikate – des Ablasshandels zum Schutz der grünen »Klimaanlagen« der Welt. Sich darauf einzulassen würde heißen, dass alle ein wenig kürzer treten müssten. Aber der Gewinn wäre unvergleichlich: Die Klimakatastrophe würde aufgehalten, die Zukunft von Milliarden Menschen sicherer werden. Es liegt an jedem Einzelnen, aktiv zu werden – sich im Regenwald- und Naturvölkerschutz zu engagieren, Parlamentsabgeordnete auf das Thema anzusprechen, keine Waren mehr zu kaufen, deren Produktion den Regenwald schädigt. Wäre die Welt eine Bank, dann wäre sie bereits gerettet, lautet ein Spruch von Greenpeace. Leider sieht es zurzeit nicht so aus, als sei die Menschheit dazu bereit.

Das vorliegende Buch sollte sich ursprünglich ganz auf Afrika, Asien und Ozeanien konzentrieren, im Gegensatz zu »Kirahé«, das vor allem von den Waldindianern in Südamerika handelte. Unerwartete Ereignisse haben uns dann bewogen, dennoch zwei Abstecher an den Amazonas zu unternehmen. Sie stehen aus Gründen der Aktualität am Beginn des Buches. Dort spitzt sich gerade die Lage zu – Staudämme, Ölfunde, Straßenbauten und neue Vorstöße von Waldfrevlern bedrohen nun auch die letzten isolierten Stämme. Die Zivilisation stößt in die unzugänglichsten Dschungelregionen vor. Dagegen rebellieren die Waldindianer in

Peru, Brasilien und Ecuador. Sie ergeben sich nicht mehr in ihr Schicksal, sondern nutzen die Möglichkeiten des Computerzeitalters – Internet, Handy, Vernetzung mit Menschenrechtsgruppen.

Seit vielen hundert Jahren rauben »Zivilisierte« den Naturvölkern ihre Kultur. Die Globalisierung hat diesen Prozess beschleunigt. Jetzt sind die letzten hundert isolierten Stämme ins Visier geraten. Was mit ihnen passiert, an abgelegenen Orten dieser Erde, wie sich die Ureinwohner zwischen Tradition und Moderne bewegen, wie sie untergehen, ihr Überleben sichern – oder sich zu wehren versuchen und ihre uralte Kultur als Rettungsanker im Sturm der Globalisierung nutzen, davon erzählt dieses Buch.

Lüneburg/Berlin, im August 2009 — Roland Garve/Frank Nordhausen

Der böse Zauber – die Kalapalo und Metuktire in Brasilien

Ende Mai 2007 tauchte eine Gruppe von knapp 90 Indianern in einem Dorf an der südlichen Grenze des Xingú-Nationalparks im brasilianischen Bundesstaat Mato Grosso auf. Die Männer waren großenteils unbekleidet, hatten ihre Gesichter mit schwarzer und roter Farbe bemalt und trugen tellergroße Scheiben in der Unterlippe. Die Frauen hatten ihre Köpfe kahlrasiert. Am folgenden Tag hörte Megarón, Häuptling vom Stamm der Kayapó im Xingu-Schutzgebiet und zugleich Chef der Indianerbehörde in der nahe gelegenen Siedlung Colíder, von dem Besuch aus dem Dschungel. Er organisierte Medikamente gegen Grippe und Malaria, verhängte eine Zugangssperre über das gesamte Xingú-Reservat und machte sich auf den Weg in das Dorf.

Aber er kam zu spät. Nach zwei Tagen waren die unbekannten Naturmenschen wieder im Wald verschwunden. Der Häuptling fand jedoch schnell heraus, wer sie waren. Es handelte sich um Angehörige des kleinen Volkes der Metuktire, von denen man seit 50 Jahren nichts mehr gehört hatte. In der Zentrale der Indianerbehörde *Fundação Nacional do Indio* (Funai) in der Hauptstadt Brasília war man sogar der Ansicht gewesen, dass die Metuktire längst ausgestorben seien. Doch Megarón wusste, dass sie nur jeglichen Kontakt mit der Zivilisation vermieden. Sie waren so etwas wie »arme Verwandte«, die einen altertümlichen Dialekt sprachen und sich von den übrigen Kayapó absonderten. Sie wollten weder kontaktiert noch entdeckt noch sonst wie behelligt werden. Genau das war nun passiert. Die Metuktire waren in panischer Angst vor Holzfällern geflüchtet, die illegal in ihren Lebensraum am Xingú eingedrungen waren.

Das Ereignis war eine Sensation, die um die ganze Welt ging: »Verschollener Indianerstamm wieder aufgetaucht«. Natürlich war ich elektrisiert. Wie konnte es nur sein, fragte ich mich, dass in dem seit 50 Jahren bestehenden Indianerschutzgebiet am Xingú, einem der mächtigen Zuströme des Amazonas, noch ein völlig von der Außenwelt isoliertes Volk lebte? Und wieso konnten Holzfäller das eigentlich gut geschützte Reservat unsicher machen? Was war da los?

Die Neuigkeiten diskutierte ich sofort mit meinem Freund Rolf Krusche, dem pensionierten früheren Vizedirektor des Völkerkundemuseums in Leipzig. Rolf hat mich seit vielen Jahren nach Brasilien begleitet, hatte mir im Amazonasdschungel nach einem Schlangenbiss das Leben gerettet und machte mich immer wieder mit den Feinheiten der wissenschaftlichen Ethnologie vertraut. »Nu, mei Roland, hochinteressant«, sagte der sächsische Professor, mit dem ich gerade ein Jahr zuvor bei den Kalapalo gewesen war. Die Kalapalo sind entfernte Nachbarn der Kayapó im Xingú-Nationalpark, dem ersten Indianerschutzgebiet Brasiliens und ganz Süd-

Ein Metuktire-Indianer im Jahr 1959. Lange verschollen, tauchten die Metuktire 2007 wieder aus dem Dschungel auf. Es war eine Weltsensation.

amerikas, das 1961 gegen große Widerstände eingerichtet worden war und etwa die Größe Belgiens hat. (Im Buch »Kirahé – Der weiße Fremde« habe ich ausführlich darüber berichtet.) Es erschien uns unwahrscheinlich, dass die Metuktire noch völlig unbekannt waren. Zu gern wäre ich sofort an den Xingú aufgebrochen, um mehr zu erfahren, aber meine Situation als frischgebackener Vater ließ das nicht zu. Am 25. November 2006 war unsere Tochter Paula Zoé zur Welt gekommen, und ich musste mich nun um meine Familie kümmern.

Ich wühlte mich durch die Bücher in meiner Bibliothek. Und tatsächlich, in einem Katalog des Völkerkundemuseums Frankfurt/Main von 1995 über die Kayapó waren die Metuktire verzeichnet. Demnach gehörten sie zum Stamm der Goroti, einer Untergruppe der südlichen Mekragnoti und umfassten insgesamt 250 Menschen. Mekragnoti bedeutet »Menschen mit viel roter Farbe im Gesicht«. Interessanterweise wurde das Siedlungsgebiet der Metuktire im Dschungel knapp außerhalb des Xingú-Parks verzeichnet. Im Buch stand über die Kayapó, deren Gesamtzahl auf 3200 bis 3500 geschätzt wurde: »Außer den 13 Gemeinschaften, die regelmäßig Kontakt zu unserer Gesellschaft pflegen, leben weitere drei bis vier kleine Gruppen bis heute noch völlig isoliert. Aus schätzungsweise höchstens 30 bis 100 Mitgliedern bestehend, haben sie keinen direkten Kontakt zu den anderen Kayapó-Indianern, geschweige zu den ›Weißen‹.« Damit waren wohl auch die Metuktire gemeint. Es gab sie also wirklich.

Als ich das las, fiel mir ein, dass ich bei meinem verstorbenen Freund Jesco von Puttkamer, dem berühmten Indianerfotografen Brasiliens, einmal Aufnahmen von Metuktire aus den fünfziger Jahren gesehen hatte. Sie sahen genauso aus wie die jetzt beschriebenen Indianer. Jesco hatte jahrelang unter den Kayapó am Xingú gelebt und kannte die verschiedenen Stämme dieses Volkes genauestens – sie werden als die kämpferischsten Indianer am Amazonas betrachtet. Zu Recht, wie ich aus eigener Erfahrung wusste. Zusammen mit meinen Freunden Hertha Tolksdorf und Andreas Kuno Richter hätten sie mich 1992 fast als Geisel genommen. Wir konnten nur knapp entkommen. Sie als »verschollenen Stamm« zu bezeichnen, war eine grobe Übertreibung. Isoliert? ja, unbekannt? nein.

Wenige Tage später bestätigten Pressemeldungen meine Recherchen. Die Funai erklärte, dass Häuptling Megarón die Metuktire inzwischen gefunden, besucht und gesprochen habe. Die Indianer hätten sich vor einem halben Jahrhundert, als die brasilianischen Ethnologen Leonardo, Cláudio und Orlando Villas Bôas den Xingú-Nationalpark gründeten, tief in den Dschungel zurückgezogen. Damals wurden die meisten Kayapó, die zuvor Waldnomaden gewesen waren, sesshaft – nur die Metuktire nicht. Sie lebten weiter wie zuvor fern jeder Zivilisation. Jahrzehnte vergingen. Die Kayapó hielten ihre Verwandten inzwischen für tot, und die Metuktire vergaßen, warum sie einstmals geflüchtet waren. Brasilien wurde eine Militärdiktatur, dann wieder eine Demokratie und fünfmal Fußballweltmeister. An die Metuktire erinnerten sich irgendwann nur noch deutsche Ethnologen.

Nun tauchten diese Metuktire plötzlich wieder auf, um dann genauso schnell wieder zu verschwinden. Lediglich Megarón wusste, wo sie waren. Er erklärte der

Öffentlichkeit, dass die arme Verwandtschaft zwar Angst vor Holzfällern habe, jedoch mit der modernen Welt, in die sie für einen kurzen Moment geraten war, möglichst wenig zu tun haben wolle. Der Häuptling teilte der interessierten Weltpresse außerdem mit, dass die Indianerbehörde lediglich medizinisches Fachpersonal zu den Waldnomaden lassen werde, um sie gegen mögliche eingeschleppte Krankheiten zu impfen, nicht aber Journalisten.

Wie es der Zufall wollte, schickte mir mein alter Freund Luiz, Häuptling vom Stamm der Kalapalo, zwei Monate später eine Einladung zum Javarí-Fest am Xingú, das sein Stamm jedes Jahr feiert. Das konnte ich nicht abschlagen, denn Luiz wusste sicherlich noch einiges mehr über die Metuktire zu berichten. Als ich dann Ende Juli in seinem Dorf eintraf und ihn nach den »neu entdeckten Indianern« fragte, lachte er. »Ich kann dir nicht mehr sagen, als du schon weißt«, erklärte er. »Es sind unsere Brüder vom Stamm der Metuktire. Sie wünschen keinen Kontakt mit der Zivilisation. Sie wollen in Frieden gelassen werden. Das Problem sind die Holzfäller und Fazendeiros, die ihre Grenzen verletzen und ständig in ihr Stammesgebiet eindringen. Deshalb sind sie ins Schutzgebiet geflüchtet.« Mehr wusste er nicht. Aber seine Antwort machte mir klar, wie gefährdet inzwischen jeder Indianerstamm am Amazonas war, der nicht in einem festgelegten, gesicherten Reservat lebte.

Ein Jahr später schreckte mich erneut eine Sensationsmeldung auf. Die Nachrichtenagentur *Associated Press* berichtete am 30. Mai 2008 unter der Überschrift »Isolierter Indianerstamm im Dschungel entdeckt«: »Im brasilianischen Urwald ist ein Indianerstamm entdeckt worden, der noch nie zuvor Kontakt zur Außenwelt hatte. Den Behörden gelangen sensationelle Bilder: Wütende Krieger, bemalt mit roter Farbe, schießen Pfeile auf ein Flugzeug ab. Es ist einer der letzten bislang unberührten Indianerstämme, die es weltweit noch gibt: Bei einem Flug über ein Naturschutzgebiet nahe der brasilianisch-peruanischen Grenze fotografierte die brasilianische Regierungsorganisation zum Schutz der indigenen Bevölkerung Funai mehrere indianische Krieger, Hütten und bepflanzte Äcker. Funai-Experte José Carlos Meirelles Júnior sagte der Nachrichtenagentur AP, dass seine Organisation in dieser Region seit 20 Jahren vier isolierte Völker begleitet habe. Funai kontaktiere die Stämme nicht, weil man so ihre Auto-

Sie schießen mit Pfeilen, weil sie die Zivilisation fürchten. Seit 200 Jahren wollen diese Indianer aus Peru nicht kontaktiert werden. *BILD*-Zeitung vom 31. Mai 2008.

Der brasilianische Ethnologe Cláudio Villas Bôas führt 1959 eine Schluckimpfung bei den Metuktire durch. Eine Maserninfektion kann einen ganzen Stamm auslöschen.

nomie und ihren Lebensraum bewahren wolle. ›Wir haben den Flug gemacht, um ihre Häuser zu zeigen, zu zeigen, dass sie da sind, dass es sie gibt‹, sagte Meirelles. Das sei sehr wichtig, denn es gebe Leute, so Meireilles, die das bezweifelten. Die jetzt entdeckten Indianer sind bedroht: Illegale Regenwaldabholzung in Peru treibe die Indianerstämme über die Grenze und provoziere Konflikte mit den dort ansässigen 500 Indianern. ›Diese Bilder sind der Beweis, dass es noch immer unberührte Stämme gibt‹, sagte Stephen Corry, Direktor der internationalen Nichtregierungsorganisation *Survival International.* ›Die Welt muss aufwachen und sicherstellen, dass ihr Gebiet durch internationale Gesetze geschützt wird. Ansonsten werden sie in Kürze aussterben.‹«

Noch am selben Tag wurde ich von zwei Fernsehanstalten und einem Radiosender interviewt. Man wollte unbedingt meine Meinung über den Wahrheitsgehalt und die möglichen Hintergründe dieser Meldung erfahren, bevor man damit auf Sendung ging. Unbekannte oder »neu entdeckte Steinzeitmenschen« im 21. Jahrhundert erschienen den Journalisten offenbar doch zu suspekt. Als ich dann in der Tagesschau zu meinem Kommentar die Fotos nackter Indianer in ihrer Kriegsbemalung sah, wie sie mit Pfeil und Bogen und Blasrohren auf die Funai-Cessna schossen, während »Weiße« mit ihren Kameras von oben auf sie zielten, fühlte ich mich sofort wieder in die Korubo-Expedition von 1996 versetzt. Damals war ich mit Sidney Possuelo, Chef der Funai-Abteilung für isolierte Völker, monatelang im brasilianisch-peruanischen Grenzgebiet durch den Dschungel gezogen, um einen bislang unentdeckten Stamm zu kontaktieren. Es war eine ähnliche Situation wie die jetzt in den Nachrichten beschriebene, und es war nicht sehr weit entfernt von dieser Grenzgegend im Bundesstaat Acre. Holzfäller drangen in die unberührten Urwaldgebiete im sogenannten Kokain-Dreieck zwischen Brasilien, Peru und Kolumbien ein und gefährdeten die dort seit Jahrhunderten isoliert lebenden Korubo-Indianer. Die Hintermänner und Schutzpatrone der Waldfrevler in Brasilien und Peru bestritten die Existenz der unentdeckten Stämme. Es war paradox: Um ein Schutzgebiet für sie errichten zu können und ihre isolierte Existenz zu sichern, musste Possuelo ihnen und der Welt demonstrieren, dass in dem betreffenden Areal der Bundesstaaten Amazonas und Acre tatsächlich noch unkontaktierte Ureinwohner lebten.

Das Vorhaben gelang im Oktober 1996, die dramatischen Bilder des Erstkontaktes wurden von einem Fernsehteam von *National Geographic* und weltbekannten Fotografen festgehalten, so dass niemand an ihnen zweifeln konnte. Sidney Possuelo schaffte es wenig später, mit Hilfe der deutschen *Gesellschaft für Technische Zusammenarbeit* (GTZ) das Schutzgebiet zu kartieren und abzuriegeln. Es war einer der größten Erfolge meines einstigen Freundes, dieses bedeutenden Kämpfers für die Rechte der brasilianischen Ureinwohner – ebenso wichtig wie die Rettung der Yanomami-Indianer in Nordbrasilien vor den illegalen Goldsuchern, die er 1991 gegen erheblichen Widerstand von Militärs, Politikern und Goldgräbern erreicht hatte. Possuelo war einer der wenigen Brasilianer, dem die Indianer wirklich am Herzen lagen. In seiner kurzen Amtszeit als Chef der Funai zwischen 1991 und 1993 gelang es ihm, die als korrupt verschrieene Behörde zu einer anerkannten Organisation zum Schutz der Indianerrechte zu machen und die Fläche der Schutzgebiete mehr als zu verdoppeln. Obwohl Sidney Possuelo für seine Leistungen zahlreiche internationale Menschenrechtspreise erhielt, wurde ihm sein Engagement für die Rechte der Indianer schließlich zum Verhängnis. Einer im Internet kursierenden Information konnte ich entnehmen, dass ihn der brasilianische Staatschef Luis Inácio Lula da Silva wegen seiner beharrlichen Forderung nach Schaffung von weiteren Indianerschutzgebieten inzwischen aus der Funai entfernen ließ.

Im Mai 2008 wollten die Funai-Beamten mit ihren Sensationsfotos die ganze Welt darauf hinweisen, dass der illegale Holzeinschlag im peruanischen Grenzgebiet ungebremst weiterging und damit die unberührten Indianerstämme beiderseits der Grenze bedroht waren. Noch gehe es den betreffenden Indianern gut, erklärten sie. Ihre Felder seien, soweit man es vom Flugzeug aus identifizieren könne, bestellt mit Kulturpflanzen wie Mais, Baumwolle, Bananen, Zuckerrohr, Süßkartoffeln und Papaya. Die Menschen sähen gesund und kräftig aus. Die brasilianischen Ethnologen schätzten, dass der namenlose Stamm, sieben Tage Bootsfahrt von der nächsten »weißen« Siedlung entfernt, nun doppelt so viele Menschen zählte wie vor 20 Jahren. Doch sei ihre Population wahrscheinlich deshalb so stark gewachsen, weil sich verwandte Indianer angeschlossen hätten, die aus Peru hatten flüchten müssen.

Im Nachbarland geht es noch wilder und gesetzloser zu als in Brasilien. Die Abholzung des Urwaldes und der Straßenbau treiben immer öfter kleine indianische Gruppen aus dem peruanischen Bundesstaat Ucayali zur Flucht über die Grenze. Der Funai-Experte Meirelles nannte die Abholzung daher auch ein »monumentales Verbrechen« gegen die Natur und die dort lebenden Naturvölker. Der deutschen *taz* sagte er, die Indígenas, die »etwa vor anderthalb Jahren« aus Peru geflohen seien, versteckten sich grundsätzlich vor Flugzeugen, da sie vermutlich schon von oben beschossen worden seien. In Peru würden isoliert lebende Urbewohner nicht selten getötet. Er sagte auch, dass die Indios ausdrücklich keinen Kontakt mit der Außenwelt wünschten: »Die Außenwelt hat ihnen bisher nur Krankheiten, gewalttätige Attacken und Tod eingebracht. Die Kriegsbemalung ist ein klares Signal, dass sie keinen Kontakt wollen.«

Der brasilianische Indianerexperte Sidney Possuelo (links) und der *Sertanista* Afonso 1996 vor einer Korubo-Hütte.

Meirelles hatte Recht. Die merkwürdige, enge Aneinanderreihung ihrer Hütten auf einer schmalen Schneise, die von zwei Seiten von hohen Bäumen gut verdeckt werden und deshalb kaum vom Flugzeug aus zu erkennen sind, deutete auch meiner Meinung nach darauf hin, dass sie sich vor Angriffen von oben schützen wollten. Ursprünglich sind Indiodörfer im Urwald meist von kahlen großflächigen Maniokgärten und Brandrodungsflächen umgeben und die Hütten kreisförmig angeordnet. Damit wäre der Fluchtweg zum sicheren Urwald aber zu weit. Offenbar hatten diese Indios wirklich unangenehme Erfahrungen mit »Zivilisationskontakten« aus der Luft gemacht. Auch wenn es an diesem relativ geschützten Ort selbst für kleine Hubschrauber keine Landemöglichkeit gab, demonstrierten die Bewohner mit ihren Pfeilen ihre Ablehnung und ihre zu allem entschlossene Kampfbereitschaft.

Es war das gleiche Problem wie 1996 bei den Korubo. Jetzt hatte die Funai offenbar in höchster Not gehandelt, denn es verstieß eigentlich gegen all ihre Regeln, isoliert lebende Indianer, sogenannte *Isolados,* mit moderner Technik zu konfrontieren. Doch die aufgenommenen Fotos waren der unwiderlegbare Beweis, dass in dem betreffenden Gebiet tatsächlich Naturvölker lebten, und damit bekam die Funai eine wirksame Handhabe, um gegen Holzfäller und illegale Siedler vorzugehen und vor allem, um Peru vor der Weltöffentlichkeit anzuklagen. Wenn man die Existenz eines unbekannten Naturvolkes weltweit publik macht, stehen Firmen und Regierungen viel stärker unter Druck, mit dem Abholzen der Wälder in der betreffenden Region aufzuhören. Wenn keiner davon weiß, machen sie ungerührt weiter. In solch einem Fall ist es daher besser, einen bedrohten Stamm bekannt zu machen und ihm dadurch eine Überlebenschance zu geben, als ihn abgeschottet untergehen zu lassen. Die Bilder hatten eine klare Botschaft: Diese Indios müssen geschützt werden.

Als ich mir im Mai 2008 die Aufnahmen aus der Cessna genau anschaute, erkannte ich zudem, dass die Pfeilschützen mit ihrem seltsamen Haarschnitt und ihrem Körperschmuck sehr den Mayoruna ähnelten, also offenbar zu den Pano-Völkern gehörten, die ganz in der Nähe der Korubo leben. Die Münchner Naturforscher Johann Baptist von Spix und Karl Philipp von Martius hatten die ursprünglichen Mayoruna bereits um 1820 besucht, Zeichnungen von ihnen angefertigt und sie damit bekannt gemacht. Wie die Metuktire am Xingú sind sie daher keine unentdeckten Indianer, sondern solche, die bewusst keinen Kontakt mit der Außenwelt wünschen. Die Bezeichnung als »unentdeckter Stamm« ging auf brasilianische Zeitungen zurück, wurde von den Medien weltweit zunächst ungeprüft übernommen – und dann, als die »Ente« offensichtlich war, als »Betrug« und »PR-Gag« der Funai bezeichnet. Erst nach und nach sickerte aus Brasilien durch, dass Meirelles in vielen Interviews von Anfang an gesagt hatte: »Die Existenz dieses Volkes ist seit 1910 bekannt.«

Das war kein gutes Zeugnis für den Journalismus. Für mich war es ein weiterer Beweis dafür, wie Recht Sidney Possuelo hatte, als er 1993 zu mir sagte: »Roland, wir gehen davon aus, dass es im Amazonasgebiet noch 40 bis 50 unkontaktierte Indianerstämme gibt, die zwischen 30 und 300 Mitgliedern haben. Die meisten kennen wir, aber wir vermeiden absichtlich die Kontaktaufnahme. Wir gehen nur auf sie zu, wenn es gar keinen anderen Weg mehr gibt.« 500 bis 2500 von der Außenwelt isolierte Indianer leben noch im brasilianischen Urwald, schätzen Experten. Dass die Funai jetzt diesen dramatischen Weg beschritt, verhieß nichts Gutes. Es bedeutete, dass der Lebensraum auch der letzten freien Amazonasindianer aufs höchste bedroht war. Das Ende der letzten isolierten Naturvölker, von denen es weltweit vielleicht noch 100 gibt, rückte jeden Tag näher. Meine selbst gestellte Aufgabe, möglichst viel zu bewahren und zu dokumentieren, wurde täglich dringender und wichtiger.

Es war nur wenige Wochen nach den spektakulären Pfeilschüssen auf die Cessna, Ende Juni 2008, als mich der Kalapalo-Häuptling Luiz erneut zu einem traditionellen Fest an den Xingú einlud. Die Einladung passte mir gut, denn ich wollte sie mit einer Reise zum Stamm der Zoé im nördlichen Amazonasbecken verbinden. Ich startete einen Rundruf bei früheren Expeditionsfreunden. Rolf Krusche war ohnehin schon reisefertig. Auch der in Brasilien lebende Hängemattenforscher Josef »Sepp« Köpf, ein geselliger und humorvoller Bayer, der uns zuletzt 2006 zu den Kalapalo begleitet hatte, sagte ohne Zögern zu. Er pflegte ebenfalls seit Jahren engen Kontakt zu den indianischen Freunden am Xingú. Schließlich schloss sich uns noch der Berliner Regisseur Andreas Kuno Richter an, ein ehemaliger Ossi wie ich, ein zäher, belastbarer Reisegefährte, mit dem zusammen ich bereits einige Ethnofilme für das deutsche Fernsehen gedreht hatte. Diesmal begleitete ihn Christian Büttner, ein junger Kameramann und Filmemacher.

Mit einer Cessna flogen wir Anfang August von der brasilianischen Großstadt Cuiabá in den Regenwald. Leider mussten wir fast unseren gesamten Proviant zurücklassen, da wir wie üblich vor dem Abflug gewogen und – wegen der Filmausrüstung – als zu schwer befunden worden waren. Wir nahmen die Sache nicht weiter wichtig, was sich als leichtsinnig erweisen sollte. Dann hob die Maschine ab. Kaum waren wir in der Luft, navigierten wir auch schon durch dichte Rauchschwaden. Wieder, wie in den Jahren zuvor, brannten die Wälder in Mato Grosso. Aus der Luft sah man deutlich, wie der Raubbau voranschritt, wie immer größere Flächen herausgestanzt wurden aus dem einst unendlichen, von gleißenden Flussadern durchzogenen Grün, das ich noch vor wenigen Jahren bestaunt hatte. Das Schutzgebiet am Xingú lag nun nicht mehr eingebettet in endlose Baumteppiche, sondern hob sich wie eine dunkelgrüne Insel aus einer baumlosen Fläche heraus – in den Farben Gelb, Giftgrün und Braun, abhängig davon, ob es Sojafarmen oder Rinderweiden waren. Nur ab und zu konnte man noch verkohlte Baumstümpfe emporragen sehen. Mato Grosso, der große Wald, war zu kleinen Forstinseln geschrumpft. Kein Wunder, dass die Metuktire aufgescheucht worden waren. Es ist ein seltsames Gefühl, dachte ich, als wir kurz darauf den gewaltigen Xingú und dann seinen Ursprungsfluss Culuene überflogen. Hier sah der umgebende Dschungel aus wie immer, jungfräulich und frisch. Aber zu wissen, dass es nur noch ein Rest der alten Pracht war – wenn auch ein großes Stück von 27000 Quadratkilometern – das ließ mich trotz der Hitze frösteln.

Bei den Kalapalo, tief im Regenwald, wurden wir wie stets herzlich aufgenommen und diesmal in einer halbfertigen Maloca untergebracht, einer riesigen, teilweise nur mit einer Plane gegen Sonne und Regen notdürftig geschützten Pfahlkonstruktion. Kuno wunderte sich, wie leicht es für uns gewesen war, die vielen schwer erhältlichen Genehmigungen zu bekommen, um das abgeschottete Schutzgebiet zu betreten: Papiere der Funai aus Brasília, von der Reservatsleitung, von den beteiligten Häuptlingen. Er schaltete seine Kamera an und fragte den Häuptling danach, auf Portugiesisch, das Luiz ausgezeichnet spricht. Lächelnd antwortete mein indianischer Freund: »Wir sind nun an Roland gewöhnt, weil er schon oft hier gewesen ist. Er muss nicht lange verhandeln. Er ist für uns wie ein Bruder.«

Ich habe Luiz natürlich gleich angeboten, mich wie jedes Mal um die defekten Zähne seiner Stammesangehörigen zu kümmern, habe dann meine »mobile Urwaldpraxis« aufgemacht und bin wie gewohnt mit Spritzen, Akkubohrer, Zangen und dem übrigen Instrumentarium ans Werk gegangen. Ich hatte ganz schön zu tun; fast 30 Patienten waren zu versorgen. Luiz bot mir im Gegenzug an, während des diesjährigen Fruchtbarkeitsfestes an den traditionellen Huka-Huka-Ringkämpfen teilzunehmen, eine große Ehre für einen »weißen Fremden«.

Es ist eine große Ehre, zum Kwarup der Kalapalo eingeladen zu sein – dem berühmtesten Fest am Amazonas.

Sepp, Rolf, Kuno, Christian und ich tauchten wieder ein in die farbige, mystische Atmosphäre der uralten Tänze, Gesänge und Kampfspiele der Amazonasindianer. Wir ließen uns vom urigen Klang ihrer riesigen Flöten in den Schlaf wiegen, hörten das Stampfen der Füße auf dem Lehmboden, das Rasseln der um die Gelenke gebundenen Samenkapseln. Wir standen mit unseren Gastgebern beim ersten Hahnenschrei auf, wenn sie anfingen, sich für die Feiern des Tages zu schminken und zu schmücken. Wir atmeten den unvergleichlichen Geruch nach Lagerfeuer, Fisch und Urucú, der roten Farbe der Achiotekerne, mit der sich die Amazonasindianer zum Schutz gegen die Sonne und Insekten einreiben.

Rolf war glücklich. Wir konnten im übrigen heilfroh sein, dass wir ihn dabei hatten. Denn es rächte sich, dass wir unseren Proviant in Cuiabá hatten zurücklassen müssen. Außer einem Paket Nescafé und ein paar Suppentüten, die ich noch schnell in meinen Rucksack gestopft hatte, saßen wir auf dem Trockenen. Sepp war daran nicht ganz unschuldig, denn er hatte gesagt: »Kein Problem, das geht schon irgendwie.« Aber es ging nicht irgendwie. Die Indianer brachten uns lediglich ein paar Maniokfladen, das war alles. Trockene, wie Sägemehl schmeckende Fladen! Während sie uns bei früheren Besuchen ständig mit Fisch versorgt hatten, gingen wir nun leer aus. Als ich Luiz hungrig danach fragte, sagte er: »Es tut mir leid, Roland, aber wir können euch zurzeit keinen Fisch geben, weil wir alle Fische räuchern müssen. Wir erwarten sehr viele Gäste, und der Brauch bestimmt, dass wir sie gut bewirten müssen.«

Das war der Moment, als Rolf ins Spiel kam. »Mei Gutster, wenn ich das geahnt hätte, hätte ich dem Indianer vorhin gesagt, er soll einen großen Fisch bringen«, sagte er.

»Wovon sprichst du?«, fragte ich ihn.

»Nu, da war doch der alte Mann beim letzten Mal, erinnerst du dich? Der mich in sein Herz geschlossen hatte? Er ist zwar nicht hier, aber er hat seinem Schwager die Order gegeben, wenn mein Freund Rolf kommt, dann bring' ihm jeden Tag einen Fisch.«

»Na dann sag ihm, du hast jetzt viel mehr Hunger und brauchst den größten Fisch, den er finden kann.«

So kam es dann auch. Der Indianer hielt Wort und brachte jeden Tag einen schönen Vierpfünder an, den er frisch gefangen hatte.

Am nächsten Morgen begannen die Huka-Huka-Kämpfe. Während Sepp wie üblich gleich bei Sonnenaufgang das Lagerfeuer angefacht hatte und schon auf einem gummiartigen Maniokfladen herumkaute, bereiteten Kuno und Christian die Kameras vor. Um den riesigen runden Dorfplatz hatten sich mindestens 300 bunt geschmückte Indianer aus fünf oder sechs Stämmen versammelt und schauten halbnackten jungen Männern beim Ringkampf zu.

Gegen zehn Uhr brannte die Sonne schon unbarmherzig auf den roten Sand. Doch der Tag stand unter keinem guten Stern. Als wir hinzu kamen, geschah

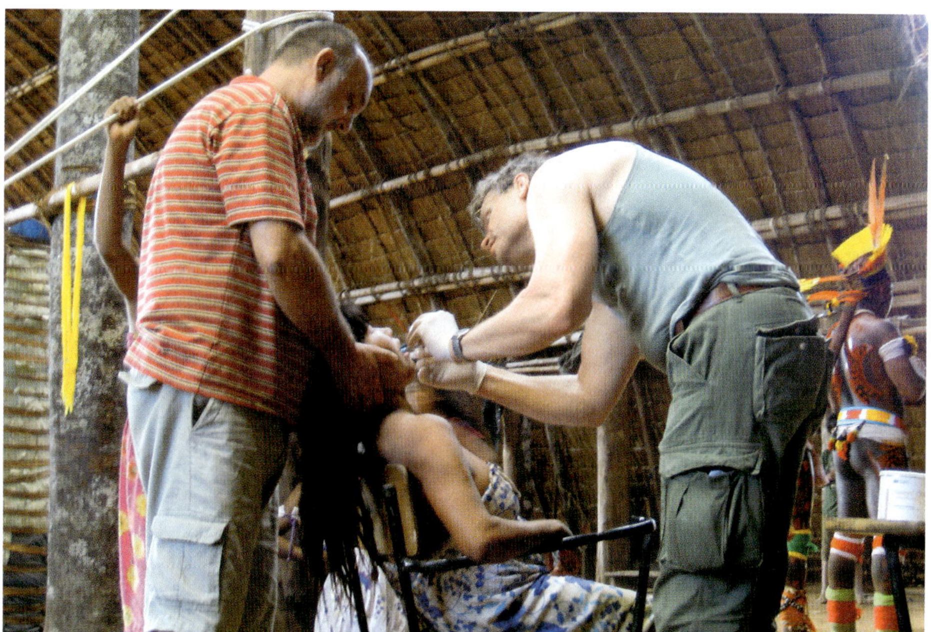

Zahnbehandlung im Urwald. Bei der Sprechstunde in einer Festpause assistiert Josef »Sepp« Köpf (links).

gerade ein Unglück. Vor unseren Augen wurde ein Ringer ohnmächtig, kaum dass er in den Ring gestiegen war. Luiz regte sich auf. Er sagte: »Der Junge ist umgefallen, weil ein Schamane mit Absicht einen Zauber im Männerhaus verhängt hat, um Unruhe zu stiften und die Kämpfer zu schwächen. Das ist jetzt schon vier Leuten passiert. Wir müssen darüber reden, was für ein Zauber das ist und wer ihn wohl verhängt hat, damit es nicht noch einmal geschieht.«

Es waren mehrere Schamanen anwesend, weil zum Fest stets Vertreter unterschiedlicher Stämme aus dem Xingú-Reservat zusammenkommen. Luiz vertraute seinem eigenen Medizinmann naturgemäß am meisten und bat ihn, den Zauber wieder aufzuheben. Der Pajé Manoa, ein stämmiger 30-Jähriger, der im Gegensatz zu Luiz nicht mehr nackt und mit roter Urucú-Farbe bemalt herumlief, ordnete an, zwei große traditionelle Flöten feierlich zu verbrennen (man nennt sie Flöten, obwohl die zwei Meter langen Geräte eher an Alphörner erinnern). Das Huka-Huka wurde für eine Stunde ausgesetzt. »Manoa hat dadurch den Fluch aufgehoben«, erläuterte uns Luiz anschließend. Weitere Zwischenfälle gab es zum Glück nicht an diesem Tag. Am Abend brachte der Schwager von Rolfs indianischem Freund einen ansehnlichen Wels vorbei, dessen saftiges weißes Fleisch uns einigermaßen sättigte. Als wir anschließend noch einen Kaffee zubereiteten, setzte sich Luiz zu uns ans Feuer. Er sagte: »Roland, du hast in den vergangenen Jahren unser Javarí-Fest und unser Taquará-Fest erlebt. Heute habt ihr unsere Huka-Huka-Kämpfer gesehen. Morgen werdet ihr das große Kwarup kennenlernen.«

Das war in der Tat eine Überraschung. Kwarup ist das berühmteste und bedeutendste Fest, das die Indianer im ganzen Amazonas-Gebiet begehen. Es ist das

Interview mit dem Kalapalo-Häuptling Urisse. Mitte Andreas Kuno Richter, rechts Sepp Köpf.

Die jungen Kalapalo ritzen sich die Haut, um den Geistern der Verstorbenen ihren Schmerz zu zeigen.

dritte große Ereignis im Feiertagszyklus der Kalapalo. Das erste ist das Javarí oder Fest der heulenden Pfeile. Es folgt Taquará, das Flötenfest. Die dritte Phase, die nur alle paar Jahre begangen wird, bildet das Kwarup oder die Zeremonie der toten Seelen. Es findet selten statt, weil es bedeutende Vorbereitungen erfordert und die Gastgeber viel kostet. 300 bis 400 Menschen müssen während der Dauer von drei Tagen bewirtet werden. Um es angemessen begehen zu können, werden daher Todesfälle »gesammelt«. Man wartet ab, bis drei oder vier Tote zu beklagen sind.

Noch nie hatte ich die Gelegenheit gehabt, diesem mythischen Fest beizuwohnen. Das war ein unerwarteter Glücksfall für unseren Xingú-Film. Auch Rolf war entsprechend aufgeregt. Er legte eine neue Kassette in seinen Sony-Rekorder ein, um die Gesänge aufzuzeichnen. Nun würde er seine Sammlung von Tönen der Xingú-Feste vervollständigen können.

Der nächste Morgen begann mit dem Aufstellen der Totenklötze. In den Wochen vor der Feier waren für die drei Verstorbenen Holzklötze geschnitzt, mit weißer und roter Farbe bemalt und mit bunten Bändern umwickelt worden. Sie wurden nun dort platziert, wo man die Toten einst in ihre Hängematten gewickelt begraben hatte – mitten auf dem Dorfplatz. Die Schnitzwerke dienten dazu, ihre Seelen für die Reise in die andere Welt zu verabschieden, die sie erst mit dem Kwarup antreten. Man gab ihren Seelen symbolisch einen neuen Körper aus einem Baumstamm für die lange und gefahrvolle Fahrt.

Es folgte ein wilder Tanz der Schamanen, die kräftig mit ihren Kalebassen rasselten. Stets tanzte eine Gruppe von drei Männern, die von einer anderen Gruppe abgelöst wurde, und so weiter, mehrere Stunden lang. Sie wirbelten um die Holzkörper herum, sie wirkten majestätisch und stolz und gerieten in Trance wie türkische Derwische. Es sollte die würdige Begleitmusik für die lange Seelenreise sein. Auch Manoa, der Schamane des Dorfes, hatte nun sein T-Shirt abgelegt und gab sich ganz der Tradition hin.

Nach einem Jahr der Abgeschiedenheit dürfen die jungen Mädchen ins Licht. Inzwischen reichen die Stirnhaare bis zur Nasenspitze. Jetzt dürfen sie heiraten.

Währenddessen beobachtete ich junge Männer, die sich mit scharfzackigen Hundsfischzähnen auf einem Kalebassenstück die Arme, Beine und die Brust aufritzten, bis ihr Blut in den Sand floss. »Muito dolor! Viel Schmerz!«, sagte Luiz. Man nennt diese Sitte Skarifizierung. Die jungen Männer fügen sich Schmerzen zu, um sich im Glauben zu stärken. Sie zeigen sich und der Umwelt, wie stark sie sind. Sie zeigen es aber auch den Toten. Sie offenbaren den Verstorbenen, welchen Schmerz sie fühlen.

Neben Tod und Abschied gehört zum Kwarup unverzichtbar der Neubeginn. Nach einem Jahr der strikten Absonderung innerhalb ihrer Familienhütten werden die jungen Frauen nun erlöst und freigegeben. Sie sind jetzt heiratsfähig. Ein Reigen der Teenager formierte sich, vorneweg ein Flötenspieler, der von Hütte zu Hütte zog. Nach und nach wuchs sein Anhang wie beim Rattenfänger von Hameln auf etwa zehn Mädchen, die vollkommen unbekleidet waren bis auf bunte Halsketten und das Uluri, die Hüftschnur aus Rindenbast. Die jungen Frauen legten jeweils eine Hand auf die Schulter ihrer Vorgängerin in der Schlange. Sie tanzten fröhlich über den ganzen Platz. Nach einem Jahr im Schatten sahen sie erstmals wieder die Sonne. Durch die lange Seklusion war ihre Haut viel heller als die der Zuschauer. Die Haare hatten sie nicht schneiden dürfen, die schwarzen Ponyfrisuren hingen ihnen teilweise bis über die Nase. Sie blinzelten durch den Vorhang der Haare, manche schlossen die Augen ganz. Im nächsten Jahr würden all diese Mädchen heiraten, dann Kinder bekommen. Die Toten gingen, die Lebenden gründeten Familien.

In langen Schlangen tanzen und stampfen die Kalapalo über den Dorfplatz.

Junge Männer bereiten sich auf die Huka-Huka-Kämpfe vor.

Gegen Mittag kam Bewegung in die Zuschauer des Spektakels. 300 Indianer formierten sich in langen Schlangen und marschierten stampfend über den Platz. Die meisten waren unbekleidet, mit Urucú rot und mit Genipapo schwarz bemalt und mit Federn geschmückt; Männer wie Frauen. Auf die Tänze folgten wieder Ringkämpfe. Am späten Nachmittag knieten sich die Menschen wie auf ein geheimes Kommando gemeinsam hin. Die Verwandten und Bekannten der Toten begannen zu weinen und zu wehklagen; sie warfen sich in den Sand und rauften sich die Haare. Auch gestandene Männer wie Luiz stimmten in das Klagelied ein. Ihr Gesang hielt an, bis es dunkelte und die kurze tropische Dämmerung der Nacht wich.

Nun stürmten aus den Hütten die angereisten Gäste mit brennenden Feuerscheiten. Sie trugen einen Scheinangriff auf die Knieenden vor, um böse Geister zu vertreiben, die den toten Seelen schaden könnten. Sie wichen wieder zurück, formierten sich zu einem wilden Tanz, schwangen die glühenden Hölzer – ein unheimliches, eindringliches, fantastisches Bild. Sie gingen in die Knie, sprangen auf, riefen »Huh«, immer wieder gemeinsam »Huh«. Ich bekam eine Gänsehaut. Diese Scheinangriffe wurden fortgesetzt, bis die Menschen sich Stunden später in die geräumigen Hütten begaben und im flackernden Licht der Lagerfeuer mystische, rollende Gesänge anstimmten, die uns angenehm in den Schlaf wiegten.

Der dritte Tag verging mit weiteren Tänzen und Huka-Huka-Runden. Nach dem offiziellen Ende der Feiern, am späten Nachmittag, bat Tafukuma, ein Schwager von Luiz, mich, den »weißen Fremden«, in die Arena. Ich vermute, dass man mich erst jetzt dazurief, weil man den bösen Zauber noch immer fürchtete, dem Gegenzauber nicht völlig traute und Angst hatte, die seltsamen Schwächeanfälle der Ringkämpfer könnten irgendwie mit uns Weißen zu tun haben. Auf keinen

Fall sollte die letzte Reise der Toten noch einmal gestört werden wie zu Beginn des Festes. Aber nun war alles getan, die Seelen glücklich verabschiedet, nun schien es ungefährlich, uns in die Feier einzubeziehen. »Roland, jetzt kannst du kämpfen«, sagte Tafukuma.

Noch waren einige Gäste anwesend, deren gespannte Aufmerksamkeit uns sicher war. Es war auch noch immer heiß und staubig, ein wolkenloser Tag. Ich wickelte mir Handtücher um die Knie, denn ich hatte mir bei einem früheren Ringkampf im Sand einmal übel die Haut aufgerissen und infiziert. Mein Gegner war jung, grimmig, muskulös, nackt bis auf einen rotweißen Hüftgürtel und Knieschützer. Er hatte sich komplett eingeölt. Die Zuschauer stellten sich hinter meinem Gegner auf, verfolgten jedes Zucken unserer Muskeln. Die Indianer ließen anfeuernde Rufe hören. Wir rannten aufeinander los. Ich schaffte es, ein paar Minuten durchzuhalten, aber natürlich hatte ich mit meinen 52 Jahren keine Chance gegen den geschmeidigen Kalapalo-Ringer. Er bekam mich an der Schulter zu fassen und drehte mich auf den Rücken. Ich hatte verloren. Auch ein zweiter Versuch schlug fehl. Trotzdem kam Kuno später auf die Idee, unseren Film über das Kwarup-Fest »Duell am Amazonas« zu nennen.

Das war kein schlecht gewählter Titel. Nicht wegen der Huka-Huka-Kämpfe. Sondern weil er eine doppelte Bedeutung besaß. Längst hatte am Amazonas ein ganz anderes Duell begonnen – ein Kampf, der die Existenz von Luiz und seinem Stamm im Kern bedrohte. Dies war auch der eigentliche Grund, dass die Kalapalo sich vor schwarzer Magie fürchteten. Ihr Gegner in diesem Kampf waren keine Indianer, sondern die mächtige brasilianische Regierung in der Hauptstadt Brasília. Es war Zwietracht gesät worden unter den Völkern im Xingú-Nationalpark. »Es

Häuptling Diawá.

werden Flüche ausgesprochen und böser Zauber verhängt«, erläuterte Luiz, »es wird Zeit, dass wir mit allen Stämmen darüber reden.« Aber der böse Zauber hatte sich längst in die Gehirne der Häuptlinge gefressen. Es war ein böser Zauber des »weißen Mannes«, von dem die Welt einmal gedacht hatte, dass er nicht mehr wirksam sei.

Fast 20 Jahre war es her, seit ein gigantisches, zerstörerisches Bauprojekt das Schicksal der letzten Ureinwohner am Xingú ins Bewusstsein der Welt gehoben hatte. Der britische Rockmusiker Sting war Ende 1989 zu den Kayapó und Kalapalo gereist, hatte sich mit meinem Freund Raoni, dem berühmten Häuptling der Txucarramãe-Indianer und Führer der südamerikanischen Indiobewegung getroffen, und damit viel zum Stopp des größenwahnsinnigen Vorhabens beigetragen, das die brasilianische Regierung damals »das größte nationale Projekt bis zur Jahrhundertwende« nannte. Der Riesenstaudamm Cararao hätte das halbe Reservat überflutet, hätte 18 Indianervölkern den Lebensraum genommen und dem Fischreichtum in den Nebenflüssen des Xingú ein Ende bereitet. Das Treffen mit Sting im Dschungel wurde damals von zahlreichen Journalisten begleitet, machte die Weltöffentlichkeit auf das geplante Millionenprojekt aufmerksam und bewegte die Weltbank, die es finanzieren sollte, zum Rückzug.

Damals gab es im Westen viele Leute, die Geld für die Indianer am Xingú spendeten. Der Dollarsegen hat dann viele Indios vollkommen verwirrt, zu unsinnigen Ausgaben angestiftet und letztlich nur einige weiße Händler reich gemacht. Sie verkauften den Stämmen beispielsweise Zement, für den diese gar keine Verwendung hatten; oder Konsumgegenstände wie Fernseher, Radios und sogar Motorräder, die im Dschungel ohne Stromanschluss und Tankstellen völlig sinnlos sind. Zugleich führte das viele Geld zum Streit der Indianer untereinander. Das Ergebnis war, dass die neue brasilianische Regierung unter dem einst populären linken Politiker Lula da Silva das Staudammprojekt 2004 erneut auflegte und nun energisch vorantrieb. Lula sagt man nach, dass er zwar ein Herz für die Armen, aber nicht unbedingt für die Indianer habe. 400 000 Rothäute, die meist nicht mal als Wähler registriert sind, spielen in seinen Augen offenbar keine große Rolle gegenüber 182 Millionen anderen Brasilianern. Es ist unübersehbar, dass die ohnehin umstrittene Indianerbehörde Funai in seiner Amtszeit stetig an Einfluss einbüßte.

Neben Luiz stand am Tag der Huka-Huka-Kämpfe der Häuptling Diawá, der Anführer eines anderen Kalapalo-Dorfes. »Gegen alle Versprechungen haben die Weißen den Staudamm in Wahrheit nie aufgegeben«, sagte er. »Der Gouverneur von Cuiabá hat jetzt erklärt, dass der Damm auf jeden Fall kommt. Das ist eine Katastrophe für uns Indianer hier im Nationalpark, weil wir dann nicht mehr genügend Fische fangen können. Aber Fisch ist unser Hauptnahrungsmittel. Wir fischen im Fluss, so wie ihr in den Supermarkt geht, um Hühnchen, Reis und Bohnen zu kaufen. Deswegen lassen wir es nicht zu, dass der Staudamm gebaut wird. Denn wenn die Fische sterben, haben wir nichts mehr.«

Luiz – Häuptling des Kalapalo-Dorfes.

Es geht bei dem jetzt in Belo Monte umbenannten Großprojekt um ein ganzes System von Staudämmen, das nicht mehr wie früher den Xingú-Nationalpark überfluten, sondern knapp nördlich des Schutzgebietes entstehen und das drittgrößte Wasserkraftwerk der Welt werden soll – größer als der Megastaudamm Tucuruí am Rio Tocantins im Bundesstaat Pará, für den in den achtziger Jahren 30 000 Menschen weichen mussten und 2850 Quadratkilometer Regenwald überschwemmt wurden, eine Fläche dreimal so groß wie der Bodensee. Den Xingú will der staatliche brasilianische Stromriese Electrobras in fünf Stufen aufstauen. Dadurch sollen einmal 11 000 Megawatt Leistung erzeugt werden – fast so viel wie vom Wasserkraftwerk in Itaipú an der Grenze zwischen Brasilien und Paraguay, das nur noch vom Drei-Schluchten-Damm am Yangtze in China übertroffen wird. Die brasilianische Regierung hat den Baubeginn von Belo Monte auf Ende 2009 festgelegt.

Die Indianer befürchten als Folge eine massive Verschmutzung des Stromes, einen bedeutend niedrigeren Wasserstand, vor allem aber den Verlust ihrer Nahrungsgrundlage. Die meisten Fische im riesigen Flusssystem des Amazonas schwimmen die kleineren Nebenflüsse hinauf, um dort zu laichen, und anschließend wieder zurück. Die geplanten Staustufen würden das verhindern, die Fische ihre Laichgründe verlieren und die Kalapalo sowie andere Xingú-Stämme ihre wichtigste Nahrung. Die Belo-Monte-Dämme werden den Xingú fast bis an das Schutzgebiet aufstauen – eine Brutstätte für Malaria-Mücken und die Überträger anderer Tropenkrankheiten. Ein Bauprojekt dieser Größenordnung bringt zudem eine Armee von Bauarbeitern mit sich und lockt Massen von Siedlern und Glücksrittern an, die erfahrungsgemäß den zuvor abgeschirmten Indianerstämmen tödliche Krankheiten, Alkoholismus und den kulturellen Niedergang bringen. Im gesamten Xingú-Park leben gerade 3000 Menschen. Es wäre ihr Untergang.

Zunächst verzögerten juristische Einsprüche noch die Pläne für das Megaprojekt. Aber kurz vor unserer Reise nach Brasilien eskalierte die Lage. Ersten Demonstrationen und Blockaden der den Xingú-Park durchschneidenden Bundesstraße BR 20 von Brasília nach Manaus folgten tumultartige Auseinandersetzungen, nachdem der brasilianische Energieminister Edison Lobão das Vorhaben im Mai 2008 als »unumkehrbar« bezeichnet hatte. Daraufhin protestierten rund 600 Kayapó in schwarz-roter Körperbemalung und bunten Federhauben im Amazonasstädtchen Altamira (Mato Grosso) zusammen mit Umweltschützern und Kleinbauern gegen den Damm. Dort hatte der berühmte katholische Bischof Erwin Kräutler eine viertägige Diskussionsveranstaltung organisiert. Zu diesem Zeitpunkt war Kräutler längst zur Kristallisationsperson des Widerstandes gegen Belo Monte geworden. Dem *Spiegel* sagte der aus Österreich stammende Kirchenmann, den *pistoleiros* – bezahlte Killer – wegen seines Kampfes gegen Korruption und Sklavenarbeit und für die Rechte der Ureinwohner immer wieder mit dem Tod bedrohen: »Als ich nach Altamira kam, war das hier ein Paradies. Ich werde nicht tatenlos zusehen, wie es unter Wasser versinkt.«

Zu Beginn der Versammlung machte die Firma Electrobras Reklame für das 4,3-Milliarden-Euro-Bauwerk, das vor allem für die Aluminium- und Sägewerke sowie die Sojafarmen im Amazonasgebiet benötigt, und das die Regenwaldzerstörung weiter beschleunigen wird. Laut einem Korrespondentenbericht der Berliner *taz* zeigte der Electrobras-Ingenieur Paulo Fernando Rezende eine Powerpoint-Präsentation, bei der er sagte: »Brasilien braucht den billigen Wasserstrom, um weiter wachsen zu können.« Tatsächlich erzeugt Brasilien bereits rund 90 Prozent seines Strombedarfs durch Wasserkraft; nur mit der gigantischen, billigen Energiereserve kann das Schwellenland seine prognostizierten Wachstumsraten von vier bis fünf Prozent pro Jahr erreichen. Der Nachredner des Ingenieurs war Roquivam Alves da Silva, der Vertreter der Kleinbauern, Flussanwohner und Indianer, die sich gegen das Großprojekt wehren. Er rief: »Wenn es nötig ist, werden wir in den Krieg ziehen, um den Xingú zu verteidigen.« Die *taz* schilderte, was dann geschah: »Daraufhin erheben sich Dutzende Kayapó unter Kriegsgeschrei, stürzen sich auf Rezende, werfen ihn zu Boden und reißen ihm das Hemd vom Leib. Eine Machete fährt in seinen rechten Oberarm. Minuten später wird er mit blutverschmiertem Oberkörper aus der Halle geführt. Ein Triumphtanz folgt. Frauen zerschneiden das Hemd und zünden es an. ›Die Attacke war eine Warnung an die Regierung‹, sagt Kazike Siranha von den Kayabi, ›unsere Fischbestände sind in Gefahr‹.«

Wie schon vor 20 Jahren waren die Kayapó die Anführer des Widerstandes – sie sind nicht umsonst bekannt als der kriegerischste Stamm am ganzen Amazonas. 1989 hatte eine Kayapó-Frau namens Tuíra die Machete geschwungen. Bei einer ähnlichen Großveranstaltung gegen den Staudamm Cararao fuhr sie mit der Klinge ihrer Waffe über die Wange eines Stromfunktionärs, und das Bild ging um die Welt. Danach schien sich alles zum Guten zu wenden. Nun war das alte Projekt unter neuem Namen wieder da. Ein Sprecher der Umweltorganisation *International River Network* in Sao Paulo sagte der *taz*: »Wenn Belo Monte durchgeht, gibt es in Amazonien kein Halten mehr« – dann würden auch die anderen Megaprojekte durchgesetzt. Viel Hoffnung gibt es aber nicht, denn die Energiewirtschaft hat in Brasilien noch stets die Umweltgesetzgebung ausgestochen.

Häuptling Luiz erklärte uns die Vorgeschichte: »Wir waren in Brasília, um dort über die Probleme zu reden. Um uns abzuholen, schickte die Funai zwei Autobusse nach Canarana, in die Stadt der Sojafarmer, eine Tagesreise entfernt außerhalb des Schutzgebietes. Die Häuptlinge von 70 Dörfern sind dorthin gefahren. Wir haben dann mit der Funai zusammengesessen und geredet, und sie haben gesagt, dass der Bau des Staudamms erst einmal gestoppt wird. Das war im März 2007. Aber wie es aussieht, halten sie sich nicht daran, und die Kalapalo und Kayapó sind inzwischen die einzigen, die den Kampf gegen den Megadamm noch fortsetzen.«

»Wie meinst du das, Luiz?«, fragte ich ihn. Er antwortete mit einem Satz, der mich zutiefst beunruhigte: »Die Häuptlinge der Kuikuro, auch der Matipu, Nafuqua, der Kamayura und anderer Stämme im Reservat wurden vor einigen Monaten nach Cuiabá eingeladen, und sie haben den Vertrag unterschrieben. Dort wurde der Staudamm heimlich freigegeben. So wurde es uns berichtet.« Mit anderen Worten, die Kalapalo und Kayapó waren nicht geladen und sind insgeheim überstimmt worden. Die anderen hatten sich von der Stromwirtschaft offenbar einlullen lassen. Man hatte sie damit geködert, dass das Dammsystem nicht mehr 1250 Quadratkilometer Regenwald fluten sollte, sondern »nur« noch 400. Mit ihrer Zustimmung war das Projekt jetzt genehmigt worden, und die Banken reichten bereits die ersten Kredite aus. Auf die Weltbank ist Brasilien schon lange nicht mehr angewiesen.

Ganz ähnlich waren die Indianer schon ein paar Jahre früher gegeneinander ausgespielt worden. 100 Kilometer vom Xingú-Park entfernt, an den Stromschnellen des Culuene, wo der Amazonas-Regenwald in die Savannenlandschaft des Cerrado übergeht, wird seit 2004 der Staudamm für das Kraftwerk Paranatinga II gebaut – an einem heiligen Ort. »Dort hat nach unserer Überlieferung der Mensch zum ersten Mal für seine Toten das Kwarup zelebriert«, sagte Luiz. Doch die Indianer wurden beruhigt: Sie bräuchten sich nicht zu sorgen, der Damm sei weit entfernt, und ihr Kwarup könnten sie auch im Schutzgebiet feiern. Von dem Kraftwerk würden sie ohnehin nichts spüren. »Aber als die Weißen mit dem Staudammbau begannen, merkten das einige Dörfer sofort – weil es weniger Fische gab«, berichtete Luiz. Auch damals fürchtete man, dass der erzeugte Strom vor allem den immer weiter in den Dschungel vordringenden Sojafarmern nützen würde. Einige Häuptlinge wandten sich daher gegen den Damm, aber andere unterschrieben das Genehmigungsdokument, »ohne unser Wissen«, so Luiz. Ob ihre Zustimmung mit Geld erkauft wurde, wusste er nicht. Allerdings ist Paranatinga II im Vergleich mit Belo Monte ein Zwerg. Paranatinga II soll einmal 29 Megawatt Strom erzeugen, in Belo Monte aber 11 000 Megawatt. Zum Vergleich: Das leistungsstärkste deutsche Wasserkraftwerk Goldisthal in Thüringen erzeugt gerade 1000 Megawatt.

Mich wunderte, wie ruhig Luiz von all diesem Wahnsinn berichtete. Ich fragte ihn und seinen Kollegen Diawá, wieso die anderen Häuptlinge sich korrumpieren ließen, aber sie konnten es sich selbst nicht erklären. Diawá sagte nur: »Wir Kalapalo werden weiter gegen den Staudamm kämpfen. Denn wir haben nur unseren Fluss Culuene, der uns die Nahrung gibt. Wir können nicht zulassen, dass er zerstört wird. Wir sind nicht wie andere Indios, wie die Xavantes, die essen sogar Schlangen und Gürteltiere. Aber wir essen nur Fisch. Wir sind jetzt ganz auf uns allein gestellt. Denn die Funai hält sich aus dem Streit heraus.«

Diawá fügte hinzu, die fehlende Unterstützung durch die Indianerbehörde sei umso unverständlicher, als sie in der Vergangenheit gemeinsam mit der Funai viel erreicht hätten. Kein Goldsucher, Kautschuksammler oder Holzfäller dürfe schließlich in den Nationalpark eindringen. »Wenn jemand hier rein kommt, Holzfäller zum Beispiel, dann melden wir das sofort per Funk bei der Funai. Dann rufen sie die Bundespolizei an, die uns hilft, die Fazendeiros, die Großgrundbesitzer, wegzuschicken.« Diawá zeichnete eine Karte des Xingú-Reservats in den roten Sand. »Das hier ist unser Gebiet. Am Anfang haben die Weißen die Grenzen überwacht. Mittlerweile machen wir das allein und rufen dann die Funai an. Wer nur acht Meter eindringt, kann schon bestraft werden. Mit einer hohen Geldstrafe. Aber jetzt wollen sie zerstören lassen, was sie all die Jahre beschützt haben.« Ihm war die Wut anzumerken.

Die Funai hat eine lange Geschichte im Umgang mit Indianervölkern, die nicht immer ehrenhaft war, aber sie hat ihre Schlüsse daraus gezogen, mehr als jede andere staatliche Organisation zum Schutz von Naturvölkern, die ich kenne. Ihre wichtigste Prämisse teile ich uneingeschränkt: Lasst die Leute in Frieden, so lange es nur irgend geht. Es gibt eine Fürsorgepflicht des Staates, der man am besten gerecht wird, wenn man ihre Gebiete vor Eindringlingen schützt.

»Und noch etwas kommt hinzu: Genau dort, wo sie den Staudamm errichten wollen, fand früher unser Kwarup-Fest statt«, sagte Diawá. Er straffte seinen korpulenten Körper. Dann erklärte er: »Wir werden kämpfen.« Ich beschloss, dass es der richtige Zeitpunkt war, um den beiden Häuptlingen eine Freude zu machen.

»Habt ihr gewusst, dass ein deutscher Mann vor exakt 50 Jahren das Xingú-Fest gefilmt hat?«, fragte ich sie. Luiz sah mich forschend an. Ich rückte mit der Überraschung heraus. »Wir haben den Film gefunden und mitgebracht. Heute Abend gibt es eine große Vorführung für alle.«

Wir hatten in Deutschland alte Filmaufnahmen entdeckt, die Erich Wustmann, der bekannte DDR-Weltreisende und Autor zahlreicher Bücher über Waldindianer in Südamerika, 1958 am Xingú gedreht hatte – von einem ähnlichen Fest und von den Huka-Huka-Kämpfen. Kuno hatte nach den Filmen Wustmanns in den Archiven der DEFA und des früheren DDR-Fernsehens geforscht und war dabei auf diese historischen 16-Millimeter-Aufnahmen gestoßen.

Nach Einbruch der Dunkelheit saßen wir auf dem Dorfplatz im Freien. Luiz hatte den Generator angeworfen, so dass es Strom gab, und mindestens 200 neugierige Augenpaare starrten auf den kleinen Bildschirm und den DVD-Player, die Kuno

Gebannt schauen die Indianer auf den Bildschirm. Ein deutscher Dokumentarfilm zeigt, wie ihr Volk vor 50 Jahren lebte.

vor ihnen aufgebaut hatte. Es war wie Freiluftkino früher daheim in Mecklenburg. Dann startete Kuno den Film. Die alten Farbbilder hatten erstaunlich wenig gelitten, aber wegen der damaligen Technik zappelten die Indianer durch das Bild wie im Kintopp zur Stummfilmzeit. Es war mucksmäuschenstill, man hörte nur die Grillen im Dschungel zirpen. Luiz blickte ebenso fasziniert auf die Aufnahmen der Huka-Huka-Kämpfe seiner Väter und Vorväter wie der Rest der Runde. Wir fragten ihn nach seiner Meinung. »Man sieht, früher war es anders«, sagte er. »Damals war es wohl viel schneller. Heute haben wir den Kampf etwas verändert.«

Trotz des lustigen Missverständnisses war es ein magischer Moment. Keine brasilianische Telenovela konnte die Indianer so fesseln wie diese alten, hüpfenden 16-Millimeter-Aufnahmen aus ihrer eigenen Vergangenheit. Sie zeigten nicht nur Ringkämpfe, sondern auch den Fischtanz, die Jagd auf Fische und auf einen Jaguar. Wustmann hatte die Bilder in einem der letzten Momente aufgezeichnet, als es noch möglich war, die Kultur der Xingú-Indianer völlig frei von äußeren Einflüssen zu dokumentieren. Es war das Jahr, in dem Luiz geboren wurde.

Der 30-Jährige Urisse stand neben uns, der Häuptling eines anderen Kalapalo-Dorfes, ein Mann, der grundsätzlich nackt ging. Urisse war einer der Ausrichter des Kwarup-Festes, ein Verwandter der Toten, ein kräftiger Bursche mit gewaltigem Bauch. Er sagte: »Dieses Filmdokument sehe ich sehr gern. Ich mag es, weil unsere Kultur von den Vorfahren kommt. Und wir machen immer noch das Gleiche, was die Leute von damals gemacht haben.« Aber auch Kinder und Jugendliche des Stammes saßen wie gebannt vor dem kleinen Bildschirm und riefen wie aus einem Munde: »Mais uma vez! Noch einmal!« Mit der Vorführung hatten wir ihnen wirklich ein visuelles Geschenk gemacht. Luiz bat uns um eine Kopie des 20-Minuten-Streifens. »Damit wir allen jungen Leuten zeigen können, wie es früher war«, sagte er. »Damit sie es nicht vergessen.«

Luiz kennt die Außenwelt, er ist als Vertreter seines Stammes viel herumgekommen, nach Brasília, Sao Paulo, selbst ins Ausland, aber er ist Traditionalist geblieben. Er lehnt das Leben in den brasilianischen Städten ab, und er weiß genau, warum. Er empfindet das Leben im Urwald nicht als Ausschluss und Absonderung, sondern im Gegenteil als großes Glück. Bei unserem letzten Besuch hatte er über die Armut, die Korruption, die Gewalt bei den Weißen geklagt. Er hatte bedauert, wie stark das Fernsehen mit seinen Telenovelas auf die jungen Kalapalo wirke und die Sitten verderbe. Wenn es nach ihm ginge, würde der Kontakt nach draußen auf ein Minimum reduziert. Jetzt verschränkte er die Arme über seinem stattlichen Bauch und klagte erneut: »Die Jungen nehmen nicht mehr an der Jagd teil. Sie wollen nicht mehr nackt sein. Sie vergessen die Tradition. Wir Alten sind deswegen unglücklich und streiten mit den Jungen. Aber es ist überall das Gleiche. Wenn ich zu anderen Stämmen reise, dann erlebe ich, dass die Indianer an vielen Orten ihre eigenen Traditionen bereits vergessen haben.«

Nachdenklich sagte er, es sei sicher gut, einen Fernseher zu haben, um sich Fußball anzusehen. Es sei auch gut, dass Ärzte und Zahnärzte in die Dörfer kämen, um die Menschen medizinisch zu versorgen. Dass die Regierung solarbetriebene Grundwasserbrunnen anlegen ließ und 1994 die Schule im Dorf einrichtete. Aber Luiz hatte noch mehr Angst als früher, dass sein Stamm irgendwann nicht mehr wisse, woher er komme und was für seine Menschen wichtig sei. »Wir sagen jetzt schon, dass wir hier im Xingú die einzigen Indianer sind, die unsere alte Art, sich anzumalen, unsere Tradition und unsere Körperkultur bewahren.« Und er ergänzte, als wir ihn filmten: »Es ist gut, dass ihr Aufnahmen macht, so wie es euer Vorfahr gemacht hat. Ich möchte, dass ihr nach Deutschland geht und den Leuten dort zeigt, wie wir hier leben. Ihr könnt ihnen zeigen, was wir verlieren, wenn dieser Staudamm gebaut wird. Das wird unser Ende sein.«

So deprimierend das alles war, es freute mich, dass Luiz den Wert der Filmaufnahmen ansprach. Ganz ähnlich argumentiere ich in Deutschland, wenn mich Leute manchmal für meine Expeditionen kritisieren. Gäbe es niemanden, der Kulturen wie am Xingú dokumentiert, dann wüsste die Welt nichts darüber und es gäbe nicht einmal den Hauch einer Chance, den Indianern gegen die Staudamm- und Straßenbauer zu helfen. Unser unerwarteter Erfolg mit dem Wustmann-Film bestätigte meine Auffassung. Mit unseren Filmen, Fotos und Büchern können wir nicht nur dazu beitragen, dass unsere Kinder später, wenn die Vielfalt der Kulturen nicht mehr existiert, wenigstens noch erfahren können, wie diese Völker einmal gelebt, gedacht, empfunden haben. Es ist auch für die Naturvölker selbst unschätzbar wichtig. Denn unsere Aufnahmen bewahren ihr kulturelles Erbe, von dem ich fürchte, dass es in wenigen Jahren weitgehend verloren ist und nur noch als touristische Folklore existiert.

Es wurde ein trauriger Abschied von Luiz, als wir das Dorf nach zehn Tagen wieder verließen. Traurig, weil selbst die wenigen sicher geglaubten Fortschritte zur Rettung des Amazonaswaldes und seiner Ureinwohner immer wieder in Frage gestellt wurden. Zum Schluss hatten wir erfahren, dass selbst einige Kalapalo-Häuptlinge nicht immer standhaft blieben. Als ein Sojafarmer kurz vor unserer Ankunft den Culuene mit Düngemitteln vergiftet hatte und viele Fische starben, hatten sie sich mit einem gebrauchten Toyota-Pick-Up dazu bewegen lassen, nicht vor Gericht zu ziehen. Der Wagen stand nun völlig sinnlos im Dorf herum; es gab ja keine richtige Straße. Er war aber ein Statussymbol.

Die Zivilisation und ihre Verlockungen forderten ihren Tribut. Ihr Sog ist zu stark, als dass es irgendein Mittel dagegen geben würde. Wenn sie davon erfahren, wollen alle Menschen einen Kühlschrank, einen Fernseher, Antibiotika, einen Zahnarzt. Fast alle. Das Problem ist der Übergang von der einen zur anderen Zivilisation – sanft oder abrupt? Die Frage, die sich Luiz, Daiwá und Maona stellten, lautet daher nicht ob, sondern wann und wie. Was nehmen sie mit aus ihrer Kultur? Was ist bewahrenswert? Wie erziehen sie ihre Kinder?

Luiz denkt weiter. Er fragt sich auch, wie er sein Volk vor den Plagen der Weißen beschützen kann – vor Armut, Kriminalität, Drogensucht. »Und warum soll ich Christ werden, wenn ich keiner sein will?«, fragte er mich einmal. Er lässt seinen Sohn Jura studieren, weil er weiß, dass die Kalapalo gute Anwälte brauchen werden, um ihr Schutzgebiet zu verteidigen. Er lässt die Dorfkinder Portugiesisch lernen und hofft darauf, dass sie dem Stamm trotzdem treu bleiben. Der berühmte brasilianische Waldläufer Orlando Villas Bôas hat einmal gesagt: »Gib einem Indianer eine Stahlaxt, und er wird nie wieder ein Steinbeil in die Hand nehmen. Gib ihm ein Motorboot, und er wird verlernen, ein Paddel zu schnitzen. Gib ihm eine Dose gebackener Bohnen, und er wird sein Maniokfeld nicht mehr bestellen.« Auf Luiz und die Kalapalo bezogen, stimmte das nur zur Hälfte. Stahlaxt ja, Motorboot auch – aber das Maniokfeld wird weiter bestellt, und gefischt wird weiter mit dem Einbaum.

Luiz setzt auf den sanften Wandel, wie auch der Kayapó-Häuptling Raoni und viele andere im Nationalpark, die seit fast 60 Jahren nun den heiklen Spagat zwischen Tradition und Moderne leben und damit beweisen, dass eine Synthese beider Lebensweisen möglich ist. Luiz, Diawá, Megarón und Raoni wissen aber auch, dass die entscheidende Schlacht immer um das Land geht. »Deshalb kämpfen wir um jeden Quadratmeter unseres Gebietes, in den die Weißen eindringen«, erklärte Luiz.

Man konnte das Gefühl bekommen, dass die Indianer wieder einmal an einem Scheideweg standen. Vor einer Entscheidungsschlacht, vielleicht der letzten. Von allen Seiten rückte die weiße »Zivilisation« auf das Amazonasbecken vor. Die »Entdeckung« der Metuktire und der Pfeilschützen vom Kokain-Dreieck war kein Zufall, sondern ein Symptom.

Ende Mai 2009 nahm die bekannte britische Organisation zum Schutz der Naturvölker, *Survival International,* den Jahrestag der Veröffentlichung der Pfeilschützenbilder zum Anlass, um die Weltöffentlichkeit zu alarmieren, dass einige unkontaktierte Indianergruppen kurz vor der Ausrottung stünden. Trotz internationaler Proteste würden Behörden, Konzerne, Holzfäller und Großgrundbesitzer weiter brutal gegen die wenigen verbliebenen Urvölker der Erde vorgehen und nun auch in die letzten unberührten Regionen vordringen. Wie zum Beispiel in die Naturwälder im Osten Paraguays, wo Farmer mit Planierraupen Indioland plattwalzten, um darauf Rinder zu züchten. In Peru und in Brasilien würden Holzfäller und Farmer mit Waffen in den Urwald vorrücken und störende Indios gezielt erschießen. Durch Vertreibung hinderten sie indigene Völker bewusst daran, Feldfrüchte anzubauen. Der Rückzug in die Tiefen des schützenden Regenwaldes sei für ihre Opfer dann oft der einzige Weg zum Überleben – aber weil immer mehr Regenwald gerodet wird, verlören die isolierten Stämme nun ihre Rückzugsmöglichkeiten.

Auf der roten Liste bedrohter Völker stehen laut *Survival International* derzeit in Südamerika fünf Indianerstämme: die Rio-Pardo-Indianer und die Awá in Brasilien, die indigenen Stämme zwischen den Flüssen Napo und Tigre und am Envira-Fluss in Peru sowie die Ayoreo-Totobiegosode in Paraguay. Stephen Corry, der Vorsitzende von *Survival International,* schrieb: »All diese indigenen Völker stehen den zahllosen Eingriffen durch Holzfäller, Viehzüchter, Kolonisten und Ölfirmen in ihr Land hilflos gegenüber.« Er zitierte einen Häuptling vom Stamm der tödlich bedrohten Awá: »Wir leben in den Tiefen des Waldes, sind ständig auf der Flucht. Ohne den Wald sind wir nichts, so können wir nicht überleben.«

Diese Indios mögen zwar isoliert sein, aber sie wissen genau, dass es die »weißen Fremden« gibt. Sie kennen die Bedrohung, die von ihnen ausgeht. Wie ihre Mythen von der Entstehung der Erde erzählen sie sich die Geschichte der Eroberung und Versklavung Amazoniens durch die Eindringlinge. Sie beobachten aus der Ferne, wie es anderen Völkern geht, die sich auf den Kontakt eingelassen haben: Alkoholismus, Armut, Verelendung. Ihre Verstecke verlassen die scheuen Waldbewohner nur aus zwei Gründen: wenn sie es selbst wollen – oder wenn sie mit Gewalt dazu gezwungen werden.

Zwar ist der Kontakt mit der modernen Zivilisation auf Dauer unvermeidlich. Aber den Zeitpunkt dafür sollten die Naturvölker bestimmen und nicht Missionare, Holzfäller oder Sojafarmer. Tatsächlich hat sich der größte Teil der heute noch »unentdeckten« Stämme freiwillig für die Isolation entschieden, vor allem wegen der als bedrohlich empfundenen Auswirkungen der Zivilisation, aus Angst also vor Straßenbauern, Ölfirmen, Goldsuchern – und ihren für die Indianer tödlichen Krankheiten.

Ich dachte an die Metuktire, die gar nicht weit von hier vor einem Jahr plötzlich aufgetaucht waren. Der Kayapó-Häuptling Megarón hatte völlig richtig gehandelt, als er sofort Medikamente für sie herbeischaffen ließ. Denn auch ein friedlicher Kontakt mit der Außenwelt ist für Naturvölker immer gefährlich und hat oft tödliche Folgen. Eine Maserninfektion kann einen ganzen Stamm auslöschen. Millio-

Zerstörung des Regenwaldes im brasilianischen Bundesstaat Rondônia.
Die letzten Rückzugsräume der Ureinwohner gehen verloren.

nen von Indianern starben nach der »Entdeckung« Amerikas an den Krankheiten des »weißen Mannes«, gegen die ihr Immunsystem keinen Schutz besaß. Nicht nur die europäische Kinderkrankheit Masern, auch die Windpocken, die Grippe und die Tuberkulose tobten als verheerende Seuchen durch den Dschungel. Später »beschenkten« einzelne Brasilianer ganze Stämme mit pocken- und masernverseuchter Kleidung oder arsenvergiftetem Zucker, um sie umzubringen und Platz für Siedlungen und Plantagen zu schaffen. Das war ein Völkermord im Regenwald, der viel zu wenig bekannt ist. Doch auch heute noch kann ein Händedruck eine furchtbare Epidemie auslösen.

Bis 1950 waren von 230 Anfang des Jahrhunderts in Brasilien registrierten Indianervölkern 87 ausgestorben. In den sechziger Jahren wurde mit etwa 200 000 Indianern der demografische Tiefstand erreicht. Heute gibt es rund 700 000 Angehörige indigener Völker in Brasilien, von denen etwa 400 000 in Schutzgebieten im Amazonasgebiet leben. Sie verteilen sich auf rund 300 Stämme; ein Sechstel der Völker besitzt allerdings nicht mehr als 100 Mitglieder. Als die Spanier Südamerika »entdeckten«, lebten dagegen schätzungsweise sechs Millionen Menschen im größten Regenwaldgebiet der Erde. Sie sprachen 1300 Sprachen, von denen heute nicht mehr als 181 noch lebendig sind.

Während der Korubo-Expedition 1996 hatte ich am Rio Javarí, dem Grenzfluss Brasiliens zu Peru, mit eigenen Augen gesehen, wie die Indianer der Stämme Marubo, Mayoruna, Matís und Kanamarí unter Krankheiten litten, die sie zuvor nicht gekannt hatten. Es gab zwar ein Hospital, das die missionierten Ureinwohner aufsuchten, wenn sie krank waren. Doch es gab keinen Chirurgen, viel zu wenig Medikamente. Um dem Elend wenigstens ein bisschen entfliehen zu können, betäubten sich viele Indios mit 60-prozentigem braunem Cachaça direkt aus der Flasche.

Die Verwahrlosung, aber vor allem die Infektionsgefahr sind wichtige Gründe, dass viele Ethnologen derzeit eine totale Kontaktsperre zu isolierten Völkern befürworten. Natürlich lässt sich nicht bestreiten, dass viele Angehörige von Naturvölkern heute länger leben als ihre Vorfahren, weil sie Zugang zur modernen Medizin haben. Weil sie zum Zahnarzt gehen können oder Medikamente bekommen – wenn sie denn welche bekommen. Aber der Preis ist gewaltig, den sie dafür zahlen. Nach einer Mitteilung des progressiven katholischen Indianermissionsrates CIMI aus Brasilien fristen die meisten Indios, die in Kontakt mit der Gesellschaft leben, ein trostloses Leben in bitterer Armut: »Dem wirtschaftlichen, psychologischen und kulturellen Druck halten viele nicht stand«, hieß es in dem Bericht vom Mai 2009. Demnach häufen sich beispielsweise im brasilianischen Bundesstaat Mato Grosso do Sue die Selbstmorde bei Angehörigen des Guarani-Kaiowá-Stammes. Zwischen Januar 2008 und Februar 2009 nahmen sich 40 von ihnen das Leben. Kein Wunder, dass sich viele Guarani-Kaiowá immer tiefer in die Wälder flüchten, die schon ihren Vorvätern als Lebensraum dienten. Was ist wohl besser: In einer intakten Kultur zu leben und mit 50 Jahren zu sterben – oder Kultur, Zusammenhalt und Selbstachtung zu verlieren, dafür aber 60 zu werden? So sieht die reale Alternative aus, im Amazonas genauso wie in Botswana, Borneo und West-Papua.

Der *Survival-International*-Sprecher Corry forderte, dass umgehend Schutzgebiete für die bedrohten Indianer eingerichtet würden und berichtete, dass die Veröffentlichung der Bilder kriegsbemalter Indios im Mai 2008 tatsächlich einiges bewirkt habe. Bis dahin hatte Perus Präsident Alan García die Existenz unkontaktierter Völker stets kategorisch bestritten und als Erfindung linker Umweltschützer abgetan. Nach den Pressefotos sah sich die peruanische Regierung immerhin zu einer Untersuchung gezwungen. Mit ihrem ungewöhnlichen Schritt habe die Funai geholfen, unkontaktierte Völker vor der Ausrottung zu schützen, sagte Corry. »Viele Menschen waren sich ihrer Existenz nicht bewusst, geschweige denn der Tatsache, dass es sich dabei um weltweit mehr als 100 unterschiedliche unkontaktierte Gruppen handelt. Leider verweigern viele Regierungen immer noch die einfachsten Maßnahmen, die das Überleben jener Völker sichern könnten, wie beispielsweise die betroffenen Gebiete unter Schutz zu stellen.«

Wie dramatisch die Lage ist, wurde der Welt im Juni 2009 bewusst, als die vereinten Amazonasindianer in Peru nach verzweifelten, monatelangen Protesten gegen zwei neue Landgesetze brutal zusammengeschossen wurden. Peru ist neben Brasilien der Brennpunkt der Konflikte im Amazonasbecken. Das Andenland hat sein Amazonasgebiet in den vergangenen Jahren in etwa 180 Parzellen für die Erschließung von Öl- und Gasfeldern aufgeteilt, die sich zumeist mit indianischen Gebieten überschneiden. Explorationslizenzen wurden ohne Rücksicht auf indianische

Landrechte vergeben. Die neuen Gesetze gründeten sich auf das Freihandelsabkommen zwischen den USA und Peru und sollten den Weg ebnen für die Erschließung von Erdöl- und Erdgasressourcen, Holzeinschlag und industrielle Landwirtschaft im Amazonasgebiet.

Was das bedeuten würde, wussten die Indios bereits. Im nördlichsten Zipfel Perus zwischen dem Napo- und dem Tigre-Fluss waren die Urbewohner schon in den Würgegriff der Ölmultis geraten. Nachdem ein US-Konzern die Konzession zur Ölsuche in ihrem Gebiet erhalten hatte, wurden sie mit bengalischem Feuer, Trillerpfeifen und Megafonen aus ihrem angestammten Land vertrieben. Nach Informationen der Menschenrechtsorganisation *Amazonas Watch* seien störende Indianer sogar einfach erschossen worden, wie die Nachrichtenagentur DPA im Mai 2009 berichtete. In dem Bericht heißt es: »Es gibt nur wenige Fotos von diesen Menschen. Sie leben weitgehend unbekleidet und verfügen über nur sehr einfache Werkzeuge und Waffen. Allerdings bewegen sie sich mit unglaublicher Geschicklichkeit in den dichten Urwäldern. Es handelt sich um Halbnomaden, die sich von Früchten und Fischen ernähren. Welchen Schrecken Feuer und Krach unter den weitgehend unbekannten Naturvölkern auszulösen vermag, kann sich kaum jemand ausmalen. (...) Ob die Indios wissen, welche miserablen Lebensverhältnisse sie nach einem Kontakt mit der Außenwelt erwartet, ist unbekannt. Allerdings fliehen sie regelmäßig, sobald sie nur den leisesten Verdacht auf fremde Menschen in ihrer Nähe haben.« Diese Indianer gehören zu den fünf laut *Survival International* akut vom Tod bedrohten Stämmen.

Während die Indios am Napo und Tigre ihr einziges Heil in der Flucht sehen, haben andere Stämme der peruanischen Amazonasregion den beeindruckendsten Aufstand gegen ihre Unterdrückung seit vielen Jahren organisiert. Im März 2009 begannen Indianer nahe der 1000 Kilometer nördlich von Lima gelegenen Provinzhauptstadt Bagua, sich gegen die fortwährende Waldabholzung und den Vormarsch der Ölfirmen friedlich zur Wehr zu setzen. Etwa 5000 Regenwaldbewohner blockierten die Infrastruktur. Sie sperrten Straßen, spannten Kabel über Flüsse und besetzten Ölanlagen im Dschungel, ohne jemandem ernsthaft ein Haar zu krümmen. Sie protestierten damit gegen die beiden Gesetze, die den Öl- und Gasunternehmen den Zugang zu ihrem kommunalen, bisher unberührten Regenwald erlaubten.

Laut Berichten von Nachrichtenagenturen sagte Alberto Pizango, der Anführer der peruanischen Indianer: »Wir fühlen, dass die Regierung uns schon immer wie Zweite-Klasse-Bürger behandelt hat.« Die Indigenen seien nicht einmal angehört worden, bevor man ihr Land den Großkonzernen übergab. Peru verletze damit internationale Richtlinien zum Schutz der Ureinwohner wie die »Allgemeine Erklärung der Vereinten Nationen zu den Rechten der indigenen Völker« –, vor allem aber eine bestehende Vereinbarung mit den Indios, die bei wichtigen, sie betreffenden Entscheidungen angehört werden sollten. Ohne Rücksicht auf diese Vereinbarung wurden die neuen Gesetze jedoch im präsidialen Handstreich verfügt.

Für die peruanische Regierung war der Protest eine neue Erfahrung. Diese Indianer waren keine unwissenden »Wilden«, die man für dumm verkaufen konnte. Sie wussten genau, dass die Ausbeutung des Urwaldöls im benachbarten Ecuador verheerende Auswirkungen gehabt hatte. Dort zerstörte der US-Multi Chevron-Texaco riesige Flächen, verseuchte ganze Flüsse dauerhaft mit Erdöl. Hunderte Indianer erkrankten, und Dutzende starben, zwei Völker – die Tetete und die Sansahuari – wurden ausgelöscht und existieren nur noch als Namen von Ölfeldern. Der Konzern hat sich inzwischen aus Ecuador zurückgezogen, die verseuchten Landschaften aber sind geblieben. In Ecuador wird mittlerweile eine international umstrittene Pipeline über die Anden gebaut – finanziert ausgerechnet von der Westdeutschen Landesbank.

Die Indianerproteste von 2009 richteten sich besonders gegen die anglo-französische Ölgesellschaft Perenco, die die Ölförderung im Regenwald der letzten unkontaktierten Stämme Perus plante, außerdem gegen die argentinische PlusPetrol, die kanadische Petrolifera, die spanische Repsol und die brasilianische Petrobras. Da der Dschungel alles ist, was sie haben, verlangten die Bewohner des tropischen Regenwaldes eine Revision der Präsidialdekrete zur Ausbeutung von Wald, Fauna und Bodenschätzen auf ihrem Territorium, das an die ausländischen Multis verramscht werden sollte.

Peru beherbergt nach Brasilien den größten Teil des Amazonasregenwaldes. Wissenschaftler schätzen, dass in dem Andenstaat mit rund 25 000 Pflanzenarten etwa zehn Prozent der gesamten Flora der Erde beheimatet ist. Bisher hat man dort 1816 Vogelarten gezählt. Doch der Ausverkauf dieses einzigartigen Reservoirs hat längst begonnen. So wurden bereits Tausende Tonnen von Zedern- und Mahagoniholz ins Ausland transportiert – meist nach Brasilien –, obwohl der weltweite Handel damit verboten ist. Protestaktionen von Indianern und Umweltschützern hatten keinen Erfolg.

Die peruanische Regierung unterschätzte die Indianer und reagierte auf ihre Proteste herablassend: Perus Präsident Alan García Pérez lehnte Vorschläge von Abgeordneten ab, die kontroversen Gesetze erneut zu diskutieren. Laut Berichten von Nachrichtenagenturen bezeichnete er die Demonstrationen als »Verschwörung« und die Protestierenden als »ignorant«. Er sagte: »Kleine Gruppen dürfen der Entwicklung des Amazonasgebiets nicht im Wege stehen.« Das hörte sich an wie in den finstersten sechziger Jahren. Als hätte es in den vergangenen Jahrzehnten keine Debatten über Klimaschutz, Regenwaldbewahrung und Indianerschutzgesetze gegeben. Als hätte nicht im Nachbarstaat Bolivien mit Evo Morales ein Indio die Präsidentschaft errungen. Als sei noch immer der beste Indianer ein toter Indianer.

Die Auseinandersetzungen bei Bagua eskalierten innerhalb eines Monats zu ungeahnter Brutalität. Anfang Mai stoppten die Indios den Pumpbetrieb der Erdölpipeline der staatlichen Ölfirma. Am 9. Mai 2009 rief die Regierung für 60 Tage den Notstand für die Regionen am Amazonas aus. Militär-und Sondereinheiten der Polizei wurden in den Dschungel geschickt, um die bis dato friedlichen Proteste gewaltsam zu unterdrücken und die Interessen der Ölmultis zu schützen. Am Freitag, den 5. Juni 2009, rückten schwer bewaffnete Spezialeinheiten der Polizei vor, um die blockierte Hauptstraße zu räumen. Anfangs benutzten sie Tränengas,

Unberührter Dschungel im peruanischen Amazonasgebiet.

dann wurde scharf geschossen – aus Hubschraubern und von anrückenden Spezialkräften. Die Indios wehrten sich. Insgesamt starben an diesem Tag mehr als 50 Menschen, vor allem Indianer, aber auch Polizisten; 153 Menschen wurden teils schwer verletzt. Am Ende des Tages war es der Regierung zwar gelungen, die Öl- und Gasversorgung der Hauptstadt Lima wiederherzustellen, aber gewonnen hatte sie nicht.

Drei Tage nach dem martialischen Polizeiangriff verhängte Präsident García den Ausnahmezustand über die nordperuanische Provinz Utcubamba. Internationale Menschenrechtsorganisationen reagierten entsetzt auf das Massaker, das der schwerste Ausbruch von Gewalt in Peru seit den Kämpfen mit der Terrorgruppe *Sendero Luminoso* (Leuchtender Pfad) in den achtziger Jahren war. »Das ist das Tiananmen des Amazonas«, sagte Stephen Corry von *Survival International* in Anspielung auf die Niederschlagung der chinesischen Demokratiebewegung von 1989. »Wenn es auf die gleiche Weise beendet wird, wird auch Perus internationale Reputation am Ende sein.« Corry forderte die Ölkonzerne auf, ihre Aktivitäten in Peru auszusetzen, bis Ruhe eingekehrt sei und die kommunalen Rechte der Indigenen respektiert würden.

Das alles focht Präsident García nicht an. Die Regelungen seien für die Entwicklung Perus notwendig, erklärte er. Mit der Drohung, sie würden weitere Ölpipelines besetzen, hätten die Protestierenden dem Staat »die Pistole an die Stirn« gehalten. Über die toten Indianer verlor der Präsident kein Wort. Da waren längst

Augenzeugenberichte durch die internationalen Medien gegangen, wonach Sicherheitskräfte die Leichen getöteter Demonstranten in einen Fluss geworfen haben, um die tatsächliche Opferzahl zu verschleiern. Nun gingen in Lima und anderen Städten des Landes Zehntausende für die Indianer auf die Straße. »Der Dschungel ist nicht zu verkaufen!«, riefen sie. »Gerechtigkeit für die Indios!«

Anfang Juni 2009 setzte der peruanische Kongress die von den Amazonasbewohnern kritisierten Verordnungen bis auf weiteres aus; man hoffte, den Aufstand damit zu beruhigen. Doch die Proteste hielten an. In Iquitos, der größten Stadt im Amazonasgebiet, befolgten Tausende einen Aufruf zum Generalstreik. Gewerkschaften, Bauern, Umweltschützer und Studenten unterstützten die Kampagne gegen die Pläne Präsident Garcías. Im ganzen Land wurde für die Indios demonstriert. Erneut errichteten mit Speeren bewaffnete Regenwaldbewohner Straßensperren. Und erstmals übersprang der Funke die Grenzen zwischen Indianern des Hoch- und Tieflandes.

In der Vergangenheit waren alle Versuche gescheitert, die indigenen Amazonasvölker mit jenen im Andenhochland politisch zu vereinen. Deshalb glaubten sich die Eliten Perus bislang vor einer Entwicklung wie in den Nachbarländern Bolivien und Ecuador gefeit, wo bereits Präsidenten regieren, die sich auf die indianische Mehrheit stützen. Der Aufstand am Amazonas hat die Lage verändert. Die Vertreter der Hochlandindianer solidarisierten sich mit ihren Verwandten am großen Strom.

Längst haben auch die peruanischen Indios Anführer aus ihren eigenen Reihen und kommunizieren per Internet und Handy. Sie konnten es sogar verschmerzen, dass ihr Anführer Alberto Pizango nach den Unruhen untertauchen musste und in Nicaragua Asyl erhielt. Pizango gehört dem Volk der Shawi an und ist Präsident der *Vereinigung der Amazonasindianer* (AIDESEP), die 1350 Gemeinden an der Küste, im Hochland und im Regenwald Perus vertritt. In ihr sind bereits 350 000 Menschen aus 26 Sprachfamilien zusammengeschlossen. Nach einer Erhebung aus dem Jahr 2007 hat Peru etwa 28 Millionen Einwohner, von denen die indigenen Völker rund 45 Prozent ausmachen. Der Aufstand am Amazonas machte erstmals auch in Peru das Undenkbare denkbar: die demokratische Machtübernahme der Indianer wie in Bolivien und Ecuador.

Dann ging alles ganz schnell. Am 18. Juni 2009 stimmte der peruanische Kongress mehrheitlich gegen die zwei umstrittenen Landgesetze. »Das ist ein historischer Sieg der indigenen Völker«, sagte Daysi Zapata, Vizepräsident der *Vereinigung der Amazonasindianer*. Er rief zu einem Ende der Proteste und Blockaden auf – vorläufig.

Geschäfte mit dem Regenwald und den Indianern – die Yanomami und Zoé in Brasilien

Es war auf einer Silvesterfeier in Hamburg, wenige Stunden vor dem Ende des Jahres 2007. Da reichte mir der Chefredakteur des Magazins *View*, Hans-Peter Junker, eine aktuelle Ausgabe der französischen Boulevardzeitschrift *Paris Match*. Er hatte das Blatt mitgebracht, weil er an meiner Meinung interessiert war. Es enthielt einen absolut schockierenden Artikel über den Stamm der Zoé im nördlichen Amazonastiefland des brasilianischen Bundesstaates Pará. Das heißt, schockierend war weniger der Inhalt des Textes als vielmehr, dass es ihn überhaupt gab und dass er mit zahlreichen Fotos der Lippenpflockindianer illustriert war. Die Überschrift lautete: »Das Paradies existiert, wir haben es wiedergefunden.« Die ganze Machart ließ Schlimmes ahnen.

Das ist unmöglich, dachte ich. Das kann nicht sein! Seit Jahren hatte ich nichts mehr von den Zoé gehört, denn ihr Schutzgebiet war offiziell versiegelt worden. Niemand sollte wissen, wo sie leben. Kein Fremder sollte sie jemals wieder aufstören. Und nun das.

Die Zoé sind meine »liebsten Indianer«. Sie sind mir ans Herz gewachsen wie kein anderer Stamm im Amazonasgebiet. Mit Rolf Krusche und dem Dresdner Ethnologen Dr. Klaus-Peter Kästner war ich in den neunziger Jahren viermal bei ihnen zu Gast gewesen, teils mehrere Wochen lang. Die beiden Ethnologen lernten die Zoé-Sprache, erforschten das Sozialsystem, die Bräuche und die Kultur des Stammes und legten eine umfangreiche ethnographische Sammlung an, um diese einzigartigen Kulturzeugnisse für die Nachwelt zu erhalten. Ich half, so gut ich konnte, bei der medizinischen Versorgung der Indianer und bekam von ihnen den Spitznamen Kirahé verliehen, der weiße Fremde. Im Laufe der Jahre lernten wir fast alle Stammesmitglieder persönlich gut kennen. Es entstand eine intensive Freundschaft zwischen uns und den Zoé.

1976 hatten Vermessungsingenieure im endlosen Regenwald des nördlichen Amazonasbeckens die damals rund 200 Zoé entdeckt. Das Wort Zoé bedeutet in ihrer Sprache schlicht: Mensch. Elf Jahre später drangen Missionare der berüchtigten US-amerikanischen *New Tribes Mission* trotz eines gesetzlichen Verbotes in das Gebiet ein und nahmen Kontakt zu den Indianern auf, um sie zu missionieren. Dabei infizierten sie die Zoé versehentlich mit Grippeviren und Malariaerregern. 45 Indianer starben innerhalb eines Jahres an den Seuchen des weißen Mannes. Die Überlebenden holten die Missionare aus dem Dschungel und siedelten sie einfach in einem von ihnen neu gegründeten Dorf vier Tagesmärsche entfernt wieder an, wo sie entwurzelt und daher besser unter Kontrolle zu halten waren.

Erst 1989 erfuhr die Funai von dem ungeheuerlichen Vorgang. Sidney Possuelo,

Besuch bei den Zoé mit dem Indianerspezialisten Rolf Krusche aus Leipzig (1998).

der damalige Chef der Abteilung für isolierte Völker, flog sofort mit einem Team von Medizinern in den Regenwald. Als er die unterernährten und kranken Indios sah, ließ er sie impfen, um das Massensterben zu stoppen und ermöglichte eine Rückkehr in ihr angestammtes Gebiet. Außerdem sorgte er dafür, dass die amerikanischen Missionare des Landes verwiesen wurden und ihre einheimischen Helfer die Region verlassen mussten.

Mit dem Aufbau des Schutzgebietes wurde die deutsche GTZ betraut, die seit 1992 federführend das internationale »Pilotprojekt zur Bewahrung der tropischen Regenwälder in Brasilien« (PPG-7) betreute. Dieses einzigartige Schutzprogramm ging auf eine Idee des deutschen Bundeskanzlers Helmut Kohl zurück, der das Projekt auf einem EU-Gipfel und einer G7-Tagung im Jahr 1990 angeregt hatte; Deutschland übernahm die Hälfte der Finanzierung von rund 450 Millionen Dollar. Schützenswerte Urwaldgebiete sollten kartiert, gesetzlich gesichert und dann im Gelände markiert werden. Anschließend sollten Militär und Polizei dafür sorgen, dass die ausgewiesenen Waldregionen nicht mehr von illegalen Holzfällern und Siedlern angerührt wurden. Es war wichtig, dass jemand aus dem Ausland dies durchführte und die Gelder verteilte, damit es kontrolliert ablief. Die Finanzierung wurde daher der Weltbank und der deutschen Kreditanstalt für Wiederaufbau übertragen.

Zu dem größten und anspruchsvollsten Tropenwaldprogramm aller Zeiten gehörte auch ein »Pilotprojekt zur Erhaltung des Amazonas-Regenwaldes und seiner Ureinwohner« (PPTAL). Es war vorgesehen, rund 130 Indianerreservate zusätzlich zu den bereits bestehenden 247 Schutzgebieten auszuweisen und allein damit etwa zehn Prozent des noch vorhandenen Dschungels im Amazonasbecken zu schützen. Obwohl Umweltverbände die Maßnahmen noch nicht für ausreichend hielten, bedeuteten sie für Brasilien eine revolutionäre Wende in der bis dato faktisch nicht existenten Umweltpolitik. Leiterin wurde die deutsche Ethnologin Dr. Carola Kasburg, die selbst lange bei Indianern gelebt hatte. Sie bezog ein Büro im Funai-Gebäude in Brasília. Das Gebiet der Zoé war eines der vorgesehenen Regenwaldreservate.

Als die Funai Ärzte und Ethnologen für die Arbeit mit den Zoé suchte, wählte Sidney Possuelo damals Klaus-Peter Kästner, Rolf Krusche und mich dafür aus. Es war ein kluger Schachzug des alten Fuchses, den ich 1992 in Brasília kennengelernt hatte. Er konnte in den entsprechenden Gremien damit punkten, dass deutsche Wissenschaftler am Erhalt der Regenwälder mitarbeiteten; und wir bezahlten alle unsere (durchaus erheblichen) Kosten selbst. Bei unseren vier Besuchen haben wir ein komplettes demographisches »Einwohnerregister« angefertigt, eine umfangreiche Foto- und Video-Dokumentation für die Funai erstellt und Berichte für die GTZ geschrieben. Ich habe die Gesundheit der Indianer kontrolliert und ihre Zähne repariert.

Ab 1998 wurde das Schutzgebiet am Río Cunimapanema »versiegelt« und lediglich im Jahr 2000 noch einmal für Vermessungsarbeiten kurzfristig geöffnet. Kein Auswärtiger sollte sie mehr stören; sie sollten über ihre Entwicklung selbst bestimmen. Kurz vor der Demarkierung des Reservates, im Sommer 1998, durften wir die Zoé noch ein letztes Mal besuchen. Anschließend verfassten wir für die GTZ und die Funai einen ausführlichen Abschlussbericht, und 2008 veröffentlichte Klaus-Peter Kästner in Dresden seine Forschungen in der weltweit ersten und einzigen wissenschaftlichen Monografie über die Zoé (»Zoé: Materielle Kultur, Brauchtum und kulturgeschichtliche Stellung eines Tupí-Stammes im Norden Brasiliens«).

Eigentlich sollte niemand mehr hineinkommen, nun lag dieser sechsseitige Artikel aus dem französischen Hochglanzklatschmagazin *Paris Match* vor mir. Illustriert mit ganzseitigen Bildern aus dem Dschungeldorf der Zoé. Der Autor war Nicolas Hulot, ein ehemaliger Fremdenlegionär und französischer Grüner, der für seine Partei als Präsidentschaftskandidat gegen Nicolas Sarkozy antrat. Meine Frau Miriam übersetzte mir den Text. Es war ein kaum zu überbietender Ethnokitsch. Hulot beschrieb die Zoé als »Kinder des Waldes« in einem »Universum der Nacktheit«, die »ohne jede Aggression« in einer Art natürlichem Sozialismus lebten. »In einem Gebiet im Norden des Amazonaswaldes, im Staat Pará, unter dem Äquator, auf einer Lichtung im Wald, liegt das Rückzugsgebiet der letzten freien Menschen. Ich habe das Gefühl, das Königreich der Harmonie gefunden zu haben. (...) Das Wort ›Danke‹ existiert nicht in der Sprache der Zoé. (...) Man fordert nicht, man gibt; die Solidarität ist ihre zweite Natur. (...) Das Ich und das Ego haben dort keinen Platz, jeder erscheint wie er ist. Es gibt bei ihnen keinen Chef und keinen Schamanen, keine Behörde und keine hierarchische Organisation. Die Notwendigkeit macht das Gesetz! Die Erfahrung schafft Respekt. (...) Es gibt Aufgaben, aber keine Arbeit und keine Verpflichtung. Sie leben ganz in der Gegenwart, im jetzigen Augenblick.«

Dieser süßlich-verklärende Ton durchzog den gesamten Text. Hulot schilderte die Zoé als »edle Wilde« à la Rousseau, als »das geschichtslose Volk im ursprünglichen Naturzustand«, das – allen Ernstes! – »in einem immerwährenden Garten«

lebe, und er zitierte Chateaubriand, der mit seinem Buch »Atala« von 1801 bekanntlich viel zur Südseebegeisterung in Europa beigetragen hatte.

Ich verstand Hulot. Auch ich hielt die Zoé für die liebenswertesten Indigenen, denen ich je begegnet bin. Auch mir war der Gedanke an die »edlen Wilden« Rousseaus nicht völlig fremd. Aber ich wusste zuviel über sie, um das Klischee für bare Münze zu nehmen. Die Zoé waren tief traumatisiert worden, doch Hulot hatte wenig zu sagen über ihre Konflikte, über die traurige Geschichte ihrer Begegnung mit US-amerikanischen Missionaren, die fast zum Tod des gesamten Stammes geführt hätte. Sein Artikel war nur an der exotischen Oberfläche interessiert, voller eurozentrischer Klischees, ohne Kenntnisse der indianischen Kultur und ihrer tatsächlichen Probleme.

Die wenigen »harten Fakten« in dem Text sog ich gierig auf. Es war traurig zu lesen, dass ein Indianer vom Jaguar getötet worden war, aber ich freute mich sehr, dass die Zoé noch immer traditionell lebten, dass sie inzwischen viele Kinder bekommen hatten und medizinisch gut versorgt wurden. Vor 20 Jahren waren sie nur noch 133 Menschen und vom Aussterben bedroht gewesen, 1997 hatte der Stamm wieder 185 Personen umfasst, nun war ihre Zahl offenbar auf 242 angewachsen. Auf den Bildern der Zeitschrift fand ich viele bekannte Gesichter, nur eben älter, als ich sie in Erinnerung hatte. Ich dachte, wie schön, dass es ihnen gut geht.

Nachdem das Reservat 1998 eingerichtet worden war, hatte ich gemeinsam mit Rolf Krusche nochmals den Antrag gestellt, die Zoé besuchen zu dürfen, falls es offizielle Begegnungsmöglichkeiten geben sollte. Unsere Bitte wurde regelmäßig »mit Bedauern« abgelehnt. Ich hatte das akzeptiert, da ich annahm, dass es für alle galt – und weil ich es im Prinzip richtig fand, die Indianer in Ruhe zu lassen. Dass man nun irgendwelche Journalisten, die für die Zoé vollkommen Fremde waren und die nichts von ihnen wussten, zu ihnen ließ, uns aber nicht, das empfand ich als Affront.

Und wieso rief *Paris Match* am Ende des Artikels zu Spenden für die Zoé auf, was wirklich bodenloser Unsinn war? Die Indios haben dort alles, was sie brauchen. Ihr Land ist das am besten organisierte Schutzgebiet der Funai. Die Indianerbehörde selbst weist schon deshalb immer auf die gute Versorgung ihrer Schützlinge hin, weil sie stets in der Angst lebt, sie könne eines Tages als überflüssig angesehen und abgeschafft werden. Dieser Spendenaufruf, dachte ich, konnte unmöglich mit der Funai abgestimmt worden sein.

Es war klar, dass irgendetwas dort gewaltig schief lief. Die Sache stank zum Himmel. Ich war außerordentlich besorgt und überlegte, was zu tun sei. Da traf es sich gut, dass die Wissenschaftler der Völkerkundemuseen in Dresden und Leipzig zehn Jahre nach Einrichtung des Schutzgebietes eine Nachfolgestudie über die demographischen und sozialen Entwicklungen bei den Zoé anregten. Es sollte herausgefunden werden, was seit 1998 im Schutzgebiet geschehen war, ob die deutschen Steuergelder sinnvoll verwendet worden waren, welche Probleme es gab und wo weitere Hilfe sinnvoll sein konnte.

»Das Paradies existiert, wir haben es wiedergefunden« – die französische Illustrierte *Paris Match* berichtet im Januar 2008 über die Zoé.

Die GTZ unterstützte das Anliegen, und mit der Hilfe ihrer freundlichen Büroleiterin in Brasília, Katrin Marggraff, beantragte ich Mitte Mai 2008 bei der Funai-Abteilung für Wissenschaft und Forschung in Brasília und beim Funai-Präsidenten persönlich die Besuchsgenehmigung für Rolf Krusche vom Völkerkundemuseum Leipzig und mich als seinen Mitarbeiter. Und siehe da: Vorbehaltlich der notwendigen medizinischen Tests und Impfungen wurde uns die Erlaubnis erteilt, im September für drei Wochen zu den Zoé in den Regenwald zu reisen. Mit allen Stempeln, Schreiben und der Unterschrift des Funai-Präsidenten Marcio Augusto Freitas de Meiro, eines fortschrittlich gesinnten Mannes.

Wenig später fuhr ich nach Bonn. Wegen unseres Einsatzes für die Zoé und andere Indianervölker hatte mich die GTZ Ende Mai 2008 zu der großen Bonner Artenschutzkonferenz eingeladen. 5000 Delegierte aus aller Welt, darunter mehr als 100 Fachminister, kamen zusammen, um über die Zukunft der Welt zu sprechen. Es ging um Themen wie Biodiversität, Gentechnologie, Regenwaldschutz – und am Rande auch um die Ureinwohner der Dschungelgebiete. Ich hatte die Einladung als Gast bekommen, um an der großen Diskussion über die Rechte und die Zukunft der Naturvölker teilzunehmen. Auf dem Podium saßen Indigene aus verschiedenen Ländern und die deutsche Bundesministerin für Entwicklung und Zusammenarbeit Heidemarie Wieczorek-Zeul.

Ich wunderte mich ein bisschen über die anwesenden Indianer. Sie trugen zwar Federhauben und andere Accessoires, waren auch sicher echte Indios, aber ganz gewiss keine Angehörigen von Naturvölkern mehr. Doch sie spielten diese Rolle. Zum Beispiel saß ein Indianer aus Venezuela auf dem Podium, der eine Kayapapo-Haube trug, die er auch noch falsch herum aufgesetzt hatte! Ich fand das völlig unnötig, denn der Mann hatte studiert, er konnte sich gut artikulieren und setzte sich überzeugend für Indianerrechte ein – da soll er doch lieber auftreten, wie er wirklich ist. Ein anderer Indianer kam aus dem brasilianischen Bundesstaat Acre, trug aber eine Federhaube der Bororo, die in Mato Grosso leben. Das war skurril. Es sprach auch eine Frau vom Volk der Igorot von den Philippinen, die man meiner Meinung nach eigentlich nicht als Indigene ansehen kann, weil sie zu einem der Völker gehört, die dort eingewandert sind und dabei die Ureinwohner der Ati, Aeta, Batak oder anderer sogenannter Negritos verdrängt haben. Aber diese Leute waren natürlich alle sehr progressiv und international erfahren. Ich nenne sie »Kongressindianer«; wie viel sie bewirken, das sei dahingestellt.

Es gab auch etwas zu sehen. Die Veranstaltung, an der mehr als 100 Spezialisten teilnahmen, fand in einem Zelt auf dem Bonner Festplatz statt, das mit riesigen Farbfotos von Naturmenschen aus aller Welt geschmückt war. Diese Posterleinwände stammten ausnahmslos von Miriam und mir. Sie zeigten Tellerlippenfrauen

Auf der Artenschutzkonferenz der Vereinten Nationen 2008 wurde auch über Naturvölker gesprochen. Rechts die deutsche Entwicklungshilfeministerin Heidemarie Wieczorek-Zeul.

aus Äthiopien, mit Schweineknochen geschmückte Papuas, Giraffenhalsfrauen aus Thailand, rot bemalte Amazonasindianer verschiedener Stämme. Die im Festzelt versammelten Indigenen saßen da und staunten. Einige von ihnen hatten den Laptop auf dem Schoß. Und vor dem Zelt wartete bereits eine Traube Journalisten, um sie, die »echten« Eingeborenen, zu fotografieren. Diese Bilder wurden dann in den Zeitungen gedruckt.

Ein brasilianischer Indianer aus Acre fordert in Bonn den Stopp der Regenwaldzerstörung.

Ein Massai aus Tansania stand während der Veranstaltung auf und fragte, ob die GTZ in seinem Land nicht auch Schutzzonen für die Ureinwohner einrichten könne wie in Brasilien. Darauf gab unsere Ministerin eine diplomatische Antwort. Sie sagte, die Idee sei lobenswert, aber Brasilien sei ein Pilotprojekt, und man wolle erst einmal sehen, wie es dort funktioniere. Außerdem könnten (womit sie recht hat) Schutzzonen nur mit Zustimmung der jeweiligen Regierung geschaffen werden. Es sei nicht Sache der Deutschen, irgendwo Reservate zu markieren, dies könne nur von den Ländern selbst ausgehen. Mit Brasilien habe man auch ein Beispiel für andere geben wollen. Ich vermisste in ihrer Antwort aber den Willen, auf Länder wie Tansania oder Indonesien einzuwirken, dass sie endlich etwas zum Schutz ihrer indigenen Völker tun – denn die Uhr tickt! Es kamen auch noch viele andere wichtige Themen zur Sprache – der Staudamm am Xingú, die Soja- und Palmölmonokulturen in Brasilien und Indonesien. Die Ministerin hielt sich stets mit Kritik zurück. »Wir können keinen direkten Einfluss nehmen. Wir können nur über die Medien versuchen, Dinge in Bewegung zu bringen«, sagte sie. Ich behaupte, das stimmt nicht. Es gibt diplomatische Möglichkeiten der Einwirkung, wenn man es nur ernsthaft will.

Auf der Konferenz ging es immer wieder um Brasilien und seine Verantwortung für den Amazonaswald. Leider spielte die brasilianische Regierung eine eher destruktive Rolle – bei der Kontroverse um die Umweltverträglichkeit angeblicher Biokraftstoffe ebenso wie bei der um Genpflanzen und um neue Schutzgebiete für den Regenwald und seine Bewohner. Der Energie- und Landhunger der aufstrebenden Großmacht ist so stark, dass sich ihr Agrobusiness allen Versprechungen zum Trotz immer weiter hinein in die »grüne Lunge« der Erde frisst – und dass kaum ein Kraut dagegen gewachsen scheint.

Unberührter Regenwald am Amazonas. Doch der »Feuerbogen« der Abholzung und Brandrodung rückt immer weiter vor.

Der Amazonas und sein Wald lassen sich nur mit Superlativen erfassen. Es ist ein fast menschenleerer, dreieinhalb Millionen Quadratkilometer umfassender Dschungel, der ein Fünftel der weltweiten Süßwasservorräte, die bedeutendste Sauerstoffmaschine auf Erden und die größte Artenvielfalt des Planeten birgt. Als eigener Staat wäre er das siebtgrößte Land auf dem Globus. Dieses tropische Waldgebiet erzeugt nicht nur die Hälfte seines eigenen Niederschlages, sondern auch einen großen Teil des Regens südlich des Amazonas und östlich der Anden. Es absorbiert den Klimakiller Kohlendioxid, mildert dadurch die Erderwärmung und reinigt die Atmosphäre. Der Regenwald sorgt für den Erhalt eines einmaligen Reichtums an Lebensformen, dessen Wert großenteils nicht erforscht und nicht bekannt ist. Amazonien verfügt über weit mehr als 50 000 Pflanzen- und 6000 Tierarten. Beim

Abbrennen des Regenwaldes geht die wertvolle Biodiversität unwiederbringlich verloren.

In Brasilien ist es inzwischen vor allem die staatlich geförderte Gier nach Sojabohnen, die den Regenwald und die letzten Naturvölker bluten lässt. Der Ablauf ist immer der gleiche: Holzfirmen schlagen Schneisen in den Wald, um die wertvollen Edelholzbäume herauszuholen, dann kommen die Kleinsiedler und Viehzüchter, die die Reste des Regenwaldes durch Brandrodung vernichten. Wenige Jahre später ziehen die großen Agrarbetriebe nach, die riesige Sojaplantagen anlegen. Das »weiße Gold« der Sojabarone hat den rücksichtslosen Krieg gegen das größte tropische Waldgebiet der Erde und dessen Bewohner in den vergangenen Jahren noch einmal deutlich verschärft. Verantwortlich ist die globale Nachfrage nach Soja als Futter für Rinder und Schweine, auch in Europa, und für die Produktion von Agrardiesel, der beschönigend Biosprit genannt wird. Soja ist eine Weltfrucht geworden wie die Kartoffel. Auszüge der eiweißhaltigen Hülsenfrucht stecken in Hackfleisch, Ölen, Saucen, Milchersatz, Schokolade, Eis, Tofu.

Inzwischen hat die Globalisierung der brasilianischen Wirtschaft das Land zur weltweit größten Agrarmacht aufsteigen lassen – im Export liegt Brasilien jetzt vor den USA. Beim Sojahandel wird das Land zwar noch von den Vereinigten Staaten übertroffen, es ist aber mittlerweile der größte Rindfleischexporteur der Welt und bei Benzinersatz, Zucker, Kaffee, Orangen ohnehin Marktführer. Seine Supermachtstellung im globalen Agrargeschäft wird Brasilien in den nächsten Jahren weiter ausbauen. Denn anders als die Vereinigten Staaten besitzt Brasilien riesige »ungenutzte« Flächen, auf denen noch mehr Soja wachsen und noch mehr Rinder grasen könnten. Mit anderen Worten: In Pará, Rondônia, Acre, Amazonas und Mato Grosso werden künftig wohl noch bedeutend mehr Bäume gefällt werden.

»Wir essen Amazonien auf«, lautet ein bekannter Slogan von *Greenpeace*. Schon 2005 verlieh die Umweltschutzorganisation dem Gouverneur des Bundesstaates Mato Grosso, Blairo Maggi, die »Goldene Kettensäge«, weil die Provinz in den ersten drei Jahren seiner Regierung die massivste Regenwaldabholzung ganz Brasiliens aufzuweisen hatte, die Hälfte der landesweiten Baumvernichtung. Gouverneur Maggi trägt in Brasilien nicht umsonst den Spitznamen »O Rei da Soja«, Sojakönig; er ist mit seiner Grupo Amaggi der größte Sojaeinzelproduzent der Welt, der sein finsteres Gewerbe gern mit günstigen »Entwicklungskrediten« finanziert, etwa von der Weltbank, der Deutschen Investitions- und Entwicklungsgesellschaft oder der Westdeutschen Landesbank. In seinem Reich sind Bäume inzwischen zur Seltenheit geworden. Monokulturen spannen sich bis zum Horizont, durchsetzt von Siedlungen, Höfen, Fabriken, Silos.

Als wir im Sommer 2008 aus dem Xingú-Nationalpark zurück nach Cuiabá flogen, konnten wir Maggis Imperium von oben in Augenschein nehmen. Die gewaltigen, kilometerlangen Sojafelder sahen aus der Luft wunderbar grüngelb und gesund aus. Aber den kniehohen Pflanzen fällt nicht nur der Regenwald zum Opfer, sie sind auch aktive Ökokiller. Sojabohnen benötigen große Mengen an säureneutralisierendem Kalk, dazu Dünger, Pestizide und Unkrautvernichtungsmittel. Nicht

Bau der Transamazônica. Die Vernichtung des Regenwaldes beginnt stets mit dem Anlegen von Straßen.

nur der Culuene-Fluss der Kalapalo wurde damit vergiftet. Auch andere Indianer wie die Enawenê-Nawê in Mato Grosso beklagten sich bereits über verseuchtes Wasser und sterbende Fische. »Ordem e Progresso«, steht auf der brasilianischen Fahne. Ordnung und Fortschritt. Der Fortschritt fordert seine Opfer. Immer ungestümer.

Im März 2006 kamen Experten der europäischen Raumfahrtbehörde Esa nach der Auswertung von Satellitenaufnahmen zu dem Ergebnis, dass die Maßnahmen zum Schutz des tropischen Regenwaldes weitgehend nutzlos geblieben sind. Die Regenwälder werden genauso schnell wie vor zehn Jahren oder sogar schneller abgeholzt. Obwohl Politiker, Umweltschützer und Regierungen seit Jahren über die Zukunft des Regenwaldes diskutieren, hat das wenig genützt. Jährlich gehen Schätzungen zufolge weltweit 16 Millionen Hektar tropischer Regenwald verloren – das entspricht etwa der gesamten Landwirtschaftsfläche Deutschlands (17 Millionen Hektar). Tropische Regenwälder gibt es hauptsächlich im Amazonasbecken, in Afrika nahe dem Äquator sowie in Südostasien. Das größte zusammenhängende Regenwaldgebiet ist das Tiefland des Amazonas, das zweitgrößte liegt im Westen der Insel Neuguinea, in der indonesischen Provinz West-Papua. In beiden Arealen beschleunigt sich gerade die Zerstörung massiv – und bedroht damit auch die letzten frei lebenden Naturvölker.

Die tropischen Regenwälder sind seit jeher die Lebensgrundlage von Menschen, die auf Früchte, Heilpflanzen und Feuerholz angewiesen sind. Je mehr Bäume fallen, desto stärker wird ihr Lebensraum beschnitten. In Brasilien ist die Lage eindeutig: Während sich die Funai und auch die deutsche GTZ für den Erhalt und die Einrichtung von neuen Indianerschutzgebieten einsetzen, geht der Raubbau am Dschungel unvermindert weiter. In dem von Gewehren, Kettensägen und Bulldozern beherrschten »Wilden Westen« Brasiliens sind Regierungsvertreter oft bestechlich oder stehen dem Landraub und der Zerstörung der Natur machtlos gegenüber. Seit dem Mord an dem bekannten Regenwaldaktivisten Chico Mendes 1988 starben viele Hundert Menschen – Indianer, Umweltschützer, Menschenrechtsaktivisten, katholische Geistliche – in den neuen Kämpfen um das Land am Amazonas. Rund 700 000 Quadratkilometer, etwa 20 Prozent des Amazonasregenwaldes, sind in den letzten 40 Jahren gefällt worden. Das ist mehr als in den 450 Jahren zuvor seit Beginn der Kolonialisierung durch die Europäer.

Der gesamte Amazonasdschungel bedeckte einmal über vier Millionen Quadratkilometer, eine Fläche so groß wie Europa. Ein Gebiet zweimal so groß wie Deutschland ist bereits abgeholzt worden. Die höchsten Verluste erlitt der Wald Mitte der neunziger Jahre, als jährlich ein Gebiet von der Größe Hessens gerodet wurde. Nach Angaben der brasilianischen Naturschutzgruppe *Concervaço Internacional* gehen aber nach wie vor pro Jahr rund 0,7 Prozent des Amazonaswaldes, mehr als 1,2 Milliarden Bäume, unwiederbringlich verloren. Alle zehn Sekunden fällt der Säge ein Fußballfeld Wald zum Opfer.

Am Ende der Verwertungskette stehen wir. Möbelfirmen in Europa und den USA verarbeiten den Regenwald zu unseren Sitz-, Schreib- und Schlafgelegenheiten. Sie verweisen natürlich darauf, dass sie das Holz völlig legal erworben haben.

Zwar verschärfte die brasilianische Regierung ihre Politik, nachdem zwei von Großgrundbesitzern angeheuerte Berufskiller im Jahr 2005 unweit von Altamira im Bundesstaat Pará die 74-jährige amerikanische Nonne Dorothy Stang ermordeten. Die Nonne war in Altamira, das nahe dem Xingú-Nationalpark liegt, als Umweltaktivistin bekannt. Als die Gegend 2000 an das Elektrizitätsnetz angeschlossen wurde, stieg die Zahl der Sägewerke um Altamira sprunghaft an; illegale Rodungen auf Regierungsland und in den Indianerreservaten nahmen dramatisch zu. Gegen die totale Vernichtung des Waldes durch Holzabbau und Viehwirtschaft propagierte die alte Dame ein Alternativmodell, das den »kleinen Leuten« und den Landlosen zugute käme: Verteilung des Reichtums durch eine Bewirtschaftung in kleinen Gruppen von Waldfeldbauern, die ihr Auskommen in Harmonie mit dem Wald finden sollten. Der Tod der tapferen Nonne erregte weltweit Aufsehen und lenkte die Aufmerksamkeit der Medien für einen Moment wieder auf die Urwaldmafia, auf Chaos und Korruption an der »Frontier« in Brasilien.

»Terra sem lei«, Land ohne Gesetz, so nennen die Einheimischen Pará, den zweitgrößten Bundesstaat Brasiliens, der die doppelte Fläche von Frankreich bedeckt. 60 Prozent des Holzexportes Amazoniens stammen aus Pará, nirgendwo wurde in den vergangenen Jahren mehr Regenwald zerstört als hier.

Doch selbst, wenn ihre Leute ertappt werden, gelingt es der Holzmafia, mit Hilfe des langsamen und korrupten Rechtssystems, Strafen jahrelang zu verschleppen oder gar nicht zu zahlen. Und anstatt hart gegen sie vorzugehen, pflastert die Regierung den Waldvernichtern sogar noch den Weg. Die Gier der Holz-, Soja- und Fleischkönige ist so groß, dass die bloße Ankündigung von Präsident Lula, die letzten 1046 Kilometer der »Sojastraße« BR-163 von Cuiabá in Mato Grosso nach Santarém am Amazonas zu asphaltieren, 2003 einen unvorstellbaren Run auf das Land links und rechts der Straße auslöste. Holzfirmen, Viehzüchter und Landschieber drängten zu Tausenden in das Gebiet. Plötzlich wurde so viel Land von Spekulanten aufgekauft, dass das Ausmaß der daraus resultierenden Zerstörungen die Behörden zwang, das Projekt zwischenzeitlich auszusetzen. Das Hauptmotiv für die Landspekulation war Soja. Nicht nur wegen der Anbauflächen, sondern auch wegen der massiven Transportkostenersparnis.

Bislang muss der Großteil der Sojaernte den Bundesstaat Mato Grosso nämlich noch immer mit Lkw-Kolonnen verlassen, die 1930 anstrengende Kilometer bis zu den Häfen in Südbrasilien zurücklegen müssen. Wenn die Bundesstraße fertig geteert ist, soll ein Großteil der Sojaernte nach Europa und Amerika von Santarém aus verschifft werden; 70 Millionen Dollar Frachtkosten wollen die Konzerne damit jährlich einsparen. Der US-Agrarmulti Cargill errichtete umgehend ein riesiges, 20 Millionen Dollar teures Sojahafenterminal am beschaulichen Amazonashafen in Santarém, wo bislang vor allem kleine Holzboote schaukelten. Parallel dazu soll auch die berüchtigte, noch von der Militärdiktatur in den siebziger Jahren gebaute Transamazônica durchgängig asphaltiert werden; große Strecken sind bislang während der Regenzeit unpassierbar. Obwohl die Ankündigung der Pläne wie ein Katalysator der Waldzerstörung wirkte, misst die Regierung Lula der Asphaltierung der Urwaldhighways trotzdem weiterhin »erste Priorität« zu.

Mit wenigen Ausnahmen – darunter die von Ost nach West verlaufende Transamazônica und die von Nord nach Süd reichende Sojastraße – ist in Amazonien fast jede Straße illegal. Das Unheil beginnt stets mit dem Bau von Straßen, weil sie es den Siedlern und Goldsuchern erst ermöglichen, in den Wald vorzudringen. Sobald eine große Urwaldstraße gebaut ist, dringen die Landschieber und Großgrundbesitzer in einen Streifen von etwa 50 Kilometer Breite beidseits des Asphalts ein. Umgehend beginnt die Entwaldung; am Ende wird das illegal gerodete Land an die Sojakonzerne verkauft. Die übrigen, ungenehmigten Pisten werden von Holzfällern angelegt, um an Mahagoni und anderes Hartholz für den lukrativen Export zu kommen. Alle widerrechtlich gebauten Straßen ergaben nach Angaben der Zeitschrift *National Geographic* Ende 2006 bereits eine Länge von rund 170 000 Kilometern.

Der Mord an der Nonne und die Sojastraßenspekulanten gaben dem Streit um die Entwicklung des Amazonaswaldes brennende Aktualität. Die brasilianische Regierung agierte mit unerwarteter Härte. Staatspräsident Lula da Silva erklärte, die Bluttat werde nicht ungesühnt bleiben. Während Hunderte Morde an Umweltschützern und Menschenrechtlern unaufgeklärt blieben, wurden diesmal tatsächlich zwei Täter gefasst und Ende 2005 in Belém zu 27 und 17 Jahren Haft verurteilt. Doch den mutmaßlichen Auftraggeber, einen Sägewerksbesitzer, sprach die Justiz in Pará Anfang 2008 frei. Im ganzen Amazonasgebiet wurden damals Abholzungsgenehmigungen überprüft und ausgesetzt. Die Regierung verlegte 2000 zusätzliche

Santarém am Amazonas. Die Hafenstadt soll das Zentrum des brasilianischen Sojahandels werden. Ein gewaltiger Sojahafen ist im Bau.

Soldaten nach Pará, die dort unzählige Lkw-Ladungen Schmuggelholz beschlagnahmten. Als staatliche Antwort auf die Bodenspekulationen verkündete Lula im Februar 2006 den Schutz von fast achteinhalb Millionen Hektar Regenwald in Pará. In den Schutzzonen sollten nur noch »umweltbewusste Firmen« begrenzte Abholzungsrechte erhalten. Rodung und Besiedlung sind nicht erlaubt. Ein wachsendes Mosaik aus Parks und Schutzzonen sollte im Verbund mit den Indianerreservaten das Vordringen der Rodungen am Zentralamazonas verhindern.

Drei Jahre später muss man leider feststellen: Es handelte sich um schöne Versprechungen, die bisher jedoch kaum etwas bewirkt haben, genau wie die durchaus seriösen Umweltgesetze Brasiliens – weil kaum jemand sich verpflichtet fühlt, sie durchzusetzen. Vor allem die Regierung selbst, die den ersten Teil des Staatsmottos »Ordem e Progresso«, die Ordnung, nicht mit der gebotenen Härte verfolgt. Unerbittlich rückt die Agrargrenze von Süden und Osten her gegen den Regenwald und seine Ureinwohner vor.

Das Ziel, die Rodungen einzudämmen, konnte auch mit der oft stolz erwähnten Satelliten- und Radarüberwachung des Amazonasgebietes nicht erreicht werden. Die brasilianische Umweltbehörde Ibama hat durch die Satellitenbilder inzwischen zwar einen relativ guten Überblick über die Zerstörungen durch Waldfrevler. Doch selbst wenn sie ein illegal gerodetes Areal entdeckt, ist ihr Handlungsspielraum gering. Auch wenn die Beamten nicht korrupt sind und ihren Job ernst nehmen, stehen sie im Wilden Westen Brasiliens einer Übermacht von Pistoleiros gegenüber, müssen sogar das Benzin für ihre Jeeps mitunter selbst bezahlen und haben in der Regel nicht einmal einen Internetanschluss.

Die Gouverneure der Bundesstaaten Mato Grosso, Pará oder Rondônia stellen sich nicht selten offen gegen die Bundesbehörden. Sie sind es, die die große Mehrheit von Einsprüchen gegen Indianerschutzgebiete erheben. Sie sabotieren Beschlüsse aus Brasília und sagen, sie seien schließlich »nicht von Bäumen, sondern von Menschen« gewählt worden. Gouverneur Blairo Maggi aus Mato Grosso behauptet regelmäßig, dass die Behörden die Satellitenbilder falsch auswerteten. Der Gouverneur von Rondônia ließ Überraschungsrazzien der Umweltbehörde platzen, indem er den Inspektoren den vereinbarten Polizeischutz entzog.

Das brasilianische Umweltministerium räumte im Sommer 2008 ein, dass mehr als die Hälfte der rund 300 Naturschutzgebiete nicht überwacht und drei Viertel nicht angemessen verwaltet würden. Weiterhin wird Staatswald in normales Siedlungsland umgewandelt. Forscher befürchten daher den Komplettverlust weiterer 20 Prozent des Amazonaregenwalds bis 2020. Sollte dies tatsächlich geschehen, bricht nach Meinung führender Experten das Ökosystem zusammen. Dann wird die wichtigste globale Klimaanlage ausfallen – mit unabsehbaren Konsequenzen. Naturzerstörung und Klimawandel verstärken sich gegenseitig. Durch die Feuchtigkeit, die das Amazonasgebiet in die Atmosphäre abgibt, sorgt die Natur selbst für die Hälfte der dortigen Niederschläge. Bleiben die Regenfälle aufgrund der Rodungen aus, vertrocknet auch der restliche Regenwald, es kommt zu extremen Dürren wie schon 2001, 2005 und 2006, und verheerende Waldbrände drohen. Wenn das geschieht, nutzen dem Land auch die schönen großen Staudämme nichts mehr, wie die Energiekrise von 2001 zeigte. Wegen andauernder Trockenheit waren damals die Reservoirs vieler Staudämme halb leer, was die Regierung zu Stromsperren zwang und die wirtschaftliche Konjunktur abwürgte. Kein Zweifel, Brasilien wird den Klimawandel mit ungeahnter Gewalt zu spüren bekommen.

Aber Präsident Lula da Silva ist offenbar selbst ein Teil des Problems. Der Volkstribun legt das Gewicht eindeutig auf einen schnellen wirtschaftlichen Boom seines Landes – auf Kosten der Natur. Lula folgt der Devise: »Das Problem Brasiliens ist nicht der Klimaschutz, sondern die Armut.« In den letzten Jahren hat er immer offener einer ungehemmten wirtschaftlichen Entwicklung das Wort geredet. Sein ehrgeiziges, 200 Milliarden Euro teures »Wachstumsbeschleunigungsprogramm« zur Verbesserung der Infrastruktur im Amazonasraum soll 2010, im Wahljahr, abgeschlossen sein. Dazu gehören der geplante Bau von insgesamt 55 Staudämmen an den ökologisch empfindlichen Amazonasnebenflüssen Xingú, Madeira, Araguaia und Tocantins, Straßen, Stromleitungen, Öl- und Erdgas-Pipelines.

Lula redet auch davon, er wolle Brasilien »zum Saudi-Arabien der Biotreibstoffe machen« und preist diese Politik als Rezept gegen die Armut an. Doch gegen die Armut hilft die moderne Agrarindustrie wenig; Jobs in nennenswertem Umfang bringt sie nicht hervor. Die riesigen Zuckerrohrplantagen Südbrasiliens geben dem Heer der Landarbeiter nur in der Erntezeit ein Auskommen, und viele leben noch in sklavenähnlicher Schuldknechtschaft.

Kurz vor der Uno-Artenschutzkonferenz in Bonn Ende Mai 2008 trat die als fortschrittlich bekannte brasilianische Umweltministerin Marina Silva frustriert zurück. Sie sei es leid, weiter »das grüne Feigenblatt zu spielen«, sagte sie. Sie war noch zu Jahresbeginn von der britischen Zeitung *The Guardian* zu den 50 Menschen gezählt worden, »die dabei helfen können, den Planeten zu retten«. Doch die frühere Gummizapferin aus Amazonien und Mitstreiterin des legendären Umweltaktivisten Chico Mendes hatte den Rückhalt durch Präsident Lula schon lange verloren. Vergeblich wehrte sie sich gegen Lulas Wachstumspläne und die mächtige Agrarlobby. Gegen ihren Widerstand setzte Lula die Gentechnik in der Landwirtschaft und Großprojekte wie Flussumleitungen und Staudämme durch. Nun redete Marina Silva Klartext: Satellitenbilder zeigten, dass wieder deutlich größere Flächen eingeschlagen würden als in den Vorjahren. Sie griff die Holz- und Sojabarone scharf an. Es war ein Paukenschlag, der die ganze Konferenz über nachhallen sollte. Die Begründung für ihren Rücktritt erregte großes internationales Aufsehen. Doch Präsident Lula wiegelte wie üblich ab: Die Entwaldungsrate im Amazonasraum bleibe gering. Das brasilianische Volk habe das Recht, seine Wirtschaft da fortzuentwickeln, wo seine Vorteile lägen.

Die Auswertung von Satellitenaufnahmen bewies wenig später, dass Marina Silvas Warnungen zutrafen. Allein zwischen Januar und Juli 2008 war die Urwaldfläche nach der offiziellen Statistik wieder um fast 12 000 Quadratkilometer geschrumpft, mehr als im gesamten Jahr 2007. Und Lula da Silva, auf den sich einst auch international viele Hoffnungen von Menschenrechtsgruppen richteten, hat sich als einer der schlimmsten Feinde des Regenwaldes und seiner Bewohner erwiesen.

Dabei profitieren neben den einheimischen Produzenten vor allem westliche Konzerne von den Exzessen am Amazonas. Die Sojaernte fahren Maschinen des US-amerikanischen Landmaschinenherstellers John Deere ein. Das Soja landet in den Silos der amerikanischen Multis ADM, Bunge und vor allem von Cargill, der größten Landwirtschaftsfirma der Welt. Auch deutsche Konzerne sind beteiligt. Deutsche Sägen machen den Wald dem Boden gleich – Weltmarktführer bei Kettensägen ist die Waiblinger Firma Stihl. Wir importieren Aluminium, Eisenerz, Holz, Rindfleisch und Soja in riesigen Mengen aus Amazonien. Wachstum um jeden Preis – damit heizt auch Deutschlands Energie- und Rohstoffbedarf die Regenwaldverwüstung weiter an.

Ich erlebte damals mit, wie Brasilien in Bonn in jeder Hinsicht den Bremser spielte. Nur gegen erbitterten brasilianischen Widerstand konnten die 5000 Delegierten auf der Konferenz durchsetzen, die Folgen des Biospritanbaus auf die Artenvielfalt zu erforschen. Und für den Urwald wollte Brasilien zwar gern internationales Geld einsammeln, aber keine Auflagen akzeptieren. Seitdem das internationale »Pilotprojekt zur Bewahrung der tropischen Regenwälder in Brasilien« (PPG-7) 1992 ins Leben gerufen wurde, unterstützt Deutschland es finanziell als größtes Geberland und logistisch mit der Kompetenz der GTZ. Das Programm gilt zu Recht als Beispiel für die erfolgreiche Zusammenarbeit zwischen Nord und Süd zur Lösung globaler Umweltprobleme, um gemeinsam mit der Bevölkerung die natürlichen und kulturellen Reichtümer der Region zu erhalten. Heute sind 20 Prozent des brasilianischen Amazonasgebietes Indianerreservate. Durch die nachhaltige Form der indigenen Bewirtschaftung bieten sie zugleich einen Schutz des Regenwaldes. Leider ist das Programm ausgelaufen, und von einer Fortsetzung war in Bonn nichts zu hören.

Den einzigen Hoffnungsschimmer auf brasilianischer Seite verkörperte auf der Bonner Konferenz Valmir Gabriel Ortega, der Umweltminister des riesigen Bundesstaates Pará. Der 40 Jahre alte Politiker ist ein ökologischer Pionier, der laut einem *Spiegel*-Artikel vom Mai 2008 den Amazonaswald nicht nur als zeitlose Wildnis betrachtet, sondern als »eines der wichtigsten Dienstleistungsunternehmen der Welt« – wegen seiner Funktionen als globale Klimaanlage, als Kohlendioxid- und Süßwasserspeicher und als Reservoir für neue Medikamente und Lebensmittel. Nur leider, so Ortega, sei es bisher nicht gelungen, den Wald in die Gewinnzone zu bringen. »Allein die illegalen Holzfäller von Pará erwirtschaften mit der Zerstörung des Waldes 800 Millionen Euro im Jahr«, sagte Ortega dem *Spiegel*. »Unsere Bevölkerung muss eine Summe in dieser Größenordnung mit dem Schutz des Waldes verdienen, sonst ist der Anreiz zum Abholzen einfach zu groß.« Der gelernte Geograf bot dem Weltmarkt an, die Ökofunktionen des Amazonas zu erhalten und zehn Millionen Hektar neue Schutzgebiete auszuweisen. Seine Lösung ist ebenso einfach wie radikal: Im Gegenzug müssten die Menschen im Westen in Zukunft ein Vielfaches für Holz, Soja und Rindfleisch bezahlen, um den Naturschutz sicherzustellen. Sie würden die Amazonasbewohner dafür entlohnen, dass sie den Wald als Kohlendioxidspeicher stehen lassen – eine Dienstleistung, die sie bisher kostenlos bekommen hätten. Ein fairer Interessenausgleich sei nötig. Mit seinem Vorstoß, den er auf der Konferenz wiederholte, wollte Ortega zeigen, dass Artenschutz und wirtschaftliche Expansion zusammenpassen können.

Auch andere denken in diese Richtung. Bundesumweltminister Sigmar Gabriel gab bekannt, dass Deutschland 40 Millionen Euro aus dem CO_2-Emissionshandel der Europäischen Union für neue Schutzgebiete ausgeben werde; Interesse daran bekundeten 30 Länder, darunter Mexiko, Indonesien und die Demokratische Republik Kongo. Das Vorbild ist Norwegen, das bereits 500 Millionen Euro jährlich in den globalen Wälderschutz investiert. Für Energiekonzerne könnte es eine Alternative sein zur Einführung teurer neuer Technologien, wenn sie stattdessen Waldzertifikate erwerben. Aber es muss richtig viel Geld fließen, und schnell muss es gehen, wenn es profitabler sein soll, als die letzten Bäume auch noch abzuholzen. Auf Klimakonferenzen wird diesem Handel bereits Priorität eingeräumt, aber noch ist das System mit dem sperrigen Titel REDD (Reduce Emissions from Deforestation in Developing Countries) nicht installiert worden. Der Präsident Ecuadors, Rafael Correa, berief sich darauf, als er im Juni 2009 sein sensationelles Angebot an die Industrieländer erneuerte, für 350 Millionen Dollar jährlich den artenreichen Regenwald im Yasuní-Nationalpark nicht anzutasten, wo größe Ölvorkommen nachgewiesen wurden. Dort leben auch zwei Dutzend isolierte Indianerstämme, für die die Ölförderung den Tod bedeuten würde. Ich fragte mich, warum der Westen auch nur einen Moment zögerte, dieses Angebot zu akzeptieren. Aber Naturschutz muss auch von unten kommen – dafür braucht man Bildung und Alternativen für Menschen, die arm sind und deshalb von den Ressourcen der Natur leben, sie gegebenfalls zerstören und sich immer weiter in den Dschungel brennen.

Aber kann man den Regenwald nutzen, ohne ihn zu zerstören? Ich habe meine Zweifel, wenn damit etwas anderes gemeint ist als die Nutzung durch die Indianer, die traditionell im Gleichgewicht mit der Natur leben. Jedes Streben nach Wirtschaftswachstum zerstört letztlich den Regenwald. Außerdem sind die meisten Vorschläge zur Rettung des Amazonaswaldes bisher pure Theorie geblieben. Noch immer ist es weitaus profitabler, die Bäume zu fällen als sie stehen zu lassen. Dabei werden die Kosten des Abholzens weit höher sein, als der Preis, der jemals für Holz, Steaks und Soja erzielt werden kann. Aber auch die westlichen Regierungen sind ganz offensichtlich nicht bereit, ihre Bürger die eigentlich notwendigen höheren Preise zahlen zu lassen und damit Wähler zu verprellen. Man hält Sonntagsreden über den Naturschutz, doch die Wirklichkeit sieht brutal anders aus. Der Krieg der Stihl-Kettensägen gegen den Urwald und seine Bewohner geht unvermindert weiter.

Dann kam die Weltwirtschaftskrise von 2009. Sie gewährte dem Amazonas eine kleine Verschnaufpause. In den Vereinigten Staaten brach die Autoproduktion zusammen, der Stahlpreis fiel um die Hälfte. Im Amazonas standen die Eisenhütten still und brauchten weniger Holzkohle. Weltweit brach die Nachfrage nach Rindfleisch und Soja ein. Brasiliens Landwirte benötigten weniger Soja. Von den 100 größten Schlachthöfen Amazoniens wurden 15 geschlossen. Dennoch gab es keinen Grund zur Euphorie, denn die Waldzerstörung stagnierte nicht, sondern schritt nur etwas weniger stark fort. Und wie lange wird die Schonfrist anhalten? Laut *Berliner Zeitung* planten Regierung und Agrobusiness, die Fleisch- und Sojaproduktion nach der Krise um gewaltige 50 Prozent zu steigern.

Wie das trotz Schutzgebieten möglich sein soll? Im Juni 2009 verabschiedete das brasilianische Parlament ein Gesetz, mit dem die Besetzung von Amazonasland legalisiert wurde. Der Kern des Problems sind rund 400 000 illegal auf Staatsland errichtete Farmen, die eine Fläche von 67 Millionen Hektar umfassen, so viel wie Frankreich und Italien zusammen. Die meisten Flächen werden von Landlosen und Kleinbauern genutzt, die das Land brandroden, mit den bekannten Folgen. Seit Jahren wird das Problem in Brasilien diskutiert; und eigentlich sind sich alle einig, dass eine Lösung her muss. Das Gesetz »MP 458« aber stieß auf heftige Proteste von Umweltschützern und der Katholischen Kirche. 67 Millionen Hektar Land am Amazonas würden damit der Abholzung freigegeben, sagten Kritiker. Marina Silva forderte Präsident Lulas Veto gegen das Gesetz, wird damit aber wohl ebenso wenig Erfolg haben wie der Yanomami-Anführer Davi Kopenawa, der in Europa Unterstützung gegen »MP 458« suchte.

Nach der Uno-Konferenz 2008 war ich einigermaßen deprimiert nach Brasilien gereist, und das Gefühl überkam mich erneut mit Macht, als wir die Kalapalo im Xingú-Nationalpark mit der Hiobsbotschaft vom Bau des Staudammsystems verließen. Nachdem wir aus dem Urwald nach Cuiabá zurückgeflogen waren, konnten wir im brasilianischen Fernsehen verfolgen, dass die Yanomami-Indianer gerade in einem Rechtsstreit mit großen Holzkonzernen lagen, die sich ihr Land unter den Nagel reißen wollten. Diesmal hatten die Yanomami gewonnen. Der Richter befahl den Holzfirmen, sofort mit dem Fällen der Bäume aufzuhören.

Die Yanomami sind das berühmteste und größte Indianervolk im Amazonasgebiet. Die etwa 20 000 Angehörigen dieses Stammes leben am Oberlauf des Orinocos, im Grenzgebiet zwischen Brasilien und Venezuela. In Deutschland wurden sie in den achtziger Jahren durch eine Medienkampagne bekannt und quasi zum Synonym aller Amazonasindianer. Ich habe sie ebenfalls mehrfach besucht (siehe dazu die Kapitel im *Kirahé*-Buch).

Als in ihrem Gebiet Gold und Uran gefunden wurden, überrannten Anfang der neunziger Jahre Tausende Goldsucher und Kleinbauern ihr Gebiet. 20 Prozent der Yanomami starben daraufhin, meist an Infektionen – innerhalb von nur sieben Jahren. Den Yanomami gelang es damals aber, ihren Lebensraum zu verteidigen, mit ähnlichen Mitteln wie die Indianer am Xingú. Sie setzten auf die Unterstützung internationaler Prominenter. Auch für sie engagierte sich der Musiker Sting. Irgend-

Die Yanomami sind die bekanntesten Amazonasindianer. Ihre Existenz schien gesichert – inzwischen ist sie wieder bedroht.

wann konnte das Problem selbst in Brasília nicht mehr ignoriert werden, und der Funai-Präsident Sidney Possuelo bekam freie Hand, mit Hilfe der Bundespolizei und des Militärs die illegalen Goldgräbercamps zu zerstören und die Eindringlinge aus dem Yanomami-Gebiet zu vertreiben. 9,6 Millionen Hektar Wald wurden zum Schutzgebiet »Yanomami-Park« erklärt, ein Territorium doppelt so groß wie Niedersachsen.

Heute muss man leider feststellen, dass die Yanomami trotz der Einrichtung von Schutzzonen schon wieder in Gefahr sind. Sie werden nicht nur von Holzfirmen bedroht. In den vergangenen Jahren kehrten die Goldsucher ebenso zurück wie die Missionare, und sie scherten sich nicht um bestehende Gesetze. Wie in allen abgelegenen Gebieten des Landes regiert wieder das Faustrecht. In Brasília scheint es derzeit niemanden zu geben, der die Macht besitzt, sich nachhaltig für die Yanomami und jene rund 300 anderen Indianervölker einzusetzen, die ebenso stark oder noch stärker in ihrer Existenz bedroht sind. Es ist schon bezeichnend: Wenn Banken gerettet werden müssen, werden innerhalb von Tagen Milliarden Dollar und Euro aufgebracht. Der Regenwald, seine Bewohner und das Weltklima sind offenbar nicht einen Bruchteil davon wert.

Dabei wissen die Indianer besser als wir, dass sich der Nutzen des Regenwalds nicht in Dollar berechnen lässt. Ende 2007 traf der berühmte Häuptling Davi Kopenawa, Träger des Alternativen Nobelpreises, auf einer Konferenz den Regierungschef Lula da Silva. Laut einem Zeitungsbericht sah der Indianer dem Präsidenten in die Augen und sagte: »Deine Regierung muss sehr vorsichtig sein. Denn ihr wisst nicht, wie man mit der Natur umgeht. Aber ich sage dir, dass die Maschine, die die Löcher gräbt, die Lunge der Erde beschädigt. Die ganze Welt wird bluten.«

An diese Vorgänge dachte ich, als ich zusammen mit Rolf Krusche nach Brasília flog, um bei der Funai die Genehmigung zum Besuch »unserer« Zoé-Indianer am Río Cuminapanema im Bundesstaat Pará abzuholen. Vor der Tür des Bürogebäudes fand gerade eine Demonstration von bunt geschmückten Amazonasindianern statt. Sie brüllten »Corupção! Corupção!« Sie protestierten gegen korrupte Funai-Vertreter. Ich konnte nicht herausfinden, worum genau es ging. Später, im Rückblick, sollte die Szene mir wie ein Menetekel erscheinen.

Zunächst ging alles glatt. Das offizielle Drei-Wochen-Einreisevisum für das Zoé-Schutzgebiet mit der persönlichen Unterschrift des Funai-Präsidenten und einem Zusatzschreiben des Chefs der Abteilung für isolierte Indianer, Antenor Vaz, wurde uns anstandslos ausgehändigt. Es war der 29. August 2008. Am nächsten Morgen flogen wir von Brasília nach Santarém am Amazonas, wo wir eine Maschine für den Weiterflug in den nördlichen Urwald chartern wollten. Wir nahmen uns Zimmer im kleinen »Hotel Amazonas«, weil es erfahrungsgemäß etwas Zeit in Anspruch nahm, alle Vorbereitungen zu treffen. Wir mussten Lebensmittel und Geschenke einkaufen und über die Flugkosten verhandeln. Bereits bei der Ankunft hatte ich am Flughafen der 270 000-Einwohner-Stadt Kontakt mit einem Piloten aufgenommen. Er machte uns ein gutes Angebot, wollte die Einzelheiten aber am nächsten Tag mit uns besprechen. Abends waren wir in gehobener Stimmung, wir hatten die Genehmigung in der Tasche und ein Flugzeug. Wir waren bereit für die ersehnte Wiederbegegnung mit unseren Freunden am Rio Cuminapanema.

Früh am Morgen nahmen wir ein Taxi zum Flughafen. Wir warteten. Und warteten – der Pilot kam nicht. Ich schob die Verspätung auf das lockere Verhältnis der Brasilianer zur Zeit. Pünktlichkeit gehört ganz sicher nicht zu ihren Primärtugenden. Wir geduldeten uns fast drei Stunden. Dann fragten wir eine Frau am Fluglinienschalter, ob der Pilot eventuell verschlafen habe oder in einer Bar versackt war. »Senhor espere – warten Sie, mein Herr«, antwortete sie.

Plötzlich tauchte ein Glatzkopf undefinierbaren Alters mit stark sonnengebräunter Haut und schwarzer Sonnenbrille auf, der aussah wie Kojak und ein Namensschild trug, das ihn als »Comandante Walter« von der Firma Fox Taxi Aéreo Ltd. auswies.

Ich fragte ihn: »Sind Sie jetzt unser Pilot?«

Er sagte: »Sim, claro.« Er war nicht sehr gesprächig.

»Aber wir haben nicht Fox Taxi Aéreo, sondern jemand anderes gebucht«, sagte ich.

»Ist nicht so einfach«, erwiderte Kojak. »Wo ihr hinwollt, braucht ihr ’ne Spezialgenehmigung.«

Ich atmete durch. »Die haben wir.« Ich zeigte sie ihm. Er warf einen flüchtigen Blick darauf und sagte: »Ta bom – schön. Aber so schnell geht das nicht. Ich hab’ mit João geredet. Kommt mit.«

»João Lobato, der Postenchef? Der von der Funai?«, fragte ich

»Genau der.«

Comandante Walter grinste. Die Sonnenbrille hatte er die ganze Zeit nicht abgesetzt. Widerwillig folgten wir ihm. Er führte uns zu seinem Auto, einem uralten Pick-up, der vorn und hinten völlig verrostet war. Ich überlegte, was das nun wieder bedeuten sollte. João Lobato kannte ich. Er war der Mann, der für die Funai die Stellung im Schutzgebiet der Zoé hielt. Er war dafür verantwortlich, dass kein Unbefugter das Reservat betrat. Er war der Verbindungsmann zwischen den Indianern und der Außenwelt. Rolf Krusche und ich hatten ihn vor zehn Jahren von heftigen Schmerzen befreit, als er unter einer akuten Nierenkolik litt. Zuhause habe ich noch ein Foto, wo wir ihm gerade ein krampflösendes Mittel gegen die furchtbare Kolikattacke spritzen. Was hätte er gemacht, wenn er uns in diesem Moment nicht gehabt hätte und dort – weitab der Zivilisation mitten im Urwald – ganz auf sich allein gestellt gewesen wäre? Darüber hatte ich in den vergangenen Jahren oft nachgedacht. João Lobato war ein kleiner, dünner Brasilianer mit gestutztem Vollbart und dünnem Haarzopf, der sich damals wirklich für die Indios einsetzte. Ich hatte einen guten Eindruck von ihm gewonnen.

Denselben João Lobato hatte der französische Journalist Nicolas Hulot in *Paris Match* über den grünen Klee gelobt: »Heute ist João, der Chef der Funai-Mission, der einzige Fremde, der die Sprache der Zoé spricht. Er wacht eifersüchtig und gewissenhaft über ihre geografische und kulturelle Identität. Er ist besessen davon,

Die Yanomami sind als gute Pfeilschützen bekannt. Sie leben in burgähnlichen Stammeshütten, den Shabonos.

dafür zu sorgen, dass die Zoé Meister ihres Schicksals bleiben, dass niemand sie im Gang ihrer Existenz manipulieren oder aufstören kann. Er hat lediglich eine Krankenstation und eine Zahnarztpraxis aufgebaut. Er kämpft um ein Minimum an Geld, um die Fortdauer der Einrichtung zu gewährleisten.«

Kojak fuhr mit uns an den Stadtrand von Santarém, wo Joãos Familie in einem hübschen kleinen Holzhaus mit Garten wohnte. Die etwa 40-jährige Ehefrau schien auf uns gewartet zu haben, bat uns aber nicht, wie landesüblich beim Empfang von Gästen, ins Haus, sondern ließ uns auf der Veranda stehen. »Bom día, Senhor Rolando«, begrüßte sie mich. Ich kannte sie nicht. Aber Rolf konnte sich gut an sie erinnern. Sie bestellte uns Grüße von João und erzählte von ihrem Sohn, der in den USA studierte. Ich wollte aber keinen Smalltalk betreiben.

»Was hat das alles zu bedeuten?«, fragte ich sie. »Warum kommt der Pilot nicht, um uns ins Reservat zu bringen?«

»No se, Senhor Rolando, ich verstehe das auch nicht richtig.« Sie wirkte ein wenig verlegen. »Es gibt da gewisse Schwierigkeiten. Im Moment können sie nicht zu den Zoé. Aber ich weiß auch nicht genau, worum es geht.«

»Was denn für Schwierigkeiten?«, wollte nun der Professor wissen. »Wir haben doch alle Papiere, die nötig sind. Sehr, sehr gute Papiere.«

Sie machte eine Handbewegung, die wohl beruhigend wirken sollte. »Esperen um momento.« Sie ging ins Haus und kehrte mit einem Ausdruck zurück. »Hier, es ist ein Fax aus Brasília gekommen. Von der Funai. Darin steht, dass Sie warten müssen. Sie schreiben, es ist gerade noch ein französisches Filmteam im Reservat, die müssen erst raus sein.« Sie setzte eine wichtige Miene auf. »Es ist ja so, dass nicht zu viele Fremde ins Reservat sollen. Wir müssen die Indios beschützen.«

Rolf und ich sahen uns verblüfft an. »Das ist ein abgekartetes Spiel«, meinte ich. Langsam wurde ich wütend. Es war offensichtlich, dass João in seinem Funai-Posten draußen im Dschungel bestens über uns im Bilde war. Klar, er hatte dort Internet, Satellitentelefon, Fax, modernste Kommunikationsmittel. Irgendwer aus Brasília musste ihn informiert haben: »Da kommen Deutsche, die wollen zu den Zoé. Wimmel sie ab.« Oder: »Nimm sie aus.«

Wie zur Bestätigung sagte Joãos Frau: »Außerdem müsst ihr auch noch die vinte e cinco bezahlen.«

Wir sollten die *vinte e cinco* – also 25 – bezahlen? Sollten wir für Aufnahmen bei den Zoé Geld geben? Das konnte nicht sein. Ich sagte, auf Portugiesisch radebrechend: »Wir wollen überhaupt keinen Film drehen. Das ist ein Missverständnis. Wir sind kein Filmteam, wir sind Ethnologen aus *Alemanha oriental*. Das weiß die Funai. Das ist alles abgeklärt. Wir müssen nichts bezahlen.«

Ich konnte mich nur mühsam beherrschen. Hier stehen wir auf der Veranda und machen Konversation, während uns die Zeit davonläuft, dachte ich. Unsere Genehmigung galt exakt für drei Wochen und keinen Tag länger. Ich fühlte die Minuten förmlich zerrinnen. Rolf sah auch ganz unglücklich aus. Wo war eigentlich der andere Pilot abgeblieben? Er war wie vom Erdboden verschluckt. Dafür hatte Comandante Walter durchblicken lassen, dass er uns fliegen würde, aber für wesentlich mehr Geld. Ich hatte plötzlich das Gefühl kompletter Überwachung und Steuerung, wie damals in der DDR durch die Stasi. Offenbar hatten wir uns zu sehr auf die Lauterkeit der Funai verlassen. »Rolf, so schnell geben wir nicht auf«, sagte ich trotzig.

»Was willst du denn tun?« fragte er.

Ja, was? Ich wusste es selbst nicht. Ich versuchte es auf die freundliche Art. Ich fragte die Frau: »Wir sind doch Freunde von João, sie kennen doch mein Indianerbuch.«

Sie nickte. »O livro muito bom – sehr schönes Buch. Aber João hat gesagt, die vinte e cinco müssen sein, sonst geht es nicht.«

Wir waren so verwirrt, dass wir nicht einmal nachfragten, was für ominöse *vinte e cinco* das sein sollten. Notfalls war ich bereit, einen gewissen Betrag zu zahlen, aber hier ging es erstmal ums Prinzip. Kojak mischte sich in die Unterhaltung ein und war nun viel gesprächiger. »Freunde, wollt ihr nicht etwas entspannen?«, fragte er. »Ich kann euch zum Resort Alter do Chao bringen, am Zusammenfluss von Amazonas und Rio Tapajós. Mit Swimmingpool, mehreren Restaurants und Bar. Es ist perfekt für Männer wie euch.« Er fügte hinzu: »Da gibt es auch sehr hübsche mulheres. Gostosas. Carinhosas.« Er zwinkerte uns vielsagend zu.

Ich hätte ihn am liebsten geohrfeigt. Wir waren nicht hier, um Urlaub zu machen oder uns mit Mädchen abzugeben. Wir baten den angeblichen Piloten, uns wieder ins »Hotel Amazonas« zu bringen. Wir mussten Kriegsrat halten. Comandante Walter versprach, dass jemand kommen würde, um uns abzuholen. Aber es kam keiner. Weder an diesem noch an den folgenden vier Tagen. Wir saßen in dem verfluchten Siebziger-Jahre-Betonbau fest, einer verkommenen Absteige, in der die Kakerlaken herumflitzten. Da wir nicht wussten, was wir tun sollten, riefen wir die Ehefrau von João ständig an, aber sie redete sich heraus. »Não posso fazer nada, ich kann euch nicht helfen, João hat sich nicht gemeldet.«

Santarém ist ein altes, morbides Kolonialstadtchen, das auf halber Strecke zwischen Belém und Manaus am Amazonas liegt, an der Mündung des Rio Tapajós. Am Zusammenfluss des braunen und des grünen Stromes gibt es Traumstrände, die an die Südsee erinnern; dort lagen auch die Resorts, in denen Kojak uns Wellness verordnen wollte. Heiß ist es in Santarém, ein Brutofen mitten im grünen Meer des Waldes, aus dem abends Myriaden von Moskitos die Malaria mit sich tragen. Aber Santarém ist auch der Umschlagplatz der Sojakonzerne Cargill, Bunge und ADM. Außerdem ist die Stadt ein wichtiger Knotenpunkt für Abenteuerreisende, die in dem Ort ein großes Angebot an Regenwaldtouren vorfinden. Santarém ist auch noch immer die Stadt der Missionare. Auf Schritt und Tritt begegneten wir den Heilsbringern der *New Tribes Mission* und anderer Evangelisationsgesellschaften, die die »Wilden« im Dschungel den »Krallen des Teufels entreißen« und »zum Glück mit Jesus führen« wollten. Aber wenn man in Santarém nichts zu tun hat und mit Wellness nichts anfangen kann, dann schlägt einem die Hitze aufs Gemüt.

Am fünften Tag quartierten sich mittags plötzlich drei ältere Franzosen im Hotel ein. Sie trugen typische Khaki-Filmklamotten mit vielen Taschen und hatten entsprechende Koffer und Stative dabei. Es handelte sich offensichtlich um das Drehteam aus Frankreich, das gerade bei den Zoé gewesen war und jetzt den Heimweg nach Paris antrat. Sie wussten genau, wer wir waren, und ließen uns das auch spüren. Sie hatten die Zoé gefilmt, sie waren die Sieger. Wir vermieden jeden Kontakt und sprachen nicht mit ihnen. Wenig später kam der Hotelbote und überbrachte die Mitteilung, dass João habe anrufen lassen. Er habe ein Flugzeug gechartert, um aus dem Dschungel anzureisen, und werde uns abends im Hotel abholen.

»Sag mal Roland, João war doch ein armer Schlucker, und plötzlich hat er das Geld, um sich ein Flugzeug zu chartern und mal eben zum Abendessen nach Santarém einzufliegen?«, sagte Rolf. »Was geht hier eigentlich vor?«

»Das ist höchst merkwürdig«, stimmte ich ihm zu. »João muss richtig reich geworden sein. Das hübsche Haus seiner Frau, der Sohn studiert in Amerika – all das kann er unmöglich mit dem Gehalt finanzieren, das ihm die Funai bezahlt.«

Wir hatten beide den gleichen unheimlichen Gedanken. »Der verkauft die Zoé«, flüsterte Rolf. »Der Schuft macht Geld mit den Indianern.«

Wenig später rief Comandante Walter an. »Ich komme um neun, um euch abzuholen. Dann treffen wir uns mit João.« Kurz vor neun, in tiefster Dunkelheit, erschien der Glatzkopf mit seiner Schrottmühle und fuhr uns zu einer Spelunke am Hafen. An der Theke stand João und wartete auf uns, rollte mit den Augen und sprach mit schwerer Zunge. Er hatte wohl schon ein paar Biere getrunken. Auffallender noch war sein Aufzug. Er trug Designersandalen, eine weiße Baumwollhose, darüber ein knielanges weißes Baumwollhemd mit einem Bündel langer Perlenketten um den Hals, seitlich kurzes Haar mit einem sehr langen dünnen Hinterhauptzopf, so dass er aussah wie ein indischer Guru. Ich dachte, Sekte, ganz klar Sekte, und er ist der Sektenführer.

»Gente sente-se, setzt euch, lasst uns reden«, sagte João. Dem Wirt rief er zu: »Cerveza pra gente! Bier für uns!«. Wir fragten ihn nach den Indianern, nach Dituk, Boy, Kiapó, Biri. Er versicherte uns, dass es allen gut gehe.

João hatte sich verändert. Er wirkte jetzt nicht nur wie ein Guru, sondern auch wie eine Kopie von Sidney Possuelo. Er machte Sidneys Machogehabe nach, seine Körperhaltung ebenso wie seine Stimme, seine Art zu sprechen und Zigaretten zu rauchen. Das Lustige daran war, dass Sidney seinerseits Fidel Castro kopiert hatte. Aber Sidney war ein zwar nur mittelgroßer, doch durchaus kräftiger Mann. João dagegen eher ein Männchen, bei dem das Sidney-Fidel-Gehabe mehr als lächerlich wirkte. Es bildete zudem einen skurrilen Kontrast zu seinem Sektenoutfit. Anders als wir schien Comandante Walter jedoch tief beeindruckt zu sein. Er blickte João ehrfurchtsvoll an und warf sich vor ihm fast auf den Boden; setzte sich dann in eine Ecke und sagte den ganzen Abend lang keinen Ton mehr. João aber saß am Holztisch uns gegenüber und dozierte. Er redete und redete, sprach von ominösen *projetos*, wir verstanden nur die Hälfte. Plötzlich stoppte sein Redefluss, er blickte uns scharf an und lallte: »Und ihr habt eine Genehmigung?«

»*Sim*, und wir haben sie hier!«, sagte ich und zog das gestempelte Papier aus der Tasche. »Unterschrieben vom Funai-Präsidenten.«

João nahm das Schreiben, warf kurz einen Blick darauf, zerknüllte es, ließ es auf den Boden fallen und sagte: »Das Papier interessiert mich einen Dreck. Hier draußen gibt's keinen Funai-Präsidenten, verstanden? Hier habe nur ich was zu sagen. Ohne mich läuft hier nichts. Versteht ihr? Mit mir müsst ihr die Dinge klären.« Er lehnte sich zurück, zog an seiner Zigarre, pustete uns den Rauch ins Gesicht, nahm einen tiefen Schluck Bier. Er war total betrunken, vielleicht auch von anderen Drogen berauscht. Er beugte sich zu uns, seine Pupillen geweitet. »Nur ich bin für die Zoé verantwortlich.« Es klang, als ob er sagen wollte: »Das sind meine Indianer. Ich bestimme, wer sie zu sehen bekommt.« Dann erzählte João wieder von seinen »projetos«. Zwei- oder dreimal waren japanische Filmteams im Schutzgebiet gewesen. Und anschließend französische. »Und o Senhor Hulot ist ein sehr guter Freund von mir. Er hat in *Paris Match* über die Zoé geschrieben!« Stolz berichtete João von den enormen Summen, die er für die Dreh- oder Fotoerlaubnis verlangte. Pro Tag 5000 Dollar. Das sei es auch wert, sagte er. Die Zoé seien schließlich etwas Niedagewesenes, Einmaliges. »Uma atracão espectacular.« Eine Weltsensation. Äußerst abfällig sprach er dagegen über das internationale Schutzprogramm PPTAL und die deutsche GTZ. »Pffft. Vagabundos. Die haben hier gar nichts zu sagen!«

Selbsternannter »Schutzherr« der Zoé: Funai-Postenchef João Lobato.

Wir blieben vorsichtig. Machten gute Miene zum bösen Spiel. Rolf sagte: »Aber die Vermessung des Schutzgebietes ist eine gute Sache, und das hat hauptsächlich die GTZ gemacht.«

Rolf versuchte es anders: »Aber es ist schön, dass alle Indianer noch leben.« – »Wie geht es Durusí und Hai?« – »Ach, Opin lebt auch noch, das ist gut zu hören.« Jetzt erfuhren wir ganz nebenbei, dass Soari von einem Jaguar getötet worden war. Daraufhin wollte auch Dig, seine Ehefrau, nicht mehr leben und schnitt sich die Kehle durch. Für einen Moment waren wir, weil wir beide Indianer sehr gut kannten, sprachlos. Dann wagte Rolf vorsichtig einen Vorstoß: »Wissen denn die Zoé, dass wir da sind?«

»Ja, das wissen sie, die freuen sich auch auf euch«, sagte João. »Aber das geht nur mit ausdrücklicher Genehmigung des Postenchefs.«

Nun wurde mir das Drumherumgerede zu viel. »João, nun sprich mal Klartext«, sagte ich. »Was ist los? Was willst du von uns?«

Der Postenchef langte in seine bunte Hippieumhängetasche und holte eine Faxkopie derselben Genehmigung heraus, die er gerade zerknüllt und unter den Tisch geworfen hatte. Er hatte sie aus Brasília geschickt bekommen. Er drehte das Papier um und legte es vor sich auf den Holztisch. Dann schrieb er darauf: »Padrão 25 000 a 30 000 Reais«, schob es zu uns rüber. »Schutzherr 25 000 bis 30 000 Reais«. Seine Augen blickten ins Leere. Ich dachte, der Gnom hat sie wohl nicht alle. 30 000 Reais waren rund 12 000 Euro! Und was sollte das bedeuten, Schutzherr? Ich sagte: »Sag mal, João, spinnst du?«

João antwortete: »Wir müssen dafür sorgen, dass im Dorf alles vom Feinsten ist. Wir bauen da jetzt das beste Hotel weit und breit, höchster Ökostandard, *five stars*, und wir richten auch ein Spitzenkrankenhaus im Wald ein. Eine Premiumklinik nur für die Zoé, mit eigenem Operationssaal! Die beste im ganzen Amazonas!«

Jetzt glühten seine Augen. Plötzlich kam er mir völlig verrückt vor. Wie es aussah, wurde Geld ohne Ende in das Reservat gepulvert und Hightech in den Urwald verfrachtet, wo die Indianer weiter in ihrer Steinzeitwelt lebten. Das musste alles innerhalb des letzten Jahres geschehen sein, denn Nicolas Hulot hatte in *Paris Match* noch von einem »kleinen Posten der Funai« geschrieben. João wurde mir immer unheimlicher. Was er dort veranstaltete, erinnerte an einen staatlich sanktionierten Indianerzoo. Oder war es ein Sektenzoo? Wir beobachteten merkwürdige Szenen in der Kneipe. Nicht nur Kojak benahm sich in Joãos Gegenwart wie ein Sektenjünger, auch andere Leute, die ab und zu an unseren Tisch kamen.

Jim Jones, der Anführer der Volkstempelsekte in Guayana kam mir in den Sinn, der seine Anhänger im Dschungelcamp in Mord und Selbstmord getrieben hatte. Oder der verrückte Urwaldfürst Kurtz im Kongo, die Romanfigur aus Joseph Conrads »Herz der Finsternis«. João war der Herrscher in seinem Dschungelfürstentum. Er herrschte über 242 Zoé-Indianer. Er verordnete den Zoé ein Leben in der Steinzeit. Er achtete darauf, dass sie mit keinen modernen Werkzeugen kontaminiert wurden. Er verhinderte jeden Kontakt nach außen. Und dann verkaufte er sie an Franzosen und Japaner, die sehr viel Geld dafür bezahlten, die »isolierten Lippenpflockindianer« filmen zu dürfen und denen es im »Öko-Resort« an keinem Luxus fehlte. Damit die kostbaren Wilden nicht kaputt gingen, stellte er ihnen die beste Klinik des Amazonas in den Wald.

Es war die totale Entmündigung. Ein Menschenzoo. Er stellte die Zoé zur Schau wie seltene Vögel. Natürlich, er saß auf einem Goldschatz. Kaum ein anderes Indianervolk eignet sich so gut als Ausstellungsobjekt wie die Zoé. Der Holzpflock im Unterkiefer und ihre Nacktheit lassen sie ungemein exotisch aussehen. Ihre Dörfer liegen weitab von jeder Zivilisation im unberührten Regenwald. Sie sind friedlich und freundlich wie kaum ein anderes Naturvolk. Ich erinnerte mich an Joãos Vorgänger als Postenchef, Christiano, der schon 1995 eine Art Indianer-Disneyland am Rio Cuminapanema errichten wollte und dabei war, ein Dschungelhotel mit Wasserklosetts errichten zu lassen. Er missbrauchte die Indianer doppelt: als billige

Arbeitskräfte und als lebende Ausstellungsstücke. Nachdem unsere Aufnahmen davon im Januar 1996 unter dem Titel »Vermarktung der letzten Regenwaldindianer am Amazonas durch skrupellose Geschäftemacher« im *Heute Journal* des ZDF gelaufen waren, war Christiano abgelöst und durch João ersetzt worden. Aber womöglich hatte man damals den Teufel mit dem Beelzebub ausgetrieben. Alles wirkte auf mich wie ein Déjà Vu.

»Das ist ungeheuerlich«, flüsterte Rolf. »Ob die Funai davon weiß?« Ich zuckte resigniert die Schultern.

João achtete gar nicht mehr auf uns. Er sprach nur noch für sich selbst. »Mit dem Geld kaufen wir ein Röntgengerät für unsere Klinik«, sagte er. »Digital! Digital!« Ich dachte, er ist wirklich nicht ganz bei Trost, ein Röntgengerät, Streustrahlung, dafür braucht man Leute, die es bedienen können und ein absolut strahlensicheres Gebäude. Das ist gefährlich! Okay, wenn er einen Zahnarztstuhl hätte kaufen wollen, aber ein Röntgengerät? Warum nicht gleich eine Magnettomographie-Röhre? Dann dachte ich, wer weiß, in welches Wespennest wir hier reingepiekt hatten. Einmal wirkte João wie ein eiskalter Geschäftsmann, dann wie ein Irrwisch, der »seine Zoé« verteidigte, als wären sie sein Besitz. Er wurde laut. »Niemand darf irgendetwas mitnehmen«, brüllte er. »Keine Pflanzen! Keine Lippenpflöcke! Keine Pfeile! Das ist Piraterie! Was ihr rausgenommen habt, das habt ihr gestohlen! Damit ist Schluss. Für alles muss bezahlt werden! Teuer bezahlt werden! Ich, João Lobato, ich sorge dafür. Ich verkaufe alles. Und nur ich allein. Für die Zoé!« Er holte tief Luft, Schweißtropfen rannen ihm übers Gesicht.

»Wir wollen sowieso nichts mitnehmen, wir wollen nur gucken, was aus unseren Freunden geworden ist«, sagte ich. Bloß nicht provozieren, dachte ich.

»Ah, os etnologos!«, rief João. »Ethnologen lasse ich schon seit Jahren nicht mehr rein. Die wissen alles besser und wollen die armen Indios nur ausbeuten. Sich schamlos bereichern. Aber nicht mit mir!« Er wirkte sehr stolz, als er das verkündete. Sehr stolz und sehr betrunken.

Rolf sah ihn fassungslos an. »Der ist irre, Roland«, sagte er leise zu mir. »Völlig irre.« Zu João sagte er: »Deine Frau hat immer von vinte e cinco gesprochen, was hat sie denn damit gemeint? 25 Reais pro Foto oder pro Tag, oder was soll das?«

João hielt inne, als ob er jäh aus einem Traum erwachte. »Na gut«, sagte

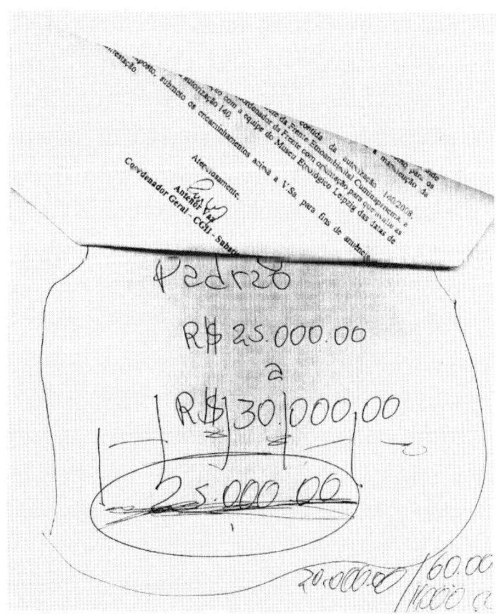

»Schutzherr 25 000 Reais« – Postenchef João Lobato will Schmiergeld in Höhe von 10 000 Euro für den Besuch der Zoé kassieren.

er und nahm den Kugelschreiber. Er strich die 30 000 Reais mehrfach senkrecht durch und schrieb fein säuberlich »25 000 Reais«, unterstrich den Betrag und zog einen Kreis um ihn. Er legte die Korruptionssumme also gnädig auf 10 000 Euro fest. Verschwörerisch fügte er hinzu: »Die anderen haben sogar 60 000 Reais bezahlt, für das Röntgengerät!« Uns gewährte er sozusagen einen Sonderpreis. Ich dachte an den Satz in *Paris Match*: »Der Postenchef kämpft um ein Minimum an Geld, um die Fortdauer der Einrichtung zu gewährleisten.« Es war unerträglich. Das Ganze ging noch eine Weile hin und her, aber es war Zeit zu gehen.

Gegen ein Uhr nachts machte Rolf noch einen Versuch: »João, wenn du willst, dann können wir ja unsere Kameras hier in Santarém lassen. Uns geht es nur darum, einen Bericht darüber zu verfassen, wie die Zoé heute leben, zehn Jahre nach der Demarkierung ihres Gebietes. Immerhin kamen die Gelder dafür aus Deutschland, und es wäre doch schön, wenn dort bekannt werden würde, dass das Pilotprojekt wirklich dem Schutz der Indianer und ihrer Kultur dient.« Dann bat er ihn ganz höflich: »João, gibt es nicht doch eine Möglichkeit, dass wir reinkommen? Du weißt, wie gern wir unsere Freunde wiedersehen würden.«

»So einfach geht das sowieso nicht«, sagte João. »Ihr müsstet noch mal zu einem hiesigen Arzt, um euch durchchecken zu lassen. Ausländische Ärzte und Krankenhäuser haben doch keine Ahnung davon, welche Krankheiten es hier in den Tropen gibt. Wir können keine Infektion riskieren.«

Ich wunderte mich über seine Dreistigkeit und Arroganz und wollte ihn schon fast an seine Nierenkolik erinnern. Aber dann sagte ich: »Klar, João, kein Problem.«

Er lächelte ganz freundlich, dann hob er bedauernd die Hände: »Aber wenn ihr nicht bezahlt, kann ich nichts für euch tun.«

Anschließend musste er pinkeln und wankte zum Klo, das in einem Bretterverschlag draußen war. Als er aufstand, wirkte er wie ein Zombie. Er sah völlig anders aus als alle anderen Leute in der Kneipe. Dieses Gurugehabe, das weiße Gewand, die seltsame Art, würdig zu schreiten statt normal zu laufen. Auch wenn es mit der Würde nun ein wenig haperte.

»Rolf, steck den Zettel ein!«, raunte ich. Rolf Krusche ließ die »Schutzherr«-Forderung in seiner Umhängetasche verschwinden. Ich bückte mich und hob die zerknüllte Originalgenehmigung auf. Als João vom Klo zurückkehrte, war er so betrunken, dass er die Papiere zwar suchte, aber die Suche schnell wieder aufgab. »Na dann«, sagte ich und legte das Geld für die Zeche auf den Tisch. Wir erhoben uns und verließen die Kneipe. João zuckte zum Abschied noch mal kurz gönnerhaft die Schultern, wohl um seinem scheinbaren Bedauern Ausdruck zu verleihen. Immerhin hatte er uns eine Audienz ermöglicht, und nun sollten wir uns bloß nicht so haben.

Dann gingen wir alle hinaus in die schwüle, ewig summende Tropennacht. Die Zikaden lärmten, der gewaltige Amazonas wälzte sich geräuschlos nur ein paar Meter entfernt vorbei. Im Licht der Sterne sah er aus wie der Ozean. Wir gaben uns nicht die Hand. Es war das letzte Mal, das wir João Lobato sahen.

Comandante Walter kam am nächsten Tag noch einmal im Hotel vorbei. Wir überließen ihm unseren Proviant und Klaus-Peter Kästners Buch über die Zoé, um es den Indianern zu bringen. Walter war natürlich auch sauer, weil ihm nun der lukrative Flug durch die Lappen ging. Rolf war unglaublich traurig. Er war nun schon im Rentenalter und hatte sich so darauf gefreut, die alten Freunde wiederzusehen. Er hatte viel mehr Zeit mit ihnen verbracht als ich. Zweimal war er sogar mehrere Monate bei den Zoé geblieben, um seine ethnologische Feldforschung zu betreiben. Er hatte eine ganz persönliche Beziehung zu ihnen. Wir konnten uns beide lebhaft daran erinnern, wie traurig es war, als damals das todkranke Zoé-Mädchen Babut, das ich noch zu retten versuchte, in meinem Armen gestorben war. João wusste genau, wie sehr wir die Zoé mochten und dass wir nur das Beste für sie wollten.

Wir packten unsere Sachen und kauften Flugtickets nach Sao Paulo.

»Das kann João doch unmöglich ganz allein durchziehen«, sagte ich. »Diese Korruption kann man nicht verheimlichen, auch wenn sie mitten im Dschungel stattfindet. Er muss Helfer haben. Womöglich steckt die Funai selbst mit drin, wie damals bei Christiano.«

»Das wäre ein unglaublicher Skandal.« erwiderte Rolf

»Wenn wir das bekannt machen, wird es Leute den Job kosten. Und ich glaube, wir müssen uns selbst sehr vorsehen, solange wir noch hier sind«, sagte ich.

Die letzten Stunden in Santarém waren wir beide nervös und schreckhaft. Dauernd blickten wir uns um. Wer weiß, wozu Joãos Truppe oder Sekte in der Lage war, wenn ihr Guru sich bedroht fühlte. Ich musste an den bösen Fluch denken, von dem Luiz gesprochen hatte. Der böse Fluch vom Kwarup-Fest. Aber João kam nicht und schickte auch keine Jünger vorbei. Vielleicht war er zu betrunken gewesen und musste sich erstmal ausschlafen. Vielleicht hielt er uns für unbedarfte Ausländer, die ohnehin keine Bedrohung für ihn sein konnten. Als unser Flugzeug in der Luft war, atmeten wir auf.

Zurück in Lüneburg überlegte ich, was zu tun wäre. Vielleicht ist das Schutzkonzept der Funai untauglich, überlegte ich, wenn jeder Postenchef früher oder später anfängt, das Verwertungspotential der Indianer zu erkennen und für sich selbst auszubeuten. Vielleicht wäre es das Beste, man würde integre Häuptlinge wie Luiz, die viel Erfahrung mit dem weißen Mann haben, zu den Zoé schicken. Luiz könnte ihnen dann erzählen, wie sein Stamm mit den Umbrüchen umgeht – und wie er sich vor Geschäftemachern und Missionaren schützt. Er könnte ihnen sagen, dass sie es ganz allein nicht schaffen werden. Denn ihre Schamanen können zwar manches Fieber mit Kräutern vertreiben, aber gegen die Plagen des weißen Mannes ist ihr Kraut nicht gewachsen. Die Tür zur weißen Welt lässt sich nicht mehr verschließen. Benzin für den Bootsmotor, Sonnenkollektoren fürs Radio, Spiegel für die Schönheit. Die Steinzeit war den Zoé in dem Moment geraubt worden, als die Missionare sie umsiedelten. Der Druck der Zivilisation würde nie wieder nachlassen. Die Steinzeitgesellschaft künstlich zu konservieren, ist Unsinn.

Jetzt ging es darum, dass sie ihren Stolz bewahrten und das Beste ihrer Kultur mit in die Moderne und die Marktwirtschaft nahmen. Selbstbestimmt. Sie müssen ihr eigenes Tempo bestimmen. Niemand kann wollen, dass sie als »letzte Mohikaner« ausgestellt werden wie die Rothäute früher in Hagenbecks Tierpark. Wenn sie selbst ausländische Besucher einladen, wie Luiz es mit uns und einigen anderen getan hat, und dafür Geld für Benzin fordert, damit sein Stamm Motorboot fahren und fernsehen kann, ist es in Ordnung. Die Indianer müssen eigene Optionen haben, sie müssen gesicherte Rechtsansprüche auf ihren Lebensraum und die Möglichkeit gesellschaftlicher Mitwirkung bekommen. Auch andernorts im Amazonas gibt es Völker, deren Kinder studiert haben, die das Leben in der Stadt kennen und dann zurückkehren, sich wieder Malocas bauen und darauf achten, so wenig Kontakt wie möglich zur weißen Welt zu haben. Das ist der indigene Wiederaufbau. Indigenes Selbstbewusstsein, das manchmal, wenn auch viel zu selten, sogar zu Erfolgen führt.

Im März 2009 fällte der Oberste Gerichtshof Brasiliens ein Urteil mit historischer Tragweite für die Ureinwohner des Landes. Mit zehn gegen eine Stimme sprachen die Richter den rund 18 000 Indios der Makunaimi, Makuxi, Taurepang, Ingarinkó, Patamona und Wapichana die vollständige Kontrolle des Reservats »Raposa Serra do Sul« im Amazonasdschungel nahe der Grenze zu Guayana und Venezuela zu. Das Gebiet sei ihr Eigentum, basta. »Wir begleichen damit eine historische Schuld, die Brasilien bei den Indigenen hat«, sagte die Richterin Ellen Gracie. Sie berief sich auf die brasilianische Verfassung von 1988, die den Indianern das Recht garantiert, in ihren angestammten Gebieten zu bleiben. Das Gericht argumentierte, dass die Indianer zudem für den Schutz des Regenwaldes sorgten.

Das höchstrichterliche Urteil ist ein historischer Durchbruch und wird hoffentlich als Vorbild für andere Schutzgebiete dienen. Die Konsequenzen sind radikal. Nach der Einrichtung des Schutzgebietes durch Funai und GTZ vier Jahre zuvor hatten illegal eingedrungene Siedler gegen den Räumungsbescheid geklagt, und auch das Militär hatte wegen der Grenzlage zu Venezuela Vorbehalte geäußert. Es nutzte alles nichts; der Gerichtshof erteilte den Indianern lediglich die Auflage, den Zutritt der Sicherheitskräfte zu garantieren. Sämtliche in das große Reservat vorgedrungene Siedler wurden aufgefordert, das 1,7 Quadratkilometer große Gebiet umgehend zu verlassen. Um keinen Aufstand zu provozieren, versprach Präsident Lula den illegalen Siedlern, zumeist Reisbauern, Umsiedlungsland, das die Farmer aber als zu klein und als nicht fruchtbar genug ablehnten. Daraufhin kam es zu dem Prozess. Das historische Urteil könnte Präzedenzwirkung entfalten; denn vor dem Obersten Gerichtshof waren noch zwei Dutzend ähnliche Verfahren über Indianerland anhängig.

Was wir aber in Santarém erlebt und erfahren hatten, war ein Skandal von internationaler Dimension und erforderte eine Reaktion. Schließlich war die deutsche GTZ sozusagen der internationale Schutzpatron des Gebietes der Zoé. Ich setzte im September 2008 Briefe auf, die ich per Einschreiben an die GTZ in Berlin, den Funai-Präsidenten in Brasília und an die Bundesentwicklungshilfeministerin Wieczorek-Zeul schickte. »Betreff: Korruption im Indianerschutzgebiet Brasilien«.

Darin schilderte ich die Vorgeschichte und schrieb über den Postenchef João Lobato:

»Er verlangte von uns 30 000 Rs (ca. 12 000 Euro), also sehr viel Geld, als Eintritt. Sonst könne er gar nichts für uns machen. Drei japanische Filmteams zuvor und auch die französische Filmcrew hätten noch viel mehr an ihn zahlen müssen. Darauf war er besonders stolz. Es handelt sich ganz offensichtlich um einen Fall von Korruption. Hier verkauft jemand ›seine Indianer‹. Mit Geldforderungen, noch dazu in dieser Höhe, hatten wir allerdings überhaupt nicht gerechnet. In den neunziger Jahren hatten wir bei der Einrichtung des kleinen Urwaldlazaretts mitgeholfen, diverse Medikamente und Geräte wie Mikroskope, Bootsmotor oder Generator angeschafft und zum Posten mitgenommen. Diese Form der Hilfe damals war verständlich und sinnvoll.

Wir waren also umsonst dort und mussten unverrichteter Dinge wieder abreisen. (...) Deshalb möchten wir Sie höflich bitten, uns zu helfen, indem Ihr Ministerium den Funai Präsidenten darüber informiert und um Klärung dieses Vorfalls bittet. Wir haben die Befürchtung, dass unsere direkte Beschwerde dort unter Umständen gar nicht erst ankommt oder nicht ernst genommen wird.«

Von der Ministerin und dem Funai-Präsidenten kam keine Antwort. Aber bei der GTZ in Brasília war man darüber erschüttert. Der handschriftliche Korruptionsbeleg auf dem Funai-Schreiben landete wenige Tage später als Kopie auf dem Tisch des amtierenden Leiters der Isolados-Abteilung der Indianerbehörde, der eine sofortige Untersuchung des Vorfalls einleiten wollte. Doch zu hören war davon in der Folgezeit nichts.

Ein halbes Jahr später, im März 2009, erhielt ich plötzlich eine E-Mail aus Brasília. Ein Elías von der Funai teilte mir mit, dass er einen »processo« für uns in Gang setzen könne, um einen neuen Einreiseantrag zu stellen. Die alte Genehmigung des Funai-Präsidenten sei nicht mehr gültig. Wir füllten brav die Formulare abermals aus. Vergeblich. Bis zum Sommer 2009 gab es keine Antwort.

Ähnliche Erfahrungen wie in Brasilien hatten wir bereits in anderen Teilen der Welt gemacht.

Baumhäuser, Kannibalen und Dämonen – die Korowai in West-Papua

Mai 1999. Nach acht Jahren landete ich wieder in Sentani, dem Flughafen der west-papuanischen Hauptstadt Jayapura. Ich wollte in das Gebiet am Becking River, wo auf den offiziellen Landkarten zwei Wörter standen, die mich seit jeher magisch angezogen haben: *data incomplete* – »unvollständige Daten«. Mit anderen Worten: Die Gegend war noch nicht kartografiert worden. Ich wollte in die Nähe der sogenannten *pacification line,* der sagenumwobenen Befriedungslinie tief im abgelegenen Asmat-Sumpf, die damals noch kein Forscher überschritten hatte. Dorthin, wo die legendären Baumhausmenschen lebten, die Korowai, bei denen ich 1991 einmal kurz mit dem Hubschrauber gelandet war (mehr dazu im Buch »Kirahé – Der weiße Fremde«). Sie bauten ihre Häuser hoch in die Baumwipfel, wo sie wie Vogelnester über dem Wald thronten; und man erzählte, dass sie manchmal noch Menschenfleisch äßen.

Während der vergangenen drei Dutzend Expeditionen nach Brasilien, Kenia, Indien und andere Gegenden der Welt hatte ich West-Papua zwar etwas aus den Augen verloren, aber nie vergessen. Nun drängte es mich, wieder nach Neuguinea zu fahren. Die Insel mit den Umrissen eines Dinosauriers und den lebendigen Steinzeitkulturen war der einzige Ort auf der Erde, neben dem Amazonasdschungel und der Antarktis, wo es noch weiße Flecken auf der Landkarte gab. Und *data incomplete* war ein lockender Begriff, der mir nie aus dem Sinn gegangen war.

Neuguinea ähnelt in mehr als einer Hinsicht dem Amazonasgebiet. Die nach Grönland zweitgrößte Insel der Erde ist ebenfalls ein Gebiet der Superlative und eigentlich ein Kontinent für sich. Gewaltige Berge durchziehen sie von Westen nach Osten wie ein Rückgrat. Im schneebedeckten Carstensz-Gebirge ragen über 5000 Meter hohe Berge auf, die höchsten Gipfel zwischen Anden und Himalaya, sie tragen die einzigen Gletscher in Äquatornähe. Der Rest der Insel ist bedeckt von tropischem Regenwald, fruchtbaren Hochtälern, riesigen Sümpfen. Keine andere Region außerhalb des Amazonas beherbergt eine derart atemberaubende Vielfalt an Tier- und Pflanzenarten. Flora und Fauna sind zum Teil australisch geprägt, weil die Insel vor Zehntausenden Jahren mit Australien verbunden war.

Seit mindestens 40 000 Jahren leben Menschen auf Neuguinea – sie bilden heute die verschiedenartigste menschliche Gemeinschaft eines abgeschlossenen Territoriums. Man zählt 1060 verschiedene Völker oder Stämme. Deshalb herrscht auf der Insel eine babylonische Sprachenvielfalt wie nirgends sonst auf dem Globus. Etwa 750 der 6500 Sprachen dieser Welt werden ausschließlich in Neuguinea gesprochen – weil die Insel ihren zivilisationsfernen Zustand so lange bewahren konnte und die undurchdringliche Natur dafür sorgte, dass die Volksgruppen bis vor kurzem weitgehend isoliert voneinander lebten. Von der Hautfarbe und der Physiognomie her ähneln die Papuas sowohl den asiatischen Negritos als auch den Aborigines in Australien, sie sind aber Melanesier wie die Einwohner vieler Pazifikinseln. Vermutlich sind sie Nachfahren ganz früher Einwanderer, die von Afrika über die Küsten Indiens und Südasiens über die noch bestehende Landbrücke zwischen den indonesischen Inseln bis nach Australien vorstießen.

Neuguinea ist geteilt wie früher Deutschland von Nord nach Süd – nur dass der Osten sozusagen der Westen ist – nämlich frei, unabhängig, demokratisch. Der Westen dagegen wird seit 1962 von der Kolonialmacht Indonesien beherrscht, seine Ureinwohner werden entmündigt und unterdrückt. Anders als im Osten gibt es in West-Papua noch Gebiete, in die kein Mensch von außerhalb je hineingekommen ist, kein »white man«, wie die Papuas sagen, und auch kein »yellow man«, womit sie die Indonesier meinen. In der Provinz, die etwa die Größe Frankreichs hat, sind einige Gegenden so schwer erreichbar, dass die Einwohner dort noch völlig unkontaktiert sind und man nicht weiß, was für ein Leben sie führen. Sogar Fälle von Kannibalismus werden noch ab und zu berichtet, ob sie nun zutreffen oder nicht. Wie bei den Korowai, die ich besuchen wollte.

Doch diesmal sollte die Reise zu den Korowai keine Stippvisite, sondern eine gut vorbereitete Expedition werden, die ich filmisch dokumentieren wollte. Im Vorfeld hatte ich Kontakt zum NDR in Hamburg aufgenommen, wo man sich eine große Reportage aus dem Gebiet gut vorstellen konnte. Als Kameramann begleitete mich Dietmar Heger aus Erfurt. Er ist so alt wie ich und hat beim ehemaligen Deutschen Fernsehfunk das Handwerk gelernt. Er ist auch ebenso bildbesessen, zäh und kreativ wie Kuno. Ich hatte ihn über meine damalige Freundin kennengelernt. Ein Bekannter aus Lüneburg namens Uwe, ein interessierter Outdoorwanderer, schloss sich uns an.

Noch in Lüneburg hatte ich meine alten Kontakte nach Neuguinea reaktiviert und telefonisch Yoko »das Schlitzohr«, meinen ersten einheimischen Tourführer, wieder ausfindig gemacht. Als ich mich im Juni 1988 erstmals auf eigene Faust ins Abenteuer wagte, hatte er mich wohlbehalten zu den Yali, den Ringgürtelmenschen im Hochland West-Papuas, und wieder zurück gebracht. Dabei lernte ich ihn ganz gut kennen und stellte fest, dass er dazu neigte, die Leute, denen wir begegneten, übers Ohr zu hauen – mich eingeschlossen.

Yoko stammte aus Sentani, hatte Englisch in einer Missionsschule gelernt und arbeitete ab und zu als Führer für Ausländer. Er hatte breite Schultern und eine eigentümlich rundliche Figur, ohne wirklich dick zu sein. Yoko war Anfang 30, sehr dunkel, sehr kräftig, hatte trotz der krausen Haare einen Glatzenansatz und sprach immer ziemlich laut. Obwohl er Papua war, hatte er sich weitgehend an die Kultur der indonesischen Besatzer seiner Heimat angepasst. Natürlich war er hocherfreut, von meinen Plänen zu hören, denn sie bedeuteten für ihn mögliche Einkünfte. Er versprach mir am Telefon alles Mögliche: »No problem, Roland. Komm her und bring Geld mit!«

Yoko holte uns am Flughafen von Sentani ab und brachte uns zu einem kleinen

Koloniale Geste: Dieses Monument in West-Papuas Hauptstadt Jayapura soll an die »Zivilisierung« des Landes durch Indonesien erinnern.

Hotel. Dann half er mir, die *Surat Jalan* zu besorgen und andere Formalitäten zu erledigen. *Surat Jalan* heißt das obligatorische Papier des indonesischen Militärs, ohne das sich niemand durchs Land bewegen darf. Man muss seine genaue Reiseroute nennen und genehmigen lassen und sich unterwegs ständig bei der Polizei anmelden – ungefähr so wie früher die Wessis auf DDR-Besuch. Obwohl ich nicht die besten Erfahrungen mit Yoko gemacht hatte, freute ich mich andererseits doch, ihn wiederzusehen. Da ich wusste, dass er Bekanntschaft mit dem Gefängnis gemacht hatte, angeblich wegen Betruges, fragte ich ihn danach. Er erzählte, dass er nur ein Jahr im Knast sitzen musste und dann entlassen worden war. »I was totally innocent – ich war ganz und gar unschuldig«, beteuerte er mit seinem seltsamen Grinsen.

Sentani sah noch genauso vermüllt und verwahrlost aus wie früher, nur die Anzahl der Geschäfte hatte sich erhöht, und es waren deutlich mehr Indonesier als früher auf den Straßen. Sobald ich die feuchtheiße Luft, den Geruch der Garküchen, den Gestank der Mopeds atmete und all die Papuas auf den Straßen beobachtete, fühlte ich mich sofort wieder heimisch. Ich liebte dieses Land – warum war ich nur so lange weggeblieben? Von Yoko wollte ich wissen, wie die aktuelle Stimmung sei.

»Kommen bei euch solche Nachrichten nicht an?«, fragte er. »Hier brodelt es. Eine Rebellion ist im Gange. Die Papuas organisieren den Aufstand, sie fackeln die Chinesenläden ab und rotten sich zusammen.«

Tatsächlich fiel mir auf, dass viel mehr indonesisches Militär auf der Straße war als früher. Dann glaubte ich meinen Augen nicht zu trauen, als eine Gruppe von etwa 50 Papuas Parolen schreiend an uns vorbeizog. An einer anderen Stelle hörte ich einen Schwarzen in ein Megafon brüllen, und am Straßenrand standen vielleicht 20 Leute, die zustimmend die Faust hoben. Yoko übersetzte uns, was sie riefen: »Wehrt euch gegen die indonesischen Besatzer!« Und dann: »Freiheit für Papua!« Das wäre vor zehn Jahren nicht ungestraft möglich gewesen, man hätte die Leute sofort ins Gefängnis geworfen.

Yoko wirkte skeptisch. Er zeigte uns die verkohlten Reste eines Supermarktes, den Aufständische niedergebrannt hatten. Es hatte Anschläge auf chinesische Restaurants gegeben. Man konnte die Spannung in der Stadt fast mit Händen greifen. Anders als bei meinen ersten Reisen waren diesmal überhaupt keine Touristen zu sehen. »Ich habe Angst, dass die Indonesier etwas Schreckliches tun«, sagte Yoko. »Sie werden sich das nicht mehr lange bieten lassen.« Er beteiligte sich nicht an dem Geschehen. Ich war ohnehin zu sehr auf mein Ziel fixiert, um mich groß darum zu kümmern. »Wie kommen wir jetzt zu den Korowai?«, fragte ich Yoko.

»Very easy. I know somebody Korowai in Jayapura – ich kenne einen Korowai in Jayapura«, sagte Yoko. »Der wird uns helfen.«

Wir nahmen ein Taxi nach Jayapura und fuhren die malerische Bucht entlang. Dekorativ hingen Wolken über dem Sentanisee, auf dem einige Papuas gerade dem Fischfang nachgingen. Im See standen ihre Häuser auf soliden Pfählen. Ich dachte, nicht umsonst hatte die frühere Kolonialmacht Niederlande ihre Inselhauptstadt Hollandia einst in diese liebliche Landschaft gebaut. Zuweilen wuchs noch dichter grüner Regenwald auf den Bergen links der Straße. Als wir nach einer halben Stunde Fahrt das Zentrum von Jayapura erreichten, bemerkte ich erneut eine Gruppe schwarz gekleideter Papuas, die in Reih und Glied die Straße entlangmarschierten. Wir passierten ein ausgebranntes Geschäft. »China man«, sagte Yoko lakonisch. Aber ich sah so gut wie keine Polizei, nur Militär. Das war sehr ungewöhnlich. Es wirkte wie die Ruhe vor dem Sturm.

Natürlich wusste ich, dass Indonesien einen gewaltigen politischen Umbruch erlebte. Die Wirtschaftskrise und die anschließenden Studentenunruhen von 1998 in Jakarta hatten zum Rücktritt des Autokraten Suharto geführt, der das Inselreich 30 Jahre lang mit harter Hand regiert und mit seiner raffgierigen Sippe ausgeplündert hatte. Die neuen Regierungschefs Bacharudin Habibie und nach ihm Abdurrahman Wahid waren schwach, und 1999 kam es an einzelnen Brennpunkten zu bewaffneten Aufständen gegen die Zentralregierung. Die Unabhängigkeitsbewegungen der Provinzen Aceh, Ost-Timor und West-Papua meldeten sich mit Macht zu Wort, es bestand die Gefahr, dass der Vielvölkerstaat auseinanderbrach.

Der halb blinde Präsident Wahid versuchte, ausgleichend zu wirken. Er setzte auf mehr Autonomie für die Außenprovinzen. Er schien auch bereit zu sein, dem von Indonesien seit 1962 besetzten Westteil Neuguineas mehr Freiheit zu gewähren. Das Ziel der Autonomiebewegung in West-Papua aber war der Austritt aus Indonesien und die Gründung einer eigenen Republik, wie es in Ost-Timor zwei Jahre später gelang. Noch hielt die Besatzungsmacht still. Ich hoffte, dass alles ruhig blieb. Ich wollte nicht in irgendwelche Auseinandersetzungen verwickelt werden. Schon deshalb drängte ich darauf, so schnell wie möglich weg aus der Hauptstadt in den Dschungel zu kommen.

Yoko führte mich in das Hafenviertel von Jayapura, in die Nähe der »Antiquitätenstraße«, wo Indonesier die kunstvollen Schilde, Ahnenpfähle und Masken der Papuas verkauften. In einer ärmlichen Wellblechhütte wohnte Moose, der uns zu den Korowai begleiten sollte. Er war wie Yoko etwa 30 Jahre alt, von gedrungener Statur, ein liebenswerter Typ mit sanftem Temperament. Vor mehreren Jahren war er aus dem Asmat in die Stadt gekommen und suchte seither Arbeit, jedoch erfolglos. Moose schien über ausgezeichnete Kenntnisse der Region zu verfügen und erzählte von Verwandten, die immer noch in Baumhäusern wohnten, er versprach, uns zu ihnen zu führen. »Sie leben noch ganz traditionell«, sagte er. Den Flug ins Asmat hätte er sich niemals leisten können, deshalb war er glücklich, mit uns reisen zu können. Er wollte unbedingt einmal zurück in seine Heimat, weil er seine Verwandten ewig nicht gesehen hatte.

Wie immer stellte sich das Transportproblem. Von Infrastruktur kann in der größten und am wenigsten entwickelten Provinz Indonesiens bis heute nur ansatzweise die Rede sein. Es gibt weitaus mehr Flugpisten – rund 300 – als Überlandstraßen. Bis heute ist das Hochland mit dem Auto nicht erreichbar, die Provinz nicht durchquerbar. 1999 war noch weit mehr als die Hälfte des Landes vom Dschungel bedeckt, dem letzten intakten tropischen Regenwald Asiens mit der größten Biodiversität außerhalb des Amazonas. Noch reichte der Dschungel von den Mangrovensümpfen an der Küste bis hinauf in die Berge. Wir mussten also mit dem Flugzeug einer Missionsgesellschaft zuerst ins Hochland nach Wamena fliegen, wo dann eine weitere Maschine auf uns wartete.

Die »Stadt der Schweine« im Gebiet des Dani-Volkes hatte sich inzwischen zu einem Anziehungspunkt für Papuas aus nah und fern entwickelt und zählte rund 20 000 Einwohner. In Wamena wurde zwar nicht demonstriert, aber wir hörten hinter vorgehaltener Hand, dass in der Gegend Treffen wichtiger Chiefs abgehalten wurden. Doch oberflächlich betrachtet, war die Lage ruhiger als an der Küste.

Anders als früher überwogen im Stadtbild eindeutig Schwarze in westlicher Kleidung und mit Wollmützen, aber man sah auch noch die archaischen Gestalten mit Strohkopf und Penisröhre, der Koteka. Die Dani sind die bekanntesten Ureinwohner des Landes, vor allem wegen der eigenwilligen Tracht der Männer – ihrer bis zu 50 Zentimeter langen, aus einem Flaschenkürbis gezogenen Penisköcher und ihrer durch die Nasenscheidewand gesteckten Schweinehauer. Sie sind mittelgroß, dunkelhäutig, sehr muskulös mit breiter Nase und krausen Haaren. Bei den Dani sieht man deutlich, dass sie nicht von Asiaten abstammen können.

An Markttagen kamen die Dani aus dem Dschungel heraus und boten nackt, wie sie nun mal waren, Federschmuck und Handarbeiten aus Knochen an. Sie hofften, mit ein paar Schweinezähnen einige Rupien zu verdienen, um sich wenigstens Salz kaufen zu können – doch es gab überhaupt keine Interessenten, denn die Touristen blieben seit den Unruhen aus. Ich erwarb ein paar Mandarinen und gab dafür doppelt so viele Rupien, wie der Mann verlangte. Er bedankte sich mit dem Dani-

Wort, das so typisch ist wie kein anderes: wha-wha-wha – danke. Wenn ich das wha-wha-wha höre, weiß ich, dass ich in West-Papua bin. Und fühle mich sofort wieder heimisch.

Während die Männer handelten oder den Müll zerwühlten, saßen die Dani-Frauen mit ihren Kindern und Säuglingen am Straßenrand und schauten dem Treiben zu. Einige hatten sich mit gelbem Lehm und Asche eingerieben, ein Zeichen, dass ihr Ehemann kürzlich gestorben war – die Geister des Toten sollten sie nicht erkennen. Diese Lehmmasken verliehen den Frauen ein archaisches, ganz und gar urweltliches Aussehen.

Moose, unser Führer zu den Korowai.

Am nächsten Tag stand ein kleines Flugzeug bereit, das uns zu den Korowai bringen sollte. Es ging hinein in die grüne Hölle! Wir flogen von Wamena hinunter ins 1500 Meter tiefer gelegene Sumpfgebiet nach Yaniruma ins nördliche Asmat nahe dem Becking River, von wo wir durch den Urwald zu den vermutlich letzten Kannibalen unserer Zeit wandern wollten. Unter uns breitete sich der große unberührte Regenwald in seiner ganzen Pracht aus. Nach etwa einer Stunde erreichten wir das Flachland und entdeckten aus der Luft auch schon die ersten gewaltigen Baumhäuser. 15 Minuten später landeten wir in Yaniruma, einer kleinen, nach indonesischem Vorbild errichteten Wellblechsiedlung mitten im Dschungel des Korowai-Gebietes. Es war so nass dort – Wiesen standen unter Wasser, alle Bäume tropften, dichte graue Wolken hingen über uns –, dass ich sofort wieder mit allen Fasern meines Körpers spürte, warum der Regenwald seinen Namen trägt.

Yoko und Moose versuchten derweil, ein Motorboot zu besorgen, was erfahrungsgemäß ein paar Tage dauern konnte. So hatten wir Zeit, uns in Yaniruma einzurichten und umzuschauen. Der Ort war 1980 von holländischen Missionaren nicht weit vom Becking River gegründet worden, um die Korowai und die mit ihnen verwandten Kombai zum Christentum zu bekehren, doch nur wenige waren wirklich Christen geworden. Eigentlich hatten die Geistlichen viel mehr Korowai sesshaft machen wollen, aber trotz mehrjährigem Einsatz war es ihnen nicht gelungen, die Dschungelmenschen dauerhaft an sich zu binden. Die meisten gingen zurück in ihren Wald, weil sie doch lieber in der gewohnten Umgebung leben wollten als am Fluss – aber sie hatten sich verändert. Mittlerweile galt das Gebiet entlang des

Becking River zwischen Yaniruma und Yafufla auf einer Länge von etwa 30 Kilometern als befriedet, viele Zivilisationsgüter, das Geldsystem und lokale Christenkirchen hatten Einzug gehalten.

Doch die willigen Helfer der zweifelhaften Integration waren um 1990 aus der Region ausgewiesen worden, denn man hielt die Holländer für Spione der früheren Kolonialmacht. Deshalb gab es in Yaniruma nun eine verlassene Missionsstation, in der niemand mehr predigte. Wir zogen kurzerhand in das alte, aber gut erhaltene Missionshaus, das man uns für ein paar Rupien zur Verfügung stellte. Wie alle hiesigen Gebäude war es wegen der Überschwemmungen auf Stelzen errichtet worden und besaß sogar eine Veranda, so dass wir trotz des Regens im Freien sitzen konnten.

Kaum hatten wir unsere wasserdichten grünen Tragetonnen abgelegt, als uns schon etliche Papuas umlagerten, die Arbeit suchten; einer sprach so gut Englisch, dass wir ihn vorläufig als Dolmetscher verpflichteten. Er half uns, Kontakt zur übrigen Bevölkerung herzustellen und unterstützte uns bei den Verhandlungen mit Saporo, dem Chef des 300-Seelen-Dorfes, einem Papua in indonesischer Polizeiuniform mit Phantasieorden, der unsere Aufenthaltsgenehmigung kontrollierte. Da er weder lesen noch schreiben konnte, überprüfte er umso genauer die Passfotos, die auf unserer *Surat Jalan* klebten.

Das Auffallendste im Dorf waren zwei indonesische Händler, die einen kleinen Laden betrieben, in dem es Reis, Salz, Zucker und Plastikmaschinenpistolen für Kinder gab. Hier erfuhren wir, dass sich Yaniruma seit der Abreise der Missionare mehr oder weniger in Auflösung befand, weil es im Ort nichts zu tun und kein Geld zu verdienen gab. Die Korowai hörten auf, wie die Indonesier Reis zu essen, fanden aber in der Umgebung des Dorfes zu wenig Sagopalmen, auf denen ihre Ernährung und ursprüngliche Kultur aufbaut. Daher gingen sie wieder in den Wald, um ihren hergebrachten Nahrungsquellen zu folgen. Sie waren eben keine Flussmenschen und wollten auch keine sein.

Da Yoko und der Dschungelführer Moose schneller als erwartet ein Motorboot und die nötigen Versorgungsgüter organisiert hatten, konnten wir schon am folgenden Tag unsere Expedition starten. Yoko hatte zwölf Träger angestellt, zwei Einbäume standen zusätzlich bereit, da wir zuerst über den Fluss fahren würden. Die Träger waren missionierte Korowai, junge, schlanke Burschen mit Baseballkappen, einige hielten zur Sicherheit Pfeil und Bogen in der Hand. Es gab eine Menge zu transportieren. Neben der Verpflegung für drei Wochen hatten wir Geschenke für die Korowai eingepackt – Messer, Töpfe, Salz und Medikamente.

Nachdem das Gepäck gleichmäßig verteilt war, bestiegen wir die Boote am nahgelegenen Flüsschen. Etwa vier Tage würden wir bis zu dem riesigen Baumhaus der Korowai benötigen, das wir vom Flugzeug aus gesehen hatten. Der Fluss war tiefschwarz und spiegelglatt, so dass wir zunächst nur staken konnten. Nach einer Weile erreichten wir den größeren Becking River, warfen die Motoren an und fuhren nun mühsam stromaufwärts, bis wir an der an einer Kiesbank anlegten.

4000 Korowai sollte es noch im Wald geben, verteilt auf etwa 50 Sippen. Die meisten lebten völlig isoliert hinter der unsichtbaren Grenze, der *pacification line.*

Der Becking River mäandert durch einen riesigen unerforschten Sumpfregenwald.

Diese Grenze hatten einmal Missionare definiert, als sie feststellten, dass sie weiter nicht vordringen konnten, ohne einen Pfeil ins Kreuz zu bekommen. Hinter der Linie lebten die sogenannten Steinaxt-Korowai, die keinen Kontakt nach außen wollten und die mit den Korowai verwandten Kombai; beide Völker gelten als die letzen echten Baumhausmenschen in Neuguinea.

Fast alle Versuche, die *pacification line* zu überqueren, haben für die Eindringlinge tragisch geendet; es gab Leute, die nie wieder zurückkehrten. Aus diesem Grund verirrte sich kaum jemand in die entlegene Gegend. Entsprechend wenig Literatur, die wir zur Vorbereitung hätten heranziehen können, gab es über die Korowai. Das Volk war erst Ende der siebziger Jahre entdeckt worden. Das rund 600 Quadratkilometer große Gebiet zwischen den Flüssen Becking, Eilanden und Dairam Kabur in der Provinz Merauke wurde bis Anfang der neunziger Jahre selbst von Völkerkundlern noch als *terra incognita* betrachtet. Bis heute gelten einige Korowai-Clans offiziell als noch nicht kontaktiert.

Bei diesen Naturmenschen bestimmt die Großfamilie und nicht die Volkszugehörigkeit das Leben. Jedem Clan gehört ein bestimmtes Gebiet, das wir als Besucher natürlich nicht erkennen konnten. Viele Clans waren untereinander verfeindet, weil sie sich die Frauen oder Sagopalmen geraubt hatten. Nach allem, was wir in Yaniruma gehört hatten, gab es im Regenwald einen permanenten Kleinkrieg, der für Außenstehende nicht zu durchschauen war.

Vor uns lag nun die mühsame mehrtägige Fußwanderung im Gänsemarsch durch die fast undurchdringlichen Urwald- und Sumpfgebiete, wobei wir Weißen in der

In zehn Meter Höhe: Baumhaus der Korowai am Becking River.

Mitte liefen, genauso wie ich es von meinen Expeditionen aus Südamerika kannte. Auch hier durfte niemand mehr als fünf Meter Abstand halten, um nicht verloren zu gehen. Einmal verirrt, findet man nicht mehr aus diesem verfilzten Wald heraus. Der Dschungel entschuldigt keine Fehler; ein falscher Schritt, einmal nicht aufgepasst, und man ist erledigt. Es gab zwar eine Art Weg, den der Erste mit der Machete freischlug, aber für uns war er kaum sichtbar.

Jene unglaublichen, 30 oder 40 Meter hohen Baumhäuser, die wir erreichen wollten, hatte ich erstmals in einer Ausgabe des amerikanischen Naturmagazins *National Geographic* und 1996 in der des deutschen *GEO* gesehen. Es gab damals Leute, die diese Fotos für manipuliert hielten, aber ich wusste, dass der Fotograf wirklich dort gewesen war und sich als Profi auch solche Fälschungen gar nicht leisten konnte. Nur gefilmt hatte sie noch niemand.

Die Zeitschriftenberichte hatten natürlich zahlungskräftige Abenteuertouristen in die Region gelockt. Clevere Indonesier und Papuas erkannten schnell den touristischen Marktwert und versprachen den Korowai *white men,* Geld und Stahläxte, wenn sie ein schönes Baumhaus in der Nähe von Yaniruma aufbauten. Also renovierten diese in der Nähe des Becking River ein altes Baumhaus, das 20 Meter hoch war und unter Reisenden bald als *Jacob's House* bekannt wurde. Um es zu besichtigen, konnte man getrost eine Tagestour von Wamena buchen, und gefährlich war es auch nicht, selbst wenn Indonesier die Korowai als letzte Menschenfresser vermarkteten und einige Papuas mit ein paar Rupienscheinen dazu brachten, den Touristen mit Pfeil und Bogen einen Schrecken einzujagen.

Der *GEO*-Bericht selbst war spannend und gab die Strapazen eines Marsches durch den Regenwald gut wieder. Er beschrieb das Eintauchen in den Dschungel als ein Verschlungenwerden, als ob man sich archaischen Kräften aussetzte, die unentwegt an einem saugen, stechen, schlingen. Genauso ist es. Die Blutegel beißen in die Beine bis hoch zur Leiste, den Oberkörper piesacken vom Baum gefallene Ameisen, man schwitzt, es juckt hier, es juckt dort. Kaum hat man das Hemd wegen der Hitze ausgezogen, greifen die Bremsen an. In diesem morastigen Feuchtbiotop voller Schlingpflanzen, messerscharfer Lianen und heimtückischer Stachelbäume, wo alles durcheinander wächst und ständig Fallgruben lauern, hat man wirklich das Gefühl, Hunderten von Feinden ausgeliefert zu sein, die nur darauf schielen, anzugreifen.

Der heftige Regen der letzten Tage hatte alles überschwemmt. So stapften wir durch den Schlamm und wussten nie genau, wohin wir eigentlich traten. Hinzu kam, dass wir die Sprache des Waldes nicht verstanden. Wie die Indianer am Amazonas wiesen die Papuasippen mit abgeknickten Zweigen oder einzelnen abgelegten Ästen auf die Grenzen ihrer Territorien hin. Ein Fehltritt konnte tödlich sein. Wir waren völlig auf unseren Kundschafter Moose angewiesen. Mehr als zehn Kilometer am Tag waren in dem Dickicht nicht zu schaffen. Wir machten Rast, wenn wir bemerkten, dass unsere Träger zur Erholung gern einmal rauchen wollten.

In der Nähe eines Rastplatzes entdeckten wir ein erstes Stelzenhaus, das allerdings verlassen war. Wir kamen an weiteren leeren Baumhäusern vorbei, waren aber noch weit von unserem eigentlichen Ziel entfernt. Nach zusätzlichen sieben Stunden fanden wir an einer Waldlichtung eine Hütte auf etwa drei Metern Höhe; auch sie wirkte aufgegeben. Da wir am Ende unserer Kräfte waren, nutzten wir die Lichtung als Lagerplatz, spannten Plastikplanen gegen den Regen auf, machten Feuer und errichteten unsere Zelte. Die Träger fingen an, das Abendessen zuzubereiten, kochten Reis und buken grüne Kochbananen bündelweise im Feuer. Wir aßen sie dankbar als Ergänzung zu unseren Tütensuppen.

Als wir am nächsten Morgen aufwachten, sahen wir erstaunt, dass wir Besuch hatten – die ersten Korowai, denen wir hier begegneten. Es waren drei Männer und fünf Jungs, die lediglich ein Stirnband, eine Hüftschnur und eine Penisbinde trugen. Sie hatten ein Blatt um den Penis geschlungen, ganz ähnlich wie die Zoé, wobei der Penis nach innen geschoben und abgebunden wird, hauptsächlich, damit sich keine Blutegel festsaugen. Die Korowai mussten in der Nacht zu ihrem Baumhaus zurückgekehrt sein und hatten uns natürlich sofort entdeckt. Die Männer hielten Pfeil und Bogen in der Hand, wirkten aber eher freundlich. Schnell stellte sich heraus, dass Moose den Chef des kleinen Familienclans kannte – es war Bala, ein Cousin von ihm, der seine Nase mit etlichen spitzen Schweineknöchelchen verziert hatte. Er wohnte mit seiner Familie in dem Baumhaus!

Traditioneller Korowai mit Steinaxt und Pfeil und Bogen.

»Sag mal, Moose«, fragte ich ihn, »was ist das für ein Gefühl für dich, nach so langer Zeit mal wieder bei deinen Verwandten zu sein?«

Moose überlegte einen Moment. Yoko übersetzte, was er sagte, aus dem Indonesischen. »Nach der Schule bin ich vor vielen Jahren nach Jayapura gegangen, um dort Sandelholz zu verkaufen. Dann bin ich einfach da geblieben. Aber bei meinen Verwandten hier fühle ich mich wohler als in der Stadt. Gut, dass ich sie mit euch besuchen kann.«

Ich fragte Moose, ob es bei seinen Leuten noch Kannibalismus gebe. »Ja schon«, erwiderte er, »aber nicht mehr so stark wie früher. Die Weißen haben uns beigebracht, dass das gegenseitige Töten sinnlos ist. Seitdem gibt es das kaum noch.«

»Und du, Moose, hast du schon einmal Menschenfleisch gegessen?«

»Ja klar, aber nur ein einziges Mal. Wenn man es geschenkt bekommt, muss man es auch essen. Hätte ich es abgelehnt, wäre das für mich gefährlich geworden.«

»Was schmeckt denn am besten?«

Moose zeigte auf seinen Ellenbogen. »Hier, dieses Fleisch ist das zarteste. Die Oberschenkel schmecken wie Kasuar. Aber auch die Hände sind ganz gut – und die Füße.« Er klopfte auf seine schmutzigen Flipflops.

Moose stellte uns weitere Mitglieder des Baumhausclans vor. Ein Verwandter war gerade dabei, einen etwa zwei Meter großen Schutzschild kunstvoll zu verzieren. Zum Schnitzen der Muster benutzte er den Knochen eines Kasuars; später würde er den Schild noch mit Erdfarbe einfärben. Ein anderer Cousin bastelte sich eine neue Steinaxt. Mit Rattan band er Holzschaft und Stein fest zusammen.

Die Frauen und Kleinkinder hielten deutlichen Abstand zu uns. Ich fragte Moose, was der Grund dafür sei.

»Sie halten euch für *Laleos*«, sagte er.

»Wofür?« Ich hörte das Wort zum ersten Mal.

»*Laleos* – böse Geister. Sie denken, weiße Menschen sind Dämonen. Deswegen nennen sie eure Kleidung auch *Laleo-chal,* Teufelshaut.«

»Und was denkst du darüber, Moose? Du trägst doch auch Hose und T-Shirt.«

Er musste lachen. »Das ist Aberglaube. Das weiß ich. Aber die Leute hier wissen es nicht. Deswegen haben sie manchmal sogar ein bisschen Angst vor mir. Sie sind eben vom Dorf.«

Obwohl sie uns für *Laleos* hielten, begegnete uns niemand aggressiv, und wir durften auch das Baumhaus der Familie besuchen, wo ein offenes Feuer brannte. Es war alles recht ursprünglich, doch mir fiel auf, dass an der Decke keine Knochen und ausgepusteten Eier mehr hingen, Zeichen von Fruchtbarkeit, wie ich sie noch vor einem Jahrzehnt überall im Asmat gesehen hatte. Offensichtlich ging diese Tradition allmählich verloren.

Bald brachen wir wieder auf. Zwei Tagesmarsche lagen noch vor uns. Durch den starken Regen waren die Bäche tief und reißend geworden; nur auf Baumstämmen balancierend ließen sie sich überqueren, was unsere Papuas leichtfüßig schafften. Wir mussten einmal mehr feststellen, dass wir ihre Geschicklichkeit nie erreichen konnten – einmal landete ich vollbekleidet im Wasser, genau wie Uwe und Dietmar. Wir mussten uns dann am Stamm entlang zum Ufer hangeln. Zum Glück hatte ich meine wasserdichte grüne Tonne und konnte die nasse Kleidung sofort

Beim Marsch durch den Urwald müssen extreme Schwierigkeiten gemeistert werden.

Riesenbaumhaus der Korowai. Es gehörte Nachbarn des Lemakha-Clans.

gegen trockene tauschen. Aber kurz darauf mussten wir schon wieder knie-, dann bauchtief durch den lehmigen Sumpf waten. In dieser Gegend war einfach überall Wasser. Wir sahen aus wie Wildschweine.

Unterwegs fingen unsere Papuas ab und zu an zu singen. Sie ließen eine Art Jodeln hören, das in dem dunklen, stillen Wald ernst und feierlich klang. »Warum machen sie das?«, fragte ich Moose. Er sagte: »Immer wenn wir vom Gebiet eines Clans in ein anderes wechseln, müssen wir uns ankündigen.« Wer singt, hat friedliche Absichten. Die Papuas wussten genau, wo die Grenzen verliefen, denn sie stammten alle aus der Gegend. Sie führten uns bewusst auch nur entlang jener Areale, in denen sie nicht als Feinde galten. Und wie man bei uns höflich an die Tür klopft, so brüllten sie in den Wald hinein. Manchmal schallte es zurück. Dann konnten sie genau unterscheiden, ob uns Freunde oder Feinde antworteten. Die Korowai sind traditionell so mit ihrem Clanterritorium verwachsen, dass sie, wenn zum Beispiel unangemeldete Gäste es betreten, dies als Angriff ansehen und im Glauben, sich verteidigen zu müssen, den Eindringling sofort töten. Ich dachte, dies könnte ein weiterer Grund dafür sein, dass viele Baumhausmenschen offiziell nicht als »befriedet« galten.

Wir übernachteten immer in der Nähe verlassener Pfahlbauten, weil es dort Lichtungen gab, auf denen wir die Zelte aufbauen konnten. Nachts gingen wahre Wolkenbrüche nieder. Uwe spannte dann jedes Mal seine Hängematte zwischen zwei Bäumen auf und zog eine Plastikplane über den Körper. In einer Nacht regnete es so stark, dass am Morgen rund um das Zelt ein See stand, in dem meine Schuhe schwammen. Uwe dagegen war in der Luft hängend halbwegs trocken geblieben. Yoko und Moose legten sich wie die anderen Träger immer in die verlassenen Baumhäuser, wo sie in luftiger Höhe nicht nass wurden. Vielleicht haben die Papuas deshalb die Hängematte nicht erfunden, dachte ich, weil sie immer in Stelzenhäusern wohnen, die auch von unten belüftet sind und sie in der Höhe vor Kriechtieren schützen. So gesehen sind die Baumhäuser der Papuas ihre Hängematten.

Nach einem weiteren Tag Dschungelkampf öffnete sich vor uns wieder einmal das Dickicht. Und hier sahen wir plötzlich ein echtes, unglaublich hohes Baumhaus, eine gewaltige hölzerne Burg, die weit über den Wipfeln des Waldes thronte und wie ein Schiff im Wind schwankte. Ich wunderte mich, wie die Korowai das Baumaterial dort hinauf bekommen hatten. Und wie konnte es sein, dass das Haus in vielleicht 40 Metern Höhe stabil blieb? Noch merkwürdiger war, dass es sich um einen mitten auf einer Lichtung allein stehenden Baum handelte, der die Hütte in seiner Krone trug. Dieses Bauwerk war ein Meisterwerk der Statik, ein wahres Wunder!

Doch als wir näher traten, wurde uns klar, dass dort oben niemand mehr wohnte. Es gab keine Leiter und kein Gerüst, an dem man hätte hinaufklettern können, und unten sah der Baum schwarz aus, wie angekokelt. Nur 100 Meter entfernt stand ein kleines Stelzenhaus, das noch bewohnt zu sein schien. Moose stieg vorsichtig empor, um zu sehen, wer darin lebte. Plötzlich rief er: »Es ist mein Onkel Ela! Er ist in dieses kleine Haus umgezogen.« Die Verwandten begrüßten sich mit Händeschütteln, wesentlich weniger leidenschaftlich, als wir es nach so vielen Jahren erwartet hätten. Aber ich hatte schon gelernt, dass die Korowai ihre Gefühle nicht gern offen zeigen.

Der Onkel war ein kleines nacktes Männchen von Mitte 40 mit hageren Wangen, ein richtig schöner Korowai mit riesigem Ohrgehänge aus Federkielen und einer Halskette aus Kaurischnecken. Er sagte in seiner Sprache, die dann über die Übersetzungskette von Moose ins Indonesische und von Yoko ins Englische übertragen wurde: »Ich gehe hier bestimmt nicht weg. Ich will nicht zu den weißen Geistern. Mit den *Laleos* will ich nichts zu tun haben. Ich habe zwei Söhne und hoffe, dass sie unsere Traditionen fortführen.«

Aber der Druck zwischen dem traditionellen Leben und der Moderne, er war auch hier, im fernen Sumpf eines der abgelegensten Länder der Welt zu spüren. Wer erstmal in der Stadt ist, der träumt schon bald nicht mehr von Kaurischnecken, Sagolarven und der abendlichen Pfeife in der Männerrunde. Die Rangfolge der Wünsche verändert sich schnell, wie bei Moose, und hört sich dann so an: Sonnenbrille, Radio, Moped.

Nun wollte ich von Onkel Ela wissen, warum sie überhaupt solche hochgelegenen Häuser bauten. Er sagte: »Na, je höher, desto besser. Oben habe ich einen herrlichen Ausblick, es gibt nicht so viele Mücken, keine Spinnen, und außerdem ist es schön kühl durch den Wind. Wir leben oben auch viel sicherer als am Boden. Hier in der Umgebung wohnen ein paar feindliche Sippen, vor denen sind wir auf dem Baum geschützt.«

Riesenbaumhäuser sind immer ein Kennzeichen gegenseitiger Angst. Entführung von Frauen und Schweineraub gehören zum Alltag wie bei uns Fahrraddiebstahl. Die Dichte der verschiedenen Völker in der Region ist hoch; bei Gefahr zieht man sich schnell in die Baumkronenburg zurück. Früher mussten sich die Korowai besonders vor ihren Nachbarn im südlicheren Asmat fürchten, die im Gegensatz zu ihnen Kopfjäger waren. Nach einer anderen Hypothese lebten die Korowai aber auch in den enorm hohen Häusern, um sich vor Tsunamis zu schützen. Früher sollen sie näher an der Küste gesiedelt haben, an der es nachweislich Tsunamis gab. Überleben konnte dort nur, wer es beim Anrollen der Riesenwellen auf einen Baum schaffte, denn die Bäume vibrieren zwar mit dem Wasserdruck, fallen aber nicht um.

»Warum wohnt ihr dann nicht mehr in dem Haus ganz oben?«, fragte ich Ela. »Und was hast du da eigentlich für eine große Narbe an der Schulter?«

»Da habe ich neulich einen Pfeil abbekommen. Deshalb mussten wir ja das Haus verlassen! Mein Sohn Jawi und ich hatten zwei Jungfrauen von einer anderen Sippe geraubt, mit der wir noch eine Rechnung offen hatten. Doch ihre Männer sind uns gefolgt. Und als wir in unserem großen Baumhaus oben angekommen waren, haben sie es unten einfach angezündet. Aber es ist nur die Leiter abgebrannt, denn es gab starken Regen. Ohne Stiege konnten wir dann leider nicht mehr oben bleiben. Doch jetzt wollen wir wieder eine neue Leiter bauen.«

Inzwischen hatten sie Frieden mit den Nachbarn geschlossen und für die zwei Mädchen mit drei Schweinen bezahlt. Die Frauen konnten sie behalten; diese lebten jetzt mit ihnen und akzeptierten das auch. Moose sagte: »Die Mädels laufen nicht wieder zurück, und selbst wenn sie es täten, würden die anderen sie nicht wieder zurücknehmen. Geschäft ist Geschäft.«

Ich besah mir Elas Schulterverletzung genauer und stellte fest, dass es ein richtiges Loch war, das stark eiterte. Später versuchte ich, die Wunde etwas zu öffnen und entdeckte darin eine gezackte Knochenpfeilspitze, an die ich aber nicht herankam. Sie hakte fest und war mit meinen Mitteln nicht zu entfernen. Man hätte die Schulter operieren müssen.

Clanchef Ela. Er war von einem Pfeil getroffen worden und starb einige Monate später an der Wundinfektion.

Wie sich herausstellte, war Ela der Chef des Lemakha-Clans, und seine Leute waren, als wir *Laleos* uns näherten, alle in den Wald gerannt, wo sie sich versteckten und uns gespannt beobachteten. Nun jodelte Ela einmal laut, und sie kamen einer nach dem anderen herbeigelaufen. In den nächsten Tagen lernten wir seine ganze Sippe kennen, etwa 20 Männer, Frauen und Kinder, die jetzt in provisorischen Stelzenhäusern lebten. Ela, seine Frau Hau Wan, seine zwei Söhne, deren Kinder und noch ein paar Cousins, Neffen und Nichten.

Die Korowai hatten keine Ähnlichkeit mit den Hochlandvölkern und glichen auch ihren Nachbarn, den Asmat, nur sehr entfernt. Sie waren schlank und grazil, mittelgroß, hatten eher schmale Nasen, tiefliegende Augenhöhlen und keinen übermäßig starken Bartwuchs. Aufgrund des geringen Proteinangebotes in diesem Regenwald lebten hier weder große noch dicke Menschen – optimale Voraussetzungen für das sichere Klettern in den Baumwipfeln.

Sie zeigten sich alle noch im traditionellen Habit. Die Männer waren fast völlig nackt, trugen lediglich Rattanringe um die Hüfte, eine kleine Penisschlaufe und Schmuck aus den Knochen von Schweinen und Flughunden in Nase und Ohren. Die Frauen hatten Baströckchen an und, wie ich es von anderen Stämmen her kannte, hängemattenähnliche Netze um den Rücken geschlungen, um ihre dortige Schamzone zu verhüllen. Eine Frau hatte irgendwo ein rotes T-Shirt aufgegabelt, das sie aber nicht etwa überstreifte, sondern auf ihrem Rücken baumeln ließ. Alle frisierten sich das Haar sehr kurz; viele trugen Kaurischneckenhalsbänder. Das ließ auf alte Handelsbeziehungen und einen dadurch bedingten Kulturaustausch schließen.

Bananenernte im Urwald. Kameramann Dietmar Heger freut sich über das Geschenk der Korowai.

Zwei Tage nach unserer Ankunft fingen sie an, ihre alte Baumburg wieder herzurichten. Zuerst bauten die Männer und Jungen der Sippe aus Baumstämmen, Ästen und Bambus eine Art Leitersystem, das bis zum Baumhaus hinaufreichen sollte. Der Wald lieferte ihnen sämtliche Bauteile, die sie benötigten. Da sie Nägel weder verwendeten noch überhaupt besaßen, brauchten die Männer reißfestes Material, um die Trittäste an den Seitenstreben befestigen zu können. Dafür holten sie Blätter der Sagopalme aus dem Wald, die sie auseinanderrissen, um an den faserigen Blattstil zu gelangen und außerdem spezielle Lianen, die sie zunächst von ihren messerscharfen Zacken befreien mussten – das war Rattan, der Bindfaden des Urwaldes. Insgesamt brauchten sie vier Tage, um das Gerüst zu bauen.

Auf halber Höhe errichteten die Männer in den Astgabeln eine horizontale Plattform, die mehrere Quadratmeter breit war. Diese nutzten sie während des Baus als Zwischenlager für Baumaterial und für Verschnaufpausen. Außerdem konnte man die Plattform später gut für die Jagd auf Vögel verwenden. Beim Bau gab es eine feste Arbeitsteilung. Während die älteren, erfahreneren Männer die Plattformen im Geäst verankerten, transportierten die Jüngeren in einer Menschenkette das Material nach oben. Das eigentliche Haus in der Baumkrone mussten sie nur ausbessern, denn es war noch nicht so alt.

Wird ein solches Baumhaus neu gebaut, werden nach Fixierung der obersten Plattform etwa anderthalb Meter hohe Wände aus Blattstielen der Sagopalme geflochten und mit Baumrinde ausgekleidet. Der Boden besteht aus Grundbalken und Sparrenhölzern, die nur durch Lianen miteinander verknotet und breitflächig mit

Baumborke bedeckt werden. Die Grundfläche ist oft fünf mal acht Meter groß, denn die Korowai nutzen verschiedene Astgabeln zur Stabilisierung. Diese steinzeitliche Konstruktion hält Stürmen und heftigen Gewittern stand. Das Blätterdach des Baumes kann sogar weiter wachsen, Schatten, Kühlung und Früchte spenden.

Für die Frauen waren die Arbeiten tabu – der Bau eines Baumhauses ist reine Männersache. Bald arbeiteten sieben oder acht Männer simultan in luftiger Höhe an der halsbrecherischen Konstruktion. Die Frauen durften nur die Äste für die Sprossen der Leiter sammeln und herantragen. Auch bei diesen Tätigkeiten trällerten alle immerzu irgendwelche Lieder, Frauen wie Männer. Offenbar freuten sie sich darauf, ihr altes Baumhaus bald wieder neu beziehen zu können, denn weit und breit besaß kein Stamm ein Zuhause mit vergleichbar luxuriösem Ausblick über den weiten grünen Ozean des Regenwaldes.

Bei dem schönen Wetter, das gerade herrschte, wirkte die Szenerie auf mich wie eine Idylle in Grün. Ohne Bauplan und ohne Nägel errichteten diese Ingenieure, Statiker und Architekten des Regenwaldes ihre Festung im dichten Dschungel mit der Höhe eines zehnstöckigen Gebäudes. Das Baumhaus steht für jede Korowai-Sippe im Mittelpunkt des gesellschaftlichen Lebens. Leider waren wir Weißen zu schwer für die Leiter und die Dielen des Dschungels – deswegen konnten wir die Hütte hoch über den Wipfeln nicht von innen kennenlernen.

Weder Ela noch Moose halfen beim Hausbau mit. Wir suchten die beiden und fanden sie in einem leerstehenden Langhaus, wo wir Zeugen eines grotesken Rituals wurden. Moose hatte sein T-Shirt abgelegt, und Ela hatte Brennesseln bereitgelegt. Mit ihnen strich der Onkel seinem Neffen über den nackten Rücken, der dann jeweils deutlich zusammenzuckte. Wir hielten das zunächst für eine Heilungszeremonie, mussten uns aber später belehren lassen, dass es mit den *Laleos* zusammenhing. Das Nesseln diente der Reinigung – Moose sollte von allem Bösen befreit werden, das die Welt der Weißen in der Stadt über ihn gebracht hatte.

Aus der ethnologischen Literatur war mir bekannt, dass die Korowai nicht nur vor Dämonen, sondern ihr Leben lang auch Angst vor dem Weltuntergang haben. Er kündige sich durch Naturkatastrophen oder einen Anstieg von Todesfällen an, glauben sie. Das Universum besteht laut ihrer Kosmologie aus vier konzentrischen Kreisen: Jenseits der Welt, die alle wahrnehmen – Menschen, Tiere und Geister – liegt die Heimat der Seelen und dahinter die Welt des großen Wassers. Ringsherum befindet sich der Himmel mit seinen Sternen.

Beim Weltuntergang stürzen die Welt des Lebens und des Todes ins große Wasser. Dort lebt ein mächtiger mystischer Fisch, der alle Menschen und Tiere verschlingt. Die Apokalypse kann von bösem Zauber ausgelöst werden, von langen Dürre- oder Regenperioden oder einer Sonnenfinsternis. Deshalb warnen die Alten ihre jungen Stammesmitglieder vor der dämonischen Fremde außerhalb ihres Territoriums. Die Ankunft der ersten bekleideten Missionare und Abenteuertouristen am Ende der siebziger Jahre empfanden die Korowai als Erscheinungen von Dämonen und damit als den Beginn des Weltuntergangs. Bei der Sonnenfinsternis am 11. Juni 1983 griffen sie zu Pfeil und Bogen, um diesen abzuwehren.

Um Unheil von der Welt fernzuhalten, müssen den Ahnen und Geistern zu bestimmten Zeiten Schweine geopfert werden. Die Korowai glauben nämlich, dass Erde und Himmel eng verwandt sind. Beide wurden vom großen Schöpfer *Ginol* aus Knochen eines geschlachteten mythischen Schweins geformt. Aus seinem Brustbein entstand die Erde und aus dem Rückgrat der Himmel. Die Korowai selbst sollen alle von zwei Brüdern abstammen. Der ältere schnitt dem jüngeren Penis und Hoden ab, um ein Kind zeugen zu können. So entstand die erste Frau. Diese wurde schließlich schwanger, und ihre Kinder begründeten ihr Volk.

Stirbt ein Mensch, wandert seine Seele ins Reich der Toten. Die Korowai unterscheiden dabei wie alle Völker im Asmat zwischen Geistern und Seelen. Die Geister der Ahnen existieren gleichzeitig mit den Lebenden und wachen über sie. Die Seelen aber werden nach dem Tod von früher verstorbenen Clanmitgliedern abgeholt und zum neuen Clanterritorium gebracht. Um den Übergang zu erleichtern, schnitzen die Asmat ihren Toten Seelenschiffe, die vor dem Haus aufgehängt werden. Auch im Totenreich lebt man im Baumhaus, erhält zu essen, kann sogar neu heiraten, aber keine Kinder mehr zeugen. Nach einer gewissen Zeit kann die Seele wieder ins Reich der Lebenden gelangen, indem sie sich einen neuen Körper sucht. Vorher muss sie aber ihren Totenkörper ablegen und sich im Totenreich beerdigen lassen. Trauergesänge während dieser Bestattung hört man im Land des Lebens als langgezogenen Pfeifton. Passiert dies direkt vor der Geburt eines Kindes, wissen die Korowai, dass einer ihrer Ahnen wieder auferstanden ist.

Die Seele kann aber auch in einen Tierkörper wandern. Deshalb dürfen bestimmte Tiere, in denen eine Seele erkannt wurde, nicht getötet oder gegessen werden. Die Korowai glauben zudem, dass ihr Familienclan von einem bestimmten Totemtier, etwa einem Waran, abstammt. Dieses Tier im eigenen Clangebiet zu töten, kann böse Folgen wie Krankheiten oder Überschwemmungen nach sich ziehen und ist deshalb tabu.

Während die Männer die letzten Sprossen der Baumleiter einbauten, holten die Frauen und Kinder Pandanusfrüchte aus dem Wald. Sie schnitten das gurkenförmige, rotorangefarbene Obst auf, dann kratzte Elas zweiter Sohn Beharé das feste gelbe Fleisch der Früchte mit einem Knochendolch heraus und schnitt die Schale in kleine Stücke. Es herrschte strenge Arbeitsteilung: Die Frauen beschafften die Früchte, die Männer zerlegten sie, die Frauen bereiteten sie zu. Im Feuer garten sie die zerkleinerten Pandanusfrüchte, die sie zuvor in Blätter eingewickelt hatten, zusammen mit Kartoffeln. Dann kamen weitere Blätter und heiße Steine in den Erdofen, und alles wurde einige Stunden liegengelassen. Das gegarte Obst wurde anschließend gewässert und ausgequetscht; der dickflüssige, ölhaltige rote Saft ergab zusammen mit Sagobrot eine nahrhafte Mahlzeit. Die Frauen gingen dabei leer aus: Pandanus ist Männersache. Ich war froh, dass sie mir davon nichts anboten. Nichts gegen Sagofladen, aber die tropische Pandanusfrucht schmeckt sehr streng – bitter und modrig.

Während tagsüber meist schönes, aber für uns zu heißes Wetter herrschte, schüttete es nachts wie aus Eimern. Man lief ständig durch Pfützen, wurde nie richtig

Das Baumhaus in fast 40 Meter Höhe. Es braucht eine neue Leiter, denn Feinde haben die alte zerstört.

trocken, die Schuhe waren permanent durchweicht. Eines immerhin hatte ich auf früheren Expeditionen gelernt: Nichts ist im Dschungel so wichtig wie sorgfältige Fußpflege. Solange man darauf achtet, dass man keine Blasen bekommt und dass nichts scheuert, können auch nasse Schuhe einem nichts anhaben. Als dann der blaue Himmel wieder grüßte, roch der Regenwald unerhört erdig, und der Boden dampfte. Ich genoss die Urzeitstimmung – wenn nur die Moskitos und Blutegel nicht gewesen wären. Wir legten mehrfach am Tag eine Pause ein, um uns von den Blutegeln zu befreien, die hier sogar von den Bäumen fielen. Auch blieben spitze oder giftige Stacheln von Büschen und Lianen in der Haut stecken, die Tage später dann zu eitern begann.

Mir fiel auf, dass die meisten Korowai unter einer ständig juckenden und ansteckenden Milbenkrätze litten, wodurch bei einigen der gesamte Körper mit hässlichen Pusteln bedeckt war. Viele Kinder hatten auch Ringwürmer oder von Protozoen infizierten Wunden, sogenannte Orientbeulen. Wie andere Urvölker werden die Korowai nicht alt, im Schnitt nur etwa 40 Jahre, wegen der harten Lebensbedingungen im Regenwald, den Folgen von Verbrennungen und Pfeilschussverletzungen, aber vor allem wegen des amphibischen Daseins mit den vielen Krankheitserregern, die im Sumpf lauern. Missionare haben auch beschrieben, dass einzelne Korowai Selbstmord begingen, weil sie aus der Gemeinschaft ausgestoßen wurden oder zu alt waren. Sie stürzten sich vom Baumhaus.

Mit der Malaria lebten quasi alle. Viele Hautkankheiten heilten wegen der permanenten Feuchtigkeit nie richtig aus. Moose erzählte, dass die Kinder im Allgemeinen erst mit zwei Jahren einen Namen bekamen, da sehr viele vorher starben, meist an Malaria, Tuberkulose oder durch Parasiten. Nur die Widerstandsfähigsten kamen durch.

Ich habe geholfen, so gut es ging. Eine Frau hatte einen riesigen Abszess unterm Arm, den ich versuchte zu öffnen. Die Korowai hatten die Beule selbst schon mit einem Messer aufgeschnitten, um Eiter abzulassen. Gott sei Dank hatte ich genug Antibiotika dabei. Penicillin wirkt bei den Papuas sofort, man kann sie außerordentlich gut damit heilen.

Da die Flüsse wegen des nächtlichen Wolkenbruchs stark angestiegen waren und ein großer Teil des Sumpfwaldes komplett unter Wasser stand, war die Zeit günstig zum Jagen, denn viele Tiere neigen dazu, sich ins Trockene zurückzuziehen. Dietmar und ich gingen mehrfach mit Elas Söhnen Lawi und Bagilaré auf die Jagd, und wir hatten das Glück, die beiden geschickten Pfeilschützen dabei filmen zu können, wie sie typische Kleintiere des papuanischen Waldes erlegten: ein Krokodil, ein kleines Wildschwein, ein pelziges Beuteltier namens Kuskus, das sie auf dem Weg in seine Baumhöhle überraschten. Das Kuskus verschwand in Lawis Rückennetz, das Wildschwein wurde für den Transport an einen Ast gebunden, den die beiden Jäger schulterten – willkommene Beute für die ganze Sippe.

Auch Fallen wurden gelegt. Moose zeigte mir tiefe Fallgruben und davor wallartige Absperrungen, um den Lauf des Wildes genau in die Kuhle zu lenken. Zum Fischen gingen sowohl Männer wie Frauen. Sie fingen die Fische mit Gift, das sie ins Wasser gaben, so wie ich es vom Amazonas her kannte, aber auch mit Reusen und sogar mit Pfeil und Bogen, wobei sie als Köder Termitennester ins Wasser legten.

Da Krokodilfleisch aus Gründen, die wir nicht herausbekamen, für Frauen tabu ist, wurde das erlegte Reptil an Ort und Stelle gebraten und verzehrt. Ich beobachtete, dass die Papuas die abgenagten Knochen anschließend in ein Blatt wickelten und mitnahmen. Moose sagte: »Diese Knochen haben für uns eine große Bedeutung. Wenn es längere Zeit nicht regnet und die Flüsse allmählich austrocknen, legen wir Kaimanknochen ins Flussbett, damit das Wasser wieder ansteigt.«

Wenn es nicht gerade Pandanus gab, war es immer ein Vergnügen, mit den Korowai zu essen, denn das Essen lief ab wie bei uns ein Picknick. Man lagerte entweder in einer Langhütte oder im Freien, bedeckte den Boden mit großen Blättern von Bananenstauden oder Sagopalmen, auf denen dann wie auf einem Tischtuch angerichtet wurde. Auch die Mahlzeit kam in frischen Blättern. Gegessen wurde natürlich mit den Fingern; waschen konnte man sie hinterher überall im Wasserwald.

Wie die Amazonasindianer achteten auch die Korowai streng darauf, dass beim Essen gerecht geteilt wurde und jeder den gleichen Anteil Fleisch oder Gemüse bekam. Nicht zu teilen oder jemanden auszulassen, galt als feindliche Handlung. Man dachte immer an das Überleben aller Clanmitglieder, denn es gab keine Vorratshaltung – wie andere Waldvölker lebten die Korowai von der Hand in den

Krokodilfleisch wird nur von Männern verzehrt.

Mund. Die Frauen und Kinder sammelten täglich verschiedene wilde Blattgemüse im Wald und an den Flussufern. Nur in sehr beschränkten Umfang betrieben sie Wanderfeldbau für Sago, Bananen, Yams und Tabak. Sie hielten lediglich ein paar Wildschweine, die sie als Frischlinge gefangen hatten, in einem kleinen Gehege.

Wir hatten uns inzwischen entschieden, bei Elas Stamm zu bleiben, denn es war zweifelhaft, ob wir noch eine bessere Gelegenheit bekamen, Baumhausmenschen kennenzulernen. Auch wenn diese Korowai schon Kontakt mit der Zivilisation gehabt hatten und sogar Stahläxte besaßen, lebten sie noch so urtümlich wie seit Tausenden von Jahren. Bei Elas Clan fühlten wir uns willkommen, und wenn wir dort blieben, mussten wir die *pacification line* nicht überschreiten.

In den nächsten Tagen erkundeten wir genauer, wie der Clan lebte. Während die unteren Treppen der höheren Häuser leiterartig gefertigt wurden, bestanden die Zugänge niedrigerer Häuser aus einzelnen einziehbaren Stämmen mit seitlichen Kerben, in die genau ein Fuß hinein passte. Diese so genannten *Yafin* hängen an Seilen und können bei Gefahr eingezogen werden. Auch die letzte Stufe eines Riesenbaumhauses ist ein solcher *Yafin,* der wie eine Hängebrücke funktioniert.

In der Regel hat ein Familienbaumhaus drei Räume. Männer, Frauen und Kinder haben ihren eigenen Wohnraum nebst eigener Feuerstelle. Nur tagsüber dürfen die Frauen in den Männerraum, abends ist er für sie tabu. Alle Haustiere wie Hunde, Schweine oder Kakadus wurden stets mit hinaufgetragen – auch in die Baumkronenhäuser. Bei Männerüberschuss leben die größeren Jungen und unverheirateten Männer in einem separaten Baumhaus, in dem es keine Raumunterteilung gibt. Stirbt der Ehemann, haben seine Brüder Anrecht auf die Frau und ihre Kinder. Sie können sie dann selbst zur Frau nehmen oder mit jemand anderem verheiraten.

Es gab bestimmte Verhaltenstabus in der Familiengemeinschaft. Ehemann und Schwiegermutter durften im Baumhaus nicht am selben Feuerplatz gleichzeitig essen. Das Blut von Schwangeren und Menstruierenden durften Männer nicht berühren, denn Blut gilt als Transportmittel für böse Zauberkräfte. Auch deshalb werden getrennte Aufgänge zum Baumhaus für wichtig gehalten, um Körperkontakte zwischen Männern und Frauen zu vermeiden. Die schwangere oder menstruierende Frau eines Jägers darf nichts vom Fleisch eines Tieres essen, das mit Hilfe eines Jagdzaubers erlegt wurde. Der Jagdzauber würde dann auf sie überspringen und könnte sie und ihre Kinder töten.

Bei Einbruch der Dunkelheit brach unter unseren Gastgebern stets eine heitere Betriebsamkeit aus. Die Männer saßen palavernd um ihre Feuerstelle herum, in der heißen Asche garten in Bananenblätter eingewickeltes Sago, Schlangenfleisch und Insektenlarven. Der rußgeschwärzte Dachboden war mit einer Unzahl von Schweinekiefern, Netzen, Wirbelsäulen von Schlangen und leeren Kasuareiern behängt. Da sich die Korowai vor der Nacht fürchteten, nur selten ihr Baumhaus verließen und selbst die Notdurft dann von oben aus verrichteten, war es für den Besucher ratsam, sein Zelt nicht direkt unter dem Baumhaus aufzustellen, zumal ein Heer von Fliegen, Kakerlaken und Grillen täglich darauf wartete, die Hinterlassenschaften der Oberen zu entsorgen.

Vor und nach dem Essen wurde geraucht. Die einzige Droge der Korowai ist Tabak, der ihnen nicht nur als Genussmittel dient, sondern dem sie auch Heilkräfte zusprechen. Kein Wunder, dass die langen Bambusrohrpfeifen mit Schnitzereien besonders hübsch verziert wurden. Die Papuas kannten den Tabak schon vor der Ankunft der ersten Europäer. Ihr Kraut ist verwandt mit dem Tabak aus Mittel- und Südamerika, aber keiner weiß, wie er zu ihnen gelangte. Mir schien die Wirkung stärker zu sein als bei unserem »westlichen« Tabak. Man war wie betäubt davon. Ela erzählte uns, dass der Tabakrauch einerseits die Mücken, andererseits aber auch Feinde und böse Geister vertreiben solle.

Er sagte: »Wir haben hier natürlich Feinde. Mit dem Stamm der Eliwawa liegen wir im Streit. Unter ihnen ist ein Hexer, der schuld daran ist, dass mein Onkel gestorben ist. Sie müssen ihre Schuld jetzt mit Schweinen und Geld abzahlen, sonst werden wir den Hexer töten.«

Wir lernten, dass die Korowai einen natürlichen Tod überhaupt nicht kennen. Fur sie ist alles *Khakhua*, Hexerei: Wenn ein Familienmitglied stirbt, ist immer ein Hexer daran schuld, der deshalb ausfindig gemacht werden muss. Sie glauben, dass ein solcher Hexer die Organe seiner Opfer von innen her aufisst, was zum Tode führt.

»Kurz vor seinem Tod erscheint dem Sterbenden der Name des Hexers aus einer anderen Sippe, oder die Familienmitglieder ermitteln es mit Zauber und mit Hilfe von Vögeln«, berichtete Moose. »Man kann den Namen zum Beispiel herausfinden, indem man Fingernägel des Verstorbenen in ein Stück Borke des neben dem Grab stehenden Baumes steckt und mit Blättern bedeckt. Denn der Hexer kehrt immer zum Grab seines Opfer zurück. Die Familie des Opfers fordert dann die Auslieferung des Zauberers, um ihn zu töten und zu essen.«

Die Folge: Irgendwer wird immer der Hexerei beschuldigt, und kaum ein Korowai stirbt eines natürlichen Todes. Ist der angebliche Hexer erst einmal überführt und dingfest gemacht, aber nicht in der Lage, Ausgleichszahlungen für den Verlust des Menschen an dessen Angehörige zu zahlen, halten die Männer des Clans Gericht über ihn. Nach der traditionellen Folter wird er getötet und man verspeist ihn im Kreis des Stammes. Dass dieses urzeitliche »Rechtssystem« mindestens noch vor wenigen Jahren praktiziert wurde, bestätigte mir jeder, den ich fragte. Alle älteren Erwachsenen kannten den Geschmack von Menschenfleisch. Ethnologen streiten darüber, ob Kannibalismus auch heute noch bei den Korowai üblich ist.

Auf jeden Fall gab es einen ewigen Kreislauf der Blutrache. Ela sagte: »Wir töten ja kaum noch Menschen. Aber wenn es notwendig ist, dann wird der Hexer mit vielen Pfeilen umgebracht und anschließend in sechs Stücke geteilt. Wir essen alles auf, außer die Knochen, um das Böse zu besiegen.« Moose nickte lebhaft, er schien, je länger er im Urwald war, umso stärker wieder den alten Sitten zuzuneigen. Er sprach ebenso wie Ela völlig ironiefrei über das Brauchtum; denn die Korowai kennen keine Ironie, genauso wenig wie Neid, Lügen oder materiellen Egoismus.

Die Hexerei war auch der wichtigste Grund, warum viele Clans den Kontakt mit anderen Menschen – ob Weißen, Indonesiern oder benachbarten Korowai-

Clans – strikt ablehnten. Verbrechen wie Diebstahl oder Ehebruch wurden bei weitem nicht so hart bestraft. Selbst bei Überfällen, Frauenraub oder Rachefeldzügen wurden Getötete anschließend nicht verspeist – sofern sie keine Zauberei betrieben hatten. Die Korowai glauben, dass Hexer oder Zauberer Epidemien, Hungersnöte, Überschwemmungen und Krankheiten bewirken, indem sie die Herzen ihrer Opfer mit unsichtbaren Pfeilen treffen. Sobald die Harmonie der Erde, die für den Fortbestand des Lebens absolut notwendig ist, zurückkehrt, richten sie ein Fest aus, um die Geister zu beschwichtigen und die von den *Laleos* mit ihrer Magie erschütterte Ordnung wiederherzustellen. Während dieses Festes werden auch Ehen geschlossen, und die Schamanen halten Versöhnungszeremonien ab, bei denen Schweine geopfert und Sagowürmer rituell verzehrt werden.

Es ist das bekannte Paradox der Ethnologie, das mir hier so bewusst wurde wie nie zuvor: Wer eine Kultur beobachten, dokumentieren und erhalten will, muss sich oft damit abfinden, dass Teile dieser Kultur unseren Vorstellungen eines menschlichen Umgangs widersprechen. Dabei einzugreifen und sie zu beeinflussen, wie es die Missionare tun, ist selbst bei grausamen Ritualen nicht üblich. Denn es verändert die jeweilige Kultur sofort und unwiderbringlich. Dabei sind Tabus, Beschneidungen, Ritualmorde, Mutproben, selbst der Kannibalismus, auch wenn sie uns oft unverständlich erscheinen, in der Regel nur deshalb noch vorhanden, weil sie sozial »sinnvoll« sind und den Fortbestand der jeweiligen Kultur sichern. Vielleicht trugen die Kopfjagd und der Kannibalismus dazu bei, dass die Anzahl der Menschen im Asmat im Gleichgewicht blieb, regulierten damit das übermäßige Anwachsen der Bevölkerung, garantierten ihr Überleben und verhinderten wirtschaftliche Not. Es ist eine schwierige Frage, die darauf hinausläuft, was höher steht: der einzelne Mensch mit seinen, von unserer Kultur erklärten Menschenrechten – oder die gesamte Kultur, in der er lebt?

Ich bin fest davon überzeugt, dass wir von den Naturvölkern ebenso lernen können wie umgekehrt. Ich weiß, dass sie Prinzipien und Weltanschauungen haben, über die es sich lohnt nachzudenken, auch für unsere Zukunft. Wie die Papuas im Asmatsumpf immer darauf achten, dass sie für jede gefällte Sagopalme neue Sagosprösslinge nachpflanzen, würden Amazonasindianer den Wald nie weitflächig abhacken und damit ihre Lebensgrundlage zerstören. Und bei allen Urwaldbewohnern ist enormes Wissen über den möglichen medizinischen Nutzen von Pflanzen und Tieren gespeichert.

Natürlich streben Menschen immer danach, ihren Lebensstandard zu optimieren. Auch Indios und Papuas. Aber Stahläxte, Nylonseile und der Besuch eines Zahnarztes lassen sich ins Leben der Urvölker integrieren, ohne dass sie mit Turnhosen, Fernsehern und Bibeln zu »Zivilisierten« umerzogen werden. Sie müssen selbst entscheiden, was sie wollen. Das Privileg, das wir in unserer Demokratie zu Recht jedem – auch den Ungebildeten – zugestehen, muss ebenso für die Papuas gelten: das Menschenrecht der Selbst- und Mitbestimmung ihres Schicksals.

Während wir möglichst viel über die Bräuche und Gewohnheiten der Korowai zu erfahren suchten, arbeiteten die Männer wie besessen an ihrem Leitergerüst für das Baumhaus, denn sie wollten zum Vollmond fertig sein, der sich gerade ankündigte. Vollmond ist immer eine gute Gelegenheit, ein Fest abzuhalten. Anders als die Hochlandpapuas feiern die Korowai keine Schweine-, sondern Sagofeste, wie ich es schon vor einem Jahrzehnt bei den Asmat erlebt hatte. Am Vortag fällten sie dazu eine große Sagopalme. Ela demonstrierte uns für die Kamera nochmal den Gebrauch der alten Steinbeile, die sie noch besaßen, aber nicht mehr verwendeten. »Das ist viel zu mühsam«, sagte Ela. »Früher mussten drei Männer einen Tag arbeiten, um eine Palme zu fällen, heute schaffen wir das in einer Stunde.«

Die Sagopalme war aber die Allzweckpflanze geblieben, ohne die auch die Korowai im Dschungel West-Papuas nicht überleben würden – sie lieferte ihnen Mehl fürs Brot, Rinde, Fasern und Blätter für den Hausbau, Blattfarn zum Binden und nicht zuletzt Käferlarven als eiweißhaltige Delikatesse. Eine Sagopalme braucht etwa zwölf Jahre, bis sie blüht und erntereif ist. Jedesmal, wenn eine Palme gefällt wird, werden neue Sagosprösslinge nachgepflanzt. Als ich Ela nach dem Grund dafür fragte, da es eigentlich genügend Palmen im Sumpf gab, sagte er: »Wir denken an unsere Kinder und Kindeskinder. Sie sollen auch noch genug zu essen haben.«

Wir konnten in aller Ruhe beobachten und filmen, wie die einzelnen Arbeitsschritte Hand in Hand griffen. Nachdem die Palme in den Sumpf gefallen war, wusste jeder genau, was zu tun war. Zuerst wurde die Rinde in zwei Teilen vom Stamm getrennt und die Blätter zurechtgeschnitten. Die zwei riesigen Rindenwannen brauchten die Frauen, um daraus eine Kühl- und Filteranlage am Bach zu bauen. Mit Rattan befestigten sie hauchdünne Siebe aus Baumbast in der Wanne, durch die das zerkleinerte Mark der Palme fließen sollte.

Die Männer bargen derweil vorsichtig das große Palmenherz aus der Krone, eine absolute Delikatesse, die wie Kohlrabi schmeckt. Bald kauten alle auf den frischen Strünken herum. Dann brachten die Frauen ihre selbstgebastelten Holzhämmer zum Einsatz, mit denen sie stundenlang auf den Stamm einschlugen, um das geöffnete Mark des Stammes zu Fasern zu klopfen. Dabei sangen sie fröhlich ihre Lieder von hübschen Männern und vielen Kindern. Die Korowai leben durchaus polygam, aber nur jene Männer haben mehrere Frauen, die über größeren Besitz verfügen, vor allem Schweine. Ob die Frauen auch mehrere Männer haben konnten, wie die Zoé am Amazonas, konnte ich nicht herausfinden. Während die Frauen klopften, waren die Kleinkinder und Haustiere immer mit dabei – sie schlummerten in den geräumigen Tragenetzen auf ihrem Rücken.

Anschließend wurden die zerfaserten Stammteilchen in großen Blättern zu den Spülteichen am Bach getragen. Dort gaben die Frauen die Fasern in ihre Waschtröge aus Sagopalmenrinde, gossen Wasser hinzu und wrangen die Masse mit ihren Händen aus, dabei die ganze Zeit im Wasser stehend. Die rote Flüssigkeit floss durch die Filter in ein kleineres Sagorindenbecken und dickte wegen des hohen Stärkegehalts langsam ein. Es war ein Vorgang, der Stunden dauerte. Zuletzt wurde die rote Sagostärke zu Mehlkugeln geformt und im Feuer zu Brot gebacken.

Währenddessen schoss Jegowa, ein Neffe Elas, einen Paradiesvogel aus den Bäumen, wickelte den Vogel in ein Blatt und nahm ihn mit zu den Hütten. Ela rupfte

Sagolarven, Leckerbissen des Dschungels. Sie schmecken wie Schmelzkäse.

das Tier und bastelte sich aus dem rot-gelben Gefieder einen fast avantgardistischen Kopfputz für die Feier. Die Frauen sammelten derweil Sagolarven im Wald.

Bald qualmten mehrere Feuer und Erdöfen auf der Lichtung im Wald. Dann war es soweit, Ela erschien mit seiner Federhaube, stimmte eine Art Kriegsgesang an, versammelte alle Männer und Jungen hinter sich und umrundete die Lichtung. Dabei stampfen sie mit den Füßen rhythmisch auf den Boden, riefen ein lautes, langgezogenes »Yooooh!« Der Tanz endete mit einer Rede Elas an seine Sippe. Wie bei den Asmat, so war das Sagolarvenfest auch für die Korowai eine Fruchtbarkeitsfeier. »Deshalb bittet Ela jetzt den großen Geist Binol, der uns alle erschaffen hat, um recht viel Nachwuchs für den Clan«, sagte Moose, der ganz gebannt zuschaute. »Er sagt, alle Männer sollen reichlich Kinder zeugen, und für die gefällte Palme soll eine neue wachsen.«

Als die Tafel gedeckt war, gab es geröstete Sagowürmer, knackiges Sagobrot und gebackene Bananen. Die Larven gelten bei den Korowai als Symbol für Fruchtbarkeit und den Fortbestand des Lebens. Für die Waldbewohner war es ein seltenes Festmahl, uns kostete es einige Überwindung. Dietmar filmte ein kleines Mädchen, das so selbstvergessen an einer gerösteten Sagolarve knabberte wie Kinder bei uns an Gummibärchen. Da die Sonne schien, hatten es sich alle im Freien bequem gemacht, der Boden war mit Blättern bedeckt worden, die jetzt Tisch und Stühle zugleich darstellten.

Wieder fiel mir auf, dass vor allem ältere Korowai sich scheuten, uns in die Augen zu schauen, wie um den bösen Blick zu vermeiden. *Laleo,* dachte ich – sie halten uns Weiße wirklich für böse Geister! Wie in Melanesien herrscht in West-Papua ein ausgeprägtes Dämonendenken, wie dort gibt es Gebiete, die tabu sind und die keiner betreten darf. In ihrem Glauben ist fest verankert, dass man durch bloßes Anstarren jemanden so verhexen kann, dass dieser erkrankt und stirbt.

Schließlich der große Moment. Als Erste durften Elas Sohn Bagilaré und dessen schwangere Frau in das wieder eröffnete Baumhaus klettern. Bevor Ela hinterher stieg, erklärte er uns, dass ein solches Heim etwa fünf Jahre halte, dann müsse man ein neues bauen: »Ich hoffe sehr, dass wir das wirklich tun und meine Leute nicht irgendwann Moose in die Stadt folgen. Denn hier im Wald wissen wir wenigstens, mit welchen Geistern wir es zu tun haben.«

Ela war ein Traditionalist genau wie mein Freund Luiz, der Häuptling der Kalapalo am Xingú. Ela wusste einiges über das Dasein in der Stadt, und er lehnte es ab. So hart das Leben im Wald war, es war sein Leben und das seiner Leute und Ahnen, und er wollte es fortsetzen, wie er es kannte. »Es ist ein gutes Leben«, sagte er. »Der Wald gibt uns alles, was wir brauchen.«

»Aber die Stahlaxt gefällt dir schon?«, provozierte ich ihn.

»Die Stahlaxt ist gut«, sagte er. »Aber wozu brauche ich *Laleo-chal*? Warum soll ich die Teufelshaut der Weißen anlegen? Warum soll ich euren Gott anbeten? Warum wollt ihr unbedingt, dass wir am Fluss wohnen?«

Ein deutscher evangelikaler Pastor in Brasilien bemerkte in einer Missionszeitschrift 2001, nachdem mein Film »Menschen im Regenwald: Die Zoé-Indianer« auf ProSieben gelaufen war, in dem ich über die erfolgreiche Einrichtung des dortigen Schutzgebietes berichtete: »Kaum zu glauben, dass im Zeitalter der Globalisierung jemand noch meint, es gebe auch nur ein Fleckchen auf dieser Erde, das im Ghetto gehalten werden könnte und sollte!« Das ist ein infames Argument. Ich will keine Ghettos, Lager, Menschenzoos, keine Zwangsisolation, aber auch keine Zwangsbeglückung mit dem Kruzifix oder McDonald's. Es geht um die Würde des Menschen. Was es für die Menschen bedeutet, wenn ihre Würde missachtet wird, das habe ich in der DDR erlebt.

Wie steht es im Übrigen um die Alternative, die die Missionare propagieren: »Seid fruchtbar und mehret euch«? Sie hat zur Folge, dass beispielsweise die Bergvölker West-Papuas unverhältnismäßig anwachsen, dass die Nahrungsmittel in ihrer kargen Region knapp

Mit der Steinaxt dauert es viele Stunden, bis eine Sagopalme fällt.

werden und immer wieder Hungersnöte ausbrechen, die nur mit massiven internationalen Nahrungsmittelhilfen zu lindern sind. Allzu oft erweist sich das »überlegene Modell«, das die »christliche Zivilisation« den »Wilden« bietet, als Armut, Elend, Verwahrlosung und leere Versprechen.

Chief Ela sorgte jedenfalls dafür, dass keine Missionare in sein Gebiet eindrangen und seinen Clan manipulierten. Er war freundlich zu uns, blieb aber auch immer ein wenig reserviert. Man merkte ihm an, wie sehr er sich darüber freute, wieder ins alte Baumhaus aufs Dach des Waldes ziehen zu können. Nach und nach sahen wir die Korowai den Stamm hinaufklettern. Jetzt wurde mir auch klar, warum sie die Bäume ringsherum gefällt hatten – so konnte sie niemand dort oben angreifen. Da wir nicht hinaufdurften, drückte ich Moose meine kleine Videokamera in die Hand, instruierte ihn kurz und bat ihn, oben zu drehen. Er schaffte es tatsächlich, brauchbare Bilder mitzubringen. Sie waren zwar ein bisschen verwackelt, aber er hatte sich Zeit gelassen, und man konnte das Material später gut verwenden. Darauf sah man, dass das Baumhaus innen noch recht kahl wirkte; an der Decke hingen nur ein paar Tierknochen, doch schon qualmte es auf der versenkbaren Feuerstelle. Die schönsten Aufnahmen zeigten das atemberaubende Dschungelpanorama – ein fantastischer Rundblick über die bis zum Horizont reichende grüne Welt, aus der hier und dort Vögel aufstiegen. Dort oben zu wohnen, dachte ich, muss die Korowai für alle Mühsal des Dschungeldaseins tausendfach entschädigen!

Nach einer Woche verabschiedeten wir uns von Ela und seiner Sippe und marschierten wieder ab. Unsere Energie und auch unsere Akkus waren am Ende, wir hatten alles, was uns interessierte, erfragt und gefilmt und wollten die Leute nun wieder in Ruhe lassen. Außerdem waren wir so von Mücken zerstochen und von Blutegeln ausgesaugt, dass wir irgendwann auch raus wollten aus dem Urwald.

Nur mit Yoko gab es Ärger. Er wollte den Papua-Trägern den Lohn, den ich ihm für sie gegeben hatte, nicht auszahlen, sondern behauptete, ich hätte es ihm gar nicht ausgehändigt. »You didn't give me the money«, sagte er mit unschuldiger Miene. Ich wusste, dass er log. Ich wurde wütend, aber er beharrte darauf. Um keine Meuterei zu riskieren, musste ich dann noch einmal blechen, weil die Leute schon laut wurden und Yoko sie gegen mich aufhetzte. Immerhin erwies sich das gedrehte Material als so gut und exklusiv, dass, dass der NDR nicht zögerte, unseren 45-Minuten-Film »Die Baumhausmenschen – Expedition ins Innere Neuguineas« noch Ende 1999 zu senden.

Auf dem Rückflug nach Sentani merkte ich, dass selbst Moose genug hatte vom Landleben bei seinen Verwandten. »Trotz aller *Laleos* ist es in der Stadt doch besser«, sagte er. Als wir am Flughafen viel Militär sahen, verdunkelte sich Yokos ohnehin dunkles Gesicht. »Die Indonesier werden irgendwann zuschlagen«, meinte er. »Wir Papuas haben keine Chance gegen sie.« Am Flughafen liefen wir seinem Bruder Wiro in die Arme. »Roland«, sagte er, »wie schön, dich wiederzusehen.« Ich war mir nicht ganz sicher, ob ich mich darüber freuen sollte. Denn das Treffen erinnerte mich an eine Expedition in West-Papua vor zehn Jahren, die beinahe übel ausgegangen wäre.

Reise in die Urzeit – die Kimyal und Asmat in West-Papua

Der Tipp klang verheißungsvoll. Eine »Pionierreise« vom Hochland West-Papuas ins südliche Sumpfgebiet Asmat würde vorbereitet. Ich könne teilnehmen, wenn ich das nötige Kleingeld mitbrächte und mich schnell entschied. Als mir der Prospekt im Dezember 1988 auf den Tisch kam, musste ich nicht lange überlegen. Eine solche Nord-Süd-Durchquerung der Insel Neuguinea hatte bisher kaum jemand unternommen. Einer war der berühmte österreichische Abenteurer Heinrich Harrer, dessen Reise aber 27 Jahre zurücklag. Die Beschreibung der Tour klang so interessant – es war von Völkern die Rede, die noch nie kontaktiert worden waren –, dass ich einfach nicht widerstehen konnte, obwohl ich damals eigentlich keine arrangierten Fahrten mehr mitmachen wollte.

Organisator war ein Typ namens Karlheinz*, ein deutscher Arzt, der in West-Papua lebte. Karlheinz hatte alle Teilnehmer schriftlich darauf hingewiesen, dass sie »konditionsstark und trittfest« sein mussten, da er durch unberührten Dschungel marschieren wollte; eine gewisse alpine Erfahrung wäre ebenfalls Voraussetzung. Die dreiwöchige Extremtour wollten neun Leute wagen, alle deutschsprachig, alle um die 50. Ein Ehepaar, ein Banker und eine Unternehmerin aus der Schweiz, ein Kaufmann aus Hessen, ein Physiker vom Bodensee, ein Staatsanwalt aus Norddeutschland. Leute in führenden Positionen mit gesicherter Existenz, Managertypen, die schon alles erlebt hatten, im Urlaub aber mal etwas ganz Außergewöhnliches kennenlernen wollten und bereit waren, dafür mehr als 8000 DM auf den Tisch zu blättern. Für so viel Geld hat man sich natürlich auch viel versprochen.

Meine damalige Freundin Andrea*, eine blonde, sehr sportliche Frau, war mit 22 Jahren die jüngste Teilnehmerin. Andrea stammte aus Lüneburg, wo sie Kulturwissenschaften studierte und abends in einer der vielen Kneipen als Kellnerin ihr Geld verdiente, im »September«, gleich um die Ecke von meinem späteren Haus. Dort hatte ich sie auch kurz vor der Reise kennengelernt und spontan gefragt, ob sie Lust hätte, mitzukommen. Ich lud sie auf eine spannende Tour ein und übernahm die Kosten. Wir kannten uns erst ein paar Wochen.

Im Januar 1989 nahm Karlheinz die ganze Gruppe am Flughafen von Jayapura in Empfang. Er baute sich vor uns auf, streckte die Hüften und das kantige Kinn vor. Er war Mitte 30, wirkte aber jünger, und war deutlich kleiner als ich. Ein drahtiger Typ, immer akkurat rasiert, gescheitelte Haare. Er sah aus wie die Draufgänger aus der Camel-Trophy-Werbung und flößte einem auf den ersten Blick durchaus Vertrauen ein für dieses waghalsige Unternehmen. Er sollte später sogar damit prahlen, einmal bei der Camel Trophy mitgemacht zu haben.

Karlheinz sagte, er sei Arzt, sogar Oberarzt, habe aber seinen Beruf an den Nagel gehängt, um *tour operator* zu werden. Er benutzte gern englische Ausdrücke. Er war ein ganz Energischer, der einen militärischen Tonfall imitierte, als wäre er früher Offizier gewesen oder in einem militärischen Haushalt aufgewachsen. Passend dazu trug er auch eine Militärhose und ein weißes kurzärmliges Pilotenhemd. In seiner Begleitung waren Papuas, muskulöse junge Burschen. Alles wirkte professionell und schien gut organisiert zu sein.

»Also Leute, ich schlage vor, wir duzen uns alle. Macht die Sache einfacher. Haben wir immer so gehalten«, sagte Karlheinz. »Die Organisation ist wie immer vom Feinsten. Wir werden mit dem Propellerflugzeug in den Urwald fliegen und uns aussetzen lassen, um uns dann Richtung Süden durch den Dschungel zu schlagen. Für Proviant ist gesorgt. Wir haben acht Kilo Medikamente eingepackt. Nach acht Tagen werden wir den Ort Dekai erreichen. Dort wird ein Floß gebaut, dann geht's weiter nach Süden Richtung Senggo. Wenn wir die Küste erreichen, werden wir wieder abgeholt und ausgeflogen. Irgendwelche Fragen? Dann Abmarsch!«

So sprach Karlheinz. Stakkatomäßig. Genau genommen klang alles zwar ein bisschen vage, aber er gab damit an, schon etliche Touren geführt zu haben. Wir hatten von ihm vorab Zettel erhalten, auf denen der Verlauf der Reise beschrieben war. Die Route könne sich auch ändern, hatte er vermerkt. Es klang sehr abenteuerlich, geradezu fantastisch. Jetzt wiederholte er, was in der Vorankündigung stand: »Wir werden mit Völkerstämmen zusammentreffen, die noch nie Weiße gesehen haben.« Das war Musik in meinen Ohren!

Heute kann man nach Dekai mit dem Flugzeug reisen und dort ein Boot chartern, das einen innerhalb eines Tages nach Agats bringt, zur Mündung des Flusses Brazza ins Alfurenmeer, das Neuguinea von Australien trennt. Aber damals war an eine solche Möglichkeit nicht einmal zu denken.

Seit meiner Ausreise aus der DDR im März 1984 hatte ich sechs halbwegs wissenschaftliche Expeditionen mitgemacht, die mich zu Naturvölkern in Ecuador, Venezuela und Zaire führten. Nie aber werde ich die erste richtige Regenwaldtour vergessen, die ein erfahrener Reiseleiter aus Schweden anbot und die mich im Oktober 1986 nach West-Papua zu den Dani und Asmat gebracht hatte. »Zurück in die Steinzeit«, hieß die Tour. Es war genau das, was ich mir immer erträumt hatte. Papuas mit Penisfutteral und Pfeil und Bogen. Urwälder. Wilde Flüsse. Die Begegnung mit der Realität übertraf alles, was ich mir je vorgestellt hatte. Als ich West-Papua erstmals betrat, erschien mir das Land wie ein fremder Planet. Ein geheimnisvolles, unbekanntes Universum.

Damals bekam ich zum ersten Mal direkten Kontakt mit Ureinwohnern. Ich machte unbezahlbare Erfahrungen und lernte unzählige Kniffe, um in der Wildnis klarzukommen und mit Indigenen zu kommunizieren. Die noch ganz traditionell lebenden Dani im Hochland und die Asmat im Tieflandsumpf zu besuchen, ließ mich ein nie gekanntes Hochgefühl erleben. Inzwischen, im Januar 1989, war ich bei den Yanomami- und Huaorani-Indianern, den afrikanischen Pygmäen und Massai gewesen und auch schon einmal auf eigene Faust nach West-Papua gereist. Während der Yanomami-Expeditionen 1987 und 1988 hatte ich von Professor

Fritz Trupp aus Österreich einiges über ethnologische Feldforschung erfahren. Aber niemals hatte ich die Gänsehaut und das Glücksgefühl vergessen, die ich auf meiner ersten Expedition nach West-Papua gespürt hatte. Ich hoffte darauf, ein wenig davon auch diesmal wieder zu empfinden. Deshalb nahm ich mir vor, Karlheinz ganz zu vertrauen und ließ die Dinge auf mich zukommen.

Die meisten anderen Teilnehmer waren von der Ansprache unseres Expeditionsleiters viel zu eingeschüchtert, um kritisch nachzuhaken. In seinem kumpelhaften, soldatischen Ton sprach Karlheinz später auch mit den einheimischen Führern, die uns durch den Urwald schleusen sollten. Für meine Begriffe wirkte er zwar ein bisschen zu forsch, aber andererseits dachte ich, ein durchtrainierter Militärfreund könnte genau der Richtige sein, um uns heil durch Matsch, Sumpf und Busch zu bringen. Erste Zweifel an seinem Organisationstalent kamen mir jedoch, als ich plötzlich einen Papua namens Wiro neben ihm stehen sah, den er als Führer engagiert hatte.

Diesen Burschen kannte ich. Er war der Bruder von Yoko, meinem Papua-Führer im Juni 1988. Wiro ähnelte seinem Bruder verblüffend, obwohl die beiden keine Zwillinge waren, und er hatte etwa den gleichen Lebenslauf: geboren in Sentani, Englischunterricht in der Missionsschule, Arbeit als *tour guide* für ausländische Besucher. Als ich Wiro nun sah, nahm ich ihn beiseite und erkundigte mich nach Yoko. Wiro sagte, er sei verhaftet worden und sitze im Gefängnis. »Was hat er denn angestellt?«, fragte ich ihn. »Gar nichts. Sie haben ihn als Betrüger eingesperrt, obwohl er völlig unschuldig ist!«, verkündete Wiro im Brustton der Überzeugung. »He's totally innocent!«

Da Wiro nicht nur genauso aussah wie sein Bruder, sondern auch so redete, fragte ich mich, ob er wohl ein ebensolcher Spitzbube war. Wie war Karlheinz nur an ihn geraten? Außerdem irritierte mich, dass wir uns mitten in der Regenzeit befanden, wie ich bemerkte. Es schüttete jeden Nachmittag bis spät in die Nacht wie aus Kübeln. Bei diesem Wetter wollten wir durch den Dschungel marschieren? Ob das gut überlegt war?

Wir flogen zunächst nach Wamena ins Hochland. Inzwischen war ich auf den Anblick vorbereitet. Kaum waren wir aus dem Missionsflugzeug geklettert, sah ich am Zaun die Papuas stehen, vielleicht 100 Menschen, die meisten nackt, nur mit Penisfutteral und Knochen durch die Nase und ihrer Steinaxt über der Schulter. Bei jedem Start und jeder Landung liefen sie zusammen und betrachteten neugierig die an- und abreisenden Fluggäste. Der Flughafen bestand aus einer Wellblechbude, in der schwer bewaffnete indonesische Soldaten jeden Neuankömmling misstrauisch musterten und nach den Papieren fragten. Wie ein halbes Jahr zuvor fiel mir die enorme Militärpräsenz auf. Dutzende Soldaten in Tarnuniform, drei oder vier Hubschrauber im Camouflagelook der Armee und ein Truppentransporter standen auf dem Flugfeld. Doch damals konnte ich das nicht richtig deuten. Ich wusste nicht viel von dem Konflikt zwischen den Papuas und der Kolonialmacht Indonesien. Ich hatte keine Ahnung, dass ständig Papuas »verschwanden« oder getötet wurden und dass rund um Wamena eigentlich permanenter Bürgerkrieg herrschte.

Straßenbauarbeiten bei Wamena im Hochland West-Papuas.
Die Steinzeit trifft auf die Moderne.

Als ich dann hinaustrat ins Freie, auf die ungepflasterte Straße, spürte ich noch ein Echo des Kulturschocks, den ich hier beim ersten Mal erlitten hatte. Wamena war ein kleines Kaff aus Wellblechhütten, in dem vielleicht 10 000 Menschen lebten. Hauptsächlich Papuas, aber auch schon einige Hundert Indonesier. Hier trafen die Moderne und die Steinzeit in einer Härte aufeinander wie vermutlich nirgends sonst auf der Welt. Nichts zeigte das besser als jene splitternackten Penisköcherträger, die manchmal auf einem Moped vorbeiflitzten.

Auf dem Schweinemarkt unweit des Flugfeldes liefen fast nur unbekleidete dunkelhäutige Menschen herum. Die Händler hockten auf dem erdigen, schwarzen Boden und hatte ihre Waren vor sich ausgebreitet: Pataten, Maniok, Yams, Zuckerrohr, Schweine. Ich hörte das charakteristische »wha-wha-wha« der Dani, des bedeutendsten Volkes im Baliemtal. Einige hatten zum Zeichen der Trauer über kürzlich Verstorbene ihr Gesicht mit gelbem Lehm bestrichen. Um den Schweinemarkt im Zentrum der Wellblechsiedlung lagen riesige Mengen Schweinedreck und Plastikmüll, die einen stechenden Geruch verströmten und vor Ratten und Kakerlaken wimmelten. Es war ein gigantischer Dreckhaufen und Infektionsherd.

Die wenigen angezogenen Indonesier zwischen den Nackten und Halbnackten wirkten in dieser Umgebung ihrerseits wie Außerirdische. Aber sie waren die ökonomischen Herren, schon damals. Sie beherrschten den Handel, weil sie die lockenden Waren aus der Moderne führten: Plastikschüsseln, Coladosen, Sonnenbrillen, Regenschirme, Zigaretten. Da es keine Straße nach Wamena gab, mussten Nahrungsmittel wie Salz, Zucker, Reis, Konserven ebenso eingeflogen werden wie Baustoffe, Möbel, Autos und Benzin – alles fest in indonesischer Hand.

Wamena, der »Ort der Schweine«, ist das wirtschaftliche Zentrum des 60 Kilometer langen und 16 Kilometer breiten, nach einem Fluss benannten Baliemtales. Es ist das Land der Dani, die damals etwa 40 000 Menschen zählten (und heute auf rund 60 000 angewachsen sind). Das Tal liegt auf 1600 Meter Höhe und hat eine liebliche, hügelige Landschaft, umgeben von mächtigen Gebirgsketten. Aus dem zu jener Zeit noch üppigen Regenwald hatten die Dani Flächen für ihre Rundhütten, Palisadenzäune und ihre auf Terrassen angelegten Süßkartoffelfelder gerodet. Das Baliemtal ist bekannt für seine fruchtbare Erde, welche die Dani für ihre Subsistenzwirtschaft bestellen. In Wamena treffen sie sich, um zu handeln, Nachrichten auszutauschen und Touristen zu bestaunen. Für westliche Wanderer galt Wamena als letzter Versorgungsposten vor der Wildnis.

Auch wir kauften dort Proviant ein, bevor wir nach Korapun weiterflogen, in ein abgelegenes, 2000 Meter hohes, 100 Kilometer von Wamena entferntes Gebirgstal. Die Landepiste hatten kanadische und australische Missionare anlegen lassen. Das Wetter an diesem Tag war freundlich, friedlich und mild. Ausnahmsweise kein Regen. Man hatte einen fantastischen Blick über das Hochgebirge.

Korapun war sozusagen unser Basislager. Dort lebten Menschen vom Stamm der Mek oder Kimyal, die südöstlichen Nachbarn der Yali, bei denen ich ein halbes Jahr zuvor mit Yoko gewesen war und viele verfaulte Zähne gezogen hatte. Die Mek hatten ähnlich schlechte Zähne – ein Zeichen für ihre Mangelernährung und die fehlende Zahnhygiene. Als ich einigen half, die über Schmerzen klagten, fielen mir der starke Belag und Zahnstein auf, der durch das permanente Rauchen mit ihren Rauchrohren noch verstärkt wurde. Vermutlich war das der Grund, dass viele Mek über 30 an Parodontitis litten und man die Zähne fast wie aus Watte ziehen konnte. Wie die Yali störte es sie nicht, wenn Zähne herausfielen. Hauptsache, es tat nicht mehr weh. Ich dachte wieder daran, dass ihr Gebiss ähnlich ungepflegt war wie bei den Knastbrüdern in Brandenburg und wie dort eigentlich nur als Beißwerkzeug gebraucht wurde, um Essen zu zerkleinern. Inzwischen hatte ich dies so oft bei Naturvölkern gesehen, dass es mich nicht mehr erstaunen konnte.

Die Mek sind Zwergpapuas, die selten größer als 1,45 Meter werden. Sie sind die kleinsten Menschen, denen ich je begegnet bin – und vermutlich wirklich die kleinsten Menschen der Welt. Auffällig war, dass ihr Rumpf im Verhältnis zu den Extremitäten relativ lang war, ihre Haut schien mir etwas heller als die der Dani und Yali zu sein. Warum waren sie so klein? Eine Theorie besagt, dass die großwüchsigen Papuas die kleinwüchsigen immer weiter ins Gebirge verdrängt hätten, wo aufgrund der Isolation nur Kleine übrigblieben. Nach einer anderen Theorie entstand der Kümmerwuchs durch den permanenten Nahrungsmangel, weil sie nur über sehr wenig Eiweiß verfügten. Die Kleinsten überlebten am besten und gaben dies dann an ihre Nachfahren weiter.

Über den Größenunterschied müssen beide lachen – der Kleine wie der Große.

In Korapun rekrutierten wir Träger vom Stamm der Mek, die uns durchs Gebirge begleiten sollten. Jeder bekam seinen eigenen Träger zugeteilt, der vor allem das Zelt schulterte. Meiner hieß Sebjat und stammte aus dem Dorf Elá. Wir hatten insgesamt 20 Träger, die wie üblich alles auf dem Kopf balancierten. Wie sie von Karlheinz entlohnt wurden, erfuhr ich nicht. Vielleicht haben sie Geld bekommen, vielleicht auch nur Salz und Lebensmittel.

Für die Nacht wurden wir in den Hütten der Dorfbewohner einquartiert. In unserer Hütte glomm ein Feuer, das sie nach steinzeitlicher Methode durch Reibung einer Rattanschlaufe an einem Stück Holz entzündeten. Die Rattan- oder Rotangpflanze sieht wie eine Palme aus, ist aber eine Liane mit gezackten Blättern, die böse Verletzungen hervorrufen kann. Sie wächst nicht im Hochland, sondern im Sumpf. Die Mek mussten weit laufen, um sie zu ernten. In der Hütte schauten uns kleine Menschen mit großen dunklen Augen neugierig an. Es roch nach Lagerfeuer und nach Schwein. Tatsächlich lebten die Schweine in derselben Hütte, im Männerhaus, direkt neben den Menschen. Sie grunzten die ganze Nacht über und bewegten sich. Ich versuchte, den Kontakt mit ihnen auf ein Minimum zu reduzieren. Die Schweinenachbarn waren ebenso gewöhnungsbedürftig wie das ständige Knirschen mit den Zähnen, das zu den Eigenarten der Mek-Männer gehörte wie ihr penetranter Geruch nach ranzigem Fett. Als ich in meinem Schlafsack lag, bemerkte ich an der Decke zahlreiche Schweineknochen, Steinäxte und Waffen, die unsere Gastgeber dort aufgehängt hatten. Ich kam mir wirklich vor wie in der Steinzeit.

Gern wäre ich ein paar Tage in Korapun geblieben, um mehr über die Mek zu erfahren, aber leider hatte Karlheinz Order gegeben, schon früh am nächsten Morgen abzumarschieren. Wir brachen auf, als die Morgennebel aufstiegen und gingen auf der alten Nord-Süd-Handelsverbindung der Bergpygmäen, die durch schier undurchdringlichen Bergregenwald zur Küstenregion führte. Es gab also einen Weg, aber er wurde offenbar so wenig benutzt, dass wir Europäer ihn nur ab und zu überhaupt erkennen konnten. Für die Papuas dagegen war der schmale Waldpfad sichtbar wie eine gut beleuchtete Landstraße. Ich dachte, es ist doch erstaunlich, dass unsere Träger trotz ihrer langen Penisköcher nie im Unterholz hängenbleiben!

Rundhüttendorf der Mek im Bergland von West-Papua.

Sie kletterten wieselflink durch das unwegsame Gelände, und ich hörte sie trotz der teils erheblichen Lasten weder stöhnen noch sah ich sie schwitzen.

Bis Anfang der siebziger Jahre galt das schwer zugängliche zentrale Bergland Neuguineas ethnologisch noch als *terra incognita*. Jetzt fanden wir in den kleinen Weilern auf dem Weg überall schon Spuren von christlichen Missionaren. Sie waren aber die einzigen Fremden, die sich die Mühe gemacht hatten, über schmale Bergkämme in die Hochgebirgsdörfer vorzustoßen. Noch hatte die Christianisierung die Bergpapuas nur sehr oberflächlich berührt. Nur wenige Mek waren schon »durchmissioniert«. Die meisten Menschen, die wir dort antrafen, trugen noch die ursprüngliche Kleidung, also ihre Penisköcher, Kopfnetze und Steinbeile. Das indonesische Militär ignorierte den Landstrich und tolerierte die Missionare. Militärposten gab es nicht, wozu auch. Bodenschätze wurden nicht vermutet, und es war auch kein direktes Grenzgebiet zu Papua-Neuguinea. Die wenigen Ureinwohner, die in den Bergen lebten, störten niemanden.

Die Mek bewohnten Dörfer mit je zehn bis fünfzehn Rundhütten, die in Tälern, auf großen Felsvorsprüngen oder Bergkuppen angeordnet waren und in denen bis zu 150 Personen lebten. Das Sagen hatten die Dorfältesten, aber einen festen Häuptling gab es genauso wenig wie bei den Yali. Aufgrund der Missionierung hatten sich die Dorfstrukturen mit ihren Männerhäusern, Frauen- und Familienhütten schon etwas verändert. Grundsätzlich aber galten noch die hergebrachten Regeln.

Neugierige Blicke der Kinder von Korapun. Rechts: Ein festlich geschmückter Kimyal.

Die Familien wohnten gemeinsam mit ihren Schweinen und Hunden in Hütten, die wegen der Gebirgskälte ständig durch ein schwelendes Feuer geheizt wurden. Doch waren noch immer das Männerhaus für Frauen und das Frauenhaus für Männer tabu. Im Männerhaus fanden tägliche Versammlungen statt, wurden Kultobjekte aufbewahrt und die Jünglinge initiiert. Im Frauenhaus hielten sich Frauen während der Menstruation, bei Krankheit und vor der Geburt auf. Außerdem gab es kleine Gartenhäuschen auf den Süßkartoffelfeldern, um sich vor Regen zu schützen oder sich ungestört dem Liebesleben hinzugeben.

Ich war überglücklich, in dieser Gegend zu sein. Denn vom ethnologischen Standpunkt her war es die wohl berühmteste Region West-Papuas oder sogar ganz Südostasiens. Kurz bevor wir dort auftauchten, war in unmittelbarer Nähe der Mek – bei den Eipomek – erstmals ein bislang unerforschtes und »unverdorbenes« Naturvolk, eine intakt in der Steinzeit lebende Ethnie vor dem Einsetzen der Missionierung mit den modernsten ethnologischen Methoden erfasst worden: ethnographisch, kulturell, ethnomedizinisch. Die Wissenschaftler konnten sogar noch beobachten, wie die Eipomek Kriege gegen ihre Nachbarn führten. Da es mit Ausnahme kleiner versprengter *Isolados* weltweit keine Urvölker mehr gibt, war dies vermutlich die letzte Chance zu einem solchen Projekt gewesen. Genutzt hatte sie die *Deutsche Forschungsgemeinschaft* mit einer immens aufwendigen und teuren Feldforschungsstudie unter der Leitung von Professor Gerd Koch, dem Chef der Ozeanienabteilung des Völkerkundemuseums in Berlin-Dahlem, mit dem ich später einen freundschaftlichen Kontakt unterhielt.

Bergsteiger- und wandertechnisch hatte der Weg durchs papuanische Hochgebirge einiges zu bieten. Die Berge sind dort 2500 bis 3000 Meter hoch. Die Vegetation wechselt ständig, wir mussten umgestürzte, schlüpfrige Baumriesen überklettern und durch reißende Gebirgsbäche waten. Der Boden war feucht, man rutschte weg. Aus den Baumstämmen ragten Stacheln, verborgen unter Moos, an denen man sich beim Drüberklettern übel verletzten konnte. Es ging steile Hänge empor, durch Wasserfälle und Gebirgsdschungel, wo man sich höchstens mal an Lianen festhalten konnte, dann gab es starkes Gefälle, wo man ständig in Gefahr schwebte, abzurutschen. Wurzeln versperrten den Weg, querliegende Bäume. Teilweise mussten wir auf allen Vieren krauchen, immer wieder balancieren auf glitschigen Baumstämmen, unter denen Wasser gurgelte. Man setzte permanent sein Leben aufs Spiel.

Schon bald ärgerte es mich aber, dass Karlheinz zusammen mit einem Papua immer voran lief, als ob er sich als Einzelkämpfer beweisen müsste. Er kümmerte sich überhaupt nicht um die Gruppe. Für die Nachfolgenden ist es zwar eigentlich gut, wenn einer vorangeht, weil immer der Anführer im Wald auf die Schlangen trifft. Entweder verschwinden sie sofort oder sie greifen an. Wer danach kommt, hat kein Problem mehr, weil sie dann verschwunden sind.

Doch wer Verantwortung für eine Gruppe hat und diese sicher zum Ziel führen will, muss eng an seinen Leuten dranbleiben. Man wandert und kriecht durch den Dschungel, man bewältigt schwieriges Gelände und braucht ab und zu eine Pause oder einfach Zuspruch. Wenn dann der Anführer nicht mehr zu sehen ist, kann man nicht einmal für zwei Minuten innehalten, weil man sonst Gefahr läuft, den Anschluss zu verlieren. Ich bemerkte voller Sorge, dass die zweite Frau aus unserer Gruppe, eine Unternehmerin aus der Schweiz, schon nach zwei oder drei Tagen immer kraftloser wirkte und sich regelrecht dahinschleppte.

Einige Leute waren leider auch ausgesprochen schlecht vorbereitet, was nicht ihre Schuld war, weil sie es nicht besser wussten. Sie hatten zum Beispiel keine Handschuhe zum Schutz gegen die Dornen mitgenommen. Ich hatte selbst auch Fehler

Hellhäutige Menschen sind im entlegenen Bergland immer noch selten.

begangen. Einmal durchweicht, trockneten meine Marathonschuhe aus Stoff im ewig nassen Dschungel nicht mehr. Es lässt sich einfach nicht vermeiden, in Tümpel oder Schlammlöcher zu treten, ganz abgesehen vom Durchqueren der Flüsse. Schon nach einer halben Stunde Wandern im Regenwald sieht jeder Abenteurer aus wie ein Motocrossfahrer. In meinen Schuhen schwappte der Schlamm. Alles war feucht und blieb feucht.

Zum Glück war ich körperlich gut in Form, denn ich hatte in Deutschland intensiv Kraftsport betrieben. Andrea trainierte auch an den Eisen und war sogar noch fitter als ich. Wenn ich Krämpfe in den Beinen bekam, was mehrfach geschah, gab sie mir Magnesiumpillen, und meine Muskeln entspannten sich. Ich habe furchtbar geschwitzt, obwohl es dort oben gar nicht so warm war. Aber wir wurden in einem derartigen Tempo über die Berge gescheucht, dass man kaum Luft holen konnte. Wenn wir dann einmal ein Dorf erreichten und ich dachte, Mensch, jetzt wird es aber interessant, dann drängelte Karlheinz schon, denn er war inzwischen ausgeruht und wollte weiter. Wir hätten auch gern eine schöne lange Pause gemacht wie er, mussten aber nach kurzem Stopp wieder hinterhereilen.

Karlheinz' Führungsstil und Fehlplanung führten dazu, dass ein Teil der Gruppe in der ersten Nacht den vorgesehenen Lagerplatz bei Einbruch der Dunkelheit nicht erreichte. Kräftiger Regen setzte ein und behinderte den Vormarsch. Die letzten mussten sich im Finstern durch den dichten Dschungel tasten. Zum Glück wurden sie von ihren Papuaträgern begleitet, die ihnen den Weg wiesen. Sonst wären sie im Dickicht verloren gewesen. Ich habe mich immer wieder gewundert, wie sie den Weg fanden. Aber sie wussten die Richtung mit traumwandlerischer Sicherheit.

Im Dunkeln schlugen wir eine Schneise in den Wald, bauten die Zelte auf und fielen völlig erschöpft in die Schlafsäcke. Wo mein Träger Sebjat nachts schlief, habe ich nie herausgefunden. Er hatte kein Zelt, keine Decke, keine Kleidung, nichts. Er ist wohl einfach unter eine Baumwurzel gekrochen, so klein wie er war, und hat bis zum Morgen dort verharrt. Er hat sich nie beklagt, und wollte auch kein Hemd für die Nacht haben, obwohl ich es ihm anbot. Um die Träger hat sich Karlheinz nicht gekümmert. Zum Essen schleppten sie sogar ihre eigenen Süßkartoffeln mit.

Die folgenden Tage ging es in einem solchen Affentempo voran, dass mir jede Lust verging, zu fotografieren oder Insekten zu fangen. Käfer und Schmetterlinge zu erlegen, zu präparieren und zu sammeln, ist mein Hobby seit frühester Schulzeit. Wenn ich nicht mal mehr zum Käferfangen in der Lage war, wollte das wirklich etwas heißen!

Genauso wenig kam ich dazu, mein ethnologisches Interesse zu befriedigen. Die Nächte verbrachten wir zwar in den Dörfern des Mek-Volkes. Leider blieben uns aber jeweils nur wenige Stunden, um auch nur in einen flüchtigen Kontakt mit diesen Menschen zu treten. Karlheinz war zwar wie wir alle zum ersten Mal dort, keiner der Einheimischen kannte ihn, aber er zeigte auch kein großes Interesse an ihnen. Er war mehr an Survival interessiert, was immer das sein sollte. Diese Einstellung ist mir völlig fremd. Mir bedeutet Wandern und Bergsteigen für sich genommen gar nichts, für mich ist der Weg nicht *das* Ziel, sondern der Weg *zum* Ziel. Das Ziel ist es, das mich interessiert. Und das Ziel dieser Tour, wie ich sie verstand, waren die natürlich lebenden Papuas.

Alle Ureinwohner des Hochgebirges werden in West-Papua generalisierend Kimyal genannt, was sie inzwischen auch als Eigenbezeichnung angenommen haben und was soviel heißt wie »die hinter den Yali wohnen«. Ethnologisch korrekt handelt es sich um Mek, Mok oder Ok. Das bedeutet Regen, Wasser und Fluss, weil es in ihrem Gebiet, in den Wolken, extrem feucht ist. Tatsächlich setzte regelmäßig am Abend ein irrsinniger Schauer ein, zumal es Regenzeit war. Wir bauten die Zelte meist im Nassen auf und schliefen beim Prasseln der Wassertropfen ein.

Die Kimyal waren bekanntlich schon von Weißen kontaktiert worden, meist von Missionaren. Im Allgemeinen waren sie deshalb nicht sehr erstaunt, uns zu sehen. In einem Dorf endteckten wir eine verlassene Hütte, die offenbar einmal als Schule gedient hatte. Nicht weit davon stand ein Mann auf dem Feld, der uns neugierig anstarrte und äußerst kurios gekleidet war. Er hatte einen Kasuar-Federkiel durch die Nase und einen durchschnittenen Fußball auf den Kopf gezogen, trug einen Wollpullover und eine Penisröhre. Ich vermutete, dass er aussehen wollte wie der weiße Mann. Ein höchst zweifelhafter Missionierungserfolg.

Je weiter wir in die Berge kamen, desto weniger Kleidung hatten die Leute am Leib. In einigen Dörfern der Mek zeigte man uns geöffnete Schädel, wie ich sie als Kopfjagdtrophäen von den Asmat kannte. Ich erinnerte mich, bei Gerd Koch gelesen zu haben, dass die Mek früher Kannibalen waren. Karlheinz danach zu fragen, war völlig sinnlos, denn er wusste so gut wie nichts über ihre Kultur. Mich hätte auch interessiert, wie viele Leute dort lebten und wovon. Aber er hat uns nichts erklärt, hat sich meist abgesondert und mit seinen Vertrauten, zu denen vor allem der mitwandernde Staatsanwalt gehörte, in eine Ecke verzogen. Für Karlheinz war die Tour eben vor allem eine Zähigkeits- und Überlebensprüfung.

Einbruch der Zivilisation. Stolz trägt dieser Mek einen halben Fußball als Hut.

Ich musste meine Informationen also eigenständig sammeln. Leider konnte mein Träger Sebjat keine andere Sprache, nicht einmal Indonesisch. In seinem Dorf Korapun lebte damals zwar eine australische Missionarin, aber von ihr hatte er nicht ein Wort Englisch gelernt. Als Dolmetscher war er somit untauglich, auch wenn wir uns bestens verstanden. Sebjat war richtig liebevoll zu mir, er fasste mich und Andrea gern mit beiden Händen an und streichelte uns. Obwohl er so klein war, wirkte er außerordentlich kräftig und gewandt. Ich habe mich mit ihm auf einfachste Weise verständigt, zumeist mit Gesten.

Ohne echten Dolmetscher mussten wir uns mit den Mek per Übersetzungskette unterhalten. Wir mussten jemanden unter den Trägern finden, der die lokale Sprache oder mindestens Mek und Indonesisch beherrschte. Wiro übernahm dann die Übersetzung vom Indonesischen ins Englische. Leider waren die Träger durchweg keine Sprachgenies, und da uns Karlheinz in jedem Dorf nur einen kurzen Aufenthalt zugestand, konnten wir kaum Inhaltsschweres erfahren.

Auffällig war, dass es in den Bergdörfern viele Männer gab und wenige Frauen. Damit bestätigte sich, was ich zuvor gelesen hatte, dass die Mek nämlich eine eigene Art der Geburtenkontrolle hatten. Ihr Ziel war, dass möglichst viele Jungen geboren werden. Die Ethnologen der *Deutschen Forschungsgemeinschaft* konnten nachweisen, dass sie noch Mitte der siebziger Jahre bis zu 40 Prozent der Kinder nach der Geburt töteten, vor allem die Mädchen. Die Ursache dafür war eindeutig das Ernährungsproblem – die Mek waren sich offensichtlich genau bewusst, dass ihre landwirtschaftlichen Nutzflächen begrenzt waren und der Wald nur ein kümmerliches Proteinangebot lieferte. Mehr lebende Frauen hätten mehr Kinder bedeutet, die ernährt werden mussten. Und dies hätte unter den extremen Bedingungen ihres täglichen Überlebenskampfes zu Hunger, Krankheit und Elend geführt. Die Familien hatten durchschnittlich zwei bis drei Kinder.

Um die wenigen Frauen haben sie sich dann allerdings im wahrsten Sinne des Wortes die Köpfe eingeschlagen. Es herrschte die Einehe vor, Mädchenraub war üblich, und es gab ständig Blutfehden wegen der Frauen – egal, ob die Leute schon Turnhosen trugen oder noch Penisröhren. Die Streitereien erhöhten dann zwangsläufig die Todesrate der Männer im fortpflanzungsfähigen Alter. Auch die Anwesenheit eines Missionars bedeutete noch nicht, dass sie die christliche Nächstenliebe einführten und plötzlich alle miteinander befreundet waren. Aber derartig komplexe Probleme konnte ich mit den Mek kaum besprechen.

Von meinem Träger Sebjat erfuhr ich immerhin, dass Kannibalismus vor der Ankunft der Missionare zum Leben der kleinwüchsigen Papuas dazugehörte. »Mein Vater hat noch Menschenfleisch gegessen«, sagte Sebjat. Wiro übersetzte. »Aber ich mache das nicht mehr. Als die ersten Missionare kamen, gab es bei uns noch viele Kriege mit den Nachbarn. Damals wurden getötete Krieger auch gegessen. Dann aber sollten wir das nicht mehr tun. Dann gab es das nicht mehr.« Mich wunderte es nicht, dass es im kargen Hochland auch Kannibalismus gab, worauf ich schon im Tiefland, im Asmat-Sumpf, gestoßen war. Neben dem Straußenvogel Kasuar und dem Wildschwein war der Mensch die größte verfügbare Eiweißquelle. Grundsätzlich wurden aber nur Teile der Feinde verspeist. Dies galt als eine nachträgliche Demütigung des Opfers. Zugleich mussten alle Mitglieder des Stammes mitessen, um die Gruppe zu festigen – genau wie bei den Asmat.

Ich fragte Sebjat, was sie nun anbauten und wovon sie lebten. Sie betrieben auf terrassierten Feldern, auch an sehr steilen Hängen, Feld- und Hochbeetbau. Die Familien grenzten ihre Felder gegenseitig durch rotblättrige Sträucher ab. Rodung und Terrassierung waren Sache der Männer, Pflanzen und Ernten eher die der Frauen und Kinder. Ich konnte einen grimmig blickenden Mek-Jäger fotografieren, der einen gewaltigen gebogenen Schweinezahn in der Nase trug und einen Bauern, der mit Grabstock und Steinbeil sein Feld bearbeitete. Die Mek bauten hauptsächlich Süßkartoffeln und Taroknollen an, aber nur für den täglichen Bedarf, Vorratshaltung war ihnen fremd. Außerdem Zuckerrohr, das sie tagsüber voller Behagen kauten. Es war ein kleines Wunder: Trotz des hohen Zuckerrohrkonsums und völlig fehlender Mundhygiene litten die Mek kaum an Karies. Ich konnte mir das nur damit erklären, dass die zerkauten Fasern wie eine Zahnbürste wirkten. Dazu kultivierten sie Kochbananen, Kürbisgurken, Bohnen, Maniok, Ingwer, Pfeffer, Erdnüsse und Tabak. Im Wald sammelten sie Pilze und die roten Pandanusfrüchte, deren stark fetthaltiges Fruchtfleisch die Mek als Delikatesse empfinden.

Mek mit traditionellem Federschmuck.

Täglich arbeiteten die Mek vier bis fünf Stunden auf den Feldern, wozu sie aber oft weite Wege zurückzulegen hatten. Frauen und Mädchen sammelten während der Arbeit allerlei Kleintiere: Käfer, Heuschrecken, Wanzen, Würmer, Larven, Spinnen. Die Beine der Insekten rissen sie aus, damit sie nicht weglaufen konnten, wickelten die Beute in ein Tuch und verstauten sie im Tragenetz, einem gehäkelten, bunt gefärbten Bastnetz auf dem Rücken, das als Tragetasche dient, aber auch den Rücken bedeckt, der als eigentliche Schamzone gilt. Manche Larven und Heuschrecken verzehrten sie wie einen Snack an Ort und Stelle. Eidechsen, Mäuse oder Frösche wurden, eingewickelt in Blätter, später im Feuer gegart. Die Jagd auf größere Tiere wie Vögel, Beuteltiere oder Ratten spielte kaum eine Rolle, da die meisten im Laufe der Jahrtausende stark dezimiert worden waren. Erstaunlicherweise sah ich die Mek nur wenige Fische fangen, obwohl das Angebot in den Gebirgsbächen durchaus reichhaltig war.

Wie überall in West-Papua war der wichtigste Fleischlieferant und zugleich der größte Reichtum jeder Familie das Schwein, das sie zu besonderen Anlässen wie Hochzeit, Geburt und Tod schlachteten. »Wir nennen das Schwein *Meja*«, erläuterte Sebjat. Wie die Yali liebkosten die Mek ihre Ferkel, gaben ihnen mitunter sogar die Brust und schleppten sie zur täglichen Feldarbeit im Tragenetz mit. Extra Schweineställe hatten sie nicht. Wie ich schon am ersten Abend feststellen konnte, benutzten sie die Schweine nachts als Wärmespeicher. Da es ziemlich kühl wird, rückte man einfach in die Nähe der wärmenden Schweine. Inzwischen besaßen einige Mek auch Hühner, eine Neuerung, die sie den Missionaren verdankten.

Nach einer Woche Dschungelmarsch waren meine Füße voller Eiterblasen, und meine Haut war von Insekten zerstochen. Zudem gibt es im Regenwald von Neuguinea immer Blutegel. Ich streifte sie meist leichthin ab. Wenn man keine lange Hose trägt, sieht man sie immerhin. Mit langen Hosen hat man dagegen das Problem, dass sie durch den Stoff und sogar in die Schuhe wandern. Andererseits sind Blutegel nicht wirklich schlimm, solange sie nicht ins Auge oder an andere empfindliche Stellen gelangen, nur die Haut schwillt ein bisschen an und wird rot. Da ich wie immer knielange Shorts trug, kratzten mir aber Farne und scharfe Gräser die Beine auf. Diese Wunden begannen teilweise zu eitern. Man konnte wenig dagegen unternehmen, und ich begann, mir Sorgen um meine Gesundheit zu machen. Es war aber nichts im Vergleich zu der Schweizerin, die immer häufiger zurückblieb, über starke Schmerzen in den Beinen klagte und auf mich einen zunehmend angegriffenen Eindruck machte.

Wir waren nun schon eine weite Strecke von jeder Zivilisation entfernt, als wir ein etwas größeres Dorf erreichten. Der Dorfälteste wies uns einen Lagerplatz zu, wo wir unsere Zelte aufbauen konnten. Als wir das Essen zubereiten wollten, fiel uns auf, dass die Vorräte bedenklich zur Neige gegangen waren. »Es sieht ganz so aus, als hätten wir nicht genug Proviant dabei«, sagte ich zu Andrea.

»Aber Karlheinz hat doch gesagt, dass wir acht Kilo Medikamente und kiloweise Reis und Fleisch mitschleppen«, sagte sie.

»Siehst du das irgendwo?«

Neben mir saß der Physiker Ralf Laschimke. Er war mir von Anfang an sympathisch gewesen, während der vergangenen Woche hatte wir uns ein wenig angefreundet. Ralf war Herr einer richtigen Burg am Bodensee, Ende 40, ein Mann mit kräftigem Körperbau und schneller Auffassungsgabe. Ein Abenteurer des Geistes, der auch einmal echte Abenteuer erleben wollte. Er hatte sich als Bayer vorgestellt, aber mir erzählte er eines Abends am Lagerfeuer, dass er wie ich aus dem Osten stammte. Er war aus Leipzig in den Westen geflohen, jetzt Direktor eines wissenschaftlichen Instituts und in Regierungsprojekte involviert. Ein hochintelligenter Mann, ein Typ wie Rolf Krusche vom Leipziger Völkerkundemuseum. Er war so von den Kimyal fasziniert, dass er in den folgenden Jahren mehrfach zu ihnen reiste, ihre Sprache lernte und wissenschaftliche Artikel über sie verfasste.

Ralf stocherte im Feuer herum und bemerkte: »Ich glaube, Karlheinz hat ein bisschen geflunkert. Er muss offenbar sparen. Ich habe gehört, dass er sich in Hessen einen Gutshof gekauft hat, den er abbezahlen muss. Ich sage euch, irgendetwas stimmt nicht mit ihm.«

Ich sagte: »Dann bin ich mal gespannt, wie er das in den nächsten Tagen regeln will.«

»Ich auch. Was er definitiv mitschleppen lässt, ist ein kleiner Motor und Benzin. Hast du den gesehen?«

»Habe ich.«

Karlheinz hatte gesagt, dass wir uns später, wenn wir erst einmal im Flachland wären, ein Floß bauen würden. Damit wollten wir auf dem Fluss Brazza in Richtung Meer fahren. Als Antrieb war der Motor gedacht.

»Ich frage mich, wozu wir flussabwärts einen Motor brauchen«, sagte Ralf Laschimke. Das fragte ich mich auch.

In diesem Dorf hatten wir endlich einen Tag Ruhe. Als wir am Morgen aus dem Zelt krochen, regnete es ziemlich stark und war so neblig, dass man nicht einmal 50 Meter weit gucken konnte. Die Mek luden uns in ihre Hütten ein, in denen wir mit ihnen am Feuer saßen, sie fotografieren durften und melancholisch in den Regen schauten. Es war ein grauer, trüber Tropentag, alles klamm und feucht. Ich hielt eine »Sprechstunde« ab und behandelte einige Wunden der Träger und Einheimischen. Karlheinz hatte es unterdessen fertiggebracht, ein Schwein einzutauschen und die Dorfbewohner zu bewegen, mit uns ein Schweinefest zu feiern. Schweinefleisch ist für die Papuas eine seltene und begehrte Delikatesse, und ein Schweinefest für sie so etwas wie Weihnachten für uns.

Gegen Mittag begann die Feier. Die Mek hatten wieder eine andere Art, das Schwein zu töten, als ich es bei den Dani und Yali gesehen hatte. Sie hoben es nicht hoch, sondern banden es an einen Pfahl, bevor sie es mit einem Pfeil aus nächster Distanz erschossen. Dann wurde ein Erdofen hergerichtet. Dazu wurden Blätter in eine Erdkuhle gestopft, stundenlang im Feuer erhitzte Steine hineingelegt, es folgten Blattgemüse, Süßkartoffeln und das Fleisch, und am Ende wurde alles

Schweinefest bei den Bergpygmäen (Mek). Das Fleisch dürfen in der Regel nur Männer essen.

mit grünen Blättern abgedeckt. Die gesäuberten Schweinedärme wurden mit Fettklümpchen vollgestopft und als Wurst gebraten. Zwei Stunden dauerte es, bis das Essen serviert werden konnte. Während das Fleisch im qualmenden Erdofen garte, fingen die männlichen Dorfbewohner an zu tanzen, trotz des Regens. Man merkte, dass sie sich riesig über das Fest freuten.

Plötzlich verselbständigte sich das Ganze, sie schienen die Anwesenheit von uns Fremden völlig zu vergessen. Sie setzten sich Paradiesvogelhauben auf den Kopf, tanzten und pfiffen und sangen, stampften rhythmisch mit den Füßen auf und liefen im Kreis hintereinander in einer Schlange. Sie tanzten sich in Trance, tanzten ohne aufzuhören. Alle waren nahezu nackt, Zivilisationskleidung gab es in diesem Dorf gar nicht. Aber auch keine Körperbemalung. Nur die Garderobe der Steinzeit: Pfeil und Bogen, Federn, Penisköcher und Grasschurz. Das Penisfutteral dient einerseits als Schutz vor Blutegeln und ist andererseits ein Männlichkeitssymbol. Man darf den ganzen Penis nicht zeigen, denn dann ist man für die Papuas nackt. Ihre Frauen waren zwar da, hielten sich aber im Hintergrund und bekamen kein Fleisch ab, sondern nur Süßkartoffeln. Alle waren sehr klein, weshalb man sie auch als Zwergpapuas bezeichnet. Es war so authentisch, wie man es 20 Jahre später einfach nicht mehr erleben konnte.

Als es an die Verteilung des Schweinefleisches ging, haben Andrea, Ralf und ich aus Angst vor Trichinen nichts gegessen. Karlheinz langte ordentlich zu. »Andrea, Roland, Ralf, was ist denn mit euch los?«, fragte er. »Ihr müsst was essen, es ist köstlich! Ihr wisst gar nicht, was euch entgeht.« Statt des Schweinebratens genehmigten wir uns Müsliriegel, die Andrea noch übrig hatte. Ich hatte genügend Erfahrungen mit Amöben und anderen Miniaturlebewesen in Darm und Magen. Dann habe ich meine Wunden gepflegt, und Andrea hat sich ebenfalls um mich gekümmert. Sie hatte zum Glück bisher keinerlei Verletzungen davongetragen. In der Nacht hörten wir noch lange die rhythmischen Gesänge und leiernden Töne der Mundharfe aus dem Männerhaus.

In diesem Dorf waren wir am höchsten Punkt unserer Gebirgswanderung angelangt. Von nun an ging es bergab. Hier wurden nun auch die meisten Träger ausgewechselt. Viele unserer Papuas stammten aus dem Hochland und hatten keine Lust hinabzusteigen. Oder sie wollten nicht weitergehen, weil sie vor den Stämmen, deren Gebiet wir durchqueren würden, Angst hatten.

Die Papuavölker lebten hunderte Jahre lang in ewigem Streit und blutigen Fehden mit ihren jeweiligen Nachbarn. Krieg, Kopfjagd, Frauenraub und Kannibalismus waren Bestandteile des täglichen Lebens wie Ritterfehden im europäischen Mittelalter. Es konnte zu Überraschungsangriffen mit etlichen Toten kommen. Weitverbreitet war der Glaube, dass die Geister der Getöteten Rache forderten – ein Vergeltungsmechanismus, der zu einem unaufhörlichen Kreislauf von Kriegen führte, der nur mit zeitweisen Bündnissen unterbrochen werden konnte, die mit großen rituellen Schweinefesten begangen wurden. Deshalb haben die Dani in ihren Dörfern immer Wachposten errichtet, um sich vor feindlichen Angriffen zu schützen. In abgelegenen Gebieten gehören blutige Auseinandersetzungen auch heute noch zum Alltag. Und nicht nur dort. Im Juli 2006 brachen Kämpfe im Hochland aus, nachdem der Sohn eines Dani-Häuptlings beim Schwimmen ertrunken war und seine Leute einen Mann vom Stamm der Damal dafür verantwortlich machten. Es gab Dutzende Tote und Verletzte. Erst ein Jahr später konnte mit einem Schweinefest Frieden geschlossen werden.

Damals, im Januar 1989, war die Angst vor den unbekannten Gefahren und kriegerischen Sumpfbewohnern stärker als die Aussicht auf einen Verdienst. Viele unserer Mek entschlossen sich, wieder in ihre Dörfer zurückzukehren. Mein Träger Sebjat aber blieb uns treu, und ich freute mich riesig darüber. Obwohl wir uns nicht mit Wörtern verständigen konnten, waren wir schon Freunde geworden.

Sobald wir die 2000-Meter-Grenze unterschritten und aus den Wolken herauskamen, wurde es deutlich wärmer, die Vegetation änderte sich, auch die Vogelstimmen und die Insekten. Nun wurden die Blutegel zur massiven Plage, sie schafften es sogar, in meine geschlossenen Schuhe zu kriechen. Bald sahen meine Beine und Füße entsetzlich aus: aufgekratzt, blutig, eitrig. Sogar das wenige Gepäck, das wir selbst tragen mussten, ließ sich bei über 30 Grad Hitze und 100 Prozent Luftfeuchtigkeit nur mühsam durch den Dschungel schleppen. Seltsamerweise waren die höher gelegenen und kälteren Gebiete stärker besiedelt gewesen als diese warmen Niederungen. Vielleicht wegen der besseren Böden oder wegen der Erkenntnis, dass es in der Höhe weniger Krankheiten wie zum Beispiel Malaria gibt.

Das Gelände war extrem schwierig. Wir hangelten auf allen Vieren über sogenannte Brücken aus mit Rattanlianen zusammengebundenen Ästen, die über reißende Flüsse und tiefe Schluchten führten. Es gab nicht die geringste Sicherung. Doch unsere Träger balancierten hinüber, als seien sie professionelle Seiltänzer, und sie trugen dabei noch ein Schwein oder einen Seesack auf dem Kopf. Einige dieser Hängebrücken waren so hoch angebracht, einige Flüsse so wild und ihr Grund so felsig, dass man einen Sturz nicht überlebt hätte. Ich sagte mir immer, schau nicht nach unten, Hauptsache du bist schnell auf der anderen Seite. Man musste auch über Spalten springen, die sich steil in einen Abgrund öffneten. Ich bewunderte Andrea, die all diese Schwierigkeiten scheinbar problemlos meisterte.

Zum Glück kamen alle durch. Niemandem war etwas Ernstes passiert – noch nicht. Nach zwei Tagen hatten wir die Berge bezwungen und das Tiefland erreicht. Wir rasteten an einem Fluss. Sprangen hinein, badeten, kühlten uns ab. Wir tollten herum wie Kinder. War das herrlich! Meine Füße und mein Rücken schmerzten, aber ich war wieder guter Dinge. Ich hatte noch Kraftreserven. Und ich dachte, sicher kommt bald ein Ort, an dem wir eine Pause einlegen könnten.

Am Abend des folgenden Tages erreichten wir den Brazza-Fluss. Wir versammelten uns am Ufer. »Leute, Kämpfer, alle mal herhören!«, bellte Karlheinz. »Morgen müssen wir durch den Fluss. Ist aber kein Problem, ich kenne das. Immer auf Strudel achtgeben!« Dann gab er Anweisung, die Zelte aufzubauen.

Der Brazza war an dieser Stelle noch einigermaßen schmal, vielleicht 70 oder 80 Meter breit. Weiter unten sollte er wesentlich breiter werden. Teils floss er ruhig, teils sah man Strudel und Wirbel von Sandbänken oder im Wasser verborgenen

Felsen. Sein Wasserstand und seine Fließgeschwindigkeit hingen vom Regen in den Bergen ab. Heftige Niederschläge können den Brazza in einen gewaltigen Strom verwandeln. Die Erfahrung hatte mich gelehrt, einem solchen Fluss mit allergrößtem Respekt zu begegnen. Mich interessierte auch noch etwas anderes.

»Karlheinz, sag mal, gibt es hier eigentlich Krokodile?«

»Keine Angst. Hier doch nicht!«

Kaum hatte er das gesagt, stolperte Ralf schon über einen Krokodilschädel. Das jagte mir einen heftigen Schreck ein. Hier sollten wir zelten? Leistenkrokodile sind extrem gefährlich – sie greifen Menschen an. Wir entzündeten Feuer und machten viel Krach, um die Reptilien zu verschrecken. Dann wieder Panik! Alles war dort von Schweißbienen verseucht – Bienen, die vom Schweiß angezogen werden und die man nicht wieder los wird. Fühlen sie sich angegriffen, stechen sie nicht, sondern beißen.

Schweißbienen stechen zwar nicht, können aber furchtbar beißen, wenn man sie verjagen will.

Diese Insekten waren solche Quälgeister, dass wir unsere Suppe nur sitzend im Wasser einnehmen konnten, wobei wir die Kleidung anbehielten, um nicht gebissen zu werden. Ich löffelte, musste die Viecher verscheuchen, hielt angstvoll nach Krokodilen Ausschau und verbrühte mir an der heißen Suppe die Lippen. Es war kein sehr entspanntes Abendbrot. Zu allem Überfluss bekam Andrea Zahnschmerzen, gegen die ich ihr Tabletten gab. Sie hat aber kaum geklagt. Sie flößte mir ziemlichen Respekt ein. Im Zelt fiel ich in einen nervösen Schlaf, aus dem ich immer wieder aufwachte, wenn ich irgendetwas draußen krabbeln hörte. Ich träumte von riesigen Alligatoren. Zum Glück ließ sich kein Krokodil blicken, und auch die Schweißbienen waren nicht nachtaktiv.

Nach dem Frühstück gab Karlheinz Order, den Fluss zu durchqueren. Die Szenerie war urig, große Steine, umgekippte Bäume, Primärwald, aber äußerst gefährlich. Anstatt die Gruppe zu unterstützen, abzuwarten und als letzter zu gehen, stürmte Karlheinz als Erster ins Wasser und kämpfte sich durch ans andere Ufer. Ein Held. Aber er hatte auch kein Gepäck zu tragen. Er hatte es nicht einmal für nötig gehalten, der Schweizerin zu helfen, die mittlerweile völlig entkräftet war und kaum noch einen Fuß vor den anderen setzen konnte. Karlheinz aber machte es sich auf der anderen Seite gemütlich, signalisierte uns, ihm zu folgen und knipste uns fröhlich mit seiner Expeditionskamera.

Vorsichtig tastete ich mich zusammen mit Andrea und Sebjat das Ufer hinunter in den Fluss. Sofort spürte ich, wie tückisch der Strom war. Das Wasser drückte von der Seite, auf dem Grund lagen Kiesel, es war aalglatt, man rutschte. Ich trug den schweren Seesack, Andrea hielt sich an mir fest. Es ging ihr besser, sie war ausgeruht. Der kleine Sebjat lief vorneweg, guckte gerade mit dem Kopf noch aus der Gischt, hatte das Gepäck auf dem Kopf und hielt gleichzeitig Andrea fest, um sie zu stabilisieren. Langsam, ganz langsam hangelten wir uns zu dritt durch den Fluss. Ich dachte, wenn hier einer von der Strömung erfasst wird, überlebt er das nicht.

Aber wir hatten uns darauf eingelassen und mussten da jetzt durch. Karlheinz machte derweil seine Sprüche: »Halte durch, Junge!«, »Kopf hoch, Roland!« oder »Ralfi, Kämpfer!« Dann war es geschafft, wir hatten die andere Seite erreicht. Das Problem war, dass wir den Brazza noch mehrfach durchqueren mussten. Wie alle Flüsse in der Wildnis schlangelte er sich mäandernd durch die Gegend. Man begegnete ihm ständig wieder. Man hätte ihn auch umgehen können, aber das hätte zusätzliche Märsche durch Wald und Berge bedeutet. Also hieß es, Furten zu finden, wo der Fluss relativ flach und die Strömung gering war.

Der Regenwald am Brazza erinnerte mich an meine erste Reise ins Asmat mit dem Schweden, denn die Umgebung wirkte ebenso urzeitlich. Die Luft war feuchtheiß und schwer, sie roch modrig, süß, nach Verwesung. Als wir eine Lichtung

Immer wieder muss auf dem Weg nach Dekai der reißende Brazza durchquert werden.

erreichten, sah diese aus, als ob sie dampfte, ja kochte. Am Boden wuchsen fleischfressende Pflanzen und Schlingpflanzen. Ich beobachtete Lungenfüßler, die durch tiefschwarze Pfützen krochen. In diesem Sumpf hatten wir große Angst vor Krokodilen. Einmal sahen wir einen Waran, wie er dort typischerweise vorkommt; ein Reptil, das bis zu drei Metern groß wird. Aber man musste schon sehr genau hingucken, wenn man Tiere beobachten wollte. Dieser Dschungel ist trotz seiner Artenvielfalt viel urtümlicher und lebensfeindlicher als am Amazonas. Affen gibt es nicht, Vögel hört man, sieht sie aber selten. Dann stießen wir wieder auf den Fluss und marschierten eine Zeitlang im Wasser, weil uns extrem viele Mücken und die verrückten Bienen attackierten.

Plötzlich standen die ersten Nomaden vor uns. Dunkelhäutige, nackte Eingeborene, die merkwürdige Knochen durch ihre Nasen gezogen hatten. Zu welchem Volk sie gehörten, weiß ich nicht, und Karlheinz hatte ohnehin keine Ahnung. Etliche dieser Gruppen sind bis heute nicht benannt, sondern werden einfach als Bewohner des oberen Brazza-Gebietes bezeichnet. Mich erinnerten sie an die Asmat. Sie waren deutlich größer als unsere Bergpygmäen, etwa 1,70 Meter, schlank und mit grazilen Körperformen. Als sie uns sahen, erschraken sie und tauchten sofort wieder im Dickicht der Lianen unter. »Die haben uns gerade für Dämonen gehalten«, sagte ich zu Andrea. »Ich hoffe, das ist kein schlechtes Zeichen.«

Unser Ziel war ein Dorf namens Dekai. Der Marsch durch dieses Gelände erforderte viel Kraft. Wenn man stundenlang in Turnschuhen durch Wasser und Sumpf watet, Sand in die Schuhe gerät, Blutegel sich festsaugen, wenn es überall scheuert und kratzt, juckt und brennt, bemerkt man Verletzungen immer erst, wenn es zu spät ist. Irgendwann schwellen die Füße so an, dass man die Schuhe nachts besser anbehält, weil man sie morgens sonst nicht wieder überziehen kann. Das ist der Punkt, an dem sie nur noch wund sind und weh tun. Aber man hat keine Wahl, man kann nur den Schmerz ignorieren und stur weitergehen, genau wie damals bei den Gewaltmärschen mit der Nationalen Volksarmee, die ich gehasst hatte.

An diesem Tag, mitten im Sumpf, brach die erschöpfte Schweizerin zusammen. Sie konnte einfach nicht mehr. Sie saß am Boden, weinte und sagte: »Ich will hier weg. Bitte helft mir. Bringt mich hier raus.« Nur wie? Einer musste Karlheinz suchen, der schon wieder sonstwo war. Karlheinz sah sich die Lage an, zog die Stirn in Falten und gab sich entscheidungskräftig: »Die Frau muss getragen werden.« Er wandte sich an die Papuas: »Also Leute, baut ihr eine Trage.«

Wir machten Pause, und unsere Träger bastelten aus Ästen und Lianen eine Art Stuhl, der aussah wie eine Sänfte aus Kolonialzeiten. Die Frau wurde hinaufgehoben, vorne und hinten schleppten sie jeweils zwei Träger, die außerdem noch Gepäck auf dem Rücken trugen. Wir erreichten eine Furt, die wir auf umgestürzten Bäumen überqueren mussten.

Und dort geschah das Unglück. Die Kleinwüchsigen verloren das Gleichgewicht, stürzten von dem nassen Baum und fielen mitsamt der Sänfte ins Wasser. Einer der Papuas wimmerte und konnte sich nicht mehr bewegen. Nachdem wir ihn aus dem Fluss gezogen hatten, zeigte er auf sein Bein. Ich sah es mir an.

»Das Knie ist wahrscheinlich gebrochen«, sagte ich. »Auf jeden Fall ist der Oberschenkelmuskel an der Kniescheibe abgerissen. Seht ihr, er kann sein Bein nicht mehr bewegen. Er kann nicht mehr laufen, wir müssen ihn ebenfalls tragen.«

Da aber nicht genug Träger für zwei Leute zur Verfügung standen, wurden zwei Papuas beauftragt, die Frau zu stützen, so dass sie sich mit Ach und Weh vorwärtsschleppen konnte. Der Unfall verzögerte unseren Vormarsch erheblich. Ich war unglaublich froh, als wir bei Einbruch der Dunkelheit schließlich Dekai erreichten.

Dort lebten etwa 300 Papuas, die äußerlich den Asmat ähnelten, uns sehr skeptisch beäugten und nicht sehr kooperativ waren. Es gab auch eine Wellblechbaracke, die ein aufgemaltes Kreuz als Kirche auswies und die, wenn mal ein Lehrer vorbeikam, auch als Schule diente. Der weiße Missionar war hier schon durch einen Papua ersetzt worden, der uns die Baracke als Quartier zur Verfügung stellte. Der Bibel, die er besaß, und die in die lokale Sprache übersetzt worden war, konnte man entnehmen, dass es 900 Personen gab, die diesem Volk angehörten.

Während Karlheinz mit seinem Kumpel – dem Staatsanwalt, der penetrant um seine Gunst warb – in ein Zelt einzog, machten wir es uns in der Wellblechhütte bequem. Allerdings wurden wir permanent von Papuas umlagert, die auf unsere Sachen schielten. Sie waren bei weitem nicht so aufgeschlossen wie die Mek, bei denen wir das Schwein gebraten hatten. Offenbar wollten sie uns schnell wieder loswerden, vorher aber möglichst noch von unserem Besuch profitieren.

Wo es eine Landepiste gibt, ist meistens auch Geldverkehr möglich. Für unseren Tabak und unsere letzten Rupien konnten wir immerhin Papayas eintauschen. Da wir in den vergangenen Tagen auf Sparflamme gelebt hatten, quälte mich ein derartiger Hunger, dass ich viel zu viele von den Früchten in mich hineinstopfte, egal ob grüne oder reife, und davon heftigen Durchfall bekam. Auf dieser Reise lernte ich, wie wichtig es ist, im Urwald wenigstens Salz oder Maggi mitzuführen. Etwas davon in heißes Wasser, und man ist wieder fit.

Wir waren nun zehn Tage unterwegs, und die Tour war noch einmal so lange geplant. Ich fragte mich, wie es weitergehen sollte. Was sollte mit der Schweizerin werden, was mit dem verletzten Papuaträger? Unsere Vorräte waren erschöpft, wie sollten wir uns verpflegen? In Dekai fing ich daher an, Karlheinz zu kritisieren. Auch Ralf Laschimke sagte: »Warum erklärst du uns nichts, warum kümmerst du dich nicht um die Leute, warum haben wir zu wenig Proviant?«

Karlheinz wand sich und schob uns die Schuld zu. »Ich hatte euch gewarnt, ihr müsstet gut trainiert sein. Das ist hier kein Spaziergang. Ihr habt auch viel zu viel gegessen. Im Outdoor muss man haushalten. Ich bin aber nicht euer Kindergartenonkel, der euch ständig sagt, was ihr zu tun habt.«

So redete Karlheinz. Seine Ignoranz brachte jetzt fast alle Reiseteilnehmer gegen ihn auf. Die meisten hatten genug von ihm. Der Schweizer Banker sagte: »Mir reicht's. Ich steige aus. Das ist eine lausige Organisation. Unglaublich!« Ein anderer erklärte: »Wir wollen hier weg. Besorg uns bitte sofort ein Flugzeug.« Das Schweizer Ehepaar drohte Karlheinz sogar mit einer Klage.

Karlheinz wollte die Tour aber partout nicht abbrechen. Er sagte: »Gebucht ist gebucht, ihr könnt jetzt nicht einfach aufhören.« Der Banker wurde böse: »Du besorgst jetzt ein Flugzeug, sonst verklagen wir dich.« Einige konnten wirklich nicht mehr. Die Schweizerin und noch zwei oder drei andere. Schließlich gab unser Tourführer nach. Vermutlich hatte er die ganze Zeit ausgerechnet, was ihn der Extraflug kosten würde. Er war extrem geizig.

Der Papuapastor besaß ein Funkgerät, mit dessen Hilfe es uns tatsächlich gelang, ein Flugzeug aus Wamena zu ordern. Am Abend berief Karlheinz eine Versammlung ein. Er sagte: »Morgen kommt der Flieger. Wer will, wird ausgeflogen. Aber eins ist klar, Leute: Der Flieger kann nur einmal kommen, nochmal geht nicht. Ihr müsst euch entscheiden. Jeder einzelne.«

Ich sagte: »Andrea will raus, ich weiß noch nicht.«

Trotz aller Widrigkeiten und meiner wachsenden Abneigung gegen Karlheinz wollte ich die Tour eigentlich nicht abbrechen, wollte aber auch Rücksicht auf Andrea nehmen. Sie hatte zwar keine Probleme mit ihren Füßen, ihr Zahn hatte sich auch beruhigt, sie hielt bravourös durch, aber sie war genervt. Obwohl sie es nicht sagte, war mir klar, dass sie sich eine Urlaubsreise mit ihrem Liebsten anders vorgestellt hatte. Ich hatte sie sozusagen aus der Lüneburger Kneipe nach Indonesien entführt. Aber nicht an den schönsten Strand, sondern in den übelsten Urwald, wo ich lebensgefährliche Wanderungen von ihr verlangte. Sie war zwar nicht überfordert, aber sie hatte langsam genug. Wohl auch von mir.

Wild gewachsene Gurken gehören zur Nahrung der Bewohner des Brazza-Gebietes.

Außerdem stand ich vor einem zweiten ernsten Problem. Ich konnte kaum noch laufen. Ich konnte nicht mehr richtig auftreten, und es juckte furchtbar. Ich zog meine Schuhe aus und stellte fest, dass meine Füße eine einzige eitrige Masse waren. Andrea besaß eine wundstillende Salbe, mit der ich die Haut einrieb. Dann legte ich die Beine hoch und bin den ganzen Tag einfach so liegen geblieben. Es war ein herrliches Gefühl. Liegen und schlafen!

Karlheinz hatte gesagt: »Wenn ihr nicht weitermacht, werdet ihr es bereuen. Das eigentliche Abenteuer beginnt jetzt erst. Wenn ihr später zu Hause am Kaffeetisch sitzt, ärgert ihr euch, dass ihr das nicht erlebt habt.«

Ich wusste, dass er Recht hatte. Draußen in der Wildnis ist es heiß und feucht oder kalt und klamm. Man reißt sich die Haut auf, sieht aus wie ein

Traditionelle Hundezahnketten gelten bei Asmat-Frauen als kostbarer Brautschmuck.

Kanalarbeiter, hasst die Hitze und den Schweiß, den scheuernden Rucksack und den Sonnenbrand im Gesicht. Es gibt Mücken und Blutegel, Schlangen und Krokodile. Es ist spannend, aber anstrengend. Man erlebt eine Menge, aber man fühlt sich nicht besonders abenteuerlich. Zum Abenteuer wird es erst, wenn man wieder zu Hause ist und davon erzählt.

Bei einer solchen Extremtour stellt sich schnell heraus, wer zu einem steht und wer nicht. Mit Ralf Laschimke verstand ich mich inzwischen bestens. Wir sollten Mitte der neunziger Jahre sogar eine gemeinsame Expedition nach Sibirien unternehmen, in das Gebiet des Tunguska-Kraters, der 1908 durch eine bis heute ungeklärte Naturkatastrophe geschaffen wurde, wahrscheinlich einen gewaltigen Meteoriteneinschlag. Nun berieten wir, was wir tun sollten.

Ralf sagte: »So leicht gebe ich nicht auf. Wir müssen sehen, dass wir hier raus- und weiterkommen. Ich bin gespannt, was uns am Fluss noch erwartet. Wenn wir mit dem Floß fahren, hat auch das elende Laufen ein Ende.«

»Stimmt genau«, gab ich ihm Recht. »Lass uns weitermachen! Scheiß auf meine kaputten Füße! Ich muss ja nicht mehr latschen! Aber wie kann ich Andrea davon überzeugen?«

»Überlass das mal mir. Ich rede mit ihr.«

Ralf ist ein bisschen mit ihr spazieren gegangen, während ich mich erholte, er hat mit ihr geredet und sie schließlich überzeugt. Wir drei waren uns dann einig: Die paar Tage halten wir auch noch durch. Ich beschloss, den Zustand meiner Füße zu ignorieren. Ich habe sie mir an den folgenden Tagen einfach nicht mehr angeschaut. Es war doch meine eigene Schuld. Warum hatte ich auch nicht die richtigen Schuhe angezogen! Im Grunde hatten wir alle unsere Füße ruiniert. Mit Ausnahme von Andrea, die ihre von Anfang an mit Creme gepflegt hatte.

Am nächsten Tag kam das Flugzeug. Außer uns dreien und dem Karlheinz treu ergebenen Staatsanwalt hatten sich die übrigen Leute entschieden auszufliegen. Der Staatsanwalt sah die Tour offenbar als persönlichen Härtetest an, obwohl er zwischendurch bereits einmal umgefallen war, eine Zeitlang gestützt werden musste und sich aber wieder aufgerappelt hatte. »Kopf hoch! Durchhalten!«, so wurde er von Karlheinz motiviert.

Als wir uns von den anderen verabschiedeten, fiel mir auf, dass der kleine Papua mit dem gebrochenen Knie nicht zum Flugzeug gebracht wurde. Ich stellte Karlheinz zur Rede: »Wo ist denn der Papua? Der muss ins Krankenhaus! Er muss operiert werden!«

»Reg dich nicht auf. Du siehst doch, dass der Flieger voll ist. Unfälle sind die Jungs hier gewöhnt. Sein Bein wird steif werden, er kann dann eine Zeit lang nicht laufen, aber er wird's wieder lernen. Ist nicht dein Problem.«

»Aber so geht das nicht. Der muss ausgeflogen werden!«

»Nein, er bleibt hier.«

»Das kannst du nicht machen. Wenn du ihn nicht ausfliegst, bist du für mich kein Arzt mehr, sondern nur noch ein Arschloch!«

Karlheinz drehte sich einfach weg, gab dem Piloten das Geld und winkte der startenden Maschine zu. Er war völlig uneinsichtig. Der Kleine wurde nicht nur nicht behandelt, er wurde auch faktisch sich selbst überlassen. Ich war stinksauer auf Karlheinz. Natürlich war er als Tourleiter für seine Leute, auch für die Träger verantwortlich. Er hatte es schließlich auch zu verantworten, dass der Papua sich die Verletzung zugezogen hatte. Aber es war ihm völlig egal. Beschämend für einen Arzt und Führer einer solchen Unternehmung!

Ich wollte eigentlich nichts mehr mit ihm zu schaffen haben. Nur hatten wir uns definitiv entschieden, auch den Rest der Tour mitzumachen. Wir mussten also irgendwie mit ihm klarkommen. Als nächstes hieß es, ein Floß zu bauen. Damit sollten wir bis nach Senggo kommen, wo unterwegs am Brazza die interessanten Baumhäuser wären. Karlheinz hatte erzählt, dass die Menschen dort auf Bäumen lebten und in ihren Hütten Schädel von Feinden, die sie erschlagen hatten, als Trophäen an die Wände gehängt hätten.

Menschenschädel spielten für sie tatsächlich eine große Rolle. Bei meiner Asmattour 1986 hatte ich mit eigenen Augen gesehen, dass einige Männer nachts ihren Kopf auf einen Totenschädel legten, um im Traum mit den Ahnen in Kontakt zu treten. Da sie glauben, dass sich im Traum Geist und Körper trennen und somit der Körper schutzlos wird, besänftigten sie den Geist mit dem verwandtschaftlichen Kontakt. Selbst wenn sie zur Jagd gingen, banden sich einige den federgeschmückten Schädel des Lieblingsonkels oder des Opas um den Hals, um von deren Erfahrung bei der Pirsch zu profitieren.

Da uns die meisten Bergpygmäen auf dem Fluss nicht begleiten wollten, wurden sie nun von Karlheinz ausgezahlt. Das Sumpfgebiet war ihnen fremd und galt als Feindesland. Sie fühlten sich in Dekai schon unwohl genug. Ihren verletzten Kollegen ließen sie zunächst zurück und konnten ihn erst Monate später aus Dekai abholen. Es hat lange gedauert, bis er mit dem steifen Bein wieder einigermaßen gehen konnte. Karlheinz kümmerte sich nicht darum, dass er in sein Dorf zurückkam.

Für mich war es nun Zeit, Abschied von Sebjat zu nehmen, meinem treuen Begleiter. Wir umarmten uns, und ich steckte ihm noch ein Bündel Rupien zu. In Zeichensprache machte ich ihm klar, dass ich ihn bald wieder besuchen würde. Wir würden uns wiedersehen. Auf jeden Fall! Damals ahnte ich nicht, dass es fast 20 Jahre dauern würde.

Als die fünf Mitreisenden abgeflogen waren, blieben außer Andrea, Ralf, mir und Wiro nur noch Karlheinz und sein Staatsanwalt übrig, mit dem er das Zelt und die Meinung teilte. Er wusste natürlich, dass wir von ihm abhängig waren. Inzwischen war auch herausgekommen, dass Karlheinz nicht nur zu wenig Proviant mitgenommen hatte, sondern auch keine acht Kilo Medikamente, wie er vollmundig verkündet hatte. Wir alle hatten Wunden ohne Ende, aber wenn wir nicht unsere eigenen Pflaster, Puder und Antibiotika mitgeführt hätten, wären wir verloren gewesen. Karlheinz hatte uns glatt angelogen. Wir hatten auch keine Essensvorräte mehr. Von nun an mussten wir improvisieren. Glücklicherweise ließ sich immer irgendetwas auftreiben. Süßkartoffeln, Kochbananen und vor allem Sagoschleim. Einige Nahrungsmittel konnnten wir noch in Dekai erwerben.

Ich nutzte die Gelegenheit, mir einen Gottesdienst im Ort anzuschauen, der mir allerdings wenig christlich vorkam. Der schwarze Pastor wetterte gegen das Böse, und die Papuas krochen regelrecht am Boden herum und beteten wie verängstigte Lämmer. Sie warteten ehrfurchtsvoll, dass der Vorbeter wieder netter redete, und als er es tat, entspannten sich ihre Gesichtszüge.

Innerhalb eines Tages ließ Karlheinz von den Papuas in Dekai ein Floß bauen. Alle unsere Kisten, Ruck- und Seesäcke, unser ganzes Zeug sollten wir dann auf das Gefährt laden. Bevor wir abfuhren, sah das Floß aus wie bei der Camel Werbung. Karlheinz war davon so begeistert, dass er gar nicht aufhören konnte, es zu fotografieren. Dann kam der große Moment. »Es geht los, Leute, alle aufs Floß«, rief Karlheinz. Er machte noch ein paar Aufnahmen, bevor er den kleinen Motor anwarf. Das Floß schaukelte mächtig auf dem Wasser. Das Volk stand am Ufer, wir winkten, es winkte aber keiner zurück. Sie standen einfach nur da mit ihren Knochen durch die Nasen, ein paar nackt, andere in T-Shirts. Sie wirkten irgendwie – skeptisch. Flöße gehörten nicht zu ihren gewohnten Fortbewegungsmitteln.

Der Brazza bei Dekai war ein reißender Fluss, mit heftiger Strömung, vielen Strudeln und umgekippten Baumstämmen im Flussbett. Auf einmal drehte sich das Floß in der Strömung und begann heftiger zu schaukeln. »Immer cool bleiben«, sagte Karlheinz. Wir waren noch keinen Kilometer vom Dorf entfernt, als plötzlich eine Welle auf das Floß prallte. Unser Fahrzeug drehte sich noch einmal, dann machte es »knack«, es brach in der Mitte durch und lief auf einen unter Wasser liegenden Baum auf. Um Gottes Willen! Schon schwappte das Wasser über uns, und alles brach zusammen. Mit einem Mal sah ich einen Baumstamm mit gewaltiger Geschwindigkeit auf uns zuschießen. Bereits bis zum Bauch im Wasser, rief ich Andrea zu: »Spring! Los, spring!« Ich griff mir noch schnell meinen wasserdichten Seesack, warf ihn in den Fluss, dann sprang ich selbst. Andrea und Ralf folgten.

Uns an einen Stamm des geborstenen Floßes krallend, retteten wir uns in ruhigeres Wasser, worin man schwimmen konnte. Wir ruderten um unser Leben und schafften es ans Ufer. Von hier aus konnten wir zuschauen, wie die Floßreste wirbelnd untergingen. Karlheinz, der Staatsanwalt und Wiro waren nicht mehr zu sehen. Alles war weg.

»So ein Mist. Dieses Schwein, dem haue ich ein paar in die Fresse, dieser Idiot«, fluchte ich.

»Sei froh, dass wir noch leben«, sagte Ralf. »Wir kommen hier schon irgendwie wieder raus.«

Andrea sagte gar nichts. Sie heulte auch nicht. Sie guckte nur verbittert und saß zitternd am Ufer. Ich nahm sie in den Arm und versuchte, sie aufzumuntern, obwohl mir selbst nicht danach war. Wir hatten alles verloren, das Floß, den Motor, die Lebensmittel. Auch Karlheinz, der Staatsanwalt und Wiro waren verschwunden. Ich fürchtete bereits, dass sie ertrunken seien. Jetzt saßen wir wirklich in der Scheiße, dachte ich. Ob wir noch einmal ein Flugzeug würden rufen können? Die Bewohner von Dekai mochten uns nicht und die nächsten größeren Orte waren in jeder Richtung etwa sieben Tagesmärsche entfernt. Ringsum war Dschungel.

Wenig später sahen wir die 300 Papuas aus dem Dorf am Ufer entlang und den Floßtrümmern hinterher rennen. Klar, sie wollten sich Gepäckstücke sichern, die im Wasser schwammen. Also rannten wir auch los, fanden einen Schuh von Andrea wieder, den anderen aber leider nicht. Ich selbst hatte zwar keine festen Schuhe, aber immerhin Sandalen an. In meine Schuhe passte ich ohnehin nicht mehr hinein. Da entdeckte ich meinen blauen Seesack 100 Meter weiter nahe dem Ufer, wo er sich an einem Ast verfangen hatte. Durch die Strudel war doch Wasser hineingekommen. Die Videokamera war hin. Ich fluchte.

Als ich wieder in Deutschland war, besorgte ich mir eingedenk dieser Erfahrung in einem Hamburger Globetrotterladen eine grüne Tragetonne aus Plastik, in die absolut kein Wasser eindringen kann. Auf richtig harte Touren gehe ich nur noch mit der grünen Tonne. Aber damals stand ich am Ufer des Brazza mit einem schweren nassen Seesack und war wütend auf alles und jeden, auf Karlheinz, auf das Schicksal, auf die mürrischen Dorfbewohner und auf mich selbst. Warum war ich bloß nicht mit zurückgeflogen!

Deprimiert setzten wir uns auf einen Baumstamm, als es wieder anfing zu regnen. »Das fehlte noch«, sagte Ralf. Von unten waren wir nass, von oben wurden wir nässer. Wir standen auf und gingen nach Dekai zurück. Plötzlich wollte ich meinen Augen nicht trauen – aber es war tatsächlich Karlheinz, der dort auf uns zukam und leichthin sagte: »Pech gehabt! Aber die Leute suchen alles wieder zu-

Das improvisierte Floß, bevor es vom Fluss zerrissen wurde.

sammen!« Er spielte den knallharten Survivalmann. Ich hätte ihm an die Gurgel gehen können. Aber ich war viel zu verblüfft über seine Dreistigkeit.

Der Staatsanwalt und Wiro tauchten nun auch hinter ihm auf. Sie hatten den Papuas aufgetragen, das Gepäck wieder zusammenzusuchen. Zum Teil brachten sie den Kram tatsächlich an, zum Teil aber auch nicht. Kann sein, dass die Sachen abgetrieben waren, vielleicht waren sie auch in ihren Hütten verschwunden. Es handelte sich ja um Strandgut. Andrea hatte jedenfalls nichts mehr, keine Schuhe, kein Hemd, keine Zahnbürste. Das heißt, ein Schuh tauchte tatsächlich wieder auf, am Fuß eines Einheimischen, der beim Gepäcksuchen geholfen hatte. Aber sie war hart im Nehmen. Sie war Sportlerin. Irgendjemand gab ihr ein Paar Gummisandalen.

Nun redeten wir mit Karlheinz Tacheles. »Besorg' uns ein Flugzeug und bring' uns hier raus«, sagte ich.

»Das kannst du vergessen. Der Pilot hat gesagt, er will nie wieder hier landen. Es ist ihm zu weit, der Flug zu gefährlich.«

Wir waren echt sauer und nahmen uns Karlheinz im bösen Ton zur Brust. Nicht mehr freundlich, nicht mehr argumentativ.

»Lass dir was einfallen, wie wir hier wegkommen«, sagte Ralf. »Sonst kannst du dich auf eine Schadenersatzklage gefasst machen, die sich gewaschen hat.«

»Ach, lasst mich doch in Frieden«, sagte Karlheinz und verzog sich in sein Zelt, das wieder aufgetaucht war.

Wir versuchten, unsere nassen Sachen an einem Feuer zu trocknen. Nach einer Weile kam Karlheinz wieder heraus, würdigte uns keines Blickes, sondern ging mit Wiro zu den Papuas, um mit ihnen zu reden. Dann kam er zurück, hatte ein freundliches Gesicht aufgesetzt und redete von Versöhnung.

Baumhaus der Bewohner des Brazza-Gebietes im Tiefland von West-Papua.

»Leute, es macht keinen Sinn, wenn wir uns hier angiften. Ich habe mit den Papuas gesprochen. Sie haben Einbäume, mit denen sie auf dem Fluss paddeln. Also kommt man irgendwie raus hier. Macht euch keine Sorgen, es sind gute Leute, die werden uns helfen.«

Offenbar hatte er sein Geld retten können und damit ein bisschen gewinkt. Na schön, dachte ich, nun wird es wenigstens wieder spannend.

Mit zwei Einbäumen legten wir noch am selben Tag von Dekai ab. Wir hätten gleich Kanus nehmen sollen, denn mit ihnen kam man problemlos durch die Stromschnellen. Karlheinz hatte aber lieber Rafting machen wollen, er liebte solchen Abenteuerschwachsinn. Sein Vorbild war ein Reklamefoto, das damals im *Stern* abgedruckt worden war. Darauf sah man einen Wasserfall im Dschungel und davor einen einsamen Typen auf einem Floß. Der Mann sah fast genauso aus wie Karlheinz, und sein Floß glich exakt dem Gefährt, das er hier hatte bauen lassen. Nur dass es sich um eine Fantasiekonstruktion handelte, die in der Realität nicht funktionieren konnte. Ganz anders die Einbäume. Unsere Papuas waren zudem gut im Austarieren.

Bald weitete sich der Brazza und wurde zu einem breiten, gemächlicher fließenden Urwaldstrom. An den Ufern türmten sich wahre Baumgebirge, ursprünglicher, primärer Regenwald. Nach einem Tag sahen wir plötzlich ein etwa zehn Meter hohes Baumhaus. Unglaublich! Ich war sofort total begeistert. Wir ließen unsere Paddler anlanden. Als wir aus den Kanus stiegen, bemerkten wir eine Gruppe von Papuas, recht groß und völlig nackt, die uns verängstigt anstarrten. Sie hatten teilweise einen unheimlich langen Rumpf, ziemlich große Köpfe, sehr lange Beine, breite Füße. Offensichtlich litten viele unter einer Hautkrankheit, die Wiro als Ringwurm identifizierte und die ihren gesamten Körper befiel. Ihre Haut war verschorft und teilweise aufgeplatzt.

Diese Leute wirkten sehr ursprünglich, wie ich es damals in ganz West-Papua noch nicht gesehen hatte. Möglicherweise hatten sie noch keinen Kontakt mit Weißen gehabt. Die Männer trugen noch nicht einmal eine Penisbinde, sondern waren splitternackt bis auf ein dünnes Band um den Bauch. Sie hatten aber Nasenschmuck: Hörner von Nashornkäfern oder Flügelknochen von Flughunden. Die Frauen besaßen Durchziehschurze. Wir konnten nicht erfahren, wie dieses Volk am Brazza hieß. Inzwischen waren wir schon im oberen Asmat. Aggressiv waren sie nicht. Wir sprachen vorsichtig mit ihnen, übergaben ihnen Geschenke und fragten, ob wir unsere Zelte bei ihnen aufbauen dürften, was sie uns anstandslos gestatteten.

Ihr Baumhaus stand auf hohen Stelzen und hatte mehrere Aufgänge. Es gab einen Raum zum Schlafen für die Männer, eine Feuerstelle, ein Zimmer für Frauen. An der Wand hingen neben Schweinekiefern tatsächlich Beutel, in denen sie Totenschädel aufbewahrten. Es stimmte also, was Karlheinz erzählt hatte! Entweder handelte es sich um Ahnenschädel oder um Kopfjagdtrophäen, wir hatten leider keine Zeit, um das herauszufinden. Es waren aber mehr als ein Dutzend Beutel. Ich tauschte ein kleines Messer gegen einen Beutel. Natürlich ohne Schädel.

Noch wenige Jahre zuvor war das Ansehen eines Mannes in diesem Gebiet abhängig von der Zahl seiner erbeuteten Menschenköpfe. Es fanden regelrechte Raubzüge statt, um Köpfe zu erkämpfen. Der Überfall auf ein anderes Dorf erfolgte stets am frühen Morgen. Die eigentlichen Opfer für die Kopfjagdzeremonie mussten lebend gefangen werden, weil es sich um einen uralten Ritus handelte, der fest mit den Mythen des Stammes verbunden war. Neues Leben konnte in der Vorstellung der Kopfjäger nur entstehen, wenn jemand anderes getötet wurde. Für den Kreislauf des Lebens und den Fortbestand des Stammes war die Kopfjagd deshalb notwendig. Bevor das Opfer starb, musste es aber unbedingt noch seinen Namen verraten, damit dieser dann auf einen Jungen übergehen konnte, der anschließend im Initiationsritual in die Gemeinschaft der Männer aufgenommen werden sollte.

Das Opfer wurde teilweise verspeist, wobei sein Hirn eine besondere Rolle spielte. Auf meiner ersten Asmat-Tour hatten wir einen alten Mann getroffen, der ganz offen davon erzählte. »Wir haben mit dem Steinbeil ein Loch in den Kopf gehauen, um das Hirn herauszubekommen«, sagte er. Der medizinische Fachausdruck für dieses Öffnen der Schädel heißt Trepanation. Das Hirn wurde herausgeschabt, angeblich mit Sagomehl vermengt, gebacken und von den älteren Kriegern gegessen. Die Asmat glaubten, dass damit die Kraft und das Wissen des Getöteten auf sie übergehen würden.

Als ich damals zum ersten Mal mit ehemaligen Kopfjägern zusammentraf und ihre Geschichte hörte, musste ich unwillkürlich an die Mörder denken, mit denen ich im Brandenburger Knast zusammengesperrt war. Aber natürlich waren die Asmat nicht mit den Brandenburger Gewaltverbrechern vergleichbar. Hier wurde aus ganz anderen Gründen getötet, und es war nicht gesellschaftlich geächtet, sondern erwünscht. Der Kopfjäger galt als Held. Damals begriff ich, dass es keinen Sinn hatte, unsere moralischen Standards an die Asmat anzulegen. In West-Papua galten einfach andere Regeln. Jedenfalls bis zur Ankunft christlicher Missionare. Es waren katholische Priester aus den Niederlanden, von denen viele einen Studienabschluss in Ethnologie besaßen, denen es ab 1953 gelang, die Asmat von Kannibalismus und Kopfjägerei abzubringen. Zugleich ermunterten sie sie aber, andere kulturelle Traditionen – beispielsweise ihre Schilder- und Ahnenfeste – zu pflegen, die dann in die dortige katholische Liturgie einbezogen wurden. Generell schienen katholische Missionare behutsamer mit den alten Traditionen zu verfahren als lutherische oder gar evangelikale Prediger.

Da die Kopfjagdzeiten noch nicht sehr lange vorbei waren, war mir doch etwas mulmig zumute. Wir bauten unsere Zelte direkt unter dem Baumhaus auf, um uns vor dem Regen zu schützen. Eine richtig gute Idee war das nicht, denn dort unten gab es tausende Insekten, weil das Baumhaus ein Plumpsklo hatte und der Boden entsprechend gedüngt war. Man musste eben das Zelt gut zumachen. Trotzdem wurde ich ziemlich zerstochen, und es stank streng nach Urin. Unheimlich, wie mir die Baumhausmenschen waren, konnte ich ohnehin nicht richtig schlafen. Andererseits war das jetzt wieder echtes Abenteuer, und ich konnte meiner Freundin beweisen, wie souverän ich mit Naturmenschen und der vielleicht von ihnen ausgehenden Gefahr umging. Die Papuas hatten eindeutig auch Angst vor

Ein Bewohner des Asmat-Küstengebietes.

uns und beobachteten uns misstrauisch; möglicherweise hatten sie mit Fremden doch schon einmal schlechte Erfahrungen gemacht. Wenn Leute Angst haben, muss man immer vorsichtig sein. Aber es blieb alles ruhig.

Am nächsten Morgen gab es Eier zum Frühstück. Wiro hatte in der Nähe auf einer Sandbank gebuddelt und dort Schildkröteneier gefunden, die wir kochten. Man kann nur das Gelbe genießen; das Eiklar gerinnt nicht beim Kochen. Dazu gaben uns die Papuas Gurken, die außerordentlich bitter waren. Und Sago, das Mark vom heiligen Baum der Tieflandbewohner. Das Mark wird rausgeklopft, gewaschen und geseiht, bis ein Klumpen übrig bleibt, den man entweder in Bananenblätter einwickelt und im Feuer gart, so dass man eine Art Brot erhält, oder den man mit Wasser vermengt und kocht, bis er wie ein durchsichtiger Schleim aussieht. Ich kannte das noch vom Essen meiner Großmutter. Diese Kügelchen in der Milchsuppe, das war Sago. Mit einem Stock rührt man den Schleim im Topf um und zieht dann den Stock heraus, an dem das Sago wie Honig hängen bleibt. Man lässt es sich in den Mund tropfen. Sago schmeckt eigentlich nach gar nichts, gibt aber Kraft, weil es aus hochwertigen Kohlenhydraten besteht. Als die Papuas uns Sago brachten, wusste ich, dass sie uns nicht feindlich gesinnt waren. Sie haben uns dann auch ganz freundlich verabschiedet.

An den beiden folgenden Tagen trafen wir immer wieder auf Baumhäuser, in die wir uns, nun schon mutiger geworden, zur Übernachtung einladen ließen. So ein Baumhaus ist luftig, vor Insekten geschützt, aber es schwankt immer ein bisschen, wenn sich die Bewohner bewegen. Abgesehen von der Sagoernte, waren sie noch Jäger und Sammler, keine Ackerbauern. Ich kam mir vor wie in einem Märchen. Wenn ich nachts aufwachte und das kokelnde Feuer sah, die Äste und das Laub, die schlafenden Papuas, die an der Decke hängenden Schweinekiefer, die mit geometrischen Mustern bemalten Schilde, dann fühlte ich mich warm und glücklich. Ich dachte, genau davon habe ich immer geträumt. Ich lag dann ein bisschen wach, hörte auf den Regen, atmete die tropische Luft ein und fühlte mich in längst vergangene Zeiten versetzt. Anschließend schlief ich wieder ein. Leider funktionierte meine Videokamera nicht mehr. Ich konnte unterwegs zwar noch ein paar Fotos aufnehmen, musste aber sehr haushalten, weil viele Filme nass und unbrauchbar geworden waren.

Asmat-Männer tragen den Ahnenpfahl zum Dorfplatz, um ihn dort aufzustellen.

Die kunstvoll geschnitzten Ahnenpfähle sollen an die Toten erinnern.

Gern hätte ich mehr Aufnahmen von den beeindruckenden Holzschnitzereien der Asmat gemacht, für die sie berühmt sind. Alltags- und Ritualgegenstände werden mit Schnitzereien versehen – Paddel, Schilde, Speere, Trommeln, Ahnenpfähle und Seelenschiffe, die die Seelen der Verstorbenen symbolisch in die Welt ihrer Vorfahren geleiten. Besonders gern schnitzen die Asmat Ahnenfiguren und Ahnenschilde, die den Namen eines Toten und einen Ehrenplatz im Männerhaus erhalten – von nun an leben die Ahnen wieder und beschützen sie. Die kunstvoll gearbeiteten, phallisch anmutenden Ahnenpfähle oder *Mbis* sind oft mehr als sechs Meter hoch. Früher wurden sie für die *Mbis*-Feste geschnitzt, die wochenlange Vorbereitungen erforderten. Sie sollten nicht nur an die Toten erinnern, sondern auch zur Rache mahnen. Anschließend gingen die Asmatkrieger auf Kopfjagd. Diese Figuren werden immer weiß angemalt, glauben die Asmat doch, dass ihre Ahnen im Gegensatz zu ihnen eine weiße Hautfarbe besitzen und in einer angenehm kühlen Umgebung leben. Auch die bunt bemalten Asmatschilde tragen die Namen von Verstorbenen. Sie sollen gegen Pfeile schützen, aber auch den Gegner einschüchtern. Aus den Brettwurzeln von riesigen Bäumen herausgemeißelt, wurden sie regional unterschiedlich mit einfachen, wunderschönen Ornamenten verziert.

Wieso hat die Schnitzerei bei diesen Menschen einen solch hohen Stellenwert? Die Asmat sind davon überzeugt, dass sie von Bäumen abstammen, die *Fumeripits,* der Windmann, einst schnitzte und mit seiner Trommel zum Leben erweckte. Der Ursprungsmythos ihrer Herkunft aus Holz – sehr passend für ein Regenwaldvolk – unterscheidet die Asmat von den Nachbarstämmen. Äußerlich erinnern ihre Arbeiten an afrikanische Kunst. Sie sollen, nachdem erste Stücke um 1900 in europäischen Ausstellungen gezeigt wurden, großen Einfluss auf moderne westliche Künstler wie Henri Matisse, Marc Chagall und Pablo Picasso ausgeübt haben. Inzwischen produzieren die Asmatkünstler aber auch Kunsthandwerk, zumeist geschnitzte Alltagsgegenstände, die nach außen verkauft werden.

Im Asmat lebten damals rund 50 000 Menschen in einem Gebiet von der Größe Belgiens, das sich mit dem wegen seiner Artenvielfalt berühmten Lorentz-Nationalpark im Südwesten überschneidet. Heute schätzt man die Bevölkerung auf 70 000 Menschen. Im Norden stößt ihr Gebiet an das der Korowai und Kombai.

Das Asmat ist ein riesiges, sumpfiges Flusslabyrinth mit einer 200 Kilometer langen Mangrovenküste am Alfurenmeer. Das Hauptverkehrsmittel im Asmat ist der Einbaum. Da die Gezeiten bis zu 100 Kilometer ins Landesinnere hineinwirken, kehrt sich die Strömung der Gewässer regelmäßig um. Die Flut drängt Salzwasser ins Landesinnere und führt dann zur Entstehung von Bracksümpfen. Andererseits kann es über Nacht passieren, dass selbst relativ tiefe Flussarme fast austrocknen und man mit dem Boot nicht mehr weiterkommt. Die graubraunen, schlammigen Ufer sind von dichten Mangroven bewachsen, deren Wurzelstelzen bestens an den Gezeitenwandel angepasst sind.

Die Menschen im Asmat leben vom Fischfang, von der Jagd und vom Mark der Sagopalme. Traditionell praktizieren viele Stämme Polygynie, indem ein Mann mehrere Frauen heiratet. Oft wurde von den Männern erwartet, dass sie die Witwe

Geschmückte Ahnenschädel und Kopfjagdtrophäen gehörten früher in jedes Männerhaus der Asmat.

eines Verwandten bei dessen Tod heirateten, weil Frau und Kinder sonst schutzlos und ohne Ernährer gewesen wären. Die alten Bräuche haben sich aufgrund der zunehmenden christlichen Missionierung allerdings nach und nach gewandelt.

Da der Urwald mit seinen über 30 Meter hohen Bäumen, Schlingpflanzen und mehrschichtigem Unterholz nahezu undurchdringlich ist, haben sich die Asmat – anders als die Korowai – hauptsächlich an den Flussufern niedergelassen. Ihre Hütten errichten sie wegen der täglichen Überflutungen und der Insekten immer auf Pfählen oder Bäumen. Direkt am Flussufer stehen die Männerhäuser, die *Yeu,* weil von dieser Seite am ehesten mit Überfällen zu rechnen ist. Die bis zu 100 Meter langen *Yeu* sind das wichtigste Gebäude im Dorf – Kultstätte der Dorfgemeinschaft wie auch Versammlungs- und Schlafstätte der Männer. Die alte holländische Bezeichnung Asmat ging irgendwann auch auf die Bewohner des Sumpfgebiets über, die sich in Wahrheit in zahlreiche Stämme oder Völker mit verschiedenen Sprachen untergliedern. Heute hat sich Asmat als gemeinsame Bezeichnung für zwölf verschiedene ethnische Untergruppen durchgesetzt, die sprachliche und kulturelle Ähnlichkeit besitzen und das Gefühl einer gemeinsamen Identität teilen: Joirat, Emari Ducur, Bismam, Becembub, Simai, Kenekap, Unir Siran, Unir Epmak, Safan, Aramatak, Bras und Yupmakcain.

Nach zwei weiteren Tagen im Kanu ließ die Strömung des Brazzas nach, und er weitete sich zu einem breiten, trägen Dschungelfluss. Unsere Paddler hatten nun keine Lust mehr, die Reise fortzusetzen, sie forderten ihr Geld ein und wollten mit

Um die Kampfbereitschaft der jungen Männer zu fördern, finden im Asmat häufig Kriegsspiele statt.

ihren Booten zurück nach Dekai. Sie sagten: »Wenn wir weiterfahren, kommen wir in Feindesland und werden getötet.«

Wiro und Karlheinz feilschten und verhandelten mit ihnen so lange, bis sie uns halfen, neue Boote, Bootsführer und Träger zu organisieren. Karlheinz war in der Pflicht, er musste uns irgendwie aus dem Sumpf herausbringen. Inzwischen lebten wir ausschließlich von Sago und Papayas. Ich hatte schon mindestens fünf Kilo abgenommen. Doch nun tauchte ein neues Problem auf. Beim Trägerwechsel waren wir mit einem Polizisten und einem Lehrer, beide Indonesier, ins Gespräch gekommen, die im Brazzagebiet ihre Pflichtzeit ableisteten. Sie erzählten haarsträubende Geschichten über die »bösen Wilden« und warnten uns vor der Weiterfahrt. Weiter südlich hätten Kannibalen nur wenige Monate zuvor sechs Holzfäller umgebracht und aufgegessen. Es half nichts, wir mussten trotzdem weiter.

Inzwischen waren die hoch gebauten Baumhäuser am Fluss, die uns gelegentlich begegneten, niedrigeren Stelzenhäusern gewichen. Wir hielten an einem solchen Haus an, weil es dunkel wurde und wir irgendwo übernachten mussten. Als wir uns die Hütte näher anschauten, stellten wir fest, dass sie verlassen und auf seltsame Art zugewuchert war. Jetzt sprang uns tatsächlich die Angst an. Wieso waren die Bewohner weg? Wohin waren sie verschwunden? Hatte man sie umgebracht? Karlheinz, der auch nicht mehr sehr forsch wirkte, sagte: »Papuas überfallen ihre Opfer immer nachts.«

Unsere Träger wurden panisch und wollten weg von dem Ort. Wir hatten derweil im Gebälk ein Netz entdeckten, das Karlheinz herunterholte und öffnete – darin lag das Skelett eines Kindes. Eine Grabstätte? Überall an der Decke fanden wir weitere Knochen, auch Menschenknochen. Es war wirklich unheimlich. Aber wir hatten kaum eine andere Wahl, als dort zu bleiben. Wir einigten uns darauf, Nachtwachen aufzustellen.

Andrea, Ralf und ich entzündeten unser eigenes Lagerfeuer, weil wir mit Karlheinz und dem Staatsanwalt nichts zu tun haben wollten, die sich um die zweite Feuerstelle versammelten. Wir flüsterten nur und fürchteten, jeden Moment könnte der Angriff losbrechen. Es wurde eine der unruhigsten Nächte meines Lebens. Das leiseste Geräusch ließ mich aufschrecken. Selten hatte ich solches Herzklopfen. Andrea und Ralf ging es ähnlich.

Immerhin war die Mechanik der Feuerstellen wie überall in West-Papua sehr gut gelöst worden. Das Feuer brennt auf einer dicken Asche- und Sandschicht, die auf ein Tablett aus Holzrinde aufgeschüttet wird. Diese Konstruktion ist mit Lianen am Dach befestigt, die man, sollte die Glut außer Kontrolle geraten, durchhacken kann. Dann fällt die gesamte Feuerstelle durch ein aus Lehm geformtes Loch im Fußboden auf die Erde.

Wo unsere Träger diese Nacht verbrachten, weiß ich nicht. Sie hielten das Stelzenhaus für verhext, hatten uns aber versprochen, uns zu helfen, falls wir attackiert würden. Wir ließen die ganze Nacht über das Feuer brennen. Andere Waffen besaßen wir seit dem Floßunfall nicht. Nur die Paddel aus Holz. Aber es blieb zum Glück ruhig.

Am nächsten Morgen mussten wir weiter. Unser Ziel war das Dorf Senggo etwa auf halber Strecke zum Meer, von dem wir wussten, dass es dort wegen des Missionars eine Landepiste gab. Als wir unterwegs in einem Dorf am Fluss rasteten, tauchte plötzlich ein Indonesier auf. Er war Polizist. Nicht in Uniform, sondern in Jogginghose, rotem T-Shirt, mit Sonnenbrille und Baseballkappe, was für die indonesische Polizei nicht ungewöhnlich ist. Er stand am Ufer mit einem deutschen Mauser-Gewehr von 1914. Man hatte ihn in diesem Dorf abgesetzt, um auf die Eingeborenen aufzupassen. Als er uns sah, wollte er unbedingt nach Senggo mitkommen. Wir hatten nichts dagegen, denn als Schutzmann war er uns willkommen. Er war zwar Polizist, befasste sich aber hauptsächlich damit, Krokodile zu jagen. Er zeigte uns Häute, die er in Senggo verkaufen wollte.

Der Fluss wurde immer breiter, der Wald immer flacher, je näher wir Senggo kamen. Wir erreichten die Tausend-Seelen-Gemeinde am Mittag des fünften Tages seit der Abfahrt von Dekai. Senggo war ein Missionsort im Dschungel mit ärmlichen Hütten, der damals vergleichsweise schnell wuchs. Hier lebten bereits viele Indonesier, Alfuren und Javaner, die mit dem sogenannten Transmigrasi-Projekt der indonesischen Regierung von den überfüllten Hauptinseln herverpflanzt worden waren, aber noch schienen die Papuas in der Mehrzahl zu sein. Wir hatten gehört, dass es einen österreichischen Missionar geben sollte namens Josef Haas, den wir aufsuchen wollten, um uns von Karlheinz unabhängig machen zu können.

Auf der Suche nach dem Missionar trafen Ralf, Andrea und ich einen indonesischen Lehrer, der die Geschichte vom Kannibalenüberfall bestätigte. Er sagte: »Seid froh, dass ihr aus dem Wald raus seid! Dort herrscht Krieg. Die Holzfäller haben sich mit den Papuas gestritten, daraufhin haben die Papuas sechs von ihnen massakriert und aufgegessen. Niemand traut sich noch in das Gebiet. Kein Lehrer unterrichtet mehr dort!«

Schließlich fanden wir den Missionar. Ein älterer, mittelgroßer Herr um die 60, bekleidet mit Strohhut und weißer Hose. Wir sahen, wie er im Garten eines solide gebauten Holzhauses mit speckigen Fingern an einem Generator schraubte. Er beachtete uns ganz bewusst nicht. Aha, ein Sonderling, dachte ich und sagte: »Guten Tag, sind Sie vielleicht der Herr Haas?« Er grüßte freundlich zurück, als ob er jeden Tag in Senggo Deutsche treffen würde. »Wollen Sie etwas Wasser trinken?«, fragte er, erkundigte sich aber nicht, was wir in Senggo oder von ihm wollten. Wir betraten seine Missionsstation, setzten uns an seinen Tisch und genossen sein kühles Wasser. Ich fragte ihn nach den Gerüchten.

»Hier wird viel erzählt, wenn der Tag lang ist«, sagte Pfarrer Haas. »Ich kenne nur einen Fall, der schon sechs Jahre zurückliegt. Damals hatte ein Holzfäller aus Senggo einen Eingeborenen böswillig mit dem Messer verletzt. Angehörige des Opfers reagierten prompt und töteten den Fremden, den sie ohnehin nicht mochten, weil er illegal Bäume schlug. Ihre Wut ging so weit, dass sie ihn nach dem Tod erneut demütigten, indem sie ihn aufaßen.«

»Also gab es in jüngster Zeit keine solchen Vorfälle?«

»Nicht dass ich wüsste. Und ich erfahre viel. Es gibt immer interessierte Kreise, die solche Geschichten verbreiten, um die indonesische Expansion und die Militäraktionen gegen die Papuas zu rechtfertigen. Das ist nichts Neues für mich.«

Er schüttelte den Kopf. Wir erzählten ihm von unserer Abenteuertour und davon, welches Pech wir mit Karlheinz gehabt hatten.

»Ach, Ärger habe ich hier auch genug«, sagte Josef Haas, »ich lebe nun schon so lange hier, kenne die Papuas gut, und plötzlich tauchen diese Amerikaner auf, bauen neue Kirchen und werben mir die Leute ab. Sie sähen nichts als Zwietracht und Streit.«

Haas führte in Senggo die katholische Gemeinde und kümmerte sich ehrlich um seine Leute. Nur 800 Meter entfernt hatte ein Amerikaner seine eigene Kirche aufgemacht, ein evangelikaler Pastor, der sich um die gleichen Schäfchen bemühte. Der amerikanische Geistliche hatte einen leichten Vorteil, weil er ein Motorrad besaß, um Eindruck zu schinden, obwohl man ein Motorrad in Senggo gar nicht gebrauchen konnte. Der lachende Dritte war der indonesische Ortskommandant, ein Moslem, der nach dem Prinzip »Teile und Herrsche« verfuhr und die Kontrolle im Dorf ausübte. Haas sagte:

»Na, dann müssen Sie sich wohl noch beim Ortskommandanten anmelden. Passen Sie bloß auf! Der steckt mit dem Amerikaner unter einer Decke, korrupt wie er ist. Der Ami lässt ihn auf seinem Motorrad fahren und hetzt ihn gegen mich auf. Außerdem ist er beim Geheimdienst. Erzählen Sie ihm bloß nicht, wo Sie jetzt herkommen, wenn Sie keinen Ärger haben wollen.«

Josef Haas bot uns an, in seinem Schuppen zu übernachten. Als sich meine Augen an das Halbdunkel gewöhnt hatten, blickte ich verblüfft auf einen riesigen Haufen Holzschnitzwerk, der sich in einer Ecke auftürmte. Dort lagen Hunderte von mannshohen Asmat-Schilden! Das Zeug war ein Vermögen wert!

»Wo kommen die denn her?«, fragte ich ihn.

»Haben Sie mal von Michael Rockefeller gehört? Von dem Millionär aus Amerika, der im Sumpf spurlos verschwunden ist? Der hat vor Jahren hier Asmat-Schilde gekauft und viel Geld dafür bezahlt. Das sprach sich herum, und plötzlich fingen alle Papuas im Asmat wieder an, Schilde zu schnitzen. Ihr müsst wissen, dass diese Tradition fast ausgestorben war, weil die Holländer sie unterdrückten. Rockefeller hat die Kultur sozusagen wiederbelebt. Aber plötzlich hieß es, Amerikaner dürfen das Gebiet nicht mehr betreten. Was sollten die Papuas nun mit den vielen Schilden machen? Nun, sie brachten sie zu mir und baten mich, sie zu verkaufen. Leider lassen sich momentan nicht viele Abnehmer finden. Was ist, wollt ihr welche haben?«

Ich sagte Nein, obwohl sie ziemlich wertvoll waren. Aber mir waren sie nicht mehr ursprünglich genug. Die Künstler hatten die seltsamsten Motive ins Holz geschnitzt: Jesus Christus, den Teufel oder Batman zum Beispiel. Ich hatte zudem unterwegs schon einen Schild erworben, und der reichte mir fürs Erste.

Michael Clark Rockefeller war der jüngste Sohn des New Yorker Gouverneurs und späteren US-Vizepräsidenten Nelson Aldrich Rockefeller, ein Spross der ultrareichen Rockefeller-Familie. Nach seinem Studium in Harvard schloss sich der abenteuerlustige junge Mann 1960 einer Expedition des zu Harvard gehörenden Peabody Museums für Archäologie und Ethnologie zu den Dani im Baliemtal von West-Papua an. Während der Expedition entstand der berühmte, wegen einiger gestellter Szenen umstrittene ethnographische Dokumentarfilm *Dead Birds,* der anhand des Lebens eines jungen Papuas die jungsteinzeitliche Kultur, ihre Mythologie, Kriegshandlungen, ihren Zauber- und Geisterglauben darstellt. Regie führte Robert Gardner, Rockefeller war der Tonmann. Schon während der Expeditionszeit hatte Rockefeller einmal das Asmatgebiet besucht, und kehrte nach deren Ende 1961 dorthin zurück. Gemeinsam mit dem holländischen Ethnologen René Wassing reiste er durchs Asmat, um die dortigen Kulturen zu studieren und Asmat-Kunst zu sammeln.

Dann geschah das Unglück. Am 17. November 1961 waren die beiden Völkerforscher in einem Auslegerboot auf dem Meer unterwegs, etwa drei Meilen vor der Mangrovenküste. Eine Welle erfasste sie und ließ ihr Boot kentern. Sie trieben hilflos im Pazifischen Ozean. Der 22-jährige Rockefeller versuchte angeblich, ans Ufer zu schwimmen; er wurde nie wieder gesehen, sein Körper nie gefunden. Wassing wurde am folgenden Tag gerettet. Rockefellers Verschwinden war damals eine Weltnachricht; trotz intensiver Suche konnten die niederländischen Behörden sein Schicksal nicht aufklären. Bald rankten sich Legenden darum. Er sei von eingeborenen Kannibalen gefunden und aufgegessen worden, hieß es. Viele Stämme der Gegend waren damals noch Kopfjäger und Kannibalen; zudem hatte eine holländische Militärpatrouille 1958 an jener Küste mehrere Häuptlinge erschossen. Rache

Der Schuppen von Pastor Haas in Senggo mit einer Sammlung wertvoller Asmat-Schilde.

der Eingeborenen am »Stamm der Weißen« wäre daher nicht undenkbar gewesen. Am wahrscheinlichsten ist aber, dass Michael Rockefeller entweder ertrank oder von einem Hai oder Krokodil getötet wurde. Erst 1964 wurde er offiziell für tot erklärt. Wegen der tragisch-mysteriösen Todesumstände wurde er später zu einem Popmythos und seine Story von Literaten, Rockbands und Filmemachern aufgegriffen.

Bedeutsam bleibt Rockefellers Beitrag zur internationalen Anerkennung der Asmat Kunst, die heute in vielen Völkerkundemuseen und Galerien zu bewundern ist. Vor seinem Tod stellte er die damals wichtigste und größte Sammlung von Schilden, Paddeln, Trommeln, Ahnenpfählen und Seelenschiffen aus dem Asmat zusammen. Die meisten dieser Stücke und seine rund 3500 Fotos von den Expeditionen sind heute Teil der Michael C. Rockefeller-Sammlung im Metropolitan Museum in New York. Nur die Mönchengladbacher Sammler Ursula und Günter Konrad haben mittlerweile eine gleichwertige oder größere Sammlung zusammengetragen.

Später ärgerte ich mich ein wenig, dass ich nicht einige Schilde aus dem Schuppen von Pfarrer Haas mitgenommen hatte. Ältere Asmatkunst wird immer seltener und schwerer zu finden, da sich nur sehr spät überhaupt jemand dafür interessierte. Die Asmat schnitzten Ahnenpfähle, stellten sie vor ihrer Hütte auf und ließen sie anschließend im Sumpf verfaulen, wie sie es gewohnt waren. Die Rettung ihrer Kunst hat die Welt Männern wie Pfarrer Haas und anderen Vertretern der Katholischen Kirche zu verdanken. Kurz nach der Periode von 1964 bis 1968, in der die indonesische Regierung den Asmat und anderen Papuas die Ausübung ihrer kulturellen Traditionen völlig untersagte, gelang es dem lokalen Bischof Alphonse Sowada, die

Mbis-, Holzschnitzer- und andere Feste neu zu beleben, so dass sie bis heute gefeiert werden. Zusammen mit den Ethnologen Tobias Schneebaum und Ursula Konrad gründete die Kirche 1973 das Asmatmuseum für Kultur und Fortschritt in Agats an der Pazifikküste, um die Kultur zu bewahren und zu dokumentieren. Bis heute finanziert die Kirche jedes Jahr im Oktober einen großen Holzschnitzerwettbewerb mit anschließender Auktion, um besonders begabte Künstler zu fördern. 1986 hatte ich Gelegenheit, das außergewöhnliche Museum zu besuchen.

Im Februar 1989 hatten wir jedoch ganz andere Dinge im Kopf. Wir mussten zum indonesischen Dorfkommandanten von Senggo. Als wir in sein Büro eintraten, liefen gerade die *Scorpions* im Radio, »Wind of Change«, die Pop-Hymne des Jahres. Der Mann hatte bewusst lange Fingernägel, um zu zeigen, dass er nicht arbeiten musste. Er konnte ein wenig Englisch. Als er erfuhr, dass wir Deutsche waren, riss er den Arm hoch, rief »Heil, Hitler« und fragte uns, ob wir Rummenigge kennen. Er war total begeistert, uns »Germans« zu sehen, alles war in Ordnung, wir brauchten keine Papiere vorzuzeigen.

Obwohl wir mit Karlheinz nichts mehr zu tun haben wollten, waren wir genau wie er dringend auf ein Flugzeug angewiesen, dass uns aus dem moskitoverseuchten Nest herausbrachte. Es dauerte jedoch ein paar Tage, bis endlich ein Flugzeug landete, das weiter nach Merauke im Süden flog, wo normale Maschinen nach Jayapura abgingen. Nur leider war Merauke für Ausländer gesperrt. Karlheinz schaffte es, uns alle mithilfe einer kleinen Gratifikation für den Piloten an Bord zu bekommen. Eine andere Verbindung nach Jayapura gab es nicht. So gelangten wir schließlich doch noch in die Hauptstadt zurück.

Der Abschied von Karlheinz am folgenden Tag, vor dem Abflug nach Deutschland, hatte etwas Symbolhaftes. Nachdem wir die letzten zehn Tage nur in den Kategorien »Arschloch« und »Arschkriecher« miteinander verkehrt hatten, tauchte unser Tourleiter am Flughafen von Jayapura wie eine lebende Leiche auf. Er war aschfahl, zitterte am ganzen Körper und fragte mich: »Roland, hast du noch Malariatabletten? Ich glaube, ich habe Malaria.«

»Aber du hattest doch acht Kilo Medikamente dabei.«

»Die sind alle mit dem Floß untergegangen, weißt du das nicht?«

Ich wusste, dass er log, aber ich bin Arzt, und er brauchte Hilfe. Daher gab ich ihm meine letzten Malariatabletten, obwohl ich sie für meine Prophylaxe gebraucht hätte. Andrea gab ihm auch noch welche. Es waren die Tabletten, die uns schließlich fehlten. Dann verabschiedeten wir uns. Ich hoffte, dass ich Karlheinz nie wieder begegnen musste.

In Lüneburg bilanzierten wir den Schaden. Fast das gesamte Gepäck war verloren oder unbrauchbar, die Videokamera kaputt, nur der Fotoapparat Marke Canon hatte das Abenteuer auf wundersame Weise überstanden. Das Wichtigste aber war, dass ich die Fotos hatte retten können. Es war nicht schlimm, dass die belichteten Filme nass geworden waren. Es sind wunderbare Bilder geworden, die mich für alle Widrigkeiten vielfach entschädigten.

Wenige Tage später erwischte Andrea und mich die Malaria.

Heller Wahnsinn – die Aeta, Batak und Taut Batu auf den Philippinen

Am 15. Juni 1991 brach auf der philippinischen Hauptinsel Luzon der Vulkan Pinatubo aus. Die Eruption ereignete sich nach einer 500-jährigen Ruhezeit des Berges, sie hatte sich monatelang angekündigt, und sie war eine der gewaltigsten des vergangenen Jahrhunderts. Der Ausstoß an Staub und Aerosolen in die Stratosphäre bewirkte einen weltweiten Temperaturrückgang von einem halben Grad Celsius. Zehntausende Menschen wurden evakuiert, trotzdem gab es durch den Ausbruch und seine Folgen auf Luzon mehr als 500 Opfer.

Am stärksten traf die Katastrophe die Aeta, ein Naturvolk, dessen Angehörige im dichten tropischen Dschungel um den Vulkan lebten, seit sie sich bei der Ankunft der Spanier im 16. Jahrhundert dorthin geflüchtet hatten. Die Aeta waren Jäger und Sammler, die sich erfolgreich im Regenwald behauptet hatten, auch wenn die Zivilisation immer näher an sie heranrückte. Ihrem Volk gehörten noch rund 15 000 Menschen an, die in Dörfern oder kleinen Siedlungen an den Hängen des Pinatubos lebten.

Von heute auf morgen verloren die Aeta ihre Heimat, als die Eruption den Urwald kilometerweit unter einer mehrere Meter hohen grauen Schicht aus Asche und Lava begrub. Alles Leben erstarb. Eine gewaltige Staubwolke verdunkelte den Himmel über Luzon. Bis ins südchinesische Meer und nach Vietnam, Kambodscha und Malaysia trug der Wind den die Lungen verätzenden Ascheregen.

Viele Aeta hatten ihre Dörfer bereits freiwillig verlassen, als die Explosionen im April begannen und die Regierung in Manila erste Evakuierungswarnungen herausgab. Sie versammelten sich zunächst in einem Dorf zwölf Kilometer vom Gipfel entfernt und beschlossen, weiter vom Pinatubo wegzuziehen. Einige Aeta wechselten in den zwei Monaten bis zur Haupteruption acht- oder neunmal ihren Aufenthaltsort. Schließlich wurden die meisten von ihnen in einem riesigen Flüchtlingslager am Rand von Quezon City untergebracht, rund 30 Kilometer vom Berg entfernt. Andere kamen in das näher gelegene Camp Mount Pinatubo.

Drei Wochen nach dem Ausbruch des Pinatubos stand Hartmut Heller vor meiner Tür in Lüneburg und klingelte Sturm.

Draußen war Frühsommer, ich ordnete gerade die Dias von meiner Kamerun-Expedition im März des Jahres, die mich zusammen mit meinem Bruder Rainer und dem Kameramann Frank Otto Sperlich zum Stamm der Koma im Alantikagebirge nahe der nigerianischen Grenze geführt hatte (siehe das Kapitel im Buch »Kirahé – Der weiße Fremde«). Die Koma sind ein archaisches afrikanisches Bergvolk von 5000 bis 6000 Menschen, die ihre kulturelle Identität weitgehend bewahren konnten, weil ihr Gebiet schwer zugänglich und extrem trocken und heiß ist. Niemand hatte je Interesse daran. Diese kleinwüchsigen Hirsebauern, die auch als Bergpygmäen bekannt sind, trugen keine Kleidung außer einem Lendenschurz aus Sackleinen oder aus Blättern.

Meine Fotos erinnerten mich an die Gewaltmärsche durch das ausgedörrte Bergland, das meterhohe, vertrocknete Elefantengras, an die Eidechsen und Schlangen, die Herden von Zeburindern, den heißen Wind aus der Sahara und an das allabendliche Konzert der Grillen und Zikaden. Wir hatten Bergdörfer in fast unberührter Ursprünglichkeit gesehen, bizarre Gesteinsformen entdeckt und waren manchmal mit einem schattenspendenden Wäldchen in einem Tal belohnt worden, durch das ein kühles Rinnsal floss.

Erstmals sah ich dort, dass ältere Koma-Männer eine Peniskalebasse aus einem getrockneten Kürbis als »Unterwäsche« trugen – eine ethnographische Besonderheit, da derartige Penisröhren für Afrika ungewöhnlich sind und ich sie nur von den Hochlandpapuas aus Neuguinea kannte. Für mich als Zahnarzt war ein weiterer Brauch aufregend: im Unterkiefer spitz geschliffene Frontzähne, die ebenfalls nur bei älteren Männern noch zu sehen waren. Die Zahnfeilung war bei ihnen früher eine übliche Initiationsmethode, inzwischen aber abgeschafft. Dagegen hielten sie an dem wichtigsten Schönheitsideal ihrer Frauen fest: einer großen Frontzahnlücke. Die oberen mittleren Schneidezähne wurden den zwölf- bis dreizehnjährigen Mädchen herausgeschlagen oder herausgehebelt. Davon besaß ich viele Aufnahmen.

Die Koma hatten uns überall in ihren Dörfern gastfreundlich begrüßt, Schlafplätze zugewiesen und immer gut mit Süßkartoffeln, Hirse, Termitenbrei, Macaboknollen und Bil-Bil, ihrem säuerlichen Hirsebier, versorgt. Ich hatte Bilder von Frauen bei der Feld- und Hausarbeit, von Männern auf der Jagd nach Hühnervögeln, von Dorftänzen und von Musikern mitgebracht, die sich auf der dreisaitigen Harfe in eine Art Trance gespielt hatten. Gerade hielt ich die Fotos in der Hand, die den Dorfzauberer in Nagomoluu zeigten, einem Ort, wo die Leute noch nie einen Weißen gesehen hatten und sich die Frauen und Kinder bei unserem Anblick in ihren Hütten versteckten.

Da riss mich das Klingeln an der Tür aus meinen Gedanken. Ich bat Hartmut Heller herein, den ich schon lange nicht mehr gesehen hatte.

»Ich war nicht in Deutschland. Ich komme gerade von den Philippinen. Du musst mir helfen«, sprudelte es aus ihm heraus. »Sofort. Sonst sterben die Aeta. Auf mich wurde sogar geschossen.«

»Wie bitte? Wovon redest du? Erzähl mal der Reihe nach!«

Hartmut Heller setzte sich an meinen großen alten Holztisch und begann wie ein Wasserfall zu reden. Der 50-jährige Wissenschaftler hatte vor ein paar Jahren an der Universität von Manila Physik unterrichtet. Gemäß seiner Lebensauffassung hatte er sich schon damals »nebenher«, wie er sagte, um das Wohl der Aeta gekümmert.

Die Aeta waren mir aus der ethnologischen Literatur gut bekannt. Sie sind sogenannte Negritos und die eigentlichen Ureinwohner von Luzon. Das spanische Wort Negrito, wörtlich übersetzt Negerchen, bezeichnet Abkömmlinge der ältesten

Ascheberge nach dem Ausbruch des Pinatubo-Vulkans auf den Philippinen.

Ureinwohner Südostasiens. Negrito klingt zwar wie ein Schimpfwort, ist aber ein ethnologischer Fachbegriff für die südostasiatische Urbevölkerung, die nicht malayischen oder chinesischen Ursprungs, sondern schwarz und kraushaarig ist, ähnlich wie die Afrikaner. Man findet sie außer auf den Philippinen noch in Thailand, auf den Andamanen, sogar in der Südsee und auf einigen Inseln vor Australien. Es wird vermutet, dass auch die im zentralen Hochland von Neuguinea lebenden Zwergpapuas, die Mek und Eipomek, ursprünglich Negritos waren. Wie sie sind die Aeta auffallend klein. Sie erreichen nur 1,40 bis 1,55 Meter Körpergröße. Orientierungsvermögen und Geruchssinn der Aeta sind ungewöhnlich gut ausgebildet; angeblich können sie eine Schlange allein an ihrem Geruch erkennen.

Die Herkunft der Aeta oder Agta ist bis heute nicht 100-prozentig geklärt. Die vorherrschende Theorie geht davon aus, dass sie Nachkommen der Ureinwohner der Philippinen sind, die den Archipel besiedelten, als er vor 30 000 Jahren noch über Landbrücken mit dem asiatischen Festland verbunden war. Eine andere Theorie besagt, dass sie wie die austronesischen Bewohner der Nachbarinseln übers Meer kamen. Als Nomaden errichten sie nur einfache Windschirme auf Zeit. Zwei angespitzte Stöcke werden in den Boden gesteckt, an einen Baum oder Felsvorsprung angelehnt und mit Blättern zum Schutz vor den häufigen Regenfällen bedeckt. Einige Aeta haben sich insoweit der Moderne angepasst, dass sie nun in Häusern aus Bambus leben. Aber alle Versuche, ihnen die Vorzüge des Ackerbaus beizubringen

Nach dem Ausbruch des Pinatubos blockierte die Vulkanasche Flussläufe. Viele Häuser der Anwohner wurden von Überschwemmungen zerstört.

und sie dauerhaft sesshaft zu machen, sind gescheitert. Hartnäckig haben sie sich über Jahrhunderte kulturellen und sozialen Einflüssen von außen widersetzt. Sie wollten nicht in die umgebende Gesellschaft integriert werden. Dabei schufen sie in ihrer Kultur Systeme und Strukturen, die eine schnelle Veränderung abschwächten und ihren inneren Zusammenhalt stärkten. Dies war ein Grund dafür, dass auch alle Versuche der spanischen Kolonialherren fehlschlugen, sie in *reducciones,* eine Art von Reservat, umzusiedeln.

Durch das Eindringen philippinischer Siedler in ihre Gebiete, durch den Bergbau und die Zerstörung ihrer Wälder nahm die Urbevölkerung jedoch in allen Teilen der Philippinen rapide ab. Auch Naturkatastrophen, Hunger und eingeschleppte Krankheiten dezimieren bis heute die indigenen Völker der Philippinen. Nur jedes dritte Kind der Aeta erreicht ein Alter von 15 Jahren. Aber auch wer diese Hürde nimmt, wird durchschnittlich nur 27,3 Jahre alt. Nachdem sie ihre Kultur und Lebensweise über Tausende von Jahren bewahren konnten, waren die Aeta durch die moderne Zivilisation einem sozialen und wirtschaftlichen Druck ausgesetzt wie nie zuvor. Obwohl die Philippinen sonst in jeder Hinsicht den USA nacheifern, wurden ihren Urvölkern bis vor kurzem keine Schutzgebiete zugestanden, wie sie in den Vereinigten Staaten seit mehr als 100 Jahren für Indianer üblich sind.

»Schon früher habe ich den Aeta geholfen, sich gegen die Holzfäller zu wehren«, sagte Hartmut Heller. »Rund um den Pinatubo stand ja bis zum Vulkanausbruch der letzte intakte Regenwald von Luzon. Aber korrupte Provinzbosse ließen immer wieder große Bäume herausholen und Straßen bauen. Der Lebensraum der Aeta wurde immer enger. Also habe ich ihnen Anwälte besorgt. Aber kaum war die Sache ins Rollen gekommen, brach der Vulkan aus. Du kannst dir nicht vorstellen, was da jetzt los ist!«

»Ich habe gehört, dass es riesige Flüchtlingslager gibt«, sagte ich.

»Es ist eine unglaubliche Katastrophe. Die Wälder sind vollkommen zugeschüttet. Die Aeta wurden zwar evakuiert, aber viele sind trotzdem gestorben. Aus ihren Dörfern haben sie kaum was retten können. Jetzt hocken sie zu Tausenden im Dreck, bekommen nichts zu essen, und die Missionare haben sie auch schon wieder am Hals. Sie sitzen alle in den Lagern und wissen nicht, wie es weiter gehen soll.«

»Du meinst also, wir sollten ihnen helfen. Aber wie stellst du dir das vor? Wie können wir beide Tausenden helfen? Da ist doch eher das Rote Kreuz oder die Welthungerhilfe gefragt.«

»Erzähl keinen Unsinn, Roland. Ich habe alles schon vorbereitet. Ich will die Leute aus dem Dorf am Pinatubo, mit denen ich zu tun hatte, umsiedeln. Ich will sie alle auf die Insel Palawan bringen, wo es noch richtigen Urwald gibt. Dann können sie wieder in ihrer natürlichen Umgebung leben.«

»Wie soll das denn gehen?«

»Ganz einfach. Ich bin schon in Palawan gewesen. Das liegt 700 Kilometer entfernt von Luzon, man kommt aber mit Schiffen hin. Und nun hör zu: Ich bin dort in den Urwald gegangen, wo die Batak wohnen. Das ist ein anderes Naturvolk, auch Negritos, die noch vollkommen im Einklang mit der Natur leben. Mit denen habe ich schon gesprochen, und sie haben gesagt, es ist alles okay. Sie geben mir ein verlassenes Dorf, wo es schon jede Menge Hütten gibt, und wir können die Aeta dorthin bringen.«

»Aber die Behörden? Was sagen die denn?«

»Das ist wie immer ein Problem. Der übliche Kompetenzwirrwarr. Aber ich habe schon mit der Regierung gesprochen. Die offizielle Bestätigung, dass ich die Aeta umsiedeln darf, habe ich in der Tasche.«

Er zog aus seinem Rucksack tatsächlich ein englischsprachiges Dokument mit offiziellem Stempel des Gouverneurs der philippinischen Provinz Tarlac hervor. Der Gouverneur erteilte ihm die Erlaubnis, »Aeta, die von dem Mount-Pinatubo-Unglück betroffen sind, nach Palawan zu transportieren und dort neu anzusiedeln«. Angehängt war eine lange Liste der Personen.

»Siehst du? Jetzt geht es darum, genug Geld und Lebensmittel zu organisieren, damit wir die Aeta nach Palawan bringen können.«

»Um wie viele Leute handelt es sich eigentlich?«

»Ach, im Prinzip um 15 000.« Ich blickte ihn entgeistert an. »Kleiner Scherz! Im ersten Schub geht es um 150 aus Lumibao. Dann nochmal 150 und so weiter. Bis zum Jahresende müssen wir mindestens 700 Leute umsiedeln.«

»Du bist verrückt, Hartmut. Und was soll ich dabei tun?«

»Du musst Geld beschaffen für den Umzug. Und das Fernsehen ranholen. Wir brauchen Publicity. Damit die Leute spenden.«

So hatte er sich das also gedacht! Ich hätte vielleicht sprachlos sein müssen, aber ich war es nicht. Inzwischen kannte ich Hartmut Heller ein wenig und wusste, dass er es ernst meinte. Er meinte es immer ernst. Er hat sich ein Leben lang, zunächst in Afrika, dann in Asien und Südamerika um die Naturvölker gekümmert, und das waren immer die Kleinwüchsigen, die Pygmäen, Negritos, Buschmänner oder Zwergindianer. Er hatte geradezu einen Narren an ihnen gefressen. So war das auch auf den Philippinen.

Heller war ein Besessener. Er war der eigensinnigste und radikalste Mensch in der deutschen Ethnoszene und überraschte mich ständig mit bizarren Ideen und Projekten. Zugleich war er ein Eiferer, ein Ideologe, ein Romantiker, ein Weltverbesserer – und auf gewisse Weise auch mein Freund. Jedenfalls damals noch.

Ich begegnete Hartmut Heller erstmals im Sommer 1990 in Geesthacht, als ich im dortigen Heimatmuseum eine Ausstellung über Naturvölker mit Bildern von Papuas und Amazonasindianern zeigte. Heller hatte sie sich angeschaut und schickte mir daraufhin einen Brief. Die Ausstellung habe ihm gefallen, schrieb er knapp. Er habe einen Verein *Freunde der Naturvölker* gegründet, suche ständig nach Mitstreitern und Spendern und wolle mich gern einmal kennenlernen. Es klang weniger wie ein Anknüpfungsschreiben, als vielmehr wie ein Befehl. Aber genau das weckte mein Interesse. Da er nur zwölf Kilometer entfernt wohnte, in Lauenburg an der Elbe, traf ich mich wenig später mit ihm.

Der Mann sah aus wie ein typischer Altlinker. Lockenkopf wie Rainer Langhans, Vollbart wie Karl Marx, dazu eine große Brille. Ein Revoluzzertyp. Er stellte sich mir auch so vor: »Ich bin Anarchist – seit ich angefangen habe, kritisch zu denken und den Denkprozess auch in meinem Leben umzusetzen.« Er war hager und recht groß. Er hatte stechend blaue Augen, aber eine angenehme, ruhige Stimme, und er sprach immer sehr ernst und sehr klar, ohne jegliche Ähs und Öhs. Er war mir sympathisch, und wir duzten uns sofort.

Heller sagte: »Für mich ist es wichtig, Leute zu finden, die sich wie ich als Advokaten der Naturvölker verstehen. Nur deshalb reise ich seit 20 Jahren herum und baue Kontakt zu ihnen auf.« Er sagte, leider sei er gezwungen, die Hilfsmittel der Zivilisation zu nutzen, um diese Menschen zu kontaktieren und mit ihnen zu leben. »Aber für mich steht fest, seit ich mich bewusst damit auseinandersetze: Ich lehne die Zivilisation ab.« Er redete auch stets ein wenig geschwollen daher. Trotzdem brachte er eine neue Saite in mir zum Schwingen. Ich spürte, dass ich von seiner Konsequenz etwas lernen konnte. Dass er mir etwas voraus hatte.

Hartmut Heller war auf der Suche nach Bundesgenossen und glaubte, in mir einen gefunden zu haben. Ich meinerseits war froh, endlich jemanden in der Nähe zu wissen, der sich mit Leib und Seele für Naturvölker interessierte. Von heute aus betrachtet würde ich sagen, dass wir uns zwangsläufig aufeinander zu bewegten, wie Magneten, die sich gegenseitig anzogen. Heller erzählte, dass er Atomphysiker sei und lange Jahre als Gastprofessor in der Dritten Welt gelebt habe. Eine Zeit lang habe er in Afrika als Entwicklungshelfer gearbeitet, weshalb er auch mit einer Afrikanerin verheiratet sei. Ich fragte ihn: »Und wovon lebst du jetzt?«

»Das ist eine lange Geschichte. Obwohl ich das als fragwürdig empfinde, bin ich ein spezieller Mitarbeiter der GKSS.«

Atomphysiker und Völkerfreund: Hartmut Heller.

Was sollte das bedeuten? Die GKSS war mir natürlich ein Begriff. Viele meiner Patienten in Geesthacht kamen von dort, der Gesellschaft für Kernenergieverwertung in Schiffbau und Schifffahrt, die nach dem Krieg als wissenschaftliches Begleitprojekt für das einzige westdeutsche Atom-U-Boot »Otto Hahn« gegründet worden war, sich inzwischen aber mit Verfahrens- und Atomtechnik befasste. Halb Geesthacht arbeitete dort oder im benachbarten Atomkraftwerk Krümmel. Was aber machte ein Anarchist in einer Atomfabrik?

»Ich bin bei der GKSS nicht für atomare Prozesse zuständig, sondern für die Klimaforschung«, sagte Heller. »Aber eigentlich lassen sie mich machen, was ich will. Solange ich nicht querschieße, habe ich einen Freipass.«

»Wieso denn das?«

»Hast du schon mal von den Leukämiefällen hier in der Elbmarsch gehört?«

»Natürlich. Viele Kinder sind an Leukämie erkrankt, und niemand weiß, woran es liegt. Ich hatte vor kurzem eine Mutter in der Praxis, deren Kind daran gestorben ist. Sie hat vermutet, dass es vom Atomkraftwerk kommen könnte.«

»Alle Leute, die sich vor Krümmel setzen und dort anketten, wollen im Prinzip das falsche Schwein schlachten. Mit Krümmel hat das überhaupt nichts oder nur ganz wenig zu tun. Wusstest du, dass es bei der GKSS auch einen Atomreaktor gibt?«

»Nee, davon habe ich nie gehört.«

»Es ist aber so. Von dort kommt die Radioaktivität. Es gab vor ein paar Jahren bei der GKSS eine Explosion, die vertuscht wurde. Damals ist einiges in die Luft geflogen. Ein paar Kollegen sind jetzt an Krebs erkrankt. Aber das kehren sie auch unter den Teppich. Mir ist es letztlich egal. Ich habe nur mal einem Sender ein Interview gegeben und denen die Wahrheit gesagt. Ich habe gesagt, dass es diesen Unfall gab und dass dabei Strahlung frei wurde, die möglicherweise die Leukämie hervorruft.«

»Das muss doch einen riesigen Aufruhr gegeben haben.«

»Natürlich. Der Chef hat mir gedroht, wenn ich das noch einmal behauptete, würde ich rausfliegen. Na gut, habe ich erklärt, ich werde es nicht wiederholen.

Von da an habe ich mich eigentlich nur noch um Naturvölker gekümmert. Ich halte den Mund, mache mein Ding, und sie lassen mich in Ruhe.«

Tatsächlich hat sich Hartmut Heller bis zu seinem Tod im Jahr 2003 nie wieder öffentlich zu dem Atomunfall bei der GKSS geäußert, der im Herbst 1986 stattgefunden haben soll. Richtig geklärt worden ist die Sache nie. Obwohl er sich oft monatelang an seinem Arbeitsplatz nicht blicken ließ, im Ausland herumfuhr und sich dort um Naturvölker kümmerte, bekam er jeden Monat sein Gehalt als Atomphysiker überwiesen.

»Du musst zugeben, dass das nicht schlecht ist, oder?«, sagte er.

»Aber du kannst dir doch nicht einfach einen Maulkorb umhängen lassen.«

»Warum nicht? Ich betrachte mich als entschiedenen Gegner dieser Zivilisation. Wenn sie sich selbst kaputt macht, habe ich nichts damit zu tun.«

Hartmut Heller wollte mich immer dazu bringen, in seinen Verein einzusteigen, also zu den *Freunden der Naturvölker* zu kommen. Das war sozusagen die radikale Variante der *Gesellschaft für bedrohte Völker* in Göttingen, mit denen er ständig im Clinch lag. »Die reden nur, ich handle«, sagte Hartmut. Er kannte deren Vorsitzenden Tilman Zülch gut und auch ihr wohl wichtigstes Mitglied, den Abenteurer Rüdiger Nehberg. Mal war er mit ihnen befreundet, mal verfeindet. Als er in der letzten Juniwoche 1991 zu mir kam, war er vorher in Göttingen gewesen und hatte versucht, von dort Hilfe zu bekommen.

»Weißt du, was Rüdiger vorschlug?«, fragte er mich mit vor Empörung zitternder Stimme. »Er wollte Survivalkurse für die Katastrophenhelfer anbieten! Wir brauchen aber Survival – also das Überleben – für die Aeta! Leider ist mit Rüdiger und Tilman da nichts zu machen. Die wollten auch kein Geld rausrücken. Sie meinten, ich wäre zu spontan. Du musst mir helfen!«

Was sollte ich dazu sagen? Hartmut hatte zweifellos das Talent, mich für eine Sache zu begeistern. Er hatte ja auch Recht, ein Naturvolk war in Not. Er appellierte quasi an mein ärztliches Ethos und wusste genau, dass ich dafür empfänglich war. Nun wollte er also ein ganzes Dorf von Luzon nach Palawan umsiedeln. Als ich mir die Idee durch den Kopf gehen ließ, erschien sie mir gar nicht so falsch.

Ein Jahr zuvor hatte er mich dazu bewegt, eine Initiative zu gründen, die Zahnärzte zum Sammeln von Altgold aufrief. »Altgold für Regenwaldvölker«, hatte ich sie genannt. Bei der Sammlung war bereits einiges zusammengekommen, und noch hatte ich den Spendentopf nicht angetastet. Konnte es eine bessere Gelegenheit als die Pinatubo-Katastrophe geben, um ihn zu öffnen?

»In Ordnung, Hartmut«, sagte ich nach kurzem Nachdenken. »Du kannst das Geld aus der Altgoldsammlung haben. Das sind schon etliche Tausend Mark. Aber ich will sehen, was du damit machst. Ich werde auf die Philippinen reisen. Und was das Fernsehen angeht, überlege ich mir noch etwas.«

»Danke. Wann wirst du kommen?«

»So schnell wie möglich.«

Hartmut gab mir seine Telefonnummer und Adresse in Manila und flog am nächsten Tag wieder auf die Philippinen, um die Umsiedlungsaktion in Gang zu setzen.

Er hatte mich mit seinem Eifer angesteckt. Es war eine turbulente Zeit, in der ich drei-, oft sogar viermal im Jahr eine Expedition ausrüstete. Da war eine zusätzliche Reise keine große Sache. Ich hängte mich ans Telefon und rief meine Freunde an. Motoro, Kuno und Otto sagten zu, mitzukommen.

Den Regie-Kameramann Frank Otto Sperlich, genannt Otto, und den Journalisten Andreas Kuno Richter, genannt Kuno, hatte ich Anfang 1990 in Ost-Berlin kennengelernt. Zusammen mit einem dritten Mann, dem Filmautor Lutz Rentner, waren sie ein Team, das damals für das politisch innovative DDR-Fernsehmagazin *Elf 99* arbeitete. Die drei suchten neue Akzente für ihr Programm. Exotische Regionen, zu denen die DDR-Bürger nie gekommen waren, weckten ihr besonderes Interesse, und meine Filmaufnahmen aus West-Papua und dem Amazonasgebiet begeisterten sie. Nachdem sie herausfanden, dass ich auch aus dem Osten stammte, entstand eine ganz spezielle Bindung zwischen uns, die bald zur Freundschaft wurde. Als ich ihnen dann vorschlug, mich auf meinen Expeditionen zu begleiten, gingen sie sofort darauf ein. So lernten wir uns immer besser kennen. Auch altersmäßig passte es. Damals war Otto 39, Kuno 32, und ich war 35 Jahre alt. Später, als das DDR-Fernsehen abgewickelt wurde, machten sich Kuno, Otto und Lutz selbständig, gründeten ihre Firma »Noah-Film« und erwarben sich mit kritischen Beiträgen über die Nachwendezeit einen Namen. Sie konnten ganz gut davon leben. Eine ihrer Trumpfkarten waren die Ethnofilme, die wir gemeinsam produzierten. Heute ist Frank Otto Sperlich wohl einer der bedeutendsten politischen Filmemacher im Osten. Andreas Kuno Richter wurde mit seinen einfühlsamen Sozialreportagen bekannt.

Kuno hatte mich bislang noch auf keiner Expedition begleitet. Die Reise auf die Philippinen war sein »erstes Mal«. Dort stellte ich fest, dass Kuno nicht nur eine überbordende Fantasie besaß und als Humorist glänzen konnte, sondern auch außerordentlich hilfsbereit war. Wenn er etwas zusagte, dann hielt er es 100-prozentig ein. Kuno wuchs in Grünheide bei Berlin auf und stammt wie ich aus einer Arbeiterfamilie. Sein Vater war früh gestorben, er hatte fünf Geschwister. In Rostock erlernte er den Beruf des Vollmatrosen, und zeitgleich machte er das Abitur. Danach studierte er in Leipzig Journalistik. Er war ein Nonkonformist, der es fertigbrachte, trotz erheblichen Druckes nicht in die SED einzutreten. Er wurde zunächst Radiomacher und kam kurz vor der Wende als Reporter und Autor zur Fernsehredaktion von *Elf 99*, wo er bald mit Lutz und Otto eine gemeinsame Filmsprache entwickelte.

Mit Otto und Lutz hatte mich die erste gemeinsame Reise im März 1990 zu den Padaung geführt, den Giraffenfrauen in den Bergen Nordthailands, die ihren Hals ab der frühen Kindheit mit Metallspiralen auf das Dreifache der normalen Länge dehnen. Drei Monate später fuhren wir dann nach West-Papua zu den Dani und Yali. Otto stammte aus Zittau, hatte eine streng kommunistische Erziehung genossen, war aber kein Mitläufer geworden, sondern immer kritisch geblieben. Er blieb auch im Westen politisch linksalternativ. Von ihm lernte ich Kameratechnik, Filmaufbau und Dramaturgie. Auf dieser Tour entpuppte sich Otto zudem als guter Menschenkenner. Einmal sagte er zu mir: »Roland, ich habe das Gefühl, du bist ständig auf der Flucht. Das ist der Grund, warum du dauernd unterwegs bist.« Das mag sein. Ich hatte schon länger die Vermutung, dass meine Abenteuerlust mit jenem Stasi-Offizier zusammenhängt, der damals in der DDR zu mir sagte: »Sie kommen aus diesem Land garantiert nicht heraus.« Vielleicht gab mir das den Impuls zu sagen: Jetzt erst recht! Nur weg, und immer, immer weiter!

West-Papua liegt geographisch und erst recht ethnographisch am Ende der Welt. Zum Schluss der Tour brachte uns der Hubschrauberpilot ins Asmat, wo er ein Baumhaus in 15 Metern Höhe entdeckt hatte. Solche Baumhäuser waren zwar in der Literatur beschrieben, aber damals noch nie gefilmt worden. Wir landeten an einem Flussufer, trafen auf völlig nackte Papuas, die wohl noch nie einen Weißen gesehen hatten. Es waren Korowai. Sie nahmen unsere Zigaretten und andere Geschenke an und luden uns in ihr Baumhaus ein. Als wir uns nach einer Stunde verabschiedeten und zum Hubschrauber gingen, stand ein Mann mit Pfeil und Bogen im Gebüsch und zielte auf uns. Er hatte höllische Angst vor uns, das sah man seinen Augen an. Er sieht in uns weiße Dämonen, dachte ich. Es war ein Moment höchster Gefahr. Wir liefen ganz langsam und bedächtig rückwärts, stiegen in die Maschine, es geschah uns nichts. Unsere Film- und Fotoaufnahmen waren vermutlich die weltweit ersten von diesem Volk. Wir hatten damals die letzte Demarkationslinie der Zivilisation übertreten – und ich hatte es nie vergessen, hatte die Korowai auf meiner inneren Landkarte vermerkt, um sie irgendwann wiederzusehen. Unser Neuguinea-Film mit dem Titel »Data incomplete« wurde wenig später im *Deutschen Fernsehfunk* (DFF) ausgestrahlt.

Zwei Monate nach der Rückkehr aus West-Papua saßen wir schon wieder gemeinsam im Flugzeug. Diesmal ging es nach Venezuela, zu den Yanomami. An dieser vom Ethnologen Fritz Trupp organisierten Expedition nahm auch meine damalige Freundin Andrea teil. Am Orinoco wollten wir unseren ersten längeren gemeinsamen Film drehen, der von den Yanomami handeln sollte. Es war meine dritte Expedition zu diesen Regenwaldindianern. Wir drangen in unerforschtes Gebiet vor, bis zu den *Auwei-teri,* einer Yanomami-Gruppe, die tief im Wald lebte, fünf Tagesreisen von der Missionsstation in Santa María Ocamo entfernt.

Die *Auwei-teri* gehörten zu den letzten Vertretern einer ursprünglichen Yanomami-Kultur. Sie lebten in ihrem traditionellen, burgähnlichen Rundhaus, dem Shabono, fischten noch mit Pfeil und Bogen, benutzten allerdings schon Buschmesser, Angelhaken und Äxte aus Stahl, die sie bei anderen Gruppen eintauschten, die näher an der Missionsstation siedelten. Dort, in Santa María Ocamo, trafen wir die 76-jährige Helena Valero, deren dramatische Lebensgeschichte – sie war als Kind von den Yanomami gekidnapped worden – ein italienischer Ethnologe 1965 als Buch veröffentlicht hatte. Das Buch war weltweit besprochen worden, aber vor der Kamera hatte Helena Valero ihre Erlebnisse bei den Yanomami noch nie geschildert. Sie in bewegten Bildern aufzunehmen, blieb Otto vorbehalten (ausführlich wird darüber im »Kirahé«-Buch berichtet).

In die Arbeiten an dem Yanomami-Film, den Kuno als Autor betreute, platzte nun Hartmut Heller mit seinem Philippinenprojekt. Die Zeit drängte, wie der dramatische Hilferuf von Lunas Tolentino zeigte, dem Sprecher der Aeta, der im Sommer 1991 auf Einladung der *Gesellschaft für bedrohte Völker* nach Deutschland kam. Die *Frankfurter Rundschau* druckte den Text ab: »Im Camp Aquino am Pinatubo leben 4000 Aeta in Schlamm und qualvoller Enge, von Moskitos gepeinigt. Es gibt kaum etwas zu essen. Der Reis ist alt und verdorben, das Wasser knapp. Viele Kinder sind krank geworden, 35 schon gestorben. Wir wollen hier weg, aber das Militär hält uns eingesperrt. Ich selbst wäre nicht in Europa, wenn ich nicht herausgeschmuggelt worden wäre. Das Schlimmste ist die Hoffnungslosigkeit. Fast mein gesamtes Volk vegetiert jetzt in solchen Lagern.«

Anfang November 1991 kamen wir schließlich los. Kuno und Otto hatten sich minutiös auf die Dreharbeiten vorbereitet und für professionelles Equipment gesorgt. Ich hatte die Tickets organisiert, hob die Spenden ab und zusätzliches Geld, insgesamt fast 10 000 Mark. Motoro hatte sich von Hartmut Heller ganz besonders anstecken lassen. Er hatte Vorträge über die Aeta vorbereitet, hatte in seinem Dorf Geld gesammelt und spendete selbst auch eine hohe Summe. Wenn Motoro von einer Sache überzeugt ist, gibt er alles dafür. Aber Hartmut Heller hat es ihm, wie wir später erfuhren, schlecht gedankt.

Motoro hatte ich drei Jahre zuvor kennengelernt, auf meiner zweiten Reise zu den Yanomami mit meinem Freund Fritz Trupp, dem bekannten Ethnologieprofessor aus Oberösterreich. Motoro ist ein bayerischer Landwirt, ein langer, dünner Kerl mit Muskeln wie Stahlseilen und einer Konstitution wie Reinhold Messner. Damals war Wolfgang Moritz, wie er mit bürgerlichem Namen heißt, 35 Jahre alt und seit vielen Jahren Abenteuer-Ethnologe. Wie ich hatte er sich der Erforschung und Dokumentation der letzten Naturvölker verschrieben. Den Namen Motoro, unter dem man ihn heute kennt, bekam er von uns bei den Yanomami verliehen. Dort machte es ihm Spaß, den Kindern vorzuführen, wie ein bayerischer Traktor funktioniert. Ich sehe ihn noch vor mir, wie er in Gummistiefeln auf dem Dorfplatz herumrennt, halbnackt, den Oberkörper mit rotem Urucú bemalt, und dabei Geräusche ausstößt, die sich

Leben in Pappkartons: Aeta-Kind im Flüchtlingslager Mount Pinatubo.

etwa so anhören: »Brummmmm-bababa-brrrrummm-bababa!« Er machte das Knattern des Motors nach. Das wollten die Yanomami immer wieder hören. Als wir es sahen und lachten, sagte mein mit uns gereister Freund Hansi Hutticher plötzlich: »El Motoro, du bist ein rechter El Motoro.«

So kam er zu seinem Spitznamen. Motoro war einer der ersten Leute im Westen, mit dem ich offen reden und auch streiten konnte, so wie ich es aus dem Osten kannte. Er versteckte sich nicht wie viele Westler, die ich in Hamburg, Lüneburg oder Geesthacht kennenlernte, hinter einer Wand aus Etikette oder Arroganz. Vielleicht weil er ein Bayer ist, der vom Dorf kommt, wo man eine klare Sprache pflegt. Motoro war weder hochnäsig noch kompliziert. Er war einfach Motoro. Das heißt, »einfach« ist das falsche Wort. Er ist selbstbewusst, verlässlich, konditionsstark, aber eigensinnig. Motoro stammt aus dem Dorf Marquardtstein in Oberbayern und ist als Landwirt besonders an den Anbaumethoden der Naturmenschen interessiert. Er ist auch in Deutschland Traditionalist, der sich für die Bewahrung alter Bräuche einsetzt, nimmt mit Lederhose und Trachtenhut an Umzügen in seinem Dorf teil und spielt im Bauerntheater. Im Urwald am Orinoco wurden wir Freunde.

Ein Jahr nach der Expedition zu den Yanomami, am ersten November 1989, flogen wir erstmals zusammen nach West-Papua. Auch auf dieser Reise wollten wir einer Legende folgen – der Sage von den geheimnisumwitterten Waldmenschen von Waigeo. Diese Insel liegt im Norden Neuguineas. Ihr Inneres war damals noch von undurchdringlichem tropischen Regenwald bedeckt, den niemand erforscht hatte. Die etwa 6000 Einwohner Waigeos, fast ausschließlich Fischer, hatten Angst vor dem Wald. Uns wurden Schauergeschichten erzählt über die *orang hutan,* die Waldmenschen, und über andere mystische Wesen, die im Dschungel lebten – Riesen und Drachen. Immer wieder seien Holzfäller getötet worden, sagten die Leute.

All unsere Bemühungen, in den Dschungel zu marschieren, scheiterten daran, dass wir keine Träger fanden, die mit uns gehen wollten, und an der Undurchdringlichkeit des Geländes. Wir beschlossen daher, das Unternehmen abzubrechen. Ich werde nie vergessen, an welchem Tag wir wieder zurück nach Neuguinea kamen – es war der 9. November 1989, als die Berliner Mauer fiel. Damals war ich froh, dass wir raus aus dem Wald waren und zurück nach Deutschland konnten. Der Fall der Mauer war ein Ereignis, von dem ich in meinen kühnsten Träumen im Gefängnis von Brandenburg geträumt hatte, wo ich wegen »Vorbereitung zur Republikflucht« 1981 bis 1983 eingesperrt war. Es war ein anderer Traum als die Zeitreise in die Steinzeit, aber jetzt plötzlich nicht weniger real.

Mein Leben nahm eine neue Wendung. Ich kam in engen Kontakt mit den Völkerkundemuseen von Leipzig und Dresden, denen ich zahlreiche teils seltene ethnographische Sammelstücke übergeben konnte. Ich bekam die Gelegenheit, an der Universität Greifswald Vorlesungen über Ethnozahnmedizin zu halten. Ich lernte neue Freunde kennen, die Ethnologen Rolf Krusche und Klaus-Peter Kästner, die Filmemacher Otto Sperlich, Kuno Richter und Dietmar Heger. Und Motoro war in gewissem Sinne immer dabei. Wir wurden ein Expeditionsteam, zusammengeschweißt durch gemeinsame Mühen und Erfolge – wie auf den Philippinen.

Manila ist eine riesige, wuchernde Dritte-Welt-Metropole mit 15 Millionen Einwohnern. Vom Flugzeug aus sah man nur ein gewaltiges graues Häusermeer an der blauen Manila-Bay. Als wir aus der Gepäckausgabe kamen, wurde ich wegen einer großen Kiste durchsucht, die 15 Kilo Arzneimittel enthielt. »Wozu führen Sie die Medikamente ein?«, wollten die Zollbeamten wissen. Ich versuchte ihnen zu erklären, dass sie für die Aeta gedacht waren und ärgerte mich, dass ich auf Hartmut gehört hatte. Er hatte auf meine Frage, ob es beim Zoll Ärger geben könne, lakonisch geantwortet: »Alles mitbringen, kein Problem.«

Nun fragte mich der Zöllner: »Wo ist Ihre Einfuhrerlaubnis?« Ich guckte ihn hilflos an. Inzwischen war Hartmut Heller auf dem Flughafen eingetroffen, hatte mich entdeckt und begann mit den Zöllnern zu streiten. »This is help for Pinatubo people.« Wir seien eine NGO, eine Nichtregierungsorganisation aus Deutschland, wir leisteten wichtige Hilfe für die Ureinwohner, es sei enorm dringend und so weiter. Sie schalteten aber auf stur. Ich sagte: »Hartmut, sei nicht so verbissen, gib ihnen ein paar Scheine, und fertig.«

Damals wusste ich noch nicht, wie entschieden Hartmut Heller jegliches Schmiergeld ablehnte. Lieber nahm er endlose Nervereien in Kauf. Er brüllte nun schon herum, drohte mit seinen »Freunden bei der Regierung«, aber die Filipinos sahen ihn nur mit unbewegtem Gesicht an. Die Medikamente wurden eingezogen. Ich war ziemlich verärgert und nur halb besänftigt, als Motoro mit der zweiten Medizinkiste glatt durch den Zoll kam. Ich mochte gar nicht daran denken, was Motoro für einen Aufstand gemacht hätte! Auch er weigert sich kategorisch, irgend jemanden zu bestechen. Lieber diskutiert und brüllt er oder bringt sich sogar in Gefahr. Dabei folgt er einer bewährten Familienerfahrung, die sein Vater ihm schon als Kind mitgab: »Lieber erst den Mund aufmachen als den Geldbeutel!«

Hartmuts allgemeiner Euphorie tat all das wenig Abbruch. Er brachte uns zu einer kleinen preisgünstigen Pension in einer Slumgegend am Rande von Manila. Wir setzten uns im überdachten Innenhof zu einer Besprechung zusammen. Hartmut sagte: »Meine Freunde, es hat funktioniert! Die ersten 150 Aeta sind bereits auf Palawan, und die nächsten 150 bringen wir in wenigen Wochen auch dorthin. Es gibt Schwierigkeiten mit den Bürokraten, aber ich bin dabei, sie zu lösen.«

Als Heller uns die Einzelheiten seiner Aktion schilderte, wurde mir erst richtig bewusst, welche Dimension sie besaß. Was er hier organisierte, war ein tollkühnes Unternehmen, wie es nur geniale oder wahnsinnige Draufgänger ersinnen können. Er hatte tatsächlich bereits ein ganzes Dorf per Schiffsfracht mit der Fähre »Dona Virginia« über Manila zur 700 Kilometer südlich liegenden Insel Palawan umgesiedelt! Während der Aktion war, wie er erzählte, zweimal auf ihn geschossen worden, eine Woche später hatte ihn die Polizei ein paar Stunden eingesperrt und zunächst bezichtigt, die Aeta entführen zu wollen. Dann hieß es, er habe die »Flucht von Lagerflüchtlingen« organisiert und die Behörden nicht über seine Pläne informiert. Er konnte sich aber unter Verweis auf seine offizielle Genehmigung aus der Malaise befreien. Vielleicht spielte es ihm in die Hände, dass gerade der Wahlkampf auf den Philippinen tobte und man mit anderen Dingen beschäftigt war.

Unterwegs mit dem Jeepney. Auf der Motorhaube Otto Sperlich, vorn im Wagen Kuno Richter.

Kuno und Otto hatten viele Fragen an Hartmut, weil sie ihren Film vorbereiten mussten. Wir einigten uns darauf, mit ihm zum Pinatubo zu fahren, dort Bilder der Katastrophe aufzunehmen, und jene Aeta im Flüchtlingslager Mount Pinatubo aufzunehmen, die als nächste umziehen sollten. Dann wollten wir nach Palawan fliegen, wo es darum ging, den Umgesiedelten zu helfen, sich dort einzugewöhnen und in der fremden Umgebung zu behaupten.

Nach der Besprechung schauten wir uns die Stadt an und gingen ein Bier trinken. Selbst hier in Manila, rund 80 Kilometer vom Pinatubo entfernt, waren fünf Monate nach dem Ausbruch des Vulkans die Folgen noch deutlich sichtbar. Ein feiner weißer Staub hatte sich auf Häuser und Hütten gelegt. Flüchtlinge lebten in Lagern am Stadtrand. Die Zeitungen und das lokale Fernsehen kannten, abgesehen vom Wahlkampf um das philippinische Parlament, noch immer kaum ein anderes Thema.

Wir heuerten einen Jeepney mit Fahrer an. Jeepneys sind nachgebaute, nach asiatischem Geschmack bunt bemalte und dekorierte Geländewagen der US-Armee, ein Mittelding zwischen Reisebus und Jeep. Die amerikanischen Militärcamps auf den Philippinen waren erst vor kurzem, unter der seit 1986 amtierenden Regierungschefin Corazón Aquino, der demokratisch gewählten Nachfolgerin des korrupten Diktators Marcos, geschlossen worden.

Wir kauften säckeweise Reis und jede Menge zusätzliche Medikamente für die Aeta. Am nächsten Morgen brachen wir mit dem Jeepney nach Norden auf. Obwohl wir nur 80 Kilometer zurückzulegen hatten, brauchten wir mehr als einen Tag bis zum Pinatubo, weil man sich auf den Straßen noch immer regelrecht durch die Asche kämpfen musste. Schon viele Kilometer vor der Bergkette begann das Gelände auszusehen wie eine Salzwüste.

Je näher wir an den Pinatubo kamen, desto mehr erinnerte die Landschaft an Bilder der Apokalypse. Wie Mahnmale der Katastrophe ragten verdorrte Bäume oder die zerstörten Reste einzelner Bambushütten aus der meterdicken Ascheschicht hervor. Inzwischen war auch hier und da wieder frisches Grün zu sehen – die Natur kehrte zurück. Manchmal waren durch Zufall oder den Schutz eines Hügels Urwaldstücke verschont geblieben, die wie grüne Inseln in einem Meer aus Asche lagen.

30 Kilometer vom Berg entfernt filmten wir in der zerstörten Provinz Zambales, wie Filipinos eine alte spanische Kirche mit Schaufeln und Baufahrzeugen vom festgebackenen Schlick zu befreien versuchten. Die Menschen verhüllten ihre Gesichter mit Tüchern, auch wir atmeten schwer.

Hartmut hatte schon vor dem Vulkanausbruch Kontakt mit den Aeta und anderen philippinischen Ureinwohnern gehabt, die die Spanier bei ihrer Entdeckung der Inselgruppe verächtlich Negritos genannt hatten. Alle rund 70 Naturvölker des Archipels sind in ihrer Existenz als kulturelle Gemeinschaften aufs höchste gefährdet, da ihre Siedlungsräume durch den massiven Holzeinschlag immer stärker schrumpfen. Die letzten Ureinwohner verlieren ihre Jagdgründe. Waren zu Beginn des 20. Jahrhunderts noch rund 90 Prozent der Philippinen mit Dschungel bedeckt und bei der Unabhängigkeit nach dem Zweiten Weltkrieg immerhin noch 60 Prozent, so sind heute gerade drei Prozent Waldfläche übrig. Hinzu kommt die massive, von der Regierung nicht behinderte Einflussnahme durch christliche, meist amerikanische Missionsgesellschaften.

Noch in den letzten Jahrzehnten hatten die Aeta ein Siedlungsgebiet nach dem anderen eingebüßt. Sie wurden beispielsweise von der Insel Borcay evakuiert, die seit Ende der sechziger Jahre zum Ferienparadies auch für Deutsche ausgebaut wurde. Hunderte Aeta vertrieb man 1986 von der Halbinsel Bataan, die das US-Militär beanspruchte. Schließlich wurden die Aeta, Ati und anderen Negrito-Völker auf Luzon in die letzten unberührten Bergdschungel verdrängt – und ausgerechnet dort vom Pinatuboausbruch überrascht. Pinatubo bedeutet in der Landessprache Tagalog Berg der Ureinwohner. Doch sie mussten der Tatsache ins Auge sehen, dass sie das gesamte Gebiet unwiderbringlich verloren hatten.

Hartmut Heller in einem Aeta-Dorf auf Luzon, mitten im Vulkanaschegebiet.

Um die Aeta zu erreichen, mussten wir über einen See inmitten der grauen Lavawüste fahren, den es vor der Eruption noch nicht gegeben hatte. Ein ganzes Tal war hier überschwemmt worden. Im Hintergrund hob sich die blaue Bergkette vor den tiefhängenden Wolken ab; der Gipfel des Vulkans blieb in ihnen verborgen. Privatsoldaten der Benguet Mining Corporation bewachten eine provisorische Anlegestelle, wo wir die landestypischen Auslegerboote bestiegen – es waren die gleichen Sicherheitskräfte, die vor vier Monaten auf Hartmut geschossen hatten, als er die ersten Aeta abholte. Jetzt wirken sie friedlicher, sie hatten verstanden, dass der verrückte Deutsche die Buschleute aus dem Sicherheitsgebiet ihrer Mine schaffte und ihnen damit einen Gefallen tat.

Während der Bootsfahrt über den See konnten wir eine klaffende Wunde an einem der nahen Berge erkennen – der riesige Tagebau, in dem die Minengesellschaft nach Gold schürfte, ehemaliges Aeta-Land. Wir navigierten zwischen Baumkronen hindurch, die knapp aus dem Wasser ragten. »Tropischen Regenwald gab es hier auch vor der Katastrophe kaum noch – nicht der Pinatubo hat die Lebensräume zerstört, sondern die Menschen mit ihren Sägen«, dozierte Hartmut. »Und die Aeta können sich nicht wehren, weil sie rechtlos sind. Sie können sich auf keine Landtitel berufen, obwohl sie seit Tausenden von Jahren hier leben.«

Wir fanden die Aeta in behelfsmäßigen Baracken aus Pappe und Plastik in einer Mondlandschaft am Ufer des Sees, wo einmal ihr Dorf Lumibao gestanden hatte. Ihre früheren Bambushütten waren von Schlammlawinen plattgewalzt und in Einzelteile zerlegt worden. Hier harrten noch 15 Familien aus, die Hartmut komplett nach Palawan umsiedeln wollte. Die Aeta freuten sich, ihn wiederzusehen und näherten sich ihm ehrerbietig wie einem Anführer oder Häuptling. Es war das erste Mal, dass ich diese Reaktion von Ureinwohnern ihm gegenüber sah. Es waren kleinwüchsige Leute, sehr dunkelhäutig, kraushaarig, zartgliedrig, mit breiten Nasen und braunen Augen. Die Männer ließen sich in der Regel einen Vollbart stehen, der allerdings nie einen Umfang wie bei Hartmut erreichte. Viele wirkten apathisch und traumatisiert, als hätten sie allen Lebensmut eingebüßt.

Im zerstörten Aeta-Dorf aßen die Kinder in der Not Käfer.

Hilfsorganisationen hatten den Aeta von Lumibao zwar Turnhosen, bedruckte T-Shirts und bunte Flipflops gegeben, die sie jetzt anstelle der traditionellen Kleidung – Wickelröcke aus Stoff bei den Frauen, einfache Genitalschnüre oder Lendenschurze bei den Männern – trugen. Aber sie hatten ihnen keine Medikamente gebracht und ihren Hunger nicht gestillt. Die Aeta hatten fast nichts zu essen und sammelten Käfer. Ich beobachtete, wie ein Mann acht Nashornkäfer in einem Aluminiumtopf über dem Feuer kochte und dann an seine Familie verteilte. Sie knackten sie, wie wir Nüsse knacken und spuckten die harten Schalen aus. Der Mann sagte: »Was hier geschehen ist, das war die Rache des Berges am Menschen. Der Vulkan hat seine Wut über das Land gespien.« Dieser Mann wirkte nicht verbittert. Er nahm die Katastrophe als sein Schicksal hin.

Vergebliche Jagd im Aschewald. Schon zuvor waren Tiere selten geworden.

Wir bemerkten, dass viele Kinder unter einem Ausschlag litten. Auch in ihren Augen hinterließ der feine Vulkanaschestaub seine unheilvollen Spuren, sie waren entzündet und tränten. Aber das Leben ging trotzdem weiter, die Kinder spielten im See mit selbstgebauten Flößen.

Wir luden unseren gesamten Reis bei ihnen ab. In einem großen Bottich begannen sie damit, den Reis mit Stangen zu dreschen. Das Stampfen von Reis war für die ehemaligen Waldnomaden jedoch ebenso untypisch wie die T-Shirts, die sie nun trugen. Das Feuer entzündeten sie auf traditionelle Weise, indem sie zwei Bambusholzhälften gegeneinander rieben und Stroh darunter legten, das schließlich zu brennen begann. Ganz von der Außenwelt abgeschnitten, mussten sie sich jetzt wieder auf diese ursprünglichen Techniken besinnen.

Vor unserer Abreise versammelte Hartmut die Aeta von Lumibao und redete mit ihnen. Er hatte lange genug auf den Philippinen gelebt, um sich dort in der Landessprache Tagalog verständigen zu können. Er erklärte ihnen, wann er sie abholen würde. Als wir in den Auslegerbooten aufbrachen, winkten sie uns lange nach.

Auch am Flüchtlingslager Mount Pinatubo bei Camachilles, in dem viele tausend Vulkan-Opfer festsaßen, kontrollierte das Militär die Zugänge. Am Rand des riesigen Camps fanden wir eine große Gruppe von Aeta, die regelrecht auf Aschebergen hausten. Diese Menschen waren ein Leben im Wald gewöhnt, sie konnten sich aus der Natur ernähren, und waren jetzt völlig auf fremde Hilfe angewiesen. Da die Negritos als unterste Schicht der philippinischen Gesellschaft gelten, bekam das wehrlose einstige Regenwaldvolk auch im Lager nur die Reste ab, und das war viel zu wenig.

Die malayischstämmigen Flüchtlinge wurden im Camp Mount Pinatubo eindeutig bevorzugt. Während sie in endlosen Reihen von Stoffzelten untergebracht waren, mussten die Aeta mit menschenunwürdigen Elendshütten Vorlieb nehmen, die sie sich aus jenen Pappkartons selbst gebaut hatten, in denen die internationalen Hilfswerke Konserven und Reis anlieferten. Während die Malayen Medikamente erhielten, blieben die Aeta unversorgt. Sie bestätigten uns, dass immer wieder Kinder starben. Wir beobachteten, wie einige Aeta mit einem Holzkarren, vor den ein Wasserbüffel gespannt war, eine dürftige Ration Reissäcke abholten, die für 100 Menschen reichen sollte. »Wir bekommen nur zwei Kilo Reis und eine Konservendose Tomaten pro Familie pro Woche«, klagte eine Aeta-Frau.

Die Verteilung der Lebensmittel beaufsichtigte eine Filipina mit glattem Haar, eine Vertreterin des Sozialministeriums für Wohlstand und Entwicklung. Hartmut begrüßte sie, und Kuno fragte sie, ob sie uns ein Interview geben würde. »Yes, sure«, sagte sie. »From which country?«

»Germany«, brummelte Hartmut in seinen Bart.

»Ah, Heil Hitler«, sie riss ihren Arm hoch und lachte.

Hartmut fand das nicht so witzig. »Ja. Und was ist nun eigentlich hier mit den Aeta? Bekommen sie wirklich weniger Nahrung aus den Spendenmitteln als andere Flüchtlinge?«

Erstaunlicherweise bestätigte die Beamtin dies. »Die Zuteilungen der Gesundheits- und Sozialbehörde an die Aeta sind geringer, weil nicht genug da ist. Die Regierung hat nicht genug für alle.«

»Und warum bekommen die Aeta weniger?«

»Ich glaube, weil sie eine Minderheit sind.«

Nicht nur auf den Philippinen sind ethnische Minderheiten die letzte Stufe in der sozialen Hierarchie, ich hatte Ähnliches inzwischen schon in West-Papua, am Amazonas und gerade vor einem halben Jahr in Kamerun erlebt. Ich zog daraus aber nicht wie Hartmut den Schluss, gleich sämtliche Hierarchien abzulehnen. Das war nämlich seine Überzeugung als Anarchist. Er sagte immer: »Die Naturvölker leben anarchisch, und genauso lebe ich auch.«

Doch die Aeta im Camp Mount Pinatubo waren nun gezwungen, mit den Segnungen der Zivilisation umzugehen, um zu überleben – zum Beispiel mit Konservendosen. Otto filmte eine Frau, die Probleme hatte, mit ihrem Buschmesser eine Tomatenkonserve zu öffnen. Eine Familie hatte irgendwo Enteneier erstanden, die halb ausgebrütet waren. Ursprünglich galten sie bei den Aeta als potenzsteigerndes Mittel, in der jetzigen Situation halfen sie ihnen, die fehlenden Proteine aufzunehmen.

Das Militär hatte die Aeta in verschiedene Camps verteilt, und hier herrschte oft der Leitspruch: Teile und missioniere. Sie wurden absichtlich in christliche Camps gebracht. Missionare waren die einzigen, die ihnen ein wenig zusätzliche Nahrung beschafften. Aber der Preis dafür war hoch. »Sie nehmen ihnen ihre Kultur und zwingen ihnen den Jesusglauben auf«, sagte Hartmut. Ich merkte, dass er sehr schlecht auf die hiesigen Missionare zu sprechen war.

Gerade die Philippinen sind ein sehr christliches und extrem amerikanisiertes Land. Manchmal kam es mir wie ein zusätzlicher Bundesstaat der USA vor. Hartmut hatte berichtet, dass schon vor dem Vulkanausbruch amerikanische Missionare bei den Aeta aufgetaucht waren, die ihnen ihre »gottlose Lebensweise« austreiben wollten. Als die Aeta nun völlig entwurzelt in Pappkartons am Rande von Flüchtlingscamps lebten, waren sie für diese Gestalten ein gefundenes Fressen.

Die Missionare versprachen Hilfe, aber es ging ihnen in Wahrheit darum, die Eingeborenen endlich zu »knacken«: die Kinder in ihre Schulen zu verfrachten und allen das Christentum beizubringen. Sie konnten es nicht ertragen, dass die Aeta trotz der sie unaufhaltsam umzingelnden christlichen Gesellschaft ihren ursprünglichen Glauben bewahrt haben, der bei einigen Stämmen sogar monotheistische Züge trägt. Verschiedene Aeta-Gruppen glauben an einen Allmächtigen, der über niedere Geister und Gottheiten herrscht. Bei den Aeta am Mount Pinatubo heißt dieser oberste Gott *Apo Namalyari.* Allerdings praktizieren die meisten Aeta auch animistische Bräuche einer Naturreligion. Bevor sie Muscheln sammeln, Honig ernten oder Schweine jagen, führen sie spezielle Tänze auf. Die Aeta um den Pinatubo glauben an verschiedene, sie umgebende Geisterwesen. Sie glauben auch an eine Seele, die den Körper während des Schlafes zeitweise und nach dem Tod dauerhaft verlässt und zum Gipfel des Pinatubos schwebt – was ein Grund dafür ist, dass sie diesen Berg so sehr verehren.

All dies war den Missionaren ein Dorn im Auge. Wir sahen sie überall im Camp herumlaufen: Amerikaner, teilweise ehemalige Militärs, die nach Auflösung der amerikanischen Basen zurückgekehrt waren, um zu missionieren. Es waren vor allem Leute vom streng puritanischen *Summer Institute of Linguistics,* von deren Missionaren ich bisher nur einen kennengelernt hatte, im Hochland von West-Papua, ohne mir besondere Gedanken über die Organisation zu machen, die er vertrat.

Im Flüchtlingscamp kamen wir mit einem ihrer Pastoren ins Gespräch. Er war ein Amerikaner, der eigentlich ganz nett war – solange wir über Allgemeinplätze redeten. Aber als er unsere Frage beantwortete, welcher Tätigkeit er nachgehe, glaubte ich meinen Ohren nicht zu trauen. »Wir bringen den Aeta die Botschaft Christi«, sagte er. »Sie sind vom Teufel besessen, und es ist unsere Aufgabe, ihnen den Teufel auszutreiben. Wir versuchen, sie davon abzubringen, im Wald zu leben und ihre teuflischen Götter anzubeten.« Als Hartmut das hörte, ging er dem Missionar fast an die Kehle und brüllte: »Verlassen Sie das Camp! Lassen Sie die Leute endlich in Frieden!« Auch Motoro regte sich auf und schimpfte auf Bayerisch. »Haut's ab, ihr Halunken, ihr gottverfluchten Pfaffen, ihr«, rief er.

Der Regierung Aquino mochte es aber recht sein, was die Missionare dort trieben. Sie nutzte die unerhoffte Chance, ihre unliebsamen »Primitiven« in die chaotische Gesellschaft des Landes zu integrieren und damit als Problem loszuwerden. Von Major Gorden, dem streng bewachten Gouverneur der Provinz Zambales, hörten wir das zynische Argument: »Die Aeta sind die Ureinwohner dieses Landes, daher ist es ihr Land. Ein Umsiedlungsantrag im eigenen Land ist unmöglich.« Doch ohne Antrag war die Umsiedlung nicht ins Werk zu setzen. Landrechtsurkunden wurden ihnen andererseits mit Bedacht vorenthalten. Die wenigen bestehenden Aeta-Reservate waren viel zu klein, isoliert und lagen meist auf unbrauchbar gemachtem, entwaldeten Hanggelände.

Hartmut Heller hockte sich zu einzelnen Aeta-Familien an ihre Hütten und besprach die nächsten Schritte auf dem geplanten Weg nach Palawan. Auch diese 600 Aeta aus dem Flüchtlingslager am Mount Pinatubo wollte er nach Süden verschiffen. Doch noch behinderten Behördengänge im Dschungel von Macht und Korruption das Vorhaben.

Hartmut zeigte den Aeta eine Mappe mit Fotos aus dem Dschungeldorf in Palawan, in dem bereits Angehörige ihres Volkes lebten, um ihnen Mut zu machen. Immer mehr Aeta blätterten neugierig durch die Bilder. Sie umlagerten den Deutschen regelrecht, darunter viele Frauen mit hochfrisiertem krausem Lockenkopf. »Warum dürfen wir noch nicht nach Palawan?«, fragte eine Frau. Hartmut zupfte an seinem Bart, sah sie eindringlich an, zeigte auf sich, Motoro und mich und sagte: »Es liegt an der Regierung. Die korrupte Regierung in Manila lässt euch nicht fahren. Aber hier sind Freunde aus Deutschland, die euch helfen wollen. Wir werden jetzt alle zusammen nochmal zur Regierung gehen.«

Zurück in Manila ließ sich Hartmut von nichts und niemandem beirren. Ohne einen Termin zu haben, fuhren wir mit unserem bunten Vehikel vor das Abgeordnetenhaus, einem braunen Betonquader in einem Viertel mit akkurat gestutztem englischen Rasen. Hartmut Heller marschierte stracks zu den verantwortlichen Beamten, er ließ sich nicht abwimmeln, trat immer freundlich, aber bestimmt auf. Natürlich wollte er die Bürokratie provozieren, versprach sich auch einige Wirkung von unserem Kamerateam, das ihm zugleich Sicherheit garantierte. Obwohl der deutsche Völkerfreund inzwischen auf irgendeinem Index stand, wollte er eine Zusicherung erreichen, dass man ihm wenigstens keine Knüppel in den Weg legte.

Also passierten wir als komplette Gruppe aus Deutschland – Hartmut, Motoro, Otto, Kuno und ich – ordentlich »zivil« gekleidet, die Sicherheitsschleusen des klimatisierten philippinischen Sozialministeriums. Hartmut flüsterte mir zu: »Die Regierungsvertreter können es sich gar nicht leisten, sich nicht für den Schutz

Hartmut Heller vor einem Regierungsgebäude in Manila.

der Regenwälder und der Naturvölker verbal einzusetzen, deshalb ist es so wichtig, ihre Stellungnahme auf Film zu dokumentieren.«

Ein Polizist führte uns in einen großen repräsentativen Raum, der mit einem Foto der Präsidentin Corazón Aquino geschmückt war. Mit der Regierungsbeauftragten für die ethnischen Minoritäten verhandelte Hartmut außerordentlich konziliant, bis er die Stempel, die er brauchte, bekommen hatte. Sie ließ ihm ein Empfehlungsschreiben ausstellen, in dem sie ihm zusicherte, dass sie sein Umsiedlungsprojekt unterstützte.

Otto Sperlich filmt im Sozialministerium.

Hinter einem mit Papieren und Akten überladenen Schreibtisch saß ein unscheinbarer bebrillter Filipino, der Präsidentschaftskandidat Ramón V. Mitra. Ein Mann, der sich seiner Wichtigkeit bewusst war, wie ich an seinen langen Fingernägeln erkannte. Damit zeigte er, dass er nicht körperlich arbeiten musste. Geduldig feilschte Hartmut mit ihm um Genehmigungen, wobei er ihm immer näher auf den Schreibtisch rückte. Wenn ihm etwas nicht passte, fing er regelrecht an zu schimpfen, bis er seinen Willen durchgesetzt hatte. Wie ein zorniges Kind.

Bei diesen Terminen ging es auch um eine Drehgenehmigung auf Palawan. Alles war an Konzessionen, Geld und Formulare gebunden. Aber am Ende des Tages hatten wir die nötigen Papiere in der Tasche. Jedenfalls sah es so aus, als ob alles seine Ordnung hatte. Ich glaube, Heller hatte die Beamten sozusagen im Handstreich überrumpelt. Aber man weiß in Asien nie.

»Was für eine absurde Situation!«, fluchte Hartmut, als wir wieder draußen waren. »Seit Jahrhunderten haben diese Menschen in Einklang und Harmonie mit der Natur gelebt, und nun werden ihnen solche Vorschriften gemacht von Menschen, die nur zerstörerisch vorgehen. Aber sie geben vor, das Leben der Aeta verbessern zu wollen! Wenn sie ehrlich wären, müssten sie zugeben, dass sie gar kein Interesse an ihnen haben, weil sie nämlich kein Geld aus diesen Menschen herausholen können.«

Einen Tag später führte uns ein Flug zum Westrand des philippinischen Archipels. Unser Ziel war die 425 Kilometer lange und 40 Kilometer breite Insel Palawan, eine Südseeidylle fernab des Tourismus nahe dem malaysischen Teil Borneos. Hier lebten seit Urzeiten die Batak, in deren Gebiet die Aeta angesiedelt werden sollten. Zwar waren die Batak längst gegenüber den Malayen in der Minderzahl, doch war Palawan immer noch die am geringsten besiedelte Insel der Philippinen mit dem höchsten noch existierenden Baumbestand. Wir landeten in der Inselhauptstadt

Puerto Princesa an der Sulusee. Es war heiß, die Luftfeuchtigkeit extrem hoch. Ich schwitzte wie in der Sauna.

Puerto Princesa ist wegen seiner Südseeatmosphäre und zahlreicher westlicher Aussteiger recht beliebt bei europäischen Steuerflüchtlingen. Wir nahmen Quartier in der Nähe eines Traumstrandes im Hotel »Zur Sonne«, das einem Deutschen aus Düsseldorf namens Manfred gehörte, mit dem Hartmut befreundet war. Dieser Mann war ein Alkoholiker, der aus seiner Neigung keinen Hehl machte. Er hatte in seiner Bar ein deutsches Schild aufgehängt: »Bier erst ab acht« und dazu einige Uhren, deren Zeiger sämtlich auf acht standen. Otto verliebte sich in Manfreds Frau, Motoro in seine Putzfrau, und sein Kellner, ein Transvestit, verliebte sich unglücklich in mich. Aber das ist eine andere Geschichte.

In Manfreds Orchideengarten hielten wir Kriegsrat. Auch hier ging es darum, Lebensmittel, vor allem Reis, zu den Flüchtlingen zu bringen, die jetzt schon im Dschungel in ihrem neuen Dorf wohnten.

Hartmut verschwand zwischendurch ab und an, weil er in Puerto Princesa eine Geliebte hatte, eine Filipina namens Claudia. Sie wohnte zeitweilig auf einem alten Segelboot in der Bucht, das ihm gehörte. Später stellte ich fest, dass er fast überall auf der Welt, wo ich ihn traf oder wohin ich ihn begleitete, mindestens eine Frau oder Freundin hatte, manchmal sogar Kinder. Claudia war eine sehr schöne Frau – so schön, dass Kuno und ich ganz begeistert waren, als wir sie sahen und dann viel Zeit hatten, sie anzuhimmeln, da Hartmut sie auf unsere Urwaldtour mitnahm.

Hartmut behandelte Claudia aber recht rauh. Er brüllte sie manchmal an, wenn ihm etwas nicht passte und wurde sogar handgreiflich. Das war der Moment, als Kuno und ich von ihm abrückten – und unserem Unmut auch Luft machten. Hartmut reagierte verstockt. »Wie ich mit Claudia umgehe, ist meine Sache. Ich bin kein Feminist, das wisst ihr. In Afrika muss die Frau dem Mann untertan sein, so habe ich es gelernt, und so halte ich es auch.«

»Aber du bist kein Afrikaner«, sagte ich.

»Gefühlsmäßig bin ich es«, behauptete er.

Hartmut war der Ansicht, dass ein Mann möglichst viele Frauen haben und möglichst viele Kinder in die Welt setzen sollte, um sein Erbgut zu verbreiten. Er sagte einmal zu mir: »Roland, ich bin Polygamist, wie die Naturvölker, denn es ist die natürliche Art zu leben. In Deutschland beschimpfen sie mich dafür als Frauenfeind. Gut, dann bin ich eben ein Frauenfeind. Aber so ist die Natur, und ich bin ein Teil der Natur.«

Mit Claudia war Hartmut möglicherweise sogar verheiratet, obwohl er ja in Deutschland eine Ehefrau hatte. Er jonglierte mit all diesen Verhältnissen, ohne sich groß darum zu kümmern. Jahre später kam Claudia ihm auf die Schliche und beschloss, sich zu rächen. Als Hartmut wieder einmal in Puerto Princesa aufkreuzte, stand eines Nachts am Strand ein gedungener Killer vor ihm und wollte ihn mit einer abgebrochenen Bierflasche umbringen. Hartmut gelang es, die Situation zu entschärfen, indem er den Mörder einfach plattredete und ihm einen Job anbot. Ja, er hatte Charisma. Er war ein Phänomen.

Expeditionsmitglieder auf dem Marsch durch den Dschungel von Palawan. Vorn links Motoro, hinten rechts Kuno Richter.

Nach drei Tagen verstauten wir unsere 600 Kilo Reis für die bereits umgesiedelten Acta und ihre Gastgeber auf dem Autodach. Dann ratterten wir mit dem gemieteten vollbepackten Jeepney nach Norden zum Gebiet der Batak. Es gibt nur eine Nord-Süd-Verbindung auf der Insel, eine straßenähnliche Schotterpiste, und wenig Verkehr. Die meisten Fahrzeuge hier waren abenteuerlich be- und überladen.

Wir fuhren durch eine Landschaft mit Palmen und kleinen Dörfern, in denen meist Mischlinge aus Malayen und Negritos lebten. Obwohl es noch einen Monat hin war, dudelten überall schon Weihnachtslieder und wurden bereits Tannenbäume aus Plastik aufgestellt. Wir filmten ein besonders ausgefallenes Exemplar, das sozusagen die Segnungen der westlichen Zivilisation darstellte: ein Baumgerippe, behängt mit ausgequetschten Zahnpastatuben, leeren Deodorants und Colaflaschen.

Die Straße wurde immer schlechter, je weiter wir nach Norden kamen. Bald ließen wir die Zivilisation hinter uns. Links und rechts türmte sich die grüne Wand des Urwaldes auf, wir mussten über wacklige Holzbrücken balancieren. Plötzlich sahen wir am Wegesrand einen Mann mit einer Kettensäge, der gerade einen Dschungelriesen fällen wollte. Kuno rief: »Anhalten!« Er wollte den Baumfrevel filmen, zumal der Malaye – wie zu erwarten – mit einer Säge des deutschen Fabrikats *Stihl* zu Werke ging. »Ein tolles Symbol, wie der Wald mit deutscher Hilfe vernichtet wird«, freute sich Kuno. Da hielt es Motoro nicht mehr aus. Unser bayerischer Riese stürmte auf den kleinen Holzfäller zu und brüllte: »You are the killer of the rain forest!« Motoro hatte sich zu einem äußerst radikalen Umweltschützer entwickelt. Außerdem hatte er ja nicht unrecht. Zu Tode erschrocken klemmte der Winzling seine Kettensäge unter den Arm und gab Fersengeld. Motoro aber redete plötzlich wie Hartmut Heller: »Das dürfen wir nicht länger zulassen, wir müssen einschreiten! Überall werden der Wald, die Kulturen, die Menschenrechte zerstört!«

In Tanaka, der letzten per Straße erreichbaren Ortschaft, erwarteten uns bereits einige Aeta, um uns beim Tragen der Lebensmittel durch den Regenwald zu helfen. Motoro und ich schulterten unsere grünen Tonnen, Hartmut seinen Rucksack, Kuno und Otto die schwere Kameraausrüstung. Wir durchquerten den Tabanak-Fluss und marschierten dann durch einen dichten, ursprünglichen Dschungel, eines der letzten noch intakten Regenwaldgebiete des Inselstaates.

Die Insel Palawan hatte im Gegensatz zu den übrigen philippinischen Inseln auch noch in den jüngeren Eiszeiten Kontakt zum asiatischen Festland und hat daher eine Tier- und Pflanzenwelt, die sich von jenen stark unterscheidet. Nach Wiederanstieg des Meeresspiegels wurden viele Lebewesen von den übrigen Arten isoliert und entwickelten sich zu mehr als 200 endemischen Tierformen, die nur auf Palawan vorkommen, wie dem Palawan-Schuppentier, dem Rotsteißkakadu oder dem Marderbär. In den Regenwäldern der Insel leben noch immer der so genannte Eisenbaum, die Königskobra, seltene Papageien und Hunderte von Schmetterlingsarten.

Nach einer Wanderung von einigen Stunden erreichten wir das Dorf, in dem Hartmut die ersten 150 Aeta angesiedelt hatte. Es lag an einem traumhaften Platz voller Palmen und Bananenstauden in der Nähe eines klaren Urwaldflusses. Schon immer lebten die Aeta in der Nähe solch kleiner Flüsse. Kinder tobten in den Stromschnellen, tauchten, spritzten mit Wasser. Mit Pfeilen und einer katapultartigen Harpune, die am Daumen mit einem Gummiband gespannt wird, jagten sie Fische.

Die neue Urwaldsiedlung der Pinatubo-Aeta hieß Kalakotan und bestand aus palmstrohgedeckten Stelzenhäusern mit kleinen Gärten in einer geradezu paradiesischen Dschungelszenerie. Die Aeta begrüßten uns freundlich. Kinder spielten mit selbstgebastelten Autos, ein Junge trug ein Baby auf dem Arm, ein paar Alte unterhielten sich Zigarren rauchend auf einer Veranda, Frauen wuschen Wäsche am Fluss. Es wirkte wie eine Eingeborenenidylle aus alten Büchern. Sie freuten sich über den Reis, den wir mitgebracht hatten.

Hartmut führte uns stolz durch sein Dorf. Mit seiner Hilfe hatten die Aeta den verlassenen Ort wieder hergerichtet. »Es sieht eigentlich viel gelungener aus als die Dörfer der Aeta in der kargen Landschaft am Pinatubo«, sagte er. »Ist natürlich auch klar, man bekommt hier ja sämtliche Materialien frei Haus geliefert, den Bambus, die Hölzer, die Dachbedeckung – alles wächst in der Natur.«

Ein Dschungelhaus ist schnell aufgebaut, ganz anders als ein neues Leben. Erstmals pflanzten die Waldnomaden Zwiebelstecklinge, die Hartmut ihnen mitgebracht hatte. Sie rührten und hackten noch etwas unsicher in der Erde herum. Hartmut sagte: »Sie sind Jäger und Sammler. Ich will ihnen ihre Ursprünglichkeit zurückbringen, aber sie auch zum Überleben hier befähigen. Da es nicht mehr genug große Tiere in diesem Wald gibt, lehre ich sie ein bisschen Ackerbau.«

Feuersäge: Die Aeta besinnen sich auf alte Techniken.

Das Pflanzen war sehr ungewohnt für die Aeta, aber alle kamen und staunten. Vieles war fremd für sie. Die Gerüche, die Tiere und Pflanzen dieses Waldes, aber auch die neuen Arbeitsgeräte, deren Gebrauch ihnen Hartmut zeigte. Ein Mann fertigte einen Stiel für eine Hacke an, was er noch nie zuvor getan hatte. Wir hatten den Eindruck, dass die Menschen sich tatkräftig auf ein neues, freies Leben einrichteten. Sie wirkten nicht so apathisch wie ihre Verwandten am Pinatubo. Sie stellten auch noch ihre Jagdbögen aus Palmholz nach altehrwürdiger Sitte her. Auf uns übertrug sich die Euphorie Hartmuts, der von einem Aeta zum anderen ging, in jede Hütte hineinschaute, mit jedem sprach, der die Kinder streichelte, den Frauen Komplimente machte und den Alten zuhörte.

Wir filmten und fotografierten das Leben der Aeta, um es dokumentieren zu können. Noch ging es um Überlebenshilfe. Sie sammelten im Wald Früchte und Knollen, die sie kannten, und jagten Fische und kleine Tiere, aber sie hatten noch nicht genug zu essen, um ohne Hilfe von außen – ohne unseren Reis – überleben zu können. Einige Aeta-Kinder waren an Malaria erkrankt, doch wir hatten keine Medikamente für alle, weil die Hälfte unserer Medizin ja am Flughafen in Manila lag. Im Dorf lebten auch eine Reihe von Aeta, die nicht arbeiten konnten, kleine Kinder, ältere Männer oder jenes Mädchen, das beim Ausbruch des Pinatubos von einem Stein im Rücken getroffen worden und seither querschnittsgelähmt war.

Die neue Umgebung hatte auch Opfer gefordert. Der blinde Aurelio, ein schlanker Mann Mitte 30, erzählte uns vom Unglück, das seine Familie getroffen hatte: »Mein Bruder ist vor einer Woche hier im Fluss ertrunken, weil er die Kraft des Wassers unterschätzte. Seine Frau und eines ihrer Kinder sind an den Folgen der Unterernährung am Pinatubo gestorben. Sie hinterließen drei Kinder, die ich jetzt

Umgesiedelter Aeta-Mann schnitzt einen Bogen für die Jagd in Palawan.

bei mir aufgenommen habe. Mit meinen vier habe ich nun also für insgesamt sieben Kinder zu sorgen.«

Wie auf Luzon zeigten die Aeta auf Palawan eine eigenartige Ehrfurcht vor Hartmut Heller. Mir kam es vor, als ob sie ihn als ihren neuen Anführer ansahen. Er lief auch würdevoll herum wie ein Chef. Sicher kam ihm zugute, dass er sich mit einigen direkt unterhalten konnte, da er zwar nicht die Aeta-Sprache, aber doch Tagalog sprach.

Hier im Dschungel von Palawan lernte ich Hartmut Heller besser kennen. Abends am Feuer sprachen wir viel über seine Ideen und seine Weltanschauung. »Ich habe mühsam und Schritt für Schritt lernen müssen, mich aus der westlichen Welt und ihren Wertvorstellungen zu lösen und mich aus der Gesellschaft, in der ich aufgewachsen bin, herauszuleben«, sagte er. »Man muss sich für eines entscheiden – die Werte der industrialisierten Welt oder die der Völker, die in der Natur leben. Verbinden lassen sich diese beiden Welten nicht.«

Hartmut klagte immer wieder darüber, dass die Naturmenschen auf der ganzen Erde durch unser »europäisch-abendländisches System« brutalisiert würden. »Jetzt gibt es für diese Menschen überhaupt keine Freiheit mehr, ihre Natur auszuleben«, sagt er. »Sie können nur noch auf die Zwänge und Machenschaften von außen reagieren, die sie und ihre Umwelt kaputtmachen.«

Ich fragte ihn einmal am Lagerfeuer: »Hartmut, wenn ich dich so reden höre, dann denke ich manchmal, du würdest die Menschen am liebsten in die Steinzeit zurückbomben.«

Er sah mich an und sagte in vollem Ernst: »Ja, genau das will ich. Genau darum geht es mir! Unsere Zivilisation ist schon tot. Sie ist nur auf Geld und Unterdrückung aufgebaut. Sie hat nichts Lebendiges mehr an sich. Wir müssen zurück zum Leben der Wilden.«

Kalakotan war für ihn der Versuch, seine Utopie umzusetzen. Ich glaube, Hartmut Heller wollte beweisen, dass von der Zivilisation bereits angegriffene Naturmenschen wie die Aeta zurückentwickelt werden könnten, wenn man sie nur in ihre »natürliche Umwelt« versetzte. Naturvölker sollen gefälligst nicht bettelnd am Straßenrand stehen, sondern wieder auf Jagd gehen und Steinäxte herstellen, meinte er. Er war ein Anhänger von Rousseaus Lehre, wonach das Leben der Naturmenschen ein reineres, besseres sei und unverfälschte Menschen hervorbringe – die berühmten edlen Wilden.

Motoro meldete sich zu Wort und sagte: »Ich bin mir auch sicher, dass es besser für die Naturvölker ist, im Wald zu bleiben. Dort haben sie alles, was sie brauchen. In der Zivilisation verlieren sie alles. Vor allem verändert sich ihr Denken.«

»Stimmt«, sagte ich. Auch ich wollte lieber bewahren als entwickeln. Aber Hartmut wollte die Naturvölker unter Anwendung von Druck oder Zwang wieder in den Wald zurückbringen, selbst wenn sie schon in der Zivilisation lebten – das hielt ich für völlig verfehlt und zudem unrealistisch.

Nach meiner Erfahrung wirkt sich die Zivilisation meistens schädlich auf die Naturvölker aus. Andererseits kann man den Fortschritt nicht aufhalten. Die Frage ist also, wie man damit umgeht. Hartmut Hellers Einstellung war arrogant und letztlich auch typisch westlich. Nach dem Motto: »Wir wissen schon, was für die Eingeborenen das Beste ist.« So sind wir Weiße jahrhundertelang mit ihnen umgesprungen. Meine Haltung dazu ist klar: Was sie wollen, sollen die Leute selbst entscheiden. Die einen wollen sich der Zivilisation anschließen, die anderen wollen einfach in Ruhe gelassen werden, was aber so gut wie niemand akzeptiert, wenn es um Gewinne geht – Holz, Öl oder Seelen. Zwar zeigte sich Hartmut Heller in Palawan durchaus pragmatisch, sonst hätte er den Aeta nicht den Ackerbau beibringen dürfen. Aber im Grunde war er ein knochenharter Ideologe.

Hartmut sprach auch stets nur von *Wilden*. Er wollte die ganze politisch korrekte Sprache auf den Kopf stellen. *Wild* zu sein sah er als gut an – wie wilde Pflanzen und wilde Tiere seien auch wilde Menschen Teil der Natur. Er wollte sogar den Begriff *Neger* wieder einführen. »Neger kommt von spanisch *negro* und heißt Schwarzer. Das ist völlig korrekt.« Er sagte: »Meine Frau ist eine Negerin. Das sagt sie selbst.« Er bezeichnete Mischlinge als *Bastarde*. Und ein *ursprüngliches* Volk war für ihn ein *primitives* Volk, ein Ehrenname. Kein Wunder, dass ihn politisch korrekte Ethnofreaks aus der autonomen Szene in Deutschland zuweilen verprügeln wollten.

Heller war auch beim Auswärtigen Amt bekannt. Er hatte viele Politiker kontaktiert, die irgendwie »grün« waren. Die Grünen selbst waren ihm aber zu lasch. Sie waren für Emanzipation, er nicht. Er wollte, dass die Frau Mutter und Köchin sei und sonst nichts. Im Lauf der Jahre wurde er immer aggressiver, immer enttäuschter vom Leben und den Möglichkeiten, etwas zu ändern. Diktatur oder Demokratie – das war für ihn am Ende nur ein gradueller Unterschied. Als entscheidend sah er ausschließlich den Umgang einer Gesellschaft mit der Natur und den Naturvölkern an.

Er erzählte mir, dass er nur deshalb nicht zur terroristischen RAF gestoßen sei, weil er in den siebziger Jahren in Afrika war und Entwicklungshelfer wurde. »Sonst wäre ich sicher im Gefängnis gelandet, denn ich war sehr radikal«, erklärte er. Aber auch in Afrika mischte er sich stets in die Innenpolitik der Staaten ein, in denen er gerade zu tun hatte. Immer stand er auf der Seite der Naturvölker, und zwar so kompromisslos, dass er schließlich aus verschiedenen Ländern ausgewiesen wurde:

aus Burundi, Tansania, sogar aus Kenia. Ich teilte viele seiner Ideen und Ansichten nicht, aber seine Courage imponierte mir.

Natürlich war Hartmut Heller hochnäsig und ignorant. Aber es gibt im Westen auch eine gegenteilige Haltung, die ebenso ignorant ist. Aus Unwissen und eurozentrischer Arroganz reagieren diese Leute auf das Schicksal der letzten Urvölker wie die indonesische oder philippinische Regierung. Mit der Frage nämlich: »So what?« Wo ist das Problem? Holt die Leute endlich aus der Steinzeit! Helft ihnen aus dem Dunkel des Dschungels! Lasst sie teilhaben am großen Glück unserer globalisierten Welt!

Solche Kommentatoren werfen auch mir manchmal vor, Ureinwohner als »edle Wilde« zu verklären, die in Gefahr seien, aus ihrem paradiesischen Naturzustand in die Mahlsteine der Zivilisation zu geraten. Es wird behauptet, dass Menschen, die sich für Naturvölker einsetzen, den »Geschichten für große Jungs, die nie erwachsen werden wollen«, nachtrauern; dass sie letztlich der Illusion verfallen sind, »Natur sei gleich Status quo minus Zivilisationsbeschwerden wie Stress, Hektik und Staus auf den Autobahnen«. Naturvölker, das behaupten solche Kritiker, seien nämlich nur deshalb noch Naturvölker, weil sie in einer Umwelt leben, die so unzugänglich und unwirtlich ist, dass sich bisher niemand anders dort hintraute.

Es stimmt, dass es in der Ethnoszene Leute gibt, die jedem Dschungelbewohner an der Pforte zur Zivilisation am liebsten raten würden, so bald und so weit in den Wald zurückzukehren wie nur möglich. Hartmut Heller war so jemand. Ich betrachte die Dinge jedoch ganz anders. Für mich sind Naturvölker keine »edlen Wilden«, sondern ich nehme sie, wie sie sind. Die Yanomami beispielsweise sind ziemliche Machos, die ihre Frauen nicht gerade zart behandeln. Die Suruahá-Indianer lösen soziale Probleme durch Selbstmord. Die Dani sind äußerst umgänglich, aber zuweilen auch kriegerisch. Die Koma lassen ihre Frauen arbeiten, die Zoé ihre Männer. Ich fühle mich nicht berufen, irgend etwas daran zu ändern. Ich betrachte diese Kulturen als Bereicherung des menschlichen Lebens auf der Erde.

Aber wenn die Eingeborenen mit der westlichen Zivilisation in Kontakt kommen, kann man sie nicht künstlich dauerhaft davon abhalten. Sie müssen ihren eigenen Weg finden, damit umzugehen. Wer lieber Telenovelas sieht als Geschichten am Lagerfeuer zu hören, wer lieber Speedboot fährt als Kanu und wer lieber mit Gewehren in den Krieg zieht als mit Pfeil und Bogen, der soll das meinetwegen tun. Nicht einmal Hartmut Heller konnte der bekannten Tragik der Ethnologie entgehen, immer zu spät zu kommen. Wer ein »unberührtes Fleckchen Erde« aufsucht, ist immer der Erste, der es beschmutzt. Da die Entwicklung unumkehrbar ist, können auch Schutzgebiete nur eine Hilfe sein, um den Übergang sanfter zu schaffen.

Völlig falsch aber ist die immer wieder gehörte Behauptung, dass niemand freiwillig »im Wald leben« will. Zahlreiche Indianervölker Brasiliens und Mittelamerikas haben sich nach dem Kontakt mit der Zivilisation bewusst dafür entschieden, ihr traditionelles Leben fortzuführen. In Kanada haben sich einige Eskimo- und Indianerstämme weitgehende Autonomie erstritten, um ebenfalls so leben zu können, wie sie es gewohnt sind. Die Jarawa auf den indischen Andamaneninseln haben sich nach einer schweren Masernepidemie und schlechten Erfahrungen mit Wilderern ausdrücklich jeden Kontakt mit der bzw. durch die Zivilisation verbeten.

Die aufregendste Entwicklung hat die südamerikanischen Andenländer, Guatemala und Teile Mexikos erfasst. Sie indianisieren sich wieder. In Bolivien und Guatemala stellen die Nachkommen der Ureinwohner ohnehin die Mehrheit der Bevölkerung, in Peru, Ecuador, Kolumbien und Mexiko wächst die indianische Bevölkerung schneller als die der Mestizen oder Weißen. Der »Indigenismo«, der Stolz auf das Indianersein, meldet sich mit Macht zu Wort. Die eigenen kulturellen Wurzeln, die Sprache, die traditionelle Kleidung gelten plötzlich nicht mehr als rückständig, sondern als Ausweis eines gewachsenen Selbstbewusstseins.

In Bolivien ist sogar der Indio Evo Morales zum Präsidenten gewählt worden; in Ecuador stützt sich Präsident Carreos vor allem auf die indianische Wählerschaft, in Peru erreichte der Kandidat der Indios bei den Wahlen im neuen Jahrtausend 45 Prozent, in Mexikos südlichem Bundesstaat Chiapas haben die indianischen Rebellen der Zapatistas dem Staat bedeutende Zugeständnisse abgetrotzt. In all diesen Ländern ist der alte Schlachtruf der mexikanischen Revolution zu hören: »Tierra y Libertad!« – »Land und Freiheit!«. Die Wortführer dieser Bewegung sind nicht mehr ungebildete schmutzige Indios, die traditionell von den einheimischen Eliten und Mestizen verachtet werden. Sie erheben ihr Haupt, sie haben studiert, sind Juristen, Soziologen, Ärzte geworden und wissen, wie man sich international Gehör verschafft. »Nach 500 Jahren Schweigen beginnen die Ureinwohner Amerikas sich zu artikulieren – weil sie nun Zuhörer finden«, hat der mexikanische Befreiungspriester Eleazar López gesagt.

Hartmut Heller kannte sich mit diesen Bewegungen gut aus, obwohl er eigentlich nur Jäger- und Sammlergesellschaften für »echte Naturvölker« hielt. Bekam ich von einigen Völkerkundlern den ethnographischen Background für meine Reisen, so lernte ich über die Jahre durch Hartmut Heller, die politischen Hintergründe vieler Konflikte besser zu verstehen.

Auch als Person wirkte Hartmut durchaus überzeugend. Er war ein Asket, rauchte nicht, trank nicht. Wenn er sich für etwas einsetzte, dann leidenschaftlich und mit allen Mitteln. Erst später begriff ich, dass er im Urwald von Palawan mit besten Absichten etwas durchführte, was sehr zweifelhaft war – ein utopisches Experiment mit Menschen. »Wir müssen warten, bis die Aeta ihre ursprüngliche Kraft wiederfinden«, sagte er. »Du wirst sehen, dann werden sie hier wieder leben wie ihre Ahnen und nichts mehr von der Zivilisation wissen wollen. Dann gewinnen sie ihre Würde zurück.«

Damals nahm ich an, dass Hartmut das Richtige tat. Ich fand es gut, dass er einem Naturvolk das Überleben sichern wollte. Und es schien ja auch alles zu stimmen. Ich sah die Aeta in Kalakotan lachen, spielen, faulenzen und jagen. Sie wirkten so viel unbeschwerter und natürlicher als ihre Verwandten in der Asche des Pinatubos. Die Harmonie beim gemeinsamen Morgenbad schien zurückgekehrt zu sein, auch wenn sie sich nun mit Seife wuschen und sich mit Plastikkämmen durch die Haare fuhren, auch wenn die Frauen sich noch schamhaft mit bedruckten

T-Shirts bedeckten. Ich hatte das Gefühl, dass die Dorfgemeinschaft begann, sich nach der Umsiedlung im früheren Regenwaldgebiet der Batak heimisch zu fühlen und dass die Aeta die Chance hatten, wieder ein Volk von Waldnomaden zu werden. Aber zu welchem Preis?

Schon kurz nach ihrer Umsiedlung waren christliche Missionare im Wald aufgetaucht, die sich der Aeta annehmen wollten. Daraufhin hatte Hartmut riesige Holzschilder an den Dorfeingängen errichtet, auf die er schrieb: »Zutritt für Missionare verboten! Betreten auf eigene Gefahr!« Da er nicht ständig selbst im Dorf bleiben konnte, hatte er einen Autonomen aus dem Prenzlauer Berg in Berlin in den Dschungel geholt, der darauf achten sollte, dass keine Missionare ins Dorf kamen. Der durchaus sympathische junge Mann trug schwarze Kleidung, kurze Haare und Stiefel und gehörte zu Hartmuts Verein *Freunde der Naturvölker*. Ich dachte, nun gut – wenn es den Aeta hilft. Ob der Bursche allerdings die richtige Wahl war, schien mir zweifelhaft. Wie er seine Zeit dort verbrachte, weiß ich nicht. Jedenfalls hatte er nach vier Monaten noch nicht einmal ansatzweise die Aeta-Sprache gelernt. Die Missionare hielt der Autonome aber erfolgreich vom Aeta-Dorf fern. Es waren die gleichen Missionierungsgesellschaften, die ich inzwischen schon aus anderen Weltgegenden kannte, vor allem die *New Tribes Mission* und das *Summer Institute of Linguistics*.

New Tribes Mission – auf Deutsch: die Neue Stämme Missionsgesellschaft – war in den vierziger Jahren von einem fundamentalistisch-evangelikalen amerikanischen Prediger gegründet worden und spezialisierte sich darauf, angebliche »Heiden« auf der ganzen Welt zu christianisieren. Ihr Interesse galt dabei ausschließlich indigenen Völkern und nicht etwa den Atheisten in der ehemaligen DDR, in Russland oder China. Kritiker von *Survival International* und anderen Menschenrechtsorganisationen werfen der *New Tribes Mission* vor, in ihrem Missionseifer nicht nur die Glaubenswelt ihrer Opfer zu verändern, sondern ihnen gleichzeitig westliche und US-amerikanische Lebensvorstellungen aufzuzwingen. Um das zu erreichen, siedelten sie die Menschen nach Möglichkeit um, veränderten ihre Lebensumstände radikal, trennten sie dadurch von ihrer gewohnten Umgebung und setzten sie dann einer Art Gehirnwäsche aus. Es ist auch von kriminellen Methoden bei der Bekehrung indigener Völker die Rede, darunter bewaffnete Menschenjagd, Entführungen, Verkauf als Zwangsarbeiter, Freiheitsberaubung in Missionslagern und sogar Völkermord.

Einer breiteren Öffentlichkeit wurden die Mitarbeiter der *New Tribes Mission* durch einen Skandal in Paraguay bekannt. Laut *Survival International* sollen sie dort von 1979 bis 1986 Krankheiten eingeschleppt haben, die zum Tod zahlreicher Indianer vom Stamm der Ayoreo führten, die sie zuvor gewaltsam kontaktiert hätten. Die Vorgänge beschäftigten sogar den Vorsitzenden der Menschenrechtskommission des britischen Parlaments in London. Er forderte die *New Tribes Mission* auf, ihre Praktiken einzustellen und indigene Kulturen und Religionen zu akzeptieren. In einigen lateinamerikanischen Ländern wurde ihr zudem vorgeworfen, Wirtschaftsspionage für die Vereinigten Staaten zu betreiben. Im Sommer 2005 entschied der venezolanische Präsident Hugo Chavez deshalb, die Missionssekte aus seinem Land auszuweisen. Wenn ich mit ihnen zu tun hatte, wiesen die Missionare der *New Tribes Mission* die erwähnten Vorwürfe immer weit von sich.

Die Leute vom *Summer Institute of Linguistics,* des Linguistischen Sommerinstituts, sind nicht ganz so radikal, aber ebenso bedrohlich für die letzten noch existierenden Naturvölker. Nach eigenen Angaben haben sie 6000 Mitglieder und stehen damit an erster Stelle der radikalen christlichen Missionsbewegungen vor den knapp 3200 Missionaren der *New Tribes Mission.* Sie behaupten, eine anthropologische Forschungsorganisation zu sein, die zur Erweiterung des linguistischen Wissens unbekannte Sprachen studiert und die Alphabetisierung fördert. Das *Summer Institute* geht zurück auf die 1934 von einem protestantischen Prediger gegründete *Wycliff-Gesellschaft.* Beide haben ein ausgeklügeltes System perfektioniert, sich den Naturvölkern zu nähern, sie zu manipulieren und dann umzudrehen. Sobald irgendwo auf der Welt eine interessante Eingeborenengruppe identifiziert wird, fährt eine Missionarsfamilie dorthin, siedelt sich in deren Nähe an, gibt den Eingeborenen Medikamente, hilft ihnen bei der medizinischen Versorgung. Dann beginnen die Missionare, die Sprache zu lernen. Sie geben zwar vor, Linguisten zu sein, aber der wahre Zweck ihrer Studien ist es, die Bibel in die jeweilige Sprache zu übertragen und mit der Missionierung zu beginnen, damit die Völker der Erde den christlichen Gott »erkennen«.

Auch die *Summer*-Missionare hatten eine politisch-ökonomische Agenda. Das *Summer Institute of Linguistics* ist extrem reich, weil es von der Rockefeller-Stiftung in New York finanziert wird. »Diese Typen helfen den amerikanischen Ölkonzernen in Südamerika, Indianer aus ihren Gebieten zu entfernen, wenn dort gebohrt werden soll«, sagte Hartmut Heller. Sie waren so eng mit den lateinamerikanischen Militärdiktaturen verbandelt, dass es sogar in den USA auffiel und sie 1987 von ihrem alten Stammsitz an der Universität von Oklahoma verwiesen wurden und nach Texas gingen. Als die *Wycliff-Gesellschaft* wegen ihrer Praktiken in Südamerika immer stärker in die Kritik geriet – ihr wurde auch vorgeworfen, die wirtschaftliche Ausbeutung dieser Länder durch US-Konzerne vorzubereiten, indem sie die Indianer »amerikanisierte« –, wandte sie sich verstärkt dem asiatischen Raum zu und schickte ihre Mitarbeiter auch nach West-Papua und auf die Philippinen. 1995 beschrieben die amerikanischen Journalisten Gerard Colby und Charlotte Dennett in einem Buch die Verbindung zwischen Nelson Rockefeller und dem *Summer Institute of Linguistics* bei der Durchführung von Erkundungsmissionen, beim Transport von CIA-Agenten und indirekter Unterstützung des Völkermordes an Indigenen im Amazonasgebiet. Hartmut Heller sagte pathetisch: »Ich halte diese Leute für Kriminelle, die den Naturvölkern Böses antun.«

Als ich darüber nachdachte, musste ich ihm Recht geben. Auch wenn sie nicht alle mit Rockefeller und CIA-Agenten zu tun hatten, war es offensichtlich, dass evangelikale Missionare oft dazu beitrugen, ursprüngliche Kulturen zu zerstören. Bei den Asmat in West-Papua wie bei den Huaorani in Ecuador oder den Yanomami in Venezuela hatte ich missionierte Ureinwohner in zerfetzten T-Shirts, Turnhosen und schmuddeligen Flicken gesehen, obwohl es im tropischen Regenwald vernünftig ist, nackt zu sein. Diese Missionare machten viele stolze Waldbewohner zu Handlangern und Bettlern. Nach meiner Meinung müssen die Naturvölker aber nach ihren Sitten und Gebräuchen leben können, auch wenn uns diese manchmal bizarr oder unverständlich erscheinen mögen. Wir haben keine Befugnis, ihnen eine fremde Religion und Zivilisation überzustülpen.

Aber hatten wir deshalb das Recht, Entwicklungen zurückzudrehen? Einmal haben wir uns mit Hartmut darüber schwer gestritten. Nach Kalakotan war auch ein Negrito umgesiedelt worden, der mit einer Filipina malayischen Ursprungs verheiratet war. Sie hatten zwei Kinder und konnten Englisch, so dass sie für uns ab und an als Dolmetscher fungierten und wir sie näher kennenlernten. Ihre Kinder waren etwas größer als die Aeta-Kinder und vielleicht ein bisschen lebhafter. Hartmut hatte sich in den Kopf gesetzt, diese Familie zu trennen. Er sagte: »Ich versuche, sie zu überzeugen, entweder gemeinsam das Dorf zu verlassen oder die Frau mit den Kindern wegzuschicken.«

»Bist du verrückt geworden, Hartmut?«, fragte ich ihn.

»Der Mann ist ein Aeta, die Frau kommt aus der Zivilisation. Daraus kann nichts Gutes entstehen.«

»Willst du im Ernst eine Rassentrennung bewirken?«

»Genau das will ich. Wenn ich das nicht tue und jetzt hier eingreife, dann werden ihre Kinder später das Dorf dominieren und das ganze Volk zugrunde richten.«

»Das ist rassistisch.«

»Es gibt auch einen natürlichen Rassismus. Ohne ihn gäbe es in Afrika keine Pygmäen oder Buschmänner mehr. Warum haben sie überlebt? Doch nur, weil sie sich rassisch radikal von den Großen abtrennten. Nur so können sie auch in Zukunft überleben.«

»Hartmut, für mich redest du wie ein Rechtsradikaler. Wie willst du denn verhindern, dass die Aeta sich mit den Batak vermischen, die auch ein ganz anderes Volk sind?«

»Das macht nichts. Die Batak sind auch Negritos, die können sich ruhig vermischen. Ich ermahne sie schon lange, dass sie sich endlich zusammenschließen und eine Negrito-Liga gründen sollen, nicht nur auf den Philippinen, sondern im gesamten Raum Südostasiens und des Pazifiks. Sie müssen erkennen, dass sie alle zusammengehören und dass sie sich nur gemeinsam schützen können gegen die aggressive, europäisch-amerikanisch dominierte Mehrheitsgesellschaft.«

So redete Hartmut Heller. Wir schüttelten alle nur den Kopf. Otto hat ihn richtig angebrüllt, wie er auf solche Gedanken kommen und eine Familie auseinander reißen könne. Das hat Hartmut überhaupt nicht interessiert. Er hielt stur an seiner Linie fest und legte dem Paar allen Ernstes nahe, sich zu trennen. Als sie sich weigerten, bot er dem Mann an, ihm Land zu kaufen, damit er mit seiner Familie aus Kalakotan ausziehen und sich von den anderen Aeta separieren könne. Der Negrito ging tatsächlich darauf ein. Hartmut erwarb für ihn einen Büffel und ein Grundstück auf Palawan. Die Familie verließ den Regenwald. Es gelang uns nicht, Hartmut von diesem Irrsinn abzubringen.

Den ganzen nächsten Tag über gingen Sturzbäche nieder, aber sie lösten anders als am Pinatubo im intakten Ökosystem keine Erdrutsche aus. Erst am Abend ließ der Regen nach, und wir trockneten unsere Kleidung am Lagerfeuer. Am anderen Morgen brachen wir zu den Batak auf, die den Aeta ein neues Zuhause gegeben hatten und vier Stunden Fußmarsch entfernt lebten. Die Strecke ging durch primären, dichten, verwachsenen Regenwald. Immer wieder mussten wir durch den Tabanak-Fluss waten, der sich durch das Tal schlängelte, ehe wir hinauf stiegen auf den Berg, auf dem das Dorf Kalabajok lag.

Batak-Frau mit Kind – ihr Volk gehört zu den Ureinwohnern von Palawan.

Am Fluss trafen wir die ersten Batak. Im Wasser standen Batak-Frauen und angelten Fische, ihre Kleinkinder in einem Tuch auf dem Rücken tragend. Anders als die Aeta trugen diese Frauen nur einen Rock aus Stoff und zeigten sich im übrigen noch unbekleidet, ohne sich ihrer Nacktheit zu schämen.

Auch die Batak lebten in Stelzenhäusern inmitten von Palmen und Bananenbäumen. Der Dorfälteste Mangodan erhob sich von seiner Veranda und schüttelte Hartmut die Hand. Sofort begannen beide, angeregt miteinander zu plaudern, denn der alte Mann beherrschte Tagalog. Hier erlebten wir in den folgenden Tagen einen Dorfalltag, wie ihn einst auch die Aeta kannten. Wir sahen, wie die Yamswurzeln zubereitet wurden – bei den Batak Männersache. Wir beobachteten, wie sie ihre winzigen Gemüsepflanzungen mit spitzen Stöcken vor ungebetenen Gästen schützten. Wir erlebten, wie sie im Wald auf die Jagd nach Wildvögeln und Affen gingen.

Die Art und Weise, wie sie ihre Zeit verbrachten, erinnerte mich sehr an die Yanomami in Venezuela. Oft lagen die Frauen und Mädchen stundenlang auf einer Bastveranda, träumten vor sich hin, gaben ihren Babies die Brust, rauchten Zigarren oder betrieben gegenseitige Haarpflege. Sie hatten ein Kofferradio, das mit Batterien lief und ständig Weihnachtslieder wie »Holy Night« dudelte. Hartmut hätte es ihnen am liebsten weggenommen, aber das traute er sich dann doch nicht. Schließlich war er auf ihr Wohlwollen angewiesen.

Er hatte sie überzeugt, die Aeta aufzunehmen, indem er ihnen erzählt hatte, diese seien Menschen wie sie: »Sie sehen genauso aus wie ihr, und sie rauchen die Zigarre auch nach innen.« Tatsächlich war es merkwürdig, dass beide Völker die gleiche

Sitte pflegten, obwohl sie seit Jahrhunderten keine kulturelle Verbindung besitzen konnten. Aber sowohl die Aeta wie die Batak zogen nicht an der Zigarre, sondern steckten sie mit der brennenden Seite in den Mund, atmeten den Rauch ein, bliesen ihn wieder aus und spuckten. So hält es sonst kein Volk auf den Philippinen.

Die Batak wanderten über die ehemalige Landbrücke zwischen Borneo und Palawan ein und zählen zu den Ureinwohnern der Insel. Sie gelten als friedlich und scheu, sind die kleinste eigenständige Ethnie auf Palawan mit einer eigenen, austronesischen Sprache. Viele Ethnologen halten sie tatsächlich für enge Verwandte der Aeta. Andere Forscher glauben, dass sie eher mit den Negritos Indonesiens oder sogar mit denen der Andamanen verwandt sind. Sie leben seit Jahrhunderten von Jagd und Fischfang, bauen aber auch Nutzpflanzen an, für die sie ein Stück Dschungel roden, das sie später wieder zuwachsen lassen. Wie die Aeta lehnten sie Kontakte mit der Zivilisation bewusst ab und zogen sich immer tiefer in den Wald zurück. Deshalb fiel es Neusiedlern aus Luzon, die seit den fünfziger Jahren nach Palawan strömten, relativ leicht, die Batak von der Küste in die Berge zu vertreiben. Ursprünglich Nomaden, hatten sie sich inzwischen in festen Dörfern angesiedelt. Sie waren noch Animisten, die an Waldgeister glaubten, denen sie regelmäßige Opfer brachten und mit denen ihre Schamanen kommunizierten.

Draußen bereitete sich die christliche Welt auf Weihnachten vor, doch den friedfertigen Batak bescherte das Fest keine christliche Nächstenliebe. Das gesamte Dorf versammelte sich an diesem Tag auf dem Platz zwischen den Häusern, um über eine beängstigende Nachricht zu beraten, Männer im traditionellen Lendenschurz, Frauen mit ihren Perlenketten um den Hals und Pflanzenbüscheln an den Oberarmen. Wir wurden Zeugen einer Zusammenkunft, wie es sie hier noch nie gegeben hatte, weder für die Jungen noch für die Alten.

Erregt und wild gestikulierend berichtete Häuptling Padan dem Stamm, dass sie ihr Land verlassen sollten. Die philippinische Naturschutzorganisation *Haribon* wollte den Nationalpark in Nordpalawan vergrößern, die Batak passten den Naturschützern nicht, und es gab Pläne, sie umzusiedeln. Die *Haribon-Gesellschaft* gehört dem internationalen *World Wildlife Fund* (WWF) an und erhält für ihr Umweltengagement weltweit großzügige ideelle und finanzielle Unterstützung.

Aufgebracht sprachen nun die anerkannten Jäger des Stammes. Männer mit Pfeil und Bogen in der Hand. Sie wussten, dass sie ohne den Wald ihre Familien nicht mehr versorgen könnten. Ebensowenig könnten sie sie gegen eine Armee von Holzfällern verteidigen. *Haribon* wollte aber den Park nur gerade so weit ausdehnen, dass er nicht in die Interessengebiete der Holzfäller fiel, die langfristige Konzessionen über 20 oder 30 Jahre besaßen. Schon jetzt durften die Batak Honig, Baumharz oder Rattan dort nur mit einer behördlichen Genehmigung sammeln. Holzfäller hatten sogar gegen sie prozessiert, weil sie angeblich beim Sammeln von Baumharz die Bäume zerstörten.

Hartmut sah in der skandalösen Naturschutzpolitik Manilas einen Konflikt, den es nicht nur auf den Philippinen gab, einen weltweiten Kampf zwischen europäisch dirigierten Naturschutzorganistionen und Naturvölkern. Eigentlich müssten sie ja

Die Batak leben im Bergregenwald von Palawan. Sie sollen ihr Land verlassen, weil dort ein Naturschutzpark entsteht. Bild unten, Zweiter von rechts: Häuptling Padan.

Noch jagen die Batak im Regenwald von Palawan.

Verbündete sein, da beide den Erhalt von Naturlandschaften anstreben. »Aber das ist leider nicht so«, referierte Hartmut. »Die großen Naturschutzorganisationen haben für Naturvölker gar nichts übrig. Sie sehen sie nicht als Teil der Biodiversität in einem Ökosystem, sondern als Störfaktor an. Sie sagen, die Natur ist zu bewahren, aber die Menschen müssen zivilisatorisch entwickelt werden.«

Hartmut hatte sich, wie es seine Art war, bereits mit dem mächtigen WWF und auch mit *Haribon* angelegt, hatte wütende Briefe geschrieben, für kritische Zeitungsartikel gesorgt und befreundete europäische Politiker zu Interventionen veranlasst. Er warf dem WWF vor, im Auftrag der Großindustrie zu handeln und »Völkermord« zu betreiben. Im WWF war man entsprechend schlecht auf den deutschen Anarchisten zu sprechen. Die Organisation wollte den Regenwald von Palawan unter strengen Naturschutz stellen, damit der illegale Holzeinschlag endlich aufhörte. Dazu sollten die Batak den Wald verlassen, weil sie nach ihrer Auffassung kein Teil der Natur seien. Dagegen wollte Heller noch mehr Ureinwohner dorthin umsiedeln. »Die Batak kein Teil der Natur? Dass ich nicht lache!«, tobte er.

Am Abend nach dem Meeting der Batak durften wir in einer Bambushütte ein Heilungsritual beobachten. Immer wieder strich ein Schamane einem Darmkranken über den Bauch, um die bösen Geister herauszuziehen. Dazu sangen andere Schamanen. Die tiefe menschliche Zuneigung, die tranceartigen Gesänge nahmen uns gefangen. Stundenlang dauerte die Zeremonie an.

Am Morgen weckte uns das Geräusch einer Motorsäge. Ganz in der Nähe fügten Holzfäller dem Lebensraum der Batak unheilbare Wunden zu. Hartmuts Empörung war grenzenlos. Er schimpfte: »Das ist der helle Wahnsinn.«

Kuno horchte plötzlich auf. »Was hast du da gesagt?«

»Das ist der helle Wahnsinn.«

»Kann ich das als Titel für unseren Film benutzen, Hartmut?«

»Ja, na klar.«

Wir hörten den Rhythmus, den der Trommler im untergehenden Reich der Batak schlug. Früher tanzen die Jäger nach erfolgreicher Jagd dazu, jetzt schien er uns wie der traurige Abgesang auf die Naturvölker der Philippinen. Kuno sagte: »Man fühlt sich so hilflos, weil man eigentlich gar nichts machen kann. Hartmuts Aktion ist auch nur ein Tropfen auf dem heißen Stein. Roland, glaubst du wirklich, dass sie die Aeta hier dulden werden, wenn sie schon die alteingesessenen Batak loswerden wollen?«

Der Konflikt schien so hoffnungslos: Naturschützer gegen Naturvölker, als ob es nicht schon ausreichte, dass Holzfäller und Bodenprospektoren ihnen zusetzten.

Auf dem Rückweg quartierten wir uns in Puerto Princesa wieder in der »Sonne« ein, wo wir geheimnisvolle Geschichten über ein Volk von Höhlenmenschen hörten, die in einem schwer zugänglichen Hochtal im Süden Palawans am Mount Matalingahan lebten: die malayischstämmigen Taut Batu oder Soslodon.

Als der Namen fiel, erinnerte ich mich daran, wie sich die Zeitschrift *Geo* einmal mit einem Artikel über die Taut Batu blamiert hatte. Ein damaliger Bekannter Hartmut Hellers, ein Globetrotter und Weltenbummler, hatte dem Magazin einen

Artikel über ein »neues, unentdecktes, völlig isoliert lebendes Volk von Höhlenmenschen« im Norden der indonesischen Insel Borneo mit vielen interessanten Fotos verkauft. Er hatte es wahrscheinlich gut gemeint und wollte den genauen Wohnort des Stammes verschleiern. Das war natürlich naiv.

Nachdem *Geo* den Text publiziert hatte, wurde es mit bösen Leserbriefen eingedeckt. Wie könne man es wagen, das Publikum für dumm zu verkaufen! Es handele sich nicht um ein unbekanntes Volk, sondern um die längst entdeckten Taut Batu auf Palawan! Die Zeitschrift musste sich entschuldigen. *Geo* befand sich aber in guter Gesellschaft, denn nirgends auf der Welt werden so viele Naturvölker erfunden wie auf den Philippinen. Die Ursache sind meist Geldschneiderei und Betrug, da sich für die Naturvölkerhilfe leicht Spenden akquirieren lassen. Selbst der berühmte Verhaltensforscher Irenäus Eibl-Eibesfeld wurde einmal von Betrügern getäuscht, die ihm einen längst bekannten philippinischen Stamm als noch namenloses Volk aus dem Dschungel vorführten.

Wir hatten noch zwei Wochen Zeit bis zum Rückflug und beratschlagten, ob wir lieber in der Sonne liegen oder zu den Taut Batu fahren wollten. Wir entschieden uns für das Abenteuer, obwohl uns fast alle Einheimischen davon abrieten. Es war gefährlich, in den Süden Palawans zu reisen, weil dort die Moros, die muslimischen Rebellen, aktiv waren – jene Leute, die im Jahr 2000 die deutsche Familie Wallert aus Göttingen entführten und monatelang im Dschungel festhielten. Aber es gab auch Filipinos, die uns allen Ernstes erzählten, dass die Taut Batu Kannibalen seien und erst vor kurzem vier Italiener mit ihren Blasrohren getötet und vermutlich verspeist hätten.

Hartmut sagte: »Das ist Blödsinn, das sind ganz liebe Leute. Aber es ist ja nicht schlecht, wenn solche Gerüchte kursieren. Es ist ein guter Schutz für die Taut Batu, wenn sich keiner in ihr Gebiet traut.« Hartmut wusste, dass die Taut Batu von Malayen abstammten, die wahrscheinlich vor einigen Hundert Jahren aus Borneo eingewandert waren, als noch eine Inselkette nach Palawan bestand. »Sie leben wirklich in Höhlen«, sagte er. »Ich wollte schon immer mal zu ihnen. Lasst uns aufbrechen!«

Auf der Fahrt in den Süden bekam Hartmut Heller einen heftigen Malariaanfall. Unsere einheimischen Begleiter versuchten uns immer wieder von der Expedition abzuhalten – es warte ein böser Fluch in den Bergen. Wir marschierten weiter, verdrängten die zwiespältigen Gefühle. Am Fuß der Berge weigerten sich die Träger weiterzugehen. Wir entschieden, einen Teil der Ausrüstung zurückzulassen und nur noch mit einer kleinen Gruppe und dem Filmequipment zu den Taut Batu vorzudringen, in ein Gebiet, das damals noch nicht gänzlich erforscht war.

Nach zwei harten Tagesmärschen durch den nahezu unberührten Regenwald und zerklüftete Täler mit reißenden Flüssen erreichten wir die erste Felsenhöhle mit Besiedlungsspuren. Anzutreffen war jedoch niemand. Ein Stück weiter sahen wir dann den ersten Taut Batu unweit einer Höhle beim Aufstellen von Fledermausfallen – ein junger Mann, der eine Turnhose trug und ganz freundlich wirkte. Er lud uns in sein Dorf ein, einige hundert Meter weiter im Dschungel. Wir erfuhren, dass sie die Höhlen nur in der Regenzeit bewohnten. In der Trockenzeit betrieben sie neben Jagd und Fischerei einfache Landwirtschaft. Sie bauten unter anderem Süßkartoffeln, Zuckerrohr, Knoblauch, Pfeffer, Bohnen, Kürbisse, Tomaten und Ananas an.

Wir durften unsere Zelte am Dorfrand aufbauen und konnten am Leben der Taut Batu teilhaben, die alles andere als gewalttätig waren. Sie zeigten uns in den folgenden zwei Tagen ihre Blasrohre und ihre Art, damit zu jagen sowie mittels Reusen zu fischen. Abends riefen sie ihren Jagdgeist an. Ihr Glaube verlangt es, dass getötete Tiere – etwa Wildscheine – durch Nachbildungen aus Stein oder Holz ersetzt werden, um die Natur zu entschädigen. Solche Artefakte sahen wir zuhauf. Viele Taut Batu waren noch nackt oder nur mit einem Lendenschurz bekleidet. Sie sagten, sie hätten seit Monaten keine Weißen mehr gesehen und wohnten am liebsten unbehelligt im Urwald. Einen Kontakt mit der Außenwelt lehnten sie ab; ihre Häuptlinge mieden Begegnungen nach Möglichkeit.

Doch auch hierher hatten die ersten Missionare bereits den Weg gefunden. Mitten im Dschungel entdeckten wir unter einem Bambusdach eine Missionsschule, die allerdings gerade pausierte. Einige Jahre später erfuhr ich, dass die Taut Batu in die Klauen der *New Tribes Mission* geraten war, die ihr Leben innerhalb kürzester Zeit umkrempelte und sie von ihren Traditionen gründlich entfremdete. Die Missionare legten einen Hubschrauberlandeplatz an, konzentrierten die Wald- und Höhlenbewohner zur besseren Kontrolle in eigens zu diesem Zweck gegründeten Großdörfern, lehrten sie Kleidung zu tragen, Hütten zu bauen und Brandrodung zu betreiben. Geschickt verabreichten sie ihnen das Gift der kulturellen Entwurzelung. Heute sind viele Bergrücken in Südpalawan abgeholzt und mit Kokospalmen, Bananen und Yams bewachsen. Aufgrund der christlichen Lehre vom Kindersegen kommt es zu verheerenden Fehlentwicklungen: Die Population steigt sprunghaft an, so dass immer mehr Rodungen die Folge sind, da die Nahrungsgrundlage nicht reicht. Der letzte Regenwald ist damit auch hier in Gefahr.

Als unser einstündiger Film über die Aeta-Umsiedlung mit dem Titel »Heller

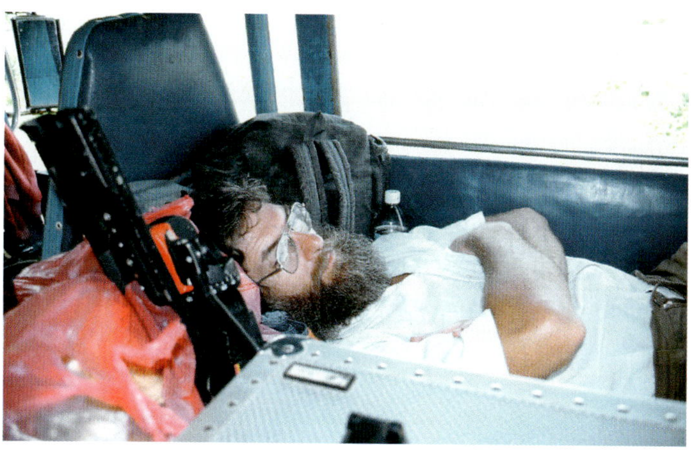

Auf der Fahrt zu den Taut Batu: Hartmut Heller erleidet einen Malariaanfall.

Die Taut Batu von Palawan sind die letzten Höhlenmenschen der Erde.

Wahnsinn – ein Anarchist als Bewahrungshelfer« ein Jahr später im Fernsehen lief, wollte Motoro die Ausstrahlung nutzen, um wieder einmal Spenden für Hartmuts Projekt auf den Philippinen zu sammeln. Doch Hartmut Heller kam bei der oberbayerischen, erzkatholischen Landbevölkerung gar nicht gut an. Die Leute empörten sich: »Oanem solchen Mensch solln mir unser Geld geben, oanem langhaarigen Anarchisten, der wo gegen die heilige Kirche redet?«

Letztlich scheiterte Hellers philippinisches Experiment aber nicht an fehlenden Spendengeldern. Er hatte noch 150 weitere Aeta nach Palawan gebracht, doch sie kamen einfach nicht zurecht. Palawan war für sie ein fremdes Land. Es waren fremde Nachbarn, fremde Tiere und auch eine fremde Vegetation.

Hinzu kam, dass die *Haribon*-Organisation die Aeta wieder aus dem Wald her-

Die Taut Batu jagen mit Blasrohren, die sie mit Giftpfeilen bestücken.

aushaben wollte und entsprechenden Druck auf Manila ausübte. Nachdem Corazón Aquino vom neuen Präsidenten Fidel V. Ramos abgelöst worden war, wurden Soldaten in den Dschungel geschickt, die sämtliche Aeta Ende 1992 mit Militärflugzeugen wieder nach Luzon schafften. Hartmut konnte es nicht verhindern, er weilte gerade in einem anderen Teil der Welt. Als er ein paar Tage später auf Palawan eintraf, war »sein« Volk schon verschifft, das Dorf Kalakotan verwaist und sein Experiment endgültig gescheitert.

Nun saßen die Aeta wieder in der Asche des Pinatubos, lebten in Pappkartons und suchten nach etwas Essbarem. Das einzige, was der Staat ihnen zur Verfügung stellte, waren Toiletten aus Beton. Hartmut ließ sich durch diesen Rückschlag aber nicht entmutigen. Er ließ sich nie entmutigen. Er hat weiter Geld für die Aeta gesammelt, das er später dafür verwendete, im äußersten Westen der Insel Luzon 250 Hektar Land für sie zu pachten, um dort, wie er einmal schrieb, »dem Landraubverbrechen der Zivilisationsgesellschaft an den Aeta zu begegnen«. Mithilfe der schleswig-holsteinischen Landesregierung startete er sogar ein Aufforstungsprogramm, damit die Umgesiedelten wieder eine Aufgabe bekamen. In seinen Worten: »Wir sehen uns gezwungen, diese ehemaligen Waldnomaden um Hilfe bei der Wiederbewaldung ihrer bereits vernichteten Waldheimat zu bitten. Das skrupellose Heer der Zivilisierten bringt uns dazu.«

Wer weiß, vielleicht hat Hartmut durch seine hartnäckige Art damals mitgeholfen, ein politisches Bewusstsein zu schaffen, dass den Aeta mehr als ein Jahrzehnt später einen überlebenswichtigen Erfolg eintrug. Ende 2005 sprach ihnen die philippinische Regierung eine 48 Quadratkilometer große Landfläche zu, darunter geschützte Regenwaldgebiete und die Mangrovensümpfe von Subic Bay rund um den Pinatubo. Es war das erste Mal in der Geschichte der modernen Philippinen, dass ein solches – wenn auch viel zu kleines – Schutzgebiet für ein Naturvolk geschaffen wurde, um dort nach den alten Traditionen zu leben.

Schon 1993 war zwar auf Palawan der Nationalpark bei Sabang eingerichtet worden, und die Batak durften bleiben, doch wurden ihnen strikte Vorschriften gemacht – bestimmte Waldgebiete durften sie nicht mehr betreten. Während dieses Verbot durchgesetzt wurde, tat die Regierung nicht genug gegen die Holzfäller. Bis heute werden im Nationalpark illegal Bäume umgelegt. Immer noch kommen neue Siedler in die Region. All dies hat die Batak kulturell zerrüttet. Heute heiraten nur noch wenige Batak untereinander, sondern suchen sich ihre Partner eher in benachbarten Gruppen. Ihre Nachkommen halten sich immer weniger an die alte Kultur, mittlerweile gibt es kaum noch »reine« Batak. Sie gehen auf in einer diffusen Mischung verschiedener Ethnien des Hochlandes von Palawan, die alle nach und nach ihre spezielle kulturelle Identität verlieren. Ob die Batak überhaupt noch als kulturell eigenständiges Volk existieren, ist fraglich geworden. Ohnehin sind sie auf nur noch wenige Hundert Menschen geschrumpft.

Hartmut Heller aber wurde mit der Zeit immer radikaler und focht gegen alle bösen Mächte dieser Welt, wo immer sie Naturvölker bedrohten. Kuno drehte ein langes Interview mit ihm und bohrte nach, wieso er so vehement gegen die europäische Zivilisation auftrat, wenn er deren Annehmlichkeiten durchaus genoss? Hartmut antwortete, er sehe dies als sein Recht an. Schließlich sei er ja unermüdlich im Einsatz für die »Wilden«. Doch mündete sein soziales Engagement bald im absoluten Größenwahn, mit dem er mich auf unserer zweiten – und letzten – gemeinsamen Reise in die reale Gefahr brachte, in einem afrikanischen Kerker zu landen.

Revolution und Pilzragout – die Massai, Hadzabe und Meru in Ostafrika

Etwa anderthalb Jahre nach dem Philippinen-Abenteuer rief mich 1993 ein Filmemacher aus Lauenburg an. Er sagte, er würde im Auftrag des ZDF eine dreiteilige Reportage über Rauschgifte und andere Drogen produzieren und bräuchte dazu meine Hilfe. Ihm ginge es nicht nur um die Zivilisationsdrogen wie Heroin, Kokain oder Haschisch, sondern auch um die ursprünglichen Rauschmittel der Naturvölker. »Die sind ja hierzulande nahezu unbekannt, und ich will ihre Anwendung im Kontext der jeweiligen Kultur betrachten. Ich will vieles selbst drehen, habe aber gehört, dass Sie Archivmaterial über Drogenrituale bei Indigenen besitzen.«

»Ich glaube, da kann ich Ihnen helfen.« Meine Filmaufnahmen vom Amazonas, bei denen sich die Yanomami-Schamanen gegenseitig mit einem Blasrohr das Halluzinogen Yopo in die Nasenlöcher pusten, kamen gerade recht.

»Vielleicht können Sie mir auch mit weiteren Kontakten behilflich sein. Schließlich soll das Thema die ganze Welt umspannen. Es werden dringend Aufnahmen von afrikanischen Naturvölkern und deren rituellen Drogenzeremonien gesucht.«

»Da gäbe es jemanden, der sogar in Lauenburg wohnt. Der kennt sich in Afrika aus.«

»In Lauenburg? Den müsste ich eigentlich kennen.«

»Hartmut Heller heißt er.«

»Nein, den Namen habe ich noch nie gehört.«

Ich brachte den Filmemacher mit Hartmut zusammen, der nur ein paar Hundert Meter entfernt wohnte. Die beiden verstanden sich auf Anhieb. Hartmut erzählte, dass die kenianischen Massai in einem Gebiet, in dem er vor wenigen Jahren noch als Lehrer und Entwicklungshelfer gearbeitet habe, jedes Jahr im Herbst eine Drogenzeremonie durchführten. »Dabei müssen die Morani, die Jungkrieger, die Baumrindendroge Olmotori trinken und sind in ihrem Rausch dann so furchtlos, dass sie einen Löwen aus nächster Nähe mit ihrem Speer töten. Erst wenn sie das getan haben, können sie als vollwertige Mitglieder in die Gemeinschaft der erwachsenen Männer aufgenommen werden. Allerdings gibt es inzwischen so viele Jungkrieger, dass gar nicht mehr genug Löwen für sie da sind.«

»Klingt gut«, sagte der Filmemacher. Hartmut versicherte, dass solch eine Zeremonie noch niemals gefilmt worden sei, weil die Massai keine Fremden dabei duldeten. Aber für ihn sei das kein Problem, weil die Massai ihn ja seit langem kannten. Der Filmemacher war begeistert. Genau das bräuchte er für seine Reportage. Er rüstete uns mit den nötigen Papieren und Flugtickets aus und gab mir den Auftrag, Heller zu begleiten und das Ritual in allen Etappen zu drehen. Im November 1993 war es soweit.

Da Hartmut bereits eine Woche eher nach Nairobi geflogen war, um alles zu organisieren, holte er mich am Flughafen ab. Er erschien aber nicht allein, sondern in Begleitung von Lisa, einer hübschen 19-jährigen Schwarzen, die er gleich nach seiner Ankunft an einer Bushaltestelle aufgegabelt hatte und die jetzt unbedingt mit ihm nach Deutschland kommen wollte. Wer weiß, was er ihr versprochen hatte. Als Hartmut sie auf Suaheli wegen einer Kleinigkeit anherrschte, nahm sie sofort eine unterwürfige Haltung an. Als ich sie näher kennenlernte, stellte sie sich als überraschend gebildete junge Frau aus gutem Hause heraus; ihr Vater war ein General der kenianischen Armee.

Im Hintergrund stand noch jemand. Ein junger Mann aus Tansania, der Heller ständig »Uncle« nannte. Es stellte sich heraus, dass es Safi war, der leibliche Neffe von Hellers offizieller Ehefrau in Lauenburg, ein hilfsbereiter und liebenswerter Junge. Mich nannte er auch »Uncle«. Vielleicht war das die übliche Anrede gesetzterer Herrschaften, so wie man im Kongo ab einem bestimmten Alter nur »Papa« genannt wird. Hartmut war damals Anfang 50, ich fast 40.

Am Flughafen parkte ein alter rostiger Jeep, der Heller bis vor seiner Ausweisung oder – wie er es nannte – seiner Flucht aus Ostafrika vor zwölf Jahren gehört hatte. Was damals passiert war, erzählte mir Hartmut jetzt erst. »Es herrschte Bürgerkrieg. Überall lagen Leichen auf den Straßen. Ich habe meinen deutschen Pass hochgehalten und habe es geschafft, bis zum Flughafen zu kommen. Leider hatte ich keine Zeit mehr, das Auto zu verkaufen. Ich habe es meinem Fahrer Abu überlassen, und wie du siehst, existiert es immer noch.«

Abu existierte auch noch, ein korpulenter Bursche mit einem Säufergesicht. Das Auto war halbwegs fahrtüchtig, nur funktionierte der Anlasser nicht. Dauernd mussten wir die Karre anschieben. Bevor es ins kenianische Grenzgebiet zu Tansania zu den Massai ging, wollte Hartmut unbedingt noch einen »Freund« aufsuchen, der uns begleiten sollte. Leider wohnte der Freund in einem der riesigen Slums von Nairobi. Wir parkten in einer dunklen Gasse. Es war acht Uhr abends und bereits stockduster.

Während Hartmut und sein Gefolge in einer Wellblechhütte verschwanden, schlenderte ich ein wenig durch die Gegend. Weit konnte ich mich vom Auto nicht entfernen, weil sich die Türen nicht verriegeln ließen. Selbst die Tatsache, dass der Fahrer am Steuer sitzenblieb, machte die Kiste nicht diebstahlsicherer. Ich ging eine verdreckte Seitengasse entlang. Auf einmal bewegte sich am Straßenrand inmitten eines Müllhaufens ein großer Pappkarton. Neugierig trat ich näher, und sah zwei Kinderaugen, die mich böse anfunkelten.

Plötzlich sprang ein in Fetzen gehüllter kleiner schwarzer Mensch aus dem Karton. Obwohl der Junge höchstens acht Jahre alt war, hatte sein Blick etwas verdammt Erwachsenes an sich. Er streckte mir die linke geöffnete Hand entgegen. Ich dachte zunächst an gewöhnliches Betteln. Aber dann sah ich, dass er in der rechten Faust eine abgebrochene Bierflasche hielt und damit ausholte. Ich wich einen Schritt zurück. Der Kleine meinte es ernst.

»Das ist meine Straße«, sagte er auf Englisch, »gib mir Geld.« Ich war mir un-

Straße im Elendsviertel von Nairobi.

schlüssig, was ich tun sollte. Sollte ich ihn mit einem Judogriff aufs Kreuz legen? Aber wohin dann mit ihm? Ich entschloss mich, vorsichtig und langsam zum Auto zurückzugehen, als sich plötzlich ein weiterer Pappkarton bewegte. Noch so ein winziges, dürres Bündel Mensch. Die gleichen Augen, das gleiche zu früh gealterte Gesicht – offenbar ein jüngerer Bruder.

Glücklicherweise kam in diesem Moment Hartmut Heller des Weges und begann, in Suaheli auf die Jungs einzureden. Dabei grinste er die ganze Zeit, als hätte er eine Gesichtslähmung.

»Was genau wollen die denn?«, fragte ich ihn.

»Der hat gesagt, es ist seine Gasse. Wer passieren will, muss bei ihm bezahlen, sonst schneidet er ihm den Hals durch.«

»Und was passiert jetzt?«

»Gib' ihm Geld!«

»Wieso?«

»Sonst sticht der zu.«

Gut, dachte ich, besser, als eine Schramme zu riskieren. In meinen Hosentaschen kramte ich nach Münzen. Blöderweise hatte ich noch keine Kenia-Schillinge eingetauscht und nur DM parat, die sie aber auch annahmen. Ich musste daran denken, dass ich vor wenigen Stunden in meiner Praxis in Geesthacht eine Mutter gebeten hatte, ihrem übergewichtigen, antriebslosen Kind nicht mehr so viele Süßigkeiten zu geben. Das Kind war im gleichen Alter wie die beiden hier. Und die hatten schlicht Hunger.

Der junge Massai hat sich prächtig geschmückt. Bald beginnt das Drogenritual.

Hartmut fühlte sich in der Umgebung wohl und begann, seine alten Kontakte zu reaktivieren. Obwohl er zwölf Jahre nicht im Land gewesen war, konnte er innerhalb einer Woche sein menschliches Netzwerk neu knüpfen. Auch den ominösen Verbindungsmann fand er irgendwann. Es war ein baumlanger, dünner Kerl namens John mit großen leuchtenden Augen und fast schulterlang gedehnten Ohrläppchen, die er als Kringel um die Ohren gewickelt hatte – offenbar ein Stammeszeichen. Er trug einen europäischen Anzug, der nicht ganz seine Größe hatte und einen Spazierstock. Die Hose war viel zu kurz, das Jackett bei Weitem zu groß. Vielleicht der Sonntagsanzug eines dicken Deutschen, bevor er in der Altkleidersammlung und schließlich auf dem afrikanischen Markt gelandet war.

Obwohl wir mehrere Stunden nebeneinander im Auto hockten, zog John es vor, nicht zu sprechen, schon gar nicht mit Safi und Lisa. Nur wenn Hartmut ihn etwas fragte, antwortete er mit einem würdigen, langsamen Nicken. Seine gesamte Mimik und Gestik verrieten, dass wir, obwohl er unser Gast während der langen Fahrt und der Essenspausen war, seiner im Grunde nicht würdig waren. Erst spät abends, als wir unser Ziel, eine heruntergekommene Wellblechhütte in den Loita-Hügeln nahe der tansanischen Grenze erreicht hatten, schien er sich heimischer zu fühlen. Er begann, lebhaft mit den Leuten dort zu plaudern.

Die Dorfbewohner waren Massai, erkennbar an ihren muskulösen, schlaksigen Körpern und den gedehnten Ohrläppchen. Viele Männer trugen eine traditionelle Tracht, bestehend aus roten oder karierten Wickeltüchern, Sandalen aus alten Autoreifen, einem Kurzschwert mit Ledergriff und bunten Glasperlenketten um den Hals. Während die Älteren einen europäisch wirkenden Kurzhaarschnitt bevorzugten, liebten die jüngeren Stammesmitglieder, die so genannten Morani, eine Frisur, die aus nackenlangen Zöpfchen und einem Stirnzipfel bestand. In dem Dorf lebten vielleicht 100 Massai, zumeist in Strohhütten.

Ältere Massai-Frau.

Heller verhandelte auf Suaheli mit dem Dorfchef, ich schlug mein Nachtlager in der Wellblechbude auf. Es war empfindlich kalt am Abend, neblig und feucht dazu. Wir befanden uns nahe der Serengeti auf der kenianischen Seite der Grenze außerhalb des Tourismusgebietes. In der Hütte stand ein altes Sofa, auf dem ich gerade meinen Schlafsack ausbreitete, als Hartmut zusammen mit dem Dorfchef eintrat und mit einer Unverschämtheit herausrückte, wie sie typisch für ihn war.

»Roland, die Zeremonie soll morgen beginnen, und es ist alles soweit vorbereitet«, sagte er. »Ich habe aber gerade erfahren, dass sie nur stattfinden kann, wenn dabei ein Büffel geopfert wird. Den musst du kaufen.«

Du hinterhältiger Hund, dachte ich und ärgerte mich. Das hatte mir Hartmut zuvor verschwiegen, obwohl ich ihn exakt danach gefragt hatte. Von einem Opferpreis oder einer anderen finanziellen Beteiligung war niemals die Rede gewesen. Im Gegenteil, Hartmut hatte mir in Deutschland versichert, dass die Massai in dieser Gegend noch nicht vom Tourismus »verdorben« und ganz ursprünglich seien. »Geld werden sie auf gar keinen Fall von uns verlangen«, hatte er gesagt.

Nun gut, wir einigten uns auf einen für beide Seiten akzeptablen Kaufpreis für den Stier. Ich breitete die Banknoten aus. Der Dorfvorsteher bedankte sich mit einer Kalebasse Milch, die im Raum die Runde machte und schließlich bei mir landete. Ich trank nicht sofort, sondern goss mir nur etwas in meine Plastiktasse, für später. Heller, der anschließend seinen Bart in die weiße Brühe tunkte und gierig schlürfte, gefiel das überhaupt nicht.

»Roland, das kannst du nicht machen! Du verletzt die Gastfreundschaft. Die Milch ist sehr gut, schließlich leben die Massai davon. Auch ich habe sie oft getrunken. Übrigens verhindern die Massai die Gerinnung der Milch dadurch, dass sie Bullenurin mit beimengen. Etwas Besseres gibt es gar nicht!«

Ich blickte ihn fassungslos an. Zwar hatte ich nicht den Eindruck, dass ich jetzt jemanden verärgern könnte, da ich gerade schönes Geld für das Opfertier gezahlt hatte, aber ich tat Hartmut den Gefallen und trank die Milch. Sie war sauer, schmeckte wie Joghurt und am nächsten Morgen hatte ich erwartungsgemäß einen »flotten Otto«. Im Lauf der folgenden Woche entwickelte sich aus der Magen-Darm-Verstimmung ein rheumatisches Fieber mit merkwürdigen Symptomen, das letztlich fünf Monate anhielt. Ich konnte plötzlich meine rechte Hüfte nicht mehr bewegen, dann den Daumen oder ein Kniegelenk. Die Gelenke schmerzten entsetzlich. Meine Augen brannten. Es handelte sich um ein sogenanntes Reiter-Syndrom, eine Autoaggressionskrankheit, die durch bestimmte Milchbakterien ausgelöst wird. Die anderen hatten damals aber keine Magen- oder Darmbeschwerden.

Gleich nach Sonnenaufgang wurden wir durch lautes Gebrüll wach. Drei Massai in ihrer traditionell roten Kleidung zerrten an einem großen weißen Stier mit langen Hörnern. Ich griff die Kamera und folgte dem Tross. Jetzt ging alles sehr schnell. Erst schoss ein Morani einen kleinen Pfeil in die Halsvene des Bullen und fing das Blut, das als kleine Fontäne herausspritzte, mit einer Schüssel auf. In schnellen Zügen trank er das frische Blut des noch lebenden Tieres. Anschließend wurde dem Bullen die Kehle durchgeschnitten. Nun berauschten sich weitere Massai daran, das sprudelnde Blut direkt aus dem Hals des Tieres zu trinken. Es war ein archaisches, ein grausames Bild.

»Das machen sie immer so«, sagte Hartmut Heller. »Die Massai töten ihre Tiere nur sehr selten und essen so gut wie nie ihr Fleisch. Sie sind Hirten, die sich von

Vor der Drogenzeremonie lassen die Morani einen Büffel zur Ader.

Aus der Rinde des Yohimbébaumes gewinnen die Massai das Rauschmittel.

der Milch und dem Blut ihrer Rinder ernähren. Dieses wird frisch oder nach einer Reifephase von zwei Tagen mit Milch vermischt getrunken und ist ihr Hauptnahrungsmittel, das sie *saroi* nennen. Wenn sie die Tiere zur Ader gelassen haben und etwa zwei Liter Blut abgeflossen sind, verschließen sie die Wunde mit einem Propfen aus Gras und Lehm.« Für das Initiationsritual, bei dem die Morani zu Männern und Kriegern werden sollten, galt diese Regel aber nicht. Der Bulle wurde getötet.

Zur gleichen Zeit suchten andere Morani im nahe gelegenen Wald nach bestimmten Bäumen, von denen sie Wurzel- und Rindenteile abschnitten. In einem riesigen Aluminiumtopf wurden diese zusammen mit dem Fett des Opfertieres auf offenem Feuer zu einem sähmigen Sud verkocht. Diese Suppe, die die Massai Motoriki oder Olmotori nannten, musste stundenlang köcheln und dabei ständig gerührt werden. Nur in Verbindung mit dem Fett kann der menschliche Körper die Droge aus den Baumrinden aufnehmen. Sonst erbricht man alles wieder.

Erstmals fand ich nun etwas Zeit, um mich näher umzuschauen. In der Umgebung waren die legendären grünen Hügel Afrikas zu erkennen, eine liebliche Savannenlandschaft, davor die muskulösen schwarzen Körper bei der Kochzeremonie. Ich filmte nahezu ununterbrochen. Doch gegen Mittag stellte ich entsetzt fest, dass die Akkus meiner Videokamera langsam zur Neige gingen. Und bis zur Einnahme des Gebräus und der Drogenzeremonie sollte es noch einige Stunden dauern!

Hartmut war schon einige Zeit aus meinem Blickfeld verschwunden. Zuletzt hatte ich miterlebt, wie er seine Geliebte lautstark vom Ort des Geschehens verscheuchte. Die Massai hatten ihm nämlich zu verstehen gegeben, dass Frauen der Zeremonie nicht beiwohnen dürften. Das sei tabu. Seither waren etwa zwei Stunden vergangen, ich wunderte mich schon, wo er abgeblieben war. Da tauchte er plötzlich wieder auf, wirkte wie aufgedreht und herrschte mich regelrecht an: »Los Roland, nimm sofort die Kamera und komm mit. Du musst etwas total Wichtiges aufnehmen!«

Stundenlang müssen Rindenextrakt und Rinderfett kochen, damit die halluzinogene Olmotori-Droge entsteht.

»Sag mal, wie redest du denn mit mir? Das kannst du vielleicht mit deiner Freundin machen, aber nicht mit mir. Wir sind hier, um diese Zeremonie zu drehen – und sonst gar nichts!«

Als er merkte, wie erregt ich war, wechselte er in einen ruhigeren Ton. »Es ist nur ganz kurz. Bitte lass mich jetzt nicht im Stich! Fast alle Häuptlinge der Umgebung sind da und wollen, dass ich eine Rede halte. Und ich habe ihnen versprochen, dass das deutsche Fernsehen kommt und einen Film dreht über die furchtbare politische Lage, in der sich die Massai befinden. Du musst einfach jetzt mitkommen, das kann nicht warten.«

Hartmut lächelte mich vielsagend an. Als wolle er ausdrücken, dies sei der sensationelle Moment, die große Story, derentwegen wir eigentlich hier seien, im Busch nahe der tansanischen Grenze. Um Himmels Willen, dachte ich, was wird denn das jetzt? Ich hatte auch Sorge, dass der Akku nicht ausreichen würde, um das eigentliche Ritual zu filmen. Aber es schien ihm so eminent wichtig zu sein, dass ich keine Wahl hatte.

Wir brauchten nicht weit zu laufen. Ein paar Hundert Meter entfernt auf einer Lichtung im Busch saßen etwa 200, meist ältere, in weite, rote Gewänder gekleidete Massai-Führer.

»Viele von denen sind von weit her gekommen, sogar aus Tansania«, flüsterte mir Hartmut zu.

Plötzlich begriff ich: Sie hatten sich versammelt, nur um Hartmut sprechen zu hören! Erstaunlich, welches Ansehen dieser Mann in der Gegend besaß! Aber was hatte das zu sagen? Was bedeutete diesen afrikanischen Anführern ein deutscher Atomphysiker aus Lauenburg namens Hartmut Heller?

Die Männer aus Tansania waren bewaffnet, die aus Kenia nicht; denn es war ihnen bereits seit einiger Zeit verboten worden, ihre Waffen zu tragen. Zuerst erhob sich ein alter Mann. Da er blind war, wurde er von einem Morani in die Versammlungsmitte geführt. Pathetisch hob er, während er redete, seinen Stock. Es wirkte, als würde er Drohungen ausstoßen. Jedesmal, wenn sich seine Stimme senkte, nutzten alle Sitzenden die Pause für ein gemeinschaftliches »Raubtierfauchen«, mit dem sie ihm offenbar ihre Ehre erwiesen. Ich verstand nichts. Nur manchmal konnte ich das Wort »Heller« identifizieren.

Dann erhob sich Hartmut Heller, trat in die Mitte des Kreises und begann zu sprechen – in Suaheli. Er trug seine ockerfarbenen Shorts und ein blaues T-Shirt. Er redete eindringlich, beschwörend und in Ellipsen, wie ein Prediger. Es wurde ganz still, als er sprach, nur der leichte Wind war zu spüren und das Vogelgezwitscher zu hören. Die Blicke der Anwesenden folgten jeder Bewegung, die Hartmut vollführte. Wenn er eine Pause setzte, machten alle: »Huhmm«.

Es war eine unwirkliche, bizarre Szene. Hartmut schlug diese würdigen schwarzen Männer – ich weiß bis heute nicht wie – völlig in seinen Bann. Ich bemerkte, wie er nach und nach das Tempo anzog, wie er die Stimme hob und immer erregter wurde und wie sich diese Erregung auf die Zuhörer übertrug. Hartmut peitschte sie auf. Er war ein charismatischer Demagoge. Jetzt fingen die Männer laut an zu johlen und zu klatschen. Hartmut wurde heftiger und lauter. Was in Gottes Namen verkündete er den Leuten? Natürlich habe ich das gefilmt.

Nach etwa zehn Minuten setzte sich Hartmut wieder hin, nun standen nacheinander einige Massai auf, die etwas vorzubringen hatten. Ich ließ mir später von Hartmut berichten, was sie sagten. Einer erklärte, die Regierung habe ihm den Job als Ranger im Nationalpark weggenommen. Ein anderer schimpfte auf die Weißen, die Kolonialherren, die immer noch im Land seien, und von der Regierung in Nairobi protegiert würden. Von Siedlern war die Rede, die die Weidegründe der Massai in Besitz nahmen, von Missionaren, die sich an ihren Seelen vergriffen. Vor allem jedoch von Programmen der Regierungen in Tansania und Kenia, die halbnomadischen Massai sesshaft zu machen und vom Viehdiebstahl abzubringen.

Die Massai aber wollten ihre traditionelle Lebensweise als herumziehende Hirten und Viehdiebe nicht aufgeben. Da sie glauben, der Regengott *Ngai* auf dem Mount Kenya habe ihnen alle Rinder dieser Erde überlassen, müssen folglich alle sonstigen Rinderbesitzer Viehdiebe sein. Daraus leiten die Massai-Clans ihr Recht ab, anderen Stämmen die Rinder rauben zu dürfen. Dieser Anspruch führte zu Konflikten mit Nachbarvölkern und erboste die Regierungen Tansanias und Kenias seit langem. Auch die zunehmende Zersiedelung behinderte die nomadische Lebensweise der Massai immer stärker; und Naturschutzgebiete wie in der Serengeti schränkten ihre Bewegungsfreiheit weiter ein. Von den fruchtbaren Weidegründen am Mount Meru und am Kilimandscharo waren sie bereits vertrieben worden.

Jetzt wollte man ihnen strikt untersagen, ihre Schafe, Ziegen und Rinder in den neuen Nationalparks und Wildtierreservaten weiden zu lassen. Doch die Massai sind von jeher rebellisch und wehrten sich weiterhin standhaft, dem Drängen Tansanias und Kenias auf einen sesshafteren Lebensstil nachzugeben. Sie bestanden auf ihren angestammten Weiderechten. Ihr Volk, das heute etwa eine Million Menschen umfasst, ist nicht umsonst wegen seiner Kampfbereitschaft bekannt. Die Massai haben sich in der Vergangenheit erfolgreich gegen Sklavenjäger gewehrt und nie andere Völker unterdrückt. Sie haben jahrhundertelang unter wilden Tieren gelebt, ohne diese jemals als Mahlzeit zu betrachten. Sie entwickelten sogar eine ausgesprochene Abneigung, Wildtiere und Vögel zu essen. Deshalb liegen Afrikas artenreichste Wildreservate heute auch auf Massai-Land. Niemand pflegt die Savanne wie die Massai. Die britische Hilfsorganisation *Oxfam* hat Tansania und Kenia deshalb zu Recht dazu aufgerufen, den Lebensstil der Massai nicht zu bekämpfen, sondern zu unterstützen, weil sie die Kunst beherrschen, Wüsten und Steppen zu bewirtschaften und damit dem Klimawandel entgegenwirken.

Die Massai waren zu Recht aufgeregt. Doch ihre Versammlung wurde immer lauter und beunruhigte mich. Ein älter Mann sagte, so übersetzte es Hartmut: »Wir wollen keine Siedler! Wir wollen keine Missionare! Wir haben genug von der Regierung!« Wieder ließ die ganze Versammlung ein dumpfes, durch Mark und Bein gehendes »Huhmm« hören. Die Stimmung wurde, so schien es mir, bedrohlich. Aggressiv. Und Hartmut goss fleißig Öl ins Feuer. Er stand auf und sagte mit vor Bewegung vibrierender Stimme: »Ihr müsst die Siedler, Missionare und Polizisten vertreiben! Reißt ihre Hütten ab und zündet sie an! Schließt euch zusammen! Es gibt kein Kenia oder Tansania, es gibt keine Staaten, es gibt keine Grenzen, es gibt nur das einige, stolze Volk der Massai. Wehrt euch gegen die Unterdrücker! Wehrt euch gegen die Regierungen! Jagt sie davon!« Und dann: »Bewaffnet euch!«

Ich begriff auch ohne Sprachkenntnisse sehr gut, was vor sich ging. Als seine Worte in einem wilden Johlen und Kreischen versanken, nahm ich ihn am Arm und brüllte ihn an: »Übersetze mir auf der Stelle, was du gesagt hast!«

Er sagte es mir Wort für Wort. Ich war fassungslos. Ich schrie ihn an: »Bist du völlig verrückt geworden, Hartmut? Wir sind hier, um einen Film über Naturvölker und ihre Heilmittel und Drogen zu drehen.«

»Ja, ja. Aber das hier ist wichtiger. Das musst du auch ins Fernsehen bringen!«

»Sag mal, spinnst Du? Wir von außen haben nicht deren Politik zu bestimmen. Dafür kann man uns hier außerdem einsperren!«

Seine Augen leuchteten auf, als ich das sagte. »Stimmt genau. Und ich sage dir eines: Ich war schon einmal im Gefängnis! In Burundi. Schön war das nicht. Angeblich hätte ich mich damals auch in die inneren Angelegenheiten des Staates eingemischt. Ich war sogar mit dem Finanzminister aus Burundi in einer Zelle und habe mit ihm Schach gespielt. Der saß wegen Korruption ...«

»Ich will aber nicht ins Gefängnis! Ich werde jetzt wieder zurück zur Zeremonie gehen. Und wenn du nicht mit dem Unsinn hier aufhörst, dann fahre ich heute noch zurück! Ich kann nur hoffen, dass kein staatlicher Spitzel dabei war, als du die Leute aufgewiegelt hast.«

Ich kochte vor Wut. Warum riskierte Heller unser beider Inhaftierung oder Ausweisung? Die Massai waren berühmte Krieger – wer weiß, wozu sie, einmal auf-

Der berauschende Olmotori-Trank schmeckt wie Rinderbrühe.

gehetzt, fähig waren. Ich stand auf und ging zum Festplatz zurück. Dort hatten die Morani – ohne ihren roten Umhang, fast nackt – inzwischen mit der Zeremonie begonnen. Sie sangen und hüpften auf der Stelle. Erstaunlich, wie hoch sie ohne Anlauf, nur im Schlusssprung dabei kamen. Damit bewiesen sie ihre Stärke. Dann setzten sie nacheinander den Topf an ihre Lippen und tranken den Olmotori-Sud in kräftigen, gierigen Zügen.

Auch mir boten sie einen Schluck an. Da das Gebräu abgekocht und somit keimfrei war, tat ich ihnen den Gefallen, spuckte sicherheitshalber aber alles wieder aus. Hinterher war ich froh darüber, ich hätte es nicht überlebt. Es schmeckte wie eine fette Gemüsesuppe, ähnlich wie im Knast in Brandenburg, allerdings eine Suppe, der das Salz fehlte. Die Morani rissen sich förmlich den Topf aus der Hand und gossen das Zeug literweise in sich hinein. Es waren etwa 30 Jungmänner an dem Ritual beteiligt. Die Alten hockten am Rand, stopften sich ihre Pfeifen und betrachteten das Spektakel interessiert.

Als der riesige Topf leer war, setzten die Morani ihren Sprungtanz fort. Nun wurden sie von einem rhythmischen Frauengesang unterstützt, der vom nahen Waldesrand ertönte. Die Frauen durften sich aber in keiner Phase der Mannwerdungszeremonie nähern. Nur das Singen aus der Entfernung war ihnen erlaubt.

Nach etwa einer halben Stunde, als die Jungkrieger erschöpft eine Tanzpause einlegten, setzte schlagartig die Wirkung der Droge ein. Einer nach dem anderen kippte um und begann, am ganzen Leib zu zittern und zu zucken. Alle befiel eine Art epileptischer Anfall mit Starrkrämpfen und massiven Rückgratüberdehnungen. Die jungen Männer lagen am Boden, verdrehten ihre Augen, als ob sie schielten und mussten nun von den Umstehenden festgehalten werden, um sich nicht selbst zu verletzen. Dabei stießen sie schaurige Grunzlaute aus. Nie zuvor und auch später nicht habe ich eine derart heftige Reaktion nach der Einnahme von Drogen bei Naturvölkern beobachten können. Es war beängstigend. Aber natürlich gut für den Film.

Tatsächlich sollen die durch den Sud ausgelösten Halluzinationen von Schreckensvisionen gekennzeichnet sein, in denen der Morani wilden Bestien und Dämonen gegenübersteht, gegen die er dann kämpfen muss. Die Horrorbilder sind so heftig, dass die Initianden während ihres Trips ständig beobachtet und sogar festgehalten werden müssen. Zu groß ist die Gefahr, dass jemand seine Verwandten

Ein Helfer muss den Morani festhalten. Nach dem Drogengenuss hat er epileptische Krämpfe, bevor er apathisch wird.

für Dämonen hält und tötet, dass er Amok läuft oder aber die Vergiftung durch die Droge selbst nicht überlebt. Später las ich, dass die heftigen Reaktionen im wesentlichen durch Wirkstoffe aus den Wurzeln der Acokanthera-Pflanze und der Rinde eines Yohimbé-Baumes ausgelöst werden. Leider konnte ich nur Teile dieser ungewöhnlichen Zeremonie aufnehmen, da ich mit den Akkus haushalten musste.

Nach etwa einer Stunde ließen die Zuckungen und Schreie endlich nach. Man wischte den Morani den Speichel aus dem Gesicht, bedeckte ihre Körper mit Decken und ließ sie den Rausch ausschlafen. In der Trance hatten sie furchtlos mit einem Löwen gekämpft. Jetzt waren sie richtige Krieger und durften sich die Haare abschneiden. Jetzt durften sie auch heiraten. Die Massai sind traditionell polygam, was wahrscheinlich mit der hohen Kinder- und Kriegersterblichkeit zusammenhängt. Dass ein Mann fünf Frauen hat, ist keine Seltenheit. Auch Polyandrie ist verbreitet. Eine Frau heiratet nicht nur ihren Ehemann, sondern im Prinzip die gesamte Altersgruppe. Kommt ein Gleichaltriger zu Besuch, wird von einem Mann erwartet, dass er ihm seine Frauen anbietet. Die Frauen entscheiden dann aber selbst, ob sie mit dem Besucher ins Bett gehen. Jedes Kind, das die Frauen gebären, gilt als Nachkomme des Ehemannes.

Früher mussten die Morani tatsächlich einen Löwen töten, um das Recht zu erwerben, zu heiraten. In abgelegenen Gebieten soll der Brauch heute noch ausgeübt werden. Ebenso mussten die jungen Männer oft jahrelang in einem separaten Dorf wohnen, das die Mütter eigens für sie errichteten. Dafür gibt es heute jedoch keinen Platz mehr.

Auch am nächsten Morgen waren die Morani noch nicht ganz sicher auf den Beinen. Einer von ihnen kaute benommen auf grünen Blattstängeln herum, die ich nicht kannte. Ich bat Hartmut, ihn zu fragen, was für eine Pflanze dies sei. Der Massai sagte: »Das ist Mirungi Miraa, es hilft gegen den Kater.« Er benutzte das Kraut gewissermaßen als Aufputschmittel, es war eine weitere Rauschdroge.

Hartmut brachte in Erfahrung, dass die Pflanze nicht in der Gegend wuchs, sondern aus dem Meru-Gebiet stammte, ein paar Hundert Kilometer nördlich. LKW-Fahrer brächten sie gelegentlich mit und verkauften sie auf dem Massai-Markt. Ohnehin seien die Stängel bei den meisten ostafrikanischen Lastwagenfahrern beliebt, um lange Strecken durchzuhalten. »Bei den Meru heißt das Kraut *Miraa*, im Jemen *Khat*«, klärte mich Hartmut auf. »Angeblich stammt sogar die Landesbezeichnung Quatar östlich von Jemen vom Anbau dieser begehrten Pflanze. Khat gilt in Europa und auch in Tansania als Rauschdroge und ist verboten. In Kenia allerdings nicht.« Ich regte an, dorthin zu fahren, wo Khat angebaut wurde – ins Stammesgebiet der Meru nördlich von Nairobi, an den höher gelegenen Hängen des Mount Meru. »Für unseren Film ist das wichtig«, sagte ich.

Eigentlich ging es mir aber darum, hier wegzukommen, um nicht in Schwierigkeiten mit der Polizei zu geraten. Ich hatte keine Ahnung, was Hartmut den Massai noch eingeredet hatte und was sie jetzt planten. Ich wusste nur, dass ich nichts damit zu tun haben wollte. Ich dachte nicht daran, eine fremde Staatsmacht zu provozieren. Hartmut dagegen legte es genau darauf an, wann immer sich eine Gelegenheit ergab. Eines Tages war er in meiner Geesthachter Praxis aufgetaucht, wie immer in höchster Eile, wieder mal ging es um Leben oder Tod. »Roland, du musst mir Geld geben«, stieß er hervor. »Ich muss Leute aus dem Gefängnis in Tansania befreien.«

Er sprach von dem Volk der kleinwüchsigen Hadzabe oder Hazda, bei uns auch als Buschmänner bekannt. Buschmänner gibt es nicht nur in Namibia und Südafrika, sondern auch in Ostafrika. Hartmut sorgte sich um die letzte noch traditionell lebende Buschmännergruppe, die etwa 300 bis 400 Menschen umfasste und in Tansania lebte. Jahrzehntelang galten sie als verschollen, waren aber plötzlich wieder aufgetaucht – in einem Naturpark, den eine kanadische Jagdgesellschaft von der Regierung gepachtet hatte. Reiche Kanadier konnten dort für viel Geld Tiere schießen.

Damit wurden die letzten freien Hadzabe zu einem Problem. Tansania hat ein strenges Wildschutzprogramm, das es verbietet, wilde Tiere zu jagen. Hartmut kannte sich in Tansania gut aus, weil er oft dort gewesen war und ja auch seine Ehefrau aus dem Land stammte. »Du kannst dir vorstellen, dass ein Hadzabe das nicht einsehen kann«, sagte Hartmut. »Seit Jahrtausenden geht er mit seinem Pfeil und Bogen los, um Gazellen für die Familie zu jagen.« Doch nun wurde erbittert verfolgt, wer in dem Naturpark auch nur eine kleine Antilope schoss.

Die Hadzabe sind Nomaden, sie leben in der Savanne an den Ufern des Eyazi-Sees in einem unzugänglichen und wenig fruchtbaren Gebiet des zentraltansanischen Rifttals und des benachbarten Serengetiplateaus, das etwa 1500 Quadratkilometer umfasst. Sie gehören zu den letzten Jägern und Sammlern Afrikas, schlafen nachts nur unter einem kleinen Windschutz und verwendeten damals sogar noch Steinwerkzeuge. Ihre »Klick-Sprache« ähnelt den Lauten der San im südlichen Afrika. Mit den San sind sie aber nicht verwandt, sondern eher mit den Pygmäen im Kongo. Im Serengeti-Nationalpark ist die Jagd zwar auch verboten, aber dort wurden die Hadzabe traditionell toleriert. Ganz anders im Westen ihrer Jagdgründe. Dort galten sie mit einem Mal als gefährliche Wilddiebe.

»Einige wurden gefangen und als Sklaven verkauft, ihre Frauen zur Prostitution gezwungen, die Kinder in weit entfernte Schulen verfrachtet«, sagte Hartmut. »Ein Hadzabe ist von schwarzen Wildhütern aufgehängt und getötet worden, andere sitzen im Gefängnis. Die Regierung ist der Knecht der Kanadier und will alle Buschmänner aus der Region entfernen. Da ist ein Völkermord im Gange! Wir müssen etwas tun! Wir dürfen keine Zeit verlieren!«

»Was können wir tun?«, fragte ich.

»Wir müssen die Hadzabe aus dem Gefängnis befreien. Ich weiß aus zuverlässiger Quelle, dass man sie foltert und quält und möglicherweise tötet.«

»Wie stellst du dir das vor?«

»Ich werde nach Tansania fahren und sie persönlich aus dem Knast holen. Aber dafür brauche ich Geld. Dann kann ich über sie verhandeln. Darin habe ich Erfahrung.«

Hartmut veranschlagte den Wert eines Gefangenen mit mehreren Hundert DM. Soweit ich konnte, gab ich ihm das Geld dafür. Er flog nach Tansania, verhandelte mit dem Gefängnischef und bekam tatsächlich mehrere Hadzabe für etwa 300 Mark pro Kopf frei. Es stellte sich heraus, dass die Häftlinge mit Stromschlägen gequält worden waren; einem Mann hatten die Folterknechte mit Elektroschocks die Knie verkrüppelt.

Einige Wochen zuvor hatte Hartmut aus früheren NVA-Beständen einen alten Laster gekauft und nach Afrika verschifft, wo sein Neffe Safi mit dem betagten Gefährt ein Geschäft aufbauen wollte. Nun wartete Safi vor dem Gefängnis auf seinen deutschen Onkel, die befreiten Gefangenen wurden aufgeladen, und der zweite Teil von Hartmuts Plan umgesetzt. Zunächst steuerten sie die Quartiere der Prostituierten an und luden alle geraubten Hadzabe-Frauen auf, derer sie habhaft werden konnten. Dann klapperte Hartmut auf dem Weg nach Norden sämtliche Missionsschulen ab, auf die man die Kinder der Hadzabe verteilt hatte. Die Ex-Häftlinge sprangen von der Ladefläche, suchten auf den Schulhöfen nach den Stammessprösslingen, sammelten sie ein – und zurück ging es in den Busch, in ihre angestammte Heimat.

Im Dorf fand kurz danach ein großes Fest statt. Schamanen reinigten die Heimgekehrten rituell und hießen sie mit Weihrauch willkommen. Hartmut wurde wie ein Volksheld gefeiert.

Anschließend verhandelte Hartmut noch mit der Provinzregierung und den Kanadiern über die Zukunft der Hadzabe. Er versuchte, ihnen klarzumachen, dass die Hadzabe als Naturvolk zur Natur gehörten und man sie nicht einfach in fremde

Orte schicken könne und bitte auch nicht missionieren möge. Er bat darum, ihnen eine Aufgabe im Naturpark zu geben, beispielsweise für den Schutz der letzten Nashörner zu sorgen. Er schlug vor, sie die Tiere im Park zählen und sie darauf achten zu lassen, dass diese nicht von anderen Völkern gejagt werden. Die Kanadier sind schließlich darauf eingegangen.

Die tansanische Regierung in Dodoma aber nahm ihm seinen Handstreich übel. Hartmut Heller wurde des Landes verwiesen und durfte auch später nicht mehr einreisen. Aber er verstand es, auf der Klaviatur der westlichen Öffentlichkeit zu spielen. Er nahm kurzerhand einen Hadzabe mit nach Deutschland. Der Mann sollte aussagen, wie seine Stammesangehörigen in Tansania drangsaliert wurden.

Hartmut steckte den Hadzabe in einen Anzug und setzte ihn in ein Flugzeug. Er selbst nahm eine andere Maschine. Bei einer Zwischenlandung in Kairo beschwerten sich Mitreisende über den Körpergeruch des Eingeborenen. Kurzerhand stellte ihn das Flughafenpersonal unter die Dusche. In Frankfurt nahm Hartmut ihn in Empfang und kleidete ihn in Lauenburg neu ein. Anschließend brachte er ihn zu mir in die Praxis, weil er Zahnschmerzen hatte. Der Hadzabe trug einen viel zu großen Anzug ohne Hemd, nur auf der nackten schwarzen Haut und hatte dazu einen Hut aufgesetzt, den er sehr schön fand – einen Hut von Hartmuts Mutter aus den dreißiger Jahren mit einer riesigen Fasanenfeder.

Hartmut brachte seinen Gast nicht nur mit Journalisten und Politikern zusammen, sondern fuhr mit ihm auch zu verschiedenen Museen. In einem niedersächsischen Völkerkundemuseum lagen Ethnographica von den Hadzabe, die etwa 100 Jahre alt waren. Der Hadzabe entdeckte die Gebrauchsgegenstände seines Volkes und fing an, sich lautstark zu beschweren. »Das sind Jungfrauengürtel, die gehören meinem Volk und nicht den Weißen!« Hartmut unterstützte ihn dabei, denn er vertrat vehement den Standpunkt, dass derlei Gegenstände zurück nach Afrika müssten. Natürlich hat das Museum sie nicht herausgerückt.

In Kenia sollte es nun aber nicht um Ethnographica gehen, sondern um die Rauschdroge Khat. Der alte Jeep hielt die 300 Kilometer bis zum Mount Meru-Distrikt recht gut durch. Nur gelegentlich, wenn es bergauf ging, stotterte der Motor. Am Mount Meru, dem zweithöchsten Berg Afrikas, kannte sich Hartmuts Freundin Lisa gut aus, denn sie hatte einen Großteil ihrer Kindheit hier verbracht. Es sah ähnlich aus wie am Kilimandscharo: Savanne und ein weiter Blick bis zum Horizont.

Je höher wir kamen, desto kühler und regnerischer wurde es aber. Kaum zu glauben, dass wir uns in Äquatornähe befanden. Da in dieser Gegend fast niemand Suaheli oder Englisch sprach, hatte auch Hartmut Verständigungsprobleme. Jetzt musste Lisa für uns dolmetschen. Nachdem wir uns im ehemaligen Landhaus von Lisas Familie einquartiert hatten, einer baufälligen Villa, die vermutlich schon mehrere Jahre nicht mehr betreten worden war, suchten wir in der Umgebung nach Leuten, die in ihren Gärten Khat anbauten. Wir stellten fest, dass die bis zu fünf Meter hohen Sträucher im Prinzip überall wuchsen und die Leute die frischen Blätter abpflückten und kauten.

Khat-Kauen gehört für die Meru in Afrika zum Alltag wie Koka-Kauen für die Indios im Hochland Südamerikas.

Khat-Blätter.

Eine Nachbarin, die Lisa uns als ihre Tante vorstellte, wusste von einem alten Mann, der mit dem Rauschmittel handelte. Wir trafen ihn in seinem Obstgarten an. Er war mit einem dicken, von Motten zerfressenen Pullover und einer ausgebeulten Hose bekleidet und rollte auf skurille Weise seine großen schwarzen Augen. Er staunte über unseren Wunsch, die Ernte und den Verzehr von Khat filmen zu wollen. »Deswegen kommt ihr den weiten Weg von Europa hierher?«, fragte er. »Baut ihr denn in Deutschland kein Khat an?«

Praktischerweise wuchsen in diesem Garten mehr Khat- als Obstbäume. Der alte Mann pflückte junge hellgrüne Triebe und frische Blätter von den Zweigen. Es erinnerte mich an das Teepflücken in Sri Lanka. Er steckte sie in den Mund und begann, mit seinen wenigen schwarzen Zahnresten darauf herumzukauen. Mit flinken Fingern wiederholte er die Prozedur und stopfte immer neue Blätter samt Stängeln in den Mund, bis er aus ihnen einen großen grünen Kloß geformt hatte. Der flog dann irgendwann mit einem lauten Spuckgeräusch ins nächstgelegene Gebüsch.

Eigentlich hatte ich mir den Khat-Genuss etwas mystischer vorgestellt und war von der Realität enttäuscht. Auch konnte ich an dem Mann weder Anzeichen von Halluzinationen noch von Euphorie oder anderen Wesensveränderungen feststellen. Ich machte noch ein kurzes Interview mit ihm. »Seit wann nehmen Sie Khat?«, fragte ich. Lisa dometschte.

»Schon seit meiner Kindheit«, sagte er. »Mein Vater und mein Großvater haben es auch immer genommen. Khat tut gut.«

»Und trinken Sie auch Alkohol?«

»Niemals! Alkohol ist des Teufels und vom Propheten verboten.«

Er war offenbar Muslim. Ich gab mich zufrieden mit seiner Aussage und mit meinen Aufnahmen und kaufte ihm zum Dank noch ein armdickes Bündel Khat ab, mit dem ich unserem Fahrer eine große Freude machte.

Meru-Kinder im Hochland Kenias.

Plötzlich entdeckte Hartmut Heller direkt unter einem Khatbäumchen riesige weiße Pilze, die entfernt an Champignons erinnerten, mich aber eher an Knollenblätterpilze denken ließen. Hartmut begann, von seiner Zeit als Entwicklungshelfer in Ostafrika zu schwärmen. »Weißt du, Roland, damals haben wir oft genau diese wunderbaren Pilze gefunden. Meine jeweilige Frau hat daraus immer ein schmackhaftes Ragout gezaubert.«

Hartmut fragte den alten Mann, warum er als Ortsansässiger die nahrhaften Pilze nicht äße. Der schüttelte entsetzt den Kopf und erklärte Lisa, dass er noch nie gehört habe, dass sie essbar seien. Hartmut amüsierte sich über diese Bemerkung.

Er sagte: »Siehst du, wie die Muslime die Meru kaputt gemacht haben? Sie sind kein echtes Naturvolk mehr. Sie wissen nicht mehr, welche Pflanzen aus der wilden Natur essbar sind. Ist das nicht furchtbar? Echte Naturvölker wie die Pygmäen können in Hungerzeiten darauf zurückgreifen, was sie im Wald finden. Aber die Meru sind leider schon völlig verdorben und haben den Kontakt zur Natur verloren.«

Wir verabschiedeten uns von dem verdutzt dreinschauenden Khatpflücker und begaben uns zu Lisas Sommerhaus. Hartmut und Lisa ernteten einen Korb dieser Pilze, die uns nun überall ins Auge stachen. Während er seine Geliebte beim Zubereiten der Pilze beaufsichtigte, genoss ich im Garten die Nachmittagssonne und las ein Buch über afrikanische Heilpflanzen und Jagdgifte. Aus der Küche drang bald ein appetitlicher Duft.

Ich knabberte an einem Khatstängel, konnte aber außer einem von süß zu bitter wechselnden, an Gerbsäure erinnernden Geschmack weder eine aufputschende noch eine entspannende Wirkung verspüren. Später erfuhr ich, dass Khat tatsächlich nur eine leicht anregende Wirkung hat, vergleichbar mit Tee und Kaffee. Khatkonsumenten plaudern gern, bleiben länger wach und werden nicht hungrig. Man muss die Blätter aber kauen, solange sie frisch und grün sind, denn sobald sie trocknen, verlieren sie ihre Wirkung – die bei mir ohnehin nicht eintrat.

Hartmut war inzwischen in der Küche fertig und hielt mir die Pfanne mit den gebratenen Pilzen direkt unter die Nase. »Na, schon Hunger? Da kann man doch nicht widerstehen – oder? Ich begreife nicht, dass die Leute hier nur von Yams leben. Diese leckeren Pilze wachsen hier massenhaft. Die Natur gibt ihnen doch alles, was sie brauchen. Sie müssen sich bloß bücken.« Mit den Fingern fischte er ein goldbraunes Stück aus dem Sud und schob es sich in den Mund.

»Nee, nee, Hartmut, lass mal, ich esse davon nichts«, sagte ich.

»Wieso denn nicht? Du siehst doch, ich lebe noch!«

Ich begnügte mich mit Yams und einem Stück zäher Ziegenrippe, während die anderen die Pilze verspeisten, mit Ausnahme von Abu, der mal wieder seinen Rausch im Jeep ausschlief. Ich legte mich für ein Verdauungsschläfchen auf die Wiese in die warme Nachmittagssonne. Lisa erledigte den Abwasch, Safi suchte in der Umgebung nach Brennholz, Hartmut döste im Liegestuhl auf der Veranda.

Nach einer halben Stunde weckte mich ein jähes, entsetzliches Röcheln. Hartmut hielt sich mit beiden Händen den Bauch, er war kreidebleich, hatte Augen und Mund weit aufgerissen. Die Pilze, schoss es mir durch den Kopf!

»Hartmut, steck dir sofort den Finger in den Hals und würg alles wieder raus! Sofort! Los, ich helfe dir.«

»Nein, lass, das ist bestimmt wieder diese Darmentzündung, die Amöbenruhr. Da hilft nur Metronidazol – hochdosiert. Hast du diese Tabletten dabei?«

Hartmut krümmte sich vor Schmerzen. Natürlich hatte ich das Medikament mitgenommen. Aber es war nicht zu übersehen, dass es hier nicht nur um Magenkrämpfe oder eine Darminfektion ging. Er zeigte eindeutig Symptome einer Vergiftung. Ich hievte ihn aus dem Liegestuhl, beugte ihn über die Veranda und zwang ihn, einen Finger in den Hals zu stecken und sich zu erbrechen. Seinen Zustand verbesserte das kaum. Im Gegenteil, er begann zu schwanken und wirres Zeug zu reden. Ich hielt ihn fest, reichte ihm Wasser und zwang ihn, sich danach wieder zu übergeben – bis schließlich nichts mehr kam außer grüner Galle.

Ich legte Hartmut auf den Fußboden und überlegte fieberhaft, was zu tun sei. Mir musste etwas einfallen, sonst hatte er keine Überlebenschance. Es waren also doch Knollenblätterpilze gewesen. In meiner Panik rief ich nach Safi und Lisa, aber niemand kam. Mittlerweile hatte Hartmut das Bewusstsein verloren und im wahrsten Sinne des Wortes die Hosen voll.

Die Tür zur Veranda öffnete sich. Endlich Hilfe? Nein, nur ein am Boden liegender Kopf mit schwarzen Locken und das gleiche furchtbare Röcheln wie bei Hartmut. Lisa zwang sich auf die Knie und übergab sich. Sofort war ich bei ihr und hielt ihr einen Eimer hin. Natürlich – sie hatte ja auch mitgegessen! Und Safi ebenfalls. Um Gottes Willen, was sollte ich jetzt tun? Mit Ausnahme der alten Nachbarin wohnte hier weit und breit niemand. Und der Anlasser unseres Autos war kaputt.

Da fiel mir das katholische Missionshospital ein, an dem wir auf der Hinfahrt vorbei gekommen waren und das höchstens eine halbe Stunde Fahrt entfernt lag. Hartmut hatte kräftig auf die Katholiken geschimpft, als wir es passiert hatten.

»Abu«, brüllte ich, so laut ich nur konnte. Mit rotunterlaufenen Augen und Schnapsfahne stand unser Fahrer einige Sekunden später neben mir, sah die Bescherung und wurde schlagartig nüchtern. An das Krankenhaus konnte er sich zum Glück ungefähr erinnern. Wir mussten es irgendwie schaffen, den Wagen in Gang zu bringen.

Lisa (rechts) und ein Freund in der Küche vor dem Pilzgenuss.

In diesem Augenblick kam Safi mit Holz beladen aus dem Nachbargarten. Er hielt sich zwar auch eine Hand auf den Magen, aber er konnte noch laufen. Schnell verfrachteten wir Hartmut und Lisa ins Auto. Lisa war noch bei Bewusstsein. Obwohl sich auch Safi inzwischen vor Krämpfen schüttelte, half er mir beim Anschieben des Jeeps, glücklicherweise ging es bergab. Endlich donnerte der Motor los. Ich zog Safi in den Wagen. Leider konnte ich mir im Wirrwarr von Wäldern, Wegen und Wasserfällen nicht merken, wo sich das Haus befand, in dem wir übernachtet hatten. Bei mir trug ich nur meinen Pass, das Flugticket und die Fototasche.

Safi musste sich übergeben. Lisa begann, das Bewusstsein zu verlieren. »Fahr schneller, Abu!«, rief ich. »Schneller, nur schneller!«

Beinahe hätten wir die Abfahrt zum Krankenhaus verpasst. Nach einer Vollbremsung, bei der Hartmut vom Rücksitz fiel und wenigstens wieder röchelte, erreichten wir endlich das Hospital. Dem Wachmann am Tor rief ich »Emergency!« zu, dann stürmte ich vorbei an freundlich blickenden Nonnen in die Notaufnahme. »Einen Doktor!«, brüllte ich. »Einen Arzt! Schnell! Pilzvergiftung! Mushroom!«

Eine Krankenschwester führte mich über einen Gang mit vielen Vorhängen, hinter denen jeweils ein Schwerverletzter oder Kranker lag, zu einem kleinen, schäbigen Schreibtisch. Dort saß ein junger hochgewachsener Arzt, der den Ernst der Lage erfasste und sofort eine Notbehandlung einleitete. Nachdem ich gesagt hatte, dass auch ein Weißer unter den Kranken sei, wurden alle einheimischen Patienten aus dem Raum geschoben, und Hartmut, Lisa und Safi auf Tragen hinter die Vorhänge und in die Betten geschleppt. Der Arzt rannte zwischen ihnen hin und her und erteilte den Krankenpflegern und Schwestern seine Anweisungen.

Der Arzt fragte mich: »Wie haben die Pilze denn ausgesehen?«

Ich beschrieb sie und sagte: »Weiß und groß.«

»Sie müssen verrückt sein. Diese Pilze sind hoch giftig. Viele Menschen sind schon daran gestorben.«

Die Krankenschwestern zwangen Hartmut, Lisa und Safi zum Schlucken eines Schlauches, um ihnen den Magen auszupumpen. Der Arzt verpasste jedem einen

Tropf und fragte mich kopfschüttelnd, wann sie die Mahlzeit eingenommen hätten. Obwohl es mir wie eine Ewigkeit vorkam, war es noch keine Stunde her. Lisa litt am meisten, aber mittlerweile ging es auch Safi sehr schlecht. Er zitterte am ganzen Körper und war leichenblass.

»Wie steht es um die drei?«, fragte ich den Arzt.

Er zuckte nur mit den Schultern. »Genau kann ich das noch nicht sagen. Aber Sie können von Glück reden, dass Sie das Krankenhaus so schnell erreicht haben.«

Im Verlauf der folgenden Stunde wechselte der Zustand von Lisa, Safi und Hartmut ständig. Ich lief von einem Vorhang zum nächsten, stets begleitet von der Angst, dass einer von ihnen nicht überleben würde. Was sollte ich dann tun? Würde man mich vielleicht beschuldigen, sie vergiftet zu haben? Ich drehte hier einen Beitrag über Drogen bei den Naturvölkern. Jeder musste doch denken, ich hätte das veranlasst! Schließlich hatte ich nichts von dem Pilzgericht gegessen. Wie sollte ich diesen Wahnsinn nur erklären? Du musst die Filmkassetten vernichten, schoss mir durch den Kopf.

Der Arzt schickte mich los, Milch zu besorgen, die es im Krankenhaus nicht gab. Vor dem Tor war ein kleiner Kiosk, wo ich Dosenmilch und Trockenkekse bekam. Als ich zurückkehrte, erschrak ich. Die Vorhänge waren zurückgezogen, Krankenschwestern mit Mundtüchern und Gummihandschuhen reinigten die Behandlungstische und den Fußboden mit Desinfektionsmittel. Die Patienten waren verschwunden.

Waren sie etwa ...? Meine Fantasie spielte mir die schrecklichsten Bilder vor. Sollte ich verschwinden? Ich dachte an Nairobi, die deutsche Botschaft, ein Telefon. Dann riss ich mich zusammen und suchte nach dem Arzt. Der junge Doktor hatte offenbar schon Feierabend, aber ein älterer Kollege ließ sich auftreiben.

»Bitte, Sir, wo sind meine Freunde? Was ist geschehen?«

»Bleiben Sie ruhig. Der große Weiße mit dem Bart ist über den Berg. Wir haben ihn in die Station für Privatpatienten verlegt. Den beiden Schwarzen geht es den Umständen entsprechend. Sie sind noch jung. Sie kommen durch. Morgen werden sie schon wieder herumlaufen.«

Hartmut fand ich in einem sauberen Einzelzimmer auf der Privatstation. Er hatte ein Beruhigungsmittel bekommen und schlief. Ich dachte, so ist es gut, so kann er für einen Moment mal kein Unheil anrichten. Safi und Lisa lagen in größeren Patientensälen. Safi röchelte etwas, Lisa weinte. Sie tat mir furchtbar leid. Ich fing fast an zu beten. Ich streichelte ihre Stirn und beruhigte sie.

In den miefigen Krankensälen standen je etwa 40 Betten, und aus den meisten lugten zwei Köpfe heraus. Offenbar wurden die Ehepartner oder Geschwister der Patienten auf diese Weise mit untergebracht. Ich lief ständig von einem meiner Freunde zum anderen, immer hin und her. Ich war schon fix und fertig, als eine Krankenschwester zu mir sagte, ich solle aufhören, mir Sorgen zu machen, mich ausschlafen und morgen wiederkommen. »Es wird alles gut.«

Meine Panik legte sich etwas. Mittlerweile war es draußen dunkel und kalt und regnete in Strömen. Ich war müde und selbst reif fürs Bett. »Lisa, ich komme morgen wieder und sehe nach euch«, versprach ich ihr und weckte dann Abu, der im Auto schnarchte. Wir fanden auch ein paar Leute, die uns beim Anschieben halfen. Leider funktionierte nur ein Schweinwerfer, auch die Rücklichter waren defekt. Wir beide konnten uns auch nicht an den Weg zurück zum Landhaus erinnern und irrten in der Dunkelheit umher. Schließlich fanden wir einen Mann, der unter Lisas Vater gedient hatte und das Haus kannte. Die Tür stand zwar noch immer weit offen, aber niemand hatte etwas gestohlen. Völlig durchnässt entzündeten wir ein Feuer im Kamin. Ich fror und schlief sehr schlecht. Im Traum quälte mich Hartmut Heller, der mich immer wieder zwingen wollte, sein Pilzragout zu probieren.

Als ich mich am Morgen bei dem jungen Arzt meldete, begrüßte er mich freundlich und sagte: »Ihren Freunden geht es schon viel besser. Nur eines wundert mich: Warum ist der bärtige Weiße weggegangen, ohne auf die anderen zu warten und ohne zu bezahlen? Kommt er gleich wieder?«

Ich sah ihn verständnislos an. Er drückte mir die Rechnung für alle drei in die Hand, die ich an der Kasse begleichen sollte, sonst könne er Safi und Lisa nicht gehen lassen. Er sagte: »Es kann Folgeschäden geben. Eine solche Vergiftung geht nicht ohne Weiteres an der Leber vorbei. Aber immerhin, Ihre Freunde haben überlebt.«

Mir war die Angelegenheit äußerst peinlich, schließlich hatte man ihnen das Leben gerettet. Wie konnte sich Hartmut, der Verursacher der Katastrophe, einfach so aus dem Staub machen? Klar, er wollte sich vor den Kosten drücken. Ich bezahlte sofort. Obwohl Hartmuts Behandlung etwa das Dreifache der anderen beiden ausmachte, kostete die Rettung von drei Menschenleben umgerechnet nicht einmal 50 DM.

Lisa und Safi erwarteten mich auf einer Parkbank im Garten. Beide waren noch sehr blass und schwach, wollten aber nicht länger im Krankenhaus bleiben. Als ich die Quittung beim Pförtner vorgezeigt hatte, durften wir gemeinsam das Hospital verlassen. Hartmut Heller saß bereits im Jeep und wartete auf uns. Ich war sprachlos. Er fand kein Wort der Entschuldigung und des Dankes. Ganz im Gegenteil. Er schimpfte schon wieder auf die »geldgierigen Katholiken«.

»Hartmut«, brüllte ich ihn an. »Die haben dir das Leben gerettet!«

Ich wollte jetzt nur noch eines: nach Hause. Zwei Tage später saß ich im Flugzeug nach Deutschland und musste an den Titel unseres Philippinenfilms denken: »Heller Wahnsinn«. Wie treffend, dachte ich. Mir fiel wieder ein, dass ich mir noch ein halbes Jahr zuvor fest vorgenommen hatte, mich so weit wie möglich von Hartmut Heller fernzuhalten.

Mit Kuno und Otto wollte ich damals einen Nachfolgefilm für unseren Streifen »Zu Hause bin ich in der Ferne« drehen, der im Dezember 1992 mit großem Erfolg im MDR und anderen dritten ARD-Programmen gelaufen war. Darin war es vor allem um die Verwüstungen des Indianerlandes im brasilianischen Amazonasstaat Rondônia durch Gold- und Diamantensucher gegangen. Im März 1993 landeten wir wieder in Porto Velho, der Hauptstadt Rondônias am südlichen Rand des

Amazonasbeckens. Jeden Tag gaben die tiefhängenden Wolken wahre Sturzbäche von sich, es war Regenzeit. In Porto Velho herrschte gerade Karneval. Die Menschen trommelten, tanzten auf den Straßen, tranken Cachaça bis sie umfielen. Im strömenden Regen.

Da wir in verschiedene Indianerschutzgebiete reisen wollten, brauchten wir Genehmigungen von der Funai und gingen zum Büro der Indianerschutzbehörde im Zentrum von Porto Velho. Mein brasilianischer Freund und Mentor Jesco von Puttkamer hatte unseren Besuch angekündigt und über seine alten Verbindungen alles soweit geklärt, dass wir eigentlich nur noch die Papiere abholen mussten. Natürlich begann das übliche Feilschen. Der Funai-Beamte war ein Caboclo, ein Mischling aus Indianern und Schwarzen, ein Mittdreißiger. Er blätterte durch Papiere auf seinem Schreibtisch, strich langsam mit der Hand über sie und sagte dann: »Sie wollen also zu den Uru-Eu-Wau-Wau, Nambikwara und Cinta Larga?«

»So hat Jesco es beantragt, das müsste alles in dem Schreiben drinstehen«, sagte ich.

»Ja, das ist wohl richtig.« Er strich erneut über die Blätter, blickte Otto und mich ernst an. »Können Sie sich vorstellen, wie viele Probleme wir hier haben? Die Indianern brauchen ständig dies und das, und wir sind eine sehr arme Behörde. Wir würden gern helfen, aber uns fehlt viel zu oft das Geld. Sehen Sie mal«, er zog irgendein Papier aus dem Stapel, »hier zum Beispiel, das bedrückt uns sehr, da geht es um die Karitiana-Indianer, denen wir ein Auto finanziert hatten, aber nun ist es kaputt, und wir würden es gern reparieren lassen.« Er sah mich erwartungsvoll an.

»Was würde die Reparatur denn wohl kosten?«, fragte ich.

»Nun, die Werkstatt hat etwas von 500 Dollar gesagt.«

Gut, dachte ich, wenn es denn sein muss. Ich gab ihm 500 Dollar. Er legte sie in eine Kasette. Das war soweit in Ordnung. Da ich von einer Keuchhustenepidemie gehört hatte, fragte ich den Beamten: »Sagen Sie bitte, benötigen die Uru-Eu-Wau-Wau irgendwelche Medikamente?« Er wollte gerade zur Antwort ansetzen, als plötzlich die Tür aufsprang.

Ich traute meinen Augen kaum, als ich sah, wer da hereinstürmte. Es war Hartmut Heller in Shorts und Birkenstocksandalen! Ihm war überhaupt keine Überraschung anzumerken, dass er mich hier im abgelegenen Hinterland Brasiliens antraf, er sagte nur kurz und knapp auf Deutsch: »Hallo Roland, du musst sofort hier raus! Das sind alles korrupte Halunken. Falsche Schlangen. Die hauen die Indianer übers Ohr und dich auch. Mit denen darfst du nicht eine Sekunde lang verhandeln, die wollen dich nur abzocken.«

Der Funai-Beamte verstand kein Wort und machte große Augen. Ich versuchte, die Situation zu retten und sagte: »Hartmut, bitte bring unsere Verhandlungen hier nicht durcheinander. Wir haben gerade ein wichtiges Gespräch.«

»Ha, das denkst du! In Wahrheit geht es den Strolchen nur ums Geld!«

Inzwischen war der Brasilianer aufgestanden und fragte mich: »Ist dieser Herr ein Freund von Ihnen?«

Hartmut Heller in Porto Velho.

»Freund? Nun ja ...« Die Dinge entwickelten sich irgendwie falsch. Ich spürte, wie uns die Kontrolle entglitt. Inzwischen zerrte Heller an meinem Arm und zeterte weiter, Otto versuchte, Heller zu beruhigen, der Beamte öffnete die Tür. Er sagte, nun recht kurz angebunden: »Wir werden den Antrag prüfen. Sie hören von uns.«

»Wann können wir denn die Genehmigung abholen?«, fragte ich.

»Sie hören von uns.«

Das klang wie das übliche »amanhá« – vielleicht morgen, vielleicht in zehn Wochen, vielleicht in 100 Jahren – und stimmte mich nicht gerade froh. Es war klar, der Termin war geplatzt, die 500 Dollar gab uns der Beamte trotzdem nicht zurück. Auf der Straße knöpften wir uns Hartmut vor: »Sag mal, was fällt dir ein, uns so bloßzustellen!«

»Vergiss es! Mit denen darfst du nicht reden, mit diesen Verbrechern. Die betrügen die Indianer von vorne bis hinten! Sie fördern die Korruption. Wusstest du, dass die Indianer hier ihre Wälder verkaufen und die Funai es duldet, weil sie geschmiert wird? Roland, das kannst du nicht unterstützen!«

»Ich will das Geschehen nur dokumentieren und auf die Probleme aufmerksam machen, und du hinderst mich daran. Außerdem dachte ich, dass du in Bolivien bist.«

»War ich auch. Aber jetzt habe ich wieder hier zu tun.«

Hartmut Heller hatte meine Erzählungen von der Bedrohung der Uru-Eu-Wau-Wau und Cinta Larga durch Holzfäller und Goldsucher zum Anlass genommen, in seinem Verein *Freunde der Naturvölker* eine Kampagne zu deren Schutz zu starten. Vor einigen Monaten hatte er mich darum gebeten, ihm mit Kontakten in Brasilien auszuhelfen, weil er sich dort bislang nicht auskannte. Ich hatte ihn daraufhin an meine Freunde Jesco von Puttkamer in Brasília und Hertha Tolksdorf in Cuiabá verwiesen. Dann war er nach Brasilien geflogen.

Nun musste er schon ein paar Monate im Amazonasgebiet sein, denn ich hatte sporadisch von ihm gehört. Nicht von ihm selbst, nicht einmal über das ungeklärte Schicksal der philippinischen Aeta. Nein, Hertha Tolksdorf hatte sich am Telefon bei mir über ihn beklagt: »Was ist denn das für ein schrecklicher Mensch? Roland, schick doch bitte nicht jeden deiner Bekannten zu mir. Immer wenn er bei mir vorbeikommt, hat er eine andere schwarze Puta, eine Hure dabei!«

Nur einmal, vor einigen Wochen, hatte er mich in Lüneburg angerufen: »Roland, ich bin in Bolivien. Du musst mir Geld schicken. Ich war bei den Uru-Eu-Wau-Wau, die Lage ist schrecklich, wir müssen ihnen helfen. Die werden von Holzfällern vertrieben und umgebracht. Ich habe ihnen versprochen, ein Krankenhaus zu bauen. Und ich will ihnen Waffen besorgen, weil sie sich nicht mehr anders wehren können.«

»Was willst du? Sie bewaffnen? Du spinnst, Hartmut. Wie das denn?«

»Es ist mir ernst damit. Deshalb bin ich in Bolivien, denn hier kann man Maschinenpistolen kaufen. Ich brauche nur noch das Geld. Schick mir ein paar Tausend Dollar, 5000 müssten erstmal reichen. Ich sage dir jetzt, wohin du sie überweisen musst.«

Ich dachte, jetzt hat er völlig den Verstand verloren und sagte: »Ich finanziere keine Waffen. Punkt. Und Ich will darüber auch nicht weiter reden, schon gar nicht am Telefon.«

Es war ein unerquickliches Gespräch, ich habe dann so getan, als ob die Verbindung zu schlecht sei, um ihn zu verstehen, und aufgelegt. Ich hatte das absurde Gespräch auch schon halb vergessen – bis uns Hartmut ausgerechnet in Porto Velho in die Arme rannte und er uns dort im Wortsinn die Tour vermasselte. Die Funai-Funktionäre hatten Hartmuts Impertinenz schon kennengelernt. Er hatte erst die Indianer aufgehetzt, und zurzeit wiegelte er die Schwarzen in Porto Velho auf. Hinter ihm stand ein großer, muskulöser schwarzer Mann, an seiner Seite eine junge hübsche Mulattin.

»Ein Freund und meine neue Freundin«, stellte er sie vor, »meine wichtigsten Leute. Wir organisieren nämlich hier gerade die Bewegung der Schwarzen gegen ihre Unterdrückung und Ausbeutung durch die Brasilianer. Das wäre doch ein Thema für euch – wollt ihr nicht darüber einen Beitrag machen?«

Kuno und Otto sahen sich mit einem Blick an, der alles sagte. Wir dachten alle das Gleiche. Erst versaut er uns unsere Funai-Kontakte, und dann sollen wir noch einen Film über ihn drehen!

Auf den Straßen taumelte der Karneval seinem Höhepunkt entgegen. Viele Leute tanzten, es prügelten sich auch einige. Wir fotografierten ein bisschen, Hartmut und seine Begleiter wichen uns nicht von der Seite.

»Hartmut, es reicht!«, brüllte ihn Otto an. »Wir sind nicht zum Spaß hier. Wir sind auch nicht wegen dir und deiner Schwarzen hier! Wir haben mit Terroristen nichts zu tun. Denn das bist du: ein Bewahrungsterrorist!«

Wütend verabschiedeten wir uns von ihm. Hartmut zog beleidigt ab. Ich wollte nichts mehr mit ihm zu tun haben. Er sollte mich einfach in Ruhe lassen. Ich hatte das Gefühl, dass er immer verrückter wurde.

Hartmut hatte uns den Kontakt mit den Funai-Beamten in der Tat gründlich verdorben. Sie wollten uns nirgendwohin mehr fahren lassen, denn sie dachten natürlich, dass wir zu ihm und seinem Verein gehörten. Wir brauchten es gar nicht mehr zu versuchen. Es hatte sich erledigt.

Hartmut Heller blieb damals in Lateinamerika. Er ging von Porto Velho nach

Kolumbien und nahm dort mit einem Volk von Waldindianern Kontakt auf, in dessen Gebiet man Erdöl gefunden hatte. Ein amerikanischer Energiekonzern wollte den Urwald roden, um darin Bohrungen niederzubringen. Die Indianer hatten einen internationalen Hilferuf ausgesandt, Hartmut hatte ihn vernommen und setzte alle seine Hebel in Bewegung, um den Vormarsch des Ölmultis zu stoppen.

Nachdem er sich mit den Indios besprochen hatte, war er zurück nach Deutschland geflogen und hatte sich bei seinem eigentlichen Arbeitgeber, der GKSS in Geesthacht, blicken lassen – um die dort vorhandenen, neuesten technischen Kommunikationsmittel zur Unterstützung der Indianer zu nutzen. Über den GKSS-Server verschickte er etwa 1000 Protest-E-Mails weltweit an die verschiedensten Institutionen, von Greenpeace bis zur Weltbank. Er drohte mit seiner »Organisation« *Freunde der Naturvölker:* Man würde etwas gegen den Ölkonzern unternehmen, wenn der seine Pläne nicht sofort stoppte.

Die Amerikaner auf der anderen Seite des Atlantiks bekamen das Gefühl, dass hinter den E-Mails eine riesige europäische Menschenrechtsgruppe steckte, die enorm einflussreich sei – und sie zogen sich tatsächlich aus dem Projekt zurück! Sie erklärten, dass sie im Gebiet der Indianer nicht nach Öl bohren würden. Sie schickten Hartmut Heller und seiner Organisation sogar ein regelrechtes Entschuldigungsschreiben – so jedenfalls hat es mir Hartmut damals erzählt.

Die Amerikaner ahnten nicht, dass die *Freunde der Naturvölker* gerade einmal aus einer Handvoll Leute bestanden. Hartmut hatte instinktiv die Möglichkeiten des neuen Mediums Internet erkannt und auf geniale Weise genutzt, um einem Naturvolk zu helfen. Zehn Jahre sollte sein Schutz Bestand haben, bis im kolumbianischen Grenzgebiet zu Brasilien schließlich doch nach Erdöl gebohrt werden würde.

Fast hätte ich ihn damals in Kolumbien getroffen, wir verfehlten uns nur um ein paar Tage. Zweieinhalb Jahre nach dem afrikanischen Pilz-Desaster verbrachte ich im Juni 1996 eine Woche in der brasilianischen Grenzstadt Tabatinga am Amazonas, im Dreiländereck von Peru, Brasilien und Kolumbien, bevor ich mit Sidney Possuelo auf die lange und anstrengende Expedition zu den unkontaktierten Korubo ging. Kurz vorher soll sich Hartmut Heller im Gebiet aufgehalten haben, um zu »seinen« Indianern zu fahren und mit ihnen den »Sieg« über die Ölkonzerne zu feiern.

Als ich dort von einem »wilden Deutschen mit dem Bart« hörte, dachte ich, es sei wohl unmöglich, diesem ethnologischen Irrwisch zu entgehen, egal wo. Zielsicher steuerte er jeden Brennpunkt auf dem Globus an, wo Naturvölker in Not waren. Es war das gemeinsame Interesse an den Ureinwohnern, das uns zwangsläufig immer wieder zusammenführte. Aber dann dachte ich, es sei sicher besser, ihn diesmal nicht getroffen zu haben. Denn er hätte gewiss darauf bestanden, zu den Korubo mitgenommen zu werden, und dazu hatte ich wahrlich keine Lust – nach allem, was ich mit ihm erlebt hatte. Ich sollte ihm wenig später in einer ganz anderen Weltgegend wiederbegegnen.

Turmspringer der Pazifikinseln – die Kastom People von Vanuatu

25 Meter hoch ist der Turm, auf dem der junge Mann steht. Bevor er springt, bittet er seine Geister um Beistand. Er breitet die Arme aus und schwingt sie leicht im Rhythmus der Trommelschläge. Dann stürzt er sich kopfüber in die Tiefe. Kurz bevor er am Boden aufschlägt, reißen ihn die Lianen wieder in die Höhe. Wenn er dann aufkommt, eilen augenblicklich die Helfer herbei, lösen die Lianen von seinen Füßen und tragen ihn im Triumph auf die Wiese, auf der sich die jubelnde Menge in Trance tanzt. Der junge Mann lässt seine Muskeln spielen und reiht sich augenblicklich ein in die Reihen der Tänzer.

In den achtziger Jahren reklamierten Australier für sich die Erfindung eines aufsehenerregenden neuen Freizeitspaßes, der damals einen weltweiten Siegeszug durch die Vergnügungsparks und Tourismuszentren antrat: das Bungee-Jumping. Auch Neuseeländer behaupteten plötzlich, sie seien auf diese Idee gekommen. In Wahrheit aber stammte die neue Extremsportart nicht vom fünften Kontinent, sondern von den Kastom People auf der Insel Pentecost im Südseestaat Vanuatu, 1000 Kilometer von Australien entfernt im Pazifischen Ozean. Das Lianenspringen von hohen Türmen war schon in den fünfziger Jahren von der englischen BBC dokumentiert worden. Für die Inselbewohner ist es auch kein gesuchter Adrenalinkick, sondern es handelt sich um ein uraltes heiliges Ritual, in dem die Jungen ihre männliche Reife erhalten.

In die Inselwelt von Vanuatu und ihre seltsamen Rituale habe ich mich im Lauf der Zeit regelrecht verliebt. Sechsmal bin ich mittlerweile auf den Archipel gereist, hauptsächlich wegen der Turmspringer. Vielleicht ziehen mich aber auch die Leichtigkeit des Lebens dorthin, das milde Klima, die unberührten weißen Strände oder eben die Möglichkeit, an einem einzigen Tag von der Steinzeit in die Moderne zu wechseln. Wahrscheinlich ist es dies alles zusammen, was die Menschen von Vanuatu oder der Neuen Hebriden nach einer Studie der britischen *New Economics Foundation* zu den glücklichsten Bewohnern dieser Erde macht. Untersucht wurden Zufriedenheit, Erwartungen ans Leben und der Umgang mit der Natur.

Erstmals kam ich im Mai 1994 nach Vanuatu, zwischen meiner zweiten und dritten Reise zu den Zoé in Brasilien. Ich brauchte Ferien, wollte aber nicht am Strand liegen – oder jedenfalls nicht ausschließlich. Es ergab sich, dass Hartmut Heller die Inselgruppe kürzlich besucht hatte. Unser Verhältnis zueinander hatte sich nach den misslichen Erlebnissen in Kenia und Brasilien zwar merklich abgekühlt, wir hielten aber noch Kontakt und trafen uns von Zeit zu Zeit. Anfang 1994 besuchte mich Hartmut in Lüneburg und erzählte aufgeregt von einer Revolution auf Vanuatu – einer Umwälzung, wie es sie noch nie gegeben habe.

»Roland, du musst dorthin«, sagte er. »Es gibt dort Kräfte, die genau das Gleiche wollen wie wir: zurück in die Steinzeit, Abschaffung der sogenannten Zivilisation. Es gibt auch einen Mann in Vanuatu, den ich sehr schätze, den Anführer der Revolution, Jimmy Stevens. Er ist nach langer Haft endlich wieder in Freiheit. Er ist ein natürlicher Anarchist, und seine Leute leben, wie ich es auch für richtig halte: polygam, ohne Kleidung und Geld. Ich habe mich sofort mit Jimmy verstanden und ihm meine Hilfe angeboten. Du könntest auch einiges tun.«

Was ich dort tun sollte, sagte er nicht genau, aber ich versprach, mir diese eigenartige Revolution einmal anzusehen, da ich mich für Vanuatu ohnehin interessierte. Man unterteilt den südlichen Pazifik bekanntlich in Melanesien und Polynesien, wobei der Inselstaat Vanuatu zu Melanesien gehört. Seine Bewohner sind ähnlichen Ursprungs wie die Papuas von Neuguinea – dunkelhäutige, breitnasige, kraushaarige Menschen. Wegen dieser Verwandtschaft standen sie bereits eine ganze Weile auf meiner Erkundungsliste. Außerdem hatte ich schon einiges über die sagenhaften Turmspringer von Pentecost gelesen. Es gab also vielfachen Anlass, in die Südsee aufzubrechen.

Nach Vanuatu fliegt man entweder über Brisbane in Australien oder über Paris, Tokio und Neukaledonien, wie ich es später oft gemacht habe. Allein bis Noumea, der Hauptstadt des südpazifischen Inselstaats Neukaledonien, benötigt man ungefähr 28 Stunden, anschließend noch einmal drei Stunden bis Vanuatu. Ähnlich lange dauert es über Brisbane. In Vanuatu herrscht dann angenehmes tropisches Klima.

Als ich mich entschied, für Otto und mich die Flugtickets zu besorgen, hatte ich allerdings keine Ahnung, welchen Aktivitäten Hartmut Heller inzwischen auf Vanuatu nachgegangen war. Kaum waren wir völlig übermüdet in der Hauptstadt

Port Vila auf der Insel Efate ist bekannt für seine bunten Häuser.

Sonnenuntergang in Port Vila, der Hauptstadt des Südseestaates Vanuatu.

Port Vila gelandet, wartete eine unangenehme Überraschung auf uns. An der Passkontrolle wurden wir von zwei uniformierten, dunkelhäutigen Beamten auf die Seite gebeten. Sie fragten uns auf Englisch: »Sie kommen aus Deutschland?«

»Das sehen Sie doch, Sie haben ja unsere Pässe«, sagte ich.

»Warum kommen Sie nach Vanuatu?«

»Wir sind Touristen, wir wollen uns erholen und die Inseln ansehen.«

»Wollen Sie nach Espiritu Santo fahren?«

Langsam dämmerte es mir. Espiritu Santo war die Insel, von der Hartmut Heller erzählt hatte. Dort war seine angebliche Revolution im Gange. Dort lebte Jimmy Stevens, den er als seinen Freund bezeichnet hatte. Vorsichtig sagte ich daher: »Wo ist denn das? Wir wollen nach Pentecost, zu den berühmten Turmspringern.«

»Kennen Sie Herrn Hartmut Heller?«, kam die nächste Frage. Aha, dachte ich, es geht wirklich um Hartmut. Was hatte er hier nur wieder angestellt? Ich musste mich etwas zusammennehmen, um kein Misstrauen zu erregen und sagte, so ruhig wie möglich: »Wer ist das? Diesen Namen habe ich noch nie gehört.«

Der Beamte blickte uns prüfend an. Auch Otto fühlte sich bemüßigt, etwas zu bemerken: »Deutschland ist ein sehr großes Land, dort kennen sich nicht alle Menschen untereinander.«

»Das weiß ich.« Er warf uns einen strengen Blick zu.

Offenbar machten wir einen hinlänglich touristischen und unrevolutionären

In den Südseebuchten von Vanuatu liegt noch Schrott aus dem Zweiten Weltkrieg wie hier nahe Port Vila.

Eindruck. Der Polizist reichte uns unsere Papiere und hieß uns auf Vanuatu willkommen. Was hier gegen Hartmut Heller vorlag, sagte er nicht, aber ich habe vorsichtshalber auch nicht danach gefragt. Als wir aus dem Flughafen traten, wollte Otto natürlich ganz genau wissen, was mir Hartmut erzählt hatte. Die Geschichte mit der Revolution fand er durchaus spannend.

Doch zunächst suchten wir uns ein kleines Hotel und erkundigten uns beim Besitzer, wie wir nach Pentecost gelangen könnten. »Ihr geht am besten heute Abend ins »Waterfront«, da werdet ihr sicher jemand finden, der euch weiterhilft«, riet uns der Wirt.

Das »Waterfront« war sozusagen die Hauptkneipe an der hufeisenförmigen Bucht von Port Vila und Treffpunkt der dort lebenden Europäer. Wir setzten uns an die Bar, genossen das kühle Bier und die Abendstimmung am Meer mit den vorgelagerten kleinen Inseln. Das also ist Vanuatu, dachte ich. Schön war es, auch abends noch warm, sauber und aufgeräumt. Ein kleines Europa in den Tropen. Die Restaurants waren französisch geprägt, es gab jede Menge Supermärkte, die Preise hatten das Niveau von Tahiti, was bedeutet, dass alles sehr viel teurer war als in Europa. Das hängt vielleicht damit zusammen, dass in Port Vila viele reiche Franzosen und Engländer, oft Steuerflüchtlinge, wohnen.

Ich wusste, dass in Vila, wie man die Stadt auf der Insel Efate allgemein nennt, etwa 15000 Menschen lebten. Man spricht dort wie auf den anderen Inseln des

Archipels Bislama, eine Art Pidgin-Englisch mit französischen Einfärbungen, aber auch mit deutschen Wörtern – altenglisch, kolonialfranzösisch, wilhelminisch-deutsch, alles gemischt. »Mi no toktok bislama« – »Ich spreche kein Bislama«, das war der erste Satz, den ich in Port Vila lernte, und dann: »Tank yu tumas« – »Thank you so much.« Die Währung dieses Staates heißt Vatu. Bislama ist die Umgangssprache, denn mit mehr als 100 lokalen Sprachen hat Vanuatu im Verhältnis zu seinen rund 210 000 Einwohnern die höchste Sprachendichte der Welt.

Als Kapitän James Cook die Inselgruppe im Südosten der Salomonen auf seiner zweiten Entdeckungsreise 1774 erstmals erblickte, nannte er sie die Neuen Hebriden, ein Name, der inzwischen aus der Mode gekommen ist. Die mehr als 80 Inseln sind vulkanischen Ursprunges und nichts anderes als die Gipfel einer gewaltigen Gebirgskette, die unter Wasser von Neuguinea über den Bismarckarchipel bis zu den Salomonen verläuft. Während der tropische Regenwald viele verschiedene Pflanzenarten hervorbrachte und in den Korallenriffen Fische, Schildkröten und Schalentiere leben, ist die übrige Tierwelt recht karg; die einzigen einheimischen Säugetiere sind Fledermäuse. Manchmal schaffen Krokodile den weiten Weg über die See von den Salomonen herüber. Die Menschen ziehen Grundnahrungsmittel wie Yamswurzeln, Taro, Brotfrüchte und Bananen in ihren Gärten.

Engländer und Franzosen hatten sich 1887 auf eine gemeinsame Verwaltung der Neuen Hebriden geeinigt, die sie 1906 in der Form eines englisch-französischen Kondominiums umsetzten. Im Zweiten Weltkrieg nutzten die Allierten die großen Inseln Espiritu Santo und Efate als Militärbasen. Erst 1980 wurde der Archipel unter dem Namen *Ripablik blong Vanuatu* selbständig und Mitglied des Britischen Commonwealth. Offiziell sind seine Bürger christlich, vor allem presbyterianisch, tatsächlich existieren aber noch viele Naturreligionen und seltsame andere Kulte neben dem Christentum. Verfassungsmäßig ist das Land eine parlamentarische Republik, in der Realität gilt in Vanuatu aber das so genannte Chief-System. Es gibt überall Männer- und Geheimbünde, die nicht für jeden offen sind. Neben der offiziellen gibt es auch eine eigene Gerichtsbarkeit der Chiefs. Wenn jemand einen Mord begeht, muss er oft nicht ins Gefängnis, sondern Strafe in Formen von Schweinen zahlen. Kurz gesagt, Vanuatu ist für den Neuankömmling nicht unbedingt leicht zu verstehen.

Den Zeitpunkt unserer Reise hatte ich mit Bedacht gewählt. Das Turmspringen auf Pentecost findet nämlich stets kurz nach der Regenzeit statt, Anfang Mai, wenn die Lianen gut durchgefeuchtet und am elastischsten sind. Selbst jetzt regnete es noch ab und an, die Luftfeuchtigkeit kam sicher nahe 100 Prozent. Der Barkeeper im »Waterfront« bestätigte uns, dass die Sprünge gerade im Moment abgehalten wurden, und zwar wie immer im Süden von Pentecost. »Wegen des regnerischen Wetters dort ist es aber im Moment nur an der Westküste möglich zu springen.« Er verwies uns an einen muskulösen, blonden Schweden, der einsam vor seinem Bier saß: »Redet mal mit ihm, er ist ein tour operator. Er bringt euch hin.«

Der Schwede sagte, er könne uns ein Kleinflugzeug vom Typ Twin Otter besorgen und erläuterte seine Konditionen, die schockierend teuer waren und im Lauf

Zum Markt von Port Vila kommen Händler aus zahlreichen Völkern des Inselstaates Vanuatu.

des Gespräches immer teurer wurden. »Gut, dann muss ich also noch Sandwiches mitbringen, wir müssen auch Eintritt bezahlen, und der Spritpreis ist gerade gestiegen«, sagte er. Die Kosten begannen, selbst mein Budget zu übersteigen. Otto machte große Augen. »Wir müssen nochmal drüber nachdenken«, sagte ich.

Am nächsten Tag mieteten wir uns ein Auto und fuhren einmal um die Insel auf der rund 130 Kilometer langen Schotterpiste. Auf Efate herrscht Linksverkehr, daran hatte Otto viel Spaß. Grün ist es dort, hügelig, es geht vorbei an kolonialen Kokosplantagen, savannenartigen Graslandschaften und immer wieder entlang einsamer Sandstrände. In Port Vila ragen die farbenfrohen kleinen Häuser selten über die Palmen und Banyanbäume hinaus, hier gab es einen regelrechten Berufsverkehr mit knatternden Mofas, stinkenden Dieselbussen und den allgegenwärtigen Sammeltaxis.

In der Stadt konnten wir einen Blick auf die multikulturelle Gesellschaft der Insel werfen: einheimische Melanesier in Nike-Schuhen, Jeans und verspiegelten Sonnenbrillen, chinesische und vietnamesische Händler, Polynesier, braungebrannte Franzosen als *permanent residents* und Touristen, die meist krebsrot waren von der gnadenlosen Tropensonne. Im Prinzip konnte man auf der Insel aber nicht viel mehr anfangen als Kaffee im Starbucks zu nippen, am Traumstrand rumzuhängen oder ein Tusker Premium Beer im »Waterfront« zu trinken. Als wir uns abends wieder an die Bar setzten, wies uns der Barkeeper diesmal auf einen anderen Gast hin: »Der spricht Deutsch wie ihr, vielleicht wollt ihr ihn auch kennenlernen!«

Der Mann an dem Rattantischchen war Mitte 50, schlank und trug einen mächtigen Vollbart, ähnlich wie Hartmut Heller, die langen graublonden Haare zum Pferdeschwanz gebunden, am Arm eine schwere metallene Uhr. Das Hervorstechendste aber waren seine tiefblauen Augen, wie man sie in dieser Intensität selten sieht. Als ich ihn ansprach, bat er uns sofort an seinen Tisch und stellte sich vor: »Gestatten die Herren, Dr. Franz Schmöllerl aus Österreich, Pilot und Lebenskünstler.« Franz sprach breiten Wienerischen Dialekt, war mir auf Anhieb sympathisch, und wir kamen ins Gespräch.

»Sagt's mal, kennt's ihr den Heller?«, fragte er gleich zu Beginn.

»Das wollte die Polizei auch schon von uns wissen. Was hat der Mann denn hier ausgefressen?«, gab ich zurück.

»Der Heller, wie ich das sehe, ist ein arger Schlawiner. Er hat sich hier ein bissel zu viel in die hohe Politik eingemischt. Das ist nicht gut, dann macht man sich nicht viele Freunde. Ich hab' den Heller noch kennengelernt, kurz bevor sie ihn fast ausgewiesen haben. Er hat alles angeprangert, das Abholzen von den Bäumen zum Beispiel. Er hat alles hier verändern wollen, hat sich mit allen und jedem angelegt. Ein seltsamer Mensch. Und er hat ein bisschen zu viel mit dem Jimmy zusammengehockt, der nun gerade gestorben ist.«

»Jimmy Stevens ist tot?«

»Oh ja, er ist vor kurzem gestorben. Man sagt hier, der Heller soll sein Nachfolger werden. Deshalb sind sie so schlecht auf die Deutschen zu sprechen. Die wollen sichergehen, dass keine Leute von seinem Verein ins Land kommen. Sie lassen nämlich nicht jeden rein, es ist ein sehr geordnetes System hier. Und jetzt denken sie, alle Deutschen gehören zum Heller und seinem Verein und wollen hier Revolution machen!«

»Typisch Hartmut«, sagte ich.

»Wenn ich euch einen guten Rat geben darf: Es ist besser, sich nicht in die innere Politik dieses schönen Landes einzumischen, sonst kann man ganz schnell vor der Tür stehen.«

»Das hatten wir nicht vor, wirklich nicht.«

Wir erzählten nun, dass wir eigentlich nach Pentecost wollten. Franz sagte, dass er die lokalen Chiefs dort kenne, natürlich auch die Turmspringer und deren Geschichte – und alles, was seines Wissens dahinter stecke.

»Das Turmspringen, dieser weltweit einmalige Brauch, ist nicht nur eine Mutprobe, müsst ihr wissen. Es ist aufgrund einer alten Legende entstanden und dient der Versöhnung mit den Geistern. Angeblich kletterte eine Frau auf einen Baum, um ihrem eifersüchtigen Mann zu entkommen, doch er folgte ihr bis zum Wipfel. Da er ihr dicht auf den Fersen war, sprang sie hinunter – scheinbar in den sicheren Tod. Als ihr Mann das sah, sprang er ihr hinterher, da er ohne sie nicht mehr leben wollte. Die Frau hatte ihn jedoch getäuscht und sich flink Lianen um die Knöchel gebunden. Während ihr Mann starb, wurde sie gerettet. Seitdem irrt seine Seele umher, und die Männer von Pentecost müssen immer wieder vom Turm springen, um die Geister zu besänftigen. Wegen der Vorgeschichte darf keine Frau dabei sein oder einen Blick darauf werfen, solange die Männer am Turm bauen. Früher haben sie die Frauen sogar getötet, wenn sie es gesehen hatten. Sie durften erst den fertigen Turm angucken, wenn das Ritual begann.«

»Und wie läuft das Sprungritual ab?«, wollte Otto wissen.

»Zuerst einmal sucht sich jeder Junge oder Mann im Wald seine Lianen und vermisst sie nach Augenmaß. Sie müssen genau die richtige Länge habe, denn wenn sie ein bisschen zu lang sind, schlägt er auf und stirbt, und wenn sie zu kurz oder zu fest sind, stirbt er auch, denn dann reißt er sich die Beine aus. Das Lianenspringen, das sogenannte *naghol,* ist eine äußerst komplexe Angelegenheit.«

»Wie hoch ist so ein Turm denn?«, fragte ich.

»Es ist ja mehr ein Gerüst als ein Turm, eine recht wacklige Angelegenheit. Sie bauen ihn jedes Mal an einer anderen Stelle und verschieden hoch, mal zwölf, mal 18, manchmal auch über 20 Meter. «

»Wir wollen sehr gern dort hin, aber es scheint wahnsinnig teuer zu sein, einen Flug zu bekommen.« Ich erzählte Franz von dem »Angebot« des Schweden. Er lachte und sagte:

»Also Leute, der will euch ausnehmen. Fliegt's einfach mit mir, das kommt euch wesentlich günstiger. Ich hab' ein schönes solides Flugzeug hier, ihr müsst mir nur den Sprit bezahlen und ein paar Biere. Ist das ein Angebot?«

Na, und ob das ein Angebot war! Franz Schmöllerl lud uns sofort noch auf sein Segelboot ein, das direkt vor dem »Waterfront« im Hafen lag, eine wunderschöne kleine Yacht aus Holz. Der Einhandsegler war herrlich eingerichtet. In einer Ecke der Kombüse entdeckte ich sogar einen echten Schrumpfkopf.

Franz erzählte uns an diesem Abend, dass er eigentlich Hals-Nasen-Ohren-Arzt und einstmals bestens in die Wiener Gesellschaft integriert war, dann aber aufgrund eines »Traumas« Österreich verlassen habe. Er hatte seinen gesamten Besitz verkauft, ein Segelboot erworben und war einfach verschwunden. »Ich hab' mich nicht einmal abgemeldet in Österreich«, sagte er. »Insofern bin ich ein Steuerflüchtling wie die meisten Europäer hier.« Jahrelang konnte er wegen der drohenden Steuernachzahlung nicht zurück in seine Heimat, doch mittlerweile war diese Schuld verjährt. »Nun bin ich ein freier Mann und kann tun und lassen, was ich will.«

Wir verabredeten uns für den nächsten Morgen am Flugfeld von Port Vila. Wir hatten Franz Schmöllerls Angebot zwar nicht sehr ernst genommen, es war viel Sekt im Spiel gewesen, aber man konnte ja nie wissen. Neben dem Internationalen Flughafen gab es ein Rollfeld für kleine Flugzeuge, das dem Air Club von Efate gehörte. Und tatsächlich, dort erwartete uns der Wiener gegen acht Uhr, angetan mit Hose und Hemd, aber barfuß. »Guten Morgen, die Herren«, begrüßte er uns, »darf ich euch meine Grashopper vorstellen?« So nannte er seine kleine einmotorige Maschine, die er rot und weiß lackiert hatte und auf der sein Signet prangte: Air Franz.

Später erzählte uns Franz, dass er ganz versessen aufs Fliegen war und die Genehmigung für alle möglichen Flugzeugtypen besaß. Es war sein Hobby, diese *endorsements* zu sammeln. Er hatte einmal sämtliche amerikanischen Maschinen fliegen

Dr. Franz Schmöllerl alias »Air Franz« mit seiner Cessna namens Grashopper.

dürfen, bis hin zum Großraumjet. Zeitweilig war er für die Air Vanuatu als Pilot in Uniform international geflogen, doch mittlerweile war seine Lizenz verfallen. »Und jetzt bin ich zu alt für die großen Dinger«, sagte er.

Als Mitglied des Air Clubs war Franz berechtigt, dessen Einrichtungen zu nutzen. Wir mussten ihm tatsächlich nur das Flugbenzin bezahlen, was auf unterste Cessna-Flugpreise hinauslief. Das Wetter war traumhaft, nur ein paar Zuckerwattewölkchen am Himmel, als wir starteten. Wir flogen über grüne Vulkaninseln im Meer mit weißen Stränden, an denen die Wellen perlten, wir sahen weiße Segel auf der blauen See. Franz behandelte das Flugzeug wie einen Freund, er sprach mit ihm und streichelte es. Er ließ es sich partout nicht nehmen, uns einen regelrechten Kunstflug vorzuführen. Immer wieder stieß er steil hinunter, um uns zu zeigen, wo überall abgestürzte Kampfflieger aus dem Zweiten Weltkrieg im Dschungel lagen. Die Erwähnung des Krieges animierte ihn dann, ein wenig Kampfgeschehen zu simulieren und mit uns Loopings zu drehen – er konnte wohl nicht anders.

Wir flogen zunächst in Richtung Nordosten über die Vulkaninsel Ambrym. Mit einem Schmunzeln brauste Franz in den Krater hinein, machte einen Looping knapp über dem rotglühenden Magma, und flog auf der anderen Seite wieder hinaus. Es roch nach Schwefel, man sah die blubbernden Glutblasen vor dem Fenster platzen. Otto und mir blieb fast das Herz stehen. »Wenn man über diese Vulkane fliegt, sieht man die enormen Naturgewalten herrschen«, sagte Franz, als rede er zu Schülern. »Die Lava wird aus irgendwelchen Schlünden in der Erde ausgespuckt, das Ganze sieht aus wie die Küche des Teufels.«

Anflug auf den aktiven Vulkan der Vanuatu-Insel Ambrym.

Als wir wieder über der Südsee schwebten, wurde Franz müde, stellte auf Autopilot um, bat Otto, ein Auge aufs Steuer zu haben und schloss die Augen. Otto, der neben ihm auf dem Platz des Copiloten saß, hatte noch nie ein Flugzeug bedient, machte seine Sache aber ganz ordentlich. Kurz vor dem Landeanflug auf Pentecost weckte er Franz auf und dieser übernahm das Steuer wieder.

Pentecost ist eine Insel östlich der Salomonen, deren Name aus dem Englischen kommt und Pfingsten bedeutet. Sie ist schmal und langgestreckt, misst an der breitesten Stelle etwa 20 und der Länge nach rund 90 Kilometer. Noch ist das Eiland fast durchweg mit dichtem Regenwald bedeckt. Entsprechend dünn ist es besiedelt, mit gerade 21 000 Menschen.

Kurz vor der Landung erwischte uns eine mächtige Windbö, dann stand auch noch eine Kuh direkt auf der Landepiste. Franz musste ausweichen, ich dachte, jetzt überschlagen wir uns, aber er kurvte elegant um das Tier herum und brachte die Maschine gekonnt zum Stehen.

Sofort rannten ein paar Schwarze herbei und riefen »Pilot! Pilot!« Das war Franz' Name auf Vanuatu, oder eben »Air Franz«. Andere brüllten schon: »Wite Men! Wite Men!« Sie freuten sich, dass Weiße gekommen waren, denn Weiße bedeuteten Touristen, und Touristen brachten Geld in die Kasse. Im Nu war ein Boot organisiert, in das wir umsteigen sollten, um zum *naghol* zu gelangen, zum Turmspringen. Die Jolle transportierte uns nur wenige Kilometer, kostete aber fast soviel wie der Flug. Ich fragte, warum es so teuer sei, und unser Bootsmann sagte lächelnd: »Is kastom« – »Das ist der Brauch«.

Es war das erste Mal, dass ich das mythische Wort *kastom* hörte. Wenn auf Vanuatu von *kastom* die Rede ist, erübrigt sich jede Diskussion. *Kastom*, das ist ehernes Gesetz. Am *kastom* gibt es nichts zu rütteln. Wem's nicht passt, der muss ja nicht herkommen. Grummelnd zahlten wir unseren Obolus.

Nicht weit vom Strand sahen wir mitten im Wald schon das Gerüst über die Bäume ragen. Bevor wir uns dem Turm nähern konnten, versperrte uns jedoch eine hölzerne Pforte den Weg, an der ein paar mit Turnhose und T-Shirt bekleidete Schwarze saßen und Eintritt kassierten.

Das Spektakel hatte feste Preise für Touristen: Wenn man lediglich fotografieren wollte, kostete es 60 Dollar Eintritt, filmen mit einer kleinen Kamera 200. Hätten wir eine große, professionelle Fernsehkamera dabeigehabt, hätten wir sogar 10000 Dollar hinlegen sollen. »Den Preis bestimmen die Leit' im Dorf«, sagte Franz. Er hatte uns schon darauf vorbereitet, dass das Ritual nicht billig sein würde. »Die Leit' brauchen's Geld halt für ihre Gemeinschaft. Es kommen jedes Jahr nur wenige Besucher, und auf die sind sie angewiesen.« Ich sah tatsächlich noch ein paar andere Touristen, Australier oder Neuseeländer, die mit Kameras bewaffnet auf dem Festplatz herumliefen, also schon gezahlt hatten. Trotzdem ließ ich es mir nicht nehmen, die Platzwächter zu fragen: »Wieso ist der Eintritt so teuer?« – »Is kastom, Mista«, lautete die vorhersehbare Antwort. Nur Franz musste nichts bezahlen. Sie kannten ihn dort alle und nannten ihn fröhlich *Mista Pilot*.

Die Vorstellung begann. Trommeln ertönten, eine Meute von 30 oder 40 halbnackten Männern, Frauen und Kindern tobte tanzend um den Turm aus Ästen und Lianen herum. Dann der erste Springer! Er klatschte förmlich auf die aufgewühlte Erde, und es war erstaunlich, dass er sich nicht alle Knochen dabei brach. Jubel brandete auf. Einen nach dem anderen sahen wir nun die Männer und Jungen am Gerüst hochklettern, ihre Knöchel an zwei Lianen anbinden und aus der Höhe kopfüber hinunterhechten. Es sprangen nur relativ junge Männer, die ältesten waren vielleicht 35. Meist sangen sie Beschwörungsformeln vor dem Sprung. Noch verstand ich die Einzelheiten des Rituals nicht, aber wir zitterten mit jedem der etwa 15 Springer mit, die sich an diesem Tag in die Tiefe stürzten. Besonders faszinierte mich als Arzt, dass die Springer sich nicht ein einziges Mal die Hüftgelenke ausrenkten, obwohl der Sprung doch eine große Belastung für die Wirbelsäule und den gesamten Körper darstellen musste.

In den Pausen wurde warmes Essen angeboten, das mir zunächst etwas suspekt war. Aber Franz setzte sich hin und langte herzhaft zu. »Komm Roland, probier den *laplap*, es ist der hiesige Ersatz für eure Buletten«, sagte er. Also kostete ich die Nationalspeise Vanuatus zum ersten Mal. Laplap schmeckt in etwa so, wie es heißt. Es ist eine in große Bananenblätter eingewickelte klebrige Pampe aus Fisch, Fleisch vom Flughund oder Schwein, Kürbis, Süßkartoffeln und wer weiß was noch – ein auf heißen Steinen im Erdofen gegartes Etwas, das entfernt an das norddeutsche Labskaus erinnert. Zuweilen, wenn es gut mit Chili gewürzt ist, ist es genießbar, es kann aber auch ausgesprochen eklig schmecken. Für Otto war das fremde Gericht wie immer kein Problem. Er isst mit Vergnügen alles, was exotisch ist.

Mittlerweile hatte der letzte Springer den höchsten Punkt des Turms erklettert und verharrte dort außergewöhnlich lange. Er bog sich mit ausgebreiteten Armen wie ein Vogel nach hinten, warf auch Blätter und Blüten hinunter. »Er befragt und beschwört jetzt die Geister«, erläuterte Franz. »Wenn er spürt, dass ihm nichts geschehen wird, dann wird er springen.« Der Mann sprang, landete unversehrt am Boden, und alle freuten sich.

Otto hatte überhaupt nicht gewusst, was auf ihn zukommen würde und rannte die ganze Zeit mit seiner Kamera wie in Trance über den Platz. »Das hätte ich nie für möglich gehalten«, sagte er mehrmals. Er versuchte, gute Aufnahmeperspektiven zu finden, doch wir hatten Pech mit dem Wetter. Schwarze Wolken waren aufgezogen, man sah also dunkle Menschen vor dunklem Hintergrund. Otto fluchte: »Verdammte Kamera, warum kann man die Blende nicht ordentlich einstellen!«

Um bessere Aufnahmen zu bekommen, sind wir ein paar Tage später mit Franz noch einmal nach Pentecost geflogen. Diesmal beobachteten wir das Turmspringen in einem Dorf an der Südwestküste der Insel, wo im Prinzip alle Einheimischen schon missioniert waren. Das Sprungritual war einer der letzten hier noch erhalten gebliebenen »heidnischen« Bräuche. Obwohl die Missionare der *New Tribes Mission* und des *Summer Institute of Linguistics* hart daran arbeiteten, den bizarren *kastom* zu verbieten, war die Tradition zu verwurzelt und vor allem auch zu einträglich, um sie einfach aufzugeben.

In diesem Dorf sprangen auch ein paar Leute mit, die von den Einheimischen in einer Mischung aus Bewunderung und Naserümpfen Kastom People genannt wurden. »Was sind Kastom People?«, fragte ich Franz Schmöllerl.

Franz Schmöllerl zu Besuch bei seinen Freunden, den Kastom People von Bunlap.

»Kastom People sind die Leit', die noch ganz nach den alten Traditionen leben, die nicht missioniert werden wollen. Halt die Leit', die noch richtig in der Steinzeit leben.«

»Wo können wir die finden?«

»Zum Beispiel in Bunlap, auf der östlichen Seite der Insel in den Bergen. Ich kenne den dortigen Chief sehr gut. Aber wenn's ihr dahin wollt, müsst's ihr durch den Dschungel marschieren, das schafft's ihr heit' nicht mehr. Dazu müssten wir auch Gepäck mitnehmen.«

»Egal, dort wollen wir hin!«

Auch Otto war sofort Feuer und Flamme. Aber zunächst konzentrierten wir uns auf die Lianenspringer. An diesem Tag waren die Lichtverhältnisse deutlich besser, Otto hatte schon eine ganze Reihe von Aufnahmen im Kasten, als er auf den naheliegenden Gedanken kam, dass er die besten Bilder vom Turm aus machen könnte. Er kletterte also an der wackligen Konstruktion nach oben. Das Unterfangen erwies sich als schwierig, denn das Leichtbaugerüst aus Ästen und Lianen schaukelte bedenklich und war noch feucht vom nächtlichen Regen. Plötzlich ein Schrei – ich dachte, ich sehe nicht richtig! – Otto war auf einer der glitschigen Lianen ausgerutscht und fiel aus etwa fünf Metern Höhe auf den Boden.

Ich rannte zu ihm. Otto versuchte, sich aufzurichten, aber der Rücken tat ihm weh. »Roland, hilf mir mal hoch«, sagte er. Es gelang ihm mit meiner Unterstützung auf die Beine zu kommen. Bewegen konnte er sich zwar, aber es ging ihm nicht gut, er ächzte und sagte: »Irgendwie tun mir alle Knochen weh.« Ich betastete seinen Oberkörper, konnte aber keinen Bruch feststellen. Wegen der Schmerzen wagte ich es nicht, eventuelle Zerrungen einzurenken. Ich hatte das Gefühl, dass

Franz Schmöllerl auf seinem Segelboot in Vanuatu.

irgendetwas mit seiner Wirbelsäule nicht stimmte. »Setz dich mal hin, Otto«, sagte ich. »Ich übernehme die Filmarbeiten.«

Zuerst galt es, auf den Turm zu klettern, um die Kamera zu bergen, die sich im Geäst verfangen hatte. Vorsichtig machte ich mich ans Werk, doch musste ich feststellen, dass diese Art der Turmkonstruktion nicht für 1,90 Meter große und knapp 90 Kilo schwere *Yuropins* gemacht war, wie wir Europäer hier genannt wurden. Aber es gelang mir, mich auf dem regennassen Gerüst hochzuhangeln, die Kamera zu fassen und sogar noch ein paar ordentliche Bilder aus 20 Metern Höhe fertigzubringen.

Otto litt die restlichen drei Wochen unserer Reise an stetigen, wenn auch nicht allzu starken Schmerzen, so dass er sich dazu entschloss, auf der Hauptinsel von Vanuatu zu bleiben. Er glaubte an eine Verrenkung. Erst in Deutschland stellte sich heraus, dass er sich einen Wirbel angebrochen hatte. Ich flog noch einmal allein mit Franz nach Pentecost, aber die weitaus meiste Zeit verbrachten wir zu dritt in Port Vila, machten richtig Ferien, tranken Tusker Beer im »Waterfront« und tauschten Geschichten aus. Jetzt lernten wir Dr. Franz Schmöllerl erst richtig kennen.

In Wien war er ein bekannter Lebemann, Frauenschwarm und Liebling der Schickeria gewesen. Mit dem Maler Friedensreich Hundertwasser war er befreundet, als Hals-Nasen-Ohren-Facharzt behandelte er die Gebrechen der oberen Zehntausend. Er galt als begehrter Tänzer beim Wiener Opernball, und er war zugleich ein Mann, den extreme Erfahrungen reizten: Fallschirmspringen, Kunstfliegen, Autorennen. Franz erzählte, dass er einer der bekanntesten Rennfahrer Österreichs gewesen war, als Touringpilot für British Leyland. Als das Bungee-Jumping aufkam, ließ er sich sofort aus schwindelerregender Höhe in die Tiefe fallen. Schließlich besaß er seine eigene Arztpraxis im edlen Neusiedl am See und eine veritable mittelalterliche Burg, die Heroldsmühle in Marz bei Mattersburg.

Dann änderte er abrupt sein Leben. Sein bester Freund, der auch Franz hieß, hatte sich von einer mehr als 100 Meter hohen Gebirgsbrücke in den Tod gestürzt. »Das war ein Schlüsselerlebnis, das mich aus der Bahn warf. Ich zog mich total von der Welt zurück«, berichtete Franz. »Immer wenn ich jetzt zu den Turmspringern gehe, denke ich an meinen Freund Franz selig, der sich in die Tiefe stürzte, ohne dabei ein Seil oder eine Liane zu haben.«

Auf seiner Burg lebte er mehrere Jahre vollkommen allein, ohne Strom, Gas und Wasserleitung und sogar ohne Schuhe; darüber berichtete damals das deutsche Magazin *Stern*. »Aber ich wollte mich noch radikaler aus der westlichen Welt und den Werten ihrer Zivilisation verabschieden. Deshalb verkaufte ich alles, was ich besaß, und segelte davon.«

Was er uns erzählte, klang für mich wie ein Märchen. Doch Franz hatte Zeitungsausschnitte dabei, die seine Geschichte belegten. Nachdem er die Burg an die Kosmetikfürstin Elizabeth Arden verkauft hatte, brachte er sich selbst das Segeln bei, stach Anfang der achtziger Jahre in See und lebte zwei Jahre in Südamerika. Danach fuhr er durch den Panamakanal in den Pazifik, verbrachte einige Zeit auf Tonga und anderen Inseln. »Ich wollte nur noch weg, in die Ferne«, sagte er.

Das war es wohl, was ihn mir unter anderem so sympathisch machte. Ich dachte ganz ähnlich wie Franz, nur dass er im Gegensatz zu mir nicht mehr nach Europa zurück wollte.

Ich habe ihn einmal gefragt, ob er nie Heimweh habe. »Manchmal schon«, gab er zu. »Aber nicht genug, um wieder nach Wien zu gehen.« Einmal hatte man ihn gebeten, Vorträge auf einem Kreuzfahrtschiff zu halten, das Kurs auf Europa hielt. Das gefiel ihm, er blieb eine Weile auf dem Dampfer, setzte sich dann aber in Sri Lanka wieder ins Flugzeug zurück nach Vanuatu.

Zehn Jahre war Franz unterwegs gewesen, bevor er schließlich in Vanuatu landete und dort vor Anker ging. So gut wie alles im Südseeparadies begeisterte ihn: »Für mich als Europäer ist Vanuatu das Zusammentreffen der vier Naturelemente: Wasser, Feuer, Erde und Luft. Außerdem begegnen sich hier uralte Kultur, wie sie in Europa vielleicht vor 6000 Jahren noch existent war, und auf der anderen Seite französisches Flair und die moderne Zeit.«

Franz Schmöllerl besorgte sich ein kleines Flugzeug und gründete seine winzige Fluglinie. Wenn er nicht gerade Versorgungsgüter zwischen den Inseln transportierte oder kranke Insulaner zum Hospital flog, lebte er allein auf seinem Schiff oder mitten im Dschungel von Pentecost bei den Ureinwohnern. Er gehörte zu den wenigen Glücklichen, die es nicht nötig haben zu arbeiten, denn er konnte gut von seinen Festgeldanlagen in Europa leben. Dort hatte er inzwischen auch mit seinem neuen Leben Berühmtheit erlangt. In Österreich nannten ihn die Zeitungen und das Fernsehen »Dr. Abenteuer«.

Auch als Franz die 60 überschritt und grau wurde, wirkte er noch immer drahtig, sportlich, attraktiv. Aufgrund seines Wiener Charmes hatte er nie Mangel an Freundinnen. Er ruhte in sich, er war ein Typ mit Charisma, wie ich es selten erlebt habe. Auf dem kleinen melanesischen Inselstaat kannte ihn wohl jeder, vom Kulturminister bis zum nackten Eingeborenen der entlegensten Insel. Air Franz war in Vanuatu weit mehr als ein Firmenlogo. Air Franz war eine Institution.

Als wir einmal mit Franz in eine Edeldisko in Port Vila wollten, wurde ich anstandslos durchgelassen, wohingegen die Türsteher Otto abwiesen, weil er seine ostdeutschen Jesuslatschen trug. Wir haben dann alle zusammen kehrtgemacht. Ein paar Tage später konnten wir zu unserer Überraschung in der dortigen Zeitung lesen, dass ein deutscher Kameramann nicht in die Disko gelassen wurde, obwohl er seine edlen Designerschuhe der Marke Soundso trug. Franz hatte offenbar den Lokaljournalisten etwas gesteckt.

Er war aber nicht der einzige Sonderling in Port Vila. Die anderen lernten wir nach und nach im »Waterfront« kennen, wo man sich abends zum Absacker traf. Bald kannten wir jeden Segler und Großindustriellen, jeden Aus- und Umsteiger am Ort, wie beispielsweise jenen Ost-Berliner, der sich nach der Wende dort eine komplette Insel gekauft hatte. Es gibt ganze Aussteigerfamilien aus Europa, die auf Segelbooten leben und ihre Kinder selbst unterrichten. Für diese kleine Gemeinschaft gelten Segel- und Angelabenteuer als die Höhepunkte des Lebens. Mir wäre das allerdings zu langweilig.

Da wir ständig von Hartmut Heller und seinen geheimnisvollen Aktivitäten hörten und über ihn redeten, bot Franz am Ende unserer Ferien an, uns nach Espiritu Santo zu fliegen, der größten Insel des Archipels, einige Hundert Kilometer nördlich von Efate, auf der Jimmy Stevens' Anhänger lebten. Franz kannte natürlich die ganze, höchst sonderbare Geschichte, die sich dahinter verbarg. Am Abend vor dem Flug lud er uns zum Cevice auf sein Boot ein. Wir tranken ein Bier, dann sagte er: »Einen Moment«, setzte sich eine Taucherbrille auf, nahm seine Harpune und sprang ins Wasser. Ein paar Minuten später tauchte er mit einem zappelnden Fisch wieder auf. »Um diese Uhrzeit ist der Fisch am besten«, sagte er. Er tötete ihn, schnitt Scheiben heraus und würzte sie mit Zitrone und Salz. Das war der frische Cevice, wie er auch an der Pazifikküste Südamerikas beliebt ist. Wir genossen ihn mit Weißwein zum Sonnenuntergang. An diesem Abend hielt uns Franz eine Art historische Vorlesung.

»Espiritu Santo, Heiliger Geist – eine Insel so zu taufen, darauf muss man erst einmal kommen«, begann er. Es war der Entdecker Capitán Pedro Fernando de Quiros, der am 1. Mai 1606 als erster Europäer die tropische Insel betrat und sie für die Krone Spaniens reklamierte. »Er dachte, er hätte den geheimnisvollen Südkontinent *Terra Australis* gefunden und träumte schon von unendlichen Reichtümern, Ruhm und einem Gouverneursposten.«

Angesichts dieser Aussichten führten sich die Spanier wie üblich in fremden Ländern auf, überfielen die Dörfer der Eingeborenen und beschlagnahmten alles, was da war: Frauen, Schweine, Süßkartoffeln und Kokosnüsse. Wer Widerstand leistete, wurde niedergemacht. Allerdings hatten die Eroberer nicht damit gerechnet,

Relikte des Zweiten Weltkrieges: Amerikanischer Militärschrott am One Million Dollar Point.

dass sie gegen eine ganze Armada von Feinden kämpfen mussten: nicht nur Eingeborene, sondern auch Malaria, Hitze und verdorbenen Fisch. Bald meuterten die Männer, und der stolze Kapitän Quiros musste sein Projekt schon nach 54 Tagen abbrechen und schmählich das Weite suchen.

Der hübschen Insel blieb zwar die spanische Eroberung, aber seltsamerweise nicht der Name erspart, den ihr diese *Yuropins* verliehen hatten. Dem englisch-französischen Kondominium war es recht, dass es schon eine Bezeichnung auf den Seekarten gab, denn so musste man keine neue erfinden.

Espiritu Santo wurde französisch regiert und war hauptsächlich bekannt als Exporteur von Kopra, dem getrockneten Fruchtfleisch der Kokosnuss, als die US-Armee im Mai 1942 plötzlich mit einer gigantischen Militärmacht in der Hauptstadt Luganville aufschlug. Aus dem Nichts entstand dort ein gewaltiger Militärstützpunkt für bis zu 500 000 amerikanische Soldaten, mit dem Ziel, die Japaner von den nahe gelegenen Salomonen zu verjagen. Drei Flughäfen, riesige Werften, ein Trockendock, Straßen, Hospitäler, Supermärkte, Kasernen, Kirchen, Kinos und Bordelle wurden in die stille Landschaft geklotzt, die zuvor nur Mangroven, Palmen und einsame Strände gekannt hatte. Mehr als 100 Schiffe lagen ständig vor Luganville, in der Luft kreisten Kampfflugzeuge.

»Doch kaum hatten sich die Einwohner von Espiritu Santo an die fremde Zivilisation und die GIs gewöhnt, kaum hatten sie Coca Cola und Kaugummis, Radios und Jeeps als Teile des Lebens akzeptiert, als diese genauso plötzlich wieder verschwanden, wie sie gekommen waren«, erzählte Franz. Bevor die Amerikaner im September 1945 nach Hause zurückgingen, versenkten sie alles, was nicht mehr gebraucht wurde und beweglich war, im Meer: Generatoren, Motoren, ganze Bagger und Panzer, aber auch Lebens- und Waschmittel, Altkleider und Hunderttausende von geleerten Colaflaschen. »Ob ihr's glaubt oder nicht, die Colaflaschen sind heute begehrte Souvenirs, nach denen Taucher auf dem Meeresgrund suchen«, erzählte Franz.

Sie suchen an jenem Ort an der Küste, an dem dies alles verschwand, einem Ort, der inzwischen in der ganzen Südsee einen mythischen Klang besitzt – am One Million Dollar Point. »Und was haben die Insulaner gemacht?«, sagte Franz. »Nun, sie wunderten sich eine Weile und kehrten dann wieder zu dem Leben zurück, das sie vor der amerikanischen Invasion geführt hatten.«

Sie legten wieder die Penisbinde, den Bastrock und den *malmal,* ihren Lendenschurz an und fielen zurück in jenes tropisch inspirierte Phlegma, dem der amerikanische Schriftsteller James A. Michener in seinen Erzählungen von Espiritu Santo huldigte und von dem er schrieb, wie Franz aus dem Kopf zitierte: »Der Grund dafür, dass ich die Insel so liebe, ist ihr zeitlos friedliches Dahindriften.«

30 Jahre ging das so, bis das friedvolle Dasein der Insel des Heiligen Geistes mit einem Mal von politischen Eruptionen erschüttert wurde, wie es sie in seiner Geschichte noch nie gegeben hatte. Der Brandgeruch der Revolte lag in der Luft, auf den Banyanbäumen sah man mit Flitzebögen bewaffnete Späher, und die Kastom People rotteten sich zu Demonstrationen zusammen. Damals, in den siebziger Jah-

Der alte und der neue Guru: Jimmy »Moses« Stevens in Fanafo 1993, rechts hinter ihm Hartmut Heller.

ren, war auf Espiritu Santo eine Art Messias erschienen: Moli Jimmy Tupou Puntuntun Moses Stevens, ein Mann mit charismatischer Ausstrahlung und archaisch wildem Temperament.

Der Ex-Bulldozerfahrer mit schottischen und tonganischen Vorfahren proklamierte in seinem Dorf Fanafo die *kastom revolution*. Gemeinsam mit seinem engen Freund Chief Buluk erfand er die *nagriamel*-Bewegung. Das Wort setzt sich aus den Bezeichnungen von zwei einheimischen Pflanzen, *nangaria* und *namele*, zusammen, die im *kastom* und bei Feiern eine große Rolle spielen und kann am besten mit »grünes Blatt« übersetzt werden. »Sie wollten ein Südsee-Utopia errichten, das von Rousseau, Gauguin oder Bakunin stammen könnte: ein unabhängiger Staat ohne Steuern, ohne Zwänge, ohne Geld und ohne Supermärkte, wo sie nackt sein und sich dem traditionellen Leben hingeben wollten – mit freiem Sex und kostenlosen Ausschweifungen für alle«, sagte Franz. »Die politische Situation gab es damals her, dieses Ziel mit einem gewissen Ernst zu verfolgen, denn Vanuatu sollte im Juli 1980 in die Unabhängigkeit entlassen werden.«

Hinter Stevens' anarchistischen Ideen standen jedoch handfeste ökonomische Interessen eines amerikanischen Immobilienunternehmens, das sieben Jahre zuvor vergeblich versucht hatte, eine Bahamasinsel zum unabhängigen Staat auszurufen, um ein Steuerparadies zu gründen. Die *Phoenix Foundation* aus Boulder in Colo-

Zurück zu den Wurzeln: Stevens-Jünger in Fanafo auf der Insel Espiritu Santo.

rado erwarb damals massenhaft Grundstücke an der mit idyllischen Buchten gesegneten Ostküste von Espiritu Santo, die dann parzelliert und an reiche US-Rentner verkauft werden sollten. Stevens war sozusagen der Strohmann, dem sie alles Mögliche versprachen, und vorsorglich hatten sie schon 25 000 Pässe drucken lassen. Er sollte nur noch für den dazugehörigen Staat sorgen. Auch französische Landbesitzer unterstützten Jimmy »Moses« Stevens, in der Hoffnung, so den Übergang in einen unabhängigen Staat Vanuatu zu verhindern.

Als eine Petition Stevens' an die Vereinten Nationen in New York keine Zustimmung fand und der sittenstrenge presbyterianische Pastor Walter Lini im November 1979 die ersten demokratischen Wahlen des Inselreiches gewann, geriet Jimmy Stevens unter Handlungsdruck. Da ihm mittlerweile in ganz Vanuatu an die 20 000 Anhänger folgten, glaubte er fest an den Sieg seiner *nagriamel*-Bewegung. Angetan mit einer Phantasieuniform und hübschen Phantasieorden marschierte er am 27. Mai 1980 an der Spitze einer Streitmacht einiger Hundert, mit Pfeil und Bogen, Äxten und Speeren bewaffneter Männer in der 10 000-Seelen-Stadt Luganville ein. Stevens proklamierte die neuen *Ripablik blong Vemarana,* ernannte sich selbst zum »Premierminister« und ließ die Hauptstadt erst einmal gründlich plündern. Aus England und Frankreich entsandte Fallschirmjäger schauten hilflos zu, weil sie kein Mandat zum Eingreifen besaßen.

Doch der neugewählte Pastor-Premier in Port Vila wandte sich an den mächtigen Nachbarn Papua-Neuguinea um Hilfe und erhielt diese in Form von Eingreiftruppen der Kumul Force, die den Spuk in Luganville wenig später beendeten. Am

1. September 1980 wurden Stevens und seine Berater, zu denen auch französische Grundbesitzer gehörten, festgenommen. Stevens erhielt 14 Jahre Gefängnis, wurde aber 1991 vorzeitig amnestiert und nach Hause entlassen.

»Seine treuesten Anhänger hatten in Fanafo auf ihn gewartet und ließen ihn die letzten drei Jahre seines Lebens noch einmal das Gefühl auskosten, ein wahrer revolutionärer Führer zu sein, der mindestens auf einer Stufe mit Che Guevara steht«, beendete Franz Schmöllerl seine Erzählung. »Dort leben sie bis heute streng nach *kastom,* lehnen alle Kleidung und moderne Technik ab und frönen der Polygamie.«

»Das gefiel Hartmut Heller natürlich, es ist genau das, was er auch will«, sagte ich. »Wie konnte er aber nur auf die Idee kommen, dass man die *nagriamel*-Revolution neu beleben könnte?«

»Wenn's mich fragt, für mich ist der Heller total gaga. Als er hier war, haben wir uns öfter mal unterhalten. Bevor er zum Jimmy gegangen ist, war er auf den Salomonen. Dort gibt's ein Volk von Ureinwohnern, die Maleita heißen, die haben Probleme mit den Holzfällern, die ihren Urwald abholzen. Und was hat der Heller dort gemacht? Er ging zu ihnen, hielt große Reden und sagte auf Pidgin: ›Killim an eadim‹, was soviel heißt wie ›Bringt sie um und esst sie auf‹! Alle sollen gejubelt haben.«

»Etwas Ähnliches habe ich mit ihm mal in Kenia erlebt«, sagte ich.

»Mir hat er erzählt, dass er den Maleita empfahl, das Sägewerk und die Baracken der Holzfäller abzufackeln, und genau das haben sie dann getan. Ich glaube, er hatte sogar einen Kameramann dabei. Beide bekamen prompt Einreiseverbot für die Salomonen. Anschließend war der Heller dann hier und hat sich genauso wie dort aufgeführt, hat sich in alles eingemischt, hat gegen die Abholzung protestiert, sämtliche Kirchenfürsten beleidigt und sich mit dem Jimmy zusammengetan. Ein Wahnsinniger. Er wollte, dass ich ihn unterstütze, aber ich habe nicht einen Finger krumm gemacht, weil man als *permanent resident* hier ganz schnell weg vom Fenster ist, wenn man sich in die innenpolitischen Angelegenheiten einmischt. Soviel ist klar, der Heller kommt nie wieder rein nach Vanuatu.«

Franz schüttelte den Kopf und öffnete noch ein Tusker Premium. An diesem Abend redeten wir noch lange über die seltsamen Abenteuer des deutschen Atomphysikers und Naturvölkerenthusiasten Hartmut Heller.

Am nächsten Morgen brachte uns Franz zur Insel Espiritu Santo, die noch eine gute Flugstunde weiter nördlich liegt als Pentecost. Deren Hauptstadt Luganville war deutlich kleiner als Port Vila, aber ebenso frankophon, es gab alte Kolonialbauten, jede Menge Wellblechhütten, Tante-Emma-Läden und eine Straße komplett mit chinesischen Geschäften. Die Hauptstraße war unverhältnismäßig breit – ein Erbe der Amerikaner, deren Kommandant einst darauf bestanden hatte, dass vier *army trucks* darauf nebeneinander fahren konnten. Es war unglaublich heiß und stickig; man wurde schnell so träge wie die Einwohner.

Wir mieteten uns in der Nähe des Hafens in einem chinesischen Hotel ein, zu dem ein kleines Restaurant gehörte, das die Spezialität der Insel, Kokosnusskrabben, anbot. Dabei handelt es sich um ein hochspezialisiertes Schalentier, das an

Land lebt, Palmen erklimmt, Kokosnüsse abschneidet, wieder hinunterklettert, die Kokosnüsse aufschneidet und frisst. Diese Kokosnusskrabbe gibt es nur auf Espiritu Santo. Sie ist eine wahre Delikatesse – dickes weißes Fleisch, das stark nach Kokos schmeckt.

Wir kauften in Luganville gleich noch eine Krabbe auf Vorrat ein, die wir als Proviant im Taxi mitnahmen, das uns nach Fanafo brachte, in jenes Dorf, in dem Jimmy Stevens gelebt hatte. Die erste Überraschung erwartete uns am Dorfeingang. Um den gesamten Ort hatte man einen kleinen Holzzaun gezogen und eine Art Eingangstor aufgebaut. Am Tor standen einheimische Schwarze im Lendenschurz aus Blättern, die sich als Kastom People bezeichneten. Gegen ein Eintrittsgeld durften wir trotz unserer westlichen Kleidung die kleine Siedlung betreten und das Grab von Jimmy Stevens besichtigen.

Es stellte sich heraus, dass das Grab in einer Palmblatthütte lag. Der große Revolutionär war gerade einige Wochen zuvor verschieden. Sein Sarg stand in einem ausgehobenen Grab etwa einen Meter tief in der Erde. Am Rand der Grube hatten Stevens' Anhänger einige Schweineunterkiefer mit gedrehten Eckzähnen niedergelegt zum Zeichen, dass hier ein großer Chief begraben war. Gedrehte Schweinezähne sind auf Vanuatu ein heiliges Symbol und im Übrigen das Wahrzeichen des Staates.

Als Otto und ich gerade den Sarg von Jimmy Stevens filmten, erschien eine von dessen Ehefrauen halbnackt, nur mit einem Grasbüschel bedeckt und zeigte uns Bilder von ihrem verstorbenen Mann. Ich nutzte die Gelegenheit und holte meine

Jimmy Stevens' Grab in Fanafo, geschmückt mit Plastikblumen.

Fotos heraus, die mir Hartmut Heller gegeben hatte und auf denen er mit Jimmy Stevens zu sehen war. Als sie die Bilder erblickte, konnte sich die Frau kaum noch beherrschen vor Freude. »Hartmut, Hartmut!«, rief sie, zog uns aus der Hütte in die helle Sonne, wo wir im Nu von lauter Männern, Frauen und Kindern im Buschröckchen umringt waren, die ehrfurchtsvoll unsere Fotos herumgehen ließen und die Umrisse ihres verstorbenen und des deutschen Meisters mit den Fingern berührten. Dann brachten sie eigene Fotos an, auf denen sie selbst, Jimmy und Hartmut gemeinsam abgebildet waren. Wie es schien, hatte ihnen ihr verblichener Chief den Besitz von Kameras nicht verboten. Sie schnatterten wild durcheinander. Ihre Begeisterung, so schien es mir, kannte keine Grenzen.

»Mista, wann kommt Hartmut zurück?«, wollte die Witwe wissen. »Wir warten voller Ungeduld auf ihn. Hartmut ist unser neuer Chief!«

Ich wollte ihre Erwartung nicht enttäuschen und antwortete: »Hartmut wird sehr bald kommen. Das hat er mir versichert. Ihr braucht nicht mehr lange zu warten.«

Es war eine bizarre Situation. Mir schien es, als lechzten sie geradezu nach einem neuen Jimmy Stevens, und das sollte Hartmut Heller sein. Hätte ich nicht mehrfach selbst erlebt, wie er Naturmenschen in seinen Bann ziehen konnte, so hätte ich die Situation vielleicht als lächerlich, jedenfalls als unwirklich empfunden. Aber ich wusste, dass der Lauenburger eine unerklärliche Ausstrahlung besaß. Was mochte er diesen Kastom People versprochen haben?

Eine der Ehefrauen von Stevens in Fanafo.

Jimmy Stevens' Schwager hält Hartmut Heller für einen würdigen Anführer.

Ich wusste auch, dass Hartmut die Gemeinde von Fanafo als die Erfüllung seines Traumes betrachtete. Dass diese Menschen bewusst nackt leben und keinerlei Entwicklung haben wollten, passte genau in seine Utopie. Er hatte zu Beginn des Jahres ein paar Wochen hier verbracht. Hatte Jimmy Stevens ihn wirklich als seinen Nachfolger empfohlen? Seine Anhänger hatten Hartmut Heller jedenfalls gebeten, bei ihnen zu bleiben, als es mit ihrem Chief zu Ende ging. Sicher wäre er dem Wunsch gefolgt, wenn man ihm nicht mit der Ausweisung gedroht hätte.

In Fanafo wohnten im Jahr 1994 etwa 100 Leute, die mit Kind und Kegel in einer anderen Zeit lebten, viele von ihnen direkte Verwandte von Stevens. Der Südseemessias hatte bei seinem Tod 23 Witwen und geschätzte 50 Kinder hinterlassen, die seinen Idealen nacheiferten. Mit der Ausnahme einiger weniger Missionierter ging man im Dorf weitgehend textilfrei. Auf Espiritu Santo war das eine bewusste Entscheidung für die alte Zeit, weil auf der Insel sonst ohne Ausnahme Kleidung getragen wurde. In den Jahrzehnten nach dem Zweiten Weltkrieg hatten amerikanische Missionare hier ganze Arbeit geleistet.

Wir blieben zwei Tage und ließen uns von den Dorfbewohnern die *nagriamel*-Ideologie erklären, soweit dies auf Bislama möglich war. Elektrischen Strom kannten sie zwar, aber sie lehnten ihn ab. Schulen hatten sie nicht, Bildung interessierte sie nicht. Große Bedeutung maßen sie der Polygamie zu, die sie für beide Geschlechter praktizierten. Aber sie waren keine wirklichen Naturmenschen, sondern eigentlich normale Melanesier, die einfach mit der Außenwelt nichts zu tun haben und in der Urzeit leben wollten. Wenn sie mal jemanden nach Luganville schickten, zog der sich vorher Turnhose und T-Shirt an. Es wirkte auf mich, als würden sie Kastom People spielen. Jahre später sollte ich in Pentecost zu echten Kastom People gelangen, die sich nie der Zivilisation ergeben hatten und aus lebendiger Tradition heraus Schule, Technik, Missionare und Kleidung ablehnten. Es war ein Unterschied wie Tag und Nacht.

Irgendwie hatte es Jimmy Stevens aber geschafft, diese Menschen in seinen Bann zu ziehen und sich als ihr Guru aufzuführen. Im Grunde war es eine Sekte, und sie gaben uns deutlich zu verstehen, dass ihr neuer Messias Hartmut hieß. Seit wir ihnen die Fotos gezeigt hatten, waren wir hochwillkommen und mussten auch keinen einzigen Vatu mehr für irgendetwas berappen. Aber unsere Kokoskrabbe nahmen sie gern in Zahlung: »Tank yu tumas.« Jimmy Stevens' Jünger erwiesen sich als freundliche, äußerst umgängliche Menschen.

Hartmut hatte natürlich wie immer heillos übertrieben. Von einer Revolution war weit und breit nichts zu sehen, wenn überhaupt, dann wurde die *nagriamel*-Bewegung in Fanafo in einer Art Freilichtmuseum konserviert. Ich fragte mich, warum die Polizei am Flughafen sich so besorgt gezeigt hatte. Von dieser liebenswerten Truppe schien mir nicht die geringste Gefahr auszugehen. Wie sollte Hartmut mit 100 Nackten, zu denen auch eine ganze Reihe Kinder und Alte zählten, einen Aufstand anzetteln? Aber vielleicht war die Erinnerung an Stevens rabiate *kastom revolution* vor gerade 14 Jahren noch allzu präsent.

Zum Abschied luden uns die Dorfbewohner zu Kava ein, der geheimnisumwit-

Flugzeugwrack im Kokospalmenhain auf Espiritu Santo.

terten Droge der Südsee, die aus einer Wurzel gewonnen wird. Wir durften beobachten, wie sie das bräunliche Getränk herstellten. Die Männer zerkauten die Wurzeln und spuckten das Ergebnis in einen Topf, wo es zu Mus gestampft und trinkfertig bereitet wurde. Mir war nicht danach, dieses Gebräu zu probieren, aber Otto ließ sich nicht abschrecken und berichtete hinterher, dass er einen angenehmen Rausch erlebt habe, der ihn an die Wirkung von Beruhigungspillen erinnerte. Er wirkte auch deutlich sediert, als uns einer der nackten Kava-Genossen in den nahen Urwald führte, wo ein im Zweiten Weltkrieg abgestürztes amerikanisches Flugzeug lag.

»Eroplen tambu«, sagte der Mann – wie überall in Vanuatu waren die stählernen Überreste des großen Krieges für tabu erklärt worden. Sie galten als heilig, weil sie vom Himmel gefallen waren. Normalerweise ist es *kastom*, für den Anblick zu bezahlen, aber wir galten sozusagen als Vertraute ihres neuen geistigen Anführers und durften umsonst gucken. Mich erstaunte, dass die Maschine trotz des vielen Regens und der feuchten Luft nicht verrostet war. Sie sah aus, als wäre sie gerade vor zwei Wochen heruntergekommen. Das erschien mir in der Tat wie ein Wunder.

Nach einer großen Verabschiedung und dem Versprechen, dafür zu sorgen, dass Hartmut bald zurückkehren würde, fuhr ich mit Otto noch zur Hauptattraktion von Espiritu Santo, dem One Million Dollar Point. Der gesamte Küstenabschnitt nahe Luganville ist heute heilig, *tambu*, wie die Einheimischen sagen. Tambu bedeutete, dass wir erst einmal Eintritt zahlen mussten. Wenn man Geld bezahlt hat, hat man den *tambu*-Zauber überwunden und darf den Ort betreten.

Strandgut: antike Colaflasche.

Der Anblick war überwältigend. Otto filmte trotz seiner Schmerzen stundenlang. Bizarr verformte Maschinenteile ragten aus der Lagune, am Strand lagen verrostete Seilwinden, mit denen die US Army damals die Panzer ans Ufer gezogen hatte, wir fanden Teile von Maschinenpistolen und Granaten und überall bergeweise zerriebene Bier- und Colaflaschen. Es war verboten, von diesem heiligen Ort Souvenirs mitzunehmen. Als wir das Panorama auf uns wirken ließen, mussten wir uns eingestehen, dass es auf eine surreale Art sogar schön war.

»Roland, das sieht aus wie ein gewaltiges, von Riesen geschaffenes Kunstwerk«, sagte Otto. »Eine der größten Müllhalden des Zweiten Weltkriegs ist eins geworden mit der Natur.«

Am nahe gelegenen Champagner Beach, angeblich einer der schönsten Strände der Welt, tauchten wir dann wie alle Touristen nach den 50 Jahre alten Colaflaschen. Die Blau- und Grüntöne des Meeres waren betörend, man musste sich allerdings vor Haien in Acht nehmen. Eigentlich brauchte man auch nicht selbst zu tauchen, denn es gab zahlreiche Händler, die sich auf historische Colaflaschen spezialisiert hatten; die alten Modelle werden in den USA inzwischen unter Sammlern hoch gehandelt. Eine nahm ich mit nach Lüneburg.

An Vanuatu wurde ich schon kurz nach meiner Rückkehr wieder erinnert. Im Frühjahr 1995 bat mich mein alter Freund Ecki Labs aus Greifswald um einen Gefallen. Am Telefon sagte er: »Roland, kannst du nicht jemanden aus der Steinzeit nach Greifswald holen, wenn wir unseren jährlichen Skulpturen-Workshop veranstalten? Am besten einen von diesen Holzkünstlern aus der Südsee, du weißt schon, die diese riesigen Köppe schnitzen. Das wäre eine willkommene Bereicherung für unser Projekt.«

Augenblicklich stand Vanuatu wieder vor meinem geistigen Auge. Ich hatte Ecki einmal Fotos der berühmten Ambrym-Schlitztrommeln gezeigt. Ambrym ist jene kleine Vulkaninsel zwischen Espiritu Santo und Pentecost, in deren Vulkan Franz mit uns Loopings gedreht hatte. Im Inselstaat ist sie berühmt für ihre Holzkünstler. In den alten Zeiten, als es noch kein Telefon und kein Internet gab, wurden Nachrichten von Insel zu Insel mit gewaltigen, bis zu sechs Meter langen Tamtams getrommelt. Nirgends im gesamten Archipel wurden die Trommeln jedoch so kunstvoll geschnitzt wie auf Ambrym.

Aus dem harten Tropenholz arbeiten die Kunsthandwerker noch heute die berühmten Skulpturen mit den riesigen Köpfen und Nasen heraus, die an die Figuren der – ebenfalls pazifischen – Osterinsel erinnern. Nur auf Ambrym aber werden diese speziellen Plastiken hergestellt, die als heilig gelten, denn in ihnen wohnen nach altem Glauben der Kastom People diverse Geister. Wer als Holzschnitzer diese Geister bannen darf, ist Mitglied eines auserlesenen Geheimbunds, der sein Wissen von Generation zu Generation weitergibt.

»Wie viel Zeit habe ich?«, fragte ich Ecki. Er erwiderte: »Im Juli soll es losgehen.« Ich kannte Ecki noch aus der Studienzeit, er ist Bildhauer, sein Zwillingsbruder ist Restaurator; beide sind sie Enkel des berühmten Amazonasforschers Richard Wegener und in Greifswald mindestens so bekannt wie Angela Merkel. In der Ostseestadt gibt es einen Skulpturenpark, in dem 1995 ein vom Land Mecklenburg-Vorpommern gefördertes internationales Bildhauer-Symposium stattfinden sollte.

Als ich über den zu empfehlenden Künstler nachdachte, fiel mir ein, dass Franz Schmöllerl während unseres Aufenthalts in Port Vila sein Segelboot von einem einheimischen Handwerker hatte ausbessern lassen. Franz hatte häufig von dessen Können geschwärmt und erwähnt, dass der Mann Mitglied der »heiligen Tamtam-Schnitzergilde von Ambrym« sei und aus einer berühmten Künstlerfamilie stamme. Also rief ich Franz an, der mir sofort den Namen und das Dorf des Holzkünstlers nannte: »Das ist Joseph Bongmeme. Ich könnte dir auch helfen, ihn zu kontaktieren.« Ich antwortete: »Danke Franz, nicht nötig, wir haben da schon eine Möglichkeit gefunden.«

Der Zufall hatte es gewollt, dass Mitglieder eines Umweltschutzvereins aus dem Umfeld Hartmut Hellers gerade auf Ambrym weilten, um dort eine Analyse des Regenwaldes durchzuführen. Als ich Hartmut von der Idee erzählte, Joseph Bongmeme nach Deutschland zu holen, war er sehr davon angetan. »Das ist echte, ursprüngliche Kunst«, sagte er, »gut, wenn die Leute hier mal so etwas zu sehen bekommen.«

Aus der Öko-Truppe auf Ambrym empfahl mir Hartmut einen Engländer namens Michael, den ich anrufen und um den Gefallen bitten könnte. Michael erwies sich als sehr kooperativ, es gelang ihm recht schnell, den Holzschnitzer in seinem Dorf aufzutreiben. Wenig später schickte ich ihm Geld, damit er gemeinsam mit Joseph Bongmeme nach Greifswald kommen könne. Anfang Juli 1995 traf Michael mit seinem dunkelhäutigen Schützling in der Ostseestadt ein, wo wir beide in Eckis Haus unterbrachten.

Joseph war ein sympathischer schlanker Mann mit Kraushaar und kurz gehaltenem Schnauzer, der allerdings nur die Kleidung besaß, die er am Körper trug: eine leichte Jeans und ein kurzärmeliges Hemd. Dafür hatte er aber seine Penisbinde mitgebracht. Wir mussten ihn erst einmal für das deutsche Klima ausstaffieren, denn trotz des Sommers konnte es an der deutschen Küste frisch werden – ungewohnt für einen Bewohner der Tropen.

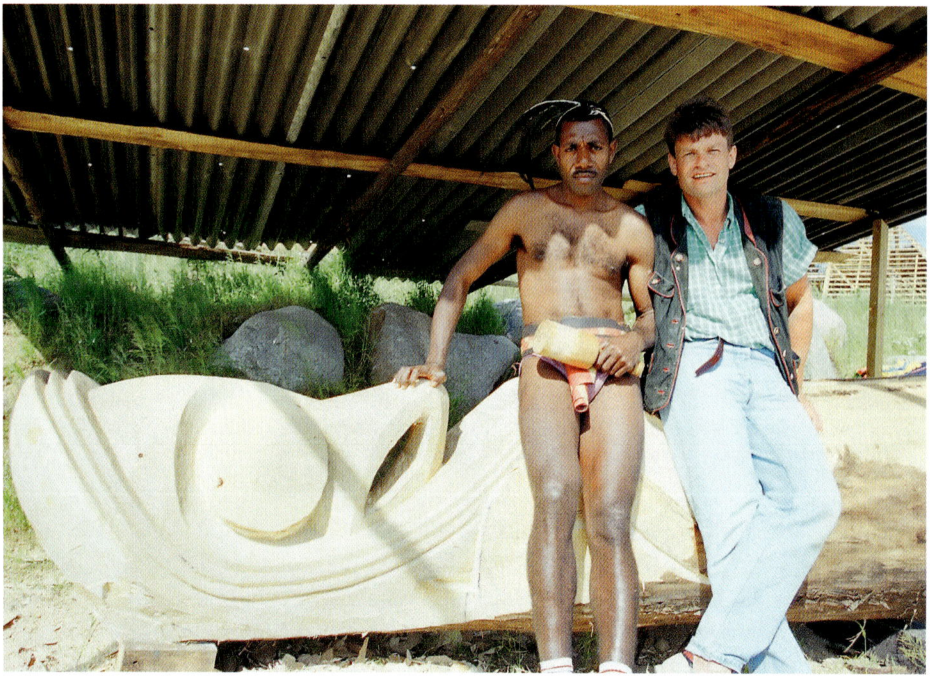

Schnitzwerk: Joseph Bongmeme vor seiner Riesen-Schlitztrommel im Skulpturenpark Katzow bei Greifswald, Sommer 1995.

Joseph hatte die Reise gut überstanden und schien Greifswald zu mögen, obwohl ihm die dortigen Häuser allgemein etwas zu groß und zu massiv waren. Stolz zeigte er mir seinen Reisepass, der eine 800er Nummer trug. Er sagte: »Das ist etwas ganz Besonderes, jetzt kann ich in andere Länder reisen.« Nur etwa 900 Bürger Vanuatus hatten bis dato eine Auslandsreise angetreten.

Die Leute in Greifswald dachten anfangs, dass Joseph nur Bislama spräche, aber er konnte auch normales Englisch, war sehr intelligent und außerdem ziemlich akkulturiert, einerseits Mitglied der presbyterianischen Kirche, andererseits ein selbstbewusster Vertreter des *kastoms* und, wie er sagte, »im Kontakt mit den Geistern«. Auf Ambrym werkte er unbekleidet, aber er war es auch gewohnt, Hemd und Hose zu tragen. Er bewegte sich in beiden Welten recht souverän.

Da wir ihm kein Tropenholz besorgen konnten, nahm er mit einer riesigen Pappel vorlieb und fing schon am zweiten Tag an, im Skulpturenpark Katzow nahe Greifswald seine Tamtam zu schnitzen. Weil die Sonne schien, arbeitete er wie zu Hause mit Penisschutz und Federschmuck auf dem Kopf. Im Nu war Joseph *die* Attraktion der Region. Alle Zeitungen schickten ihre Reporter, das Fernsehen kam. Jeder wollte den »Steinzeitkünstler« im Adamskostüm im Park sehen. Wenn ihm kalt wurde, zog er den roten Overall an, den ihm Ecki geschenkt hatte, und der innen mit schwarzem Kunstfell gefüttert war. Ecki hatte ihm auch einen Bundeswehrparka besorgt, den er ebenfalls schätzte.

In Deutschland vermisste er vor allem sein Kava. Er musste sich leider mit dem »Kava des weißen Mannes« zufrieden geben – mit Bier. Michael passte auf, dass er nicht zu viel trank und schirmte ihn ein bisschen vor den Medien ab. Aber Joseph wollte ohnehin nicht faulenzen, sondern den weißen Menschen zeigen, was ein Künstler vom anderen Ende der Welt zustande bringen kann. Konzentriert arbeitete er an seinem Totempfahl. Bald hatte er das erste Riesengesicht herausmodelliert, und uns wurde klar, warum der 30-Jährige als der beste Schnitzer seiner Insel galt.

Joseph Bongmeme mit Bambusflöte und Trommel in Greifswald.

Allerdings wurde er von den anderen Bildhauern, die aus Schweden, Österreich oder England kamen, äußerst schräg beäugt. Ihre Kunst war grundverschieden. Zwei Österreicher gruben Fernseher im Boden ein und stellten ein Paar Schuhe daneben. Die Installation sollte darauf hinweisen, dass Hongkong demnächst wieder an China zurückfiel. Wenn man die Schuhe anzöge und mit ihnen auf den Fernseher träte, dann könnten die Menschen in Hongkong dies spüren, erklärten sie. Ein anderer Österreicher schweißte Fahrräder zusammen, wohl um damit die Blockade in der Moderne zu demonstrieren, und ein Schwede gruppierte Steine ohne erkennbares System auf dem Rasen und nannte sein Werk »Kreuz des Südens«.

Irgendwann war Joseph mit seinem Holzkopf fertig und wollte mit der Arbeit aufhören. Aber eigentlich blieb noch genug Zeit, um weiterzumachen. Ecki wusste von meinen Fotos, dass es auf Ambrym Tamtams mit zwei oder mehr Köpfen und auch mit geschnitzten Händen gab. So etwas könnte Joseph doch auch modellieren! Doch der Insulaner sagte: »Nein, ich kann keine Hände schnitzen.«

»Warum denn nicht?«, fragte Ecki. Wer so einen schönen Kopf fertigbringe, könne doch gewiss auch Hände schnitzen. Doch Joseph wollte nicht. Erst nach reichlich Kava des weißen Mannes ließ er sich von Ecki überreden, weil der ihn an seiner Schnitzerehre packte. Er ging ans Werk und schnitzte fantastische Hände dazu.

Mir war es inzwischen gelungen, RTL für den vanuatischen Künstler zu interessieren. Die zuständige Reporterin kam auf die Idee, mit Joseph durch einen Supermarkt in Hamburg zu gehen, um dem Publikum die Konfrontation des Steinzeitmenschen mit der Zivilisation vorzuführen. Das war ein übertriebener und unsinniger Einfall. Zum einen kannte Joseph Supermärkte aus Port Vila, zum anderen war er kein Wilder aus dem Busch. Aber er nahm es locker und sagte vor der Kamera, worauf es ankam: »Deutschland ist komisch. Die Menschen besitzen einfach viel zu viel.«

Die RTL-Journalistin nahm Joseph anschließend mit nach Köln ins »Mittagsmagazin«. Man zeigte ihm die Studios und die Fernsehtechnik, und hier entdeckte er nun etwas, das ihn tatsächlich sprachlos machte: künstliche Palmen, die er eingehend untersuchte.

Danach wollte er unbedingt in den Kölner Dom, als guter Christ, der er schließlich war. Vor dem Eingang saß ein Mann und bat um Geld. Da griff Joseph in die Tasche und schenkte ihm fünf DM. »Warum bettelt der weiße Mann?«, fragte er mich. Ich versuchte es ihm zu erklären, doch er konnte es nicht verstehen. Aber er genoss es, einmal einem Weißen etwas schenken zu können.

Als seine Skulptur fertig war, musste sie mit einem Kran angehoben und aufgerichtet werden, es gab ein riesiges Spektakel. Nachmittags war die Preisverleihung, und Joseph gewann den Hauptpreis. Die Kulturministerin aus Schwerin war gekommen, verlieh ihm eine Urkunde und einen Scheck mit einem Stipendium von 2500 DM für seine Arbeit.

Am Abend gab der Kulturchef von Greifswald einen großen Empfang im Park mit Buffet, Bier und Lagerfeuer. Zu fortgeschrittener Stunde fing der schwedische Künstler plötzlich an, Josephs Begleiter Michael zu provozieren. »Ihr seid für mich Ethnoschnorrer«, sagte er. »Ihr nutzt den Wilden aus, um euch zu profilieren. Aber der hat hier nichts verloren, denn was er macht, ist keine Kunst, sondern nur Kunsthandwerk!«

»Und deine komischen Steine sind eine Beleidigung des Menschenverstandes«, konterte Michael, der schon ein paar Biere getrunken hatte. Joseph verstand nur die Hälfte und grinste.

»Ihr wollt mit dem Schwarzen Kohle machen«, legte der Schwede nach. Nun war es so weit, dass Michael ihm an die Kehle ging. Der Schwede gab kräftig zurück. Ich wunderte mich über den offenen Neid des Kunstschaffenden und stellte mich zwischen die Streithähne, wurde nun aber selbst zum Angriffsziel.

»Wer bist du denn?«, giftete der Schwede.

»Ich habe Joseph hergeholt«, sagte ich. »Und ich habe überhaupt nichts davon, sondern zahle nur kräftig drauf. Wir wollten nur mal zeigen, wie Kunst auch aussehen kann.«

»Was redest du da – Kunst? Du hast null Ahnung, was Kunst überhaupt ist, du, du, du – Ossi!«

Nun kamen auch die Österreicher hinzu und begannen, auf Deutsch zu schimpfen und rassistisch zu pöbeln. Sie waren eindeutig betrunken. »Unmöglich, dem Neger den Preis zu geben«, sagte einer von ihnen. Zum Glück konnte Joseph nichts von dem Unsinn verstehen.

Sie alle hatten keine Ahnung, mit wem sie sich außerdem noch anlegten, denn an dem Empfang nahm auch Hartmut Heller teil, der nie einem Streit aus dem Weg ging. »Ihr Schwachköpfe«, wetterte er nun. »Es ist lächerlich, Fernseher einzugraben und das als Kunst auszugeben. Ihr Scharlatane könnt alle von den ›Primitiven‹ was lernen! Was Joseph macht, ist wahre Kunst!«

Wir standen kurz vor einer Massenschlägerei, als der Greifswalder Kulturchef eingriff und uns vom Gelände wies. Joseph aber fuhr als glücklicher Preisgewinner nach drei Wochen Deutschland zurück nach Vanuatu.

Ein Jahr später, im Mai 1996, machte ich mit meiner damaligen Freundin eine Rundreise durch den Südseearchipel. Die erste Station, die wir mit Franz Schmöllerls Grashopper ansteuerten, war Ambrym. Ich wollte Joseph Bongmeme wiedersehen und ihm einige Fotos geben, die ich in Greifswald von ihm und seiner großen Tamtam aufgenommen hatte.

Am Flughafen kamen wir mit ein paar Einheimischen ins Gespräch, denen ich von Joseph erzählte und die Bilder zeigte. Sie reagierten auf eine unbegreifliche Art. Sie starrten auf die Fotos, ihre Gesichter versteinerten regelrecht und ihr eben noch fröhliches Lachen gefror zu einer Grimasse. Ich begriff gar nichts, Franz ebenso wenig. Er fragte sie: »Was ist denn?« Aber sie gaben keine Antwort, sondern verabschiedeten sich in auffälliger Eile. Wir zeigten die Bilder anderen Insulanern – die gleiche Reaktion!

Was hatte das zu bedeuten? Hatte Joseph ein Verbrechen begangen? Ich befürchtete schon das Schlimmste.

Um Josephs Dorf zu erreichen, brauchten wir Stunden mit dem Boot, mussten schließlich am Ufer durch einen Mangrovensumpf waten. Kinder wiesen uns den Weg zu dem Haus, in dem er mit seiner Familie lebte. »Joseph, der Weitgereiste«, so hieß er hier. Plötzlich tauchte er auf, freute sich gehörig und umarmte uns alle. Mir fiel ein Stein vom Herzen. Ich holte die Fotos heraus und gab sie ihm, während seine Eltern, seine Frau und die Kinder im Hintergrund standen. Joseph warf einen Blick auf die Bilder, erbleichte, steckte sie wieder in den Umschlag und flüsterte: »Bitte, zeigt die Fotos niemandem hier!«

»Was hat das zu bedeuten?«, fragte Franz.

Joseph druckste herum, nahm uns dann zur Seite und sagte leise: »Das ist ein großes Problem. Ihr hättet die Bilder niemals mitbringen dürfen! Habt ihr sie schon jemandem gezeigt?«

»Nun ja, einigen schon«, sagte Franz. »Aber was ist los?«

»Es war mein Fehler. Niemals hätte ich machen dürfen, was *Mista* Ecki in Deutschland von mir wollte. Ich hätte die Hände niemals schnitzen dürfen! Wenn das ein Chief zu sehen kriegt, bekomme ich richtig Stress.«

Franz verstand als erster, was das Problem war und wieherte laut los. Ich konnte auch schwer an mich halten. Wie jedes Ritual auf Vanuatu, so ist auch das Tamtamschnitzen eine Kunst, die nicht jeder nach Belieben ausüben darf. Joseph war Mitglied im geheimen Tamtamschnitzerbund, er durfte schon Köpfe gestalten, aber er hatte die höheren Weihen noch nicht empfangen, die es ihm gestatten würden, Figuren mit Händen zu modellieren. Er durfte auch maximal zwei Meter große

Skulpturen schnitzen, aber nicht vier Meter hohe wie in Greifswald. Er hatte also einen schweren Verstoß gegen den *kastom* begangen. Was tun? Natürlich ließen wir die Bilder schnellstens verschwinden.

»Plis kam.« Joseph lud uns in seine Hütte ein. Drinnen war es unglaublich heiß und schwül, aber seine Frau lief mit diesem Bundeswehrparka herum, der einen Fellbesatz hatte. Sie trug ein Baby auf dem Arm. Joseph nahm den Kleinen, zeigte ihn mir und sagte: »Das ist mein Sohn. Was meinst du, wie er heißt?« Und? »Er heißt Roland.« Ich war richtig gerührt. Natürlich übernahm ich die Patenschaft für meinen kleinen Namensvetter. Dann schlachtete Joseph sein einziges mageres Huhn und gab für uns ein Festessen.

Monate später erfuhr ich von Franz, wie das Drama um den Zunftverstoß ausgegangen war. Joseph wurde vor den Rat der Geheimen Männer von Ambrym zitiert. Wie auf den meisten Inseln des Archipels gruppiert sich die Gesellschaft um matriarchalische Sippen, während die Männer in jeweils andere Formen von Geheimbünden eingeführt werden, in denen sie dank erworbenen Wissens oder vieler Schweine im Rang aufsteigen können. Der berühmteste Geheimbund von Ambrym ist der Schnitzerbund, bekannt für seine großen, aus der Baumfarnwurzel herausgearbeiteten Menschenfiguren. Joseph erklärte dem Rat, dass die Weißen an seinem Vergehen Schuld seien. Sie hätten ihm befohlen, eine große Figur mit Händen zu schnitzen. Aber das sei insofern kein Problem, als man ihm nicht das heilige Holz der Insel gegeben habe, sondern irgendein weiches, minderwertiges Material aus Deutschland. Franz berichtete:

»Der Joseph, dieses Schlitzohr, erklärte seinen Genossen, dass er nicht wirklich nach *kastom* gearbeitet habe, sondern den Weißen nur vorführte, wie manche Männer auf Ambrym eine Tamtam schnitzen würden, wenn sie es denn könnten.

Auf der südlichen Vanuatu-Insel Tanna landen die Flugzeuge auf einer Graspiste.

Also dass er nichts Echtes gemacht habe, sondern sozusagen nur, was eventuell machbar wäre.«

Josephs Entschuldigung wurde akzeptiert, und er stieg schnell in der Hierarchie der Schnitzer auf. Später durfte er mit Genehmigung des Geheimen Rates sogar Skulpturen für die Hotels in Port Vila anfertigen.

Von Ambrym aus flogen wir auf die nahe Insel Pentecost, um die aktuellen Turmspringer zu filmen, anschließend nach Tanna, einer Insel mit einem aktiven Vulkan, auf der es noch echte Kastom People gab, die in Baumhäusern im Urwald wohnten. Einige Dörfer entfernt war nach dem Zweiten Weltkrieg außerdem ein seltsamer religiöser Kult entstanden, der als John-Frum-Bewegung weltweite Berühmtheit unter Ethnologen erlangte.

In den dreißiger Jahren machte im Südwesten von Tanna eine verheißungsvolle Legende unter Kavatrinkern die Runde. Ein schwarzer Mann sei aus dem Meer gekommen, der den Menschen eine göttliche Prophezeiung brachte: Nie wieder würden sie auf den Plantagen der Franzosen und Engländer arbeiten mussen, Wohlstand würde sich ausbreiten, die Krankheiten des weißen Mannes würden ebenso wie die Missionare verschwinden und schließlich auch der weiße Mann selbst. Am besten sollten die Bewohner Tannas gleich damit beginnen, alles Westliche – Geld, Christentum, Plantagenarbeit – abzuschaffen und sich wie früher dem *kastom* zuwenden. Der so sprach, hatte auch einen Namen: John Frum. Er ging wieder ins Meer, versprach aber zurückzukehren und galt fortan als neuer Messias. Mehr und mehr Einwohner von Tanna begannen, ihn anzubeten.

Als die Amerikaner 1942 ihre gewaltigen Basen in Espiritu Santo und Efate anlegten, machten sich auch zahlreiche Männer aus Tanna auf, um in den US-Militärcamps zu arbeiten. Unter diesen Gastarbeitern waren naturgemäß einige Jünger des John-Frum-Kultes, die in Luganville und Port Vila feststellten, dass die Voraussagen ihres Propheten sich zu erfüllen begannen. Sie kamen in eine Welt, die ihnen wie der Garten Eden erschien. Sie entdeckten riesige Hallen voller Dinge, von denen sie zuvor nicht einmal geträumt hatten: Corned Beef, Bohnen und Reis, Zucker, Schokolade, Marshmallows, Erdnussbutter und Lucky Strike Zigaretten. Sie bestaunten Eisschränke gefüllt mit Root Beer, Budweiser und Coca Cola. Sie betraten mit Klimaanlagen gekühlte Wellblechbaracken und Zelte mit roten Kreuzen, wo alle Krankheiten geheilt werden konnten – auch ihre eigenen. Sie stellten fest, dass zu den fremden Weißen auch zahlreiche schwarze Männer gehörten, die ebenso gekleidet waren wie diese, die die gleichen riesigen Stahlmaschinen bedienten und mit ihnen sogar in den Himmel flogen. Und auch für sie, die *local people,* wurde gesorgt, sie bekamen reichlich zu essen und wurden mit Dollars belohnt. Hatte es John Frum nicht genauso prophezeit?

Mit großen Augen und offenen Herzen bewunderten sie fortan die Bräuche der Amerikaner. Ehrfürchtig hörten sie von Wohltätern wie Uncle Sam, Santa Claus und Superman. Sehr gut gefielen ihnen die Paraden der GIs mit ihren schönen Uniformen und blank gewienerten Gewehren. Sie lauschten ehrfurchtsvoll, wenn die Amerikaner freitagabends zusammensaßen und alte Shanties schmetterten. Diese

Liederabende, so schlossen die Menschen von Tanna, mussten heilige Handlungen sein – der *kastom* des weißen Mannes.

Als der Krieg vorbei war und die Amerikaner von heute auf morgen abzogen – eine weitere Erfüllung der Prophezeiung –, brauchten sie die Dienste der Einheimischen nicht mehr und nahmen all die schönen Dinge wieder mit. Die Gastarbeiter des Inselreiches aber kehrten zurück auf ihr jeweiliges Heimateiland. Natürlich berichteten die Rückkehrer, was sie gesehen und erlebt hatten, und man kam zu dem Schluss, dass John Frum seine Wohltaten auch über Tanna ausschütten würde – wenn man ihn nur rufe. Deshalb begannen seine Anhänger damit, an vielen Stellen im Gelände symbolische Landebahnen anzulegen und Rotkreuz-Zeichen zu errichten, um *cargo* – Medizinmänner, Krankenschwestern und perfekt eingerichtete Lazarette – vom Himmel zu holen. Doch die Mühe blieb vergeblich.

Der Misserfolg ließ die Insulaner jedoch nicht an ihrem Glauben zweifeln, sondern führte nur dazu, ihre Anstrengungen zu verdoppeln. Um John Frum zur Rückkehr zu bewegen, begannen sie, die heiligen Rituale der Amerikaner nachzuahmen, so gut es eben ging. Seither ziehen sie an jedem Freitagabend alte amerikanische Uniformen an und singen Shanties. Sonnabends wird die US-Flagge auf dem Dorfplatz gehisst und dazu mit selbstgebauten Holzgewehren in Reih und Glied exerziert. Anschließend wird gesungen und getanzt. Jedes Jahr am 15. Februar erwarten die Jünger John Frums dessen Wiederkehr mit all den Radios, Kühlschränken und Medizingeräten im Gepäck, die er ihnen einst versprach. Dazu findet eine große Parade statt, die ein Führer der John-Frum-Bewegung, Nakomaha, 1957 ins Leben rief. Um den John-Frum-Day angemessen zu begehen, gründete Nakomaha die Tanna Army, eine gewaltfreie Streitmacht, deren *soldiers* ihre Gesichter weiß-rot-

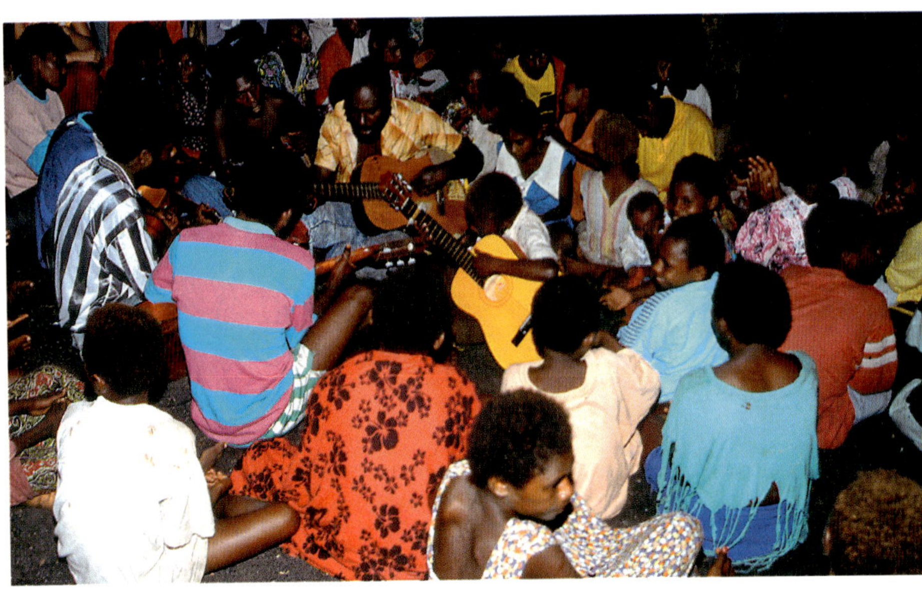

Shanty-Singen bei den John-Frum-Leuten auf der Insel Tanna.

blau anmalen und weiße T-Shirts mit der Aufschrift »T-A USA« (Tanna Army USA) tragen.

Eine populäre Theorie unter Ethnologen besagt, dass John Frum sich von dem Satz »I'm John from America« ableiten könnte. Ethnologisch gelten die Anhänger John Frums als sogenannter Cargo-Kult. Das Wort bezeichnet zahlreiche magisch-religiöse Bewegungen Melanesiens, die entstanden, nachdem Schiffe und Flugzeuge des weißen Mannes neuartige, wunderbare Waren zu vormals isolierten Inseln und deren Kulturen brachten. Das englische Wort *cargo* bedeutet Fracht. Die ersten Cargo-Kulte dokumentierten Ethnologen in Fidschi und Neuguinea Ende des 19. Jahrhunderts, wo die Ureinwohner sich die hochentwickelte Technologie der Kolonialherren nur als Gabe von Göttern oder Ahnen erklären konnten. Riesige Verbreitung fanden die neuen Kulte im Zweiten Weltkrieg, als Japaner und die US-Armee in ganz Ozeanien Flugpisten im Dschungel anlegten und massenhaft Kriegsmaterial für ihre Soldaten abwarfen: Waffen, Zelte, Kleidung, Medizin, Konservenbüchsen. Zu diesem Zeitpunkt hatten viele Indigene noch nie zuvor Weiße oder Japaner gesehen.

Die Propheten und Anführer der neuen Kulte behaupteten, dass die Industriegüter von ihren Ahnen und Göttern erschaffen wurden und eigentlich für ihre Völker bestimmt waren. Doch leider hätten die Fremden Kontrolle über die Schätze erlangt, indem sie es verstanden, sie zu sich zu lenken. Die Cargo-Kulte konzentrierten sich also darauf, den bösen Einfluss der Fremden auf die ihnen zustehenden Waren zu bekämpfen, indem sie das Verhalten derer imitieren, die sich das Cargo aneigneten. Sie gingen davon aus, dass ihre Götter und Ahnen irgendwann ihr eigenes Volk erkennen würden, statt weiter die Fremden zu beschenken. Deshalb ist ein charakteristisches Zeichen aller Cargo-Kulte der Glaube, dass die Geister irgendwann in der Zukunft ihnen viele wertvolle Güter senden werden.

Als der Krieg vorbei war und plötzlich kein Cargo mehr abgeworfen wurde, imitierten Kultjünger auf zahlreichen Inseln des Pazifiks – genau wie auf Tanna – die Bräuche der Amerikaner. Sie schnitzten Radios und Kopfhörer aus Holz, stellten sich auf die verlassenen Landebahnen und zündeten Signalfeuer an. Sie bauten sogar große Flugzeugmodelle aus Stroh oder legten »Landebahnen«, »Tower«, »Büros« und »Kantinen« an, in der Hoffnung, so neue Flugzeuge anzuziehen.

Aber es erschienen keine Gottesmaschinen mehr am Himmel. Es wurde kein Cargo mehr abgeworfen. Dafür war die kulturelle Auswirkung vieler Cargo-Kulte verheerend. Frühere religiöse Bräuche und Überzeugungen der Indigenen verschwanden für immer. Ganze Wertsysteme brachen zusammen und wurden durch den Glauben an das Paradies und die Erlösung im Diesseits ersetzt. Versuche westlicher Besucher, etwa Militärs und Missionare, die wahre Herkunft des Cargos zu erklären, scheiterten. Die Ureinwohner konnten nicht glauben, dass Wohlstand im Westen aus Arbeit entstehe, weil das ihrer Erfahrung widersprach. Die lokalen Arbeitskräfte in den Plantagen und Missionen, die am härtesten arbeiteten, bekamen am wenigsten. Die Kolonialherren, Aufseher und Missionare, die am wenigsten taten, hatten am meisten. Deshalb hatten Cargo-Kulte auch politische Folgen – die

Die Kastom People auf Tanna leben noch in traditionellen Baumhäusern.

John-Frum-Anhänger beispielsweise kämpften für den Abzug der Kolonialmacht aus Tanna und wandten sich 1980 sogar gegen die Unabhängigkeit Vanuatus, weil sie befürchteten, dann wieder von den Weißen unterdrückt zu werden. Sie vertrauten lieber auf den Kontakt mit den Ahnen, die über Cargo verfügten.

Heute haben die John-Frum-Jünger sogar einen Abgeordneten im Parlament von Vanuatu, ebenso wie Jimmy Stevens' *nagriamel*-Bewegung. Ein wenig Konkurrenz bekam John Frum 1974, als Prinz Philip, Herzog von Edinburgh, die Insel Tanna

Der Dorfchef von Yakel.

besuchte. Die Angehörigen des Yaohnanen-Stammes sahen in dem Prinzen die Erfüllung eines alten Mythos, demzufolge der weißhäutige Sohn eines Berggeistes über die Meere geflogen war, um eine mächtige Frau zu suchen, die er heiraten könne. Prinz Philip, der Tanna mit seiner neuen Frau, Queen Elizabeth II., besuchte, schien exakt auf die Beschreibung zu passen und wird seither von den Insulanern verehrt und sogar als Gott angesehen. Der neue Cargo-Kult, der den Ehemann der britischen Queen zu seinem Anführer erkor, bekam auch einen Namen: *Prince Philip Movement.*

Über entsetzliche Dschungelpisten voller Schlaglöcher erreichten wir nach stundenlanger Tortur auf den hölzernen Bänken eines Pick ups die sogenannten Ash Plaines auf Tanna, wo die Anhänger John Frums leben, verteilt auf einige ärmliche Dörfer. In der Nähe des feuerspeienden Vulkans Mount Yasur war die Landschaft elend karg und grau von Asche, mit verstaubten Kakteen und trockenem Gesträuch. Man konnte leicht verstehen, warum die Einwohner dieser wenig verlockenden Gegend an eine Art Weihnachtsmann-Messias glaubten.

In ihrem Dorf Yakel haben wir die Kulthandlungen ausgiebig gefilmt und fotografiert. An der Parade mit Phantasiegewehren nahmen gewiss 40 Männer jeden Alters teil. Die Menschen waren fest davon überzeugt, dass John Frum in naher Zukunft wiederkehre; er solle inzwischen mit seinen Leuten im Mount Yasur leben. Es gab natürlich etliche Amerikaner, die als Touristen kamen und den Leuten einreden wollten, dass ihre Religion Unsinn und mit der Rückkehr des schwarzen Messias nicht zu rechnen sei. Das wollten diese aber gar nicht hören. Ich fragte einen Dorfbewohner, wann er hoffe, John Frum zu begegnen. Er sagte: »Es wird

vielleicht noch eine Weile dauern. Wir warten ja erst 60 Jahre. Ihr Christen aber habt 2000 Jahre auf euren Messias gewartet!«
Bis zum Jahr 2009 bin ich dann noch fünfmal nach Vanuatu geflogen, mal mit, mal ohne Kameramann, da ich mit Franz Schmöllerls Hilfe auf der Insel Pentecost einen Stamm von Kastom People gefunden hatte, der noch ganz nach den alten Traditionen lebte und das Turmspringen so zelebrierte, wie es seit Hunderten von Jahren Brauch ist. 1998 produzierten wir darüber den 45-Minuten-Film »Die Turmspringer von Pentecost« für die NDR-Reihe »Länder, Menschen, Abenteuer«.

Das Dorf Bunlap der Kastom People liegt im Süden der Insel versteckt zwischen den dicht bewaldeten Bergen. Für seine Bewohner ist das *naghol*, das Turmspringfest, die wichtigste Feier des Jahres, bei der sie ihre Geister um eine reiche Ernte bitten. Anders als im überwiegenden Rest des Archipels hatten die Kastom People von Bunlap, die ethnisch zum melanesischen Sa-Volk gehören, den allgegenwärtigen Missionaren die Tür vor der Nase zugeschlagen – warum genau, haben wir nie erfahren. Vielleicht wollten sie einfach in Ruhe gelassen werden. Das Recht war auf ihrer Seite. Laut Verfassung kann jedes Dorf über seine Religion frei befinden. Wenn sich ein Dorf eindeutig für den *kastom* entscheidet, müssen die Missionare draußen bleiben, so auch in Bunlap.

Im Mai 2003 landete ich wieder auf der Wiesenpiste im Süden von Pentecost, deren Umgebung mit ihrem Regenwald und den zum Greifen nahen Bergen auf mich stets wie die pure Verheißung von Abenteuern wirkt. Ich war froh, von Port Vila wegzukommen. Dort hatte es wie schon ein Jahr zuvor Erdbeben gegeben, ein Supermarkt war eingestürzt, die ganze Hauptstadt sah verwüstet aus. Mittlerweile gab es im Ort, dessen Einwohnerzahl sich seit 1994 verdoppelt hatte, einige große Hotels, und es war noch teurer geworden. Große Kreuzfahrtschiffe legten im Hafen an, und ihre Passagiere überfluteten die kleine Stadt.

Diesmal ging es um Aufnahmen für das ProSieben-Reportagemagazin »Welt der Wunder«, mit dem ich seit einiger Zeit zusammenarbeitete. Wir wollten das Leben der 200 Kastom People von Bunlap dokumentieren, die in langen Leichtbauhütten leben. Die stabilste Hütte ist das *nakamal*, das Männerhaus. Vieles im Dorf wirkte wie in West-Papua. Die Männer schliefen im Männerhaus, wo auch die religiösen Zeremonien stattfanden; Frauen und Kinder hatten eigene Hütten. Niemand trug westliche Kleidung; die Männer pflegten ihre Vollbärte und gingen mit der Penisbinde, die Frauen mit dem Bastrock bekleidet, den sie selbst in mühsamer Handarbeit aus Blattfasern herstellten. Die Leute sahen auch aus wie in Neuguinea, sie waren genauso klein, ihre Hautfarbe, Haarkrause und die Gesichtszüge glichen sich. Doch sprachen die Kastom People Bislama, was die Verständigung sehr erleichterte.

Da ich mit und ohne Franz schon mehrfach bei ihnen zu Gast gewesen war, kannte ich viele Leute im Dorf, die mich wie stets herzlich begrüßten. Ich freute mich besonders, meinen Freund, den Dorfvorsteher Warisol wiederzusehen. Er ist ein sehr umgänglicher und humorvoller Mann, der mich gleich ins Männerhaus zu einer Schale Kava einlud. Die Kastom People von Bunlap haben gern Besuch, aber sie verlangen von jedem Fremden, dass er ihren *kastom* respektiert. Sonst werfen sie ihn raus. Manchmal werde ich dafür kritisiert, dass ich Urvölker in ihrer Abgeschiedenheit aufsuche und sie damit eigentlich störe. Doch wenn indigene Stämme gern Besuch empfangen – auch, weil sie stolz sind auf ihre Kultur –, warum soll man dann nicht kommen? Ich bin sehr gern bei ihnen und treffe auch nie mit leeren Händen ein.

Am nächsten Tag machte ich wie immer meine mobile Zahnarztpraxis auf und zog ein halbes Dutzend Zähne. Aus Dankbarkeit nahm mich Warisol mit zum Turmbau. Sie hatten Bäume gefällt und auf dem Sprunghang aufgestellt, hatten sie mit Astwerk verstärkt und mit Lianen vertäut. Nun war der Turm schon so gut wie fertig und bestimmt 30 Meter hoch, Männer stiegen mit Baumaterial auf und ab. Noch nie hatte ich ein so gewaltiges Sprunggerüst auf Pentecost gesehen. Warisol war sehr stolz darauf. Noch zwei Tage, dann sollte das Lianenspringen stattfinden.

Ich durfte die Vorbereitungen des Turmbaus filmen. Sein Rückgrat bildete eine Kokospalme, die von allen Wedeln befreit worden war. Die Streben des Turmes wurden durch Lianen und weichgeklopfte Rindenstreifen miteinander verbunden. Um die Stabilität zu erhöhen, wurden zusätzlich Lianen zu umliegenden Bäumen gespannt. Wari, der erstgeborene Sohn des Dorfvorstehers, ein athletischer, intelligenter Bursche, sagte: »Der Turm ist für uns wie ein Menschenkörper. Das Stück ganz oben ist wie der Kopf, dann kommen die Schultern, der Brustkorb, der Bauch, dann die Oberschenkel, die Knie« – er klopfte auf die entsprechenden Teile seines Körpers – »und ganz unten steht der Turm dann wie ein Mensch ganz fest auf seinen Füßen. Wenn das nicht so wäre, würde er ja umfallen und wir mit.«

Wari zeigte mir, wie bereits die Kinder für das *naghol,* das Turmspringen, trainierten. Er führte mich zu einer Quelle mitten im Wald, die für Frauen *tambu* war. Schon vier- und fünfjährige Kinder sprangen von einem Felsvorsprung in das klare grüne Wasserbecken, sie tanzten und sangen. Wari kletterte selbst auf den Stein und demonstrierte den Jungen, wie man korrekt kopfüber hinunterhechtet. Noch hatten die Kinder keine Angst – ins Wasser zu springen war ungefährlich. Alle wirkten so glücklich, dass ich unwillkürlich an die Zoé in Brasilien denken musste, wo ich ähnliche Szenen am Fluss erlebt hatte.

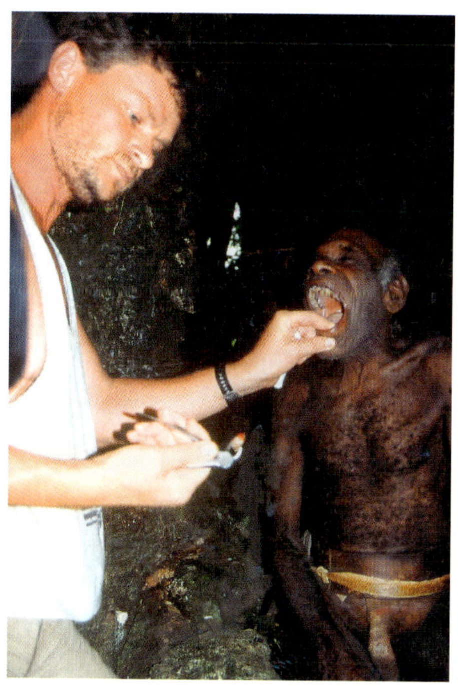

Zahnbehandlung auch im Kastom-Dorf Bunlap auf Pentecost.

Stolzer Traditionalist: Chief Warisol von Bunlap (rechts).

Wari füllte sich aus der Quelle noch klares Wasser in ein Bambusrohr ab. Ich fragte ihn: »Was gefällt dir an deinem Leben hier im Wald?« Statt einer Antwort stellte er mir eine Gegenfrage: »Schmeckt das Wasser nicht viel besser aus meinem Bambus als aus einer Plastiktasse?«

Am Nachmittag trafen sich alle Männer und Jungen am Turm. An seiner Vorderseite lockerten sie die Erde mit spitzen Holzpfählen auf, damit die Springer bei der Landung nicht zu hart am Boden aufträfen. Einige Männer waren noch damit beschäftigt, ihre mit Lianen umwickelten Sprungbretter zusammenzubauen, andere kletterten bereits auf den Turm, um ihre Bretter und Lianen zu befestigen. Jeder brachte sie in der Höhe an, von der er am nächsten Tag springen wollte. Dabei war es keinesfalls so, dass die jüngeren Männer nur von unten und die älteren von oben sprangen. Aber nur die Mutigsten banden ihr Brett an die Spitze des Turms.

Das *naghol*-Fest ist eine für die Mannwerdung wichtige Mutprobe und eine Fruchtbarkeitszeremonie zugleich. Im Alter von sieben Jahren darf ein Junge seinen ersten Sprung absolvieren und damit den ersten Schritt in die Gemeinschaft der Männer tun; fortan muss er jedes Jahr von neuem seinen Mut beweisen.

An diesem letzten Abend vor dem Fest kam Wari zu unserer Hütte und flüsterte verschwörerisch »*Kava, Kava*«. Wir sollten ins *nakamal* kommen, ins Männerhaus. Das war eine hohe Ehre. Also machten wir uns fein und gingen hinüber. Drinnen war es düster, man sah nur die von zuckenden Flammen beleuchteten dunklen Gesichter der Männer, umschwirrt von Tausenden Moskitos. Wir setzten uns an den Rand und durften zuschauen, wie sie ihr heiliges Getränk präparierten. Die Wurzeln des sogenannten Rauschpfeffers (Piper methysticum) wurden nicht wie auf Espiritu Santo zerkaut, sondern zerquetscht und zerrieben. Ältere Männer tunkten dann die Fasern in Wasser und wrangen sie per Hand aus. So gewannen sie einen bräunlichen Saft.

Ein Mann nach dem andern wurde anschließend aufgerufen, bekam eine Trinkschale gereicht, schlürfte geräuschvoll und spuckte einen Teil wieder aus. Es wurde weder gesungen noch getanzt, nur getrunken, gespuckt und geflüstert. Eine mystische Atmosphäre. Das Rauschgetränk reichte für mehrere Runden und versetzte die Männer in die Lage, Kontakt zu ihren Geistern aufzunehmen und sie um Schutz beim Sprungritual zu bitten. Manche kippten allerdings schweißüberströmt zur Seite um. Sie waren *fuldrong*, wie man hier sagte: betrunken.

Mittlerweile kannte ich den Effekt der Droge gut, denn ich hatte Kava wiederholt genossen. Es schmeckt wie eine Mixtur aus Pfeffer, Sand, Gips und Spüli und wirkt wie Valium, nicht euphorisierend. Es macht eher schlaff und erzeugt eine angenehme Art von Trunkenheit. Zunächst stellt sich Taubheit im Mund ein, dann schnell die eigentliche Wirkung, die mit taumelndem Gang, schleppender Stimme, verlangsamten Bewegungen und leichter Übelkeit einhergeht. Wenn man viel trinkt, kann sich eine leicht halluzinogene Wirkung und Doppeltsehen wie nach zu viel Alkoholgenuss einstellen. Nur wenn man allzu viel trinkt, kommt es zu psychischen Störungen und anderen Krankheiten wie schuppiger Haut, Sehbehinderungen und Leberschäden. In Deutschland, wo Kava eine Zeit lang als natürliches Beruhigungsmittel – auch in der Schwangerschaft – eingesetzt wurde, ist es wegen seiner Nebenwirkungen wie Leberversagen und Hepatitis seit 2002 verboten.

Man sagt, dass nur das Kava von Vanuatu einen spürbaren Rausch erzeugt, im Gegensatz zu dem von Fidschi, den Salomonen oder Hawaii. Vermutlich sind die Alkaloide des Rauschpfeffers hier stärker konzentriert. Kava wird im Wald auf kleinen Feldern angebaut und sieht aus wie ein Holunderbusch. Es wächst innerhalb von Tagen. Genutzt werden nur die Wurzeln, denn sie allein enthalten die Alkaloide. Kava muss immer frisch geerntet sein, weil später die Wirkung verfliegt.

In Port Vila ist Alkohol am Wochenende verboten, nicht aber Kava, das man in zahlreichen Kava-Bars in Kokosschalen gereicht bekommt. Eigentlich darf Kava laut *kastom* nur von Männern eingenommen werden, aber Frauen trinken es in der Stadt mittlerweile auch. Nach dem Kava-Genuss redet niemand mehr laut, alle flüstern nur noch. Aber man fühlt sich entspannt, leicht euphorisiert und plaudert gern. Nach dem Genuss schläft man gut und erholsam und hat am nächsten Tag auch keinen Kater – solange die Zubereitung keinen Alkohol enthält.

Verheerend wirkt das Zeug zusammen mit Alkohol. Nach ein paar Bieren muss man sich übergeben, man bekommt Kopfschmerzen, es verändert das ganze Wesen, einige entwickeln Paranoia. In Bunlap tranken die Männer jeden Tag Kava, aber nicht vor Einbruch der Dunkelheit und auch nicht maßlos.

Schon früh am nächsten Morgen trafen die ersten Dorfbewohner am Turm ein, der sehr fragil wirkte, so als könne ihn ein Windstoß umpusten. Auch Frauen und Mädchen durften nun endlich das Heiligtum bewundern. Nachdem sich das ganze Dorf versammelt hatte, begannen die Menschen, ausgelassen zu singen und zu tanzen. 50 nackte Männer mit Tanzkeulen in der Hand und 40 mit wehenden Baströcken bekleidete, Palmwedel schwenkende Frauen stampften singend auf und ab, so dass die Erde regelrecht bebte. Den Rhythmus gaben mannshohe hölzerne Schlitztrommeln vor. Diesem Tanz konnte ich stundenlang zuschauen, weil er eine tranceartige, hypnotische Anziehungskraft ausübte.

Wari näherte sich mir, deutete auf den Turm und sagte: »Nun beginnt unser *naghol*. Bei meinem ersten Sprung war ich noch klein, gerade acht Jahre alt. Damals

Das *naghol* von Bunlap ist ein großes Spektakel. Den ganzen Tag über tanzen Frauen und Männer (Bild rechts).

habe ich mich sehr gefürchtet. Aber jetzt bin ich schon so oft gesprungen, dass ich keine Angst mehr habe.«

Der erste Springer war ein siebenjähriger Junge, dessen Brett in einer Höhe von fünf Metern angebracht war. Der Kleine war aufgeregt, fuchtelte mit den Armen, doch der Jubel der Menge machte ihm Mut. Chief Warisol persönlich rief ihm aufmunternde Worte zu. Dann sprang er – nicht sehr elegant, aber alles ging gut. Stolz schnitt ihm sein Vater die Lianen von den Füßen. Der Bursche hatte damit einen höheren Status im Dorf erreicht, die Familienhütten waren nun nachts für ihn tabu und er würde ab sofort im Männerhaus schlafen.

Auch der nächste Junge stand zum ersten Mal auf dem Turm. Von dort oben zu springen war etwas ganz anderes, als sich kopfüber in den Fluss zu stürzen. Die Männer und Frauen feuerten ihn mit ihren Gesängen an, aber die Angst des Jungen war stärker, er ließ sich die Lianen wieder abnehmen und kletterte hinunter. Für den kleinen Turmspringer war das keine Schande. Er würde es im nächsten Jahr ein weiteres Mal probieren, und dann bestimmt mit Erfolg. »Nur wenn du auch wirklich springen willst, springst du«, sagte Wari, »es hängt nur von dir ganz allein ab. Niemand sagt dir, dass du das tun musst. Wenn du nicht springen willst, gehst du einfach wieder runter vom Turm. Keiner ist dann böse, aber du musst dann mit den Frauen Gartenarbeit machen. In der Männergruppe tanzen darfst du dann nicht.«

Nach den Kindern kamen die Erwachsenen an die Reihe. Einer nach dem anderen breitete seine Arme aus wie ein Vogel seine Schwingen und stürzte sich in die Tiefe. Solange er oben stand, beschleunigten die Tänzer ihren Rhythmus, stampften lauter, sangen kräftiger. Bei jeder Berührung des Bodens erhob sich ein ohrenbetäubendes Pfeifen und Schreien. Der Springer kam dabei mit den Armen zuerst auf, federte hoch und landete dann in der aufgelockerten Erde der Hügelschräge. Sofort sprangen Männer aus dem Kreis der Tanzenden hinzu, um den Gelandeten zu stützen und ihm zu helfen, falls etwas eingerenkt werden musste. Sie schnitten ihm die Lianen ab, und dann tanzten alle munter weiter.

Oben stand inzwischen der nächste Springer, der auf dem Brett seine Muskeln spielen ließ wie ein Bodybuilder. »Wenn du da oben stehst«, sagte Wari, »spannst du erst die Schultern an und dann lässt du sie wieder locker. Du musst das machen, um deinen Körper zu entspannen. Dein Körper ist normalerweise sehr schwer – wenn du dann springst, könntest du verletzt werden, oder du stirbst. Aber wenn du dich entspannst, geht alles gut.« Die körperliche Lockerung wird erheblich gefördert durch die exzessive Kava-Sitzung am Abend zuvor, deren Wirkung lange anhält.

Zwischendurch kletterte ich vorsichtig am Turm hoch, um ein paar Aufnahmen zu machen. Allerdings gab es keine Leitern. Man musste sich irgendwie durchschlängeln. Auf halber Höhe setzte ich mich auf ein Brett, um den Absprung zu fotografieren. Dabei fiel mir erstmals auf, dass diese Bretter eine Sollbruchstelle hatten.

Die Männer springen weit vorn ab, und sobald die Lianen sie knapp über dem Boden zurückreißen, bricht automatisch das Sprungbrett, über das die Lianen füh-

ren, was den anschließenden Aufprall enorm abmildert. Aber ich bemerkte bald, dass ich mich dort oben in echter Lebensgefahr befand, schließlich wog ich das Doppelte dieser Leute! Deshalb bewegte ich mich mit der Videokamera sehr vorsichtig weiter empor, um auch von der Turmspitze ein paar Aufnahmen zu machen. Von oben sah die Szenerie noch halsbrecherischer und unendlich tief aus.

Am Nachmittag begannen die Mutigsten, von dort abzuspringen. Manche verharrten lange auf dem Brett, wiegten ihren Körper und versuchten, mit den Geistern Kontakt aufzunehmen; wie in Trance ließen sie sich dann kopfüber in die Tiefe fallen und genossen anschließend den Jubel der Menge. Jeder, der seinen Mut bewies, wurde stürmisch gefeiert. Auch die Tänzer wirkten mehr und mehr entrückt, sangen immer lauter zum Takt der Trommeln. Aufmerksam beobachtete Warisol das Geschehen, denn er war als Dorfvorsteher für alles verantwortlich. Zu uns sagte er: »Wir in Bunlap folgen streng den Richtlinien des *naghols,* so wie es der Großvater dem Vater und der Vater dann seinen Söhnen erzählt hat. Wir halten uns immer exakt an diese Anleitungen. Heute ist alles noch genau so, wie es früher war.«

Als der nächste Springer landete, griff Warisol selbst zu, um ihn mit den anderen ein Stück zu tragen, wobei sie laute »Yep, Yep, Yep«-Rufe hören ließen. Erkennbar stolz stimmte der junge Mann darin ein. Als die Träger ihn auf der Erde absetzten, begann er sich im Rhythmus zu wiegen. Die Tänzer formierten sich neu, es waren nun gewiss mehr als 100 Männer und Frauen, die ihre Keulen, die Palmgarben und auch rote Blattbüschel schüttelten.

Als letzter Springer kletterte Warisol selbst auf den Turm und stellte sich auf die Spitze, direkt unter den Himmel. Die Fänger richteten gespannte Blicke nach oben. 30 Männer hatten schon ihren Mut bewiesen, würde ihr Häuptling folgen? Der Trommelrhythmus wurde heftiger, fordernder. Warisol trat auf den federnden Vorsprung, breitete die Arme aus, schwang sie im Rhythmus der Trommeln. Sein Penisschutz zeigte steil nach oben. Alle starrten ihn wie gebannt an. Jetzt kam der lang erwartete Höhepunkt der Veranstaltung.

Da riss Warisol die Arme nach oben, streckte sie vor und sprang ins Leere. Die Trommeln überschlugen sich, die Beobachter schrien auf, ein schweres Bündel Mensch fiel rasend schnell zur Erde – und landete glücklich! Gewaltiger Jubel, Pfiffe, Rufe hallten durch den Dschungel. »Unsere Männer sind sehr stark. Heute findet der größte *naghol* statt, den wir je hatten«, sagte Warisol stolz, als er wieder auf seinen Beinen stand. »Noch nie war unser Turm so hoch. Und doch ist kein Unfall passiert, es hat sich niemand verletzt.«

Wenn das Fest vorbei ist, interessiert sich keiner mehr für den Turm. Das Holz wird zum Kochen oder Hausbau verwendet oder verrottet einfach. Im folgenden Jahr gehen Männer und Jungen mit Elan ans Werk, um einen neuen Turm zu bauen.

In einigen missionierten Nachbardörfern war die Tradition schon eingeschlafen, wurde aber in den vergangenen Jahren neu belebt, weil man ihren Wert als Touristenattraktion erkannte. Warisol erzählte mir, dass sein Dorf permanent Ärger mit den Missionaren der naheliegenden Ortschaften habe. »Sie versuchen immer wieder, uns zu bekehren, aber wir wollen nichts mit ihnen zu tun haben. Sie verstoßen

Unter Aufsicht ihres Lehrers (oben) springen die Jungen, um in die Gemeinschaft der Männer aufgenommen zu werden.

Um den Aufprall zu lindern, wird die Erde aufgelockert. Nach der Landung eilen Helfer herbei und schneiden die Lianen ab.

Der letzte Sprung aus 30 Meter Höhe gebührt Chief Warisol.

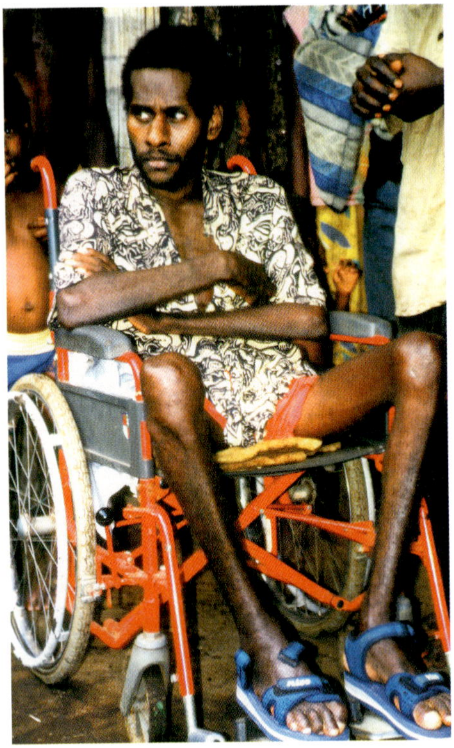

Pio Bule brach sich bei einem missglückten *naghol*-Sprung die Wirbelsäule.

gegen den *kastom*. Deshalb gibt es auch immer Verletzte bei den Festen in ihren Dörfern.«

Tatsächlich kommt es in Nachbardörfern immer wieder zu schweren Unfällen, wenn dort im Mai waghalsige junge Männer vor zahlungskräftigen Touristen springen wollen. Einmal kamen wir im Süden in einen Ort, in dem gerade ein »kommerzielles« Turmspringen stattfand. Das war eine peinliche und verantwortungslose Angelegenheit. Die Springer waren untrainiert, zogen kurz vor dem Sprung ihre Turnhosen aus, steckten sie in Plastiktüten und legten Penisbinden an. Wir wurden Zeugen, wie sich ein Junge seinen Fuß verrenkte und ein anderer einen komplizierten Armbruch zuzog. Ich mochte es gar nicht mit ansehen.

Als ich im Mai 2008 zum bislang letzten Mal nach Vanuatu fuhr, war einen Monat zuvor das schlimmste Unglück in der Geschichte des *naghol* überhaupt geschehen. Am ersten Tag des Lianenspringens von Londot im Süden von Pentecost fiel der Turm um, wobei ein lokaler Kameramann starb und drei Springer verletzt wurden. Hunderte Touristen und Einheimische wurden Augenzeugen des Unfalls. Einige Kastom People behaupteten später, der Turm sei nicht tief genug im Boden verankert und nicht fest genug mit Lianen verzurrt worden, denn man habe das Fest vor allem für Touristen veranstaltet.

Im Jahr 1994 hatte ich im fünf Kilometer von Bunlap entfernten Dorf Rangusuksu einen jungen Turmspringer getroffen, der sehr optimistisch von seinem Mut und seinen Zukunftsplänen sprach. Ich fotografierte ihn beim Tanzen. Ein Jahr später schlug er beim Sprung aus 20 Metern Höhe mit dem Kopf auf, brach sich die Wirbelsäule und ist seither querschnittsgelähmt. Die Kastom People aus Bunlap sagten, er habe die Geister erzürnt und sei von ihnen bestraft worden.

Der Verunglückte heißt Pio Bule. Franz hatte den Unfall damals aus zehn Metern Entfernung miterlebt, kannte Pio gut und ging mit mir 2003 nach dem *naghol* in Bunlap nach Rangusuksu, um ihn zu besuchen. Er führte mich in eine geräumige helle Hütte, die einen Kramladen beherbergte, mit Säcken voller Reis, Gewürzen, Fischkonserven. An der einfachen Bastwand hing ein Marienbild. »*Hello Pilot!*«, begrüßte uns Pio.

Der schmächtige Mann lag in seinem weiß bezogenen Bett mitten in dem kleinen Supermarkt, den ihm Freunde eingerichtet hatten, damit er ein bisschen Geld verdienen konnte. Pio hatte einen gestutzten Vollbart, kurz geschnittene Haare und sehr dunkle Augen. Sein Kopf ruhte auf einem großen weißen Kissen. Franz klopfte ihm auf die Schulter. Pio guckte erst traurig, dann lachte er doch ein bisschen. Vier junge Männer traten in die Hütte, hoben den Invaliden aus dem Bett und setzten ihn in seinen verrosteten Rollstuhl, den sie dann hinaustrugen, weil er nicht mehr rollte.

Als Pio jetzt mit freiem Oberkörper in seinem Rollstuhl saß, konnte man sehen, wie extrem mager er war, die Rippen traten deutlich unter der dunklen Haut hervor. Er sagte: »Mein Leben ist heute ganz anders, und ich weiß nun, dass es besser gewesen wäre, nicht zu springen. Das *naghol* ist sehr gefährlich, man kann dabei sterben.«

Aber warum haben die Einheimischen dann überhaupt mit dem Brauch angefangen? Auf dem Rückweg nach Bunlap erzählte mir Franz, was er darüber herausgefunden hatte jenseits der Legenden: »Es geht darum, eine erfolgreiche Ernte für das folgende Jahr zu beschwören und die Geister zu beschwichtigen. Weiterhin ist das Ziel, als Mann seinen Mann zu stehen, denn um eine Frau heiraten zu können, muss man mutig sein und zeigen, dass man sein Leben für die Dorfgemeinschaft zu opfern bereit ist. Aber das *naghol* ist nicht in erster Linie eine Mutprobe oder ein Initiationsritual, es hat einen anderen Ursprung. In den alten Zeiten gab es hier auf den Inseln noch Kannibalismus. Die Menschen der einzelnen Völker, Stämme, Inseln und Dörfer hatten aus diesem Grund kaum Kontakt zueinander. Wenn nun einem Mann ein Unrecht vorgeworfen wurde, gab es für ihn keine Möglichkeit, die Dorfgemeinschaft zu verlassen. Um die nächste Ecke wäre er aufgefressen worden. Seine einzige Chance, sich zu rehabilitieren, war das *naghol*. Meisterte er den Sprung, wurde ihm vergeben und alles, was ihm vorgeworfen wurde, durfte zu seinen Lebzeiten nicht mehr erwähnt werden. Er war danach wieder voll in die Dorfgemeinschaft eingegliedert.«

Eine andere schwere Strafe in Vanuatu ist die Abgabe von Schweinen. Auf den Inseln des Archipels gibt es keine großen Säugetiere; erst vor 2000 Jahren wurden Schweine als Haustiere eingeführt, vermutlich aus Neuguinea. Seither waren sie traditionell das Wertvollste, das ein Mann besitzen konnte. Um zu heiraten oder dem Geheimbund beizutreten, braucht ein Mann Schweine. Er muss sie aufziehen oder eintauschen.

Im Lauf der Jahrhunderte fanden die Menschen eine Möglichkeit, den Wert ihrer Schweine noch erheblich zu steigern – indem sie aus normalen *pigs* ihre *kastom* pigs mit rundgebogenen Hauern züchteten. In Bunlap war diese Tradition quicklebendig. Die Schweine werden hier als Haustiere gehalten; man findet schwarze, gefleckte und braune Tiere, die von eher kleinem, schlankem Wuchs sind. Und überall liefen Schweine herum, deren Hauer sich kreisförmig in den eigenen Kiefer drehten. Trotz ihrer Größe störten diese die Schweine offenbar kaum beim Fressen.

Auf die gedrehten Hauer kommt es in der Kultur der Kastom People nach wie vor an. Sie waren früher ein wichtiges Zahlungsmittel in Melanesien und auch in Neuguinea. Nur bei den männlichen Tieren, den Ebern, werden sie gezüchtet, aber es ist extrem selten, dass man einen Eber mit vollkommen rundgewachsenen Hauern sieht. Bei den meisten brechen die Zähne schon frühzeitig ab. Deswegen ist ein runder Zahn immer etwas ganz Besonderes. In Bunlap und anderen Traditionsgemeinden wird der Wert eines Schweins noch heute nicht nach seinem Fleischanteil beurteilt, sondern nach der maximalen Krümmung seiner Hauer.

Der Schweinezahnkult wird weltweit nur auf Vanuatu gepflegt. Dorfvorsteher Warisol ließ mich an dem heiligen Ritual teilhaben, mit dem ein junger Eber als Wertanlage präpariert wurde. Dazu wurde ein etwa ein Jahr altes Ferkel eingefangen. Vier Mann hielten das quiekende Tier fest, zwei öffneten sein Maul, einer schob ihm einen Pflock zum Draufbeißen hinein. Mit einem Schweinekieferknochen wurden die beiden oberen Eckzähne locker geklopft. Anschließend hob Warisol die gelockerten Zähne mit einem dünnen Ast aus dem Zahnfleisch. Das ist sicherlich eine schmerzhafte Prozedur, doch da die Zahnwurzeln bei jungen Schweinen noch kurz und weich sind, ging das Ganze schnell vonstatten. Danach wurde das Tier quiekend wieder in sein Gehege entlassen.

Warisol erklärte mir anhand seines größten Schweinezahnkiefers mit vollendet rundgebogenen Eckzähnen den Zweck des Rituals: »Damit die unteren Hauer nach oben wachsen können, werden den jungen Schweinen die Gegenzähne gezogen. Dann wachsen die unteren Zähne heran, bis sie so rund sind wie diese hier. Es dauert etwa zehn Jahre, bis ein Schwein so runde Hauer bekommt.«

Das Prinzip ist einfach: Durch die fehlende Reibung kann der untere Zahn ungebremst weiter wachsen. Die Natur hat es so eingerichtet, dass sich der Zahn in einem runden Bogen nach innen krümmt und schließlich wieder in den Kiefer einwächst. Der Eckzahn kann dabei sogar zwei Runden drehen.

»Wenn die Zähne eines Schweins rundgewachsen sind, veranstalten wir ein großes Fest auf dem Dorfplatz, wo das Tier feierlich geopfert wird«, erzählte mir Wari, der Sohn des Dorfvorstehers. »Mein Vater trägt dann seine zwei schönsten Zähne an einer Kette auf der Brust. Alle Familien kommen zusammen und bringen ihre eigenen Schweinezähne mit, *mekin kastom ceremoni*. Wer ein großes Ansehen im Dorf genießt, darf zu solchen Anlässen seine Zähne auch als Halskette tragen, wie mein Vater oder mein Vetter Bom, der die Kette von seinem Vater geerbt hat. Es ist Brauch in unseren Familien, dass die Schweinezähne immer an die Söhne weitergegeben werden.«

Die runden Hauer waren früher in ganz Vanuatu das Hauptzahlungsmittel, wenn man eine Frau zum Heiraten kaufen wollte. Auch heute besitzen sie noch einen gewissen Status. In Bunlap sind die gebogenen Zähne nach wie vor heilig. Doch in vielen anderen Dörfern verkaufen die Einheimischen ihre Schweinezähne an Händler, die sie dann in Port Vila als Souvenirs für Touristen anbieten – mit ganzem Kiefer oder als Einzelstücke. Für besonders schöne Exemplare verlangen die Händler bis zu 500 Euro. Antikläden handeln die gedrehten Hauer auch mit Gold verziert. In Port Vila gibt es ein Museum, wo Ausgrabungsstücke aus dem 13. Jahrhundert

Der gedrehte Schweinezahn, das Staatssymbol Vanuatus.

ausgestellt sind, darunter Grabbeigaben eines Königs, der mehr als 20 Armreifen aus solchen Schweinezähnen besaß.

»Aber glaubt's mir«, sagte Franz, als wir zum Abschluss der Reise wieder im »Waterfront« in Port Vila einkehrten. »Trotz der Vermarktung wird der gebogene Hauer auf Vanuatu nie seinen besonderen Stellenwert verlieren, denn kein anderes Symbol ist stärker mit der Kultur und Geschichte unseres hübschen Inselstaates verbunden.« Er hat absolut Recht, dachte ich. Der gedrehte Schweinezahn schmückt die Staatsflagge des Landes, das Logo seiner Fluglinie, auf allen Telefonzellen sieht man ihn in Form eines Smileys, und sogar das einheimische Bier, das der Wirt gerade brachte, ist nach ihm benannt: Tusker Beer. Das englische Wort *tusker* bedeutet gedrehter Zahn. Er ist und bleibt das Wahrzeichen von Vanuatu.

Sechs Jahre später erhielten wir die erschütternde Nachricht, dass unser Freund Franz Schmöllerl ums Leben gekommen war. Er wurde 71 Jahre alt. Am 2. Juli 2009 stürzte er mit einem Hubschrauber in Coolangatta im australischen Bundesstaat Queensland ab. Der besessene Flieger hatte seit zwei Jahren Hubschraubertheorie gebüffelt und wollte nun seinen Helischein machen. Dazu nahm er Unterricht bei einem Freund in Australien. Er war schon eine halbe Stunde mit dem Chopper Marke Robinson 22 unterwegs, als er gegen halb elf Uhr vormittags tödlich verunglückte.

Die australische Internetagentur goldcoast.com zitierte Freunde aus der Segler- und Flieger-Community von Vanuatu, die ihn einen »großen Menschen und großen Piloten« nannten, der »eine nie endende Lust aufs Abenteuer besaß«. Easuary Deamer, der Direktor der Fluggesellschaft Unity Airlines in Port Vila, für die Franz ab und zu als Aushilfspilot arbeitete, sagte, er habe viele Touristen mit seinen Flugkünsten und Geschichten erfreut: »Er war ein Mann, der einen Flug zu den Vulkanen zu einer wunderbaren Erfahrung machte, selbst wenn der Regen so dicht fiel, dass niemand die Lavaexplosionen sehen konnte.« Woanders stand zu lesen, dass er der erste Europäer war, dem es gelang, dem Geheimnis des *naghol* auf die Spur zu kommen.

»Er arbeitete an einer Doku über sein Leben«, sagte sein Bruder Gottfried einer Internetzeitung. Er nannte die Tagebücher, Fotos und Manuskripte seines weitgereisten Bruders einen »Schatz« – die Erlebnisse eines der letzten echten Abenteurer unserer Zeit, des zweifachen Weltumseglers, Buschpiloten, Rennfahrers, Mediziners und Freundes der Kastom People von Vanuatu, dessen Name in der Südsee noch lange in Erinnerung bleiben wird: Air Franz.

Tellerlippenfrauen, Giraffenhälse, Nasenpflockmenschen – die Surma in Äthiopien, die Padaung in Thailand und die Apatani in Indien

Als wir im Juni 2001 in Addis Abeba, der Hauptstadt Äthiopiens im abessinischen Gebirge, landeten, wussten wir bereits, dass der Vielvölkerstaat ein schwieriges Reiseland sein würde. Nach dem letzten, verlustreichen Krieg mit Eritrea hatte man zwar Frieden mit dem nördlichen Nachbarn geschlossen, doch war dieser äußerst fragil, und es war nicht ausgeschlossen, dass wieder Kämpfe aufflammten. Die politische Lage im Süden, im Dreiländereck zum Sudan und zu Kenia, schien aber ruhig zu sein. Es war aufgrund guter örtlicher Kontakte kein Problem für uns gewesen, eine Genehmigung für das Gebiet zu bekommen.

Die Probleme fingen jedoch bei der Gepäckkontrolle auf dem Flughafen an. Während es Dietmar mit einem charmanten Lächeln gelang, die große Kamera an zwei Zolldamen vorbeizuschmuggeln, verdächtigte man mich wegen meiner Mittelformat-Fotokamera, ein Journalist zu sein. Und Journalisten waren bei den uniformierten Kalaschnikow-Trägern offenbar nicht gut gelitten. Gott sei Dank rettete mich Aki, unser einheimischer Führer, vor weiteren Durchsuchungen. Ein paar unterwürfige Worte in der Landessprache, ein Witz über den Weißen mit der seltsamen Fotoapparatur und ein unauffällig liegengelassener Geldschein halfen uns durch die Kontrolle.

In einer Wellblechhütte am Stadtrand von Addis Abeba trafen wir uns wenig später mit den übrigen Reiseteilnehmern, bestaunt von Dutzenden schwarzer Kinder, die wahrscheinlich noch nie im Leben einen Weißen zu Gesicht bekommen hatten. Bei schwarzem Tee und Sandwiches unterrichtete uns Aki kurz über Weg und Ziel unserer Expedition. Fünf Tage würde die Reise durch die unwegsame Bergregion dauern, sagte er, 200 beschwerliche Kilometer stünden uns bevor, bis wir das Hochplateau der Cormaberge erreicht hätten.

Dort lebten die Surma, das geheimnisvolle Volk der Tellerlippenfrauen, eines der ursprünglichsten Völker Afrikas. Sie sind stolz und kriegerisch und werden von ihren Nachbarstämmen gefürchtet. Lange Zeit gab es nicht viele Fremde, die zu ihnen vorstießen. Später wurden sie wegen ihres exotischen Aussehens unter Fotografen aus aller Welt ein »Geheimtipp«. Heute gibt es zahlreiche Fotobücher und Zeitschriftenartikel über die Surma.

Die äthiopische Expedition war meine erste Reise als frischgebackener Völkerforscher-Filmemacher. Vor kurzem hatte das ProSieben-Reportagemagazin »Welt der Wunder« Kontakt zu mir aufgenommen, wo man vom Material in meinem Archiv so begeistert war, dass die Redakteure noch im Frühjahr 2001 daraus einen ersten 15-Minuten-Film über die Zoé im Amazonas produziert und mich ermuntert hatten, weitere Stoffe vorzuschlagen. Sie boten mir an, die Kosten für einen professionellen Kameramann zu übernehmen und dazu ein Autorenhonorar, das meine Reisekosten wenigstens teilweise decken würde. Ich nahm dankbar an, schließlich hatte ich bisher meine Expeditionen stets aus der Zahnarztschatulle finanziert, oft auch noch für meine Mitreisenden.

Aus der Reise zu den Surma machten wir eine große Gemeinschaftstour. Als Expeditionskameramann hatte ich meinen Freund Dietmar Heger aus Erfurt gewinnen können. In Addis Abeba stießen Hansi und Motoro zu uns, meine besten und beständigsten Reisegefährten über viele Jahre. Sie hatten noch fünf weitere Leute für das Abenteuer begeistern können.

Hansi Hutticher stammt aus Salzburg. Er ist ein dunkelhaariger schlanker Mann mit starkem österreichischen Dialekt und sehr vielen Berufen. Er ist Elektriker und Elektroingenieur, Autoschlosser und Landmaschinenbauingenieur sowie gelernter Kaufmann. Ein technisches Universalgenie und Alleskönner, der immer die Ruhe bewahrt und uns schon aus einigen brenzligen Situationen retten konnte. Sein Haus in Seekirchen bei Salzburg ist ähnlich ausgestattet wie meines in Lüneburg. Auch bei ihm sagen die Besucher: »Bei dir sieht's ja aus wie im Völkerkundemuseum.« Die Wände voller Masken und Federhauben aus der Südsee und aus Amazonien, Glasvitrinen mit Kaurischneckenbändern aus West-Papua, Tabakpfeifen aus Kamerun, Kalebassen aus der Kalahari. Und natürlich überlebensgroße Schilde aus dem Asmat, Riesenschnitzereien aus Indonesien und Afrika. Wie ich ist Hansi ein besessener Sammler von Ethnographica. Etwas jünger als ich, damals 44 Jahre alt, besitzt er einen wunderbar sarkastischen Humor.

Kameramann Dietmar Heger während einer Marschpause.

Motoro hatte wie immer Ärger zu Hause auf dem Hof in Bayern, weil er in die Ferne schweifte. Mir hat er mal erzählt, dass er eigentlich nie Landwirt werden wollte. Da er aber der einzige Sohn unter den drei Kindern war, habe er keine Wahl gehabt. »Es war immer klar, dass ich den Hof übernehme. Ich bin da so reingewachsen.« Er hatte mit viel harter Arbeit die traditionelle Wirtschaft auf Bio und Öko umgestellt. Jede Expedition musste er sich vom Zeitbudget abknapsen und den Hof Hilfskräften unter Aufsicht seiner alten Eltern überlassen. Er sagte: »Meinen Leuten ist es unerklärlich, woher das bei mir kommt, dass ich so gerne wegfahre. Das hat sich nach und nach bei mir entwickelt. Schon in der Schule haben mich ferne Länder am meisten interessiert.« Es war bei Motoro ganz ähnlich gewesen wie bei mir. Auch ich hatte mich seit meiner Kindheit für Indianer und ferne Länder begeistert. Motoro sagte: »Auf dem Atlas hab' ich mich schon mit sieben bestens ausgekannt.« Genauso war es mir ergangen. Wir waren Seelenverwandte. Ich war froh, dass er mitkam.

Als Tourführer stand uns Aki zur Seite, ein junger sympathischer Mann mit schwäbischem Dialekt, hellbrauner Hautfarbe und arabischem Aussehen, dessen Vater aus Addis Abeba stammte, während seine Mutter Deutsche war. Der 30-Jährige war in Deutschland aufgewachsen und lebte in zwei Welten, mal in Deutschland, wo er studiert hatte, und dann wieder eine Weile in Äthiopien, wo er sich als Dolmetscher und Reiseleiter durchschlug. Hansi und Motoro hatten ihn auf einer früheren Tour kennengelernt und kurzerhand für die Expedition »gebucht«.

Diesmal war auch Miriam dabei, die neue Frau in meinem Leben. Wir waren jetzt seit einem Jahr zusammen. Im Nachhinein kann man wohl sagen, dass es die Vorsehung war, die uns zusammenführte, denn ich lernte sie kennen, weil mir im Haus meines Freundes Kurt in Lüneburg ein neues Klingelschild auffiel: »M. Garve«. Kurt, der ein richtiger norddeutscher Seemann ist, ehemaliger Kapitän, Ossi wie ich, stellte sie mir wenig später vor. Miriam stammte aus Hannover, studierte Umweltwissenschaften und war nicht weitläufig mit mir verwandt, wie ich zunächst vermutet hatte. Sie war 22 Jahre alt, hübsch, brünett, burschikos. Sehr norddeutsch. Keine, die unnützes Zeug redete.

Schnell stellte ich fest, dass ich stundenlang mit ihr über den Regenwald und die Naturvölker sprechen konnte, weil sie sich ehrlich dafür interessierte. Überrascht war ich, dass sie keine Berührungsangst vor meinen Freunden und Bekannten zeigte, von denen sie einen der Wunderlichsten gleich zu Anfang kennenlernte. Hartmut Heller tauchte auf, als ich gerade einen guten Rotwein aus dem Keller geholt hatte und mit Miriam am Holztisch in meinem Haus saß. Hartmut kam wie immer außer Atem und mit einer wichtigen Botschaft: »Roland, ich hab' da was für dich. In West-Papua bricht das ganze Unterdrückungssystem zusammen, endlich können die Papuas sich von den Indonesiern lösen, die Zeichen dafür stehen gut. Aber sie brauchen unsere Hilfe, sie müssen bewaffnet werden. Und du musst dabei helfen.«

Expeditionsmitglied Hans Hutticher aus Salzburg.

Mal wieder, dachte ich. In Neuguinea standen die Zeichen damals wirklich auf Revolte, das wusste ich, doch ich wollte Hartmuts verrückten Ideen auf keinen Fall mehr folgen. Miriam interessierte sich aber für die Ereignisse, weshalb wir nach Hartmuts Abgang Reisepläne schmiedeten. Im Juli 2000 sind wir dann tatsächlich zusammen nach Neuguinea geflogen. Ich war einmal mehr von ihr begeistert. Sie hatte nicht die geringsten Probleme mit Wetter, Klima, Mücken und möglichen Gefahren. Es gab keine Probleme, wie mit früheren Freundinnen. Ganz im Gegenteil, sie verblüffte mich mit ihrem weitreichenden Interesse und – wie sich nach der Tour herausstellte – mit ihren erstklassigen Fotos. Kurz, sie war die ideale Reisegefährtin. Und nicht nur das. Wir wurden Lebensgefährten, praktischerweise mit demselben Nachnamen. Noch im Oktober flogen wir zu den Maya nach Guatemala, Silvester auf Safari nach Kenia. Wir verstanden uns immer besser, ergänzten uns, und wenn gearbeitet werden musste, ging es Hand in Hand. Miriam half mir bei den zahlreichen Ausstellungen später und schrieb auch Texte für meinen zweiten großen Bildband über die südamerikanischen Naturvölker »Unter Amazonasindianern«, der 2002 erschien.

Und nun waren wir auf dem Weg zu den Tellerlippenfrauen in Äthiopien. Unter großem Gejohle Hunderter schwarzer Kinder verstauten wir unser Gepäck auf drei Geländewagen und starteten in Richtung Süden, brauchten aber noch mehr als eine Stunde, bis wir den Moloch Addis Abeba mit seinem chaotischen Verkehr, den stinkenden Riesenlastern, zahllosen Ochsen- und Eselskarren und bunten Menschenmassen hinter uns gelassen hatten. Bald war die Landstraße nicht mehr asphaltiert, wir fuhren über aufgeweichte Schotterpisten voller Schlaglöcher, tiefer Pfützen und dahinzuckelnder Rinderherden. Unsere Wagenkolonne kam nur sehr langsam voran, aber die Landschaft entschädigte uns für die Strapazen, sie war hügelig, fruchtig grün und savannenartig mit blauen Bergpanoramen im Hintergrund. Wir durchquerten zahlreiche Dörfer, und je weiter wir kamen, desto weniger Wellblechbaracken waren zu sehen, desto mehr prägten typisch kreisrunde, mit Lehm verputzte und mit Stroh gedeckte Holzhütten das Bild – wir waren wieder im ländlichen, traditionellen Afrika.

Nach Übernachtung in der kleinen Stadt Jima ging es am Morgen weiter nach Bebeka. Die Wege wurde immer schlechter, und es goss in Strömen. Innerhalb von Minuten hatte sich die Staubpiste in eine rutschige Schlammstrecke verwandelt. Hier am Rand des südwestlichen Cormagebirges trafen wir nun fast keine anderen Fahrzeuge mehr, nur ab und zu einen Tanklaster mit Benzin. Manchmal passierten wir auch einen Truck, der mit Achsbruch im Graben lag. Vor allem aber begegneten wir vielen dunkelhäutigen Menschen, die trotz des Regens ihre Ziegen oder Rinder vor sich hertrieben, Brennholz oder Wasserkrüge auf dem Kopf balancierten. Kinder schauten uns mit großen Augen an, dem stets ein freudiges Lachen, Winken, Rufen folgte. Hielten wir irgendwo, bildete sich schnell ein Pulk um die Autos, und starteten wir dann wieder, rannten uns die Dorfkinder hinterher.

Auf einem Markt organisierten wir frisches Obst. Dort fielen mir sofort zahlreiche junge Männer mit angespitzten Frontzähnen auf. Sie gehörten zum Volk der

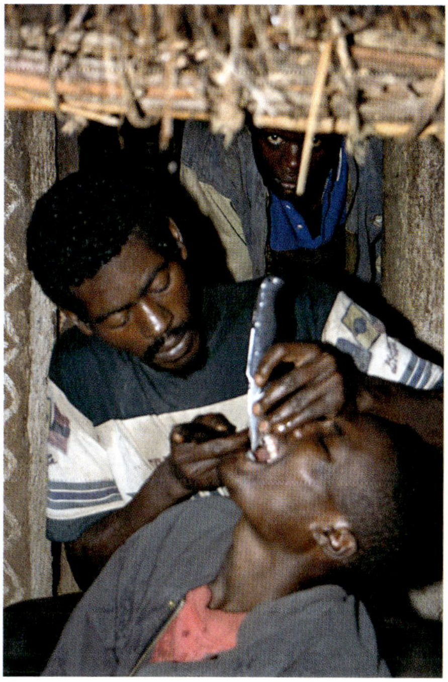

Erst mit angespitzten Zähnen wird der junge Bench heiratsfähig.

Bench, bei denen dieser schmerzhafte Brauch ein wichtiges Initiationsritual darstellt. Ich fragte Aki, ob wir vielleicht etwas mehr darüber erfahren könnten, schließlich hatten mich rituelle Deformierungen bei Naturvölkern schon immer interessiert. Der Zufall wollte es, dass sich vor einer benachbarten Hütte gerade ein junger, heiratswilliger Mann dieser Prozedur unterziehen sollte. Wir erfuhren, dass die Brautfamilie ihn nur mit den traditionellen spitzen Zähnen als Schwiegersohn akzeptierte. Ich fragte mich, wie sie die Zähne wohl ohne Bohrer so spitz hinbekamen.

Sie machten es kurz, geübt und offenbar schmerzlos. Der junge Mann öffnete den Mund, ein anderer setzte ein scharfes Messer in der Mitte eines Frontzahnes schräg an und schlug mit einem Eisenstück auf die Klinge. Die erste Ecke sprang kantenscharf ab. Innerhalb weniger Minuten waren die Frontzähne angespitzt und wirkten jetzt wie Raubtierzähne, was wohl auch Ziel der Prozedur war. Stolz betrachtete sich der Junge in einem Handspiegel, er schien sich ganz wohlzufühlen. Ich konnte es kaum glauben, denn eigentlich hätte er unerträgliche Schmerzen leiden müssen.

Nun wollte ich es genau wissen, bat darum, die Zahnstümpfe untersuchen zu dürfen und stellte fest, dass an einigen Stellen sogar die Pulpa durchschimmerte, das sogenannte Zahnmark, das den Hohlraum zwischen Zahnkrone und Wurzel ausfüllt. Es ist von Blutgefäßen und Nervenfasern durchzogen, die die kleinste Reizung als Schmerz ans Gehirn weitermelden. Wie war es möglich, diese Behandlung ohne Anästhesie durchzuführen? In Deutschland wäre das undenkbar – niemand würde die Schmerzen aushalten. Und nun holte der Dorfzauberer noch eine Dreikantfeile hervor und begann, die Stümpfe abzurunden! Der Initiand verzog dabei keine Miene. Nur mit dem Sprechen haperte es etwas, aber vielleicht war sein Lispeln von der Brautfamilie auch erwünscht. Niemand hatte an der Zeremonie etwas auszusetzen, schließlich sahen fast alle Männer so aus und fühlten sich schön damit.

In Bebeka übernachteten wir in einem alten, heruntergekommenen Hotel, das früher mal einem italienischen Kaffeeplantagenbesitzer gehört hatte. Voller Stolz zeigte man uns Bilder von deutschen Staatsgästen, die hier einstmals vorbeigekommen waren. Diese Gesichter kamen mir aus DDR-Amtsstuben noch sehr bekannt vor, aber Äthiopien war ja auch eine Zeitlang ein »sozialistisches Bruderland«

Zwei junge Surma-Frauen modellieren ihre Tellerlippenscheiben aus Ton.

gewesen. Doch nicht deswegen bekam ich nachts Magenkrämpfe, wahrscheinlich lag es an der landesüblichen Kost, einem wabbligen grünen Fladen, der nach Sauerteig schmeckte und dessen Zusammensetzung ich nie ganz herausbekam.

Am folgenden Nachmittag erreichten wir ein Lager für Flüchtlinge aus dem Sudan – ein ärmlicher Markt, viele kranke Kinder, Erwachsene mit Schussverletzungen. Als wir filmen wollten, bekamen wir die gereizte Stimmung der Leute zu spüren. Am Vortag hatte es hier eine Schießerei gegeben, bei der Flüchtlinge verschiedener sudanesischer Stämme aufeinander losgegangen waren. Es hatte Tote gegeben. Wir machten, dass wir wegkamen.

Am Rand der letzten Bergkette, die uns noch von den Surma-Dörfern trennte, konnten wir im Vorbeifahren bereits einige wunderschöne Frauen erkennen, die ihr Gesicht mit Tellerlippenscheiben verziert hatten. Doch wir mussten weiter, fuhren zunächst bergan, bis einer unserer Wagen im Straßengraben steckenblieb. Alle Versuche, aus dem Schlammloch zu kommen, schlugen fehl, es wurde immer schlimmer, der Jeep drohte umzukippen. Als der Fahrer aufgab, übernahm Hansi das Ruder. Zunächst ließ er das Auto komplett entladen, setzte sich dann ans Steuer und schaltete vorsichtig den Motor ein. Alle Männer mussten, während Hansi kunstvoll Gas gab, den gekippten Wagen stützen und schieben. Hinterher sahen wir alle aus wie Schweine im Schlamm, aber Hansi hatte es geschafft.

Wir übernachteten in einer leerstehenden Kirche, begrüßten am Morgen unseren

Surma-Kinder trinken Flusswasser, um sich innerlich zu reinigen.

neuen Führer vom Stamm der Dizzi, einem lokalen Volk, den Aki angeheuert hatte und luden das Gepäck auf sechs Esel um. Nun begann der Fußmarsch. Während unsere Fahrzeuge die Berge umrunden und uns in sieben Tagen bei den Surma abholen sollten, hatten wir auf dem wesentlich kürzeren, direkten Weg 18 Kilometer und 2200 Höhenmeter zu bewältigen.

Die Surma leben in einer schwer zugänglichen Region am Omo, einem Zufluss des Turkanasees im Südwesten Äthiopiens. Es ist ein Gebiet von einzigartiger historischer Bedeutung – hier wurden die Knochen der ersten Homo sapiens gefunden.

In den dicht bewaldeten Bergen war es kühl, wir trugen alle unsere Anoraks, die Wege waren steil, rutschig, voller Geröll und Pfützen. Unterwegs wanderten wir sogar an einem abgestürzten Hubschrauber vorbei. Ein Teilnehmer brach zeitweilig zusammen, kam aber mit Mineralstoffen und Coca Cola schnell wieder auf die Beine.

Auf 2000 Metern Höhe erreichten wir den Markt von Madji, einer Kleinstadt mit lehmfarbenen Würfelhäusern. Angehörige der verschiedensten Völker, völlig nackt, weiß bemalt oder in bunte Gewänder gehüllt, bevölkerten den Platz, boten orientalische Gewürze, farbige Stoffe, Messingtöpfe, Coca Cola, Tee und Kondome feil. Der gesamte Ort atmete die orientalische Atmosphäre von Tausend und einer Nacht. Wir sahen Männer mit Turbanen, alten englischen Gewehren und Krummsäbeln, Maultiere, Kamele, Pferde. Die Dizzi sagen »djasch«, die Surma »dschalli«

und die Moslems »salam«, wenn sie uns begrüßten. Auf dem Markt verständigten sich die Menschen der verschiedenen Stämme mit Handzeichen. Eine geschlossene Faust bedeutete fünf, schlug man die Fäuste gegeneinander, hieß dies zehn, zweimal schlagen zwanzig und wenn noch eine Faust hinzukam, fünfundzwanzig. Die Hunderter wurden mit den Füßen gezählt.

Nach einer eiskalten Nacht im Zelt und weiteren sechs Stunden Bergwandern auf schmalen Pfaden hatten wir endlich das Cormagebirge bezwungen, es ging wieder bergab durch eine saftig grüne Savannenlandschaft mit einzelnen Bäumen. Am Mittag des fünften Tages waren wir fast am Ziel angelangt. Obwohl wir alle erschöpft waren, herrschte eine angespannte Stimmung, weil wir wussten, dass die Surma aggressiv sein können. Wann würden wir den ersten Menschen des Volkes begegnen?

Als wir das Tal erreichten und durch die Wiesen marschierten, tauchte im Dickicht plötzlich ein kleines Surma-Mädchen mit geschorenen Kopf auf, bekleidet mit einem hellen, um die Hüfte gebundenen Tuch und einer weißen Perlenkette. Sekunden später entdeckten wir vier weitere Kinder, die bei unserem Anblick jedoch davonrannten, sich im Busch versteckten und uns von dort aus beobachteten. Miriam ging mit ausgestreckter Hand vorsichtig auf sie zu, um sie zu begrüßen. Jetzt kamen sie aus ihrem Versteck und gaben ihr die Hand. Dietmars Kamera erschreckte sie aufs neue und sie stoben wieder laut kreischend davon durchs hohe Gras wie eine Herde aufgescheuchter Gazellen. Ich freute mich, dass wir zuerst Kinder sahen und niemand uns bösartig gegenübertrat – ein gutes Zeichen.

Ein Surma-Krieger mit Kalaschnikow begleitet Miriam Garve zum Dorf.

Nach kurzer Zeit war Miriam nun von einer mutigen Kinderschar umringt. Doch kaum nahm jemand den Fotoapparat zur Hand, rannten sie wieder schreiend davon. Die Älteren unter ihnen wussten, dass man für ein Foto Geld bekommt – und schon kostete einmal Knipsen ein Birr, was aber nur wenige Pfennige sind. Motoro wollte trotzdem wieder lospoltern, »Himmelkreuztürken ...«, er habe noch nie für Fotos bezahlt, in Bayern bezahle auch niemand dafür – ich sah, wie er sich reinsteigerte, und stoppte ihn. »Lass mal gut sein, mal sehen, wie's weitergeht«, sagte ich zu ihm.

Lautlos und wie aus dem Boden gewachsen stand plötzlich ein junger, großer, feingliedriger Krieger vor uns, der lediglich ein grünes Tuch um seine Schulter geschlungen hatte. Er wirkte sehr selbstbewusst und stolz, näherte sich unserer Gruppe und gab jedem die Hand. Mit seiner aufrechten Körperhaltung und der freundlichen Mimik gab er uns zu verstehen, dass dies sein Gebiet sei, wir aber nicht unwillkommen waren.

Aki sagte: »Leute, fotografiert mal nicht, bis wir mit ihm gesprochen haben!« Unser Dizzi-Dolmetscher kam nun zum Einsatz, er sollte mit dem Krieger verhandeln. Die beiden hatten sich sofort wiedererkannt, denn sie waren miteinander aufgewachsen. Der Dizzi erklärte dem jungen Surma, dass wir sein Dorf kennenlernen wollten. Nach einer halben Stunde war das Eis gebrochen. Die Surma fassten immer mehr Vertrauen zu uns und interessierten sich nun auch sehr für unsere Fotoapparate. Wir erhielten die Erlaubnis, sie zu ihren Hütten zu begleiten.

Auf dem Weg durchs hüfthohe Savannengras vermehrten sich unsere Begleiter. Immer mehr schlanke, muskulöse Männer, die sehr den Massai in Tansania ähnelten, begleiteten uns. Sie trugen jeder eine Kalaschnikow, als ob sie sich oder uns vor irgendjemandem beschützen wollten. Im Dorf sahen wir nun endlich auch die Frauen mit ihren riesigen Tellerlippen, die uns scheu beobachteten. Ich war aufgeregt und begeisterte mich wie immer, wenn ich einem neuen Volk begegnete.

Zahlreiche, nur mit einem Tuch bekleidete Männer, kamen und gaben uns die Hand. Von überallher strömten Menschen neugierig herbei. Das Dorf bestand aus 15 strohgedeckten Rundhütten. Man sah grasende Rinder. Im Ort durften wir aber nicht bleiben, sondern mussten unsere Zelte in einiger Entfernung zu den Hütten aufschlagen, auf einem hügeligen Hochplateau mit herrlichem Blick auf die Berge. So heiß wie es tagsüber war – oft erreichte die Temperatur 40 Grad Celsius –, so kalt wurde es nachts. Wir brauchten unsere Wolljacken und Daunenschlafsäcke.

Während wir unsere Zelte aufbauten, versammelten sich etwa 50 Surma, Männer, Frauen und Kinder, und schauten uns zu. Der Dorfchef Sabanja, ein älterer, nahezu glatzköpfiger Mann mit einer uralten russischen Maschinenpistole mit Tellermagazin auf der Schulter, erschien und begann mit Aki und unserem Dizzi zu palavern. Sabanja war nicht nur der Boss hier – erkennbar an seiner Krone aus Fell und Federn –, sondern er wurde auch von der Regierung dafür bezahlt, dass die Surma ihre Kultur änderten und sich dem übrigen Land anpassten, wozu auch gehörte, dass die Frauen irgendwann ihre Lippenscheiben ablegten, wie Aki mir später erzählte. Dafür erhielt der Dorfvorsteher vom Staat 35 Birr am Tag, etwa zwei DM. In Addis Abeba sah man die Lippenscheiben als steinzeitliches Relikt von »Wilden« an, wie in Jakarta die Penisröhren der Papuas. Doch darf man bezweifeln, dass Sabanja seinen Job sehr ernst nahm, denn es gab im Dorf keine Frau ohne den auffälligen Gesichtsschmuck.

Während wir uns häuslich einrichteten, nutzten die Kinder die Gelegenheit, uns genauer zu untersuchen. Miriam spürte auf einmal scharfe Fingernägel an ihren Armen: Ein Kind versuchte, die weiße Farbe ihrer Haut abzukratzen. Dann wurde sie an ihren Haaren gezogen. Ob die wohl echt waren oder angeklebt? Kein einziger Surma, ob Frau oder Mann, trug lange Haare, das seltsame Phänomen kannten sie nicht.

Wir versuchten, uns mit den Leuten bekannt zu machen und nannten unsere Namen. Aber die Surma blieben skeptisch, wollten uns nicht verraten, wie sie hießen. Allerdings wollten einige Männer unbedingt fotografiert werden und warfen sich dafür regelrecht in Pose. Einer richtete scherzhaft die Kalaschnikow auf uns. Das gefiel ihm. Wir fotografierten ihn, und er drückte auch ab – zum Glück war seine »Kalaschi«, wie alle die Waffe liebevoll nannten, gesichert.

Ich fragte Aki, was es mit den Waffen auf sich habe, und er sagte: »Die Gewehre erhalten die Männer im Tausch gegen Nahrungsmittel von den Kriegsflüchtlingen aus dem Sudan. Sie sind für sie aber nicht nur ein wichtiges Männlichkeitssymbol. Seit Jahrhunderten sind die Surma Viehdiebe. Mit den Gewehren gehen sie auf Raubzüge, sie stehlen ihren Nachbarstämmen Rinder, um ihre eigenen Herden zu vergrößern. Dadurch kommt es immer wieder zu Konflikten, bei denen inzwischen scharf geschossen wird.«

Später wurde tatsächlich scharf geschossen, aber nur auf Seifenblasen, die wir aufsteigen ließen und die die Kinder wie die Männer gleichermaßen begeisterten. Nun herrschte eine entspannte und friedliche Atmosphäre, wir durften die Männer filmen – und auch ihre Frauen, die nach und nach ebenfalls die Scheu vor uns ablegten. Gehüllt in bunte, um die Schulter oder Hüfte geschlungene Gewänder, mit nacktem Oberkörper, zahlreichen Perlenketten um Hals und Handgelenke, schienen sie mir von einer besonderen Schönheit zu sein. Natürlich stach mir vor allem ihr charakteristischstes Körpermerkmal ins Auge, die riesigen Holz- oder Tonteller, die sie in ihre durchlöcherten und geweiteten Unterlippen und Ohrläppchen einfügten.

Als wir sie danach fragten, demonstrierten sie uns bereitwillig den Gebrauch ihrer Lippenscheiben, die sie sonst nur zum Schlafen und im Beisein anderer Frauen herausnehmen. In Gegenwart von Männern müssen sie die Teller immer tragen. Sie werden ihnen erstmals ein halbes Jahr vor der Hochzeit, etwa ab ihrem zwanzigsten Lebensjahr, eingesetzt. Nur mit Lippenplatte gilt eine Surma-Frau als schön und vollwertig. Ursprünglich waren die Scheiben aus Balsaholz, seit einigen Jahren aber stellen die Frauen sie aus Ton her, was dazu führt, dass sie ständig damit beschäftigt sind, neue Teller zu formen, da Ton naturgemäß schnell zerbricht. Manche traditionsbewusste Surma-Frau präsentiert sich aber auch heute noch mit einer Holzplatte.

Seit Urzeiten hat der Mensch das Bedürfnis, sich zu schmücken. Das Schönheitsempfinden variiert dabei stark. Überall auf der Welt gibt es Kulturen, die auffälligen Körperschmuck tragen. Bei den Zoé, Txucarramãe und Papuas hatte ich Ähnliches gesehen und wunderte mich nicht mehr darüber. Oft erscheinen uns fremde Schönheitsideale bizarr, andererseits haben wir uns in abgeschwächter Form einiges von ihnen abgeschaut, wie Tattoos, Irokesenfrisuren oder Piercings.

Ebenso wie die ästhetische und kulturelle Bedeutung der Lippenscheiben interessierte mich der medizinische Aspekt. Es war fast ein kleines Wunder, dass die Unterlippen in nur zwölf Monaten von fünf auf 50 Zentimeter – also um das Zehnfache – gedehnt werden konnten und trotzdem noch eine gewisse Motorik und

Je größer, desto schöner: Die Tellerlippenscheibe der Surma-Frau hat etwa zwanzig, die Ohrläppchenscheibe zehn Zentimeter im Durchmesser.

Sensibilität besaßen. Die Frauen konnten Schmerz, Hitze, Kälte und Berührungen fühlen und die Lippen sogar noch bewegen. Das widersprach allem, was ich beim Studium in Anatomie und Histologie gelernt hatte, denn dort hieß es, dass sich die elastischen Fasern der Lippenhaut maximal um das Doppelte dehnen lassen.

Was ich bei den Surma sah, könnte weitreichende Folgen für die Transplantationsmedizin haben. Wenn sich Gesichtshaut innerhalb weniger Monate derart extrem dehnen lässt, dann könnten Kiefer- und Gesichtschirurgen bei Operationen möglicherweise auf Hauttransplantationen verzichten und ein besseres Ergebnis mit einer Dehnung der vorhandenen Haut erreichen. Wenn ein Hund jemandem beispielsweise ein Stück der Lippe abbeißt, könnte man die Lippe dehnen. Also begann ich, Lippenteller, die nicht mehr in Gebrauch waren, für eine spätere Studie

Lippenscheiben aus Holz werden nur noch selten getragen. Ihre Trinkkalebassen transportieren die Surma auf dem Kopf.

zu sammeln. Eine junge Kollegin konnte meine Daten inzwischen für ihre Doktorarbeit nutzen.

Man kann von vielen Naturvölkern lernen. Doch leider gibt es in Deutschland kaum Berührungspunkte zwischen Ethnologen und Medizinern und keine interdisziplinäre Zusammenarbeit, obwohl die Völkerkunde einst aus der Medizin hervorgegangen ist. Dabei könnte eine solche Kooperation auch die Kriminalistik und Gerichtsmedizin enorm befördern, etwa bei der Ermittlung der Identität von Verbrechens- oder Unfallopfern. So lässt sich beispielsweise anhand der Zahnstellung, der Anzahl und Form der Wurzeln oder der Feilung feststellen, wie alt ein Afrikaner oder Asiate ist, womöglich sogar, zu welchem Volk er gehört und woher genau er stammt. Das ist von wachsender Bedeutung, denn in Deutschland und Europa leben immer mehr Menschen aus anderen Kontinenten.

Um bei den Surma Verständnis für das Fotografieren zu wecken, zeigte ich ihnen in meinem Amazonasbuch Bilder der Kayapó-, Suya- oder Zoé-Indianer, die genau wie sie Lippenteller oder Holzpflöcke im Mund tragen. Diese Fotos erregten große Aufmerksamkeit. »Kannst du die Leute aus dem Buch mal herbringen?«, fragte ein junger Mann. Ein anderer sagte: »Die sehen aber viel besser aus als ihr Weißen.« Und ein dritter fragte: »Wie viele Rinder müssen die Männer denn für eine Frau mit einem Lippenpflock als Brautpreis zahlen?«

Darauf wusste ich keine Antwort. Ich zuckte mit den Schultern und stellte die Gegenfrage: »Wieviel muss man denn hier bezahlen?«

»Naja, kommt drauf an, wie groß ihre Lippenscheibe ist. Manche kosten 40 Rinder.«

Je größer die Lippenscheibe ist, desto schöner ist die Frau und desto höher ist auch ihr Brautpreis, wobei die Frau am Ende den Bräutigam auswählt. Für Miriam, sagten sie, und klopften ihr vertraut auf die Schulter, würden sie auch ohne Lippenscheibe 20 Rinder bezahlen. Das Angebot war absolut ernst gemeint. Keiner der jungen Krieger verzog eine Miene dabei. Enttäuscht zogen sie sich zurück, als der Dolmetscher ihnen erklärte, dass Miriam nicht verkäuflich sei.

Die Surma Männer tragen keine Lippenteller, aber durchaus Tonscheiben in den Ohrläppchen. Sie schmücken ihren Körper außerdem, indem sie Perlenketten anlegen und sich gegenseitig Muster ins Haar rasieren. Die Rasierklingen dafür erwerben sie bei Nachbarstämmen, die stärker mit der Zivilisation in Kontakt stehen.

Sich selbst nennen sie nicht Surma, sondern Suri. Die Bezeichnung Surma stammt von den Bomé, ihren Feinden im Norden, und bedeutet soviel wie schwarze Ameisen – wegen ihrer negroiden Gesichtszüge, der schlanken Körperform und der Tatsache, dass Männer und Frauen fast nackt sind. Es gibt nach einem Zensus von 1998 rund 21000 Angehörige dieses Volkes, die fast alle in Äthiopien, nur rund 1000 von ihnen im Sudan leben. Im Gegensatz zu den meisten anderen Urvölkern Afrikas führen sie bis auf den heutigen Tag stolz ihr althergebrachtes Leben als Hirten und Viehzüchter. Sie ernähren sich vom Blut ihrer Rinder, dem Fleisch der Ziegen, von Hirse, Bohnen und vor allem von Mais, den die Frauen ernten, auf Mahlsteinen zu feinem Mehl zerreiben und daraus einen klebrigen Brei kochen, der anschließend in die Blätter der Maiskolben gewickelt wird. Ich konnte beobachten, dass die Frauen selbst beim Verzehren dieser Mahlzeit ihre Lippenteller nicht ablegten. Sie waren es gewohnt, in kleinen Portionen zu essen.

Nach drei Tagen bereitete ich mich auf meinen Einsatz als Zahnarzt vor. Unser Dolmetscher hatte ihnen mitgeteilt, dass ich ein Medizinmann für Zähne sei, und da einige Surma unter Zahnschmerzen litten, wollten sie sich von mir behandeln lassen. Fast das gesamte Dorf fand sich schließlich bei uns im Zeltlager ein, um das außergewöhnliche Ereignis mitzuerleben.

Der Dorfchef Sabanja war mein erster Patient, er ging mit gutem Beispiel voran. Trotzdem blieben die meisten Surma skeptisch, die Spritze und die fremden Instrumente machten ihnen Angst. Einige bewiesen Mut und ließen sich vom weißen Medizinmann von ihren Schmerzen befreien. Mich wunderte es nicht, dass die Surma wie alle Naturvölker eine sehr hohe Schmerzgrenze besaßen und eigentlich gar keine Spritze haben wollten. Ihnen wurde bereits im Kindesalter Zähne mit einer Speerspitze herausgebrochen – ein Initiationsritual, das ich auch bei anderen afrikanischen Völkern wie den Pygmäen in Kamerun oder den San in Namibia gesehen habe. Sie müssen eben unter Beweis stellen, dass sie extrem starke Schmerzen aushalten können. Wenn niemand da ist, der einen dabei bedauert oder tröstet, geht das offenbar.

Interessiert betrachteten die übrigen Einwohner meine Bemühungen – Frauen in farbigen Gewändern, mit Kalebassen in der Hand und Melonen auf dem Kopf,

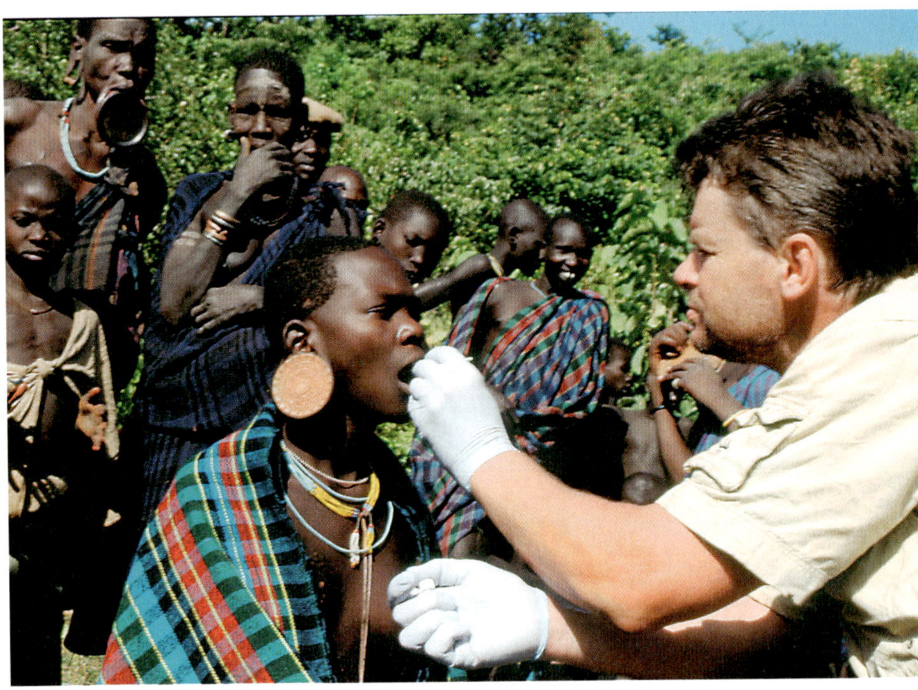

Sprechstunde bei den Surma. Dorfbewohner beobachten die Zahnbehandlung.

einige auch mit weißer Tonfarbe bemalt, die nicht nur schmückt, sondern auch gegen Insekten hilft. Manche hatten noch bunte rote Motive hinzugefügt wie Schlangenlinien, Kreise oder Wellen. Die Formen sind nicht vorgeschrieben, sondern sind Ausdruck von Kreativität. Neben den Lippenscheiben ist es die fantasievolle Körperbemalung, die die Surma berühmt gemacht hat. Für ihre Farben, die sie mit den Fingern auftragen, lösen sie Kalk und Ocker in Wasser auf. Auch die Männer können Stunden damit zubringen, ihre Körper mit Spiralen oder Farbtupfern zu versehen. Die Bemalung dient vor allem der Schönheit und weniger rituellen Zwecken. Für die Surma ist der Körper ihr wichtigstes Ausdrucksmittel.

Am vorletzten Tag hatten wir das große Glück, die traditionellen Donga-Kämpfe beobachten zu können, wie sie jedes Jahr zur Regenzeit im Südwesten Äthiopiens stattfinden. Diese Zeremonie gehört zu den beeindruckendsten Ritualen ganz Afrikas. Auf einem Platz außerhalb des Dorfes gab es einen großen Auflauf, erst 20, dann 30, schließlich 100 junge Surma-Krieger strömten aus allen Dörfern der Umgebung zusammen, bewaffnet mit zweieinhalb Meter langen Stöcken aus hellem Hartholz, deren oberes Ende ein Phallussymbol zierte. Hunderte von Zuschauern fanden sich ein, darunter viele Frauen und Kinder.

Gesang, Klappern, Schellen und lautes Trommeln kündigten das große Ereignis an. Die Männer waren nur mit Hüftschnur oder mit einem lockeren Tuch bekleidet, viele auch splitterfasernackt. Einige hatten sich vollständig weiß bemalt, andere ihren Körper mit weißen Streifen geschmückt. Die Donga-Kämpfer waren alle im Alter zwischen 15 und 30 Jahren.

Unter großem Geschrei und Gejohle begann das Ritual. Die jungen Männer fochten sehr ernst und sehr hart mit ihren Stöcken. Bald schlugen mehrere Duellanten mit aller Kraft aufeinander ein. Sie kämpften nicht nur, um ihre Stärke zu messen – es wurden auch konkrete Konflikte ausgetragen. Während wir die Kontrahenten beobachteten, erläuterte mir Aki die Regeln des brutalen Wettkampfs: »Man versucht, den Gegner durch Schläge und Hebel in die Knie zu zwingen oder kampfunfähig zu machen. Alles ist erlaubt. Aber es gibt einen Schiedsrichter, der darüber wacht, dass der Kampf nicht tödlich endet.«

Wir beobachteten einen Kampf, bei dem die jungen Männer besonders heftig zur Sache gingen. Schon der zweite Hieb traf den jungen Krieger direkt auf die Stirn. Wie vom Blitz getroffen sackte er zusammen. Sein gleichaltriger Kontrahent holte zum nächsten Schlag aus. Doch obwohl sich seine Clanmitglieder hinter ihm, angefeuert von den Frauen, schon in Rage getanzt und gesungen hatten, hinderten sie ihn daran. »Es verstößt gegen die Regeln, beim Donga-Kampf auf einen Liegenden zu schlagen«, sagte Aki. Ältere Männer hielten den wild mit dem Knüppel fuchtelnden Sieger fest und zerrten ihn in ihre tänzelnde Gruppe. Aki nickte: »Natürlich gibt es immer Knochenbrüche, zertrümmerte Nasen, Arme und Rippen, sogar ausgestochene Augen.«

Mit blutverschmiertem Kopf taumelte der Unterlegene, gestützt von einem Mitstreiter, vom Kampfplatz. Er tanzte eine Weile in seiner Gruppe mit, plötzlich aber reklamierte er lautstark Revanche, die ihm jedoch nicht gewährt wurde. Mit einem

Mal hielt er seine Kalaschnikow in der Hand, brüllte erneut wie ein Löwe, riss sie durch und ballerte in die Luft. Niemand störte sich daran.

Aki hatte sich inzwischen erkundigt, worum es in dem Kampf gegangen war. »Siehst du das 18-jährige Mädchen dort drüben?«, fragte er mich. »Sie heißt Nakaschú.« Die junge, sehr hübsche Frau trug eine gewaltige Holzscheibe in der Unterlippe. »Nakaschú wird den Sieger heiraten, so wurde es vor dem Kampf bestimmt. 30 Rinder beträgt der Brautpreis. Ohne den Lippenteller wären es höchstens zehn Rinder gewesen.«

Ein anderer Zweikampf entschied über ein gestohlenes Rind, das der Dieb partout nicht zurückgeben wollte. Der Geschädigte und der Dieb wollten das Problem nun ausfechten. Gewann der Erste, erhielt er seine Kuh zurück. Rinder spielen für die Surma eine extrem wichtige Rolle, jeder Mann besitzt durchschnittlich 50 bis 60 Tiere, Reiche bringen es auf 100. Da man seine Herde legal nur vermehren kann, wenn man viele Schwestern für einen Brautpreis zu vergeben hat, setzen die Surma traditionell auf Viehdiebstahl. Den Sieg beim Donga-Duell trug in diesem Fall der Viehdieb davon.

»Schafft es ein Surma, viele Rinder zu stehlen, erntet er Ruhm und Anerkennung im Stamm«, sagte Aki. »Andererseits ist die Gefahr groß, dabei erschossen zu werden, seit die Surma über ihre ›Kalaschis‹ verfügen. Manchmal artet der Viehdiebstahl auch in einen regelrechten Kleinkrieg mit den angrenzenden Völkern aus, vor allem mit ihren traditionellen Feinden, den benachbarten Bomé.«

Motoro nutzte die Ablenkung aller Surma durch die Kampfspiele, um die malerische Landschaft und einige Hütten im Dorf zu fotografieren. Plötzlich bauten sich drei Surma-Männer um ihn auf und verlangten Geld, weil das ihre Landschaft und ihre Hütten seien. Mein Freund empörte sich über diese Dreistigkeit und polterte sofort auf Bayerisch los. »Woas, gar nix bezahl' i! Unverschämtheit!« Das beeindruckte die schwarzen Männer überhaupt nicht. »Birr, Birrr, Birrrr!«, riefen sie, und einer richtete seine Kalaschnikow drohend auf Motoro. Der beugte sich diesem Argument, zückte erbost seine Brieftasche und zog einen grünen Birr-Schein hervor, den er in Madji als Wechselgeld bekommen hatte. Nun wurden die Männer richtig böse und luden die Maschinenpistolen durch. Der Schein war schon seit Jahren nicht mehr gültig. Zum Glück blickte Aki in diesem Moment hinüber, erkannte Motoros Zwangslage, griff ins Geschehen ein und bezahlte die vermeintlichen Fotoschulden. Es ging um 20 Pfennige.

Unterdessen schlugen die nackten Kontrahenten auf dem Kampfplatz weiter mit ihren Holzstöcken aufeinander ein. Die Situation schien zu eskalieren. Erneut brach ein Kämpfer am Kopf blutend zusammen. Die Masse tobte vor Erregung. Plötzlich knallte es. Zwei Schüsse. Ein Leuchtspurgeschoss pfiff über die Köpfe hinweg. Wie eine Welle duckten sich die Kämpfer, bis schließlich ein tanzender Schiedsrichter, bekleidet nur mit einem weißen Ziegenfell, die Auseinandersetzung beendete.

»Manchmal kommt es bei den Kämpfen auch zu Todesfällen«, sagte Aki. »Die Donga-Kämpfe sind aber für die Surma sehr wichtig, denn sie sichern den Gruppenfrieden innerhalb des Stammes. Die aufgestauten Aggressionen der jungen Männer

Die Donga-Kämpfe der jungen Surma gehören zu den spektakulärsten Ritualen ganz Afrikas.

Lippenscheiben und Schmucknarben steigern den Brautpreis.

können sich in diesen ritualisierten Duellen entladen.«

Im nahe gelegenen Fluss Kibish wuschen die Krieger anschließend ihre Wunden. Einige reinigen sich auch innerlich, in dem sie das stark schwefelhaltige Wasser in sich hineinkippten, um es dann wieder zu erbrechen. Einer Kuh wurde mit einem kleinen Pfeil in die Halsvene geschossen. Sofort liefen die jungen Männer herbei und tranken das aus der Wunde schießende Blut – genau, wie ich es acht Jahre zuvor bei den Massai in Kenia gesehen hatte, als Hartmut Heller mich zum Olmotori-Ritual führte. »Es soll sie stark machen und den Blutverlust beim Kampf wieder ausgleichen«, erklärte mir Aki. Anschließend wurde die Verletzung mit einer Kompresse aus feuchtem Schlamm wieder verschlossen. Aki erläuterte uns, dass jedes Rind einmal im Monat auf diese Weise zur Ader gelassen werde. Auch das entsprach den Sitten bei den Massai, mit denen die Surma noch weitere aus der afrikanischen Hirtenkultur stammende Bräuche teilen – etwa pubertäre Initiationsriten mit Beschneidungszeremonien oder das System der Altersklassen, demzufolge die Stammesangehörigen im Lauf ihres Lebens gemäß ihres Alters immer wieder die soziale Schicht wechseln: vom Jüngling zum Krieger zum Ältesten.

Bei dem nun folgenden abendlichen Gelage tranken die Männer viel Hirsebier, und die Frauen rauchten Wasserpfeife. Gemeinsam mit dem Dorfzauberer werteten sie die Ergebnisse der Kämpfe aus und deuteten die Orakel. Unser Dizzi übersetzte, was der Schamane sagte:

»Er bittet Tumu, ihren Gott, um Hilfe für eine reiche Hirseernte und dass die Straße nicht herkommen soll, die die Regierung bauen will. Sie mögen keine Fremden, die länger in ihrem Gebiet verweilen, außer sie bringen reichlich Munition für ihre Kalaschis mit. Dann wären sie wehrhafter als ihre Erzfeinde, die Bomé, und könnten diese endlich vom nahe gelegenen Salzsee vertreiben, den die Rinderherden beider Völker besuchen.«

»Um was für eine Straße geht es denn?«, fragte ich Aki.

»Die äthiopische Regierung, der die ›nackten Wilden‹ peinlich sind, versucht seit Jahren, sie mit der Hilfe von amerikanischen Missionaren sesshaft zu machen und ihnen die westliche Lebensweise aufzuzwingen. Bislang vergebens, denn die Surma haben immer darauf geachtet, ihre kulturelle Identität zu bewahren, obwohl sie seit

100 Jahren zu Äthiopien gehören und man immer versucht hat, sie zu ›zivilisieren‹. Doch jetzt haben Bauarbeiten für eine große internationale Straße durch ihr Gebiet begonnen, welche die EU finanziert. In wenigen Jahren werden hier täglich Hunderte Laster Richtung Kenia und den Sudan rollen. Die räumliche Isolation, die sie bisher vor den Einflüssen der Zivilisation beschützt hat, wird dadurch aufgehoben werden. Es ist nur noch eine Frage der Zeit, wann ihre Kultur zerstört sein wird.«

Am nächsten Morgen, nach acht Tagen Aufenthalt bei den Surma, brachen wir unsere Zelte ab und bereiteten uns auf die Rückreise vor. Unsere drei weißen Geländewagen standen bereit, wir würden eine Woche bis Addis Abeba brauchen. Am nächsten Abend kampierten wir direkt neben einer Missionsstation des *Summer Institute of Linguistics* in Turgid. Hier versuchten ein älterer Amerikaner und eine junge deutsche Glaubensschwester, aus den nackten Heiden anständig bekleidete Christen zu machen. Sie setzten alles daran, sie von ihrer Kultur abzubringen, zur Schule zu schicken und nach einem christlichen Muster zu erziehen. »Ist es nicht schrecklich, dass die Surma noch immer diese hässlichen Lippenscheiben tragen?«, fragte uns der Missionar.

Wir konnten anschließend unseren Film für »Welt der Wunder« auf den Konflikt zwischen alter Kultur und neuen Einflüssen fokussieren. Er wurde der Erste von zwölf Ethnofilmen, die ich in den folgenden Jahren produzierte. In vielen ging es dabei auch um extremen Körperschmuck. Sie handelten unter anderem von den Zwergmenschen in West-Papua, den Kastom People in Vanuatu, den Pygmäen in Kamerun, den Buschmännern in Namibia, den Nasenpflockfrauen in Nordostindien – und den Giraffenhalsfrauen in Thailand.

Diese Begegnung war schockierend. An einem Dorfeingang in Nordthailand trafen wir im Oktober 2001 auf eine Pforte, an der man ein Eintrittsticket für cirka 300 Baht, etwa acht Euro, lösen musste. Auf Schildern mit dem knalligen Schriftzug »Long-Neck Village« war vermerkt, dass wir damit auch eine Fotografiererlaubnis erworben hatten. Knipsende Besucher und Touristen waren höchst erwünscht. Wohl um einen Vorgeschmack auf das Ethno-Erlebnis zu geben, saß am Schalter bereits eine wunderschöne junge Frau mit einer monströsen goldblitzenden Messingspirale, die ihren Hals um etwa das Doppelte in die Länge zog. Eine Gruppe Japaner drängelte sich um die Frau und bat sie, fürs Foto zu lächeln, was sie ohnehin tat.

Miriam war ebenso abgestoßen wie ich. Hier wurden Naturmenschen offensichtlich ausgestellt und angepriesen wie exotische Tiere oder wie in den Freak Shows auf den Jahrmärkten des 19. Jahrhunderts. »Das wirkt auf mich wie ein Menschenzoo. Wollen wir da wirklich hineingehen?«, fragte sie. Ich war auch unschlüssig. Sollte das die Zukunft der letzten Naturvölker sein? Ihre Vermarktung als Kuriositätenkabinett? Ich dachte an den Funai-Postenchef Christiano bei den Zoé in Brasilien, der etwas Ähnliches im Sinn hatte.

Die Neugier siegte, und wir folgten dem Strom der Touristen in das hübsch hergerichtete »Naturvölkerdorf«, wo man die Padaung in ihrem Alltag beobachten sollte. Es hatte in der Tat Ähnlichkeit mit einem Zoo oder einem der künstlichen Mittelalterdörfer voller Garn spinnender Ein-Euro-Jobber, die das Ergebnis von Arbeitsbeschaffungsmaßnahmen in Mecklenburg-Vorpommern sind. Und wie in Rothenburg ob der Tauber konnte man an vollgestopften kleinen Souvenirständen vorbeiflanieren, nur dass hier keine deutschen Weihnachtsartikel, sondern Giraffenhalsmitbringsel und Messingspiralenpüppchen von unentwegt lächelnden, langhalsigen, streng traditionell geschmückten Schönheiten angeboten wurden; im Hintergrund saßen die Männer in Turnhosen und Feinripphemden.

Viele Padaung waren vor der zunehmenden Repression der kommunistisch orientierten Militärdiktatur Burmas, die das südostasiatische Land in Myanmar umbenannt hatte, in den Nachbarstaat Thailand geflüchtet. Ihre Ursprungsdörfer liegen im südöstlichen Hochgebirge Burmas in einem konfliktreichen Grenzgebiet, das seit Jahren von Unruhen erschüttert wurde. Verschiedene Stämme kämpften dort um ihre Unabhängigkeit, doch die Regierung ging mit brutaler Gewalt gegen jede Art von Autonomiebestrebung vor. Die Padaung lebten mitten im Krisenherd, und bei den Kämpfen der burmesischen Regierungstruppen gegen rivalisierende Truppen der bewaffneten Nationalbewegung, vor allem der *Kayan New Land Party,* gerieten sie häufig zwischen die Fronten.

Im Grenzgebiet, dem durch den Opiumhandel bekannten »Goldenen Dreieck«, fanden sie jenseits der Grenze Unterschlupf bei den sprachverwandten Kayan, mit denen sie die Herkunft aus der tibetobirmanischen Sprachfamilie teilen. Die thailändische Regierung gestattete ihnen, sich wenige Kilometer hinter der Grenze anzusiedeln, womit allerdings eine höchst dubiose Entwicklung begann.

»Long-Neck Village« – das Ethnodorf der Padaung im Goldenen Dreieck Nordthailands.

Schwere Messingspiralen dehnen den Hals der Padaung-Frauen. Durch ihren Schmuck sind sie zur Touristenattraktion geworden.

Zuerst erkannten lokale Geschäftsleute und skrupellose tour operators die Attraktivität und den Geldwert der ins Land flüchtenden Giraffenhalsfrauen. Sie machten die *long necks,* wie man sie in Thailand nennt, quasi zu ihren Schuldknechten. Gegen Nahrungsmittel vermarkteten sie die mittel- und arglosen Flüchtlinge als Sensation, für die sich anfangs besonders japanische Touristen interessierten. Etwa gleichzeitig begann die Regierung, den Ethnotourismus zu fördern, weil sie hoffte, den Bergvölkern im Norden Thailands damit neue Einnahmequellen zu erschließen, um sie vom traditionellen Schlafmohnanbau, Opiumschmuggel und Mädchenhandel abzubringen. Auch um dem grassierenden Sextourismus im Süden etwas entgegenzusetzen, fing man an, die bunt gekleideten Bergvölker Nordthailands als neuen Anziehungspunkt für den internationalen Besucherverkehr zu vermarkten. In dieses Programm passten die Padaung geradezu perfekt.

Da die Regierung aber der Ausbeutung der Giraffenhalsmenschen durch einzelne Mafiosi einen Riegel vorschieben wollte, sorgte Bangkok dafür, dass in der Nähe von Mae Hong Son ein erstes »typisches Padaung-Dorf« aufgebaut wurde, bei dessen Anlage und Management die Indigenen auch aktiv einbezogen wurden. Dieses »ursprüngliche« Dorf avancierte innerhalb kurzer Zeit zu einer Hauptattraktion des Ethnotourismus in ganz Südostasien, das in keinem Reiseführer mehr fehlt.

Als ich mit Otto Sperlich im März 1990 zum ersten Mal bei den Padaung gewesen war, hatte die Region noch wie ein einziges großes Flüchtlingslager gewirkt. Vielen Menschen waren damals die Strapazen des einwöchigen Gewaltmarsches durch den Gebirgsdschungel anzusehen, nicht alle hatten die Flucht überlebt, wie berichtet wurde. Vor der Kamera schilderten sie ihre schrecklichen, von Unterdrückung, Verfolgung und Krieg geprägten Erlebnisse aus Burma.

Einige Zeit später war auch Hartmut Heller in der Gegend unterwegs. Er folgte damals der Spur der »Ur-Negritos«. Seine Suche konzentrierte er vor allem auf die südlichen, muslimischen Provinzen Thailands, die an Malaysia angrenzen. Dort nomadisierten die Samang, Negritos, die wie die philippinischen Aeta keine Hütten bauen, sondern nur unter Windschirmen schlafen. Doch auch ins Grenzgebiet zu Burma hatte Hartmut seine Fühler ausgestreckt. In dieser Region unterhielt er Kontakt zu maoistischen Rebellen, die ihm bei der Suche nach noch unbekannten versprengten Negrito-Sippen helfen sollten. Er hatte den Menschenzoo im Norden gesehen und war außer sich: »Roland, das ist ein Verbrechen an den Padaung. Skrupellose Geschäftemacher verkaufen ein Naturvolk an Voyeure! Am liebsten hätte ich einen Bagger geholt und alles eingerissen.«

Inzwischen existierten drei eigenständige Padaung-Dörfer im Grenzdistrikt mit insgesamt 600 Bewohnern zur Besichtigung für die Touristen. In der aufgeräumten Provinzstadt Mae Hong Son waren die Padaung unverzichtbar und unübersehbar. Denn hier wurde mit ihnen die Wirtschaft belebt. Agenturen boten Tagestouren zu den Giraffenhalsfrauen an, in Schaukästen waren ihre Bilder ausgestellt, und an den Souvenirständen Postkarten mit den lächelnden Langhälsen zu erwerben.

Die Region war noch immer so ursprünglich und naturbelassen, wie ich sie in Erinnerung hatte, bedeckt mit grünem Bergdschungel, aus dem bizarre Felsen ragten, wo Wasserfälle rauschten und Nebel die steilen Schluchten verhüllte. Das erste Flüchtlingsdorf der Padaung lag an einem Fluss knapp drei Kilometer von der burmesischen Grenze entfernt mitten im tropischen Grün und bestand aus zwei Dutzend Holzhäusern mit Bastwänden und Palmblattdächern. In diesen Hütten hatten 126 Padaung ein neues Zuhause gefunden.

Sie hatten sich eigentlich nicht verändert – rein äußerlich betrachtet. Ihre weithin auffälligen Stammesmerkmale sind der durch schwere Messingspiralen gedehnte Hals der Frauen und ihre ebenfalls durch Metallschlingen deformierten Beine, die ihnen einen typischen »Watschelgang« verleihen. Dieser bizarre Schmuck, der ein-

Miriam probiert eine Halsspirale.

hergeht mit einer extremen, rituell begründeten Verformung des Körpers, war es, der mich besonders interessierte.

Für die Frauen der Padaung bedeutete der Messinghals eine gewaltige Einschränkung ihrer Bewegungsfreiheit. Wir sahen zwar selbstbewusste Giraffenhalsfrauen radfahren, Wasser vom Brunnen holen oder Eis schlecken – aber wir sahen sie auch bei der Feldarbeit mit dem Grabstock, wo sie die erzwungene starre Kopfhaltung erheblich behinderte. Auch Neugeborene zu stillen, fiel ihnen sichtlich schwer, denn die Mutter kann das nuckelnde Kind wegen ihres starren Halses nicht sehen, sondern nur ertasten. Wenn sie schliefen, mussten sie ihren Hals auf ein hohes Kissen legen. Viele alltägliche Verrichtungen schienen äußerst kompliziert damit.

Nach unserer Ankunft besuchten wir zunächst eine alte Frau, die stolz an ihrem kleinen Souvenirshop saß. Sie hieß Manang und gehörte zu den Flüchtlingen, die schon am längsten im Dorf lebten. Wie alle anderen Frauen trug sie zu den Metallringen um den Hals ein weißes Kleid und farbenfrohe, kunstvoll verschlungene Tücher auf dem Kopf. Da es unglaublich schwül und heiß war, setzte ich mich einen Moment zu ihr und fächelte mir mit einem der Fächer, die sie verkaufte, etwas Luft zu. Sie bot an ihrem Stand neben Langhalspüppchen auch Messingreifen, Halsketten, bunte Tücher, Glöckchen, Räucherstäbchen und weiteren Tinneff feil.

Manang erzählte mir, dass sie vor 14 Jahren mit ihrem Mann und der Tochter zu Fuß aus Burma gekommen war, fünf Tage hatte die Flucht gedauert. »Wir liefen voller Angst, dass uns das Militär entdecken und erschießen würde. Meine Eltern und Geschwister sind in Burma geblieben, doch ich möchte nie wieder dorthin zurück.«

Die Geschichte der Padaung und ihres extremen Körperschmucks ist bis heute nicht vollständig geklärt. Ursprünglich sollen sie aus Yünnan in China stammen und bereits vor Jahrhunderten nach Burma ausgewandert sein, wo sie sich im Bergland ansiedelten. Über ihre genaue Bevölkerungszahl ist nicht viel bekannt, weil ihr

Die ersten Ringe erhalten die Mädchen zumeist mit fünf Jahren.

Diese Padaung-Frau aus Burma hat viele Jahrzehnte mit den Messingspiralen gelebt.

Siedlungsgebiet für Ausländer und selbst für viele Burmesen gesperrt ist; es sollen aber mehr als 7000 Menschen sein.

Womit ich kaum gerechnet hatte: Im Dorf gab es ein Wiedersehen. Wir trafen auf die Familie von Mune und Lessar, einem Ehepaar mit zwei Kindern, die ich 1990 kurz nach ihrer Flucht aus Burma kennengelernt hatte. Inzwischen besaßen sie nicht nur ein eigenes Holzhaus, sondern auch einen kleinen Laden, in dem sie neben Souvernirs für Touristen auch Nahrungsmittel wie Reis und Tee verkauften. »Es geht uns gut, wir haben unser Auskommen und sogar noch ein bisschen mehr«, sagte Mune, die etwa 35-jährige Frau, die wie alle Padaung ihre Halsspirale mit Stolz und Würde trug.

»Finden Sie es nicht merkwürdig, dauernd von Touristen bestaunt zu werden?«, fragte ich sie.

»Nein, wieso?«, fragte sie zurück und lächelte. »Wir wünschen uns noch viel mehr Besucher. Je mehr Leute kommen, desto sicherer sind wir hier in Thailand. Dann schickt man uns nicht zurück nach Burma.«

»Aber leidet denn das Leben im Dorf nicht darunter?«

»Das spüren wir kaum. Es stört uns nicht, wenn die Fremden kommen, es sind ja meist nette Leute. Und sie sorgen dafür, dass wir Geld verdienen, etwas sparen und unseren Kindern ein besseres Leben ermöglichen können. Die Kinder gehen jetzt in die Schule, was es früher nicht gab. So lange die Fremden kommen, können wir als Dorf zusammenbleiben. Und wir haben hier in Thailand viel mehr Freiheit als in Burma.«

»Also wollen Sie nicht nach Burma zurück?«

»Nein, nein. Vielleicht, wenn sich dort die Politik ändert. Weil das Geschäft gut geht, dürfen auch noch mehr *long necks* aus Burma hierherkommen. Viele unserer Verwandten konnten wir nachholen.«

Nur durch ihre langen Hälse locken die Giraffenhalsfrauen die Touristen an. Bereitwillig lassen sie sich mit den Fremden fotografieren, was vor allem den Japanern viel Freude zu machen scheint – für die Frauen gehört das zum Geschäft. So erhalten sie zum Beispiel einen Teil der Eintrittsgelder für sich. Nebenbei verdienen viele Padaung noch an ihren Souvenirläden. Doch ihre Geschäftstüchtigkeit täuschte darüber hinweg, in welchem Zwiespalt sich die Giraffenhalsfrauen befanden. Die Familien lebten allein von den Einnahmen der Mütter und Töchter, die im Monat etwa 50 Euro nach Hause brachten. Davon konnten nicht nur Lebensmittel finanziert werden, sondern auch Medikamente und Kleidung. Aber der Preis für diesen Lebensstandard war hoch. Täglich mussten sich die Frauen und Mädchen den Touristen zur Schau stellen und sich wie die Eisbären im Zoo mit diesen fotografieren lassen.

Immerhin finanziert die thailändische Regierung den Flüchtlingen eine Schule für ihre Kinder. Miriam und ich besuchten die sehr saubere Bildungsanstalt in einer traditionellen Hütte mit Bastwänden. Die Schüler und die Schülerinnen mit ihren langen Hälschen und farbenfrohen Trachten saßen vor aufgeklappten Schulheften

Japaner bestaunen die Giraffenhalsfrauen im Jahr 1990. Damals begann der Ethnotourismus in Nordthailand.

auf den Holzbänken im Klassenzimmer. Sie lernten neben Lesen, Schreiben und Rechnen auch Sprachen wie Thai und Englisch. Manche Kinder waren im Dorf geboren, doch andere waren erst vor kurzem aus Burma gekommen und hatten die Schrecken des Krieges noch nicht überwunden. Im Zeichenunterricht sahen wir, was sie zu Papier brachten: Soldaten, Kalaschnikows, Hubschrauber, brennende Hütten – ihre jüngsten Erlebnisse. Ich dachte, im Vergleich mit diesem Alptraum ist es wohl doch besser, hier in Frieden leben zu können, selbst wenn man sich dafür von Touristen begaffen lassen muss. Ich fragte die kleinen Mädchen in der Schule, ob sie später auch solche großen Halsspiralen tragen wollten wie ihre Mütter. »Unbedingt, dann können wir die Familie ernähren«, sagte ein Kind.

Die erste der anfangs meist aus vier Windungen bestehenden Halsspiralen erhielten die Mädchen bereits im Alter von fünf bis sieben Jahren von ihrer Mutter. Den genauen Termin bestimmte der Dorfschamane. Bei Sonnenuntergang wurde der Hals zuvor stundenlang mit einer Salbe aus Hundefett, Kokosmilch und Bienenwachs einmassiert. Dann bog die Mutter mit einem kleinen Eisenrohr in einem komplizierten und schmerzhaften Prozess die Messingspirale direkt am Hals des Kindes in die entsprechende Position. Bis sie mit etwa 15 Jahren heiratsfähig waren, kam fast jährlich eine neue Windung hinzu; im Lauf des Lebens konnten es bis zu 30 Ringe werden.

Jeden Tag gingen die Frauen zum Dorfbrunnen, um sich zu waschen und ihre Messingringe an Hals und Beinen zu polieren. Früher diente ihnen Reisstroh als Scheuerhilfe, nun benutzten sie dazu Stahlwolle. Die aufwändige Waschprozedur ist wichtig – das Metall würde sonst anlaufen und seinen Glanz verlieren. Deswegen mussten auch schon die kleinen Mädchen jeden Tag ihre schmalen Messingringe schrubben. Wir sahen am Brunnen ein vielleicht zehnjähriges Kind, das sich viel Mühe dabei gab, seinen Schmuck auf Hochglanz zu trimmen und die blau verfärbte Haut darunter mit Zitrone und einem feuchten Tuch zu reinigen.

Noch sah der Oberkörper der Kleinen ganz normal aus, doch im Lauf ihres Lebens würde sich der gesamte Hals- und Schulterbereich auf extreme Weise verändern. Durch den jahrelangen, enormen Druck der bis zu fünf Kilo schweren Messingspiralen senkt sich das Knochengerüst von Schulterblatt und Schlüsselbein bis zu den oberen Rippen nach unten ab. So entsteht der verlängerte Hals; die Wirbelsäule bleibt dabei intakt. Doch die komplette Halsmuskulatur bildet sich im Lauf der Jahre zurück. Übrig bleiben hauchdünne Muskelstränge, die den Knochen keinen Halt mehr geben. Die Stützfunktion der Halsmuskeln wird vollständig von den straff anliegenden Ringen übernommen. Würde man sie entfernen, hätte das für die Frauen fatale Folgen. Wenn eine Frau die Spirale nämlich jahrelang getragen hat, kann ein abruptes Abnehmen zum Genickbruch führen. Ehebrecherinnen sollen auf diese Weise bestraft worden sein. Sie mussten dann ihren Kopf mit beiden Händen halten und liefen ständig Gefahr, zu sterben oder gelähmt zu werden. Erstaunlicherweise werden weder die Halswirbel noch die Zwischenwirbelscheiben, wie Röntgenbilder deutlich belegen, durch die Spiralen gedehnt.

Wir fragten im Dorf, warum die Padaung die seltsame rituelle Deformierung eingeführt hätten und erhielten immer wieder dieselbe Antwort. Man erklärte uns, dass sich die Padaung als Abkömmlinge von Drachen mit schlangenartigen Hälsen betrachten. Offenbar wollten sie mit der optischen Halsverlängerung und den schlangenähnliche Spiralen ihre mythologische Herkunft symbolisieren. Ein Mann sagte scherzhaft, die Messingkrause sei auch ein Schutz gegen Tigerbisse, aber das schien mir zu weit hergeholt zu sein. Wahrscheinlicher ist, dass sich die Padaung vor Jahrhunderten gegen Nachbarstämme schützen wollten, die ihre Frauen raubten, indem sie diese verunstalteten und damit für fremde Männer »unbrauchbar« machten. Sie selbst aber gewöhnten sich an die Giraffenhälse und erhoben sie zum Schönheitsideal. Die Padaung finden sich mit den Metallringen schön. Tatsächlich verleiht der silbern und golden glänzende Körperschmuck den Frauen eine erhabene Aura, zumal er sie zwingt, sich ständig sehr gerade zu halten.

Obwohl Missionare inzwischen gegen die »heidnische« Halsdehnung predigen, wird diese weiterhin praktiziert. Der Tourismus sorgt dafür, dass die Kultur der Padaung in dieser Hinsicht nicht ausstirbt, sondern geradezu einen Aufschwung erfährt. Obwohl sie die Frauen in ihrer Bewegungsfreiheit stark einschränkt, würde keine Frau im Dorf das Tragen der Halsspirale ablehnen, denn in Thailand ist der extreme Halsschmuck ihr Kapital. Das betrifft auch die Männer. Sie haben die traditionelle Feldarbeit aufgegeben und sind materiell völlig von den Frauen abhängig geworden. Wenn wir letztere fragten, ob sie im Dorf glücklich seien, antworteten alle mit ja. Doch was die Giraffenhalsfrauen wirklich fühlten, blieb ihr Geheimnis.

Es ist paradox: Im demokratischen Thailand erhalten heute die Padaung-Mädchen genug zu essen und eine ordentliche Schulbildung, müssen aber mit fünf oder sechs Jahren den ersten Ring um den Hals anlegen, um die Zukunft für die Eltern und sich selbst zu sichern. In der benachbarten Diktatur Burmas leiden die Padaung unter Hunger, Gewalt und Unterdrückung, aber dort sind viele junge Frauen nicht mehr bereit, den schweren Körperschmuck zu tragen – sie wollen sich auch durch eine uralte Tradition in ihrem Leben nicht mehr derart einschränken lassen.

Eine umgekehrt paradoxe Entwicklung kennt jeder Zahnarzt in Deutschland: Tausende meist junger Patienten haben sich Piercings an allen möglichen und unmöglichen Stellen an den Wangen und der Zunge anbringen lassen. Infektionen, Blutungen und Nervenschädigungen sind die Folge unsachgemäß angebrachter Schmuckringe oder -stecker. Die modernen westlichen Piercings haben im weitesten Sinne auch rituelle Ursachen, sie sind häufig Ausdruck von Protestsubkulturen. Andere Patienten folgen Modetrends, die ihnen vorschreiben, wie eine Barbiepuppe auszusehen und legen sich deshalb unters Messer des Chirurgen oder lassen sich gesunde Zähne ziehen. Immer wieder tauchen neue Trends auf, wie das sogenannte Branding oder speziellen Zahnkronen, um als Tiger oder Vampir zu erscheinen. Meistens geht es dabei um übersteigerten Narzissmus und nicht um Rituale.

Äußerlich ähneln die Körpermanipulationen nicht selten den rituellen Deformierungen der Naturvölker – die im Gegensatz dazu aber immer in einem kulturellen oder religiösen Zusammenhang stehen. Sie entsprechen auch einem histo-

Rituelle Deformierung: Beim jährlichen Kin-Jae-Fest auf Phuket stoßen sich Mönche Metallteile durch die Wangen, hier sogar eine Fahrradstange (2004).

risch gewachsenen Schönheitsideal dieser Völker, das oft Jahrhunderte alt ist. Jetzt bringt es die Globalisierung mit sich, dass zunehmend Menschen aus »exotischen« Kulturen nach Deutschland kommen und natürlich auch in die Zahnarztpraxen. Sie kommen mit völlig anderen ethischen Normen und auch mit äußerst seltenen Krankheiten aus Übersee. Sie bringen ihre heimischen Körperschmuckvorstellungen und auch den Schmuck selbst mit. So haben deutsche Zahnärzte bei ihrer Arbeit immer häufiger mit Patienten zu tun, die erb-, krankheits- oder rituell bedingte Besonderheiten am Kopf, Hals und den Zähnen aufweisen.

An der Universität Greifswald halte ich Vorlesungen über Ethnozahnmedizin. Mein Spezialgebiet sind die rituellen Deformierungen wie bei den Padaung, Zoé, Surma oder den taoistischen Mönchen auf der thailändischen Insel Phuket, die für die Indigenen ein wichtiges Identitätsmerkmal bedeuten, unserem westlichen ärztlichen Verständnis von gesunder Körperpflege aber oft widersprechen. Lippenscheiben und Lippenpflöcke führen beispielsweise dazu, dass die Menschen dauerhaft durch den Mund atmen und dadurch sehr anfällig für Husten oder Schnupfen sind (was auch ein Grund dafür ist, dass sie Infektionen so fürchten und lieber isoliert leben wollen).

Vor allem die Zähne gelten seit alters her in vielen Kulturen als ein wichtiges individuelles Merkmal eines Menschen und spielen für das subjektive Schönheitsempfinden eine entscheidende Rolle. Nicht nur bei Naturvölkern sind mit den Zähnen, ihrem Durchbruch, ihrer Form, Farbe, Anzahl und Stellung mythologische Vorstellungen, rituelle Handlungen und Aberglaube verbunden. In einigen Teilen

Deutschlands galt ein Kind, das bereits mit Zähnen zur Welt kam, früher als verhext. Ähnlich war es vor Jahrzehnten noch in Ostafrika, wenn anstelle der unteren Schneidezähne zuerst die oberen durchbrachen. Bei den Usumbaras bestand beispielsweise der Brauch, jene Kinder zu töten, die nicht regelmäßig zahnten. Einige Völker entfernen einen Zahn aus Trauer über den Tod eines nahen Verwandten, ähnlich wie bei den Frauen der Dani in West-Papua, denen dann ein Fingerglied abgehackt und als Grabbeigabe verwendet wird.

Phuket: Dieser Mönch hat Schmerzen mittels Selbsthypnose ausgeschaltet.

Nicht nur bei den Bench in Äthiopien oder den Pygmäen im Kongo sind es angespitzte Frontzähne, die neben der erhofften Ähnlichkeit mit einem Raubtier auch als Fruchtbarkeitszeichen und Identitätsmerkmal des Stammes gelten. In ihrem Glauben kann sich nur jemand mit solch spitzen Zähnen »durchbeißen« – ist also wirklich zeugungs- und durchsetzungsfähig. Trotz aller Umbrüche haben bis heute bei vielen Völkern Deformierungspraktiken, besonders an den Zähnen, überlebt oder erfahren sogar eine Renaissance. Zähne werden gefeilt, herausgebrochen, gefurcht, durchlöchert, gefärbt – die Völker der Welt haben sich viele Varianten einfallen lassen.

Ähnliche Variationen erlauben Ohren und Nasen. Sie lassen sich dehnen, perforieren, abplatten, schlitzen, tätowieren, bemalen. Die auffälligste Art des rituellen Nasenschmucks habe ich bei den Apatani in Nordostindien gesehen. Die indischen Nasenpflockmenschen sind wie die Padaung ein Volk der tibetobirmanischen Sprachfamilie. Sie hatten den Verlust wesentlicher Kulturmerkmale schon erlebt und versuchten nun, bestimmte Elemente zu bewahren oder neu zu beleben.

Dass Miriam und ich überhaupt zu den Apatani kamen, war eine kleine Sensation. Denn dieses Volk von rund 26 000 Menschen im nördlich von Bangladesch, südlich von Tibet und östlich von Bhutan gelegenen indischen Bundesstaat Arunachal Pradesh war mehr als 50 Jahre völlig vom Rest der Welt isoliert gewesen. Die ganze Region war für Ausländer gesperrt, und selbst Inder aus anderen Bundesstaaten benötigten eine spezielle Genehmigung, wenn sie Arunachal Pradesh besuchen wollten. Der nur mäßig bevölkerte Landstrich in den südöstlichen Ausläufern des Himalayas ist seit langem ein Zankapfel zwischen den Regionalmächten Indien und China. Peking erhebt seit 100 Jahren Anspruch auf die frühere britische Kolonie der Northeast Frontier Agency, hat 1962 sogar Krieg um die Provinz geführt, große Teile besetzt, seine Truppen dann aber wieder in die Ausgangsstellungen zu-

Traditionsdorf der Apatani in Nordostindien.

rückgezogen. Bis heute erkennt die chinesische Regierung die indische Oberhoheit jedoch nicht an. Arunachal Pradesh bleibt ein Krisengebiet.

Ende der neunziger Jahre öffnete Indien die Region wieder für ausländische Touristen, die sie aber höchstens zehn Tage lang bereisen dürfen. Als wir im Juni 2005 in Itanagar, der 35 000-Einwohner-Hauptstadt von Arunachal Pradesh, erstmals eine Aufenthaltsgenehmigung beantragten, mussten wir zu meiner großen Überraschung eine Erklärung unterschreiben, dass wir dort »während des Besuchs nicht missionarisch tätig« sein würden. Ich fragte Michi, unseren Dolmetscher, und erfuhr, dass die Bergvölker der Provinz reine Animisten sind und christliche wie muslimische Einflussnahme dort absolut unerwünscht ist. Das war mal eine gute Nachricht! Bald aber sollten wir lernen, dass den Apatani etwas ganz anderes zu schaffen macht, das wahrscheinlich schwerer wiegt als die Einflüsterungen christlicher Missionare – die Globalisierung mit ihrem übermächtigen Einfluss der westlichen Zivilisation.

Mit Michi hatten wir schon von Deutschland aus per E-Mail Kontakt aufgenommen; er war uns von einem Reisebürobesitzer empfohlen worden. Michi stammte aus der namengebenden Hochebene Apa Tani in der Nähe der kleinen Stadt Ziro, er beherrschte die Sprachen mehrerer Bergvölker und konnte Englisch; er war etwa 30 Jahre alt, neugierig und immer zu Späßen aufgelegt. Er besorgte uns in Itanagar einen Geländewagen mit ordentlichem Getriebe und guten Reifen. Das war wichtig, denn auch ohne militärische Beschränkungen sind die Siedlungen des Apatani-Volkes im Subansiri-Distrikt nur schwer zu erreichen.

Wir waren zur Regenzeit unterwegs, mussten uns auf verschlammten Straßen durch den Bergdschungel quälen, bis wir nach drei Tagen im Zirohochtal anlangten. Wir nahmen Quartier im gleichnamigen Hauptort mit etwa 1000 Einwohnern, der auch den wichtigsten Markt des Tales beherbergt, in dem die sieben Apatani-Dörfer liegen. Hier herrschte subtropisches Klima, es war warm und feucht. Die Apatani sind traditionell Reisbauern und berühmt für ihre ausgeklügelten Bewässerungssysteme. Wegen ihrer nachhaltigen Bewirtschaftung mit »extrem hoher Produktivität« und »einzigartiger Weise, die Umwelt zu bewahren«, steht das Zirotal auf der Vorschlagsliste für das Weltkulturerbe der Unesco.

Wir wunderten uns, wie eng die Holzhäuser der Apatani aneinander gebaut waren. Sie stehen auf Stelzen, haben Bambus- und Bastwände und sind mit Bambus oder Wellblech gedeckt. Diese weitgehend traditionelle Bauweise verhindert, dass die Wohnungen während des Monsuns überschwemmt werden und dient wohl auch der Verteidigung. Die sieben Apatani-Großdörfer sind eigentlich kleine Wehrstädte, einst gebaut, um sich gegen Überfälle der benachbarten kriegerischen Nishi zu verteidigen.Die Hauptstraßen teilen die Viertel der einzelnen Clans ab, auf deren zentralen Platz der jeweilige Clan-Totempfahl steht.

Im Dorf hatte das moderne Leben jedoch bereits Einzug gehalten, die Menschen kleideten sich westlich in Shorts und kurzärmelige Hemden, man sah Mopeds, Plastikstühle, Fernseher. Die meisten Leute wirkten südostasiatisch, zierlich, eher malayisch als indisch. Immer wieder blieben Dorfbewohner vor Miriam stehen und staunten sie an wie ein Weltwunder. Fragten wir nach, so sagten sie, dass sie noch nie im Leben eine so junge Weiße gesehen hätten.

Uns fielen sofort die besonderen Merkmale der Apatani-Kultur auf: die Gesichtstätowierung und die Nasenpflöcke vieler Frauen. Ein schwarzer Strich führte von der Nase aufwärts zum Scheitel, fünf strahlenförmige Striche schmückten das Kinn. Auch die seltsamen Nasenpflöcke waren von schwarzer Farbe. Die älteren Frauen trugen ihr Haar noch zu einem Dutt im Nacken gebunden und die älteren Männer als Haarknoten auf der Stirn, genannt *Piiding*. Diese Senioren besaßen auch noch die traditionelle männliche Tätowierung in Form eines »T« auf dem Kinn.

Da wir am Abend bei Michis Schwiegereltern eingeladen waren, fragte ich unseren Dolmetscher, was denn ein passendes Gastgeschenk wäre, und er führte uns zum Markt. Dort hatten zahlreiche Frauen ihre Früchte, Gemüse, Hühner und Gewürze auf Plastikplanen direkt auf dem Boden ausgebreitet. »Bring am besten die besondere Delikatesse der Gegend mit«, sagte Michi, als wir bei einer Verkäuferin stoppten, die in einem Holzkasten fette, sich munter bewegende gelbe Seidenspinnerlarven feilbot. Ich schaute Michi zweifelnd an, aber er sagte: »Das ist genau das richtige.« Man kaufte die Larven lebendig, sie wurden in eine Plastiktüte abgefüllt, die man dann sorgsam verknotete. Diese krabbelnde Nahrung erinnerte mich sofort an die Sagowürmer in West-Papua.

Als wir später die Langhütte unserer Gastgeber betraten, hatte Yangun, die etwa 45-jährige Frau des Hauses, bereits das Feuer entfacht. Wir bekamen Plätze auf dem Boden zugewiesen, und Yangun stellte uns ihre Familie vor: den Mann namens

Die Nasenpflöcke der Apatani-Frauen sind Schmuck und Identifikationsmerkmal.

Mudana, ihre 80-jährige Mutter, mehrere Enkel, Cousinen, Onkel und Cousins. Um die Schmetterlingslarven zuzubereiten, musste Yangun diese mehrfach waschen, dann gab sie Öl in ihre Wok-ähnliche Pfanne und briet die eiweißreichen Raupen. Anschließend wurden sie in kleine Essschälchen verteilt und den Gästen gereicht, dazu reichlich selbstgebrautes Reisbier. Die Larven schmeckten deutlich besser und knackiger als die Würmer in West-Papua, etwa wie Krabben, aber mehr als eine Schale mochte ich doch lieber nicht verspeisen.

Nach dem Essen war Zeit, um über die Stammestraditionen zu sprechen. Yangun trug runde schwarze, etwa drei Zentimeter breite Holzpflöcke in beiden Nasenflügeln, blauschwarze Gesichtstätowierungen und ein riesiges Halskettenbündel aus länglichen alten Glasperlen. Während ich sie filmte, fragte ich sie, warum sie die Nasenpflöcke hatte, viele jüngere Frauen im Dorf aber nicht. Yangun antwortete: »Wir durften unsere Traditionen nicht behalten. Die Inder haben uns das gesamte Brauchtum verboten, das ist nun 30 Jahre her. Wir durften uns nicht mehr tätowieren, wir durften den Mädchen keine Nasenscheiben mehr einsetzen, unsere Schamanen durften die Geister nicht mehr für den Monsun anrufen.«

Die Inder hatte ihnen die Steinzeit geraubt, ganz ähnlich wie die Russen mit den sibirischen Nenzen verfuhren, die Indonesier mit den Papuas, die Botswaner mit den Buschmännern, die Äthiopier mit den Surma, die US-Amerikaner mit den Indianern – es gab Hunderte von Beispielen dafür. Der »Zivilisierungswille« von Regierungen und Missionaren wurde nun ergänzt und beschleunigt durch die globalisierte Kultur, wie mir klar wurde, als ich weiter nachfragte: »Aber Sie selbst tragen doch die *Hullo*, die Nasenpflöcke, wie kommt das denn?«

»Wir Älteren durften sie natürlich behalten«, sagte Yangun. »Jetzt haben sie zwar einiges wieder erlaubt, aber nun wollen unsere Mädchen keine Nasenpflöcke mehr. Sie finden andere Sachen schöner. Amerikanische Jeans, rosafarbene T-Shirts und diese neue Hip-Hop-Musik. Ich sehe es ja an meinen Enkelkindern.«

»Lehnen die Kinder denn alle alten Traditionen ab?«

»Zum Glück nicht. Sie glauben immer noch an unsere alten Waldgeister und beteiligen sich auch am Dree-Fest, das morgen beginnt, unser Opferfest. Aber sonst sind sie sehr vom Geld, dem Konsum und dem indischen Lebensstil beeinflusst. Wir waren da früher anders.«

Mit uns saß der halbwüchsige Sohn von Michi beim Essen, der das Haar gegen die Tradition kurz geschnitten hatte, Jeans und Baseballmütze trug und ein Moped fuhr. »Fühlst du dich als Inder?«, fragte ich ihn.

»Ich bin ein Apatani«, sagte er. »Ohne unsere Naturgeister könnte ich nicht leben.«

Wir durften uns Yanguns Nasenpflöcke aus der Nähe ansehen. Herausnehmen dürfen die Frauen sie nicht im Beisein anderer. Diese Art von ritueller Körperdeformierung ist meines Wissens einzigartig auf der Welt. Yanguns Mann zeigte uns, wie der besondere Schmuck der Frauen hergestellt wird. Er schnitt von einem sehr gerade gewachsenen Ast eine kleine Scheibe mit seinem Schwert ab, glättete und schwärzte das frische Holzstück mit glühender Kohle aus dem Feuer und polierte den neuen Nasenpflock am Schluss auf seiner Schwertschneide, damit er ordentlich glänzte. Seine Frau erinnerte sich: »Das Einsetzen der ersten Nasenpflöcke war sehr unangenehm. Zuerst wurde meine Nase mit einem dünnen Bambusstäbchen durchstochen und dann immer weiter gedehnt, bis die Holzpflöcke hineinpassten.«

Heute tragen nur noch Frauen über 40 den Schmuck, weil die jüngere Generation diesen Brauch vor 30 Jahren aufgeben musste. Michi hatte aber auch keine Erklärung dafür, warum die Nasenpflöcke eigentlich getragen wurden. Er meinte: »Die Frauen wollen unseren Büffeln gleichen, den *Mithum*.« Tatsächlich erinnern die dunklen Scheiben bei etwas Phantasie an die Nüstern von Stieren. Ganz sicher sind sie aber ein Identifikationsmerkmal. Nur wer den Nasenpflock trägt, ist eine richtige Apatani. Mir fiel auf, dass auch dieser Körperschmuck gesundheitliche Nachteile mit sich brachte. Da die Nasenscheiben die natürlichen Atmungsöffnungen einengen, sind viele Frauen kurzatmig und atmen wie Schnupfenkranke vermehrt durch den Mund, womit sie ähnlich wie die Zoé-Indianer oder die Tellerlippenfrauen eher für Infektionen anfällig werden.

Während die Männer nach dem Essen ihre Schwerter – *Chiri* genannt – polierten, die Holzscheiden mit Tigerzähnen oder Bärenkiefern schmückten, dazu palaverten und hochprozentigen Reisschnaps tranken, nähten die Frauen ihre Festgewänder, die sie für die traditionellen Tänze benötigten. Yanguns 80-jährige Mutter setzte sich mit ihren Enkeltöchtern an den Webstuhl. Trotz ihres Alters hangelte sie immer noch flink und sicher das Weberschiffchen von der einen zur anderen Seite. Das Tuch sollte bis zum nächsten Tag fertig sein, denn die Enkelin Yaré wollte es während des Dree-Rituals tragen.

Die Großmutter trug natürlich noch Nasenpflöcke und erzählte uns ihre Geschichte: »Ich bin eigentlich gar keine Apatani, sondern eine gebürtige Nishi, deren Leute früher als die Erzfeinde der Apatani galten. Als Kind wurde ich gemeinsam mit meiner älteren Schwester von den Apatani geraubt. Meine Familie war arm und konnte das geforderte Lösegeld nicht zahlen, deshalb blieb ich bei den Apatani. Ich wurde als Sklavin an eine reiche Familie verkauft, von ihnen aber immer gut behandelt. Damals dachte ich nicht an Flucht. Mit zehn Jahren bekam ich dann meine ersten Nasenpflöcke und wurde somit zur Apatani, worauf ich heute noch sehr stolz bin. Mit zwölf Jahren erhielt ich wie alle Apatani-Mädchen meine Stirntätowierung, mit 17 die Striche am Kinn und die größeren Nasenscheiben.«

Damals galt eine Frau ohne diese Stammeszeichen als hässlich. Insofern hatte die alte Dame Glück gehabt und wurde später sogar von einem Apatani als Zweitfrau geheiratet. Heute gibt es bei den Apatani keine direkte Sklaverei mehr. Allerdings halten sich viele Familien indische Mädchen aus bettelarmen Familien des benachbarten Assams quasi als Leibeigene. Da die Volksstämme in der abgelegenen Nebelwaldregion bis in die sechziger Jahre hinein noch Sklavenhandel betrieben und Frauen raubten, lässt dies eine weitere Theorie über die Nasenpflöcke zu, die ebenso für die Padaung und wahrscheinlich auch für die Surma gilt. Möglicherweise haben die Apatani früher ihren Frauen absichtlich ein hässliches Aussehen verordnet, damit sie ihnen von den Nishi nicht mehr weggenommen wurden. Im Lauf der Zeit wurden die Pflöcke dann ein Schönheitsideal und identitätsstiftendes Zeichen der Stammeszugehörigkeit.

Apatani-Schamanen zelebrieren das Dree-Fest, eine Ernte- und Fruchtbarkeitszeremonie.

Zu Beginn des Dree-Festes, eines Fruchtbarkeitsrituales und wichtigen Erntefestes im Juli, werden den Geistern stets Tieropfer dargebracht. Wir wurden von Yanguns Ehemann Mudana eingeladen, dabei zuzuschauen. Mudana war der Schamane des Dorfes. Er hatte seine Kunst 30 Jahre lang im Geheimen praktizieren müssen, bis die öffentliche Ausübung wenige Jahre zuvor wieder erlaubt worden war. Vor einem kleinen Totempfahl am Dorfflüsschen bereitete er sich auf das Tieropfer vor. Mudana trug sein Haar nach altem Brauch lang, zum Zopf geflochten, an der Stirn zu einem Knoten gebunden und mit einer silbernen Haarnadel zusammengehalten, wodurch er fast wie ein alter chinesischer Weiser aussah.

Schamane Mudana opfert Huhn und Hund.

Rituell hatte er am Morgen schon ausgiebig dem Reisbier zugesprochen, schwankte daher etwas, hielt ein totes Huhn in der Hand und fuchtelte mit einem Buschmesser herum. Stundenlang murmelte er sich in eine Art Trance hinein, den Blick nach innen gerichtet, als ob er mit einer imaginären Person reden würde, für Außenstehende nicht ansprechbar. Mal ließ Mudana eine Art Singsang hören, dann seltsame Brummtöne und gellende Schreie. Schließlich rupfte er an dem Huhn herum, dass die Federn nur so durch die Gegend flogen.

»Mit dem Tieropfer wird er die Ankunft des Monsuns voraussagen und die Naturgeister gnädig stimmen, um eine reichhaltige Ernte zu gewinnen und Schaden von der Stammesgemeinschaft abzuhalten«, erklärte Michi die Handlungen seines Schwiegervaters. »Es soll reichlich regnen, damit die Reisfelder überflutet werden. Alle Apatani-Schamanen opfern heute an den heiligen Plätzen, die sich häufig an einem Flussufer inmitten der Reisfelder befinden. Mein Schwiegervater versteht sich noch auf die alten Gesänge, wir haben ihn schon oft mit dem Rekorder aufgenommen, damit die Lieder nicht in Vergessenheit geraten und die jungen Schamanen sie auch noch lernen können.«

Mudana standen für das Ritual drei Assistenten zur Seite, klapprige alte Herren in Turnhose, T-Shirt und Bastmütze, mit vor der Brust baumelnden Traditionsschwertern und gewaltigen Hornbrillen auf der Nase. Sie hatten ein großes Feuer am Flussufer entfacht. Nacheinander begutachteten nun der Schamane und seine Helfer die Leber des geopferten Berghuhns. Sie reichten das Organ herum, betasteten es, leckten daran und spuckten aus. Damit glaubten sie, Antworten der Naturgeister entschlüsseln zu können.

Der Schamane opferte anschließend sogar seinen Lieblingshund, eine Promenadenmischung mit hellbraunem Fell, den er mit dem Buschmesser schlachtete, ein recht grausames Ritual. Kurz hielt Mudana den abgeschlagenen Hundekopf zum Himmel, um ihn dann wie Abfall in die Strömung zu werfen. »Das ist ein Teil der Orakelpraktik, jetzt müssen sie auch noch die Hundeleber untersuchen«, sagte Michi.

Es fing an zu nieseln, Schamane und Schamanenhelfer knieten nieder, beleckten und begutachteten die Organe der Opfertiere. Jeder meinte, eine andere wesentliche Information über die Zukunft daraus ablesen zu können. Schließlich einigten sich alle darauf, dass es in den kommenden Tagen regnen würde. »Wunderbar, die Ernte ist gesichert!«, sagte Michi. »Und durch die Überschüsse wird auch genügend Geld zum Kauf von Büffeln da sein.«

Die Apatani sind tatsächlich reine Animisten, die an Geister im Wald glauben, und um diese Geister gnädig zu stimmen, müssen ab und an Tieropfer dargebracht werden, denn ihr Olymp mit zahlreichen Gottheiten und Geistern ist äußerst komplex. Sie finden nichts Negatives daran, wenn ein Huhn oder auch ein Hund rituell getötet werden. Zumal beide, Huhn und Hund, anschließend auf dem Feuer gebraten und verspeist wurden. Außerdem glauben die Apatani, dass ihre Seele nach dem Tod in einer anderen Welt weiterlebt, wo sie alle geopferten Tiere zurückbekommen. Einige Schamanen predigen allerdings, dass ein Toter durch ein Urteil der Götter auf der Erde wiedergeboren werden kann. So hat es mir Michi erklärt.

Für Frauen sind die Opferplätze streng tabu. Hatten sie etwas in der Nähe zu tun, so huschten sie mit abgewandten Gesicht vorbei oder machten einen großen Bogen darum. Als dann das eigentliche Dree-Fest begann, wurde es jedoch von den Frauen eröffnet, die in traditionellen Kostümen trotz des Regens auf dem Dorfplatz tanzten. Nun herrschte Volksfeststimmung auf den nassen Straßen, Honigschnaps und Reisbier wurden ausgeschenkt, Glücksspiele veranstaltet, und auch die jüngere Generation zeigte ihre Tanzkünste; allerdings hatten sich die musikalischen Vorlieben stark verändert. Statt ritueller Gesänge dröhnte auf einer Bühne indische Diskomusik aus den Lautsprechern. »Mit Beginn des Festes darf eine Woche nicht mehr auf den Reisfeldern oder im Wald gearbeitet werden. Deshalb herrscht jetzt eine Woche Ausnahmezustand«, sagte Michi.

Nach und nach versammelte sich das gesamte Dorf zum Feiern im Gemeindehaus, einem offenen Gebäude aus Stein. Viele ältere Apatani-Männer trugen ihre Basthauben und ihre mit Tigerzähnen verzierten Schwerter. Ohne diese Waffe und den Haarknoten gilt ein traditionsbewusster Apatani nicht als vollwertiger Mann. Jüngeren Männern war das Brauchtum aber oftmals nicht mehr wichtig. Trotzdem nahmen auch sie an einem seltsamen Gesangswettstreit teil, den sie Ayú nennen. Dabei müssen immer zwei Männer mit selbsterfundenen Liedern gegeneinander ansingen – eine kulturelle Praxis ähnlich den Hiphop-Battles unter Rappern. Aber die Apatani trällerten nicht etwa nacheinander – nein, 50 Gesangspaare traten zur gleichen Zeit zum Wettstreit an. Damit war das akustische Chaos perfekt.

Ich dachte, trotz aller westlichen Einflüsse sei das Leben der Apatani zwischen Tradition und Moderne noch einigermaßen im Gleichgewicht. Sie hatten es ge-

Traditionell eröffnen Apatani-Frauen mit einem Reigen das Fest.

schafft, gegen alle Widerstände ihre alte Kultur im Kern zu bewahren. Ein wichtiges Merkmal wird zwar in den nächsten Jahrzehnten unweigerlich verschwinden – ihr besonderer Gesichtsschmuck. Aber ich war überrascht zu erfahren, dass sie sich gleichzeitig darum bemühten, lange Zeit verbotene Traditionen wie ihre alten Schamanengesänge und -tänze wieder zu pflegen, aufzuzeichnen und an die junge Generation weiterzugeben. So wollen es die *Bulyang,* die Dorfräte der Apatani. Obwohl es keine schriftlichen Zeugnisse ihrer Geschichte gibt, ist überliefert, dass die Apatani immer Wert auf ein demokratisches Gesellschaftssystem legten – und auf die Pflege ihrer uralten Kultur.

Es gibt bei einigen Naturvölkern diesen Trend zur Wiederaneignung alter Kulturelemente, die in eine neue Mischkultur einfließen, weil kaum jemand auf die Annehmlichkeiten der Moderne völlig verzichten will. Eine Verbindung der Welten scheint aber möglich. Ähnliches versuchen Indianerstämme in Kanada und Bolivien oder auch die Dani im Hochland von West-Papua, die plötzlich nicht mehr zur Kirche gehen und wieder ihre alten Penisköcher tragen. Ob ein Stamm oder Volk nun als »isoliert«, »akkulturiert« oder »zivilisiert« gelten kann, hängt auch vom Betrachter ab, die Grenzen sind fließend. Wenn ein Volk seine alten Kulturelemente freiwillig aufgibt, bedauere ich das, aber ich sehe keinen Anlass, es zu kritisieren. Wenn aber die Traditionen mit Gewalt unterdrückt werden, dann sieht die Sache ganz anders aus. Leider gibt es viel zu wenige Menschen, die sich aktiv für die wenigen Naturvölker engagieren, die an ihren Traditionen festhalten wollen. Eine junge Frau, die ich für ihren Einsatz bewundere, ist Sibylle Obirey aus Dresden.

Wildhüter gegen Wilderer – die Baka in Kamerun und die San in der Kalahari

Die Baka-Pygmäen im Süden der westafrikanischen Republik Kamerun sind wahrscheinlich die ältesten menschlichen Bewohner des unwirtlichen Kongodschungels und überhaupt eines der ältesten Völker der Erde. Ihren traditionellen halbnomadischen Lebensstil haben sie praktisch unverändert Tausende von Jahren lang beibehalten. Während der Kolonialzeit zwangen die elfenbeinhungrigen Deutschen, Franzosen und Briten sie allerdings, sich in Dörfern entlang der Straßen anzusiedeln, weil sie die geübten Elefantenjäger so besser für ihre Zwecke ausbeuten konnten. Diese Politik hat die Regierung Kameruns nach der Unabhängigkeit von Frankreich und England in den sechziger Jahren fortgesetzt, beispielsweise mit Einführung der Schulpflicht für Pygmäenkinder. Trotzdem haben die Baka sich all diesen Versuchen, ihr Leben grundlegend zu ändern, bis vor kurzem weitgehend erfolgreich widersetzen können. Noch immer leben sie überwiegend nomadisch unter Windschirmzelten, die sich schnell auf- und abbauen lassen.

Doch inzwischen wird ihr traditioneller Lebensstil viel fundamentaler bedroht – vom unersättlichen Hunger der Welt nach Holz. Je mehr Regenwald verloren geht, desto mehr Tiere und Pflanzen verschwinden auch. Tausende Jahre haben die Baka als Jäger, Fischer, Termiten-, Honig- und Früchtesammler im riesigen Dschungel des Kongostromes gelebt. Jetzt rauben ihnen multinationale Holzfirmen mit dem Urwald die Steinzeit – und damit nicht nur ihre Nahrungsgrundlage, sondern auch die einzigartige kulturelle Identität.

Die Baka-Pygmäen in Kamerun gehörten zu Hartmut Hellers besonderen Schützlingen. Einer seiner Mitarbeiter aus dem Verein *Freunde der Naturvölker,* ein Student aus Lüneburg, begab sich im Jahr 2003 nach Kamerun, um ihr Schicksal zu erkunden. Mitte des Jahres besuchte er mich und erzählte mir von einem außergewöhnlichen Projekt in Südkamerun an der Grenze zum Kongo. Er habe dort eine Frau aus Dresden kennengelernt, sagte er, die sich für die Pygmäen und die Schimpansen, Gorillas und Waldelefanten in einem Regenwaldgebiet einsetze, das ständig von Wilderern heimgesucht wurde. »Sie ist unglaublich taff und nimmt es mit jedem Wilddieb auf! Und ich habe einiges gefilmt. Ich habe die Bilder. Darüber sollten wir mal etwas machen.«

Ich sagte: »Halt mich mal auf dem Laufenden.«

Nachdem ich die Geschichte schon fast wieder vergessen hatte, klingelte Ende des Jahres das Telefon. Es war der Völkerfreund.

»Sie ist da.«

»Wer ist da?«, fragte ich.

»Na Sibylle Obirey. Die Wildhüterin aus Kamerun. Sie besucht ihre Eltern in

Dresden, wir könnten sie dort treffen. Wir könnten mit ihr und meinem Material einen Beitrag fürs Fernsehen machen. Ich habe die Bilder, wie du weißt.«

»Jaja. Alles klar. Danke. Ich setze mich mal mit einem Freund in Verbindung, der gute Kontakte zum MDR-Fernsehen hat. Vielleicht könnt Ihr ja was zusammen machen.«

Sofort rief ich Kuno in Berlin an, der die Geschichte möglicherweise verwenden konnte. Kuno war ganz angetan, ließ sich seine Nummer geben und traf sich mit beiden in Dresden. Er fand Sibylle Obirey sympathisch und ihre Story hochinteressant. Er wollte am liebsten sofort einen Film machen und schaute sich die Aufnahmen des Naturvölkerfreundes an. Wenig später klingelte bei mir das Telefon. Es war Kuno.

»Roland, das ist ja eine irre Geschichte«, sagte er. »Inzwischen habe ich auch die Aufnahmen von Hartmuts Freund gesichtet. Leider reichen sie für einen Film noch nicht aus.«

»Was schlagst du vor?«, fragte ich ihn.

»Man müsste unbedingt noch einmal nach Kamerun fahren und vor Ort mit professioneller Technik drehen.«

»Wann?«

»So schnell wie möglich.«

Das hieß, er würde gern mit mir fahren. Aber ich hatte wegen anderer Projekte gerade wenig Zeit und sagte deshalb: »Produziert ihr beide doch den Film, und ich helfe euch bei der Suche nach einem passenden Sender.«

Um eine Finanzierung zu gewährleisten, reichte Kuno die Geschichte bei allen möglichen TV-Stationen ein, aber niemand interessierte sich dafür. Weder er noch der Student hatten Glück bei ihrer Suche. Auch meine Kontakte zu den Sendern nutzten uns gar nichts. Man gab mir unmissverständlich zu verstehen, dass Themen aus Afrika, etwa hungernde Menschen, Kindersoldaten, Völkermord oder Abholzung von Regenwäldern, zurzeit überhaupt nicht gingen. Aber was heißt zurzeit – nie. »Die Zuschauer zappen sofort weg. Die wollen nach Feierabend unterhalten werden und keine Betroffenheitsgeschichten sehen.« Afrika galt bei den Fernsehleuten allgemein als »unsexy«, wenn nicht eine weiße Massai im Spiel war – da half auch keine weiße Wildhüterin aus Dresden. Es ging ganz klar um Einschaltquoten, und das nicht nur bei den Privatsendern, die ich alle abgeklappert hatte. »Ist ja ganz spannend, aber in diesem Jahr sind alle Sendeplätze voll«, hieß es. »Melden Sie sich doch einfach im nächsten Jahr wieder.«

Zuletzt fiel mir ein, dass Sibylle Obireys Geschichte doch eigentlich ein Thema für den »Sachsenspiegel« des MDR sein müsste. Für diese Redaktion hatten wir kurz zuvor einen Halbstundenfilm produziert, der auch von einem außergewöhnlichen Sachsen handelte. Es ging um den »Fliegerkosmonauten« Sigmund Jähn, den ersten Deutschen im Weltraum, den wir im September 2000 auf eine Expedition nach Sibirien begleitet hatten, wo es darum ging aufzuklären, ob der geheimnisvolle Tunguska-Krater bei Irkutsk außerirdischen Ursprungs war. Dieses Thema hatte den Sachsen gut gefallen – warum also nicht auch Sibylle Obirey, die sächsische Schimpansen-Mutter aus dem Regenwald? Aber auch dort ließ man mich abblitzen. In ihrem sympathischen Sächsisch erläuterte mir die Redakteurin vom MDR, das sei leider nicht möglich:

»Es tut mir schrecklich leid«, sagte sie. »Aber wir haben dieses Jahr schon einen Film im Ausland gemacht, und mehr als einer geht nicht.«

»Darf ich fragen, wo Ihr Film spielt?«

»In Tschechien.«

»Aber hier geht es um eine junge Frau aus Sachsen, die wirklich etwas ganz Außergewöhnliches macht«, wagte ich einzuwerfen.

»Nu ja. Aber wissen Sie, bei uns im Sendebereich gibt es so viele Arbeitslose und Sozialhilfeempfänger, die selbst genug Probleme haben. Denen kann man nur schwer vermitteln, dass es irgendwo im Busch in Afrika eine Sächsin gibt, die Jagd auf Wilddiebe macht. Also nee, das entspricht auch nicht unserem Sendeauftrag.«

Ich war baff, hatte ich doch genau das Gegenteil angenommen. Wie hieß es doch nach der Wende? »Neue Helden braucht das Land!« Und hier war eine echte Heldin, die aus Dresden stammte, aber nicht einmal das sächsische Fernsehen hielt sie für vorzeigewürdig. Offenbar wurden keine Helden und Vorbilder mehr benötigt. Ich verabschiedete mich und legte den Hörer auf.

Auch wenn es hoffnungslos schien, Sibylle Obirey ins Fernsehen zu bringen, mich interessierte die Geschichte durchaus, da ich mich in jener Zeit ohnehin auf Afrika konzentrierte. Zusammen mit Kuno arbeitete ich an einer Dokumentation über die San, die Buschmänner im südlichen Afrika. Bevor es nach Kamerun gehen konnte, musste ich aber noch einmal nach Namibia fahren, zu den San.

Die Buschleute Südwestafrikas sehen sich selbst als das erste Volk Afrikas. Möglicherweise zu Recht. Der britische Anthropologe Spencer Wells nennt sie den »genetischen Adam«, weil ihr Blut die ältesten bisher bei Menschen gefundenen genetischen Marker enthält. In Südafrika wurden 10 000 bis 20 000 Jahre alte Felszeichnungen von Buschmännern gefunden. Seit Tausenden von Jahren ziehen sie als nomadische Wildbeuter, bestens an härteste Lebensbedingungen angepasst, durch Trockensavannen und Wüstengebiete. Sie sind darauf trainiert, noch in der widrigsten Umgebung zu überleben, in Hitze, Dürre und endloser Weite. Mit Pfeil und Bogen und mit Speeren jagten sie über Jahrtausende in der Kalahari. Sie lasen die Zeichen und Fährten im Busch wie in einem Buch, die Abdrücke von Gepardentatzen, Kuduhufen, Hyänenfüßen. Straußeneier füllten sie mit Wasser und vergruben diese als Vorratsspeicher für extreme Dürrezeiten. Ihre Ahnen schützten sie nach ihrem Glauben bei der Jagd und gaben ihnen Kraft, in der Abgeschiedenheit der Wüstensteppe zu leben. Das Wort *San* bedeutet in der Sprache afrikanischer Nachbarvölker »Die nach Futter suchen«.

Im Gegensatz zu ihren Nachbarn, den Schwarzafrikanern, erwecken die Buschmänner mit ihrer viel helleren Hautfarbe, den hohen Wangenknochen und den sichelförmigen Augen fast den Eindruck, mongolischen Ursprungs zu sein. Typisch für die Buschleute ist neben ihrem kleinen Wuchs von 1,40 bis 1,60 Metern, dem grazilen Körperbau und dem nur in kleinen Büscheln wachsenden, sogenannten

Erfolgreiche Jagd: Die Buschleute haben mit ihren Giftpfeilen ein Perlhuhn geschossen.

Pfefferkornhaar, die Anlage zum Fettsteiß und zur massiven Hautrunzelbildung. Sie zählen zu den egalitären Gesellschaften, die sich ganz ohne ein übergeordnetes politisches Führungssystem und formale Rechtsprechung organisieren. Verstöße gegen die moralischen Grundsätze der San werden schlimmstenfalls mit einem Ausschluss aus der Gemeinschaft geahndet, was in ihrer Wertordnung einem Todesurteil gleichkommt.

Noch vor wenigen Jahrzehnten machten schwarze und weiße Farmer Jagd auf die Buschmänner, weil sie als lästige Gefahr für das Vieh angesehen wurden. Ethnologen stuften sie damals als Wesen zwischen Mensch und Tier ein, die man einfach abknallen konnte. Wer nicht erschossen oder erschlagen wurde, wurde versklavt. Aus ihren angestammten Gebieten in Südafrika wurden sie vertrieben und ganz in die Wüsten und Savannen Namibias und Botswanas abgedrängt. So wurden die San, die vor 1000 Jahren noch bis zu 400 000 Menschen zählten, nahezu ausgerottet. Ihre Geschichte ist eine einzige Abfolge furchtbarer Verfolgungen. Bis zur Unabhängigkeit Namibias im Jahre 1990 setzte die südafrikanische Armee etwa

Der San Ildkoi leert ein Straußenei.

3000 San als Scouts und Fährtensucher gegen die Unabhängigkeitsbewegung *Swapo* und ihre kubanischen Unterstützer ein. Ähnlich gingen die portugiesischen Kolonialherren in Angola vor, was nach dem Ende des Krieges und der Unabhängigkeit des Landes 1975 dazu führte, dass sie auch dort weitgehend vertrieben wurden. Nur in Botswana fand keine systematische Verfolgung der San statt.

Heute leben kaum mehr als 100 000 San über das südliche Afrika verteilt; die Hälfte von ihnen in Botswana, 30 000 bis 40 000 in Namibia, kleine Gruppen in Südafrika, Sambia, Angola und Simbabwe. Viele fristen ein ärmliches Leben als Knechte und Viehhirten auf den Farmen, wo sie nur einen Hungerlohn verdienen. Lediglich in entlegenen Gebieten haben kleine Gruppen noch eine Chance, die ursprüngliche Kultur zu bewahren. In Namibia führen die Überlebenden mit ihren Familien ein ärmliches Dasein in kleinen Camps am Rande der Kalahari-Wüste; ihre traditionellen Landrechte sind extrem bedroht. Jäger und Sammler brauchen riesige Räume – und die gesteht man ihnen nicht zu. Dort besuchten Miriam und ich die Buschmänner erstmals im Juni 2002.

Wir hatten das Glück, in Windhoek, der Hauptstadt Namibias, einen Dolmetscher zu finden, der die eigenartige San-Sprache ansatzweise beherrschte. Die Buschleute sprechen mit einem merkwürdig klingenden Schnalzen und benutzen charakteristische scharfe Klicklaute. Der Dolmetscher half uns, schnell Kontakt zu den freundlichen Buschleuten nördlich von Tsumkwe und am Rand der Kalahari zu finden. Die San erlaubten uns, unser Zelt bei ihren Sippen im Busch aufzuschlagen. Sie lebten dort in einer windgeschützten Sandmulde, wo sie ihre Leichtbauhütten aufgestellt hatten.

Zu dem Clan gehörten rund 40 Menschen, die noch immer Jäger und Sammler waren. Sie benutzten zwar Metallwerkzeuge, gingen aber weiter mit Pfeil und Bogen auf die Pirsch; die Frauen sammelten Wurzeln, Nüsse und Beeren. Auch wenn einige bereits westliche Kleidung trugen, lebten sie noch sehr traditionell. Wir nahmen an ihrem Alltag teil, beobachteten sie mit der Kamera bei der Arbeit, der Nahrungssuche, dem Fallenstellen und der Jagd. Wir filmten das fröhliche Spiel ihrer Kinder, ihre Tänze und Gesänge. Wir erlebten das archaische Feuerbohren –

Erzeugen eines Feuers mittels Reibung zweier Hölzer aufeinander – und den Gebrauch von Rauschmitteln. Und wir lernten einiges über die Medizin der Wüste.

Im Dorf hatten wir uns schnell mit einem 30-jährigen Mann namens Ildkoi und seiner Frau Alko angefreundet, die zwei Kinder hatten, wie es bei den San Durchschnitt war. Ildkoi zeigte uns, wie er Knollen der Teufelskralle (Harpagophytum procubens) sammelte, die die Buschleute schon seit Jahrtausenden als wirkungsvolle Medizinpflanze gegen alle möglichen Krankheiten nutzen und Tchainchen sá nennen. Sie kommt nur im glutheißen Sandboden der Kalahari vor und ist mittlerweile eine der ganz wenigen Einnahmequellen der Buschmänner. Nur ihnen ist es in Namibia erlaubt, die Knollen der Teufelskralle – in begrenztem Umfang – auszugraben und an Zwischenhändler oder Pharmazeuten aus den Städten zu verkaufen.

Die Wurzelknollen der Teufelskralle enthalten einen medizinischen Wirkstoff.

Ildkoi erkannte die Pflanzen im Sand an ihren charakteristischen rot-blauen Blüten. Bevor er mit dem Graben begann, warnte er uns vor den großen Widerhaken der Samen, der die Pflanze ihren Namen verdankt. Einmal hineingetreten, lässt sie sich nur noch schwer von den Socken oder Schuhen lösen. In einer Tiefe von einem halben Meter stieß er auf den armdicken Hauptstamm der Wurzel. Nun war es leicht, die Seitenknollen, in denen sich der Wirkstoff konzentriert, abzuschälen. Um das weitere Überleben der Pflanze zu sichern, ließ Ildkoi die Hauptwurzel im Boden. In einigen Monaten würden sich die Knollen wieder regeneriert haben. Im Buschmännercamp wurden die Knollen anschließend in Scheiben geschnitten, auf großen Netzen getrocknet und dann von einem weißen Aufkäufer abgeholt. Pharmafirmen in Swakopmund und Windhoek verarbeiten die getrockneten Knollen für den Export nach Europa oder beliefern direkt die Apotheken in Namibia.

Wildwachsende unterirdische Knollenfrüchte wie die Teufelskralle sind für die Bewohner der Kalahari nicht nur Medizin, sondern während langer Dürrezeiten oft auch die einzigen Flüssigkeitsspender. Als Ildkoi unterwegs einmal Durst hatte, schaute er sich in der kargen Landschaft um, fand wieder ein kleines Pflänzchen, das er Tké-Tké nannte und als »Schwester der Teufelskralle« bezeichnete. Behende umgrub er mit seinen geschickten Fingern die kleinen Blätter, bis er schließlich auf eine riesige, fast eimergroße Knolle stieß. Mit einem Bambusstock zerschabte er das zunächst sehr fest wirkende Fleisch der Erdfrucht. Wie aus einem Schwamm quetschte er dann mit der Hand die Flüssigkeit heraus und ließ sie sich genüsslich direkt in den Mund laufen. Bis zu fünf Liter Wasser sind in dieser Knolle gespeichert! Ildkoi ließ uns kosten, es schmeckte ähnlich wie der Teufelskrallensaft. Etwas pfeffrig, aber es stillte den Durst.

Bei einer anderen Tour buddelte Ildkoi mit seinem Grabstock unter einem bestimmten Savannenstrauch kleine schwarze Kokons einer nur dort lebenden Käferart aus. Vorsichtig zerquetschte er die darin enthaltenen rosafarbenen Larven und einzelne Käfer auf einem flachen Antilopenknochen, vermengte sie mit dem Saft einer Lilienwurzel – der sogenannten Buschmannrose – und trug diesen Brei anschließend auf die Spitzen seiner kurzen Pfeile auf. Beide Bestandteile enthielten ein außerordentlich wirksames Herzgift, das sich sogar für die Jagd auf größere Tiere eignet. Das Gift wirkt nicht sofort, aber immer tödlich, und es spielt keine Rolle, an welcher Stelle des Körpers das Tier getroffen wird.

Um die Wirkung zu erleben, begleiteten wir Ildkois Sippe auf einem Jagd- und Sammelzug. Buschmänner sind ausgezeichnete Fährtenleser. Sie schossen den Pfeil auf eine Antilope, die panisch davonrannte. Nun folgten sie der Fährte des angeschossenen Wildes durch das weite Land, bis wir es Stunden später entdeckten, nachdem es im dichten Busch verendet war. Die eigentliche Spezialität der San ist aber die reine Ausdauerjagd – die älteste Form der menschlichen Jagd. Sie beruht darauf, dass der Mensch unermüdlicher laufen kann als fast alle anderen Säugetiere. Schnelle Jäger wie Geparden, die kurze Zeit Geschwindigkeiten von über 100 km/h erreichen, können sie nur wenige Minuten durchhalten, weil sie sonst an einem Hitzschlag sterben würden.

Der Mensch, durch lange Beine und aufrechten Gang gut fürs Joggen gerüstet, kann dagegen seinen Körper mittels zwei Millionen Schweißdrüsen effektiv kühlen und somit stundenlang durchhalten. Noch heute erlegen die San schnelle Huftiere wie Zebras und Springböcke ganz ohne den Einsatz von Speeren oder Pfeilen, indem sie so lange hinter ihnen herrennen, bis diese entkräftet zusammenbrechen, was bei großen Antilopen bis zu 40 Stunden dauern kann. Um ein Erwachsener zu werden, muss ein Junge mit etwa 15 Jahren ein größeres Tier zu Tode hetzen. Die San nennen die Ausdauerjagd den »Großen Tanz«. Auch die australischen Aborigines jagen auf diese Weise Kängurus im Outback.

Am nächsten Tag filmten wir die Frauen und Kinder beim Sammeln von Waldfrüchten, Feuerholz und sogenannter Feldkost – einer Pflanze, die wie Gras oder kleine Zwiebeln aussieht, aber nach Nuss schmeckt. Derweil machten die Männer erfolgreich Jagd auf Perlhühner.

Alles wurde verwertet. Das Fleisch großer Tiere wurde getrocknet und damit monatelang haltbar gemacht. Aus Straußeneiern fertigten die Buschleutefrauen Ketten und anderen Körperschmuck. Haare von Geparden oder Leoparden verwendeten sie zum Verschließen ihrer persönlichen »Parfümdöschen«, bestehend aus einem winzigen Schildkrötenpanzer und einem aromatisch riechenden Pflanzenpulver. Mehrfach am Tag konnten wir beobachten, wie Alko, die Ehefrau von Ildkoi, sich

Die San bestreichen ihre Pfeile mit einem außerordentlich wirksamen Gift.

und ihr Baby damit einstäubte. Die Wirkung war verblüffend. Es roch nicht nur angenehm – auch waren sofort die zahlreichen Fliegen verschwunden.

Einige Filmszenen davon wurde später bei »Galileo« auf ProSieben gezeigt. Es war die Zeit, als die Buschleute im benachbarten Botswana, die Gana und Gwi, in höchste Gefahr gerieten. In zwei Schüben 1997 und 2002 ließ die Regierung von Botswana per Gesetz mehr als 3000 Buschleute aus dem Naturpark Central Kalahari Game Reserve vertreiben und verfrachtete sie aus dem Land ihrer Ahnen in weit entfernte Umsiedlungslager. Die Zentral-Kalahari ist eine schier endlose Buschlandschaft aus Gras und Sand mit vertreuten grünen Inseln aus Sträuchern und hoch aufragenden Akazien, die sich über große Teile des Landes Botswana erstreckt. Ein Gebiet etwa von der Größe Dänemarks war 1961 zum Nationalpark erklärt worden, dem zweitgrößten Schutzgebiet Afrikas. Zynisch verkaufte die Regierung die Zwangsumsiedlung als humanitäre Hilfe, mit der man den San ein zivilisierteres Leben ermöglichen wolle, da sie es ohnehin leid seien, immer nur zu jagen und zu sammeln. Sie sollten endlich in ordentlichen Dörfern wohnen und ihre Kinder zur Schule schicken. Außerdem sei ihre Lebensweise nicht mit dem Schutz der Tiere und dem Safariwesen vereinbar.

Nach Ansicht von Kritikern steckten indessen andere Gründe hinter der Massenvertreibung. Industriekonzerne würden in den Gebieten Diamanten und andere

Rohstoffe aus der Erde holen, und die Tourismusbehörde wolle den Kalahari-Nationalpark von den archaischen Buschmännern säubern, um den Tierbestand zu vergrößern.

Die Regierung schuf weitere Tatsachen. Um eine Rückkehr wirksam zu verhindern, ließ sie das lebenswichtige Wasserbohrloch der Buschleute verschließen.

Im Gegensatz nämlich zu den Nachbarländern im südlichen Afrika, wo fast alle Buschmänner ihr Land verloren hatten, seitdem auf Almosen angewiesen sind oder sogar in »Buschmännerdörfern« für Touristen vermarktet werden, hatten sich die San in der Kalahari von Botswana ein unabhängiges Leben bewahrt – durch Anpassung und Diversifizierung. Neben der Jagd und dem Beerensammeln pflanzten sie Früchte und Gemüse an und hielten sich kleine Ziegenherden; einige arbeiteten auch gelegentlich außerhalb des Reservats. Die britischen Kolonialherren hatten das Schutzgebiet 1961 ausdrücklich auch geschaffen, um den letzten Ureinwohnern des Landes das Überleben zu sichern – doch Botswana gab dieses Ziel in den neunziger Jahren auf.

Die Buschmänner aber wehrten sich und holten sich Unterstützung in Europa – bei der renommierten Schutzorganisation *Survival International,* die ihnen Berater und einen Staranwalt aus London bezahlte und eine große internationale Kampagne für sie startete. Die Buschleute klagten gegen die Vertreibung vor dem höchsten Gericht Botswanas – und erhielten im Dezember 2006 Recht. Das Verfassungsgericht stellte fest, dass die Zwangsmaßnahmen »illegal und verfassungswidrig« waren. Es erklärte auch, dass die Buschmänner »gewaltsam und unbegründet ihres Besitzes beraubt« wurden. Es war ein historisches Urteil. Selten haben Ureinwohner einen solchen Triumph feiern können.

Doch die Regierung hielt sich einfach nicht daran. Zwar kehrten bis Mitte 2009 etwa 200 Menschen wieder in ihre zerstörten Dörfer zurück. Trotzdem erlaubte die Regierung den Rückkehrern nicht, was sie immer schon gemacht hatten: das Jagen. Sie verweigerte den Gana und Gwi die Wiederinbetriebnahme des lebenswichtigen Wasserlochs, und auch der bescheidene Maisanbau im Naturschutzgebiet wurde ihnen untersagt. Vielleicht, weil das nicht ausdrücklich im Verfassungsgerichtsurteil stand. Derweil liefen die Vorbereitungen zum Bau einer 2,2 Milliarden Dollar teuren Diamantenmine, die sehr viel Wasser benötigen wird.

Nach Angaben von *Survival International* ist die Lage dramatisch. Die Organisation zitierte Mongwele Khowa, eine Buschleutefrau: »Alle haben Durst. Es ist einfach schrecklich. Wenn du noch ein bisschen Energie übrig hast, kannst du vielleicht noch Nahrung und Holz holen, aber wenn du wirklich durstig bist, kannst du nichts mehr. Du musst in der Hütte sitzen, wo es kühler ist, denn wenn du noch durstiger wirst, bist du gefangen zwischen Leben und Tod.«

Die Rückkehrer hatten sich während der Zwangszivilisierung zudem kulturell bereits verändert. Lendenschurz und Wildfell gehörten nun der Vergangenheit an. Viele Familien hatten sich kleine Pick-ups gekauft. Das wäre kein Problem, wenn die Umsiedlung nicht auch Folgen gehabt hätte, die jedes Naturvolk kennt, das sich mit der »Zivilisation« reibt. Viele Buschmänner wurden »draußen« zu Alkoholikern oder infizierten sich mit Aids. Hilfe für sie gab es nicht. Im April 2008 kritisierte das UN-Flüchtlingshilfswerk UNHCR die botswanische Regierung scharf wegen ihrer Weigerung, die Buschmänner zurückkehren zu lassen.

Das ARD-Fernsehmagazin »Weltspiegel« berichtete im Juli 2009 aus dem Rückkehrerdorf Molapo, das die Buschleute inzwischen teilweise wiederaufgebaut hatten. Dort lebte auch Roy Sesana, einer der Anführer der Indigenen. 2005 bekam er den Alternativen Nobelpreis für seinen Einsatz für die Rechte seines Volkes. Roy Sesana nannte den Umgang mit seinem Volk schlicht Rassismus. Buschmänner würden im eigenen Land nicht als Menschen anerkannt und würden immer noch als Wilde gelten. Überleben könnten die Rückkehrer meist nur dank der Hilfe ihrer Kinder, die außerhalb des Wildparks leben, oft auf Plantagen arbeiten und ab und zu Lebensmittel und vor allem Wasser herbeitransportieren. Sesana sagte: »Unsere Kultur stirbt unwiderruflich. Unsere Vorfahren, die uns leiten und helfen wollen, sind völlig verwirrt. Sie sehen, wie mit uns umgegangen wird, wie systematisch versucht wird, uns unserer Kultur zu berauben und unsere Lebensweise, sogar unsere Sprache zu zerstören.«

Der Fernsehbeitrag endete traurig: »Roy Sesana macht sich derweil in seinem klapprigen Pick-up auf, um in einer Tagesreise die Provinzregierung aufzusuchen. Er will wieder einmal um Hilfe für die wenigen Buschmänner bitten, die in ihrer eigenen Heimat leben wollen. Doch dann versagt der Motor seines Autos. Es wird Monate dauern, bis er das Geld für die Reparatur zusammen hat. Monate, die sich wie Jahre anfühlen werden, währenddessen die alte Kultur der Buschmänner immer mehr erlischt.«

Während wir noch an unserem Film über die San arbeiteten, hatte Kuno per E-Mail Kontakt zu Sibylle Obirey in Kamerun aufgenommen. Da es uns nicht gelungen war, einen Fernsehsender für ihre Geschichte zu interessieren, nahm ich die Sache nun selbst in die Hand. Und weil der Lüneburger Naturvölkerfreund nicht erreichbar war, beschlossen wir, erst einmal ohne ihn nach Kamerun zu fliegen. Es war ohnehin eine Kostenfrage, da Flüge dorthin extrem teuer sind und ich alles aus eigener Tasche bezahlen musste. Im Februar 2004 landeten Kuno, Miriam und ich in Kameruns Hauptstadt Yaoundé, einer typisch afrikanischen Metropole mit dem üblichen Chaos von Hütten, Straßen, Märkten, Verkehr und Müll. Yaoundé ist mit rund 1,4 Millionen Einwohnern allerdings vergleichsweise klein und liegt auf 750 Meter Höhe wunderschön in einem weiten grünen Tal, umgeben von Bergen. Die malerische Lage war sicherlich ein Grund dafür, dass deutsche Elfenbeinhändler die Stadt 1888 hier gründeten.

Sibylle Obirey sollten wir in Socambo treffen, im Dreiländereck von Kamerun, Zentralafrika und der Republik Kongo, im äquatorialen Regenwald im Südosten Kameruns. Diese Grenzstadt zum Kongo in der Nähe des Lobéké-Nationalparks war gut 800 Kilometer entfernt.

Zunächst hatten wir aber einige Tage in Yaoundé zu tun, um alle möglichen Genehmigungen zu besorgen. Die deutsche Botschaft half uns dabei, allein wären wir an der Aufgabe verzweifelt. Wir brauchten Visa, Drehgenehmigungen, Passfotos, Anträge und Anträge für Anträge. Wir mussten sogar Marken für die Anträge kaufen, wie bei Asterix. Ich lernte, dass die deutsche Bürokratie mit der afrikanischen nicht im Entferntesten konkurrieren kann. Hinzu kam das Sprachproblem, denn in Yaoundé wird Französisch gesprochen. Zum Glück konnte Miriam ihr Schulfranzösisch aktivieren. Irgendwann hatten wir dann alle Papiere in der Tasche, und die Botschaft organisierte uns sogar einen Leihwagen plus Fahrer.

Der Botschafter sagte: »Wir helfen Ihnen gern, und Frau Obirey ist wirklich tapfer. Aber wir machen uns hier immer Sorgen um sie. Es ist wirklich gefährlich da unten, vor allem für Naturschützer. Vielleicht können Sie sie überzeugen, sich mal etwas anderes zu suchen.«

Der Chauffeur namens Lawrence konnte zwar auch Englisch, entpuppte sich aber als Rassist, der über andere Völker und »Pygmäen« hetzte, obwohl er selbst schwarz war. Die Leihgebühr für das Auto war mehr als doppelt so teuer wie ein vergleichbares Fahrzeug in Deutschland. Es gehörte der GTZ, die zusammen mit dem *World Wildlife Fund* (WWF) den Lobéké-Nationalpark förderte. Auf Schotterpisten ging es stundenlang durch die Savanne, bis wir an einer Straßenkreuzung im Busch Pause machten, irgendwo im Nirgendwo, in einem hässlichen Nest mit Betonwürfelhäusern, wo nie jemand anhält, aber starker Verkehr herrschte. Alle fünf Minuten donnerte ein Laster mit frisch geschlagenem Tropenholz vorbei. Aha, dachte ich, wir nähern uns dem Regenwald. Das kannte ich aus Brasilien.

»Um Gottes Willen, was ist das denn?«, rief Kuno plötzlich. Entgeistert zeigte er auf die Seite eines Lasters. Noch nie hatte ich Kuno so gesehen. Er wirkte, als hätte er dem Teufel in die Augen geschaut. Erschrocken blickte ich in die Richtung. Und dann sah ich es auch.

Fleisch. Blutige Fetzen. Abgehackte haarige Beine, Arme, Schwänze, Köpfe. Affenköpfe.

Der nächste Truck erschien in einer roten Staubwolke. Ich sah genau hin. Auch er hatte nicht nur Regenwaldbäume, sondern Fleisch geladen, fest verzurrt auf den Stämmen. Es war grausig. Ich fragte Lawrence danach. Er sagte, ohne ein Zeichen von innerer Bewegung: »Ah, Bushmeat. It's Bushmeat.«

So hörten wir zum ersten Mal den Ausdruck, den wir auf dieser Reise noch oft vernehmen sollten. Bushmeat bedeutet Wildfleisch. Aber damit ist anderes Wild als bei uns in Deutschland gemeint. Bushmeat ist das Fleisch von Schimpansen, Gorillas, Bonobos. Es ist also das Fleisch von Menschenaffen und anderen geschützten Tierarten.

»Der illegal gerodete Wald und die ermordeten Affen gehen alle nach Yaoundé«, sagte Sibylle Obirey, als wir zwei Tage später abends in ihrem Urwaldlager Camp de Lognia nahe dem kleinen Ort Socambo eintrafen. »In Socambo leben etwa 500 Einwohner, 90 Prozent davon sind Wilderer«, fügte Sibylle hinzu. Wir hatten es gerade noch geschafft, vor Einbruch der Dunkelheit unser Ziel im Dschungel zu erreichen. Ohne Lawrence, der schon einmal hier gewesen war, wäre das nicht möglich gewesen. Sibylle Obirey begrüßte uns herzlich. Das dramatische Ausmaß der Wilderei war von Anbeginn ihr Thema: »Das ist ein unglaubliches Verbrechen. Und niemand kümmert sich darum. Weil in diesem Land alle korrupt sind und sich schmieren lassen. Und weil es draußen niemand hören will.«

Plötzlich schnellte aus dem Dunkel ein kleines haariges Etwas heran, führte eine Art Tanz auf und gab uns dann jedem die Hand. Es war tatsächlich ein Affe, ein waschechter junger Schimpanse! »Das ist unsere Simossa«, sagte Sibylle mit kaum hörbarem sächsischen Akzent. »Willkommen im Paradies.«

Die Wildhüterin Sibylle Obirey mit dem Schimpansenbaby Simossa.

Verblüfft sah ich sie an. Mit ihrer schusssicheren Weste in Camouflage, ausgestattet mit GPS-Gerät, Satellitentelefon, Handschellen, Buschmesser und der 10mm-Glock-Pistole erschien mir die zierliche Dresdnerin wie eine Figur aus einem Rambofilm. Sie war mittelgroß, hatte hellbraune Augen, das brünette Haar zum Zopf gebunden. Sie wirkte beherzt und burschikos. Sie war wirklich gerade aus dem Urwald gekommen, umringt von einer Meute junger Hunde.

Hinter ihr stand Geoffroy, ihr Lebensgefährte, der uns mit einem kräftigen Händedruck begrüßte. Auch er einer, dessen Äußeres man leicht als Dschungelkämpfer missverstehen konnte. Tatsächlich war Geoffroy ein Auslandsfranzose, der in Kamerun aufgewachsen war und kaum in Frankreich gelebt hatte. Er war Mitte 40, mittelgroß, schlank, trug sein Haar militärisch kurz und einen buschigen Schnurrbart. Unter seinem olivfarbenen T-Shirt konnte man ziemlich gut ausgebildete Muskeln erahnen. Er wirkte auf mich sehr männlich, sehr hart, genau wie man sich einen französischen Kolonialoffizier vorstellt, oder einen Fremdenlegionär.

Inzwischen war es stockdunkel, um uns zirpten die Grillen, man hörte Affen im Dschungel schreien. Die Luft war heiß und feucht und schwer, und unser Schweiß lockte ganze Wolken von Moskitos an. »Schnell rein«, sagte Sibylle und öffnete die einfache Holztür einer der fünf mit Palmblättern gedeckten Stelzenhütten, die auf der Lichtung standen, soweit man das im Dunkeln erkennen konnte. Kuno sicherte derweil die Fotoausrüstung.

Im Schein unserer Taschenlampen setzten wir uns auf Holzbänke an einen grob gezimmerten Tisch. Auch Simossa, das Schimpansenmädchen, nahm wie selbstverständlich Platz und angelte sich einen Becher, den sie auffordernd vorzeigte. Sibylle goss ihr Wasser ein. Miriam begann schon, sich mit dem Affenbaby anzufreunden, während ich noch ein bisschen fremdelte. »Simossa wurde vor vier Wochen im Wald gefunden, nachdem Wilderer ihre Mutter erschossen hatten«, erzählte Sibylle. »Sie ist jetzt etwa ein halbes Jahr alt. Wir ziehen sie auf, sie ist uns richtig ans Herz gewachsen.«

Geoffroy machte sich derweil draußen zu schaffen, er fütterte die Hunde, und bald hörten wir einen Generator brummen. Das Licht ging an – eine Energiesparlampe, die von der niedrigen Decke baumelte. Jetzt konnte man die Hütte genauer betrachten. Außer Tisch und Bänken unter einem großen Moskitonetz gab es nur einen Propangaskocher und ein hastig zusammengezimmertes Regal, in dem ein paar Töpfe und Teller standen. Sibylle setzte einen Tee auf, und erzählte, dass sie in den vergangenen Tagen wieder Spuren von Wilderern ganz in der Nähe entdeckt hätten. »Es wird immer schlimmer«, sagte sie. »Die knallen alles ab, was ihnen vor die Flinte kommt. Ihr werdet bestimmt interessante Aufnahmen machen können.«

Doch erst einmal waren wir so müde, dass uns nur eines interessierte. »Wo können wir unsere Hängematten aufspannen?«, fragte Miriam. Die benachbarte Hütte diente als Gästezimmer, sie bot genügend Platz für Miriam, mich und Kuno. Lawrence lamentierte, weil er bei den Pygmäen schlafen sollte, die mit Sibylle und Geoffroy arbeiteten. »Avec les singes? Bei den Affen? Das ist unverschämt, das könnt ihr nicht mit mir machen.« Schließlich legte er sich ins Auto.

Den nächsten Morgen werde ich nie vergessen. Ich wurde wach, weil Miriam an mir herumzerrte: »Roland, wach auf, das musst du sehen!« Es war schon hell draußen, und ich hörte Papageien kreischen und ein seltsames Grunzen. Miriam hatte das Fenster geöffnet, Kuno schraubte an seiner Kamera herum. Ich ging zum Fenster – und glaubte meinen Augen nicht zu trauen. Nur knapp 20 Meter entfernt traten zwei ausgewachsene Gorillas auf die Lichtung! Sie stießen die seltsamen Grunzlaute aus. Doch kaum war Kuno filmbereit, waren sie auch schon wieder im Dickicht verschwunden.

Sibylle und Geoffroy waren wach und bereiteten das Frühstück vor. Waschen und Zähne putzen konnten wir uns an einem kleinen Fluss, knapp 50 Meter entfernt. Es gab sogar eine »exquisite« Dusche in einer Extrahütte. Jeden Morgen war frisches lauwarmes Wasser im Bottich auf dem Hüttendach. Ringsum stand herrlicher, dichter, grüner Primärregenwald. Die Natur wirkte unendlich friedlich. Aber ich überlegte, ob die Gorillas vielleicht gefährlich waren, falls sie mir bei der Morgentoillette zufällig begegnen sollten. »Nur, wenn du sie reizt«, sagte Sibylle. »Sie wissen, dass wir ihre Freunde sind.«

Zum Frühstück gab es Kaffee, Reis mit Huhn und »arme Ritter« mit viel Zucker für Simossa. »Das ist ihre Lieblingsspeise«, sagte Sibylle. »Aber nicht gut für ihre Zähne«, sagte ich. Ich mochte mir lieber nicht vorstellen, in Simossas Mund herumzufuhrwerken. Schimpansen sind zwar Pflanzenfresser, aber sie haben einen enorm festen Biss. Das hat Kuno später beim Dreh sehr deutlich gemerkt. Als er das Tier im Arm hielt, damit Ziehmutter Sibylle entspannter interviewt werden konnte, biss Simossa in seinen Unterarm, weil sie glaubte, Sibylle wolle weggehen. Also gaben wir auf und nahmen hin, dass sich Simossa im gewohnten Arm von Sibylle regelmäßig das kleine Ansteckmikrophon in den Mund schob.

Beim Frühstück saßen auch die etwa 20 Baka-Pygmäen, die Sibylle und Geoffroy als Ranger beschäftigten. »Unsere Schutztruppe«, sagte sie stolz, »die haben wir selbst aufgestellt.« Die Baka waren recht klein, ähnlich wie die San in Namibia. Sie unterschieden sich im Körperbau grundlegend von den in der Umgebgung lebenden Bantu und anderen zentralafrikanischen Völkern, die ich kannte. Der niedrige Wuchs hatte sie auch bekannt gemacht, aber heute gilt die Bezeichnung Pygmäe als politisch unkorrekt, zumal dies in Deutschland, jedenfalls in Bayern, auch als Schimpfwort benutzt wird. Ähnlich wie die San hatten sie keine schwarze, sondern eine gelblich-braune Körperfarbe und die Frauen einen leichten Fettsteiß. Sie werden fälschlicherweise oft den Buschmännern zugeordnet. Obwohl beide Völker sehr klein sind, haben sie sonst nicht viel gemeinsam, jedenfalls keine gemeinsame Abstammung. Baka leben in den Regenwäldern von Kamerun, Gabun, der Zentralafrikanischen Republik und der Republik Kongo. Ihre Gesamtzahl ist unbekannt, sie wird auf 5000 bis 28 000 geschätzt. Alles in allem soll es rund 200 000 Pygmäen geben.

»Sie werden hier von den Bantu klar diskriminiert und verachtet«, sagte Sibylle. »Aber sie halten umgekehrt auch nicht viel von den Bantu. Sie sagen, die seien dick und plump wie Elefanten.« Während des jahrhundertelangen Zusammenlebens hatten die Baka aber Handelsbeziehungen zu den Bantu entwickelt, tauschten Honig gegen Metallwerkzeuge, Alkohol und Tabak. Sie nahmen sogar die Bantu-Sprache an. Als Naturvolk waren sie sicher nur noch sehr eingeschränkt zu bezeichnen, schließlich hatten sie sich schon an die westliche Kleiderordnung gewöhnt und jagten inzwischen nicht selten mit Gewehren.

Sibylle sagte: »Ihr Lebensraum wird immer kleiner. Der Wald wird illegal abgeholzt, und die Pygmäen verlieren ihre angestammten Jagdgründe. Von den hiesigen

Traditionell benutzen die Pygmäen Armbrüste für die Jagd auf Kleinwild. Hilflos erleben sie die Abholzung des Regenwaldes.

Schwarzen werden sie verachtet. Deshalb versuchen die GTZ und der WWF, die Pygmäen als Wildhüter im Lobéké-Park einzusetzen. Und genau das Gleiche machen wir hier. Wir versuchen, wenigstens ein paar Baka-Familien ein Auskommen zu sichern.«

Vor allem aber bestand Sibylles selbst gewählte Urwaldmission aus dem Schutz der letzten lebenden Gorillas, Schimpansen, Waldelefanten, Bongos, Sumpfantilopen und anderer Tierarten, die im Kongobecken nur noch selten vorkommen.

»Was genau macht ihr hier?«, fragte Kuno.

»Wir versuchen, Wilderer und illegale Holzfäller aufzuspüren und übergeben sie der Polizei. Wir beobachten und zählen die Tiere im Gebiet.«

»Ist das nicht gefährlich?«, wollte Miriam wissen.

Sibylle lachte kurz auf. »Ziemlich gefährlich sogar. Die Wilderer sind oft mit Kalaschnikows bewaffnet und zögern nicht, auch auf uns zu schießen. Deswegen tragen wir Schutzwesten und Waffen. Wir haben schon Morddrohungen bekommen. Wenn du Angst hast, kannst du den Job hier nicht machen.« Sie erzählte, was noch dazu gehörte. »Wir zeichnen neue Karten, legen Straßen- und Pistennetze fest, beseitigen umgestürzte Bäume, erneuern Brücken und versorgen die hier arbeitenden Pygmäen, die übrigens mit ihren ganzen Familien im Camp leben.«

Sibylle führte uns in ihre Schlaf- und Arbeitshütte, in deren einzigem Raum ein großes Bett mit grünem Moskitonetz, ein Schrank, zwei Stühle und ein Tisch, ein Waschbecken und ein Schreibtisch mit Computer standen. Geoffroy saß vor dem Rechner und verschickte gerade E-Mails, was mithilfe einer Satellitenschüssel möglich war. Für uns öffnete er einen Ordner auf der Festplatte mit Fotos. »Regardez – schaut mal. Unsere Pygmäen haben gerade gestern wieder einen großen Haufen Bushmeat gefunden. Absolutement horrible – schrecklich«, sagte er.

Zuerst konnte ich nicht genau erkennen, was auf den Bildern zu sehen war. »Roland, das sind Elefantenbeine, Teile vom Rüssel, und hier, natürlich: die Stoßzähne«, sagte Miriam.

»Ja, furchtbar«, fügt Sibylle verzweifelt an. »Manchmal entdecken wir jeden Tag so einen Haufen. Sie verstecken das Bushmeat irgendwo im Wald, um es später abzuholen, wenn ein Truck vorbeikommt, der Bäume nach Yaoundé bringt.«

»Unsere Pygmäen sind sehr gut darin, die Verstecke aufzuspüren«, ergänzte Geoffroy.

»Darum sind wir gekommen«, sagte Kuno. »Dabei möchten wir euch begleiten, das soll man auch in Deutschland erfahren.«

Geoffroy und Sibylle warfen sich in ihre grünbraun gefleckten Militärklamotten, packten Gewehre und Pistolen ein. Die kleine Pygmäen-Armee war ohnehin abmarschbereit. Auch sie trugen Tarnuniformen, schwarze Mützen und jeder ein Gewehr in der Hand. Es kam mir vor, als zögen wir in den Krieg. Das sagte ich auch zu Sibylle. »Es ist ein Krieg«, meinte sie. »Es ist ein Krieg gegen den Wald, seine Tiere und Menschen, der hier geführt wird, und wir leben mitten auf dem Schlachtfeld. Die Wilderer werden immer aggressiver. Es kann passieren, dass sie ohne Warnung schießen, wenn wir sie aufspüren. Also größte Vorsicht!«

Die Baka-Pygmäen, Sibylle Obireys Regenwaldranger, haben Bushmeat beschlagnahmt: gewilderte Antilopen.

Wir marschierten los. Genau wie im Amazonas oder in West-Papua gingen die Indigenen voran und folgten dem Pfad, den unsereins gar nicht erkennen kann. Schon nach einer Stunde entdeckten sie im Unterholz angebrachte Kabelfallen, die Wilderer ausgelegt hatten. Sibylle und Geoffroy suchten den Platz aufmerksam ab. »Hier haben sie wohl noch keine Tiere gefangen«, sagte sie. »Aber oft höre ich die Schreie gequälter Tiere, die in diesen Fallen extra am Leben gelassen werden, damit das Fleisch frisch bleibt.«

Plötzlich stoppten unsere Pygmäen. Sie machten Zeichen, still zu sein. Aufmerksam horchten sie in den Wald, gaben Geoffroy dann ein Signal. Er sah uns an: »Des braconniers – Wilderer«, flüsterte er. Jetzt wurde es ernst. Kuno schaltete die Kamera ein. Die Pygmäen huschten davon, und dann hörten wir sie rufen. »Sie haben einen erwischt«, sagte Sibylle.

Schnell folgten wir den Rufen. Unter einem gewaltigen Brettwurzelbaum hatten die Pygmäen einen kräftigen Schwarzen von vielleicht 35 Jahren gestellt, der wohl einsah, dass er keine Chance hatte zu flüchten. Er hielt eine Schlinge in der Hand, eine Falle, wie wir sie unterwegs bereits gesehen hatten. Ein Fallensteller. »Ach, sieh an«, sagte Sibylle. »Den kennen wir doch. Das ist Pierre, unser ehemaliger Koch.«

Als der Schwarze Sibylle und Geoffroy sah, begann er, auf Französisch zu lamentieren. Unsere Kamera nahm er offenbar gar nicht wahr. »Was machst

Geoffroy, Wildhüter im Regenwald.

Auf frischer Tat ertappt: Der Wilderer (Mitte) hielt noch die Falle in der Hand.

du hier?«, herrschte ihn Geoffroy an. Der Schwarze gab sich ahnungslos. »Ich habe hier nur nach Gold gesucht. Geoffroy, du kennst mich doch, ich würde niemals wildern. Jamais, jamais – niemals, nie würde ich das tun.«

Inzwischen hatten die Pygmäen die Umgebung abgesucht und waren fündig geworden. In einem Versteck im Unterholz lagerten Dutzende Stücke getrocknetes Bushmeat. Sibylle sah es sich an, roch daran. »Das ist von Waldelefanten und Antilopen«, sagte sie. »Dieses Schwein!« Der Wilddieb sagte kein Wort mehr.

Kuno filmte, wie Geoffroy ihm befahl, mit uns zum Camp zu gehen. Dort musste der Gefangene in Geoffroys Pick-up Platz nehmen. Sibylle setzte sich ans Steuer. Da sie Pierres Wohnsitz kannten, nahmen sie ihm seinen Ausweis ab und ließen ihn zunächst wieder laufen. Wir folgten unseren Gastgebern mit dem Geländewagen nach Socambo, dem Grenzort zum Kongo, einem kleinen malariaverseuchten Nest 40 Kilometer entfernt. Socambo lag am Grenzfluss Ngoko außerhalb des Dschungels. Dann ging es weiter nach Kika zum Gendarmerieposten. Mit dem dortigen Polizeichef, Christophe Gaga, einem gemütlichen korpulenten Schwarzen, waren Sibylle und Geoffroy bekannt. Sie begrüßten sich per Handschlag.

»Hier haben wir schon oft Wilderer abgeliefert«, erklärte Sibylle. »Der Gendarm kennt uns, der weiß, dass wir ihm immer wieder Arbeit bringen. Aber er ist auf unserer Seite, was man nicht von jedem Polizisten hier sagen kann. Außerdem arbeiten wir eng mit der GTZ, dem WWF und dem Umweltministerium in Yaoundé zusammen.«

Der Polizeichef nahm den Ausweis entgegen und das beschlagnahmte Bushmeat in Empfang und versprach, den Wilderer umgegend zu verhaften. Allerdings hatte die Station nur eine einzige Gefängniszelle. Leider durften wir sie nicht filmen, weil schon ein anderer Delinquent auf der Holzpritsche saß, der »einen bösen Zauber« hatte, wie uns der Beamte mitteilte. Der Hexer schien ihn weit mehr zu beeindrucken als wir, dachte ich.

»Er ist wahrscheinlich nur ein kleiner Fisch«, sagte Sibylle. »Aber uns gehen oft auch Wilderer ins Netz, die im großen Stil jagen. Trophäen wie Elfenbein, Gorillaköpfe und Bushmeat werden in den Dörfern verkauft oder in den Kongo geschmuggelt. Die Wilddiebe festzunehmen, kann absolut lebensgefährlich sein, weil sie eben meistens bewaffnet sind.«

»Was interessiert die denn am meisten?«, wollte Miriam wissen.

»Diese Leute jagen alles, was sich bewegt. Ob es geschützte Tierarten sind, interessiert sie überhaupt nicht. Sie folgen den Schneisen, die die Holzfäller schlagen, und dringen auf diese Weise immer tiefer in den Wald ein. Noch leben etwa 100 Gorillas und einige Dutzend Schimpansen in unserem Wald, aber wenn es so weiter geht, sind die in zwei bis drei Jahren alle tot.«

Zurück im Camp erzählte uns Sibylle Obirey ihre Geschichte: »Ich habe schon als Kind davon geträumt, im Regenwald zu leben, um Tiere zu beobachten und den Menschen dort zu helfen«, sagte sie. Eigentlich wollte die gelernte Schriftsetzerin

Massaker an bedrohten Tieren: zerhackter Gorilla.

Lehrerin werden. »Aber weil ich die SED ablehnte, blieb mir nur das Wirtschaftsstudium in Leipzig.« Als sich das Gerücht verbreitete, Ungarn würde die Grenze öffnen ergriff sie die Chance und gelangte im September 1989 nach Bonn. Damals war sie 26 Jahre alt. Sie begann ein Studium der Betriebswirtschaftlehre und jobbte in den Semesterferien im nahen Frankreich. Vor allem aber träumte sie weiter vom Urwald.

Später lernte sie einen Mitarbeiter der GTZ kennen, und als der das Lobéké-Nationalpark-Projekt in Kamerun aufbauen sollte, ging sie einfach mit. Zu Beginn der neunziger Jahre hatte der WWF ein biologisches Gutachten erstellt, das empfahl, das Lobéké-Gebiet an der Grenze zur Republik Kongo unter Naturschutz zu stellen. Im Oktober 1999 wurde ein rund 2200 Quadratkilometer großes Regenwaldgebiet dann tatsächlich zum Nationalpark erklärt. Im gleichen Jahr wurde die sogenannte Yaoundé-Erklärung unterzeichnet, um im Dreiländereck einen trinationalen Park zu schaffen, der den Lobéké-Park, das Dzanga-Sangha-Waldreservat in der Zentralafrikanischen Republik und den Nouabalé-Ndoki-Nationalpark in der Republik Kongo umfasst. Der Lobéké-Nationalpark steht seit 2006 auch auf der Vorschlagsliste zum Unesco-Welterbe, weil er sich durch eine enorme Pflanzenvielfalt auszeichnet, darunter mindestens 300 verschiedene Baumarten. Noch erstaunlicher ist der Reichtum an Tieren. Hier leben unter anderem Waldelefanten, Gorillas, Schimpansen, Große Weißnasenmeerkatzen, Riesenwaldschweine, Pinselohrschweine, Bongos und etwa 300 Vogelarten. Die zahlreichen Papageienvögel werden von Wilderern bevorzugt gefangen und illegal exportiert.

Im Nationalpark leben auch noch indigene Gruppen, neben den Baka unter anderem die Bangando und Bakwelle. Da ihnen zuerst die Holzfäller und nun das Jagdverbot im Nationalpark das Leben schwer machten, verarmte die heimische Bevölkerung zunehmend. Die Aufgabe der GTZ bestand damals darin, gemeinsam mit dem WWF ein Konzept zum Schutz des Nationalparks vor Wilddieben und illegalen Holzfällern zu entwickeln, die weiterhin ein großes Problem darstellten. Jede Menge illegal geschlagene Tropenhölzer landen bis heute täglich zur Verschiffung in der kamerunischen Wirtschaftsmetropole Douala, der mit 1,6 Millionen Einwohnern größten Stadt des Landes am Wouri-Fluss nahe der Atlantikküste.

»Nach einem Jahr in Socambo lernte ich Geoffroy kennen, und er fragte mich, ob ich nicht mit ihm arbeiten will«, erzählte Sibylle. »Ich habe ohne groß zu überlegen ›Ja‹ gesagt.« Seither lebte sie von der Außenwelt nahezu abgeschnitten das ganze Jahr über in dem von den beiden gegründeten Camp de Lognia an der kongolesischen Grenze.

Geoffroy war von einer kanadischen Gesellschaft angestellt worden, um ein großes Stück Regenwald außerhalb des Lobéké-Gebiets vor Wilderern zu schützen. Die Kanadier hatten das 30 mal 40 Quadratkilometer große Waldgebiet vom Staat Kamerun für die Großwildjagd à la Hemingway gepachtet. Ihre betuchten Klienten – vor allem Amerikaner und Russen – durften pro Jahr nur eine genau festgelegte Anzahl von kranken oder überzähligen Tieren schießen und mussten erhebliche Summen dafür bezahlen. Eine 14-tägige Safari inklusive eines geschos-

Sibylle Obirey mit Baka-Pygmäen im Rangercamp.

senen Waldelefanten kostete 25 000 Dollar. Als Trophäen besonders begehrt waren aber nicht Elefanten, sondern Bongos, eine Antilopenart, die nur in dieser Region vorkommt.

»Heißt das nicht, den Teufel mit dem Beelzebub austreiben?«, fragte Kuno. »Den Wald zu schützen, indem man Tiere abknallt, ist eigentlich nicht das, was man sich unter Naturschutz vorstellt.«

»In unserem Jagdgebiet sind pro Saison nicht mehr als acht Abschüsse erlaubt«, antwortete Sibylle. »Das halte ich für absolut vertretbar. Bislang hatten wir maximal vier Kunden pro Saison. Das Geld, das wir bekommen, reicht immer gerade so aus, um den Tierschutz für ein weiteres Jahr zu gewährleisten und kleinere Neuanschaffungen für das Camp zu machen. Unser Konzept ist einfach: Die Jagdtrophäen dienen auf diese Weise dem Naturschutz.«

Ich dachte, das sei ein überzeugendes Programm, mit dem sich vielleicht auch andere Regenwaldgebiete schützen ließen. Allein das Bushmeat, das wir am heutigen Tag entdeckt hatten, dürfte schon drei oder vier Abschüssen entsprechen.

Für Geoffroy gab Sibylle ihr bisheriges Leben und ihre Zukunftsplanung auf. »Hier im Dschungel mit den Tieren und Pygmäen fühlte ich mich so wohl wie noch nie«, sagte sie. »Es ist wirklich wie die Erfüllung eines Traums.« Im Jahr 2000 bauten sie ihr Dschungelcamp mit der Unterstützung der Baka. Die Kanadier bezahlten den beiden ein Gehalt, damit sie auf den Wald aufpassten. »Und das wird von Jahr zu Jahr schwieriger, selbst mit der unschätzbaren Hilfe unserer Pygmäen.« Für Sibylle war es immer klar gewesen, dass sie mit den Baka zusammenarbeiten mussten. »Denn sie sind es, denen das Land hier eigentlich gehört.«

An diesem Abend feierten die Baka ein kleines Fest am Lagerfeuer. Normalerweise verwenden sie nicht viel Zeit auf Rituale – mit Ausnahme von Jagd- und Totenzeremonien –, aber Musik und Tanz gehören einfach zu ihrem Alltag dazu. Sie schlugen mit Holzklöppeln auf Trommeln aus gegerbtem Leder und sangen in einer melodischen, polyphonen Weise aus einzelnen Lauten, die als »Sprache ohne Worte« bekannt ist. »Das ist die geheime Sprache der Wälder«, erklärte Geoffroy, »damit kommunizieren sie mit den Waldgeistern und bitten sie, gnädig zu sein.«

In den nächsten Tagen lernten wir Geoffroy etwas besser kennen. Er war ein absoluter Hardliner. Wenn er sagte: »Ich schieße auch, wenn es nicht anders geht«, dann war das absolut ernstzunehmen. Aber zu uns war er nett und half auch bei den Dreharbeiten.

Geoffroy hatte dafür gesorgt, dass die Nachricht von der Ankunft eines Zahnarztes unter den Baka der Umgebung die Runde machte, und bald konnte ich mich vor dunkelhäutigen Patienten kaum retten. Ihr Hauptproblem war Karies, weil sie zuviel Zuckerrohr kauten. Interessant waren die rituell angefeilten Zähne, die sie alle noch besaßen. Sie sind ein wichtiges Stammesmerkmal, das die Baka ähnlich wie die San in Namibia und die Bench in Äthiopien mit 14 oder 15 Jahren erhalten. Erst dann gelten sie als erwachsene Männer.

»Es gibt ein großes Problem mit unseren Baka«, sagte Sibylle. »Sie leben seit ewigen Zeiten hier im Wald, aber seit neuestem haben die Kanadier die gleiche Auflage wie der WWF erlassen: Sie dürfen im Wald nicht mehr jagen. Aber die Baka sind Sammler und Jäger, sie haben immer gejagt. Sie sehen natürlich nicht ein, dass sie kein Wild mehr schießen sollen und tun es weiterhin – aber nicht, um das Fleisch zu verkaufen, sondern für ihren eigenen Bedarf.«

»Und was macht ihr nun?«

»Wir versuchen, mit ihnen zu reden und sie bei uns anzustellen oder an den Lobéké-Park zu empfehlen. Viele arbeiten inzwischen bei den Holzfirmen. Das ist geradezu pervers, weil sie ihren eigenen Wald niedermachen. Es gibt hier französische Holzfirmen, die dürfen den sogenannten selektiven Holzeinschlag betreiben. Aber die Schneisen, die sie schlagen, sind viel zu breit. Es ist eine Katastrophe. Und es führt auch dazu, dass die Tiere aus dem Wald kommen.«

»Und wenn ihr nun einen Baka beim Wildern erwischt?«, hakte ich nach.

»Dann sind wir nicht ganz so streng mit ihm«, sagte Sibylle und lachte. »Ei-

Die Baka-Pygmäen litten unter Karies vom Zuckerrohrkauen.

Das Elephantenbaby hatte keine Chance. Die Wilderer erschossen es mit einer Armbrust.

nes ist klar, sie sind einfach keine Feldbauern, man kann sie nicht mit Gewalt dazu machen. Aber klar, das ist ein Dilemma.«

Ich dachte, es sei im Grunde das gleiche Problem wie bei den San in Botswana oder den Batak auf den Philippinen. Naturschutz gegen Naturvölker. Ein Konflikt, bei dem die Naturvölker immer unterlagen. In Afrika waren schon öfter Naturvölker zwangsumgesiedelt worden, wenn große Flächen unter Naturschutz gestellt wurden. Das Argument war immer dasselbe: Sie jagen die Tiere, die geschützt werden sollen. Deshalb müssen sie weg. Doch verbriefte Landrechte gibt man ihnen nicht, da sie auf der untersten Stufe der sozialen Rangleiter stehen.

Es war am dritten oder vierten Tag im Camp, als ein Baka schreiend angerannt kam: »Éléphant mort – toter Elefant!« Als wir die Stelle später erreichten, fanden wir ein totes Elefantenbaby nur wenige Kilometer vom Camp entfernt. Der Anblick war unglaublich traurig. Das vielleicht einjährige Junge hatte Stichverletzungen am Hinterkopf und unter dem rechten Ohr. Wir tippten auf eine Armbrust. Die Pygmäen halfen, das tote Tier zu bergen. Die Wilderer spürten wir diesmal nicht auf. Aber es war offensichtlich, dass ihr Verbrechen nur wenige Stunden zurücklag.

Wenig später tauchte im Camp ein Franzose auf, Jean-Francois Lagrot, ein Tierarzt und Tierfilmer, der mit Geoffroy befreundet war. Er wollte den Bushmeat-Skandal aufdecken und begleitete deshalb bereits seit einiger Zeit eine Gruppe schwarzer Wilderer mit der Kamera. Die kriminellen Jäger hatten sich darauf eingelassen, weil er dafür bezahlte. Er war bei dem Elefantenmassaker dabei gewesen und berichtete uns, was dort geschehen war.

Der korrupte Polizeichef von Kika.
Er hat einen Fetisch beschlagnahmt.

»Die Wilderer suchten gezielt nach den seltenen Waldelefanten«, berichtete Jean-Francois. »Heute Morgen entdeckten sie eine Gruppe und veranstalteten eine Hetzjagd. Sie hatten keine Gewehre, sondern nur Macheten, und es ging ihnen nicht nur ums Elfenbein, sondern auch ums Fleisch.«

»Konnten Sie erfahren, wohin sie das Fleisch verkaufen?«, fragte ich ihn.

»Sie haben mir gesagt, dass sie es in den Kongo bringen, wo es sich besonders gut loswerden lässt.«

»Warum haben sie denn das Baby liegengelassen?«

»Eure Pygmäen haben sie verjagt. Sonst hätten sie es bestimmt mitgenommen.«

Jean-Francois fragte uns, ob wir seine Aufnahmen vielleicht kaufen wollten, wozu uns aber das nötige Kleingeld fehlte. Dann sagte er: »Die Wilderer bekommen ihre Aufträge direkt vom Polizeichef in Kika. Das Elfenbein wird von hohen Regierungsbeamten in Yaoundé gekauft. Das Bushmeat verkaufen sie auch dorthin, aber vor allem nach Zentralafrika oder in den Kongo.«

Wir waren wie vor den Kopf geschlagen. Dieser Polizeichef war derselbe, den wir einen Tag zuvor in seinem Büro in dem 11 000-Einwohner-Dorf Kika, rund 50 Kilometer entfernt, interviewt hatten. Gendarm Christophe Gaga hatte sich als großer Naturschützer aufgespielt. Man sorge dafür, dass die Gorillas und Waldelefanten eine Zukunft haben, hatte er gesagt. Man habe extra dafür ein Programm aufgelegt. Man nehme den Naturschutz in Kamerun sehr ernst. Sibylle und Geoffroy waren fassungslos. Wie oft hatten sie beschlagnahmtes Bushmat bei diesem Mann abgeliefert!

In den verbleibenden Tagen begleiteten wir Sibylle und Geoffroy auf zahlreichen Patrouillen, wir sahen die gewaltigen Holzfällerschneisen im Wald, den frisch niedergemähten Dschungel, wir fanden immer wieder blutige Reste von Bushmeat. Allein während unserer kurzen Anwesenheit konnten wir das Fleisch von etwa 20 gewilderten Antilopen beschlagnahmen. Wir filmten Sibylle, wie sie neue Pygmäen für ihre kleine »Guerillatruppe« rekrutierte, mit Waffen und Uniformen ausrüstete. Wir versuchten, Chefs oder Arbeiter der Holzfirmen zu interviewen, aber das wurde uns untersagt. Am Schluss drehte Kuno ein langes Interview mit Sibylle und Geoffroy in ihrem kleinen Camp, das uns wie das Asterixdorf im Comic vorkam und den letzten Widerstand gegen die globalisierte Zerstörungsmaschinerie zu symbolisieren schien. Sibylle meinte: »Wir wollen hier noch lange weitermachen, denn wir glauben einfach daran, dass es wichtig ist, auch nur zehn Gorillas oder Waldelefanten zu retten. Aber ich habe Angst davor, dass es irgendwann nicht mehr möglich ist, denn die Wilddiebe werden immer aggressiver.«

In Deutschland probierten wir noch einmal, einen Sender zu finden, der die Tragödie des Wald- und Wildsterbens in Kamerun und die Geschichte der tapferen Sibylle Obirey und ihres Feundes Geoffroy senden würde – aber noch immer war niemand daran interessiert, weder in Hamburg noch in Köln oder in Dresden. Das war eine große Enttäuschung, zumal wir sensationelle Bilder mitgebracht hatten. Wir konnten dann zwar einen Achtminutenfilm beim Wissenschaftsmagazin »Nano« auf 3Sat unterbringen und Kuno kam nach vielen Absagen schließlich auf die geniale Idee, unter der sensationellen Schlagzeile: »Kika liegt in Afrika!« auf das Urwaldcamp aufmerksam zu machen. KIKA, der Kinderkanal, sendete eine kleine Geschichte von Sibylle und Simossa. Aber das war viel zu wenig, um Sibylle und Geoffroy wirksam zu unterstützen.

In den folgenden Jahren hielt Kuno den Kontakt zu den beiden und berichtete mir ab und zu, dass die Lage in Kamerun immer schwieriger und hoffnungsloser wurde. Dann erreichte Kuno und mich am 2. September 2007 eine erschütternde E-Mail aus Yaoundé, die ich hier mit Sibylles Einwilligung fast vollständig wiedergebe. Sibylle und Geoffroy waren in eine aussichtslose Lage geraten. Es schien nicht möglich, dass sie weiter in Kamerun bleiben konnten. Ihr Projekt war gescheitert, der Wildpark verloren. Ihr Brief ist ein erschütterndes Dokument und wirft auch ein Schlaglicht auf kriminelle Vorgänge in einem abgelegenen Land, über die man sonst nie etwas erfährt. In dem Brief schrieb Sibylle Obirey:

»Ihr Lieben, wir sind in Yaoundé im Hotel und haben nun endlich wieder Internet und so hoffe ich, wieder ein bisschen mehr in Kontakt mit Euch zu bleiben. Im Moment sitzen wir hier fest und hoffen, dass sich bald eine Lösung findet, um hier wegzukommen. Auf jeden Fall geht es uns jetzt schon besser, als vor einer Woche. Damit Ihr besser verstehen könnt, was uns passiert ist, will ich Euch mal einen ausführlichen Bericht geben. Am Samstag vor einer Woche wollten wir das letzte Mal vor unserem Urlaub ins Dorf Kika fahren, um die letzten Einkäufe für das Personal zu machen und Geld für die Zeit während unserer Abwesenheit zu hinterlassen. Fünf Personen sind im Camp geblieben mit dem Auftrag, eine Stunde nach unserer Abfahrt unsere Pisten zu überprüfen, denn nach dem letzten Regen wollten wir sicher sein, dass keine Bäume die Pisten blockieren.

Gegen zehn Uhr haben wir das Camp verlassen, und schon wenige Kilometer auf der Straße haben wir verfaultes Fleisch gerochen und einen Berg gewilderte Tiere gefunden. Wir haben alles im Camp abgeliefert und uns wieder auf den Weg gemacht. Unterwegs sind uns noch zwei Laster mit Wilderern begegnet, die ihre Beute nach Socambo bringen wollten. Zirka 20 Kilometer von unserem Camp (immer noch in unserer gepachteten Zone) begegnete uns ein Laster mit vier Wilderern und mehreren Körben Fleisch, gefolgt von einem zweiten Laster, in dem ein Gendarm saß. Wir beschlossen, umzukehren und mit Hilfe des Gendarmen das Fleisch zu beschlagnahmen. Als die Wilderer sahen, dass wir ihnen folgten, drohten sie uns direkt mit ihren Macheten. Wir baten den Gendarmen, uns zu helfen. Die Wilderer waren äußerst aufgeregt und wollten ihre Beute absolut nicht abladen.

Der Chauffeur des Lasters versuchte, sein Nummernschild zu verstecken, wollte aber keine Probleme und versuchte, das Fleisch selbst zu entladen. Das hat die vier Wilderer absolut in Wut gebracht, und der Gendarm bemühte sich, sie zu beruhigen. Geoffroy hatte seine Pistole in Anschlag, denn die Situation war äußerst gefährlich. Da der Gendarm selbst keine Waffe und Angst hatte, zog er sich zurück und stieg wieder in seinen Laster. Das war der Moment, in dem einer der vier Wilderer mit seiner Machete auf Geoffroy losging. Geoffroy hat noch geschrieen: ›Hört auf, beruhigt euch, hört auf ...‹, aber sie waren nicht aufzuhalten. Geoffroy lief noch zirka zehn Meter rückwärts, bis er gegen den Laster stieß und gab einen Warnschuss ab.

Das hat die anderen immer noch nicht aufgehalten. Kurz bevor er selbst einen Schlag mit der Machete abbekam, schoss er, und der Wilderer wurde in den Arm getroffen. Er wollte trotzdem noch zuschlagen, konnte aber nicht mehr. Unser Chauffeur hatte unser Auto unterdessen gewendet, und wir sind alle reingesprungen, um auf schnellstem Wege die Gendarmerie in Kika zu informieren. Wir wollten nach dem Verletzten sehen und die Lage im Camp absichern. Nach etwa zwei Stunden hatten sie endlich auch acht Ecogards (Ranger, die für die Wildereibekämpfung im angrenzenden Lobéké-Nationalpark zuständig sind und mit uns zusammenarbeiten) bewaffnet und waren fertig, um mit uns zurückzufahren.

Unterdessen kamen unsere verbliebenen Pygmäen mit Chauffeur und Mechaniker mit zwei von drei im Camp gebliebenen Pick-ups in Kika an. Sie waren eine Stunde später rausgefahren, um wie vorgesehen die Pisten zu überprüfen und fanden auf der Straße den Wilderer, der inzwischen tot war und schon komplett ausgezogen (Diebe!). Er muss verblutet sein.

Sie machten sich sofort auf den Rückweg ins Camp. Als sie dort ankamen, hörten sie schon die ersten Schüsse in Campnähe. Die Pygmäen wollten sofort aufbrechen und abfahren. Aber unser Mechaniker war so geistesgegenwärtig, in Windeseile sämtliche Trophäen unserer Jagdkunden dieser Saison ins Auto zu packen, außerdem Geoffroys Waffen, unsere beiden Computer und die Geldkassetten, die ich glücklicherweise in den letzten Tagen vor unserer geplanten Abreise nicht mehr im Wald versteckt hatte. Sie kamen gegen 15 Uhr in Kika an, und wir haben alles in der Gendarmerie deponiert. Gegen 16 Uhr haben wir uns mit zwei Autos auf den Weg gemacht. Simossa hatten wir auch dabei.

Auf dem Weg habe ich mir überlegt, wie gefährlich die Situation ist, denn die Wilderer haben fast alle Kalaschnikows, die sie illegal aus dem Kongo einführen. Ich befürchtete, dass sie damit sicher auf die Autos schießen werden. So haben wir beschlossen, dass ich auf der letzten Straßenkreuzung, zirka 30 Kilometer von Kika, aussteige und versuche, bei der italienischen Holzgesellschaft Unterschlupf zu finden. Also bin ich mit Simossa auf einem Moped wieder zurückgefahren. Vorher kam auf dieser Kreuzung ein Laster an mit zirka 50 Waldarbeitern, die für eine andere Holzgesellschaft arbeiten und die auf dem Rückweg nach Kika waren. Der Laster hielt, und sie stiegen ab. Alle waren äußerst aggressiv und drohten mir, uns auch umzubringen.

In Kika hat eine Holzgesellschaft ihre Wohnhäuser auf einem Berg. Ihr Mechaniker Emmanuel, ein Portugiese, hat mir ein Zimmer in ihrem Gästehaus gegeben. Nach zirka anderthalb Stunden kam Geoffroy an. Er hatte unser Camp nicht mehr erreichen können. Schon zehn Kilometer vor dem Camp hatten Leute mit Mopeds eine Straßensperre errichtet, und etwa zehn Männer rannten mit gezückten Macheten und Benzinkanistern auf die Autos zu. Um weitere Tote zu vermeiden, mussten sie wenden und die Flucht ergreifen.

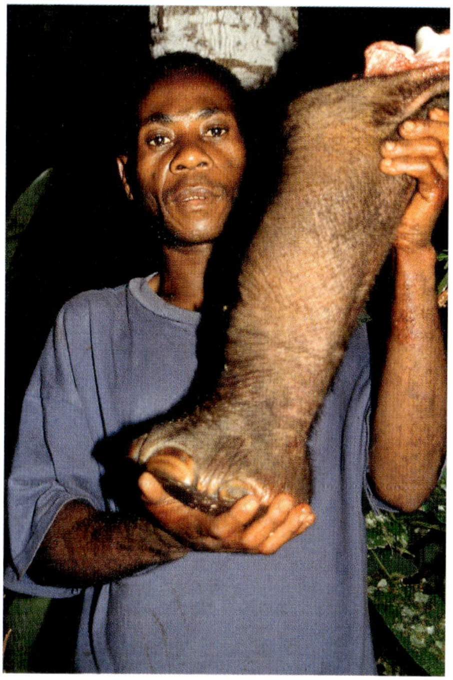
Verhafteter Wilderer mit Elefantenbein.

Geoffroy erfuhr, dass unser Camp von den Einwohnern von Socambo geplündert und alles niedergebrannt wurde. Wir hatten nur noch das, was wir gerade auf dem Leib trugen, keine Pässe, keine Kreditkarten, nichts mehr.

In Kika hatte die Gendarmerie Verstärkung aus Yokadouma angefordert, und gegen 23 Uhr trafen zehn bewaffnete Gendarmen in Kika ein. Unterdessen war der ganze Ort in Aufruhr und wollte uns lynchen. Emmanuel fuhr nach unten, um sich zu erkundigen, und wir haben an die Familie des Wilderes, die unterdessen eingetroffen war, Geld geschickt, damit die Begräbniszeremonie organisiert werden konnte, und auch den Gendarmen haben wir Geld für Übernachtung und Essen gegeben. Die Nacht auf dem Berg war äußerst angespannt, denn wir waren ständig darauf gefasst, dass eine Horde außer Kontrolle geratener Wilder über uns herfallen würde. Geoffroy hatte keine Waffe mehr, denn sein Magazin war irgendwo verloren gegangen.

Am nächsten Vormittag fuhr Emmanuel in den Ort, um sich Klarheit über die Lage zu verschaffen. Er berichtete uns, dass sich alle, auch die Gendarmen aus Kika, von unserem Geld betrunken hätten (die Familie hat von dem Geld nichts gesehen), und die Verstärkung aus Yokadouma war wieder zurückgefahren, weil sie die Situation nicht mehr kontrollieren konnten und Angst hatten. Unsere zwei im Ort verbliebenen Pick-ups waren unterdessen umgekippt und total demoliert worden (Sand und Zucker in den Motor und sämtliche Reservoirs, Scheiben eingeschlagen, Batterien zerstört ...).

Wir waren nun absolut schutzlos und mussten auf schnellstem Wege versuchen, Kika zu verlassen. Außerdem wurde gegen zwölf Uhr das Sicherheitspersonal auf dem Berg ausgetauscht, und wenn dann einer von denen erzählt hätte, dass wir noch da waren, hätte es keine Rettung mehr gegeben. Zum Glück hatten wir das Auto, mit dem wir unterwegs waren, auf dem Berg versteckt, und auch die Chauffeure und der Mechaniker hatten sich bei uns in Sicherheit gebracht, denn ihnen wurden schon am Vorabend die Hemden zerrissen. So haben wir alle Aufkleber unserer Firma vom Auto gerissen und sind gegen elf Uhr, im Auto versteckt, losgefahren.

Wir kamen dann gegen 14 Uhr in Lokomoan an, zirka 150 Kilometer entfernt, dem Sitz einer französischen Holzgesellschaft. Ihr Chef François, ein sehr netter, junger Franzose, mit dem wir uns gut verstehen, hat uns im Gästehaus einquartiert und uns Zahnbürsten und Seife gekauft. Von dort aus haben wir dann telefoniert, um einen Charterflug zu organisieren, der uns evakuieren könnte. Mit dem Auto konnten wir uns nicht mehr auf den Weg machen, denn der Tote sollte nach Yokadouma gebracht werden, und dort hätten wir auf jeden Fall durchgemusst. François hatte uns angeboten, sich um Simossa zu kümmern, die ich in einem Dorf in der Nähe von Kika zurücklassen musste. (...)

Wir sind dann gegen Mittag von Lokomo nach Douala, in die größte Stadt Kameruns, geflogen. Dort haben wir uns mit einem Rechtsanwalt, der für die französische Botschaft arbeitet, in Verbindung gesetzt. Er wird uns vertreten, denn Geoffroy kann das Land nicht verlassen, bevor vor Gericht offiziell anerkannt ist, dass er in Notwehr geschossen hat. Die Situation ist klar, und es besteht kein Zweifel, dass es keine andere Lösung gab, denn sonst hätten uns die vier Wilderer mit ihren Macheten niedergemacht. Wir haben die Unterstützung vom Ministerium, der französischen Botschaft und des WWF.

Seit einem Jahr haben wir auf die gefährliche Situation und die Zunahme der Wilderei und der Waffen in unserer Region aufmerksam gemacht. Noch vor zwei Wochen, als ich auf dem Rückweg von Douala war (ich hatte Geoffroys Mutter, die bei uns zu Besuch war, begleitet), habe ich im Ministerium angerufen, den Gouverneur informiert und beim Prefekten von Yokadouma vorgesprochen. Das ganze Jahr über hatten wir Berichte per E-Mail an die entsprechenden Verantwortlichen geschickt. Ich war darauf gefasst, dass unser Camp während unserer Abwesenheit überfallen und niedergebrannt wird. Zwei Camps in unserer Region waren in diesem Jahr schon überfallen worden, Touristen und *Ärzte ohne Grenzen* wurden in Yokadouma überfallen und ausgeraubt.

Die Lage ist überhaupt nicht mehr kontrollierbar, und es herrscht die totale Anarchie, denn niemals wird irgendjemand bestraft. Wilderer, selbst mit Kalaschnikows, sind schon am nächsten Tag wieder auf freiem Fuß. Die Gendarmen, der Bürgermeister, die Verantwortlichen vom Ministerium, der Prefekt, alle sind Komplizen. Unter diesen Bedingungen kann dort niemand mehr arbeiten. Auch die Holzgesellschaften sind bedroht, und niemand kann für Sicherheit garantieren. Auf einen fairen Prozess zu hoffen, ist eine Illusion. Alle sehen nun die Möglichkeit, an

Das Schimpansen-
mädchen Simossa
hat überlebt.

unserem Fall zu verdienen. Wir hoffen, dass wir gegen Kaution (die sich der Richter in die Tasche stecken wird) das Land bis Prozessbeginn verlassen können. Aber alles das muss erst verhandelt werden, und hier dauert alles noch viel länger als in Europa. Man hat uns gesagt, drei bis sechs Monate!

Mit Antonio, dem Direktor unserer Gesellschaft haben wir noch nicht gesprochen. Er war währenddessen zur Jagd in Kanada, ist seit zwei Tagen zurück und hat uns bis jetzt noch nicht einmal angerufen. Es gehen die verschiedensten Gerüchte. (...) Auch die deutsche Botschaft (im Gegensatz zur französischen) hätte am liebsten, dass ich so schnell wie möglich ausreise. (...)

Ich denke, dass wir nächste Woche mehr wissen werden, und ich halte euch auf dem Laufenden. Im Moment geht es uns trotz allem ganz gut. Wir sind froh, dass wir noch gesund und zusammen sind! Morgens bin ich immer sehr deprimiert und ich kann gar nicht glauben, dass alles verloren ist. Viele liebe Grüsse Eure Sibylle.«

Sibylle Obirey hat drei Monate später Kamerun verlassen, nachdem sich die deutsche Botschaft für sie eingesetzt hatte. Sie kehrte zunächst nach Dresden zurück, wo ihre Eltern und ihr Bruder leben. Kurz darauf heirateten sie und Geoffroy im französischen Versailles. Anschließend sahen sie sich nach einer neuen Aufgabe um. Ein »normales« Leben in Deutschland oder Frankreich kam für beide nicht in Frage. Im November 2008 fanden sie eine Möglichkeit in einer ganz anderen Weltgegend. Sie gingen nach Kambodscha, wo sie seitdem in einem Wildpark versuchen, Büffel zu retten. Außerdem sind sie damit beschäftigt, die Khmer-Sprache zu lernen. Über Simossa wissen sie, dass es ihr gut geht. Von ihren Pygmäen haben sie keine Nachrichten mehr erhalten.

Aufruhr in der Südsee – die Dani in West-Papua

Unsere Erlebnisse in Afrika hatten eine Lücke gefüllt, die von der politischen Situation in West-Papua gerissen worden war. Dort war sozusagen ein großes Stoppschild aufgestellt worden. West-Papua war eine *No-Go-Area* für auswärtige Reisende geworden. Ende 2000 hatte die indonesische Regierung die Provinz für alle Ausländer gesperrt. Auf unbestimmte Zeit. Das traf mich hart, denn nach der spannenden Expedition zu den Korowai im Mai 1999 mit Dietmar, Yoko und Moose hatte ich weitere Touren nach Neuguinea fest ins Auge gefasst. Es war die Zeit, als ich jedes Jahr auch mindestens einmal nach Vanuatu fuhr und mich daher ohnehin mit der Südsee beschäftigte.

Eine Tour indessen glückte noch, bevor die Insel »dichtgemacht« wurde. Den Anstoß gab – wie so oft – Hartmut Heller. Wenn er Sturm klingelte und seine Stimme sich überschlug, wenn er hypernervös war und ständig auf die Uhr schaute, dann brannte es irgendwo in der Welt. Dann waren Naturvölker in Gefahr, musste jemand gerettet werden oder wurde schlicht Geld gebraucht. So war es auch an jenem Abend Anfang Juli 2000. Ich war gerade eine Woche von einer sehr anstrengenden Expedition zu den Suruahá, den mysteriösen Selbstmordindianern im zentralen Amazonasbecken, zurückgekehrt. Es war ein Abend, an dem Miriam bei mir zu Gast war. Ich hatte das Haus aufgeräumt, alle Asmatschilde, Federhauben, Korvare und Krokodile abgestaubt, einen schönen Burgunder aus dem Weinkeller geholt, die Gläser eingeschenkt. Gerade wollte ich mit ihr anstoßen, als es klingelte.

Am liebsten hätte ich die Tür gar nicht aufgemacht, da ich schon ahnte, wer davorstand. Und es war, mit zerzausten Haaren und wildem Blick, tatsächlich Hartmut Heller. »Roland, es geht los. Der Aufstand hat begonnen. Die Papuas wehren sich endlich«, legte er los. Ich goss ihm ein Glas Rotwein ein. Obwohl er normalerweise nicht trank, leerte er es in hastigen Zügen. Dann brachte er uns auf den neuesten Stand. Er dozierte.

»Wie ihr wisst. werden die Papuas in ihrer Kultur und Identität von den Indonesiern brutal unterdrückt. Seit den sechziger Jahren versuchen sie daher, die Invasoren wieder loszuwerden. Bereits die Holländer hatten es mit einer Papuaguerilla zu tun bekommen, die auch nach dem Einmarsch der Indonesier im Untergrund weiter für die Unabhängigkeit des Landes kämpfte. Die OPM, die *Organisasi Papua Merdeka,* das heißt Freie Papua-Bewegung, blieb aber schwach. Sie konnte die Bevölkerung nicht wirklich hinter sich bringen, war intern zerstritten und wurde von der gut ausgerüsteten Armee der Besatzungsmacht rücksichtslos bekämpft. 30 000 indonesische Soldaten standen zeitweise in West-Papua, wo sie den doppelten Sold als anderswo erhielten. Der bloße Verdacht, zur OPM zu gehören, reichte aus, um einen Papua zu erschießen. 1971 riefen die Rebellen die unabhängige Republik West-Papua aus, die Indonesien natürlich nicht anerkannte. 1981 gab es schwere Kämpfe in der südlichen Region um Enarotali. 1984 griffen OPM-Einheiten die Hauptstadt Jayapura mit Granaten und Maschinenpistolen an. Sie wurden von indonesischen Spezialeinheiten zurückgeschlagen, die die Attacke gleichzeitig zum Anlass für zahlreiche Übergriffe nahmen – Folter, Mord, Vergewaltigungen. West-Papua hatte den Status eines ›Militärischen Operationsgebietes‹ wie das Rebellengebiet Aceh, der später in den Status einer ›überwachten Unruheprovinz‹ umgewandelt wurde. Das indonesische Militär schuf mit gezieltem Terror gegenüber der Zivilbevölkerung ein beständiges Klima der Angst. Jeder Ansatz von Protest wurde als Entwicklungshemmnis eingestuft. Wer die Ziele der Modernisierung nicht unterstützte, galt als subversiv und konnte folglich verfolgt, willkürlich verhaftet, geschlagen und gefoltert werden. Mehr als 10000 Papuas flüchteten damals über die Grüne Grenze nach Papua-Neuguinea, wo sie in Auffanglagern untergebracht wurden. Es sah so aus, als sei die OPM besiegt. Doch Mitte der neunziger Jahre waren die Rebellen plötzlich wieder da und fanden durch spektakuläre Aktionen mehr Zustimmung als je zuvor.«

»Du meinst die Entführungen. Die haben ihnen doch eher geschadet.«

»Ganz im Gegenteil. Als OPM-Guerilleros im Januar 1996 nahe der Bergbaustadt Timika 24 Teilnehmer einer Biologenexpedition kidnappten, darunter sieben Westeuropäer und auch einen Deutschen, machten sie die Unterdrückung der Papuas weltweit bekannt. Sie forderten Entschädigungen für die enormen Umweltschäden durch den US-Bergbaukonzern Freeport, den Rückzug des indonesischen Militärs und die Unabhängigkeit für West-Papua. Nachdem zehn Geiseln schon frühzeitig freikamen, wurden die restlichen vier Monate später von einer Eliteeinheit des indonesischen Militärs befreit, wobei acht Rebellen erschossen und zwei indonesische Ingenieure von den Aufständischen erstochen wurden. Die anschließende Sicherheitsoperation, die das Militär in dem Gebiet durchführte, war geprägt von zahlreichen schweren Menschenrechtsverletzungen an der Bevölkerung. Trotz der Begleitumstände hat die Verzweiflungstat die Glaubwürdigkeit der Guerilla im eigenen Land enorm gestärkt. Denn egal, wie viele Leute die OPM hat, ob 200 oder 1000, entscheidend ist, dass sie den Widerstand verkörpern – gegen den Kulturimperialismus der Indonesier, gegen den Verlust ihrer Identität und ihres Landes.«

»Stimmt, auch in Deutschland waren die Zeitungen voll mit Artikeln über West-Papua«, warf ich ein. »Erstmals wurde überhaupt im Politikteil berichtet und nicht nur unter Vermischtes oder Reisen.«

»Und nun wird's spannend. Im Mai 1998 musste der Diktator Suharto nach andauernden Massenprotesten zurücktreten. Einen Monat später hissten 100 OPM-Leute die Morgensternflagge, das Symbol der Papuas, auf einem Wasserturm am Hafen der kleinen Insel Biak, bis die berüchtigten Kopassus einschritten, die Spezialeinheiten des indonesischen Militärs. Acht Papuas wurden sofort erschossen. Inselbewohner fanden in den Tagen danach 32 Leichen am Strand von Biak, 17 weitere auf der Nachbarinsel Yapen, wie Kirchenvertreter berichtet haben. In Jayapura feuerte das Militär mit scharfer Munition auf Studenten. Seither gärt es im ganzen Land. Die anhaltende Gewaltherrschaft hat dazu geführt, dass Stimmen, die eine Unabhängigkeit von Indonesien fordern, immer lauter werden. Seit Dezember wird überall im Land für Freiheit demonstriert und der Morgenstern gehisst.«

»Klar, in Aceh und Ost-Timor gibt es schon Bürgerkrieg«, sagte ich. »Aber ich bezweifle, dass es was bringt. Die Welt sieht wie immer weg. Niemand interessiert sich doch für die Naturvölker oder unterdrückte Ethnien.« Aceh ist die westlichste Provinz Indonesiens auf der Insel Sumatra, die Inselprovinz Ost-Timor liegt im Alfurenmeer, rund 1000 Kilometer von Neuguinea entfernt.

»Aber selbst die indonesische Regierung kann die Weltöffentlichkeit nicht völlig ignorieren. Das sieht man gerade in Ost-Timor. Wie du weißt, haben sich die Bewohner im vergangenen August bei einem von den Vereinten Nationen durchgeführten Referendum entschieden, den indonesischen Staatsverband zu verlassen. Mit überwältigender Mehrheit. Sie nutzten die einzigartige historische Chance, die der Rücktritt Suhartos eröffnet hat. Der Diktator hatte das Land von 1965 bis 1998 beherrscht. Er wurde zum Rücktritt gezwungen, weil die Leute die allgemeine Korruption und Vetternwirtschaft gründlich satt hatten.«

Hartmut machte eine Pause, blickte Miriam und mich bedeutsam an, bevor er fortfuhr. »Die Bewohner von Ost-Timor mussten allerdings einen hohen Preis für ihre Freiheit bezahlen. Vom indonesischen Militär aufgestellte und mit Waffen ausgerüstete Milizen töteten mehr als 1500 Zivilisten, zerstörten 70 Prozent der Infrastruktur und vertrieben bis zu 200 000 Menschen. Erst die militärische Intervention der von Australien angeführten multinationalen Eingreiftruppe *Interfet* konnte dem mörderischen Treiben ein Ende bereiten, und seit April ist Ost-Timor jetzt ein souveräner, international anerkannter Staat. Das war ein großer Sieg über den indonesischen Imperialismus!«

»Das ist weitgehend bekannt«, sagte ich. »Aber du kannst Ost-Timor doch nicht mit Papua vergleichen. Ost-Timor hat zwar eine gewisse militärische, aber kaum wirtschaftliche Bedeutung für Indonesien. Ganz anders West-Papua. Das Land dient Jakarta als wichtiger militärischer Vorposten gegenüber Australien. Vor allem aber bringt es Einnahmen, auf die Indonesien bestimmt nie verzichten wird. Die Papuas haben eben das Pech, auf einem gewaltigen Schatz zu sitzen, hinter dem alle her sind. Die Bodenschätze sind der wahre Fluch des Landes. Und die schlecht ausgerüstete OPM kannst du nicht mit den Befreiungsbewegungen in Ost-Timor oder Aceh vergleichen.«

Hartmut lächelte. »Das kommt ganz darauf an, wie man den Widerstand organisiert. Sicher hat Papua enorme wirtschaftliche Bedeutung für das indonesische Imperium. Der Dschungel birgt Kupfer, Gold, Nickel, Bauxit, Edelhölzer, Erdöl und Erdgas; immer neue Ölfunde werden aus dem riesigen, bisher weitgehend unberührten Asmatsumpf gemeldet. Die Bodenschätze werden von internationalen Unternehmen ausgebeutet, mit verheerenden Folgen für die Umwelt und die indigene Bevölkerung. Das weißt du doch. Aber nichts liegt den Papuas so am Herzen wie ihr Land, das nach traditionellem Recht den Dorfgemeinschaften gehört und

Schutzmann aus Beton am Tor der Polizeikaserne von Wamena. Von hier aus wird das Baliemtal kontrolliert.

nicht verkauft werden kann – weil man sein Leben nicht verkaufen kann, wie sie sagen. Glaubt mir, wenn nur die richtige Dynamik in die Sache kommt, dann könnte selbst Indonesien in die Knie gezwungen werden.«

»Wie soll man sich denn das vorstellen?«, fragte ich.

»Gerade vor einem Monat ist in West-Papua ein Nationalkongress zu Ende gegangen, der von 3000 Papuas aus allen Landesteilen besucht wurde. Viele kamen nur mit der Penisröhre bekleidet, um zu zeigen, dass sie stolz sind auf die Tradition. Die 500 Delegierten gaben als Ergebnis bekannt, dass ›Papua nicht Teil Indonesiens ist‹. Der Kongress votierte für die Unabhängigkeit, forderte eine UN-Schutztruppe und beschloss, dass das Land wieder West Papua heißen sollte wie früher unter den Holländern. Er appellierte an die Vereinten Nationen, die Anerkennung der indonesischen Herrschaft über West-Papua neu zu verhandeln. Es waren nahezu alle Völker des Landes vertreten. Der neue indonesische Präsident Abdurrahman Wahid hatte ursprünglich zugesagt, den Kongress zu eröffnen, dieses Versprechen aber in letzter Minute zurückgezogen und die Versammlung als illegal bezeichnet. Damit hat er die historische Chance vergeben, den Dialog mit der Bevölkerung West-Papuas wieder aufzunehmen.«

»Seine Teilnahme wäre in der Tat eine Sensation gewesen.«

»Genau. So hätte Indonesien vielleicht einen friedlichen Übergang gestalten können. Diese Chance ist bald vorbei. Die Papuas wollen sich die Unterdrückung nicht mehr bieten lassen – und sie haben Recht. Sie haben genug gelitten. Seit 1963 sind nach vorsichtigen Schätzungen mehr als 50 000 Papuas von indonesischen Militärs getötet und zahlreiche andere verletzt, gefoltert, vergewaltigt worden oder

›verschwunden‹. Andere Quellen wie das australische *Human Rights Council* sprechen von einem ›Genozid‹ mit noch weit mehr Toten. Sogar von Massengräbern im Dschungel ist die Rede. Die Diskriminierungen und Menschenrechtsverletzungen müssen ein Ende haben. Deshalb fordern die Papuas jetzt wieder die Unabhängigkeit. Von Freunden aus der Papua-Guerilla OPM habe ich gehört, dass sie überall im Land die Morgensternfahne hissen und für Freiheit demonstrieren.«

»Das muss doch eine Reaktion der Regierung in Jakarta und vor allem das Militärs provozieren«, warf ich ein. »Das lassen die sich niemals bieten!«

»Naja, es gibt auch in Jakarta vernünftige Leute. Nach dem Sturz Suhartos redeten die neuen Machthaber mit der OPM und vereinbarten einen Waffenstillstand, den das Militär allerdings nicht einhielt. Präsident Wahid ist zumindest kein Hardliner. Er hat die OPM inzwischen als politische Partei zugelassen, um Druck aus dem Kessel zu nehmen. Seine Fraktion ist zu Zugeständnissen an die Papuas bereit, solange die staatliche Einheit Indonesiens gewahrt bleibt. Doch das Militär betrachtet Wahids Politik der Öffnung als Bedrohung ihrer Macht und geht weiter mit Gewalt gegen Papuas vor. Gleichzeitig hat die OPM seit der Legalisierung starken Zulauf. Doch die OPM-Führer rechnen damit, dass die Armee irgendwann zuschlägt. Die Vorzeichen dafür mehren sich. Die groß angekündigte Aufarbeitung von Menschenrechtsverletzungen findet nicht statt. Im ersten Verfahren vor dem neuen Menschenrechtsgerichtshof wurden die wegen Folter bis zum Tode angeklagten Polizisten wegen angeblicher ›Nichtzuständigkeit des Gerichtes‹ freigesprochen. Das hat natürlich den Hass der Papuas geschürt, statt sie mit Indonesien auszusöhnen. Die Papuas wollen nicht mehr verhandeln, sie wollen kämpfen – und ich unterstütze das.«

»Das ist Wahnsinn. Sie sollten lieber versuchen, internationale Unterstützung zu bekommen.«

»Träum weiter! Die Apartheid in Südafrika hat die Vereinten Nationen beschäftigt und unzählige Bürgerrechts- und Solidaritätsgruppen weltweit bewegt – aber die Unterdrückung der Papuas interessiert so gut wie niemanden. Nur den Senegal, wo die OPM ein Büro eröffnen konnte – und ihre treuesten Verbündeten, den Inselstaat Vanuatu, aber die haben nichts zu sagen. Deshalb nehmen die Indigenen ihr Schicksal endlich selbst in die Hand. Sie organisieren Milizen. Sie besetzen die Rathäuser. Sie werfen das indonesische Militär aus den Dörfern. Überall weht der Morgenstern. Merdeka!« Hartmut benutzte das Papua-Wort für Unabhängigkeit.

»Aber das gibt doch Mord und Totschlag!«, sagte ich.

»Kann sein. Aber es ist auch eine historische Chance. Die Freiheit für West-Papua ist nur noch wenige Aktionen entfernt. Jetzt kommt es drauf an! Jetzt muss gehandelt werden! Ich reise nächste Woche ab und mache mich in Papua nützlich«, sagte Hartmut. Er war nun sichtlich erregt und in seiner typischen Revoluzzerstimmung, die ich nur zu gut kannte. »In Jayapura bin ich mit OPM-Leuten verabredet. Wir wollen dann auch eine Aktion bei Freeport starten, du weißt schon, die große Mine der Amerikaner. Aber du darfst auf keinen Fall irgendwas davon herumerzählen. Merdeka!«

»Du weißt genau, dass ich so etwas nicht mache. Aber wieso bist du eigentlich gekommen?«

»Es geht darum, die Papuas zu bewaffnen. Sie haben keine Verbündeten, und Papua-Neuguinea traut sich nicht, ihnen zu helfen. Also müssen wir etwas tun. Ich brauche etwa 20000 Dollar.«

»Ich habe gewusst, dass du verrückt bist, aber jetzt bist du völlig durchgedreht«, sagte ich. Hartmuts Analysen waren oft beeindruckend, seine Schlussfolgerungen konnte ich jedoch meistens nicht teilen.

»Wir müssen Kalaschnikows besorgen. Ich weiß auch schon wo. Wenn wir nichts tun, haben die Papuas keine Chance. Wie sollen sie mit Pfeil und Bogen gegen Hubschrauber und Hightechwaffen kämpfen?«

»Das kannst du dir abschminken. Du weißt ganz genau, dass ich niemals Geld dafür auftreiben würde, Waffen zu kaufen. Wirklich niemals, hörst du? Punkt. Das hat sich nicht geändert.«

Wenn ich auch den Freiheitsdrang der Papuas als früherer DDR-Bürger gut verstehen konnte und emotional ganz auf ihrer Seite stand – ich hätte nie bewaffnete Rebellen unterstützt. Das sehe ich nicht als meine Aufgabe an. Ich mische mich auch nicht in die Politik eines Landes ein, weil ich kein Politiker bin. Ich möchte mit meinen Mitteln helfen und das Beste für die Ureinwohner erreichen – indem ich über sie berichte, ihr Leben dokumentiere und Unterstützung organisiere. Wenn Politiker darauf reagieren, umso besser. Wenn ich aber anfange, selbst Politiker zu spielen, laufe ich Gefahr, nicht mehr einreisen zu können – und was ist dann gewonnen?

»Es ist mein letztes Wort, Hartmut. Da mache ich nicht mit.«

»Du bist auch nicht besser als die *Gesellschaft für bedrohte Völker* und all die anderen Maulhelden. Die Naturvölker sind in Not, und ihr habt nicht einmal soviel Mumm, ein bisschen Geld abzugeben«, schnaufte Hartmut. »Das ist erbärmlich.« Er grummelte noch etwas in seinen mächtigen grauen Bart, stand abrupt auf – und ging.

Miriam sah mich mit großen Augen an. »Wer war das denn?«

»Hartmut Heller, ein alter Bekannter«, sagte ich. Mir war es ein bisschen peinlich, dass Hartmut gerade jetzt aufgetaucht war, und ich versuchte, das Gespräch in eine andere Richtung zu lenken. »Er wohnt in Lauenburg und interessiert sich für Naturvölker. Außerdem ist er ein bisschen übergeschnappt. Am besten, du vergisst seinen Auftritt ganz schnell.«

»Eigentlich klang es doch aber interessant. Hast du nicht gesagt, dass du demnächst sowieso nach Neuguinea fahren wolltest?«

Miriams Reaktion verblüffte mich. Das hätte ich nicht erwartet. Früheren Freundinnen war es oft schon zu anstrengend, irgendwohin zu reisen, wo man nicht im All-inclusive-Bereich war. Natürlich hatte ich Lust, nach West-Papua zu fliegen! Das war brennend interessant!

»Hättest du denn Lust mitzukommen?«, fragte ich sie. Miriam nickte.

»Das kann gefährlich werden.«

»Ich weiß.«

Sie machte nicht viele Worte, aber sie wusste, was sie tat. So führte uns die gemeinsame Reise in ein gefährliches Krisengebiet. Ihr Mut nahm mich ausgesprochen ein für Miriam – neben ihren vielen anderen Vorzügen. Die politische Lage in West-Papua war so spannend, dass ich gleich Otto Sperlich anrief und ihn fragte, ob er sich uns nicht mit seiner Kamera anschließen wollte. Er sagte zu.

Mitte Juli 2000 saßen wir im Flugzeug nach Bali, wo wir nach Sentani umsteigen mussten. Wir sollten gerade zur rechten Zeit nach West-Papua kommen. Die Revolte der Eingeborenen steuerte auf ihren Höhepunkt zu. Wir wurden Zeugen von Demonstrationen und Aufstandsvorbereitungen im Hochland und in Jayapura. Ohne es zu wissen, bewegten wir uns zwischen den Fronten. Auch wenn wir nur Beobachter waren, hätte es dennoch böse für uns ausgehen können.

Wie üblich gab es eine Zwischenlandung in Timika im Südwesten von Neuguinea. Auf dem riesigen Flughafen, dem größten West-Papuas, sahen wir beunruhigend viele Militärhubschrauber und Soldaten in voller Camouflagemontur. Es wirkte auf mich, als ob sie einen Dschungelkrieg vorbereiteten. Wie in den Vietnam- und Rambofilmen. Tatsächlich war Timika ein Brennpunkt der Auseinandersetzungen zwischen den Papuas und der Kolonialmacht Indonesien. Die 100 000-Einwohner-Stadt genießt traurige Berühmtheit. Zwei Autostunden auf der besten Straße West-Papuas dauert die Fahrt durch den Dschungel bis zur Bergarbeitersiedlung Tembagapura, was auf Indonesisch Kupferstadt bedeutet. Dort betreibt der US-amerikanische Minenkonzern Freeport McMoRan Copper and Gold Ltd. seit 1973 die größte Gold- und drittgrößte Kupfermine der Welt, ein Tagebauloch von gigantischen Ausmaßen auf über 4000 Metern Höhe am Rand des Carstensz-Gletschers. Die Mine erwirtschaftet etwa 50 Prozent des Bruttoinlandsproduktes der Provinz West-Papua. Freeport zieht jährlich einen Gewinn von weit über einer Milliarde Dollar daraus und ist der größte Steuerzahler Indonesiens, das die Anlagen deshalb militärisch schützen lässt.

Das einstige Flusshafendorf Timika wurde in den siebziger Jahren ausgebaut und dient im Prinzip nur dazu, das Personal der Minengesellschaft zu beherbergen. Beim Anflug konnten wir sehen, wie sich die Wellblechdächer der Siedlung immer mehr in den Dschungel fraßen. Der eigentliche Skandal aber ist die Umweltkatastrophe, die durch die Freeport-Mine hervorgerufen wird. Wir konnten ihre Auswirkungen schon bei der Landung beobachten, aber noch weit besser, als der Jet wieder abhob. Um über die nahe Bergkette zu kommen, musste sich das Flugzeug langsam in die Luft schrauben. Viel Zeit, um das Gelände aus dem Fenster zu mustern. Deutlich konnte man sehen, wie der Ajikwa-Fluss giftige betongraue Sedimente in einem gewaltigen Ausmaß in die Wildnis schwemmt. Eine riesige Fläche wurde davon bedeckt, in der alles Leben verendete.

Die sogenannte Grasberg-Mine von Freeport gilt als der größte Umweltfrevel Indonesiens, ja ganz Südostasiens. Sie belastet den Ajikwa täglich mit unvorstellbaren 200 000 Tonnen Rückständen aus der Erzförderung wie einen riesigen Absinkwei-

Gigantische Umweltkatastrophe: Täglich verseuchen 200 000 Tonnen Erzrückstände die Region um Timika. Der US-Konzern Freeport schert sich nicht um Umweltgesetze und internationale Proteste.

her, was dazu führt, dass weite Regenwaldgebiete im Überschwemmungsgebiet biologisch tot oder verseucht sind. Die Praxis der Flussentsorgung ist in den USA und anderen Industrieländern wegen ihrer Langzeitschäden verboten. Doch Freeport hält sich offenbar weder an amerikanische noch an indonesische Umweltgesetze, die diese Praxis seit 2001 ebenfalls untersagen. In den Minenverträgen sollen auch keine Umweltauflagen enthalten sein. Unabhängige Messwerte gibt es nicht. Unabhängige Recherchen sind unmöglich, weil Journalisten West-Papua nicht bereisen dürfen. Freeport selbst erklärt, man halte gängige Umweltstandards ein.

Die Amungme- und Kamoro-Papuas, die in dieser Region leben, mussten schon lange den Wirtschaftsinteressen weichen. Ihr heiliger Berg wurde entweiht und zerstört, ihr Wasser vergiftet und sie selbst aus dem Land ihrer Vorfahren vertrieben. Dafür sorgten indonesische Soldaten und die berüchtigten Schlägertrupps von Freeport. Nicht einmal Arbeit bekamen sie in der Mine – die rund 17 000 Beschäftigten sind zu 90 Prozent Indonesier. Ungeheure Mengen Schwermetalle und Kupfer gelangen ins Meer und konnten sogar im Grundwasser des direkt angrenzenden Lorentz-Nationalparks nachgewiesen werden. Dieses einzigartige Schutzgebiet hat die Unesco 1999 wegen seines Artenreichtums zum Weltnaturerbe der Menschheit erklärt. Freeport hat auf die seit langem erhobenen Vorwürfe aber nicht etwa damit reagiert, weniger Gift abzuleiten, sondern tat etwas für die Propaganda: Der Konzern berief den ehemaligen US-Außenminister Henry Kissinger in den Aufsichtsrat, wo er bis 2001 saß.

Freeport-Denkmal am Flughafen von Timika. Das riesige Baggerrad soll an die Hilfe vieler Länder beim Bau der Mine erinnern – darunter Deutschland.

Inzwischen, im Jahr 2009, strebt Freeport sogar eine Ausdehnung ihres Minengeländes von einer auf zweieinhalb Millionen Hektar an; der Wert der Vorkommen dort wird auf 40 Milliarden Dollar geschätzt. Finanzielle Verbindungen in Zusammenhang mit den Erweiterungen soll es nach Angaben der Organisation *Watch Indonesia* unter anderem zur Deutschen Bank, der Westdeutschen Landesbank und der Dresdner Bank geben. Geld stinkt eben nicht. Doch von den enormen Gewinnen, die Freeport erzielt und zum Teil auch als Steuern nach Jakarta weiterreicht, kommt bei den Papuas im Westen Neuguineas kaum etwas an. Nirgendwo sonst in Indonesien hat die Bevölkerung so schlechten Zugang zu Schulen und Ärzten. Nirgendwo sonst herrscht so viel Angst und Gewalt, denn die Armee sorgt für Ruhe und sichert die Ausbeutung der Ressourcen. Im Gebiet der Freeport-Mine sind permanent 1000 Soldaten stationiert, die den Goldabbau vor den vertriebenen Einheimischen »schützen«.

Das hat Gründe. 1977 sprengten OPM-Einheiten die Erzpipeline der Mine. Als Vergeltung startete das Militär die *Operasi Tumpas* – Vernichtungsoperation – im Bergland. Mit amerikanischen Kampfflugzeugen und -hubschraubern wurden die umliegenden Papua-Dörfer angegriffen; mehr als 3000 Menschen starben. Einige Siedlungen wurden durch Flächenbombardements komplett ausradiert. Das Militär schreckte nicht einmal davor zurück, Dörfer im Baliemhochtal mit Napalm zu bombardieren, weil man dort die Anführer der Rebellen vermutete. Immer wieder wurden Protestdemonstrationen brutal zusammengeprügelt, etwa im Sommer 1997, als 1000 Amungme mit Speeren und Pfeil und Bogen den Freeport-Highway sperrten. Wieder gab es Tote. Eine Hightecharmee führte Krieg gegen Naturvölker,

»Arbeiten für den Fortschritt« – Propagandaslogan des Minenkonzerns Freeport McMoRan im Flughafen von Timika.

die sich mit Steinzeitwaffen zur Wehr setzten. Freeport zahlte allein zwischen 1998 und 2004 rund 20 Millionen Schutzgelder an einzelne Offiziere von Polizei und Militär, angeblich zu seiner Sicherheit. Nicht erst seit diesen Enthüllungen sind Freeport und Völkermord für viele Papuas synonym.

2001 erhielt Yosepha Alomang, die mutige Anführerin der Amungme, in San Francisco den renommierten Goldman-Umweltpreis für ihren jahrzehntelangen Kampf gegen die Umweltverbrechen und Menschenrechtsverletzungen der Minenbetreiber. Die als Mama Yosepha bekannte Aktivistin war vom Militär wochenlang gefoltert und verhört worden. 2006 strich der Staatliche Norwegische Pensionsfond, der zweitgrößte Pensionsfond der Welt, Freeport aus seinem Portfolio, weil die Aktie ethisch nicht vertretbar sei. Auch New Yorker Pensionsfonds forderten eine Untersuchung der Geschäftspraktiken des Minenkonzerns. Nicht zuletzt verklagten die Amungme den Freeport-Konzern auf neun Milliarden Dollar Schadenersatz für die Zerstörung ihrer Heimat. Doch all diese Ereignisse haben nicht zu ernsthaftem internationalem Druck auf die Regierung in Jakarta geführt.

Die westliche Ignoranz beruht auf einer Mischung aus Gier und Feigheit. Zahlreiche Länder besitzen Anteile an der Ausbeutung von Freeport und haben deshalb kein Interesse an einer Störung der Geschäfte. Vor dem Flughafengebäude in Timika steht ein riesiges Baggerrad-Monument, wo die Nationen aufgeführt sind, die sich an der Erschließung der Mine beteiligten – auch die Bundesrepublik Deutschland. Zudem ist Indonesien die stärkste Macht Südostasiens und mit 225 Millionen Einwohnern ein gewaltiger Markt; ein Land, mit dem es sich niemand verderben will, schon gar nicht wegen eines Umweltfrevels am anderen Ende der Welt. Und wegen der ökonomischen Schlüsselrolle ist die Frage einer Unabhängigkeit West-Papuas untrennbar mit der Zukunft von Freeport verbunden.

Ich sah das Ökodesaster um Timika nicht zum ersten Mal. Ich musste an den Lorentz-Nationalpark denken – und an die Menschenrechte der Dschungelbewohner. Die Mine und das Wachstum Timikas vernichteten ihren Lebensraum und drängten die Amungme und Kamoro immer weiter zurück in die letzten unberührten Regenwaldgebiete.

Ich dachte auch daran, dass Timika nicht nur das Synonym für eine Umweltkatastrophe, sondern auch das eigentliche Einfallstor der indonesischen Migranten nach West-Papua ist. Hier kommen die vielen Habenichtse aus Sulawesi, Java und Timor an, die das Regime im Rahmen seiner *Transmigrasi* genannten Einwanderungspolitik auf der Insel ansiedelt. Angelockt werden sie mit einem Flugticket und dem Versprechen einer Arbeit oder einer Ackerfläche. Von Timika aus verteilen sie sich über die ganze Provinz.

Gegen zehn Uhr morgens landeten wir in Sentani, dem internationalen Flughafen nahe der west-papuanischen Hauptstadt Jayapura. Am liebsten wären wir gleich nach Wamena ins Hochland weitergeflogen, doch das war nicht so einfach. Wamena war die eigentliche Hochburg der OPM-Guerilleros, weshalb sämtliche Maschinen dorthin ausgebucht waren. Papuaführer flogen hin und her, auch Politikerdelegationen aus Jakarta, die mit den Papuas verhandeln wollten.

Wir machten aus der Not eine Tugend und schauten uns in Jayapura um. Die Stadt war nicht wiederzuerkennen. Die Straßen waren ganz in der Hand der Papuas, obwohl diese gegenüber den indonesischen Zuwanderern hier inzwischen die Minderheit bildeten. Die OPM unterhielt sogar ein Büro genau gegenüber der größten indonesischen Polizeistation. Wir sahen Gruppen dunkelhäutiger, kraushaariger Männer in schwarzen Fantasieuniformen durch die Innenstadt paradieren. Stolz präsentierten sie sich vor Ottos Kamera und bekundeten immer wieder ihre Freude, nun bald frei und unabhängig von Indonesien zu sein. Sie sangen die Papua-Hymne und riefen: »Freiheit für West-Papua!«

Am zentralen Platz Jayapuras wurde statt der indonesischen Fahne jetzt der verbotene *Morning Star* gehisst. Wenn die Flagge abends eingeholt und morgens aufgezogen wurde, musste die Straße abgesperrt werden, da sich Tausende Menschen versammelten, die klatschten und Losungen riefen. Niemand benutzte mehr die verhasste indonesische Bezeichnung Irian Jaya. Überall gab es Mützen zu kaufen, auf denen »Free West-Papua« und »Merdeka« geschrieben stand. Kurz, es herrschte eine geradezu revolutionäre Stimmung.

Ich hatte das Gefühl, dass es jeden Moment zum großen Knall kommen konnte und wunderte mich sehr, dass sich das indonesische Militär völlig zurückhielt. Es hatte Plünderungen von indonesischen und chinesischen Geschäften gegeben, trotzdem war kein einziger Soldat zu sehen, auch keine Polizisten. Sie warteten offenbar in den Kasernen auf ihren Einsatzbefehl. Mit Grausen dachte ich an den Aufmarsch der Soldaten auf dem Flughafen von Timika – wehe, wenn sie losgelassen würden!

Wir standen mitten in einer Menge aufgeregter Demonstranten, Otto filmte unverdrossen, als uns ein Papua höflich ansprach, der ein Holzbein trug. Er ballte die Hand zur Faust, hob sie wie zum kommunistischen Gruß und sagte auf Englisch: »Finally – endlich!« Ihm standen die Tränen in den Augen. Er deutete auf seinen Körper. »Die Besatzer haben mir das Bein weggeschossen. Aber nun ist Schluss mit der Unterdrückung! Freedom! Freiheit!«

Otto sagte: »Mensch Roland, Wahnsinn, das ist wie beim Zusammenbruch der DDR! Guck dir nur die jubelnden Leute an.« Ich freute mich natürlich auch. Es herrschte tatsächlich eine Aufbruchstimmung wie damals im Osten. Doch es gab einen entscheidenden Unterschied: Die Papuas hatten keinen großen Bruder im Westen, der ihnen helfen konnte; und das indonesische Reich wankte vielleicht, aber es war bei Weitem nicht so morsch wie die Sowjetunion 1989.

Zwar besaßen die Papuas einen großen Bruder im Osten, aber der wollte und konnte ihnen nicht unter die Arme greifen. Die Republik Papua-Neuguinea hielt sich aus den Wirren im Nachbarland heraus, denn viel zu groß war dort die Angst, von Indonesien, dem bevölkerungsreichsten Land und der mächtigsten Militärmacht der Region, angegriffen zu werden. Schließlich hatte Jakarta schon eine Hälfte der Insel annektiert, die andere wäre auch kein Problem.

Außerdem geschieht in Papua-Neuguinea nichts ohne den Verbündeten Australien, und auch Australien würde sich nie mit Indonesien anlegen, mit dem es zudem durch ein Verteidigungsabkommen verbunden ist. Militärhilfe für West-Papua zu leisten, wäre aus der Perspektive des fünften Kontinents selbstzerstörerisch. Australien ist ein riesiges Land mit relativ wenigen Einwohnern, dessen Sicherheit auf Garantien der USA und Großbritanniens beruht; die Vereinigten Staaten aber sind mit Indonesien verbündet, haben 1963 die Annexion West-Papuas durch Jakarta unterstützt und leisteten Militärhilfe. Australien hat auf Druck Indonesiens später sogar die OPM-Rebellen als terroristische Organisation eingestuft. Mit anderen Worten: Die Papuas waren ganz auf sich allein gestellt.

Das war an sich nichts Neues. Jahrhundertelang hatten sich die Ureinwohner Neuguineas zu wehren gewusst und ihre Kultur und Traditionen, die denen anderer melanesischer Völker wie den australischen Aborigines ähneln, erfolgreich gegen Eindringlinge verteidigt. In Europa machte der portugiesische Seefahrer Jorge de Meneses, der im Jahr 1526 an der Nordküste landete, zwar die Insel der Kraushaarigen bekannt – denn das ist die eigentliche Bedeutung des Wortes Papua, und 1545 nahm der Spanier Inigo Ortiz sie für Spanien in Besitz und gab ihr den Namen Nueva Guinea. Doch die Indigenen – als Kannibalen gefürchtet – wussten sich zu wehren und schlugen selbst James Cook in die Flucht, als er 1770 an der Südküste landete.

Die eigentliche Kolonisation des Landes begann daher erst im 19. Jahrhundert. Die westlichen Küstengebiete wurden 1828 von den Niederlanden annektiert und Niederländisch-Indien einverleibt, das Landesinnere blieb unerforscht. Um den

Osten stritten sich Deutschland und Großbritannien, nach dem Ersten Weltkrieg wurde das Gebiet mit dem Verwaltungszentrum in Port Moresby australisches Protektorat. Die Australier »zivilisierten« die Eingeborenen, daher gibt es in Ost-Papua heute keine wirklichen Urvölker mehr. Im Zweiten Weltkrieg setzten sich die Japaner 1941 auf Neuguinea fest, wurden aber 1944 von den Alliierten vertrieben, und die Niederländer konnten ihre Herrschaft über den Westen der Insel mit der alten Hauptstadt Hollandia (heute Jayapura) wieder aufnehmen. Für die Einheimischen war der Krieg ein großes Rätsel, da sie ganz anders zu kämpfen gewohnt waren. Aber sie leisteten den Australiern als Führer unentbehrliche Dienste und retteten viele verwundete Soldaten über Dschungelpfade. Das Foto eines blinden Australiers, der von einem Papua geführt wurde, machte damals Schlagzeilen in der Weltpresse.

Am Ende des Zweiten Weltkrieges war die Insel Neuguinea wieder aufgeteilt zwischen Australien und den Niederlanden. Während der Osten australisches Protektorat blieb, 1975 aber die Selbständigkeit als Republik mit dem Namen Papua-Neuguinea erlangte, kam der Westteil vom Regen in die Traufe. Er war das einzige Gebiet des ehemaligen »Nederlands India«, das 1949 zunächst bei der alten Kolonialmacht verblieb – und das war damals noch zu 98 Prozent von Dschungel und Sumpf bedeckt, in dem vor allem Moskitos, Blutegel und Kannibalen zu leben schienen. Auch in den sechziger Jahren befand sich das Land buchstäblich noch in der Steinzeit, abgesehen von einigen Vorposten der Zivilisation, die die Holländer angelegt hatten. Eigentlich hatten die Niederlande die Unabhängigkeit auch für den Westteil vereinbart, und so war am 1. Dezember 1961 die Morgensternflagge unter großem Jubel der Einheimischen zum ersten Mal öffentlich gehisst worden. Doch statt der Freiheit folgte lediglich ein Wechsel der Kolonialherren.

Seit 1949 wurde ganz Neuguinea als vermeintlich »historischer Besitz« von Indonesien beansprucht. Mit militärischen Drohungen und unter dem Deckmantel angeblicher Befreiung, verleibte der erste Staatspräsident General Sukarno (1949–1967) den Westen der Insel schließlich als 26. Provinz Indonesien ein – mit dem Segen der Vereinten Nationen, vor allem aber der USA, die befürchteten, das Land könnte in den Ostblock abdriften und »kommunistisch« werden. Zwar hatten die Niederländer noch versucht, die beiden Inselhälften zu einem gemeinsamen Papuastaat zusammenzuführen, doch die USA unter John F. Kennedy unterstützten Sukarno und ließen der alten Kolonialmacht keine Wahl. 1962 übergaben die Niederlande West-Papua an Indonesien, allerdings mit der Verpflichtung, ein Referendum abzuhalten. 1969 fand eine erpresserische Volksabstimmung statt, die beschönigend *Act of free choice* – Akt der freien Wahl – genannt wurde. 1026 handverlesene traditionelle Papuaführer – eingeschüchtert und bestochen – gaben einstimmig ihr Votum für den Verbleib in Indonesien ab. Kritiker sprachen von einem »Act of no choice«. Auch UN-Beobachter stellen die Legitimität dieser »Volksabstimmung« in Frage und nannten sie eine Farce, doch die Vereinten Nationen akzeptierten den Skandal. Die Provinz erhielt den Namen »Irian Jaya«, was auf Indonesisch »siegreiches Irian« bedeutet. 2000 wurde sie zwar in Papua umbenannt, doch Oppositionelle und Papuas sprechen von West-Papua; ein Wort, das in Indonesien als Provokation gilt, ähnlich wie früher »Ostzone« für die DDR.

Die Annexion West-Papuas war ein Akt des puren Kolonialismus. Papuas haben mit Indonesiern so wenig gemein wie Eskimos mit Ägyptern. Die Menschen Neuguineas unterscheiden sich nicht nur äußerlich, sondern auch kulturell und religiös fundamental von den Malayen des indonesischen Archipels. Doch die Weltgemeinschaft, auch der Westen, rührte sich nicht – und hielt auch in den folgenden Jahrzehnten still. Sofort begann in großem Umfang und unter Beteiligung ausländischer Firmen die Exploration und Ausbeutung der begehrten Ressourcen, von denen die Holländer damals kaum etwas geahnt hatten. Weite Teile des Landes wurden zur Nutzung per Konzession nicht nur an Freeport McMoRan, sondern an zahlreiche weitere multinationale und indonesische Minen-, Erdöl-, und Holzfirmen vergeben, die damit inzwischen zirka 20 Prozent des indonesischen Nationaleinkommens erwirtschaften.

Gleichzeitig setzte eine massive Einwanderung in die mit knapp 600 000 Menschen äußerst dünn besiedelte Provinz ein. Denn in den Augen der Machthaber in Jakarta war sie ein weitgehend leeres Land, das nur auf Siedler wartete. Den Neuankömmmlingen wurde dabei Land zugewiesen, das seit Jahrtausenden von Papuastämmen genutzt worden war. Die Machthaber in Jakarta wollten auf diese Weise die Bevölkerungsprobleme ihres Landes lösen und zugleich die Papuas zwangsweise zu Indonesiern machen. Allein 1984/85 kamen 275 000 Kolonisten aus Java, Sulawesi, Bali und den Molukken – so viele, dass der Nachbarstaat Papua-Neuguinea bei der Regierung in Jakarta protestierte. Im Jahr 2009 leben auf den 420 000 Quadratkilometern der Provinz 2,6 Millionen Menschen. Etwa die Hälfte davon sind Fremde aus anderen Teilen Indonesiens, vor allem Muslime – während die meisten Papuas inzwischen den christlichen Glauben angenommen haben –, und die Zuwanderung geht unaufhörlich weiter. Inzwischen sind die Papuas in Gefahr, zu einer Minderheit im eigenen Land zu werden, wie die Tibeter in Tibet.

Mit der Neubesiedlung begann ein hemmungsloser Raubbau an der Natur, denn für den versprochenen Ackerboden wurde der Urwald gerodet. Auch das Militär beteiligte sich aktiv am illegalen Holzeinschlag, der West-Papua zum weltgrößten Lieferanten des wertvollen Tropenholzes Merbau macht. Die Waldzerstörung bedeutet für viele Pflanzenarten, dass sie ausgerottet werden, ohne dass je ein Botaniker einen Blick auf sie geworfen hat. Auch zahlreiche Paradiesvogel-, Waran- und Beuteltierarten sind vom Aussterben bedroht.

Es gab also genug Gründe für die Papuas, den Aufstand zu proben, als sich dafür eine Chance bot. Ähnlich wie in Ex-Jugoslawien oder der ehemaligen Sowjetunion war der Kollaps einer jahrzehntelangen Diktatur auch im Vielvölkerstaat Indonesien mit starken Wert- und Orientierungsverlusten verbunden. Die Demokratiebewegung von 1998 besaß zwar die Kraft, das verhasste Suharto-Regime zum Rücktritt zu zwingen. Doch eine längerfristige Alternative hatte sie nicht anzubieten. Was blieb, war ein Machtvakuum, das nun alle möglichen Akteure im Land der 30 000 Inseln füllen konnten. Auch die Papuas versuchten es.

In Jayapura besuchten wir das Büro der OPM, um die Aufständischen nach ihren Zielen zu befragen. In den engen Räumen herrschte ein Kommen und Gehen wie im Bienenstock. Dort verkehrten nicht nur junge Burschen, wie ich es erwartet hatte, sondern auch einige ältere Papuas mit grauen Vollbärten. Als wir sie nach dem Stand der Dinge fragten, gaben sie uns bereitwillig Auskunft. Manch Ältere sprachen sogar wieder Holländisch. Miriam konnte einige Wörter verstehen. Ein Mann sagte: »Wir möchten einen Kontakt zum Niederländischen Königshaus herstellen. Wir wollen auch, dass Jayapura wieder in Hollandia zurückbenannt wird, wie es früher hieß.«

Diese Fraktion wünschte sich offenbar die Unterstützung der alten Kolonialmacht. Die Jüngeren hatten andere Träume, wollten die Indonesier aus dem Land werfen, sich mit Papua-Neuguinea vereinigen und sprachen viel von den Bodenschätzen West-Papuas. »Unser Land wird von Indonesien und den ausländischen Konzernen ausgeplündert. Wir wollen die Verfügung darüber dem Volk zurückgeben. Wir wollen über uns selbst bestimmen.« An der Wand hingen Plakate, auf denen die Verstaatlichung der Kupfer- und Goldminen des Freeport McMoRan-Konzerns gefordert wurden. »Die Mine gehört dem Volk!« stand dort auf Indonesisch. Auch der fortgesetzte Raubbau am Dschungel wurde verurteilt: »Wer die Wälder rodet, nimmt unserem Volk die Lebensgrundlage!« Auf einem Transparent stand: »Rettet die Seele des Volkes von West-Papua vor Völkermord und Terror!« Und immer wieder war zu lesen: »Merdeka – Freiheit«. Der Bewegung mangelte es nicht an Idealismus, Utopien und Forderungen – sie hatte aber ein praktisches Problem: Sie besaß keine Waffen. Niemand unterstützte sie. Das war der Grund, warum Hartmut Heller bei mir und anderen aufgetaucht war.

Durch das revolutionäre Chaos bahnten wir uns den Weg zurück nach Sentani. Von Jayapura braucht man eine halbe Stunde mit dem Auto, wegen des Bevölkerungswachstums gingen die beiden Orte mittlerweile ineinander über. Es war wie immer stickig, heiß und tropisch feucht. In unserem kleinen, etwas heruntergekommenen Hotel am Flughafen stand die Luft, und die Klimaanlage fiel immer wieder aus. Die Nacht war eine Tortur.

Am nächsten Morgen lernten wir beim Frühstück eine etwa 50-jährige Indonesierin kennen, die perfekt Deutsch sprach. Es stellte sich heraus, dass Astrid Susanto in Deutschland studiert hatte, jetzt Professorin für Politik und die rechte Hand des indonesischen Innenministers war. Man hatte sie als Vertreterin der Regierung aus Jakarta nach West-Papua geschickt, um hier mit den »Christen« zu verhandeln, wie sie sagte. Sie sprach davon, dass man eine gemeinsame Lösung erzielen wolle, für eine gemeinsame Zukunft. Sie gab uns ihre Karte und lud uns zum Besuch in Jakarta ein.

Um einen einheimischen Guide zu haben, versuchten wir, meinen früheren Papuaführer Yoko zu finden. Yoko tauchte dann zwar in unserem Hotel auf, aber er war sturzbetrunken, so dass ich ihn lieber abwimmelte. Mit dem Aufstand hatte er nichts zu tun. Im Gegenteil, später hörte ich das Gerücht, dass er mit den Indonesiern gemeinsame Sache machte und als Spitzel für den Geheimdienst tätig war.

Es gelang uns schließlich auch ohne einheimische Helfer, in zähen Verhandlungen und mit großen Rupienscheinen, drei Plätze in einem Missionsflugzeug nach Wamena zu ergattern, dem »Ort der Schweine« im Hochland, dem zentralen Ort der Dani. Auf dem Flugfeld und in der Wartebaracke herrschte diesmal verkehrte – oder besser richtige? – Welt. Es schien, als ob alle Indonesier kollektiv die Flucht ergriffen hätten. Wir sahen kein Militär, keine Polizei, keine indonesischen Herrschaftszeichen mehr. Das Gelände war fest in der Hand der Dani, die nun über eine eigene Ersatzpolizei verfügten und gewissenhaft unsere Ausweise prüften. Wie am Flughafen ging auch in der kleinen Siedlung selbst alles drunter und drüber. Nachdem wir uns durch den Papua-Pulk vor dem Flughafen zur anderen Straßenseite durchgekämpft hatten, quartierten wir uns wie immer in dem heruntergekommenen Hotel »Nayak« ein. Diese Absteige war lange Zeit die einzige Pension von Wamena. Sie gehörte einem Halbmalayen und ehemaligen Fallschirmjäger mit guten Verbindungen zum Militär. Er ließ sich diesmal die ganze Zeit über nicht blicken. Kaum hatten wir eingecheckt, als ein kleiner Dani erschien und uns auf Englisch ansprach: »Wollen Sie vielleicht mit mir ins OPM-Büro kommen? Wir würden uns gern mit Ihnen unterhalten. Nehmen Sie doch gleich die Kamera mit.«

Die Dani waren offenbar froh, dass unvermutet Ausländer auftauchten, denen sie ihre Botschaft übermitteln konnten. Sie hielten uns natürlich für Journalisten – wer sonst würde so verrückt sein, mitten in solch einem Tohuwabohu aufzutauchen? Als wir dem Dani folgten, stellte ich fest, dass es in Wamena immer noch viele Nackte mit Penisröhren gab, doch die meisten Papuas trugen inzwischen westliche Kleidung. Lustig wirkten die Papua-Polizisten, die auf dem Schweinemarkt und auf den Straßen patrouillierten. Sie trugen Pfeil und Bogen und eine Fantasieuniform. Nur zu gern kontrollierten sie unsere Ausweise. Wahrscheinlich wollten sie ihre Bedeutung damit zum Ausdruck bringen.

Auf dem kurzen Fußweg durch die Stadt atmeten wir die wilde Luft der Revolte. An jeder Ecke wurden Versammlungen abgehalten, Parolen gerufen, Flugblätter verteilt. An und über zahlreichen Hütten flatterte die Morgensternfahne. Bekleidete und nackte Dani, Lani und Yali tanzten in den Straßen. Nicht nur die Papua-Polizisten, auch viele andere Männer trugen Pfeil und Bogen als Zeichen ihrer Entschlossenheit zum Kampf. In Wamena war zwar offiziell noch die indonesische Verwaltung am Ruder, aber auf der Straße hatte die Revolution bereits gesiegt. Das war schön und zugleich beängstigend.

Wir drei waren die einzigen Weißen weit und breit, kein Tourist traute sich mehr in die Region. Um auch äußerlich als Freund erkannt zu werden, kaufte ich mir eine Mütze, auf der »West-Papua« stand und trug sie demonstrativ. Die Mütze kaufte ich nicht bei einem Papua, sondern im Laden eines Indonesiers, weil die Indigenen trotz Revolution keine Geschäfte besaßen. Die Stimmung in Wamena war so spannungsgeladen, dass mir der Gedanke kam, Jakarta könnte womöglich Flugzeuge schicken, um die Stadt zu bombardieren und alles wieder unter Kontrolle zu bringen. Und wir wären mittendrin. Es sollte später genau so kommen, aber da hatten wir West-Papua schon wieder verlassen.

Der junge Dani brachte uns zu einem weiß getünchten Holzhaus, das früher indonesische Beamte beherbergt hatte und den ehemaligen Guerilleros jetzt als Hauptquartier diente. Vor dem einstöckigen Gebäude hatte man die rot-weiße Fahne Indonesiens abgenommen und den rot-weiß-blauen Morgenstern gehisst. Im Haus herrschte rege Betriebsamkeit. Unser Begleiter führte uns zu einem Raum, vor dem zwei Papuas mit Pfeil und Bogen Wache hielten. Dann wurden wir hineingebeten. Hinter einem riesigen Schreibtisch thronte ein kleiner, etwa 40-jähriger Papua. »Das ist unser Chief John«, sagte der Dani. »Er hat wegen seines politischen Kampfes zwölf Jahre im Gefängnis gesessen. Chief John kann euch ein Interview geben.«

Chief John* war kein Dani, sondern gehörte einem anderen Volk aus dem Küstengebiet an. Wie schon in Jayapura fiel mir auf, dass die OPM-Leute – fast alles junge, agile Burschen – untereinander Indonesisch sprachen. Insofern hatte die Herrschaft Jakartas doch etwas bewirkt, denn sie hatte den in Hunderte Völker und Sprachen zersplitterten und verfeindeten Papuas eine *lingua franca* beschert, ein Idiom, in dem sie sich alle verständigen konnten. Chief John begrüßte uns mit Handschlag und sagte: »Willkommen im freien Papua!« Er wirkte intelligent und war sehr entschlossen. Er hatte Charisma, war ein echter Anführer.

Als Erstes fragte ich Chief John, warum genau sie gegen Indonesien kämpften. Er antwortete: »Seit 30 Jahren werden wir getötet und unsere Dörfer bombardiert. Wir dürfen unsere Sprache nicht mehr sprechen und nicht über unsere Bildung bestimmen. Unsere Häuser und Kultstätten werden zerstört und unsere Kultur wird verachtet, denn unser Glaube lehrt uns, Bäume, Berge und Flüsse zu heiligen. Aber die Fremden zerstören die Natur. Ausländische Konzerne rauben unsere Hölzer, unser Gold, Nickel und Kupfer. Die Antwort auf die Frage, warum ich kämpfe, lautet: Weil unser Volk blutet, unsere Wälder geplündert und unsere Flüsse vergiftet werden.«

»Es gibt in der Regierung Leute, die West-Papua mehr Autonomie gewähren wollen. Wäre das für Sie akzeptabel?«

»Dieses Konzept lehnen wir ab. Es schützt unsere Menschenrechte nicht. Wir wollen Selbstbestimmung. Wir wollen eine neue, gerechte Volksabstimmung über die Zukunft West-Papuas, die von den Vereinten Nationen überwacht wird.«

»Und wie stellen Sie sich die Zukunft vor?«

»Die Besatzer müssen abziehen. Wir wollen, dass alle Indonesier unser Land verlassen.«

»Aber es gibt doch gemischte Ehepaare, auch echte Mischlinge?«

»Sie müssen alle gehen. Als Indonesien unabhängig wurde, mussten auch sämtliche Holländer das Land verlassen, obwohl sie jahrhundertelang dort gewesen waren.«

»Wollen Sie die Indonesier denn mit Gewalt vertreiben?«

»Nein, wir wollen unser Parlament frei wählen, und dann soll das Parlament diese Entscheidung fällen. Wir wollen die Vereinten Nationen einschalten. Können Sie nicht zum Generalsekretär Kofi Annan für uns Kontakt aufnehmen? Der ist auch ein Schwarzer und kann unsere Probleme gewiss verstehen.«

»Und was benötigen Sie im Moment am dringendsten? Was könnte Deutschland für Sie tun?«, fragte Miriam.

»Vor allem brauchen wir Waffen. Wir müssen uns verteidigen können.«

Der Mann redet wirklich Klartext, dachte ich. Genau wie Hartmut Heller. Was wir hier zu hören bekamen, war hochexplosiv. Noch vor einem Jahr wären wir für ein solches Interview jahrelang eingesperrt worden! Ich hatte mal gehört, dass die OPM insgesamt über 50 Pistolen verfügte. Daher wollte ich wissen, wie es um die Kampfkraft seiner Truppe stünde.

»Ihr habt ja gesehen, wie wir ausgestattet sind – mit Pfeil und Bogen. Damit können wir gegen die indonesische Armee mit ihrem hochmodernen Kriegsgerät wenig ausrichten. Wir haben zwar im Lauf der Jahre einige Feuerwaffen und Munition erbeuten können, haben auch Gewehre im Ausland gekauft, aber es reicht bei Weitem nicht aus. Wir wollen unsere Freiheit erkämpfen.«

Ich fragte den Anführer zum Schluss: »Was würden Sie sich denn außer Waffen von Deutschland oder Europa wünschen?«

Er lächelte, wurde dann aber wieder ernst. »Jede Form der Unterstützung ist wichtig für uns. Eure Mauer ist gefallen, Deutschland ist jetzt frei. Wir wollen auch frei sein. Helft uns!« Auf die USA oder Australien wollte er dagegen nichts geben. Die seien schuld daran, dass die Papuas rechtlos seien, denn sie hätten stets die Indonesier unterstützt. Er sagte: »Erkennen Sie uns diplomatisch an. Setzen Sie sich dafür ein, dass wir freie Wahlen bekommen. Wir Papuas haben die gleichen Rechte wie jedes andere Volk der Erde!«

»Wir werden es versuchen«, sagte ich. Otto nickte.

»Wah-wah-wah – danke«, sagte Chief John. »Wah-wah-wah«, sagten auch die anwesenden Kämpfer. Im Chor klang es richtig feierlich.

Wir verabschiedeten uns und verließen nachdenklich das OPM-Gebäude. Als ehemalige DDR-Bürger mussten Otto und ich dem Papuaführer zustimmen – natürlich hatten die Einheimischen das Recht auf Selbstbestimmung und freie Wahlen. Nur konnten wir uns nicht vorstellen, dass die Indonesier ihnen mehr als eine begrenzte Autonomie innerhalb des Inselstaates zugestehen würden. »Es wird übel ausgehen«, meinte Otto.

Papua-Guerillero im Baliemtal.

Wir mieteten einen Geländewagen mit Fahrer und machten uns auf nach Giwika zu den Dani. Von dort wollten wir durch das Hochland wandern und uns ein bisschen umsehen. Giwika liegt knapp zehn Kilometer von Wamena entfernt und ist der Ort in West-Papua, den ich wohl am häufigsten besucht habe. Doch auf dem Weg dorthin war diesmal alles anders als gewohnt. An fast jedem Abzweig flatterte der Morgenstern, man hatte ihn sogar auf Felsen aufgemalt. Er war das wichtigste Zeichen der Freiheit. Allerdings entbehrte es nicht einer gewissen Ironie, dass alle früheren Militärcheckpoints nun Kontrollstellen der OPM geworden waren, an denen man ausgerechnet unsere von indonesischen Beamten ausgestellte *Surat Jalan* sehen wollte. Kurz vor Giwika passierten wir eine Truppe Papuas mit Penisröhren, Pfeil und Bogen und kompletter Kriegsbemalung, die plötzlich salutierten, als sie uns erblickten. Weiß der Himmel, für wen sie uns hielten.

Giwika ist ein typisches Palisadendorf der Dani, in dem sie ihre Rundhütten mit den robusten Grasdächern aufgebaut haben. Die Indonesier hatten eine Zeit lang versucht, die Traditionshütten abzureißen und die Dani auf »zivilisierte« Würfelhäuser aus Stein oder Holz zu trimmen. Aber darin wollten die Dani nicht wohnen, und heute ist alles wieder so, wie es jahrtausendelang war. In Giwika lebte mein Freund Yalli, ein kräftig gebauter Dani, der mich früher einmal als Träger begleitet hatte. Jetzt war er der Chief des Ortes. Yalli war Traditionalist, der nie etwas anderes trug als seine stattliche, 50 Zentimeter lange Koteka. Diese Röhren aus verholzten Kalebassenhälsen züchtete er wie alle Stammesbrüder im eigenen Garten. Es galt bekanntlich die Regel: Je länger das Penisfutteral, desto größer die Ehre. Das unterscheidet die Dani-Männer kaum von der »zivilisierten« Welt.

Blick aus dem Flugzeug: Rundhüttendorf der Dani im Baliemtal.

Dorf-Chief Yalli begrüßt Miriam. Er trägt einen Schlips aus Kaurischnecken.

Rußiges Schweinefett nutzen die Dani zur Gesichtsbemalung.

Den Naturvölkern ein »primitives« Leben zu unterstellen, ist absurd. So wie die San in Afrika seit Jahrtausenden in einer Gesellschaft von Gleichberechtigten leben, so haben die Dani ihre Regeln des Zusammenlebens entwickelt. Sie praktizieren Geburtenkontrolle. Das Palaver ihrer Ältesten ist ein bewahrter Mechanismus, um Konflikte zu lösen oder zu entschärfen. Kämpfe mit Nachbarstämmen, bei denen es meist um Frauen oder Schweine geht, enden nicht mit der Vernichtung des Gegners, sondern am Ende immer mit einem Ausgleich: Wer mehr Opfer zu beklagen hat, wird mit Schweinen oder Kaurischnecken – der traditionellen Papuawährung – entschädigt.

Mich erstaunte aber, wie traditionell es in Giwika zuging. Die Frauen im Dorf trugen wie früher ihre geflochtenen Hüftschürzen aus Orchideenbast oder Baströckchen und einen Schlips aus Kaurischnecken. Viele Männer hatten sich mit ranzigem Schweinefett eingerieben, gebogene Schweinezähne in die Nase gesteckt und Stirnbänder mit weißen oder bunten Federn angelegt, wie es ihnen gefiel. Die Revolution schien alte Traditionen wiederzubeleben – das Dorf sah fast wieder genauso aus wie vor 15 Jahren, als ich zum ersten Mal hier gewesen war.

»Wir sind froh, dass uns keiner mehr Vorschriften macht und wir uns wieder anziehen können wie früher«, sagte Yalli. Ich dachte, vielleicht hat das Traditionsbewusstsein aber auch mit dem Abenteuertourismus zu tun, der bis vor kurzem noch im Baliemtal florierte. Denn nicht in allen Dörfern frönten die Leute weiter der Nacktheit. Wir hatten unterwegs viele Papuas in Hosen und T-Shirts gesehen; manchmal auch welche, die ein T-Shirt über dem Penisköcher trugen. Nur in Giwika sahen wir so gut wie gar keine westliche Kleidung, obwohl das Dorf so nah an Wamena liegt. Vielleicht hatte den Leuten hier jemand gesagt: »Bleibt so, wie Ihr seid, dann bekommt ihr auch Geld von den Touristen.«

Denkbar war es, denn Giwika gehörte zum Pflichtprogramm aller *tour operators*, die ihren Kunden die große Attraktion des Dorfes vorführen wollten – die alte Mumie eines Ahnen, die im Männerhaus aufbewahrt und als Schutzgeist verehrt wird. Und tatsächlich: Kaum hatten wir den Dorfzaun durchschritten, wurde die Mumie schon angeschleppt. Wir taten ihnen natürlich den Gefallen, filmten den Dorfheiligen und bezahlten dafür. Aber eigentlich war es traurig, dass die Dani ein solch rituelles Denkmal nun vermarkteten. Als ich erstmals in Giwika war, hatte man uns die Mumie ganz zum Schluss und nur ganz kurz gezeigt, und sie blieb auf ihrem Ehrenplatz im Männerhaus, wo sie hingehörte. Frauen durften sie schon gar nicht betrachten. Aber während des Tourismusbooms in den neunziger Jahren hatten andere Dörfer auch Mumien getrocknet, um ein paar Rupien damit zu verdienen, und Giwika musste offensiver auftreten, um mitzuhalten. So verlangte es die Marktwirtschaft. Doch nun war das Geschäft eingebrochen. Seit den Unruhen gab es gar keinen Tourismus mehr im Baliemtal.

Die Bewohner von Giwika sympathisierten natürlich trotzdem mit dem Aufstand. Aktiv beteiligten sie sich nicht. Sie hatten zu schlechte Erfahrungen gemacht. Yalli wollte auch nicht darüber reden. Er war ein liebenswerter Mann, der uns lieber erklärte, warum er sein linkes Ohr abgeschnitten hatte. Während die Frauen ihre Trauer über den Tod eines Verwandten mit abgehackten Fingern zeigen, ist es bei den Männern ein abgetrenntes Ohr. Mit körperlichem lenkt man sich von seelischem Schmerz ab. »Als mein bester Freund starb, habe ich mir das Ohr abgeschnitten, habe es in ein Blatt gewickelt und in den Sumpf geworfen«, sagte Yalli. »Aus dem Ohr ist ein Frosch geworden, den ich jeden Tag hören kann, denn er macht Quak.« Das war eine beruhigende Auskunft.

Für mich gab es viel zu tun. Ich eröffnete meine mobile Zahnarztpraxis und zog sicher ein Dutzend Zähne. Als ich schon völlig erschöpft war, brachten die Dani noch eine Frau aus einem Nachbardorf an. Ich wollte zunächst abwinken, aber Miriam überzeugte mich, die Patientin wenigstens zu untersuchen. Sie war wirklich schwer krank und hatte auch Fieber. Sie litt an einer beginnenden Mundbodenphlegmone, einer kompletten Vereiterung des Unterkiefers infolge völlig defekter Zähne. Hier war kein normales Zahnarzthandwerk gefragt, das war eine Notoperation. Es bestand Lebensgefahr. Ich musste den Abszess breitbasig öffnen, die kranken Zähne herausnehmen, das Ganze antibiotisch absichern. Miriam assistierte. Zum Glück verlief der Eingriff ohne Probleme. Am nächsten Tag ging es der Frau bedeutend besser, und ich war froh, dass ich sie behandelt hatte. Sie musste unvorstellbare Schmerzen gehabt haben. Ich hatte bemerkt, dass man ihr am Hals Schnitte beigebracht hatte, entweder um den Eiter abfließen zu lassen oder um die Qualen im

Dani-Frau bei der Kopfpflege ihres Kindes. Weil ihr Ehemann kürzlich gestorben ist, hat sie sich mit gelbem Lehm eingerieben.

Dani mit Pandanusfrucht, einer Delikatesse des Regenwaldes.

Mund zu relativieren. Wie viele Naturvölker verursachen die Papuas einen Gegenschmerz, wenn sie sehr stark leiden.

Für die Mühe gab es am Abend frisch gegarte Süßkartoffeln und Pandanusfrüchte aus dem Erdofen. Auch wenn kein Schweinefest gefeiert wurde, genoss ich die Stimmung. Nur ein paar Fackeln und Feuer erhellten den Dorfplatz, der Erdofen qualmte, die nackten Papuas tuschelten, ich hörte ihr »wah-wah-wah« und ihre Maultrommeln und fühlte mich wieder in die Steinzeit versetzt. Ich ließ die Szene einfach auf mich wirken. Das ist für mich Glück. Mehr brauche ich gar nicht.

Am nächsten Tag fuhren wir weiter und trafen ganz in der Nähe von Giwika auf ein OPM-Camp, in dem Rekruten mit Pfeil und Bogen exerzierten. Sie trugen schwarze Uniformen und hatten sich die Gesichter mit Schweinefett und Asche geschwärzt. Otto rief: »Stopp!«. Er wollte das unbedingt filmen. Der Ausbilder war ein Traditionsdani mit Schweineknochen in der Nase, der uns sofort die Entschlos-

Im Baliemtal salutieren Guerillakämpfer der Morgensternfahne, dem Symbol des freien West-Papua.

senheit seiner Kompanie vorführen wollte. Er ließ die Jungs einmal um den Platz marschieren, links um, rechts um. Er brüllte etwas – alle stießen die Speere in die Luft und riefen »Huh!« Plötzlich näherte sich auf der Straße ein Dani mit Penisköcher, der seine Schweine vor sich hertrieb. Ohne weiter auf die Tiere zu achten, reihte er sich ein in die Truppe und marschierte mit. Nun bekam Otto genau die Bilder, die er brauchte.

Anschließend geleitete uns der Kommandant in ein Nachbardorf, wo gerade ein Treffen wichtiger Chiefs stattfand. Wir konnten die Häuptlinge mit der Kamera interviewen. Sie hatten ihre Kriegsbemalung angelegt, einen Federkranz im Haar und Pfeil und Bogen in der Hand. Auch bei ihnen gab es vor allem zwei Themen: »Her mit den Kalaschnikows!« und »Weg mit Freeport McMoRan!«

Die Chiefs erhofften sich dabei Hilfe von den Niederlanden und Deutschland, den beiden Ländern, die sie wegen der Kolonialgeschichte Neuguineas als ihre historischen Freunde ansahen. Sie sagten: »Ihr seid auch Christen, helft uns, denn die Moslems wollen uns zur Minderheit im eigenen Land machen.« Für sie hatte der Kampf auch eine religiöse Dimension. Erstmals begriff ich, dass die Missionare zwar einerseits ihre alte Kultur zerstörten und damit im Sinne Indonesiens handelten, andererseits aber den jahrtausendelang verfeindeten Papua-Völkern eine gemeinsame kulturelle Grundlage geschenkt hatten. Das Christentum war zum Band geworden, das Dani, Yali, Fayu, Asmat, Mek und Hunderte anderer Völker und Stämme inzwischen umschloss. Es war seltsam: Eine fremde Sprache und ein fremder Glaube schufen eine gemeinsame Identität. Eine Papua-Identität. Deshalb redete hier auch niemand gegen die Missionare, sondern alle empfanden diese als ihre Verbündeten.

Je länger wir durch das aufständische Hochland West-Papuas reisten, desto bedrohlicher erschien uns die Lage jedoch. Uns war klar, dass nur ein Funke fehlte, um das Land zur Explosion zu bringen. Ich wusste aus vielen Berichten, wie brutal das indonesische Militär vorging. Wenn wir zwischen die Fronten gerieten, hatten wir keine Gnade zu erwarten. Ich entschied, dass es zu gefährlich war, zu bleiben oder gar in den Dschungel aufzubrechen. Nach einer Woche flogen wir zurück nach Jayapura. Nirgends sahen wir noch Besucher, Touristen, Weiße. Die politische Spannung drängte auf eine Entladung, das spürten wir alle. Deshalb waren wir froh, als wir schließlich im Flugzeug nach Jakarta saßen. Wir wollten nun hören, was die Regierung zu sagen hatte.

Im Regierungspalast hatten wir uns mit Frau Professor Susanto verabredet. Es war der 1. August 2000, in Jakarta herrschte an diesem Tag Ausnahmezustand, da moslemische Rebellen einen Sprengstoffanschlag mitten im Regierungsviertel verübt hatten; überall standen Polizisten und schwer bewaffnete Soldaten herum. Man konnte spüren, wie der Staat von verschiedenen Seiten in die Zange genommen wurde. Es bestand wirklich die Gefahr, dass das große indonesische Reich auseinanderbrach. Frau Susanto empfing uns sehr freundlich und fand sich trotz aller Aufregung zum Gespräch bereit. Sie sagte: »Wir können verstehen, dass die Papuas sich selbst verwalten wollen. Es gibt Bemühungen von unserer Seite, ihnen eine gewisse Autonomie zuzugestehen. Aber sie müssen auch begreifen, dass Indonesien diesen Teil seines Territoriums niemals aufgeben wird.«

»Haben Sie denn in Wamena etwas erreichen können?«, fragte ich sie.

»Wir haben uns mit einigen Anführern getroffen, aber leider waren sie nicht zu Kompromissen bereit. Ich bedaure das, denn es stärkt auch hier in Jakarta nur die Hardliner.«

»Befürchten Sie nicht, dass es zu bewaffneten Kämpfen kommt?«

»Das ist unsere große Sorge. Wir stehen tatsächlich kurz vor einem Bürgerkrieg. Deshalb bin ich nach Wamena gefahren. Glauben Sie mir, wir wollen alles tun, um eine Verhandlungslösung zu erreichen.«

Ich glaubte ihr. Die sympathische Professorin wirkte integer und ehrlich um Frieden bemüht. Nur konnte sie sich nicht durchsetzen. Auch die Versprechen des halb blinden Präsidenten Wahid ein paar Tage später vor dem Parlament in Jakarta, die Aufruhrprovinzen Aceh und West-Papua würden einen Sonderautonomiestatus erhalten, blieben leere Worte und wurden bis zum heutigen Tage lediglich auf dem Papier umgesetzt.

Wir kehrten mit weltweit einmaligem Filmmaterial nach Deutschland zurück – und mussten feststellen, dass niemand es haben wollte. Kein Sender interessierte sich für die Revolte der Papuas. Revolution im Dschungel, Kampf mit Pfeil und Bogen gegen eine Hightecharmee – exotischer ging es kaum, und trotzdem bekamen wir nur Absagen. »Es sind eben keine Yanomami-Indianer, Roland«, sagte Otto.

Am 6. Oktober 2000 brach der bewaffnete Aufstand in West-Papua aus. Der Anlass war relativ beliebig. Als die Papuas mal wieder ihren *Morning Star* in Wamena aufzogen, erschienen indonesische Soldaten und forderten sie auf, die Flagge einzuholen. Diese weigerten sich, daraufhin wurde das Feuer eröffnet. Es gab Tote. Nach dieser Provokation entlud sich der Zorn der Massen. Papuas stürmten die Moschee in Wamena, brannten Häuser nieder, lynchten wahllos Indonesier, besetzten alle wichtigen Gebäude – selbst das Hotel »Nayak« – und rissen die Macht in Wamena an sich. Einige Tage lang herrschte völlige Anarchie.

Dem Aufstand in Wamena folgten blutige Unruhen in Jayapura und Freeport. In Jayapura wurde nach dem Überfall von Papuas auf eine Polizeistation mehr als 100 Studenten verhaftet, geschlagen und einige zu Tode geprügelt. Menschenrechtsgruppen berichteten von weiteren Morden, Folter und Vergewaltigungen an der Zivilbevölkerung. Einige Anführer der OPM verschwanden einfach; sie wurden vermutlich umgebracht. Mindestens 40 Papuas starben. Viele flohen wie früher in die Wälder. Im September wurde das Hissen der Morgensternflagge wieder unter Strafe verboten. Die Forderung nach Unabhängigkeit für West-Papua wurde erneut als »Verrat« eingestuft und mit schwerer Haft bestraft. Regierungskritiker im ganzen Land wurden verhaftet.

Während das Militär die Unruhen in Jayapura relativ schnell wieder unter Kontrolle bekam, dauerten sie in Wamena und Freeport an. Die gigantische Tagebaumine war das eigentliche Symbol der Fremdbestimmung West-Papuas, deshalb versammelten sich dort mehrere Tausend Papuas aus Timika und der Umgebung, um gegen den Ausverkauf ihrer Bodenschätze an die USA und die gnadenlose Zerstörung der Umwelt zu demonstrieren. Plötzlich marschierten indonesische Soldaten auf und schossen wahllos in die Menge.

Hartmut Heller war an jenem Tag dabei. Er war mit seiner Videokamera nach West-Papua gereist, um den Freiheitskampf der Papuas zu dokumentieren. Als das Massaker in Freeport stattfand, stand er mitten in der Menschenmenge und hat gefilmt. Hartmut wurde verhaftet, sein Pass eingezogen und die Kamera beschlagnahmt. Doch es war ihm gelungen, die Kassette vorher OPM-Leuten zuzustecken, die sie in Sicherheit brachten. Da die Indonesier nicht recht wussten, was sie mit dem seltsamen Fremden anfangen sollten, setzten sie ihn wieder auf freien Fuß, gaben ihm jedoch seine Papiere nicht zurück. Er konnte nach Jayapura fliegen, saß aber dort fest. Bei Nacht und Nebel halfen ihm befreundete Kämpfer, über die nahe Grüne Grenze nach Papua-Neuguinea zu entkommen.

Wenig später saß er bei mir in Lüneburg und schob die Kassette in den Videorekorder. Ich starrte gebannt auf den Bildschirm, denn seine Aufnahmen waren schockierend. Man sah Tote, die auf dem Boden lagen; und Verletzte, deren Wunden im Hospital behandelt wurden. Sie berichteten von den brutalen Übergriffen des Militärs. »Roland, hast du eine Idee, wer das senden könnte?«, fragte er mich. »Ich kann es mal über meine Kontakte probieren«, erwiderte ich. Doch es war aussichtslos. Weder der NDR noch der MDR noch Pro Sieben mochten den aufrüttelnden Film ausstrahlen. Die Aufnahmen waren zu brisant, um sie ohne eigene Gegenrecherchen zu senden. Aber Reporter durften nicht mehr in die Krisenregion einreisen. Bis heute sind diese Bilder nie im Fernsehen gezeigt worden. Hartmut hatte vor, Auszüge daraus ins Internet zu stellen.

Bevor er an jenem Tag wieder ging, wollte er noch etwas anderes loswerden. »Roland, ich muss dir noch was zeigen«, sagte er. Er zog ein Dokument aus seinem Leinenbeutel. »Guck dir das mal an und sag mir, was ich damit machen soll.«

Kugelschreiber. Große Buchstaben. Verschiedene Unterschriften. Es war ein Papier, das offensichtlich in West-Papua abgefasst worden war. Wenn ich es richtig deutete, stammte es vom bewaffneten Arm der OPM, der *Nationalen Befreiungsarmee des Freien Papuas* (TPN) und enthielt eine militärische Wunschliste für den Befreiungskampf auf Pidgin-English: »1. walky-talky support, 2. weapens an gans support, 3. airforce airplanes, 4. navies support, 5. Sicurity: Deutschland.« Sie wünschten sich also umfassende Militärhilfe, einschließlich Waffen und Gewehrlieferungen, Luft- und Seeunterstützung sowie Sicherheitsgarantien durch Deutschland! »Wo hast du denn das her?«, fragte ich Hartmut.

»Das haben mir Kämpfer in Papua-Neuguinea gegeben, als ich aus Freeport über die Grenze kam. Sie vertrauen mir eben. Aber ich kann ja schlecht damit offiziell zur Bundesregierung laufen. Kennst du nicht jemanden in Berlin?«

»Ausgeschlossen. Selbst wenn ich jemanden kennen würde, würde ich nichts unternehmen. Das ist doch völlig unrealistisch.«

»Dann bleibt nur eins: Ich muss es veröffentlichen.«

Noch am folgenden Tag stellte Hartmut das Papier ins Internet, mit der Überschrift: »Papua-Armee braucht Waffen«. Zum Glück deckte er die Namen der Unterzeichner ab.

Es waren Hartmut Hellers letzte politische Taten. Ich hätte mich nicht gewundert, wenn er statt zur Kamera und zum Computer zur Kalaschnikow gegriffen hätte, denn er war in den Jahren zuvor immer radikaler geworden. Er legte sich mit jedem an, den er für einen Feind der Naturvölker hielt, egal wie mächtig und einflussreich er war. Ich war eigentlich davon überzeugt, dass man ihn irgendwann erschießen würde, doch wie in West-Papua kam er aus den unglaublichsten Situationen immer wieder heraus. Das imponierte mir, aber was er politisch vertrat, war so verrückt, dass ich mich schon seit unseren gemeinsamen gefährlichen Erlebnissen Mitte der neunziger Jahre immer mehr von ihm distanziert hatte.

Wir trafen uns nur noch selten, meistens wenn er mit irgendwelchen Gästen von fernen Kontinenten bei mir in der Praxis aufkreuzte, weil deren Zähne repariert werden mussten, sie aber in keiner Krankenkasse waren. Er kam mit Hadzabe aus Tansania vorbei, schickte Maleita von den Salomonen, Aeta von den Philippinen. Von Zeit zu Zeit versteckte er desertierte Russen oder Afrikaner in seinem Lauenburger Haus, die illegal nach Deutschland gekommen waren, kein Visum besaßen oder aus einem Asylheim vor der Abschiebung geflohen waren. Ich half diesen Menschen in Not, wann immer ich konnte.

Doch Hartmut versuchte unablässig, mich für seinen Verein *Freunde der Naturvölker* zu werben. Es war ein Thema, über das wir dauernd stritten. Ich hatte nach meiner Ausreise aus der DDR ein für allemal beschlossen, nie wieder bei irgendeiner Organisation mitzumachen, egal wie edel oder humanitär sie auch sein mochte. Da ich anfangs einige von Hartmuts Projekten für sinnvoll hielt, unterstützte ich ihn. Seit ich ihn aber zum ersten Mal im Verdacht hatte, dass er mit meinem Geld Waffen kaufen wollte, habe ich ihm nichts mehr zukommen lassen. Das wollte ich nicht unterstützen, denn Gewalt erzeugt immer Gegengewalt.

Außerdem wusste ich, dass Motoro von Hartmut schwer enttäuscht worden war. Er hatte viel Geld für die Neuansiedlung der Aeta auf Luzon gesammelt und an Hartmut überwiesen. Irgendwann erfuhr er, dass Hartmut das Geld auch für eigene Reisen nach Südamerika verwendet hatte und stellte ihn zur Rede: »Was ist das für eine Sauerei, Hartmut?«

»Ich habe das Geld gebraucht, um Naturvölkern zu helfen.«

»Aber es war für einen bestimmten Zweck. Ich wollte nicht deine Flüge finanzieren, das bin ich auch den Spendern schuldig.«

Motoro ist in solchen Dingen äußerst korrekt, was ich richtig finde. Er brach daraufhin den Kontakt zu Hartmut ab. Aber der konnte Motoros Argumente überhaupt nicht verstehen. Für ihn heiligte der Zweck die Mittel, und in seinen Augen waren es Reisen für eine gute Sache. Er siebte auch die Leute in seinem Verein nicht, sondern nahm jeden, der kam – ob er sich seinen Weltsichten unterordnete oder mit ihm stritt. Hartmut war es egal, ob jemand Professor, Künstler, Fremdenlegionär oder Sozialhilfeempfänger war. Für ihn zählte nur, ob er sich engagierte.

Da er immer Probleme hatte, Mitglieder zu finden, riet ich ihm, Leute in der ehemaligen DDR anzusprechen, die vom Umbruch enttäuscht waren und eine neue Lebensaufgabe suchten. Hartmut war jemand, der Menschen mitreißen konnte. Viele waren von seiner Radikalität schnell wieder abgeschreckt und nahmen Abstand. Für andere Leute aber war er wie ein Guru, sie hingen an seinen Lippen, wenn er sprach. Der selbsternannte »Rassist« konnte sie sogar für seinen seltsamen Nationalanarchismus begeistern. Beispielsweise war er der Meinung, dass wir als ehemalige Kolonialherren dafür verantwortlich seien, was aus den Kolonien werde. »Wir sind verpflichtet, alle Menschen, die von dort zu uns kommen, auch hier aufzunehmen«, lautete sein Credo. Gleichzeitig predigte er gegen »Rassenvermischung«. Mit diesem Schwachsinn wollte ich nichts zu tun haben. Seine Aufgabe sah er auch darin, die Gesellschaften im Westen – wobei er die USA als Hauptfeind betrachtete – zu unterwandern und von innen zu zerstören. Ich dagegen war froh, mich aus der DDR in den Westen gerettet zu haben.

Doch im Osten fand Hartmut Heller manchen Wendeverlierer, der ähnlich dachte wie er. Da er sich ständig weiter radikalisierte, fluktuierte auch seine Anhängerschar stark. Alte Mitglieder wurden rausgeworfen oder gingen enttäuscht von selbst, neue wurden rekrutiert. Es gab sogar eine Abspaltung von Anhängern, die ihren eigenen Verein gründeten, wie das eben so ist in Deutschland. Hartmut hat die Renegaten dann erbittert bekämpft. Am Ende blieben nur ein paar glühende Verehrer übrig, die ihn geradezu anhimmelten. Er war auch gern gesehener Gast bei esoterischen Psychogruppen wie dem *Zentrum für experimentelle Gesellschaftsgestaltung* in Belzig, *Findhorn* in Schottland und *Damanhur* in Italien.

Hartmut tauchte auf und verschwand dann wieder, manchmal für zwei Jahre, ohne dass ich etwas von ihm hörte. Mal war er auf den Philippinen, dann in Südamerika oder Afrika. Er musste ja auch seine zahlreichen Frauen und Kinder in aller Welt hin und wieder besuchen.

Sein größtes Problem aber wurde seine schwächelnde Gesundheit. Hartmut Heller war todkrank. Er hatte nicht nur Malaria, sondern litt auch an einer tropischen Viruserkrankung. Im Juni 2003 rief mich ein Bekannter an und sagte, Hartmut sei wieder in Deutschland, er liege im Krankenhaus, es gehe ihm sehr schlecht. Ich telefonierte mit der Klinik. »Kommen Sie schnell«, sagte der behandelnde Arzt. Ich besorgte Blumen und Schokolade, doch als ich im Krankenhaus eintraf, war es schon zu spät. Am 5. Juni 2003 ist Hartmut Heller gestorben. Er war nicht krankenversichert. Er wollte »den Ärzten kein Geld in den Rachen werfen«, wie er immer sagte.

Zur Beerdigung auf dem Friedhof der Lauenburger Maria-Magdalenen-Kirche kamen eine Woche später etwa 50 Leute, viele von ihnen Afrikaner. Es war eine echte Trauerfeier, mit Ansprachen und Musik. Hartmut lag in der Kirche aufgebahrt, ganz dünn, wie Jesus unter dem Kreuz. Was für eine Ironie des Schicksals, dachte ich, nun ist er doch dort gelandet, wo er nie hinwollte – bei den Christen, die er nie leiden konnte. Aber es war gut, dass die vielen Schwarzen gekommen waren. Denn Afrika war Hartmuts eigentliche Heimat geworden, er hatte gelebt wie viele Afrikaner, polygam, mit mehreren Frauen und vielen Kindern. So hatte er es dort gelernt, und so war es bis zum Ende geblieben.

Entdeckung im Dschungel – die Din in West-Papua

Mehr als ein Jahr lang blieb West-Papua für ausländische Besucher vollständig gesperrt. Als man dann wieder einreisen durfte, gehörte ich zu den ersten Europäern, die ins Land kamen. Natürlich wollte ich wissen, wie sich die Dinge entwickelt hatten. Als ich im Februar 2002 in Sentani landete, hatte ich außer meiner Neugier vor allem die Idee mitgebracht, noch einmal zu den Korowai im Asmat aufzubrechen und zu sehen, was aus Elas Lemakha-Clan und seinem schönen Baumhaus geworden war. Ela war jener Sippenchef, in dessen Schulter ein Pfeil steckte, den ich drei Jahre zuvor vergeblich versucht hatte herauszuoperieren. Gegebenenfalls wollte ich einen Beitrag für das Fernsehmagazin »Welt der Wunder« drehen. Diesmal reiste ich völlig allein, nur mit meiner Videokamera als Begleiter.

Von Deutschland aus hatte ich telefonisch versucht, einen Guide zu finden, aber das war leider nicht möglich. Während ich in Jayapura nach einem zuverlässigen Reisebegleiter suchte, nutzte ich die Zeit, um mich bei Mitarbeitern westlicher Hilfsorganisationen darüber zu informieren, wie die Indonesier den Aufstand niedergeschlagen hatten.

Von ihnen erfuhr ich, dass Anfang Dezember 2000 zusätzliche 1300 Elitesoldaten und Angehörige der militärischen Spezialeinheit Kopassus nach West-Papua verlegt worden waren; vor der Küste hielten Kriegsschiffe ein Manöver ab. In den Wochen davor hatte es in Wamena zahlreiche Tote gegeben, auch unter den Indonesiern; gezählt hat die Opfer niemand. Dutzende Papuas wanderten ins Gefängnis, darunter mehrere Angehörige des gemäßigten Papua-Rates, der angesehenen Vertretung der Papua-Völker. Papua-Führer wurden ermordet oder »verschwanden«. Wie zwei Jahre zuvor in Ost-Timor stellten die Sicherheitskräfte pro-indonesische Milizen auf, meist Bewohner von Transmigrationsdörfern. Sie wurden von der indonesischen Armee bewaffnet, von pensionierten Soldaten ausgebildet und sollten Angst und Terror unter ihren papuanischen Nachbarn verbreiten.

Zur Eskalation der Gewalt kam es dann am 39. Jahrestag der (international nicht anerkannten) Unabhängigkeitserklärung West-Papuas von 1961. Obwohl alle Unabhängigkeitsfeiern als »Verrat« verboten und mit hohen Strafen bedroht worden waren, versammelten sich Tausende Menschen in Jayapura und anderen Orten, um des Ereignisses zu gedenken und den Morgenstern zu hissen. Selbst als die Versammlungen friedlich blieben, schritt das Militär auf breiter Front ein. Der Polizeichef von Jayapura forderte bei einem Appell die Soldaten auf, ihre Waffen einzusetzen, »um die Einheit Indonesiens zu verteidigen«. Die Regierung verlangte von den Papuas, alle Flaggen wieder einzuholen. Proteste schlug die Polizei brutal nieder.

Viele Papuas flüchteten in die Kirchen, wo die Pfarrer sie auch tatsächlich beschützten. Tausende resignierten und flohen wie in den achtziger Jahren vom Westen in den Osten der Insel, nach Papua-Neuguinea, von dem sie zwar politisch getrennt, mit dem sie aber kulturell eng verbunden sind. Immerhin hatte das Nachbarland die Flüchtlinge über die Grenze gelassen, wenn man sie auch in Lager einwies. Auch der oberste OPM-Führer Martin Wenda, ein Lani, setzte sich dorthin ab und bat um politisches Asyl. Doch man sperrte ihn ins Gefängnis, da er einen anderen Anführer, den er als indonesischen Spion ansah, umgebracht haben sollte.

Der politische Frühling war vorbei. Nach der kurzen Phase der Offenheit und Entspannung um die Jahrtausendwende, die jetzt *Reformasi* genannt wurde, kam West-Papua 2001 wieder unter die feste Kontrolle Indonesiens. Alle wichtigen Posten in Verwaltung und Polizei wurden erneut von Zuwanderern besetzt. In Timika und vielen Waldgebieten wurde die Umwelt trotz weltweiter Proteste von Naturschutzgruppen weiterhin zerstört. Neue riesige Gasfunde in der Bentuni-Bucht wurden zur Ausbeutung an ausländische Konzerne vergeben.

Die Hardliner in Jakarta und Jayapura hatten die instabile politische Lage und die Schwäche der indonesischen Staatsspitze ausgenutzt. Der demokratische und tolerante Präsident Wahid, dem persönlich einige Sympathien für die Papua unterstellt wurden, war gegen Kontrahenten in der eigenen Regierung machtlos. Sein Einverständnis, die Morgensternflagge der Papuas als »Ausdruck der kulturellen Identität« neben der rot-weißen Staatsflagge aufzuziehen, solange sie nur etwas kleiner sei und etwas tiefer hänge, wurde von der Polizei in West-Papua mehrfach mit Gewehrfeuer auf Flaggenhisser beantwortet. Während Präsident Wahid seine Bereitschaft zum Dialog zeigte, verstärkte das Militär seine Präsenz, besonders im Grenzgebiet zu Papua-Neuguinea und in Timika bei der Freeport-Mine. Dort wurden sogar Kampfpanzer deutscher Produktion stationiert.

Das harte Vorgehen der Sicherheitskräfte wurde von einer großen Mehrheit der 210 Millionen Indonesier unterstützt. Viele betrachteten die Unruhen in West-Papua als Parallele zu Ost-Timor. Sie befürchteten ein Auseinanderbrechen des Einheitsstaates mit seinen 14 000 Inseln. Doch das Militär sah sich nicht nur verpflichtet, die Geschlossenheit Indonesiens mit allen Mitteln zu bewahren – es suchte in regionalen Konflikten wie in West-Papua auch seinen Einfluss zu stärken und seine Einnahmequellen zu sichern, zum Beispiel mit Holzschlaglizenzen.

Die indonesischen Medien verfielen in ihrer Berichterstattung wieder in längst überholt geglaubte Kolonialklischees von den ignoranten »Wilden«, die man »zivilisieren« müsse. Die an sich seriöse größte Tageszeitung Indonesiens, *Kompas*, berichtete über die Schießereien in Wamena im Oktober 2000 ausschließlich aus »indonesischer« Sicht. Nachdem Papuas dort den Morgenstern gehisst hatten, hatte die Polizei das Feuer eröffnet und einige Dani und Lani erschossen. Papuas griffen daraufhin indonesische Transmigranten an und töteten einige. Doch *Kompas* unterschlug die Opfer der Polizei. Mehr noch, in einem mehrseitigen Sonderteil über die Vorfälle in Wamena kamen Papuas nur als Randfiguren vor, und der heilsam zivilisatorische Einfluss der indonesische Transmigranten wurde lobend hervorgehoben. Viele Papuas trügen nun endlich »gesunde Kleidung« statt wie früher Lendenschurz oder Koteka; sie würden nun auch Reis anbauen statt widerlicher Sagopalmen, schrieb die Zeitung.

Als das indonesische Parlament den Präsidenten Abdurrahman Wahid im August 2001 absetzte, wurden damit auch die Befürworter eines friedlichen Dialoges zur Lösung des West-Papua-Konfliktes in die Bedeutungslosigkeit abgedrängt. Die Haltung der neuen Präsidentin Megawati Sukarnoputri war vom Erbe ihres Vaters Sukarno geprägt. Sie galt als strikte Verteidigerin der nationalen Einheit, war aber auch Realistin. Sie entschuldigte sich bei den Papuas für die Übergriffe des Militärs. Um den weiter schwelenden Konflikt zu befrieden, setzte ihre Regierung auf ein noch von Wahid entworfenes Sonderautonomiegesetz, das zum Jahresbeginn 2002 in Kraft trat und der Provinz weitgehende Selbstverwaltung gewähren sollte. Damit wollte sie der Unabhängigkeitsbewegung den Wind aus den Segeln nehmen. Führende Papuas wurden an der Formulierung des Gesetzes beteiligt. Allerdings wurden viele ihrer Wünsche nicht berücksichtigt und Paragraphen, die den Papuas wichtig waren, wieder aus der Vorlage gestrichen.

So kam ein Gesetz zustande, mit dem niemand zufrieden war. Es enthielt zu viele faule Kompromisse und war mit heißer Nadel gestrickt worden. Darin gab es zahlreiche juristische Unklarheiten, und offen blieb auch, wie die Autonomiebehörden finanziert werden sollten. Zwar gestand das Gesetz den Papuas eine gewisse Beteiligung an den Steuern aus der Ausbeutung ihrer Bodenschätze zu, doch in der Realität blieben die Gelder dann bei der indonesischen Bürokratie hängen. Vor allem aber war keine Beteiligung der Bevölkerung an der regionalen Autonomie vorgesehen, so dass letztlich nur Bürokratie von Jakarta nach Jayapura verlagert wurde. Über die Papuas wurde weiter verfügt, sie wurden nicht gefragt. Das Übel der Korruption war auf diese Weise nicht zu bekämpfen und der Wunsch vieler Papuas nach Selbstbestimmung – nach *Merdeka* – nicht zu erfüllen. Kurz, das Sonderautonomiegesetz konnte die Lage nicht wirklich entspannen. Eine Wahrheitskommission wie in Südafrika oder auch nur eine kritische Neubewertung der Geschichte, die den Konflikt befrieden könnte, war ebenfalls nicht in Sicht. Die angekündigte Teilung der Provinz in zwei Verwaltungsgebiete empfanden die meisten Papuas als Rechtsbruch, Betrug und Demütigung. Verhängnisvoll wirkte sich gerade in West-Papua aus, dass Megawati die von ihrem Vorgänger begonnene, dringend notwendige Reform des korrupten Militärapparats mit seinen 220 000 Soldaten stoppte.

Inzwischen war West-Papua auch erneut zum Schauplatz brutaler Gewalt geworden. Am 10. November 2001 wurde der prominente Führer der Unabhängigkeitsbewegung und Mitglied des Papua-Rats, der 64-jährige Politiker und christliche Prediger Theys Hiyo Eluay, in einen Hinterhalt gelockt und ermordet. Theys Eluay hatte den west-papuanischen Nationalkongress im Juni 2000 geleitet. Die Versammlung hatte ihn beauftragt, Kontakte zu ausländischen Regierungen zu knüpfen, um sie zu bewegen, den »Act of Free Choice« von 1969 zu widerrufen. Damit hatte er keinen Erfolg. Die westlichen Staaten versteiften sich darauf, dass Indonesien nur als Einheitsstaat ein Garant für die Stabilität in der Region sein könne. Aber der charismatische Eluay suchte bereits nach anderen, friedlichen Wegen zur Lösung des Konfliktes. Der Tod des Mannes, der in der Provinz den ehrenvollen Beinamen *Pemimpin Papua*, Führer von Papua, trug, war ein herber Rückschlag für alle diese Bemühungen – und sicher auch als solcher konzipiert.

Der Verdacht fiel sofort auf die Sicherheitskräfte, insbesondere die Kopassus, aber erst internationaler Druck führte zu Ermittlungsergebnissen der Polizei. Nachdem Kopassus-Offiziere lange Zeit vehement bestritten, in den Fall verwickelt zu sein, wurden 2002 sieben Mitglieder der Spezialkräfte festgenommen, des Verbrechens angeklagt und ein Jahr später zu moderaten Haftstrafen verurteilt – vor einem nichtöffentlichen Militärtribunal und ohne dass Hintermänner oder politische Hintergründe erwähnt worden wären. Ihre Anwälte rechtfertigten den Mord sogar und erklärten, die Täter hätten als Helden ausgezeichnet werden müssen, da sie gegen die »Separatisten« gekämpft und ihr Leben für die »Verteidigung der Einheit Indonesiens« riskiert hätten.

Der wirtschaftliche und politische Teufelskreis aus Korruption, Intrigen und Selbstbereicherung, der die alte politische Garde, das Militär und einige privilegierte Unternehmer in West-Papua auszeichnet, wurde nicht einmal angekratzt – dabei ging es bei dem Mord möglicherweise auch um Holzeinschlagkonzessionen. Da die Wälder auf den anderen Außeninseln erheblich geschrumpft waren, richtete sich nun das Interesse aller am Holzhandel Beteiligten auf West-Papua. Und weil alle, die Konzessionen für die Wälder bekommen wollten, auf die Hilfe und das Einverständnis von lokalen Oberhäuptern und einflussreichen Persönlichkeiten angewiesen sind, bemühten sie sich, diese mit Geld und Geschenken zu kaufen. Dass auch Theys Eluay zu diesen Unternehmen gute Kontakte pflegte, war kein Geheimnis. Er hatte vielleicht nicht so funktioniert, wie er sollte.

Die Kopassus-Einheiten steckten wahrscheinlich auch hinter einem weiteren Mordanschlag in West-Papua, der weltweit Aufsehen erregte und bis zum Jahr 2009 nicht aufgeklärt wurde. Am 31. August 2001 überfielen 15 mit automatischen Gewehren bewaffnete Männer nahe Timika zwei Kleinbusse des Freeport-Konzerns, in denen amerikanische Lehrer der internationalen Schule des Bergbaukonzerns und deren Familien saßen. Ein Indonesier und zwei Amerikaner wurden erschossen, zwölf weitere Personen verletzt. Die indonesischen Streitkräfte und die OPM bezichtigten sich gegenseitig der Tat. Möglich wäre es schon, dass Kelly Kwalik, der OPM-Führer in der Region Timika, den Anschlag befehligte. Unter seinem Kommando wurden 1996 die ausländischen und indonesischen Forscher im Hochland von West-Papua entführt. Andererseits verfügt die OPM nicht über viele moderne Waffen, und es wäre nicht das erste Mal gewesen, dass das Militär einen Vorfall inszenierte, um ein härteres Vorgehen gegen die OPM und separatistische Strömungen zu rechtfertigen. Vielleicht ging es darum, Amerikaner zu töten, um auf diese Weise Washington und die internationale Gemeinschaft von der Gefährlichkeit der OPM zu überzeugen.

Die Morde an den Amerikanern und dem Politiker waren aber nur Teil einer ganzen Serie von gewalttätigen Übergriffen auf Zivilisten. Die Gewalt ging nicht nur, aber vor allem von Polizei und Militär aus. Nachdem Aufständische vier Kopassus-Männer ermordet hatten, rächten sich die Sicherheitskräfte in der zweiten Jahreshälfte 2001 mit brutalen Überfällen auf die Papua-Siedlungen Wasior und Sarmi in der Provinz Manokwari. Indigene wurden ermordet, verhaftet, gefoltert, ihre Hütten abgebrannt. Anfang 2002 stand West-Papua vor der Ausrufung des zivilen Ausnahmezustandes. Alle guten Vorsätze der Sonderautonomie wurden durch die Allgegenwart der Sicherheitskräfte konterkariert. Bürgerrechtsgruppen sprachen von hundertfachen Verletzungen der Menschenrechte: von Einschüchterung, willkürlichen Verhaftungen, »Verschwinden« von Aktivisten, von Folter und außergerichtlichen Exekutionen.

Das war die Lage im Februar 2002. Ich konnte die allgemeine Verunsicherung spüren. Viele Papuas wandten den Blick ab, wenn ich sie anguckte, oder sie flüsterten nur, wenn sie mit mir sprachen. Es lag Angst in der Luft. Ich dachte, es ist ein Wunder, dass man mich überhaupt hatte einreisen lassen. Nun war ich umso mehr daran interessiert zu erfahren, wie es jenen Papuas ging, die weit weg von diesen politischen Vorgängen im Regenwald lebten.

Zum Glück gelang es mir schließlich, einen geeigneten Tourführer und Dolmetscher zu finden. In meiner Pension lernte ich David* kennen, einen aufgeweckten jungen Mann vom Volk der Lani im Baliemtal, der Englisch und etwas Korowai sprach. Wir wurden schnell handelseinig und flogen schon am nächsten Tag nach Yaniruma ins Asmat. Auf dem Flug erzählte auch er mir traurige Geschichten. Das Militär hatte die Dörfer der aufständischen Lani – seines Volkes im Baliemtal – mehrfach bombardiert. Verwandte waren vor seinen Augen erschossen worden; zahlreiche Lani mussten in den Dschungel fliehen, doch dort erkrankten viele an Malaria. Es hatte sich gezeigt, dass die spontane Rebellion ohne ausreichende Waffen chancenlos war. Den Angriffen der indonesischen Armee konnte die OPM nichts entgegensetzen. David träumte von einer Vereinigung aller schwarzen Menschen der Erde, um endlich vor den Unterdrückern geschützt zu sein. Ich musste an Hartmut Heller denken, dem eine ähnliche Vision immer vorgeschwebt hatte.

In Yaniruma hinter den Bergen im entlegenen Asmatsumpf hatten sich all diese Neuigkeiten noch nicht herumgesprochen. Als wir ankamen, trafen wir den Dorfvorsteher Saporo allerdings ohne seine Fantasieuniform. Offenbar wollte er kein Indonesier mehr sein. Die Hütten der indonesischen Händler standen leer, weil man sie vertrieben hatte und sie sich bisher nicht zurücktrauten. Von Saporo erfuhren wir, dass Ela, unser freundlicher Gastgeber von 1999 bei den Korowai, nicht mehr am Leben war. Er war wenige Monate nach unserem Besuch an den Folgen seiner Pfeilwunde gestorben, was den verhängnisvollen Kreislauf von Schuldzuweisung und Hexerei im Regenwald erneut angefacht hatte. Pfeile flogen, Frauen wurden geraubt, Baumhäuser angezündet. Es war somit zu gefährlich, den Lemakha-Clan zu besuchen.

Daher entschied ich, zu einem anderen Clan zu marschieren, dessen Leute nur eine Tagestour entfernt ein verlassenes, 30 Meter hohes Baumhaus für Touristen herrichten wollten. Sie erhofften sich Einnahmen, hatten aber völlig übertriebene

Vorstellungen von dem zu erwartenden Geldsegen. Auch sie wussten wenig bis nichts von den Vorgängen an der Küste; das beruhigte mich etwas. Im Wald ging das Leben weiter, als wäre nichts geschehen. Dabei mussten die Unruhen sich auch bis hier auswirken – mit Touristen war in den folgenden Jahren wohl eher nicht zu rechnen. Andererseits schien mein unverhofftes Auftauchen einigen Papuas den Beginn einer goldenen Zukunft anzukündigen.

Wir kamen gerade rechtzeitig zum Beginn der Bauarbeiten, ich konnte alles genau dokumentieren und außerdem Jagdszenen filmen. Als die Leute dann erfuhren, dass ich ein *doktor gigi* war, ein Zahnarzt, und ich den einen oder anderen quälenden Backenzahn zog, war die Zurückhaltung endgültig überwunden. Auch der Dorfchief Dambol hatte sich in die Schlange der Patienten eingereiht und wurde zwei bösartige Molaren los. Für die beseitigten Schmerzen bekam ich ein paar schöne Pfeile und Steinbeile geschenkt. Mit Dambol freundete ich mich richtig an, er zeigte mir, wie er Fallen im Wald aufstellte und ließ mich abends im Männerhaus am traditionellen Rauchrohr ziehen.

Alle Papua-Männer rauchen. Es gibt für sie keinen schöneren Abschluss des Tages, als abends in der Hütte am Feuer zu sitzen und das Rauchrohr herumgehen zu lassen. Auch hier hatte ich wieder das Gefühl, dass ihr Tabak unerhört stark war. Er blies mir fast den Kopf weg. Aber diesmal war das gut, um zu verdrängen, wie es politisch um die Anliegen der Papuas stand. Nach zwei bis drei Tagen begann ich, die Außenwelt fast zu vergessen. Der Dschungel verschluckte sie einfach. Doch das hielt nicht lange.

Die Angehörigen dieses Clans waren missioniert worden, fielen aber nach und nach wieder in ihre alten Traditionen zurück, nachdem die früher hier tätigen holländischen Missionare als angebliche Spione des Landes verwiesen worden waren. Ab und zu kam zwar ein schwarzer Pastor bei der rund 30-köpfigen Sippe vorbei, doch vertrauten sie schon wieder mehr ihren alten Geistern und Dämonen als dem Gott der Weißen. Ich hatte den Verdacht, dass sie mich anfangs auch für einen *Laleo,* einen weißen Dämon, hielten, bis sie mich besser kennenlernten. Ihre alte Lebensweise hatte sich aber schon dramatisch verändert. Diese Korowai wohnten nicht mehr in ihren wunderschönen Baumhäusern, sondern waren in Pfahlbauten umgezogen, die vermutlich nur ein Zwischenschritt auf dem Weg zu einer »zivilisierten« Lebensweise unter Wellblechdächern sein sollten. Offenbar hatten sie von den Pastoren auch die wichtigste Glaubensregel des Westens gelernt: Geld macht glücklich. Und deshalb wollten sie ihre Traditionen jetzt als Spektakel für Abenteuertouristen vermarkten.

Als wir uns nach zwei Wochen verabschiedeten, baten mich mehrere junge Männer inständig, sie in die große Stadt mitzunehmen. Sie hatten bei den Missionaren Kofferradios, CD-Player und Armbanduhren gesehen und wollten so etwas Schönes auch haben. Man kommt aber nicht ohne weiteres aus dem Dschungel heraus; zu Fuß braucht man selbst nach Wamena mehrere Wochen. Ich ließ einen älteren Mann, der kürzlich erblindet war, und dessen Sohn mitfliegen; der Vater konnte in Jayapura operiert werden, erlangte sein Augenlicht zurück und kehrte später

Als Sammler und Jäger benutzen die Korowai und Din vor allem Werkzeuge aus Stein, Holz und Knochen. Im Hintergrund ein Baumhaus in schwindelerregender Höhe.

Ein Baumhausbewohner muss von zwei schmerzenden Backenzähnen befreit werden.

in den Wald zurück. Der Sohn blieb in Jayapura und vermehrte dort das Heer der Arbeitslosen und Tagelöhner.

Der Vater hatte zu mir gesagt, bevor wir uns verabschiedeten: »Doktor Roland, kannst du noch einmal kommen und unseren Verwandten helfen, die noch tiefer im Wald leben?«

Ich fragte ihn: »Meinst du die Korowai?«

»Ich meine unsere Brüder, die man Steinaxt-Korowai nennt. Wir sind durch die Frauen mit ihnen verwandt. Frag unseren Chief Dambol.«

»Wenn es Zahnprobleme gibt, helfe ich gern«, sagte ich. Ich überlegte einen Moment, wen er wohl genau meinte. Die berühmten Steinaxt-Korowai? Der steinzeitlich lebende Stamm tief im Dschungel hinter der *pacification line*? Das könnte ich nicht allein bewältigen. »Ich komme gern, aber ich werde noch ein paar Freunde mitbringen. Das will gut vorbereitet sein. Meinst du, das geht?«

»Natürlich.«

Ich war aufs höchste interessiert. Die Steinaxt-Korowai hatte vermutlich noch kein »Zivilisierter« richtig zu Gesicht bekommen. Das waren Menschen, denen man die Steinzeit noch nicht geraubt hatte. Und wenn man mich ausdrücklich bat, ihnen zu helfen, konnte ich schlecht nein sagen. Es war eine ungeahnte Chance, den Dschungel hinter der *pacification line* zu betreten, ohne mit Pfeilen Bekanntschaft zu machen.

Im September 2002 war alles vorbereitet, um ins Sumpfgebiet des Becking River aufzubrechen. Ich hatte eine zahnärztliche Komplettausrüstung eingepackt, mit der ich Dutzende Patienten rundumversorgen konnte. Ich war aufgeregt wie damals in Brasilien, als es mit Sidney Possuelo zu den unkontaktierten Korubo ging. Dabei hatte ich wichtige Erfahrungen gesammelt: Im Wald ist es sicherer mit einer Gruppe, auf die man sich im Notfall verlassen kann. Und um unsere friedlichen Absichten zu demonstrieren, war es gut, eine Frau mitzunehmen und erkennbar unbewaffnet zu sein.

Unser deutsches Team bestand aus sechs Leuten. Neben Miriam und mir nahmen Motoro, der Hamburger Fotograf Kristian Cabanis, der Hängemattenforscher Josef »Sepp« Köpf und Manfred Kayser, ein junger Genforscher vom Max-Planck-Institut für Evolutionäre Anthropologie in Leipzig, an der Forschungsreise teil. Professor Kayser hatte ich bei einem Vortrag über die Korowai kennengelernt, den ich im Völkerkundemuseum Dresden gehalten hatte. Er war extra aus Leipzig angereist, weil ihn das Thema interessierte, denn er arbeitete gerade an einer Arbeit über das Human Genome Project. Anhand von Genproben war es möglich geworden, die Besiedlungsgeschichte Polynesiens und Melanesiens völlig neu zu schreiben. Mit Genehmigung der Behörden in Papua-Neuguinea hatte er dort Speichelproben nehmen dürfen. Natürlich interessierten ihn die Menschen im westlichen Teil der Insel genauso, zumal, wenn sie noch *Isolados* waren.

Sepp befasste sich damals schon mit seinem Grundlagenwerk über die Ursprünge und die Geschichte der Hängematte. Es war das erste Mal, dass er mit mir reiste. Er war irgendwann mal bei mir in Lüneburg aufgetaucht, da er für sein Buch Fotos von Hängematten bei Indianervölkern suchte. Wir leerten ein paar Flaschen Rotwein, verstanden uns prima und waren überdies gleichaltrig, 45 damals. Bei der Gelegenheit erwähnte ich, dass die Papuas ihre Kinder und Ferkel in hängemattenähnlichen Netzen auf dem Rücken tragen – eine Art Vorstufe des voll entwickelten Schlafnetzes. Das fand Sepp so faszinierend, dass er unbedingt einmal nach West-Papua mitfahren wollte. Auf unserer Expedition stellte sich heraus, dass er in der Wildnis so anspruchslos und belastbar war wie ich. Das einzige, was er unbedingt brauchte, war eine gute Hängematte, wobei er natürlich auf die eigenen Produkte schwor, die er und sein Bruder in ihrer Hängemattenfabrik in Brasilien herstellten.

Sepp war nun schon der zweite Bayer in unserer Truppe neben Motoro, und das führte unausweichlich zu Kabbeleien. Während Motoro gern nörgelt, grantelt und schimpft, ist Sepp fast immer gut gelaunt. Er versteht sich auf einen fröhlichen und ausgleichenden, aber auch ironischen Ton. Als Motoro mal wieder die Nerven verlor und Gott und die Welt beschimpfte, sagte Sepp: »In Bayern ist es übrigens üblich, dass man den Kindern zu kleine Schuhe kauft, damit sie früh lernen zu jammern.«

Als wir dann in West-Papua gelandet waren und in Jayapura die *Surat Jalan* für den Becking River beantragten, guckte uns der indonesische Beamte an, als wären wir nicht ganz richtig im Kopf. Grinsend machte er die Geste des Halsabschneidens und sagte: »Wollen Sie wirklich zu den Kannibalen?«

Als unser Guide und Übersetzer fungierte wieder David, der freundliche, intelligente Begleiter meiner letzten Tour. Ich hatte ihn zuvor per E-Mail instruiert, er hatte alles mustergültig vorbereitet und auch schon Kontakt mit Chief Dambol aufgenommen. »Der Chief freut sich, dass du dein Versprechen halten und den Verwandten tief im Sumpf die Zahnschmerzen nehmen willst«, sagte David. »Er wird dir eine Gruppe guter Träger zur Verfügung stellen. Die kennen den Weg und ihre Verwandten. Alles ist vorbereitet.«

Vollbepackt mit unseren Rucksäcken und grünen Tonnen, den Nahrungsmitteln und Tauschgeschenken flogen wir mit einer Missionsmaschine direkt nach Yaniruma. Es war ein klarer, sonniger Morgen, als wir das Hochland mit seinen schroffen Gebirgskämmen überquerten und dann mehr als eine Stunde lang über dem grünen Waldmeer schwebten, das von einem in der Sonne gleißenden Wasserlabyrinth durchzogen war. Miriam war begeistert – solch eine weite Dschungellandschaft hatte sie noch nie aus der Luft gesehen. Gott sei Dank hatte es einige Tage lang nicht geregnet. Die Landepiste war fest und trocken.

Chief Dambol stand schon an der Landebahn, um uns zu begrüßen. Natürlich mussten wir erst einmal palavern und auch einige Zahnpatienten versorgen. Dann stellte er uns die acht Träger vor, die uns begleiten und führen sollten. Junge, kräftige Männer, die Turnhosen trugen, wie viele Halbmissionierte. Sie waren abmarschbereit und schienen beglückt über das zu erwartende Salär. Leider hatte David in Yaniruma nur ein Boot mit einem – zudem recht altersschwachen – Motor auftreiben können. Für die komplette Reisegesellschaft benötigten wir aber noch mindestens drei Einbäume, die uns Dambol auch freundlicherweise besorgte. Nun konnte es losgehen.

Da wir diesmal ein längeres Stück den Becking stromaufwärts fahren mussten, wurde es für die Paddler der drei motorlosen Einbäume eine elende Plackerei. Allerdings kam das Motorboot wegen der starken Strömung auch nicht viel schneller voran. Oft mussten wir aussteigen, wenn zu viele Steine im Wasser lagen. Gemeinsam zogen wir die Kähne dann durch die Stromschnellen. Miriam hielt sich bewundernswert und packte immer kräftig mit an. Dann setzte Regen ein. Fast drei Tage waren wir auf dem Fluss unterwegs, manchmal bei unentwegt niederhämmernden Güssen. Die Luftfeuchtigkeit betrug 100 Prozent. An den Ufern stand dichter, undurchdringlicher Regenwald. Wenn es gerade nicht regnete, brannte die Sonne erbarmungslos auf uns nieder, und selbst abends schien die feuchte Hitze nur unwesentlich abzunehmen. Auf Landzungen oder Sandbänken bauten wir unsere Zelte auf und versuchten, am Lagerfeuer die nassen Sachen zu trocknen.

Am zweiten Tag erreichten wir ein Dorf namens Yafufla, in dem missionierte Korowai lebten. Dort konnten wir frischen Fisch eintauschen und zwei zusätzliche Träger, die mit den Steinaxt-Korowai verwandt waren, anheuern. Anschließend ging es weiter Richtung Norden. Immer öfter mussten wir nun die Boote über Geröll und umgestürzte Baumstämme zerren. Dann wurde der Fluss wieder tiefer und die Fahrt etwas einfacher. Hin und wieder passierten wir bewohnte Stelzen- oder Baumhäuser, die acht bis 15 Meter hoch in die Baumkronen gebaut waren. Schmale

Leichtfüßig balanciert ein Papua über die Stämme. Das Gelände im Gebiet der Din ist sumpfig und voller Blutegel. Im Vordergrund: Sepp Köpf.

Pfade führten zum Ufer. Angelockt vom Motorenlärm eilten neugierige Korowai herbei, um ihren Fisch gegen unser Salz oder Tabak zu tauschen. Nach und nach änderte sich das Aussehen der Uferbewohner, die Turnhosen verschwanden, und man sah immer mehr Leute, die nur mit Penisschlaufe oder Buschröckchen bekleidet waren. Die meisten Korowai waren aber zurückhaltend und wollten sich uns *Laleos* lieber nicht nähern. Auch kamen wir durch Gebiete, in denen unsere Träger das Boot nicht verlassen mochten, weil sie mit den Hiesigen nicht verwandt waren und Streit befürchteten.

In der näheren Umgebung der Baumhäuser lagen meist kleine gerodete Flächen, auf denen die Waldmenschen Nutzpflanzen wie Taro, Süßkartoffeln, Bananen, gelegentlich Zuckerrohr und Maniok anbauten. Während der Fahrt konnten wir im dichten, hoch aufragenden Dschungel urzeitlich anmutende Hornvögel, verschiedene Papageien und Schwärme von Flughunden beobachten.

Am nächsten Nachmittag schlugen wir unsere Zelte an einem steinigen Ufer auf. Ganz in der Nähe entdeckten wir ein verlassenes Baumhaus. Neugierig kletterte Miriam die zwölf Meter hohe Konstruktion empor, da sie die leichteste in unserer Gruppe war. Sie fand vier Feuerstellen vor, also hatten hier bis vor kurzem vier Familien gewohnt. Zwischen den Dachstreben hingen viele Bündel von Knochen, Schädeln, Fischgräten und Federn; im anliegenden Garten sahen wir reife Bananen.

Was war hier los? »Dieser Clan hatte Krieg mit seinen Nachbarn und ist vor ein paar Tagen vertrieben worden«, erklärte uns einer der Träger.

Am vierten Morgen stellten wir fest, dass unser Toastbrot verschimmelt und weitere Lebensmittel wegen der hohen Luftfeuchtigkeit ungenießbar geworden waren. Aber das machte nichts, denn Kochbananen hatten wir inzwischen genug. Der Flusspegel war über Nacht massiv gesunken. Häufig gingen wir nun am Ufer entlang, während die Träger den Einbaum über die seichten Stellen hoben oder schoben. Tags darauf war an ein Vorwärtskommen mit dem Boot nicht mehr zu denken. Das Wasser stand nur noch knöcheltief. An einer Flussschleife entluden wir unser Gepäck und verteilten es auf die zehn Träger.

David schlug vor, querfeldein zu gehen, da der Fluss mäanderte und wir bald wieder zu ihm kämen. Einige unserer Korowai, die in diesem Gebiet verwandtschaftliche Kontakte hatten, führten uns durch den Sumpfwald. Ein beschwerlicher Marsch im Morast begann. Wir waren alle total verdreckt und durchgeweicht.

Plötzlich roch es stark nach Schwein, wenig später raste ein dunkles Borstenvieh durchs Unterholz. Eigentlich hätten unsere Korowai sofort ins Jagdfieber verfallen und dem Tier nachsetzen müssen, doch nichts dergleichen geschah. Ich bat David, die Träger danach zu fragen. »Sie sagen, dass es kein richtiges Wildschwein war, sondern einen Besitzer hat.« Woran sie das erkannt hatten, blieb mir ein Rätsel, aber es war ein Zeichen dafür, dass selbst dieses malaria- und blutegelverseuchte Sumpfgebiet bewohnt war.

Am Nachmittag machten wir auf einer kleinen Lichtung müde und erschöpft Rast. Jetzt waren wir auf der westlichen Seite des Becking River schon viel weiter nach Norden vorgedrungen als drei Jahre zuvor, als wir Elas Clan besucht hatten. Die *pacification line* war eindeutig überschritten. Bestand hier Gefahr? Ich musste an unsere Suche nach den Korubo denken. Aber noch immer fühlte ich mich nicht bedroht, es war ganz anders als damals in Brasilien – vielleicht, weil die Träger im Wald permanent laut sangen, um unsere friedlichen Absichten anzukündigen, falls wir unbewusst fremdes Territorium betraten. Der Singsang hatte auch den gewaltigen Vorteil, dass man die Gruppe nur schwer verlieren konnte. Das war wichtig, denn diese Gegend hatten bisher weder Missionare noch Indonesier betreten.

Wie hingezaubert standen plötzlich zwei nur mit Pfeil und Bogen ausgerüstete kleine, stämmige Waldpapuas vor einem Baum und starrten uns ungläubig an. Sie waren glattrasiert und nackt bis auf einen Hüftgürtel aus Rattan. Einer trug eine Koteka, was im Wald sehr ungewöhnlich war, wo der Mann sonst eine Penisbinde und keinen Kürbis anlegt. Der Größere hatte sich die gebogenen Knochen eines Flughundes durch die Nase gesteckt und besaß zahlreiche Ohrgehänge aus Pflanzenmaterial, der jüngere als Schmuck lediglich eine Perlenkette. Beide hielten ihren Bogen und ein dickes Pfeilbündel in der Hand.

Es herrschte einen Moment Stille, dann ging einer unserer Träger auf sie zu und sprach sie in der Korowai-Sprache an. Die beiden Jäger reagierten nicht, standen da wie versteinert, starrten schüchtern auf uns. Wahrscheinlich waren sie ebenso verblüfft wie wir und überlegten, was sie jetzt tun sollten. Keiner unserer Leute

Überraschender Erstkontakt im Dschungel. Plötzlich stehen zwei Papuas auf einer Lichtung. Sie sind Männer vom Stamm der Din.

wusste, zu welchem Stamm die Männer gehörten. Ich dachte zunächst auch, es seien Korowai. Aber dann musterte ich die seltsame Penisbedeckung des zweiten aus einer Nussschale – so etwas hatte ich noch nie gesehen. Das musste ein Volk sein, das noch nirgends beschrieben war. Isolados! Menschen, die womöglich noch nie Kontakt nach außen hatten!

Da ich mich an frühere Begegnungen im Asmat und in Brasilien erinnerte, wusste ich, was nun zu tun war. Ich erhob mich vorsichtig und ging langsam und mit ausgestreckter Hand auf die Männer zu, um sie zu begrüßen. Als ich den beiden in diesem Moment in die Augen sah, hatte ich keinen Zweifel mehr, dass diese Menschen zu einem unbekannten Stamm gehörten. Sie blickten mich in einer Mischung aus

Neugier und Angst an, aber mit so viel Angst, dass mir klar wurde: So etwas wie uns hatten sie noch nie gesehen. Sie waren wie gebannt. Ich spürte, wie sich meine Pulsfrequenz stetig erhöhte.

Etwas zögernd ergriff der Kleinere kurz meine Hand und erwiderte dann auch mein Lächeln. Offenbar war ihm ein Handgruß nicht bekannt. Zum Zeichen unserer friedlichen Absichten schenkte ich ihnen Tabak, den sie auch sofort in ein frisches Blatt wickelten und rauchten. Nun kam etwas Bewegung in unsere Gruppe, und nachdem verschiedene Dialekte durchprobiert waren, auch eine gewisse Verständigung zustande. Die Träger erklärten uns, dass sie die Sprache der beiden Männer kaum verstehen konnten, nur einige Wörter seien ihnen geläufig. Aber einiges brachten sie doch in Erfahrung. Die zwei Waldmänner bezeichneten sich als Din und gehörten zu einem Volk, das noch nie Kontakt zu *Laleos* wie uns hatte. Sie hatten überhaupt keinen Kontakt nach außen, weil sie das nicht wollten. Wenn Fremde in ihr Gebiet kamen, liefen sie entweder weg oder verscheuchten die Eindringlinge mit Pfeil und Bogen.

Aber in diesem Fall waren wohl beide überrumpelt – sie genauso wie wir. Unser Zusammentreffen war unbeabsichtigt und unvorhergesehen, und deshalb kam es auch zu keinen Aggressionen. Ich war inzwischen aufs höchste erregt, stand wie unter Drogen. Adrenalin und Endorphine pumpten durch meinen Körper, denn diese Begegnung im Sumpf war die Erfüllung meiner Forscherträume. Was bei den Korubo nach ewig langer und strapaziöser Suche nicht geklappt hatte, hier war es einfach so, ganz beiläufig passiert – ein Erstkontakt! Jetzt, in diesem Moment, erlebte ich, was für jeden Entdecker der Höhepunkt seiner Laufbahn ist. Und es war genau so, wie es meine großen Vorbilder Nimuendajú oder Karl von den Steinen, die berühmten deutschen Amazonasforscher, immer beschrieben hatten.

Ich musste kurz an meine früheren Begegnungen mit Naturvölkern denken und an die Gefahr, bei einem unerwünschten Kontakt womöglich angegriffen oder gar getötet zu werden. Dieses Gefühl hatte ich bei den Din überhaupt nicht. Es war eine Begegnung von Menschen verschiedener Kulturen, die auf Neugier basierte, sonst wären sie längst schon wieder weggegangen. Der Rest war Staunen und zögerndes, vorsichtiges Kennenlernen. Ich hatte das Gefühl, alles richtig zu machen, durch meine Erfahrung vor Fehlern bewahrt zu bleiben, mich auf sicherem Terrain zu bewegen.

Im Lauf des Nachmittages fassten die beiden Jäger Vertrauen zu uns und begleiteten uns ein Stück auf dem beschwerlichen Weg quer durch den Sumpf – sicherlich auch ein Grund, warum sich bisher keine Weißen in diese Gegend gewagt hatten. Nach etwa einer Stunde stießen wir auf weitere Mitglieder des Stammes, drei Frauen und einen Mann, die uns zwar ängstlich anschauten, aber nicht wegliefen, weil sie ihre Jäger bei uns erkannten. Zögernd reichten auch sie uns die Hand. In papuatypischen Rückennetzen trugen die Frauen ihre Kinder, von denen eines bei unserem Anblick panisch zu schreien begann. Die Frau beruhigte das Kleine schnell wieder. Sepp staunte. Er sagte: »Roland, du hast Recht gehabt. Die Frauen nutzen die Netze als Hängematte für ihre Kinder. Hochinteressant! Also ist die

Hängematte parallel zum Amazonas auch hier erfunden worden. Jedenfalls für Kinder.«

Nachdem sie uns ein paar Minuten lang schüchtern angestarrt hatten, huschten die Frauen wieder in den Wald. Die Männer marschierten noch ein Stück weiter mit uns und verschwanden dann so lautlos, wie sie aufgetaucht waren. Wir hatten offenbar ein fremdes Clangebiet betreten.

Mit Einbruch der Dämmerung erreichten wir Baul, eine Korowai-Siedlung bestehend aus drei Baumhäusern, wo man unsere missionierten Führer kannte und uns willkommen hieß. Von diesen Korowai erfuhren wir, dass unser eigentliches Ziel, ein Dorf der Steinaxt-Korowai namens Heidi, etwa einen halben Tagesmarsch entfernt lag. Der Chief riet, unseren Besuch vorher anzukündigen und schlug vor, einen seiner Boten mit Geschenken und Fotos dorthin zu schicken. »Diese Leute sind gewalttätig, es ist besser, wenn ihr ihnen vorher zeigt, dass ihr Freunde seid.«

In der Zwischenzeit gab es auch beim Clan der Baul für mich einiges zu tun. Nachdem ich einen jungen Mann von seinen Zahnschmerzen befreit hatte, sprach sich die Nachricht schnell herum. Abgebrochene und vereiterte Zähne, Hautkrankheiten, Geschwüre und Malariakranke wurden mir bald in meiner mobilen Praxis präsentiert. Als der Bote am Abend zurückkehrte, überbrachte er uns schlechte Nachrichten. Der Heidi-Clan hatte zwar unsere Geschenke – Tabak und ein Buschmesser – erfreut entgegengenommen, weitere Kontakte aber abgelehnt. »Sie waren sehr erschrocken«, sagte der Bote.

»Worüber denn?«, fragte ich erstaunt.

Dieser Din trägt die Hörner eines Nashornkäfers auf der Nase.

Ein Din-Baby schläft im Rückennetz der Mutter.

»Als sie die kleinen Bilder gesehen haben, haben sie die weißen Hexer darauf erkannt und wurden sehr böse.«

»Hast du ihnen denn nicht gesagt, dass wir keine Hexer, sondern Medizinmänner sind?«

»Sie waren sehr, sehr böse. Wenn ihr dorthin geht, werden sie mit Pfeilen auf euch schießen. Sie wollten mich töten. Ich hatte solche Angst, dass ich sofort weggerannt bin.«

Da war etwas richtig schief gelaufen. Wir hätten lieber einen unserer Korowai schicken sollen, überlegte ich, und zwar ohne Fotos. »Nach Heidi können wir nicht. Dieser Weg ist uns verschlossen, das wäre Selbstmord«, erklärte ich. Ich dachte kurz nach, versammelte unsere Truppe und sagte: »Ich habe einen Vorschlag. Wir bleiben noch einen Tag hier, kümmern uns um die Gesundheit der Leute, und dann gehen wir zurück und versuchen, die Din noch einmal zu finden. Sie waren freundlich, sie sind ein völlig unbekanntes Volk, und kontaktiert haben wir sie ohnehin schon durch Zufall. Mich würde brennend interessieren, wie sie leben. Wir sollten versuchen, noch einmal mit ihnen zusammenzutreffen!« Die Mitreisenden waren einverstanden.

Zwei Tage später, nach etlichen Stunden Fußmarsch, erreichten wir mitsamt unserer singenden Korowai-Vorhut wieder das Territorium der Din. Plötzlich löste sich eine schlanke, nackte Gestalt aus dem Unterholz und näherte sich uns zaghaft. Trotz seiner dünnen, drahtigen Extremitäten bewegte sich der Mann geschmeidig und nahezu lautlos über die umgestürzten Bäume auf dem Waldboden. Etwas ungelenk streckte er mir seine rechte Hand entgegen, während er mit der Linken ein Pfeilbündel umklammerte. Offenbar hatten ihm seine Stammesgenossen mitgeteilt, wie die fremden Weißen zu begrüßen seien. Freudig ergriff ich seinen Unterarm mit beiden Händen. Mein Gegenüber, vermutlich das Clanoberhaupt der Din, wirkte jedoch unsicher. Seine Augen musterten ständig das umliegende Lianengestrüpp, wahrscheinlich befürchtete er einen Angriff von der Seite. Er war erkennbar auf der Hut.

Die Neugier siegte schließlich über die Angst, als ich uns zwei Zigaretten anzündete. Damit war das Eis gebrochen – genau wie im Brandenburger Knast und wie im Amazonasdschungel. Wenn es so etwas wie eine Friedenspfeife gibt, dann ist es diese erste Zigarette mit einem Gegenüber, den man nicht kennt und dessen Absichten man nicht einschätzen kann.

Plötzlich schoss ein großer weißer Kakadu aus dem Gestrüpp, landete direkt auf dem Kopf meines Gegenübers und knabberte an seinen Ohren. Ich musste lachen. Verblüfft reckte das Tier seinen Federkamm und wechselte mit einem kräftigen Flügelschlag auf meine Schulter. Ich fühlte mich geschmeichelt, was sich umgehend änderte, als der Vogel seinen Schwanz hob und mein Buschhemd befleckte. Selbst der Busch, aus dem der Vogel und sein Halter geschlüpft waren, fing an zu wackeln und mehrstimmig zu lachen. Bei genauem Hinsehen erkannte ich weitere Augenpaare zwischen den Blättern.

Miriam näherte sich dem Gestrüpp und wurde sogleich von vielen Händen, die

Neugierig berühren die Frauen Miriams weiße Haut.

ich eben noch für Äste gehalten hätte, »begriffen«. Es waren drei junge Frauen, von denen zwei ihre Babys in den Rückennetzen trugen. Während eine vorsichtig an Miriams Unterarm kratzte, um die weiße Farbe abzureiben, griff ihr die andere an die Brust. Sie wollte wohl prüfen, ob es sich bei diesem bekleideten Wesen tatsächlich um eine Frau handelte. Alle drei waren auch von Miriams glattem Haar fasziniert – so etwas hatten sie noch nie zuvor gesehen. Sie wirkten neugierig und freundlich. Es war wirklich gut, Miriam dabeizuhaben.

Wir entschlossen uns, an Ort und Stelle zu biwakieren. Sepp und Manfred begannen, den Urwaldboden mit ihren Macheten von Gestrüpp und Blattwerk zu befreien und, so gut es eben ging, einzuebnen. Dann errichteten sie ihre Plastikzelte. Neugierig und mit verschränkten Armen schauten uns die Din dabei zu und wunderten sich über unsere seltsamen Hütten. Sie ließen uns nicht aus den Augen.

Motoro wollte dem Beispiel der anderen folgen, hatte aber Schwierigkeiten, die Schnüre seines teuren Einmann-Markenzeltes zu entwirren. Laut schimpfte er vor sich hin: »Saukruzitürken, Herrgottsakra, wer denkt sich solchen Mist aus, verfluchte Preiß'nbande!« Zwei Din, die ihn gespannt dabei beobachteten, mochten die bayerischen Flüche wie Beschwörungsformeln eines Schamanen erscheinen. Als Motoro lauter wurde und mit seinen Bergsteigerstiefeln auf dem Zelt herumzutrampeln begann, verfinsterten sich plötzlich ihre Gesichter. Die Bögen wechselten in die linke Hand, vorsorglich wurde ein Pfeil aus dem Bündel gelöst. Was für einen Zauber mochte der große dünne *Laleo* gerade ausführen? Ich versuchte, die Situation zu entspannen, indem ich einfach loslachte. Das wirkte. Alle platzten nun laut heraus.

Inzwischen war noch ein wild dreinschauender Din aufgetaucht. Um die Stirn trug er ein Band aus Fledermausflügelhaut, in den Nasenflügeln steckten die Hörner von Nashornkäfern und auf die Nasenspitze hatte er eine kleine halbierte Kaurischnecke genäht. Obwohl ich ihm freundlich die Hand entgegenstreckte, ignorierte er die Geste und starrte durch mich hindurch ins Leere. Offenbar versuchte er, seine Angst dadurch zu verbergen. Auf der linken Schulter trug er ein Steinbeil, mit den Händen stützte er sich auf ein dickes Bündel, das aus seinem Jagdbogen und vielen Pfeilen mit Widerhaken bestand. Die Steinklinge seiner Axt hatte in der Mitte ein Loch – dies mit einem anderen Stein zu bohren dauert Wochen!

Der Mann war ein Krieger mit einem Körper, der viele Geschichten von der Jagd und vom Krieg erzählen konnte. Er war von so vielen Narben und Blessuren übersät, wie ich es noch nie gesehen hatte. In seinem linken Oberarmband steckte ein längerer Knochendolch, wie ihn die Papuas seit Urgedenken aus dem Oberschenkel eines Kasuars, des mannshohen Straußenvogels, fertigen. Obwohl nur aus Knochen, ist diese Waffe messerscharf und kann tödliche Verletzungen verursachen. In den achtziger Jahren hatte ich bei den benachbarten Asmat Knochendolche gesehen, auf deren Spitze zusätzlich Krokodilzähne oder scharfe Kasuarkrallen mit Baumharz befestigt worden waren. Versetzte man dem Gegner einen Hieb oder Stich damit, blieb die aufgesetzte Spitze in dessen Körper stecken und verhinderte eine Heilung. Er starb dann wenig später an der Wundinfektion.

Abends wird im Männerhaus geraucht.

Auch bei Dalabun, so der Name des Kämpfers, wirkte eine Handvoll Tabak Wunder. Sofort setzte er sich auf einen Baumstamm, zog ein Rauchrohr und ein grünes Bündel aus dem Tragenetz. Während er die trockenen Tabakblätter mit einem Stock in das Bambusrohr stopfte, pustete er in das Blätterbündel. Rauch stieg auf. Offenbar verbarg sich darin ein glimmender Holzscheit, der bei Bedarf aktiviert werden konnte. Ein urzeitliches Feuerzeug sozusagen. Als der Tabak im Rohr zu verbrennen begann, zog er den Rauch genüsslich in die Lunge. Seine Scheu hatte sich nun vollkommen gelegt. Mit fast vertrautem Augenzwinkern forderte er mich auf, mich zu ihm zu setzen und mitzurauchen. Ich ließ mich nicht lange bitten, hielt aber die Hand vor das Mundstück, denn eine Ansteckung durch Krankheiten wäre für uns beide schädlich gewesen.

Da es zu dunkeln begann, musste ich nun ebenfalls mein Zelt aufbauen. Nein, kein Markenzelt mit irreführenden Angaben über Wassersäulen, denen es angeblich standhält. Ich besitze ein No-Name-Zelt für 20 Euro, das absolut tropentauglich und wasserdicht ist. Im Gegensatz zu Motoro, der auf Outdoor- und Globetrotterspezialzubehör schwört, bin ich immer bei der bodenständigen Ausrüstung geblieben – und gut damit gefahren. Ich trage im Sumpf keine kompliziert zu schnürenden, unglaublich kostspieligen Bergstiefel, sondern Arbeitsschuhe mit Stahlkappe aus dem Heimwerkermarkt für 20 Euro. Ich habe noch nie ein sauteures Zelt mit fünf Metern Wassersäule besessen, sondern meines immer im Kaufhaus erworben. Gegen Regen und Sturm von oben, Nässe und Ungeziefer von unten deckten Miriam und ich unser Zelt außerdem mit reißfesten Bauplanen ab. Bevor der nächtliche Regen einsetzte, hatten auch unsere Träger ihre Unterstände aus Bananenblättern fertig.

Während die meisten Din sich nun zurückzogen, nahmen zwei besonders neugierige Männer jeden unserer Zivilisationsgegenstände in Augenschein und prüften ihn mit Händen und Zähnen. Wir durften unsere Messer und Metallbeile keinen Moment aus den Augen lassen. Die Versuchung, sich diese unbekannten, unglaublich harten und scharfen Waffen anzueignen, war natürlich groß. Die beiden Din begeisterten sich auch für Sepps Notizblock und Kugelschreiber. Als er ihnen ein Strichmännchen vorzeichnete, versuchten sie, es nachzumalen. Seine Hängematte interessierte sie allerdings nicht besonders – das kannten sie ja von ihren Frauen.

Einer der beiden, der Kleinste von allen, hieß Halmo und war besonders von Miriams Taschenlampe begeistert. Fasziniert vom Lichtstrahl auf Knopfdruck, ohne sich dabei die Finger zu verbrennen, wiederholte er unablässig die Schaltmöglichkeiten der Lampe und zauberte Licht hervor, um die Bäume anzuleuchten. Schließlich musste Miriam ihm die Leuchte wegnehmen, damit die Batterien noch den Rest der Expedition durchhielten. Außerdem gab es nun auch etwas zwischen die Zähne.

Zum Abendessen hatten unsere Träger Reis mit gedünsteten Farnblättern zubereitet, die wie Spinat schmeckten. Halmo wunderte sich darüber, dass wir mit Löffeln aßen und wollte es uns gleichtun. Wir boten ihm einen gefüllten Teller an, doch kam er mit dem Löffel nicht zurecht. Er konnte kein Gefühl für den Umgang mit dem Esswerkzeug entwickeln und sich den Reis nur mit seltsamen Verrenkungen zum Mund führen. Geschmeckt hat ihm die *Laleo*-Mahlzeit auch nicht. Lieber griff er zum Sagotopf unserer Träger und aß mit den Fingern weiter.

In der Nacht erwies sich unser Zelt wieder als Testsieger. Es blieb während des prasselnden Tropenregens trocken. Pech für Motoro: Trotz höchstmöglicher Wassersäule wachte er in einem See auf. Sein Luxuszelt hielt zwar dicht von oben – aber lief von unten voll. Es stammte vom renommiertesten Zelthersteller der Welt. Sepp erging es nicht viel besser mit seiner Hängematte. Er prahlte mit »der besten, reißfestesten Hängematte der Welt« aus eigener Herstellung und lud die Papua-Kids zum

Häufige Überschwemmungen zwingen die Din dazu, in Stelzenhäusern zu leben, die auch Schutz vor Insekten, Schlangen und Skorpionen bieten.

Probeschaukeln ein. Drei Jungs kletterten ins Netz – ratsch, ratsch, begann es zu reißen. »Das ist unmöglich«, tobte Sepp, »das ist Qualität, getestet auf 200 Kilo!« Nur leider hatte er die Matten in China produzieren lassen, um Kosten zu sparen. Nun wollte er den Vertrag mit den Chinesen am liebsten sofort kündigen.

Nach einem Kochbananen-und-Nescafé-Frühstück erschienen Dalabun und ein anderer Din, um uns abzuholen und zu ihrem Dorf zu begleiten. Wir waren alle außerordentlich gespannt und bereiteten uns auf einen langen Fußmarsch vor. Doch zu unserer Überraschung lag das Dorf ganz in der Nähe, nur ein paar Hundert Meter entfernt. Uns fielen die gerodeten Flächen und das gut acht Meter hohe Baumhaus erst auf, als wir direkt davor standen, so gut war das Lager versteckt. Auch unsere Hoffnung, nun einer Vielzahl von Hütten gegenüberzustehen, wurde enttäuscht. Außer dem Pfahlbau, der fünf Meter breit und neun Meter lang war, gehörte zum Dorf nur ein weiteres, ähnlich gebautes Baumhaus etwas weiter ab im Regenwald. Wie die Korowai-Hütten besaßen die Din-Häuser an den Giebelseiten jeweils einen Eingang, der über eingekerbte Baumstämme erreichbar war.

In den beiden Langhütten wohnten 22 Menschen, die einer Sippe oder einem Clan angehörten. Sie luden uns ein, das Haus auf der Lichtung zu besichtigen, in dem mehrere Familien auf engstem Raum zusammen mit ihren Haustieren lebten. Während Miriam von den Frauen in den nur von ihnen und den Kindern bewohnten Raum hineingezogen wurde, inspizierten wir Männer die andere Seite des Hauses. Wir mussten auf allen Vieren krauchen, um nicht durch den dünn geflochtenen

Rindenboden zu brechen. Die Hütte bestand aus drei Räumen, ein Zimmer für junge Frauen, eines für ältere Frauen mit Kindern und eines für die Männer und ihre tägliche Rauchzeremonie. Kleine Ferkel und Hunde lebten ebenfalls im Baumhaus. Wieder einmal konnten wir beobachten, dass Kinder und Ferkel gleichermaßen von den Frauen gestillt wurden. Das Haus war noch ganz traditionell eingerichtet: Unter dem verräucherten Dach hingen im Gebälk Dutzende Tierschädel, Knochen und andere Jagdtrophäen – althergebrachte Glücksbringer. Wir entdeckten keinen einzigen Zivilisationsgegenstand – kein Metall, kein Plastik, keine Bibel. Sie hatten weder Eisenwerkzeug noch Tongeschirr. Absolut nichts deutete auf vorherige Zivilisationskontakte hin.

Der hintere Teil der Hütte war allein den Männern vorbehalten. Hier saßen sie um die Feuerstelle, pafften aus gewaltigen Rauchrohren und husteten. Beim Herumreichen des Rauchrohres erfuhren wir, dass zwei Din-Jäger doch schon einmal einen Weißen im Urwald gesehen hatten. »Das war vor einem Jahr«, sagte der kleine Dorfvorsteher. »Unsere Krieger haben den *Laleo* mit Pfeilen vertrieben, so dass er sich sogar nachts noch auf den Rückweg machte.« Die Männer waren gastfreundlich, friedlich, aber auch etwas zurückhaltend. Keiner war nach unseren Maßstäben wirklich alt; vermutlich erreichten sie nur selten ein Alter von 50 Jahren.

Wie bei allen Waldbewohnern ist das Leben der Din hart und karg. Ihre Körper hatten massenhaft Geschwüre. Sie brachten uns ihre Kranken, die wir mit den Medikamenten behandelten, die wir zu diesem Zweck mitgenommen hatten. Natürlich kümmerte ich mich besonders um die Zähne der Din. Sie wunderten sich sehr über meine Spritzen und Zangen aus Metall, und ich musste höllisch aufpassen, dass keine Werkzeuge plötzlich verschwanden. Dass die Schmerzen vergingen, gefiel ihnen sehr. Bald saßen ein halbes Dutzend schwarze kleine Papuas mit glänzenden Körpern und – nach Spritze und Zahnentfernung – mit dicken Wangen um mich herum.

Da die jüngeren Din-Männer nicht in dem Pfahlbau wohnten, zeigten sie uns auch noch ihr Baumhaus, das etwas entfernt mitten im dichten Wald lag und mehr als 15 Meter hoch in einer Baumkrone thronte. Die Männer fingen im klaren Fluss Krebse und präsentierten uns einen Baum, auf dem die Früchte für ihre Peniskalebassen wuchsen; eine andere Kürbisart als bei den Hochlandpapuas. Unser Genetiker Manfred Kayser ließ sich von ihnen sein Gesicht mit der roten Pflanzenfarbe Muké bemalen – wie am Amazonas galt Rot auch hier als Schmuckfarbe. Gewonnen wurde sie aus den Kernen einer kastanienähnlichen Frucht, die mich sehr an die Achiotekerne in Brasilien erinnerten, aus denen man Urucú gewinnt.

Manfred Kayser fand mithilfe unserer Übersetzungskette heraus, dass die Din strikt patrilokal lebten: Die Söhne blieben immer in der Familie, und die Frauen wurden von umliegenden Clans gekauft, die den Din, aber auch den Korowai angehörten. Dieses Vorgehen hat zwei Vorteile: Man vermeidet Inzucht und hält Frieden mit den umliegenden Stämmen, denn wenn man morgen wieder eine Frau vom Nachbarn kaufen will, wird man ihn heute nicht umbringen. Die Din sind nur ein kleines Volk, nicht vergleichbar mit den großen, mächtigen Korowai. Dalabun machte uns mit seiner Familie bekannt. Seine Frau, die er von den Korowai erworben hatte, war kurzhaarig wie alle Din, trug eine wunderschöne Kaurischneckenkette um den Hals, und sein etwa achtjähriger Sohn interessierte sich sehr für unsere Fotoapparate.

Ich versuchte zu ergründen, mit welchem Volk die Din möglicherweise verwandt waren. Es ließen sich zwar einige Übereinstimmungen mit den Korowai feststellen, aber sie gehörten eindeutig nicht zu ihnen. Sie waren stämmiger gebaut, kleiner und hatten breitere Nasen. Die Männer trugen Peniskalebassen oder Nusschalen als Penisschutz, was ich überhaupt noch nie gesehen hatte. So etwas gab es bei den Korowai eigentlich nicht, es waren eher Kulturelemente der Hochlandpapuas. Offenbar hatten wir eine Übergangsethnie zwischen Tief- und Hochland entdeckt. Sie waren keine Korowai oder Kombai, sie waren etwas Besonderes. Sie waren die Din. Ein uraltes, bisher unbekanntes Volk mit Traditionen, die noch unberührt waren von den Einflüssen der Welt jenseits des Waldes.

Das Erstaunlichste an den Din war ihre ganz ursprüngliche neusteinzeitliche Kultur. Sie benutzten keinerlei Metallwerkzeug. Wie seit Tausenden von Jahren stellten sie noch Steinbeile her und verwendeten die archaischen Werkzeuge auch täglich – das ist mittlerweile weltweit außerordentlich selten geworden. Der einzige Zivilisationsgegenstand, den wir bei ihnen fanden, war ein weißer Hemdknopf, den sich Dalabun auf seine Nasenspitze genäht hatte.

Die Din kannten kein Geld, akzeptierten aber Kaurischnecken als Zahlungsmittel. Kristian hatte einen kleinen Beutel mit wunderschönen Kaurischnecken aus Bali mitgebracht. Kauris sind Meeresschnecken, entsprechend selten im Sumpf und gelten daher als wertvolles Tauschmittel. Die Augen der Din-Frauen leuchteten, als er sie zum Tausch gegen eine Schweinezahnkette anbot. Ich konnte ein paar Haushaltsgegenstände und scharfe Steinbeile erwerben.

Als wir uns zwei Tage später auf den Rückweg machten, achteten wir peinlich darauf, keinen Müll, besonders keine Plastikgegenstände, Kleidung oder andere Zivilisationsgüter zurückzulassen. Es war natürlich faszinierend zu sehen, wie schnell die Din das Prinzip einer Taschenlampe oder eines Feuerzeugs begriffen. Aber diese Dinge gehörten dort einfach nicht hin. Wir wollten dieses Volk möglichst genauso verlassen, wie wir sie angetroffen hatten. Es stand uns nicht zu, an ihrer Kultur und Lebensweise etwas zu ändern.

Ich dachte wieder einmal, wie viel wir doch von den Naturvölkern lernen könnten. Wenn wir »Zivilisierten« irgendwo unsere Zelte aufschlagen, hinterlassen wir zumeist Müllberge. Wenn die Din mit ihrem ganzen Dorf umziehen, hinterlassen sie kaum eine Spur. Ihre Hütten vermodern, kein Stein, kein Nagel bleibt zurück. Wenn sie eine Fläche roden, um Süßkartoffeln anzupflanzen, wächst die Stelle später wieder zu. Und da sie sich nicht zum Herrscher über die Natur ernannt haben, können sie auch selbst ganz gut ohne Herrschaft leben.

Bei den Din bestimmt keiner über den anderen, es gibt weder Häuptling noch Untertanen, genau wie bei den San in der Kalahari und den Zoé am Amazonas. So haben sie es uns gesagt. Sie sind vielleicht die letzten großen Beschützer unserer Erde.

Dalabun und seine Familie. Der Jäger hat sich einen Hemdknopf auf die Nase genäht.

Noch nie von Weißen gehört

Der deutsche Völkerforscher **Roland Garve** entdeckte auf einer Expedition im Urwald von Neuguinea das unbekannte Volk der Din

Von Heike Vowinkel

Es war eine rein zufällige Begegnung, doch für Roland Garve wird sie unvergesslich bleiben. Vier Tage schon hatten sich der deutsche Völkerforscher und sein Team aus Anthropologen und Biologen durch den dichten Urwald gekämpft. Die fünf Männer und eine Frau waren mit Booten und zu Fuß tief in das nördliche Asmat-Gebiet im Zentrum Neuguineas vorgedrungen – auf ihrem Weg zu den Korowai, einem Volk, das in Baumhäusern lebt. Als sie gegen Nachmittag auf einer kleinen Lichtung Rast machten, müde vom stundenlangen Marsch in schwüler Hitze, geplagt von Insekten, sah Garve, 46, sie als Erster: zwei kleine Männer mit Pfeil und Bogen. „Sie standen nur da und starrten uns an", erzählt er.

Garve war schnell klar, dass dies keine Ureinwohner eines bekannten Stammes sein konnten. „Sie trugen nichts außer ungewöhnlicher Penishüllen aus Kürbissen und hohlen Baumnüssen." So etwas kannten die Forscher bislang nur von Hochlandvölkern. Die beiden einheimischen Führer der Expedition, Angehörige des Korowai-Stammes, konnten einige Worte der Fremden verstehen, sie sprachen offensichtlich eine verwandte, aber nicht identische Sprache. Die Männer erzählten, dass sie vom Stamm der „Din" seien – ein Volk, das weder den Korowai noch den Forschern bekannt war. Noch nie, sagten die Din-Männer, hätten sie Menschen mit einer so hellen Hautfarbe gesehen. Auch gehört hatten sie noch nie von „weißen Menschen".

Garve und sein Team waren auf ein bislang unentdecktes Volk gestoßen. Zwei Monate ist das nun her, und längst ist Garve zurück in Deutschland. Doch noch immer ist er voll der Eindrücke dieser zufälligen Begegnung, die er nun in einem Buch über die Ureinwohner Neuguineas verarbeitet. Der studierte Zahnarzt kam als Autodidakt zur Ethnologie. Nach versuchter „Republikflucht" zu DDR-Zeiten, zweimonatiger Haft in Brandenburg und der Ausweisung aus der DDR 1984 erfüllte sich Garve nach seiner Ankunft in der Bundesrepublik einen Lebenstraum: Er begann mit Forschungsreisen nach Neuguinea, Afrika und Südamerika.

Schnell machte er sich einen Namen als Völkerforscher, arbeitete mit Behörden, Völkerkundemuseen und Menschenrechtsorganisationen zusammen. Seine letzte Begegnung mit einem unbekannten Volk hatte Garve 1996. Damals hatte er, als einziger Deutscher, an einer gezielten Suchexpedition der brasilianischen Indianerbehörde FUNAI teilgenommen, bei der nach drei Monaten tatsächlich ein unbekanntes Indianervolk entdeckt wurde.

Auf der Erde gibt es noch bis zu 70 vergleichbare Urvölker oder besser Restvölker, da sie meist aus nicht mehr als maximal 80 Angehörigen bestehen. Sie leben tief in den Urwäldern Brasiliens, Perus oder Neuguineas, weit entfernt und isoliert von jeglicher Zivilisation. Doch ihre Lebensräume werden immer begrenzter, je mehr die Zivilisation in entlegene Gebiete vordringt. Umso scheuer und nicht selten extrem wehrhaft sind die verbliebenen Urvölker.

Auch die beiden Männer, die Garve und sein Team im September diesen Jahres trafen, waren scheu, doch nicht aggressiv. Nachdem die Din-Männer die Expedition zunächst auf ihrem Weg zu den Korowai begleitet hatten, luden sie die Forscher sogar ein, mit zu ihrem Dorf zu kommen. Ein beschwerlicher Weg lag vor den Deutschen, der sie immer tiefer in den Dschungel führte. Das lebensfeindliche Sumpfgebiet ist vermutlich der Grund für die bislang ungestörte Isolation der Din. In dieser Region des Urwalds gibt es keine Bodenschätze, so dass auch die indonesische Regierung im fernen Jakarta bislang kein Interesse an einer Erschließung hatte.

Nach einigen Stunden trafen die Forscher schließlich auf weitere Mitglieder des Din-Stammes. Freundlich und mit großer Neugier begrüßten die kleinen Menschen, die maximal 1,60 Meter maßen, die seltsamen Fremden. Doch erst am nächsten Tag durfte das Team dann tatsächlich mit ins Dorf.

Die Erwartung, nun auf eine Vielzahl von Hütten und Bewohnern zu treffen, wurde enttäuscht. Das Dorf bestand aus lediglich zwei Baumhütten in zehn Meter Höhe. Darin wohnten 22 Menschen mit Hunden, Wildschweinen und Papageien, die sie als Haustiere halten. Im Dachgebälk der Häuser hingen Fischgräten, Knochen und Wildschweinschädel – Glücksbringer, wie die Din den Forschern erzählten. Einer der drei Räume im Baumhaus war allein den Männern vorbehalten, die rund um eine Feuerstelle saßen und aus Rauchrohren rauchten.

Für die Forscher besonders interessant ist der Entwicklungsstand der Din. Sie besitzen keine Metallgegenstände, sondern jagen mit scharfen Steinäxten, Pfeil und Bogen ihre Nahrung. „Alles deutet auf eine steinzeitähnliche Stufe", so Garve. Während die Söhne in der Familie bleiben, werden die Frauen an benachbarte Stämme verkauft, von denen die Din wiederum ihre eigenen Frauen kaufen. Ein wohl bewusstes Vorgehen, um Inzucht zu vermeiden, vermuten Garve und sein Expeditionskollege Manfred Kayser, Genforscher und Anthropologe beim Max-Planck-Institut in Leipzig.

Doch nicht nur die Forscher beobachteten neugierig das Verhalten dieses unbekannten Volkes. Auch die Din befühlten interessiert die Kleidung der Fremden, wollten ihre weiße Haut anfassen, das glatte Haar. Fasziniert beobachteten sie die Geräte, die die Deutschen mit sich führten. Taschenlampen, Kugelschreiber, Schreibblöcke, das alles hatten sie noch nie gesehen. „Wir waren für die Din wie Dämonen. Lebewesen, die sie nicht einordnen konnten", sagt Garve. Je länger die Forscher bei dem Urvolk waren, umso zutraulicher wurden die Din. „Manop, manop", riefen sie ihnen immer wieder zu, was so viel wie „Mensch, Volk oder Freund", bedeutet.

Nach zwei Tagen verließen die Forscher schließlich das Dorf – ohne „Geschenke der Zivilisation" zurückzulassen. „Wir wollten, dass sie so ursprünglich weiterleben wie vor unserer Begegnung", sagt Garve. Daher wird er auch die genaue Lage des Dorfes für sich behalten. Vielleicht können die Din so auch in Zukunft eines der letzten isolierten Urvölker bleiben.

Roland Garve wurde freundlich aufgenommen bei den Din

GARVE

Auf die Jagd gehen die Din mit Pfeil und Bogen

PRO 7

Zu Roland Garve und den Din: Heute Abend um 19 Uhr auf ProSieben im Wissenschaftsmagazin „Welt der Wunder"

Wie die *Welt am Sonntag* berichteten im November 2002 Medien weltweit über die Entdeckung der Din.

Wir hätten gewiss noch länger bleiben können, aber das war eine Gewissensfrage. Wir wollten nichts kaputt machen, dachten schließlich, es sei besser, sie zufrieden zu lassen. Die Din hätten uns gern noch dabehalten, zerrten auch an unserer Kleidung herum, die ihnen gefiel, obwohl es für sie »Teufelshaut« war. Einige Männer begleiteten uns noch ein Stück durch den Sumpf – und plötzlich waren sie weg.

Unsere Entdeckung verbreitete sich wie ein Lauffeuer. Noch am selben Tag, als mein Beitrag im ProSieben-Wissenschaftsmagazin »Welt der Wunder« ausgestrahlt wurde, lief die Meldung »Neues Volk entdeckt« über die Nachrichtenticker. Das Telefon stand nicht mehr still. Es meldeten sich bei mir große deutsche Tageszeitungen, internationale Blätter, Magazine und Fernsehsender. Die Entdeckung der Din war eine Weltnachricht. Doch keinem Anrufer oder Interviewer verriet ich jemals die geographischen Koordinaten hinter der *pacification line*, auf denen wir den Din begegnet waren. So besteht wenigstens etwas Hoffnung, dass die Din eines der letzten isolierten Urvölker dieser Erde bleiben.

Die verlorene Steinzeit – die Citak, Korowai und Kepayak in West-Papua

April 2009. Sieben Jahre nach der Entdeckung der Din plante ich einen Film über die sagenumwobene *pacification line* in West-Papua. Einige behaupteten, die Linie habe sich aufgelöst – es gebe überhaupt keine isolierten Völker mehr in dem Gebiet. Andere sagten, die letzten traditionell lebenden Asmatstämme seien in höchster Gefahr durch das Vordringen der Holz- und Palmölkonzerne. Ich wollte mich selbst überzeugen und gegebenenfalls die wahrscheinlich letzte Chance nutzen, mit einem Film für ein Schutzgebiet zu werben. Zunächst ging es um die Recherche.

In West-Papua existieren rund 250 verschiedene Völker oder Stämme. Ethnologen schätzen die Anzahl der isolierten und zum Teil noch unkontaktierten Stämme oder Clans der Provinz auf zehn bis 20 mit vielleicht 1000 Menschen. Man vermutet sie im nödlichen Gebiet des Mamberamo-Stroms im Rouffergebirge und hinter der *pacification line* im Asmat. Es sind die letzten Regionen, die auf offiziellen Karten mit dem magischen Wort *data incomplete*, unvollständige Angaben, bezeichnet werden, weil sie bisher nicht vollständig kartographiert wurden. Vor 20 Jahren gab es noch viele weitere unberührte Gebiete, etwa längs der wie mit dem Lineal gezogenen Grenze zu Papua-Neuguinea, die die Insel von Nord nach Süd teilt. Nach den Unruhen um die Jahrtausendwende errichtete die indonesische Armee aber im Dschungel systematisch Grenzposten, und das bedeutet, dass sich dort kaum noch Waldbewohner aufhalten. Sie flüchteten aus Angst vor den häufig brutalen Übergriffen des Militärs.

Als Motoro, der Berliner Autor Frank Nordhausen und ich Mitte April 2009 West-Papua erreichten, trat bei der obligatorischen Zwischenlandung in Timika nahe der Grasberg Mine ein technisches Problem auf, und wir mussten eine Weile warten. Dadurch hatten wir Gelegenheit, den neuen, wohltemperierten Flughafen zu bestaunen. Es ist der modernste in West-Papua, gebaut mit Geldern des Minenkonzerns Freeport McMoRan. In der mit teuren Stahlsesseln und einer großen Fotoausstellung versehenen Wartehalle hingen auch Poster, die dazu aufforderten, die »Menschenrechte« zu achten. Welche Menschenrechte damit gemeint waren, wurde akkurat aufgeführt: »Accept others as you want to be accepted – Akzeptiere andere genau so, wie du von ihnen akzeptiert werden willst.«

Daran musste ich denken, als uns ein Dani namens Isaac*, den ich noch von früher kannte, Stunden später in Wamena dabei half, das Gepäck ins Hotel »Nayak« gegenüber dem Flughafen zu schleppen. Als ich ihn fragte, warum man fast gar keine Männer mit Koteka, der Penisröhre, mehr sah, antwortete er: »Das tragen nur die Leute vom Dorf. Und außerdem hat die Regierung es wieder verboten, und niemand will Ärger haben.«

Die muslimische Mehrheit im Parlament in Jakarta hatte im Frühjahr 2009 ihr Ziel erreicht, das Pornographiegesetz so zu verschärfen, dass Nacktheit und Penisröhren untersagt waren – ein Gesetz, das sich gegen die Naturvölker des Inselreiches richtete. Schon in den achtziger Jahren hatte es entsprechende Gesetze gegeben, die man brutal durchzusetzen versuchte – die berüchtigte »Aktion Koteka«. Damals hatten die Dani zivilen Widerstand geübt und sich hartnäckig der Anweisung aus Jakarta widersetzt, sich »zivilisiert« anzuziehen. Hunderte wurden geschlagen, gefoltert, einige getötet. Jetzt hatte sich das Problem – jedenfalls in Wamena – erledigt. Selbst der traditionelle Kopfschmuck aus Paradiesvogelfedern war eine Seltenheit geworden.

Traditionelle Papuas sah man in Wamena nur noch als skurrile, farbig bemalte Betondenkmäler im Stadtzentrum gegenüber dem Flughafen. Sie sollten wohl an die »unzivilisierte« Vergangenheit und ihre glückliche Überwindung erinnern. Noch immer war es nicht gelungen, den seit Jahrzehnten geplanten Trans-Irian-Highway anzulegen, die Straße von Jayapura im Norden nach Merauke im Süden. Also wird Wamena, abgesehen von Grundnahrungsmitteln, die die Bauern der Umgebung liefern, weiter ausschließlich aus der Luft versorgt.

Isaac freute sich, dass wir ihm ein paar Rupien gaben und sagte: »Leider haben wir seit den Vorgängen kaum noch Touristen.« Mit »den Vorgängen« umschreiben die Papuas die Unruhen der Umbruchzeit von 1998 bis 2000. In den Jahren seither hatte sich politisch wenig zum Positiven verändert. Nach der Ermordung von Theys Eluay und der amerikanischen Lehrer beruhigte sich die Lage zunächst. Doch immer wieder entlud sich die Spannung in gewaltsamen Revolten, die das Militär blutig niederschlug. Die Sonderautonomie wurde nur ungenügend umgesetzt, die Korruption blühte, und die Menschenrechte der Papuas wurden so wenig beachtet wie eh und je. Ohne die nötige Zustimmung des Papuagouverneurs ernannte Jakarta 2003 sogar den früheren, wegen Menschenrechtsverletzungen berüchtigten Polizeipräsident von Ost-Timor zum neuen Polizeichef West-Papuas.

Es wäre eine Illusion zu glauben, dass Indonesien den Papuas jemals die Unabhängigkeit gewährt. Man hält sich an die Formel der Nationalisten, die ein Staatsgebilde »von Sabang bis nach Merauke« beschwören. Sabang liegt im Westen Sumatras; Merauke ist der östlichste Punkt West-Papuas und ganz Indonesiens. Die UN-Sonderberichterstatterin für Menschenrechtsfragen stellte nach einer Inspektionsreise 2007 fest, »dass in Westpapua unbestreitbar ein Klima der Angst herrscht, insbesondere für Verteidiger, die sich den Rechten der Papuagemeinden auf Partizipation an Regierungsangelegenheiten, der Kontrolle über natürliche Ressourcen und der Demilitarisierung der Provinz widmen«. Die Repression habe sich verschärft, indigene Papua müssten sich als Menschen zweiter Klasse fühlen. Die Anerkennung ihrer kulturellen Identität stehe lediglich auf dem Papier.

In Wamena fielen mir sofort wieder die apartheidähnlichen Zustände ins Auge. Wir Weiße konnten Flugzeug und Flughafen ohne Probleme verlassen, aber die mitreisenden Papuas wurden alle peinlichst kontrolliert – von bewaffneten Indonesiern. Furchtsam und unterwürfig näherten sie sich den uniformierten Polizisten;

Straßenszene in Wamena. Die Rikschafahrer sind ausschließlich Papuas.

wie auf der Hut vor Schlägen. Die Beamten grabbelten dann ungeniert und mit einem Ausdruck höchsten Ekels in ihren Reisetaschen herum. Indonesier fuhren Auto, Papuas gingen zu Fuß oder waren Rikschafahrer. Praktisch alle Geschäfte in Wamena wurden von Indonesiern betrieben – den Papuas blieben Straßenstände und der berühmte Schweinemarkt, der inzwischen vom Stadtzentrum an den Rand verlegt worden war. Angeblich war er zu dreckig, sagte man uns

Harry*, unser Guide, erschien am nächsten Nachmittag und entschuldigte sich vielfach für die Verspätung. Er habe noch etwas schlafen müssen. Harry ist ein gebürtiger Lani, wohnt aber schon die meiste Zeit seines Lebens bei den verwandten Dani in der Nähe von Wamena im Hochland. Er ist ein moderner Hochlandpapua, trägt Caprihosen, Quarzuhr und Sonnenbrille, telefoniert mit dem Handy, schreibt E-mails, zieht aber Schweine und Süßkartoffeln wie seine Vorfahren vor 1000 Jahren. Ich hatte ihn vor langer Zeit einmal auf dem Schweinemarkt kennengelernt, seit 2004 gehörte er zum festen Stamm unseres Expeditionspersonals. Er war ein Schelm, der zwar zum Schwindeln neigte und nicht gerade als der Pünktlichste auffiel, aber sonst sehr zuverlässig war – ganz anders als Yoko, den ich seit 1999 nie wieder gesehen habe.

Von einer früheren Expedition wusste ich, dass im Asmat an der *pacification line* zwei Gebiete besonders interessant waren: zum einen die Region zwischen den Flüssen Eilanden und Becking, zum andern um den Steenboom, einem Quellfluss des Eilanden. Motoro war es gelungen, die Kopie einer halbwegs aktuellen Karte

Papua in Wamena. Handy, Quarzuhr und Fahrrad gehören in den Städten längst zum Leben dazu.

der Gegend aufzutreiben, die nur etwa acht Jahre alt war. In West-Papua werden grundsätzlich keine Karten der Insel verkauft; selbst in Bali, wo die Shopping Malls sonst alles und jedes führen, habe ich nie eine gesehen – vielleicht aus dem einfachen Grund, dass kein normaler Tourist auf die Idee kommt, ans Ende der Welt in ein Krisengebiet zu reisen.

Da Harry meinte, der Flug zum Steenboom sei wesentlich günstiger als zum Becking, entschieden wir uns dafür. Motoro war geradezu begeistert. Er sagte: »Der Steenboom ist ein total mysteriöser Fluss, über den viele Legenden im Umlauf sind.« Wir wollten in den Ort Dekai am Brazza fliegen, dort ein Boot mieten und dann über den Eilanden zum Steenboom fahren. Mich interessierte Dekai noch aus einem anderen Grund. Dort waren wir auf der Expedition mit Karlheinz* vor 20 Jahren im Brazza gekentert und hatten um unser Leben schwimmen müssen. Damals war Dekai ein winziges Kaff im Urwald gewesen. Jetzt gab es also einen Flughafen. Ich war neugierig, wie sich das Dorf verändert hatte.

Nach einstündigem Flug über dichten, unberührten Regenwald setzte die Propellermaschine der Susi Air am nächsten Tag gegen zwei Uhr nachmittags in Dekai auf. Ich mochte meinen Augen nicht trauen. Die Landepiste war so lang und breit, dass man hier vermutlich auch einen Jumbo heruntergebracht hätte. Draußen war es brüllend heiß. Die feuchtwarme Luft des Dschungels nimmt einem stets den Atem, wenn man aus dem vergleichsweise moderaten Klima des Hochlandes kommt. Wir flüchteten uns in den Schatten der Flughafenbaracke. Harry machte sich auf den Weg, um ein Auto zu besorgen.

Als er zurückkam, hatte er einen Pick-up mit Fahrer aufgetrieben. Wir wurden auf die Ladefläche verfrachtet. So sehr ich mich anstrengte, hier konnte ich nichts wiedererkennen. Wo früher dichter Dschungel war, standen jetzt zahlreiche Holz- und sogar Steinhäuser mit blauen Dachziegeln. Es gab Holzbrücken über die Bäche, reichlich Shops und eine regelrechte Einkaufsmeile auf der grünen Wiese, die wirkte, als hätte man sie mit dem Hubschrauber abgeworfen, bevor die Wohnblocks folgen würden. Auf den breiten, asphaltierten Straßen waren Indonesier mit Mopeds unterwegs, links und rechts der Pisten lag Plastikabfall. Sende- und Handyfunkmasten ragten in den Tropenhimmel.

Unser Pick-up stoppte an einer in den Nationalfarben Indonesiens rotweiß gestrichenen Militär- und Polizeistation, einem Ensemble langgestreckter Flachbauten, das uns völlig überdimensioniert erschien, wie die gesamte Anlage von Dekai. Blutjunge Soldaten in grünbrauner Camouflage-Uniform und mit javanischen Gesichtern saßen träge im Schatten. Ein Dutzend nagelneuer Armeejeeps stand betriebsbereit am Eingang der Kaserne.

Im Büro des Postenchefs mussten wir unsere *Surat Jalan* und die Reisepässe vorzeigen. Ein Deckenventilator mühte sich vergeblich, die schwere heiße Luft umzuwälzen. Der Mann war vielleicht vierzig Jahre alt, schlank, überraschend umgänglich und sprach gut Englisch. Er kam ursprünglich aus Sulawesi und freute sich, dass wir Deutsche waren. »I have very good German friends«, sagte er. Ich glaubte, nicht richtig zu hören, als er dann den Namen seines besten deutschen Freundes nannte: Karlheinz. »Aha, Karlheinz«, sagte ich möglichst indifferent. »Very good man«, verkündete der Polizeichef strahlend. »Ich war bei der Polizei in Wamena, habe aber nebenbei viele Jahre mit Karlheinz gearbeitet. Als *local guide*. Ich kenne die Gegend hier wirklich wie meine Westentasche.«

Der Polizeichef winkte einen Adjutanten heran. »Alles Weitere könnt ihr mit dem jungen Offizier besprechen«, sagt er. Ein schlanker 21-Jähriger in Jeans und bedrucktem T-Shirt trat ein, der seinen Laptop aufklappte und hochfuhr. Er sah aus wie ein Student. Er war natürlich auch kein Papua, sondern stammte, wie er uns erzählte, von der Insel Bali. Er gab sogar ganz offen zu, dass er zum Geheimdienst gehöre. »Deshalb trage ich keine Uniform und habe lange Haare.« Als wir ihn fragten, ob er gern in der klimatisch heißesten Ecke von West-Papua Dienst tue, sagte er mit einem Anflug von Ekel: »Natürlich nicht. Aber ich bin hierher geschickt worden. Ich muss eben meine drei Jahre durchhalten. It's duty. Befehl ist Befehl.«

»Und anschließend, wollen Sie hierbleiben?«

»You're kidding – soll wohl ein Scherz sein. Ich will zurück nach Bali, wo meine Familie lebt.«

Dann trug er uns in eine große Kladde ein, ließ uns unterschreiben und stempelte die *Surat Jalan*. Ich fragte ihn, ob viele Touristen in die Region kämen. Er lachte

Fremdkörper im Regenwald: Ladenzeile für die neue Provinzhauptstadt Dekai.

und sagte: »Vielleicht zehn Leute im Monat. Es waren wohl mal mehr, aber das hat stark nachgelassen.«

»Was ist denn in Dekai geplant? Der Ort sieht so groß aus.«

»Das wird hier die neue Provinzhauptstadt. Jetzt leben in Dekai 4000 Leute. Bald werden es dreimal so viele sein. Von hier aus wird das Land entwickelt.«

Als wir die Wache verließen, tuschelte der Geheimdienstmann kurz mit Harry. Ich fragte Harry, was er wolle.

»Money.«

»Wieviel?«

»100000 Rupien.«

Erst wollte ich mich beschweren, aber dann dachte ich, gib ihm lieber die Kohle, umgerechnet zehn Euro, und damit hat sich die Sache. Ich lehne Korruption eigentlich ab, aber der junge Mann hätte uns viele Probleme bereiten können.

Auf der Weiterfahrt zum Brazza waren wir auf einer breiten Schotterpiste unterwegs, die man vor nicht allzu langer Zeit in den Wald geschlagen hatte. Rechts und links der Straße wurde weiter gerodet und gebrannt. Etwa alle 500 Meter kreuzten schnurgerade, endlos erscheinende Querstraßen, die den jungfräulichen Regenwald wie mit dem Messer zerschnitten und in riesige Quadrate teilten. Motoro und ich hatten den gleichen, unheimlichen Gedanken.

»Das sieht so aus, als wollen sie die Quadrate abholzen und dann Ölpalmen pflanzen«, sagte ich.

»Jedes Quadrat gehört zu einer Konzession, genau wie ich es in Sulawesi und

Für die Palmölindustrie wurde ein Betonkai am Brazza in den Dschungel gebaut.

letztes Jahr auf Borneo gesehen habe«, gab Motoro zurück. »Auf Sumatra ist schon gar nichts mehr da. Alles plattgemacht für Palmölplantagen. Die planen hier eine Riesensauerei, sage ich dir.«

Nach zwanzig Minuten Fahrt durch die Dschungelquadrate erreichten wir den schlammigbraunen Brazza, der sich durch sein siebzig Meter breites Bett wälzte. Das Ufer war entwaldet worden, im Fluss dümpelten zwei Stahlschiffe. Eines trug Baggerschaufeln, wohl um die Fahrrinne zu verbreitern. Der Brazza wird aus den Bergen gespeist und fließt durch den riesigen Asmatsumpf bis nach Agats an der Andamanensee. Die Regenzeit war gerade zu Ende gegangen, der Wasserspiegel schon um gut drei Meter gesunken.

»Herrgottsakra!«, brüllte Motoro plötzlich, »schaut's amol, woas die hier machen!« Ein Betonkai mit Peitschenmasten und Abfertigungsflächen war in einer Länge von 100 Metern in den Urwald geklotzt worden, daneben eine Wellblechhalle. Sie ragten nun drei Meter über dem Wasser empor. Das waren Hafenanlagen für die neue Stadt. Motoro sagte: »Aber das ist nicht für irgendwelche Fischer oder Flusshändler. Das ist für die Agroindustrie.«

Ich war perplex. Dekai war nicht nur der neue Vorposten Indonesiens im Dschungel und saß wie eine Spinne mitten im Asmat. Dekai war offenbar auch das neugeplante Zentrum der Palmölindustrie am Brazza – ganz ähnlich wie Santarém am Amazonas für das Sojabusiness. Schlagartig begriff ich, dass diese Bedrohung für die Naturvölker der Region existentieller war als die Missionierung.

Ich musste daran denken, wie es an diesem Ufer vor 20 Jahren ausgesehen hatte.

Wo wir gerade standen, war damals die Wiesenlandebahn gewesen. Wo jetzt eine Polizeiwache mit riesigen Satellitenschüsseln das Bild beherrschte, hatten ein paar Hütten gestanden und die Kirche, eher ein Bretterverschlag, in dem wir damals übernachteten. Selbst der Fluss hatte sich verändert. Er kam mir breiter vor. Vor allem aber sauberer. Damals war er voller Baumstämme und Astwerk gewesen und deshalb schwer zu befahren. Jetzt war er eine Wasserstraße geworden, auf der mittelgroße Stahlschiffe verkehrten.

»Jetzt verstehe ich auch, warum sie 300 Polizisten hier in der Wildnis stationieren«, sagte Motoro. »Das ist klar, die brauchen sie für den Schutz des geplanten Industriegebiets. Hier geht es um viel Geld.« Was wir sahen, wirkte wie ein Abgesang auf den Regenwald West-Papuas, wie das Todesurteil für die freien Waldmenschen und die Natur. Hier wurde generalstabsmäßig vorgegangen. Der letzte bedeutende Tieflandregenwald Südostasiens wurde für eine höchst fragwürdige »Entwicklung« niedergemacht.

Am Ufer hatten Indonesier einen improvisierten, mit Holzplanken überdachten Kiosk errichtet, wo man lauwarme Getränke erwerben konnte. Die wenigen, zerlumpt aussehenden Kunden schienen von den zwei Schiffen zu stammen. Da wir ohnehin auf Harry warten mussten, der den Bootsbesitzer suchte, bestellten wir eine Cola, und ich fragte Motoro, was er über die Palmölindustrie und die Regenwaldzerstörung in Papua wusste. Motoro ist Mitglied in verschiedenen Umweltschutzorganisationen wie *Rettet den Regenwald*. Es war sein Spezialgebiet, da kannte er sich aus.

»Aus der Sicht der Regierung ist das ungenutztes Brachland, das viel Platz für Plantagen und Neusiedler bietet«, erklärte er. »Palmöl ist für die Lebensmittel- und Waschmittelindustrien schon seit Mitte der achtziger Jahre ein wichtiger Wirtschaftsfaktor für Indonesien, jetzt kommt der Agrarsprit hinzu. Nachdem die letzten großen Wälder der anderen Inseln vernichtet sind, ist nun West-Papua ins Visier geraten. Seit einigen Jahren werden auch hier Holzkonzessionen für riesige Gebiete vergeben, und Palmölkonzerne kaufen in großem Stil Land auf. Indonesische und internationale Konzerne, mächtige Wirtschaftsbosse aus Jakarta, lokale Politiker und Militärs in Papua – alle sind in das Geschäft verwickelt. Der Großteil der Konzessionen gehört den reichsten Clans Indonesiens, etwa der Suharto-Familie. Die Regierung plant weitere Ölpalmplantagen auf mehr als fünf Millionen Hektar.«

»Und wir im Westen sind mit schuld, weil wir das Palmöl kaufen.«

»Genau. Die Nachfrage nach Palmöl ist seit vier Jahren stark gestiegen, da die Industriestaaten sich zum Ziel gesetzt haben, einen Teil ihres Energie- und Treibstoffbedarfs mit erneuerbaren Energien zu decken. Dazu gehören auch Pflanzenöle für Heizkraftwerke und der angebliche Biodiesel. Wobei Biodiesel ein Schmarrn ist, so was gibt's gar nicht. Das ist Agrosprit, der Klimagase freisetzt. Palmöl ist keine Lösung für den Klimawandel, sondern beschleunigt ihn noch, denn riesige Landflächen werden gebraucht, um nur einen kleinen Bruchteil des Treibstoffbedarfs zu decken. Das meiste Land aber kommt von Regenwäldern oder anderen Ökosystemen, die das Klima natürlich regulieren. Wegen der Brandrodungen ist Indonesien

Noch fließt der Brazza durch unberührten Regenwald.

nach den USA und China inzwischen weltweit der drittgrößte Produzent von Treibhausgasen. Kurzum, Palmölplantagen sind globale Klimakiller genau wie Soja.«

»Das müsste doch Greenpeace auf den Plan rufen.«

»Ich habe Greenpeace schon vor zehn Jahren darauf hingewiesen, was hier los ist. Jetzt endlich, vor sechs Monaten, haben sie die erste Protestaktion in Manokwari im Nordwesten der Insel veranstaltet. Mit dem schönen Spruch: ›Wenn die Welt eine Bank wäre, hättet ihr sie längst gerettet.‹ Es wurde auch Zeit. Schon heute ist Indonesien Weltführer der Palmölproduktion mit riesigen Monokulturen in Sumatra und Borneo, wo früher Naturvölker im Dschungel lebten. Das Land plant, zusätzlich zu den vorhandenen sieben Millionen Hektar Plantagen, weitere 20 Millionen Hektar zu erschließen. In Papua hat der Kahlschlag schon seinen Tribut gefordert, besonders seit dem Jahr 2000 wird massiv abgeholzt, um Land zu gewinnen, damit für unseren Energiehunger Palmöl produziert werden kann. Ökologisch einzigartige Wälder sind akut gefährdet. Die Papuas leben von diesem intakten Wald und beschützen ihn entsprechend – wird er vernichtet, verlieren sie ihre Lebensgrundlage. Aber weil Journalisten seit 2003 West-Papua nicht mehr bereisen dürfen, kann niemand seriös dazu recherchieren und darüber berichten.«

Motoro erzählte weiter, was er vom *Regenwaldnetzwerk* und der Menschenrechtsorganisation *Watch Indonesia* in Berlin erfahren hatte. Danach ist zu befürchten, dass es in zwölf Jahren in West-Papua keinen Tieflandregenwald mehr gibt, wenn die Abholzung in diesem Tempo weitergeht. Der Kahlschlag hat sich nach dem Sturz Suhartos im Zuge der Dezentralisierung und der damit verbundenen Anarchie im Forstwesen in allen Regionen drastisch beschleunigt. Insgesamt sind heute nur noch knapp 20 Prozent des indonesischen Staatsgebietes bewaldet. 1950 waren es 84, vor zehn Jahren noch 40 Prozent. Sogar West-Papua ist nur noch zu 42 Prozent mit Wald bedeckt, wie neuere Satellitendaten zeigen. Vor zehn Jahren war die Fläche noch doppelt so groß.

West-Papua ist seit 2001 das Aktionsgebiet einer international operierenden Holzmafia; 90 Prozent des aus der Provinz exportierten Holzes ist illegal, schätzt *Watch Indonesia.* Täglich stechen Schiffe in Richtung China in See, beladen mit dem wertvollen Merbau- und anderem Tropenholz. Allein in der südchinesischen Provinz Hainan sind seit dem Jahr 2000 mehr als 500 neue Holz verarbeitende Fabriken aus dem Boden gestampft worden. Hier wird auch das extrem harte Merbau aus Papua für den Weltmarkt zu Parkettböden und Gartenmöbeln »veredelt«. Dabei darf es seit 2001 eigentlich gar nicht mehr gehandelt werden. Da es nirgendwo sonst mehr nennenswerte Merbaubestände gibt, ist klar, dass alles Merbau, das in unseren Geschäften landet, aus Neuguinea stammt.

Motoro redete sich in Rage: »Die Abholzung ist so brutal, dass Merbau inzwischen zu den bedrohten Arten zählt. Ich bin mehrfach aus Baumärkten rausgeflogen, weil ich gegen den Tropenholzverkauf protestiert habe! Immerhin ist Indonesien wegen des Holzfrevels mittlerweile international unter Druck geraten. Die beiden Gouverneure Papuas versuchen seit einigen Jahren, wenigstens Teile des Waldes zu retten. Sie haben sich auf internationalen Klimakonferenzen zum globalen Emissionshandel mit Waldzertifikaten bekannt und ließen bei Razzien große Mengen illegal geschlagenen Holzes beschlagnahmen. Ende 2007 verhängten sie sogar ein totales Exportverbot für Holz aus Papua. Den Mut, den Holzeinschlag komplett zu verbieten, hatten sie aber nicht, denn sie müssen mit hartem Widerstand aus Jakarta umgehen. Präsident Yudhoyono und sein Vizepräsident üben Druck aus, das Verbot zu lockern. Die Köpfe der Holzmafia, die wohlbekannt sind, wurden nicht angeklagt. Nur kleine Fische hat man belangt. Das ganze Umfeld ist zu korrupt, der Schmuggel blüht weiter.«

Holzfirmen dürfen laut Gesetz in Indonesien das Land nicht komplett entwalden, berichtete Motoro. Wenn sie aber eine Lizenz für eine Plantage haben, ist es erlaubt. Deshalb besteht ein Trick der Holzmafia darin, sich Plantagenkonzessionen zu verschaffen. Nur ein Bruchteil davon wird anschließend aber tatsächlich bepflanzt – und niemand geht dagegen vor. Doch wenn der wasserspeichernde Wald einmal weg ist, kommt es häufig zu Überschwemmungen, Ausspülungen und Erdrutschen. Der Grundwasserspiegel sinkt, die ganze Umgebung wird trockener. »Wo Palmölplantagen stehen, gibt es keine anderen Pflanzen oder Tiere mehr. Deshalb ist die Holz- und Agroindustrie momentan der größte Feind der Papuas«, beendete er seinen Vortrag. »Sie landen im gleichen Teufelskreis von Alkoholismus und Armut wie die entwurzelten Indianer am Amazonas. Nicht umsonst ist die Aids-Quote unter den Papuas inzwischen die höchste in ganz Indonesien.«

Was Motoro sagte und was ich in Dekai sah, machte mich wütend. Gegen alle Sonntagsreden und schönen Versprechen ging die Vernichtung der Wälder zugunsten fragwürdiger Gewinne ungehemmt weiter. Es war überall das Gleiche, am Amazonas, am Kongo und jetzt auch in der Südsee. Die letzten »echten« Naturvölker verloren ihre Rückzugsräume und alle Menschen auf der Erde deren grünen Lungen. Doch soweit es West-Papua betraf, schien das der Welt egal zu sein. Mehr noch: Anders als am Amazonas wurde der Waldfrevel hier nicht einmal wahrgenommen. Weder vom Klimareferat der Vereinten Nationen in Bonn oder den G-8- und G-20-Gipfeln der wichtigsten Wirtschaftsnationen war auch nur ein Wort zur Regenwaldzerstörung in Neuguinea zu hören.

Inzwischen war Harry wieder aufgetaucht und führte uns durch frisch abgeholzten Regenwald zum Haus des Bootsmannes namens Len, mit dem er bekannt war. Len stammte aus Ost-Timor, war vor anderthalb Jahren nach West-Papua gekommen und lebte vom Bootsverleih sowie einem kleinen Restaurant mit Pension, in dem er Holzfäller und Lastwagenfahrer bewirtete. Der Hafen war die wichtigste Verbindung von Dekai mit der Außenwelt, und jeder musste an seinem Haus vorbei, für das er ein ziemlich großes Stück Dschungel gerodet hatte. »Good business«, sagte Len, der auf mich ein wenig verschlagen wirkte. Er berichtete, dass die Papuas der Umgebung gegen den Kahlschlag protestiert hätten und vor Gericht gezogen seien. »Zur Zeit dürfen nur noch Bäume geschlagen werden, um Häuser in Dekai zu bauen«, sagte Len. »Aber keiner weiß, wie lange das gilt.«

Nachdem Len uns für teures Geld Huhn mit Reis serviert hatte, verhandelten wir

Interessiert beobachten Anwohner des Brazzas, wie das Expeditionsboot mit Ausrüstungsgegenständen und Nahrungsmitteln beladen wird.

über den Preis für das Boot inklusive drei Mann Besatzung. Len versprach, uns in ein entlegenes Gebiet an einem Nebenarm des Steenboom zu bringen, das ziemlich exakt auf dem Verlauf der früheren *pacification line* lag. Ich wollte herausfinden, ob es sich lohnen würde, eine größere Expedition in das Gebiet zu führen. Wenn es dort wirklich noch unkontaktierte Stämme gab, musste man schnell handeln und international für ein Schutzgebiet in West-Papua werben.

Len sagte, er kenne die Gegend gut. »Ich war mehrfach mit Krokodiljägern und Holzfällern in der Region unterwegs. Wenn man dort in den Urwald geht, findet man noch *Isolados,* völlig unbekannte Papuas. Morgen zeige ich euch ein ganz ursprüngliches Dorf.«

Da Len der einzige Mensch weit und breit war, der ein ordentliches Boot und einen guten Motor besaß, mussten wir einen unverschämten Preis akzeptieren, von dem er sich nach der Tour locker einen neuen Kahn leisten konnte. Aber welche Wahl hatten wir?

Am nächsten Tag fuhren wir zunächst den immer breiter werdenden Brazza einige Stunden flussabwärts. Er war zur wirtschaftlichen Schlagader im Asmat geworden, auf der Holz und Dschungelfrüchte zur Küste, Reis, Coca Cola, Benzin, Mopeds und Zement ins Landesinnere geschafft wurden. Manchmal sahen wir am Ufer aufgegebene Papua-Hütten, mitunter neue Dörfer mit Wellblechdächern, die stets in zwei Reihen nach indonesischer Art aufgebaut waren. Mir kam es vor, als ob dies eine ganz andere Welt war, als jene, die ich vor 20 Jahren verlassen hatte.

Die Korowai von Baygon wurden gezwungen, ihre Baumhäuser im Regenwald zu verlassen und ein Dorf nach indonesischem Vorbild am Fluss zu errichten.

Nach fünf Stunden steuerte Len das Boot in einem großen Bogen aus dem Brazza in den Eilanden, der zunächst ebenso breit war, aber zusehends schmaler wurde. Nun ging es stromaufwärts, gab es Stromschnellen, Lianen und gefährliches Treibgut im Wasser. Der Dschungel rückte näher, und plötzlich waren Vögel zu sehen – Schwärme metallicblauer Singvögel, die uns kilometerweit begleiteten.

Am Abend gelangten wir nach Baygon am Eilanden. Wir waren erschöpft von der langen Bootsfahrt in sengender Sonne – und enttäuscht von dem Anblick an Land. Das »ursprüngliche Dorf« entpuppte sich als Lichtung am Ufer mit 18 Pfahlbauten in indonesischer Kampongbauweise. Ein Dutzend Dorfbewohner eilten herbei, um uns anzustaunen. Die Frauen trugen noch ihre traditionellen Baströcke, die Männer aber bereits Turnhosen und fast alle T-Shirts, auf denen »Megawati Sukarnopuri« stand – der Name der Politikerin und Tochter des früheren Präsidenten Sukarno.

Es waren, wie wir schnell feststellten, Korowai, die man fünf Monate zuvor aus dem Wald geholt hatte. Sie luden uns in ihre Hütte ein, die im Inneren wie ein traditionelles Baumhaus mit drei Räumen und Küche gestaltet war. Der Fußboden bestand aus einem leichten, mit Bast verbundenen Astgeflecht; die Konstruktion ermöglichte, dass ständig Luft zirkulierte. Für die gesamte Architektur war kein einziger Nagel verwendet worden. Seltsam war nur, dass es in diesem 18-Hütten-Dorf so wenige Menschen gab. Wo waren die anderen hin?

Nach dem Essen konnten wir mit Harrys Hilfe die sieben Korowai in der Hütte befragen, die uns erzählten, dass sie normalerweise »ganz oben auf dem Baum« wohnten. Sie berichteten uns auch, dass sie eigentlich im Wald hatten bleiben wollen, aber Soldaten gekommen seien, die ihnen befahlen, ihre Baumhäuser zu räumen und am Fluss neue Hütten zu bauen. Man habe in Baygon mehrere Clans zusammengepfercht. »Hier sind wir nicht gerne«, sagte der Wortführer, ein zartgliedriger, vielleicht 25 Jahre alter Mann. »Hier wachsen keine Sagopalmen, und wir finden keine Sagolarven. Das ist ein schlechter Ort.«

»Warum haben die Leute den Soldaten dann Folge geleistet?«, fragte ich Harry. Er gab die Frage weiter, und die Männer tuschelten aufgeregt miteinander. Harry übersetzte: »Sie sagen, man hat ihnen gedroht: Euch passiert dasselbe wie anderen Korowai weiter oben am Fluss. Die wurden geschlagen. Sie haben Angst. Außerdem hat man ihnen Essen versprochen. Die Soldaten haben gesagt, wenn ihr umzieht, wird die Regierung für euch sorgen. Ihr bekommt Reis und Hühner.«

»Und haben sie etwas bekommen?«

»Sie sagen, sie haben nur einmal Reis, Hemden und Turnhosen bekommen. Dann hat man ihnen befohlen, die Hütten zu bauen. Seitdem hocken sie hier und sind unglücklich. Sie sagen, im Dschungel war es viel besser.«

»Wieso tragen alle die gleichen T-Shirts?«

»Die haben die Indonesier zusammen mit dem Reis gebracht, sagen sie. Sie haben gesagt, wenn ihr auf dem Wahlzettel Megawati ankreuzt, dann kriegt ihr noch mehr Reis. Aber als sie das dann gemacht haben, haben die Indonesier ihr Versprechen nicht gehalten. Die Indonesier lügen, sagen die Leute.«

»Genau das Gleiche habe ich in Borneo erlebt«, warf Motoro ein. »Erst kamen sie mit T-Shirts vorbei und sagten den Leuten, wen sie wählen sollen. Am Wahltag kamen sie mit der Urne, verteilten Reis und sammelten die Wahlzettel ein. Die Leute wussten gar nicht, was sie da machten.«

Ich fragte nun: »Und wann ist das alles geschehen?«

»Sie sagen, vor drei oder vier Monaten«, übersetzte Harry. »Sie warten auf den Reis und die Hühner. Sie fragen, ob ihr nicht mit der Regierung sprechen könnt.«

»Wovon leben sie denn?«

»Sie jagen im Wald und suchen nach Sagopalmen.«

»Warum fischen sie nicht?«

»Sie sind keine Fischer. Das sind sie nicht gewöhnt.«

Als wir noch länger mit ihnen sprachen, erfuhren wir, dass ihr altes Dorf fünf Stunden zu Fuß entfernt im Dschungel lag. Für uns also etwa ein Tagesmarsch. Inzwischen seien die meisten Mitglieder ihres Clans auch wieder dorthin zurückgekehrt, berichteten die Männer. Nur einige hielten die Stellung am Fluss, falls das Militär auftauchte. Und jetzt, in dieser Woche, sei ohnehin Sagolarvenfest. Das ist die größte und wichtigste Feier bei allen Waldpapuas, der Höhepunkt des Jahres. Wir hatten es mehrere Male miterlebt.

Es war ein Trauerspiel. Man hatte die Menschen aus dem Wald geholt, aber ihnen keine neuen Perspektiven eröffnet. Es gab keinen Doktor, keinen Lehrer, keinen Schutz für sie. Deshalb drängten die Bewohner zurück in die Natur, zu ihrem alten Leben. Sie hatten das Dorf zwar befehlsgemäß aufgebaut, aber sie bewohnten es nicht. Von 18 Hütten fielen 15 bereits wieder zusammen. Baygon war ein Geisterdorf. Diese Papuas brauchen unbedingt ein Schutzgebiet, dachte ich.

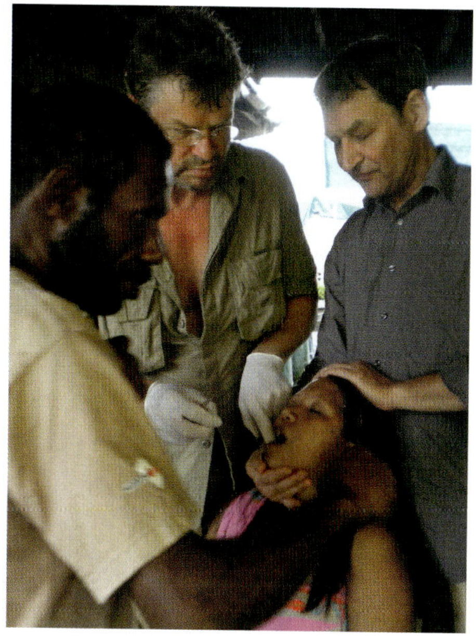
Mobile Zahnarztpraxis unterwegs am Brazza, rechts Frank Nordhausen.

Bisher hat sich Indonesien derartige Vorschläge allerdings stets verbeten. Die Nationaldoktrin des Vielvölkerstaates besagt, dass es keine Indigenen gibt, sondern nur mehr oder weniger zivilisierte Indonesier, und der »zivilisatorische Fortschritt« wird vor allem daran gemessen, ob die Leute »gesunde Kleidung« tragen. Wie heilsam Rock, Turnhose und T-Shirts im feuchtheißen Dschungel sind, habe ich oft studieren können – an den Hautkrankheiten, die sich darunter entwickeln.

Am Morgen eröffnete ich meine mobile Zahnarztpraxis. Kaum hatte ich mit der Behandlung beim ersten Korowai angefangen, reihten sich schon die übrigen auf, um von den Altlasten im Mund befreit zu werden. Wieder staunte ich über die geringe Schmerzempfindlichkeit meiner Urwaldpatienten. Die meisten kranken Zähne konnte ich mit nur geringer Betäubung ziehen. Motoro drängte jedoch weiter.

Auf den Asmat-Flüssen herrschte inzwischen soviel Bootsverkehr, dass ich mir nicht vorstellen konnte, dass irgendein Dorf an irgendeinem Fluss noch seine traditionelle Lebensart bewahrt haben könnte. Ich fühlte mich bestätigt, als wir uns am Abend des zweiten Tages einer Pfahlbausiedlung am Kolff-Fluss näherten. Am Ufer und dem hoch übers Wasser aufragenden Anleger versammelten sich in der Abenddämmerung bestimmt hundert Papuas, durchweg in Lumpen. Als wir ausstiegen, musterten sie uns mit weit aufgerissenen Augen. Auch hier erfuhren wir, dass man die Papuas erst vor kurzem aus dem Wald geholt und dann sich selbst überlassen hatte. Hinter die indonesischen Holzhütten in der ersten Reihe hatten sie wieder ihre Traditionshäuser gebaut, weil sie sich in ihnen wohler fühlten. Diese Leute waren keine Korowai, sondern Menschen vom Volk der Citak, die einmal als stolze, unbeugsame Kopfjäger und Kannibalen im Asmat gefürchtet waren. Auch ihnen hatte der Umzug aus der Tiefe des Waldes an den großen Fluss erkennbar nicht gut getan. Jetzt waren sie ohne Ausnahme verdreckt und von Krankheiten gezeichnet.

Motoro und ich hatten das deutliche Gefühl eines Déjà-vu. Zwei Jahre zuvor, im Mai 2007, waren wir mit Harry 800 Kilometer nordwestlich von hier im Mam-

Die zwangsumgesiedelten Citak am Kolff-Fluss: in Lumpen und von Krankheiten gezeichnet.

beramogebiet unterwegs gewesen, um die sagenhaften Amazonen zu suchen, von denen man in West-Papua immer wieder hörte. Ihr Dorf sollte sich im *black triangle* befinden. Der englische Begriff schwarzes Dreieck bezeichnet ein Gebiet in West-Papua im Übergang von den Bergen zum Tiefland am oberen Mamberamo, dem mächtigsten Strom West-Papuas. Dort gab es noch völlig unzerstörte Waldregionen und möglicherweise auch Papuavölker ohne Kontakt zur Zivilisation. Es war eine der letzten Gegenden, wo die Forderung nach einem Schutzgebiet noch Sinn hatte. Motoro hatte im Internet etwas über die Amazonen gelesen und erfahren, dass Australier eine Expedition zu ihnen ausrichten wollten. Wir dachten uns: Was die können, können wir schon lange!

Doch es wurde eine Fahrt der Enttäuschungen. Wir schlugen uns zwei Wochen lang durch den härtesten Dschungel, und dann kamen wir doch immer wieder nur in Dörfer mit Landepiste, Indonesierhütten, Missionsstation. Sämtliche Einwohner waren modern angezogen, mit kurzen Hosen und verschlissenen T-Shirts. Niemand trug mehr spitze Hüte und Bastgürtel nach der Tradition. Die Missionare hatten ganze Arbeit geleistet. Alle Papuas hatten die üblichen Krankheiten, die ihnen kein »Zivilisierter« heilte, vor allem Geschwüre, Malaria und den vom Ringwurm hervorgerufenen Ausschlag, der nach und nach den ganzen Körper befällt. Es musste hier Missionare gegeben haben, und sie hatten offenbar ihren üblichen Job gemacht – sie hatten alles Ursprüngliche zerstört. Den Rest erledigten die Indonesier.

Die Amazonen fanden wir nicht. Je weiter wir kamen, desto weiter entfernt schienen sie zu leben. Schließlich mussten wir die Tour abbrechen, weil die Zeit zu knapp wurde. Dann hingen wir fünf Tage in einem Urwaldnest namens Biri fest, weil das versprochene Flugzeug nicht kam. Mit solchen Verzögerungen muss man in den Tropen allerdings immer rechnen. Zeit spielt dort eine ganz andere Rolle als bei uns. Es gibt einen alten Sinnspruch, den ich das tropische Prinzip nenne: Erst funktioniert alles, dann geht gar nichts mehr, und dann geht doch wieder was.

In Biri kam schließlich ein Flugzeug, und am Kolff sagte nun Harry: »Tomorrow we go Garang river. Much better.« Wir würden zum Garang-Fluss fahren, einem Nebenarm des Steenboom. Dort sollten wir endlich die *pacification line* überqueren und die letzten Naturvölker finden. »Very primitive people, I'm sure.« Ich glaubte ihm nicht. An diesem Abend ging ich mit dem Gefühl ins Zelt, dass sich christliche Missionare und die indonesische Regierung verschworen hatten, um auch den letzten abgelegenen Flecken dieses wunderschönen Landes endlich unter ihre Kontrolle zu bringen. Es sollte einfach keine »Wilden« mehr geben. Besser Lumpenproletarier als Barbaren.

So kamen wir am dritten Tag in ein Dorf am Garang. Dieser Fluss entschädigte uns für vieles. Wir navigierten auf einem schmalen, schnell fließenden Strom, der sich immer mehr verengte und durch unberührten Primärregenwald führte. Welch majestätischer, berauschender, inspirierender Anblick! Der Garang war nur halb so breit wie der Kolff oder Eilanden, besaß grünbraunes Wasser und floss in zahlreichen Schleifen über weite Strecken durch einen Tunnel aus Urwaldriesen und Lianen, die sich von den Ufern gegeneinander neigten und uns Schatten boten. Er hatte gefährliche Untiefen und Stromschnellen und führte, wie es sich für einen Dschungelfluss gehört, viel Treibholz mit sich. Gegen ein Uhr mittags steuerte Len das Boot ans Ufer. Harry übersetzte: »Wir können nicht mehr weiter fahren. Der Fluss wird zu eng und zu flach. Zu gefährlich für das Boot. Hier ist ein Dorf, ab hier müssen wir laufen.«

Ich ging als erster an Land. Auch hier hatte man indonesisch gebaut, die Hütten sahen aus, als wären sie gerade erst errichtet worden; der Regenwald ragte unmittelbar hinter ihnen auf. Fünf oder sechs halbnackte junge Papuas betrachteten uns neugierig. Sie gehörten dem Volk der Citak an wie die Leute am Kolff. Während wir uns für den Dschungel fertig machten, feste Stiefel und Hemden anzogen, beauftragte ich Harry, mit den Dorfbewohnern zu reden. Wussten sie etwas von isolierten Papuagemeinschaften? Würden sie uns als Träger begleiten?

»Sie sagen, vier Stunden zu Fuß liegt ein Dorf am Fluss, wo primitive Leute leben«, berichtete Harry. »Wenn man von dort tief in den Sumpf geht, dann trifft man Menschen, die noch nie einen Weißen gesehen haben.« – »Siehst du, Roland, hab' ich's doch gesagt«, freute sich Motoro. »Hier sind wir richtig.«

Harry gelang es, vier junge Männer als Begleiter und Träger zu verpflichten. Es ging durch dichten, feuchten Regenwald. Wie immer liefen unsere Träger leichtfüßig und elegant vorneweg, selbst über die glitschigen Baumstämme, die hier als Brücke über die Dschungelflüsse dienen. Unsere schweren Schuhe boten wie stets nur ungenügenden Halt, ich musste mehrfach durchs Wasser waten und wurde nass bis zu den Schultern. Mal mussten wir durch unvorstellbaren Morast patschen, dann über kreuz und quer gebrochene tückische Baumstämme balancieren, unter uns dunkle, von undurchsichtigem Ast- und Lianengewirr gefüllte Abgründe. Es war schwieriges, pfadloses Gelände. Aber es war auch ein Märchenwald, unberührt, mit Bäumen gewaltig wie Hochhäuser, die Räume wie Kathedralen schufen. Wir sahen mächtige Brettwurzeln wertvoller Tropenbäume, die andernorts längst aus den Wäldern herausgeholt worden waren.

Nach sechs anstrengenden Stunden erreichten wir in der einsetzenden Dämmerung das Dorf Garman, unser Tagesziel. Motoro hatte zuletzt das Tempo forciert, und er hatte Recht damit. Wenn ich etwas hasse, dann nachts mit Taschenlampen durch den Urwald zu marschieren. Auch Garman enttäuschte uns zunächst. Wieder zehn Hütten im Kampongstil, wenn auch aus Bambus. Die Leute waren Kepayak, eine Ethnie zwischen Korowai und Citak, denen sie äußerlich ähnelten. Sie hatten offenbar noch nie Weiße gesehen, waren auch noch nicht missioniert worden. Aber sie trugen T-Shirts. Ich behandelte ihre Krankheiten, und als wir im Männerhaus beisammen saßen, erzählten sie uns dann: »Vier Stunden entfernt leben Verwandte von uns noch ganz wie früher. Ganz traditionell.« Dort wollten wir hin!

Um sieben Uhr morgens brachen wir auf. Zwei Papuas aus dem Dorf zeigten uns den Weg in den Sagosumpf. In meinen Schuhen schwappte das Wasser, immer wieder sank ich bis zu den Hüften in Schlammlöchern ein. Wir mussten Pausen einlegen, um die Blutegel von der Haut zu klauben. Gegen ein Uhr mittags geschahen plötzlich zwei überraschende Dinge. Einer unserer beiden Führer stürzte blitzartig ins Unterholz, ließ sein Buschmesser durch die Luft sausen – und kam mit einem meterlangen Waran zurück, den er sich locker über die Schulter warf. Warane sind Reptilien mit scharfen Zähnen, die es nur in Südostasien gibt.

Zehn Minuten später erlebten wir etwas Ähnliches wie vor sieben Jahren bei den Din. Mit einem Mal standen mitten im Wald drei halbwüchsige Papua-Kinder, zwei Mädchen und ein Junge. Sie waren unbekleidet und trugen Hundezahnketten um den Hals. Als sie uns sahen, fingen sie bitterlich an zu weinen. Sie hatten Angst vor uns *Laleos*. Ihre Verwandten, unsere Führer, versuchten, sie zu beruhigen. Wir blickten uns um und entdeckten keine 200 Meter entfernt eine Waldlichtung mit zwei Baumhäusern auf vier Metern Höhe. Korowai, ganz klar Korowai, dachte ich, während ich die Bauweise musterte.

Als die Eltern der Kinder aus ihren Hütten kamen und unsere Führer sahen, gaben sie ihnen die Hand – wie sich Korowai traditionell begrüßen. Wir hatten es mit zwei Familien zu tun, nicht mehr als ein Dutzend Personen, von denen wir außer den drei Kindern einen Mann kennenlernten und zwei Frauen, die jeweils ein Kleinkind auf dem Arm hatten. Aber auch sie waren keine »reinen« Korowai, sondern Kepayak wie ihre Verwandten, unsere Gastgeber aus Garman. Sie waren mittelgroß, zierlich, dünn; mit eher schmalen Nasen, der Mann mit nur leichtem Bartwuchs. Auch in diesen abgelegenen Wald hatte die Turnhose bereits ihren Weg gefunden. Und doch gab es einen Unterschied.

Kepayak mit Kind und erlegtem Waran.

Trotz der Turnhose lebten diese Papuas noch in steinzeitähnlichen Verhältnissen. Die jungen Frauen gingen noch ganz traditionell im Bastrock und trugen als Schmuck lediglich eine Halskette aus Knochen oder Tierzähnen. Offenbar hatten sie tatsächlich noch keinen direkten Kontakt mit der Außenwelt gehabt. Das wurde uns klar, als wir ihre Baumhäuser besichtigen durften. Darin sah ich mit Ausnahme von ein paar Textilfetzen und einem abgebrochenen Buschmesser keine weiteren Zivilisationsgegenstände. An den Wänden hingen Steinbeile, die sie augenscheinlich auch noch benutzten. Diese Menschen waren ganz einfache Waldbewohner, die zwar Zahnketten und einige Schädel toter Tiere besaßen, aber sonst keine besonderen Kulturgegenstände. Sie kamen mir vor wie die arme Verwandtschaft der »normalen« Korowai. Eine Art Waldproletariat. Vielleicht wie die Metuktire bei den Kayapó in Brasilien.

Unsere Begleiter erläuterten den Waldmenschen, dass ich ein Zahnarzt war und sie von Schmerzen befreien könne. Zwei oder drei Zähne musste ich ziehen. Anschließend tauschte ich Tabak gegen ein hübsches, mit Schnitzereien verziertes Rauchrohr ein und schenkte den Waldbewohnern Kürbis- und Tomatensamen. Sie freuten sich sehr. Nach einer Stunde verabschiedeten wir uns von den beiden isoliert lebenden Kepayak-Familien. Sie hatten noch nie Kontakt mit der Zivilisation, aber sie hatten Kontakt mit ihren Verwandten am Fluss, die ihnen von den weißen und gelben Fremden erzählt hatten und davon, dass diese Leute Hosen trugen. Die Flusspapuas trugen ja selbst auch Hosen. Nun wollten die Waldpapuas auch gern Hosen haben und tauschten sie gegen erlegte Kasuare oder Warane ein.

Uns wurde einmal mehr klar: Es gibt zwar noch weiße Flecken auf der Landkarte menschlicher Völker, aber die Flecken haben alle bereits Zivilisationstupfer. Wahrscheinlich leben in ganz West-Papua keine Ureinwohner mehr, die nichts von den fremden Eindringlingen wissen. Ohnehin hat es vollkommen isolierte Stämme in reiner Form nie gegeben. Nur Völker, die mit der »Zivilisation« nichts zu tun haben wollen. Schon die Berichte meiner großen Vorbilder, zum Beispiel der deutschen Ethnologen Karl von den Steinen und Nimuendajú, handelten von »unberührten Stämmen« in »relativem Urzustand«, aber sie schrieben auch von munterem Handel und Tausch der Völker untereinander, von Flusshäfen und Wasserwegen. Menschen suchen Kontakt, Menschen treiben Handel, und sie erzählen sich Geschichten. Auch im Regenwald wissen sie mehr voneinander, als wir uns ausmalen können.

Unser Besuch beim Waldproletariat war ein Beweis dafür, dass es keine sozialen Inseln gibt. Das Amazonasgebiet war ebenso wie das Asmat auf eine subtile, auf den ersten Blick unsichtbare Weise, von Menschen und ihren Beziehungen untereinander geprägt. Beide Regionen waren beachtlich aktive Kulturlandschaften. Wer sich aber für diese Kulturen wirklich interessiert, der wird versuchen, sie zu studieren, solange es sie noch gibt. Und so ambivalent solche Reisen und auch der Ethnotourismus an sich sind, unsere Wertschätzung der alten Kulturen hilft den Traditionalisten dort, diese zu bewahren.

Die indonesische Regierung gab ihre harte Akkulturierungspolitik gegenüber den Papuas Mitte der neunziger Jahre vorübergehend auf, als sie erkannte, dass die in Java belächelten Penisröhrenmenschen Touristen und Geld ins Land lockten. Die pfiffigen Dani nutzten das aus, um nach 2002 in Giwika ein »Baliem-Festival« zu veranstalten, das nun jedes Jahr stattfindet und Tausende Hochlandpapuas in ihrer traditionellen Kleidung zusammenführt. Sie knüpfen damit an das berühmte Sing-Sing-Fest am Mount Hagen in Papua-Neuguinea an, das die Australier 1961 einführten, um die häufigen blutigen Auseinandersetzungen der Stämme zu unterbinden. Dort treffen sich seither die Stämme einmal im Jahr, um mit Tänzen und Gesängen darum zu wetteifern, wer der Schönste und Stärkste ist und die traditionellen Reigen noch am besten beherrscht. Es ist Ethnofolklore, aber es hilft den Völkern auch, ihre Bräuche zu bewahren.

Das Baliem-Festival hat bereits eine ähnliche Bedeutung. Es führt die Völker des Hochlandes, die Dani, Lani, Yali, Yale, Mek und Eipomek zusammen, lässt sie Tradition, Gemeinschaft und Stärke erleben – und lockt zunehmend mehr Touristen an. Auch die Giraffenhalsfrauen in Thailand würde es ohne ausländische Besucher wohl nicht mehr geben. Die San in Botswana hätten ihre Rückkehr in die Kalahari nicht ohne internationale Hilfe erkämpfen können. Bei den einen hat das gute, bei den anderen negative Folgen. Inzwischen fahre ich zu den sich rasant wandelnden »Ur«-Gesellschaften auch deshalb, um zu belegen, was sich dort wie verändert.

Der Kontakt mit den beiden Kepayak-Familien im Asmat, denen wir im Wald gegenüberstanden, barg für uns eine gute und eine schlechte Nachricht. Die schlechte war, dass ich bei meiner Suche nach den letzten Naturvölkern an eine letzte Grenze gestoßen war. Es gab keine *pacification line*. Es gab keine Amazonendörfer. Das waren Mythen. Es ging nicht mehr weiter. Die Zivilisation war immer schon da, egal, wohin man fuhr. Wie in der Geschichte vom Hasen und vom Igel. Motoro hatte Recht, als er sagte: »Es ist unglaublich, wie schnell sich die Welt verändert hat. Es könnte sein, dass es vorbei ist. Dass es keine Menschen mehr gibt, die nicht, so oder so, mit der Außenwelt in Kontakt gekommen sind.«

»Stimmt, es gibt kein Zurück mehr«, sagte ich. »Wir müssen der Realität ins Auge sehen. Bildung und Medikamente helfen den Leuten aber auch. Sie müssen es allerdings selbst wollen, darauf kommt es an.«

Die gute Nachricht lautete, dass all jene Unrecht haben, die behaupten, es gebe im Dschungel West-Papuas keine Naturmenschen mehr. Es gibt sie, und sie leben freiwillig dort. Wir können ihnen bestimmte Werte nicht aufdrängen, das müssen sie selbst austragen und entscheiden. Wir müssen warten, bis sie von selbst aus dem Wald kommen – oder sie dort in Ruhe lassen. Die einzige und letzte Chance, die Kultur der letzten Naturvölker Papuas zu bewahren, ist nach meiner Meinung ihre Anerkennung als Indigene und die Sicherung ihres Lebensraums als Schutzgebiet, ähnlich wie in Brasilien.

Aber wo beginnt die selbstbestimmte Entwicklung auf der Grundlage eigener Kräfte und Wurzeln? Wer bestimmt, was Entwicklung und was Zivilisation ist? Und wie kann ein Dialog der Kulturen aussehen, ohne dass die Tradition völlig über Bord geht? Als das Jahr 2008 von den Vereinten Nationen zum »Jahr der

Sprachen« erklärt wurde, wiesen UN-Vertreter darauf hin, dass Neuguinea wegen seiner Sprachen- und Völkervielfalt ein kulturelles Schatzhaus ist, das es unbedingt zu erhalten gilt. Doch die Zeit wird knapp.

In West-Papua hatten wir entdeckt, dass dort ein großes Programm zur Erschließung des Asmatdschungels und der »Zivilisierung« seiner Bewohner im Gange war. Ihnen wurde ihr angestammtes Leben genommen, ihre Kultur zerstört, die Steinzeit geraubt. Niemand fragte sie, ob sie damit einverstanden waren. Indonesien schuf einfach Tatsachen: am Eilanden, am Brazza, am Mamberamo, am Kolff, auch am Steenboom und am Garang. Dort erzählten uns die Citak, dass man sie vor zwei Jahren aus dem Wald befohlen habe.

Hier immerhin war ein Tischler aus Sulawesi als Kontraktor verpflichtet worden, eine Schule und ein Haus für den Lehrer zu bauen. Die Schule war so gut wie fertig. Als nächster Ort, so sagte es der Tischler, würde Garman an die Reihe kommen – das Dorf im Wald, das man bisher nur zu Fuß erreichen kann. Es war klar, dass anschließend die Waldproletarier »zivilisiert« werden würden. Diese Entwicklung ist offenbar nicht aufzuhalten. Die Frage ist nur, *wie* sie verläuft. Würden die Kinder zum Beispiel in der neuen Schule nur Indonesisch lernen, oder würden sie auch in der Sprache ihres Volkes unterrichtet werden? Würde man sie mit Büchern ausbilden, in denen nur Indonesier abgebildet sind – oder auch Schwarze? Würden sie nur Reis als »normales« Grundnahrungsmittel kennenlernen – oder auch Sago? Kurz: Würden sie in der Schule auch etwas über ihre eigene Kultur erfahren, ihre Werte und ihre Art zu leben?

Hoffnung gibt es paradoxerweise durch die modernen technischen Möglichkeiten, durch die Globalisierung. Die Indiovölker der südamerikanischen Anden vernetzen sich mit modernen Kommunikationsmitteln und beginnen, in ihren Ländern die Machtfrage zu stellen. Die San der afrikanischen Kalahari haben mithilfe einer internationalen Solidaritätsbewegung die Rückkehr in ihre angestammten Gebiete durchgesetzt. Die Inuit in Grönland sind dabei, ihren eigenen Staat zu gründen. Und die Papuas? Sie entwickeln Selbstbewusstsein und erste Ansätze einer indigenen Zivilgesellschaft.

Der Ältestenrat der Asmat-Völker hat 2004 begonnen, mithilfe moderner GPS-Geräte die Gebiete seiner Stämme zu vermessen. Die Zeitschrift *National Geographic* zitierte Ernest Dicim, einen Asmat-Führer. Hoffnungsvoll sagte er: »Wenn wir die Kartierung beendet haben, müssen lokale, regionale, nationale und sogar internationale Regierungen die Rechte an unserem Land anerkennen.« Die Kartierung wird von der Umweltschutzorganisation *Indo-Pacific Conservation Alliance* mit Sitz in Washington finanziert. Es gibt bisher zwar keine ernsthaften Signale, dass Jakarta einer fairen Lösung zustimmen würde, aber es ist ein Anfang.

Als wir wieder in Dekai waren, mussten wir drei Tage warten, um einen Sitzplatz für den Rückflug nach Wamena zu bekommen. An der Landebahn drängten sich jeden Tag Dutzende Papuas, die ebenfalls mitreisen wollten, es gab deutlich zu wenig Flüge. Wir sprachen mit Dani im schicken Poloshirt mit Federkranz auf dem Kopf und Handy am Ohr. Wir beobachteten junge Ureinwohner, wie sie SMS

Im Dorf Orakin am Gardung baut ein Tischler den zwangsumgesiedelten Citak eine Schule.

verschickten. Sie trugen die skurillsten T-Shirts – mit dem aufgedruckten Porträt Obamas, dem Schriftzug von Heavy-Metal-Bands wie *Sepultura* oder schlicht »Fuck the system«. Es gab Hemden, auf denen in großen Buchstaben »Papua« stand oder »Asmat«. Ich traute meinen Augen kaum, als ich einen Mek mit einem Hemd sah, auf dem mein alter Freund Arbas abgebildet war, der ehemalige Dorfchief von Giwika – nackt mit Penisröhre!

Das war die neue Generation, selbstbewusste Papuas, die ihre Tradition zugleich schätzten. Sie waren in der Moderne angekommen, aber hatten ihre Herkunft nicht vergessen. Sie hatten überlebt. Gegen die Veränderungen, die sie in ihrem Leben erfahren hatten, war der Fall der Berliner Mauer eine Kleinigkeit. Aus der Steinzeit mit Einbaum und Pfeil und Bogen waren sie in die Moderne mit Handys und Flugzeugen katapultiert worden. Der Wandel war über sie gekommen wie ein Gewitter. Aber sie passten sich an. Für sie existierten Steinzeit und Globalisierung Seite an Seite. Bunte Shorts, Baseballmützen, Sportschuhe und Sonnenbrillen gehörten dazu wie Federkränze und Ohrenschmuck und zu Hause die alten Rundhütten, die Erdöfen und das Schweinefest.

In Wamena schlenderte ich mit Motoro am Schluss der Reise über den neuen Schweinemarkt. Hier hatten meine Abenteuer begonnen. Und hier traf ich jetzt noch einmal einen guten alten Freund, Yalli vom Stamm der Dani, der hartnäckig an seiner Traditionsgarderobe festhielt; er trug nichts als die Koteka über dem Penis und den Schweinezahn in der Nase. Wir umarmten uns. Ich lud Yalli zu einem

Einzug der Moderne: Internetcafé »Papua Com« in Wamena.

Saft an einer Marktbude ein. »Das Leben ist sehr schwer für uns, und wir Papuas werden von den Indonesiern herablassend behandelt«, sagte er. »Deshalb sage ich meinen Leuten, sie sollen ihre Kinder in die Schule schicken. Damit sie lernen und sich etwas ändert.«

Dann hatte er dringend noch etwas zu erledigen. »Ich zeige euch was«, sagte er. Neugierig begleiteten wir ihn, als ich plötzlich dachte, das kann jetzt nicht wahr sein. Yalli, der Mann aus der Steinzeit, steuerte das Internet-Café »Papua-Com« an, das ein Japaner drei Jahre zuvor eröffnet hatte. Auch Yalli, der Chief von Giwika, beherrschte die moderne Kommunikation – mit Penisröhre und Computermaus.

Abbildungsnachweis

Die Fotos in diesem Buch stammen mehrheitlich von Roland Garve bzw. aus seinem Archiv.

Von Miriam Garve sind die Abbildungen auf den Seiten: 50, 100, 117, 190 f., 213–215, 217, 220 f., 224, 242, 252 f., 256 f., 264 f., 267–269, 273 f., 276, 279 f., 283, 286 l., 292, 294, 296 f., 299, 304, 307, 311, 315, 319–322, 325, 327, 345, 351, 367, 369, 371 o., 374, 376, 379.

Weitere Aufnahmen stellten zur Verfügung:
Ralf Bechly: S. 20,
Christian Büttner: S. 22 f., 26–28, 33,
Bon Fanafo: S. 229,
Geoffroy de Gentile: S. 316 f.,
Dietmar Heger: S. 364,
Hartmut Heller: S. 233 u.,
Hans Hutticher: S. 127, 135 f., 138 f., 290,
Ecki Labs: S. 238 f.,
Mayus: S. 395,
Steffi Moritz: S. 244, 249,
Wolfgang Moritz: S. 179 o., 346, 371 u., 392, 399,
Frank Nordhausen: S. 331, 335–337, 383 f., 386 f., 389, 393, 396, 403 f.,
Sidney Possuelo: S. 17,
Jesco von Puttkamer: S. 12, 15, 52,
Kuno Richter: S. 21.

Die beiden Karten in den Einbandinnenklappen zeichnete Klaus Linke in Leipzig.